여신실무법률 담보 Ⅱ

오시정 저

한국금융연수원
KOREA BANKING INSTITUTE

여신실무법률 – 담보(Ⅱ)

제10판을 내면서

이 책 제10판에서는 제9판까지의 내용 중 일부를 다음과 같이 수정 · 보완하였다.

첫째, 금융소비자보호에 관한 법률과 동법시행령에 근거한 금융소비자보호에 관한 감독규정 제14조 제6항 제8호의 규정과 관련하여 한정근저당권의 설정이 허용되는지 여부에 관한 질의에 대한 금융위원회의 회신 내용과 그에 따른 법률적인 문제점 등에 관하여 자세히 해설하였다.

둘째, 저당권의 효력이 미치는 목적물의 범위와 관련하여 부합의 기준과 부합물의 소유자, 부합의 예외사유로 규정한 '권원'의 의미, 건물의 독립성 판단기준 등에 대한 판례의 내용을 보완하였다.

부족한 점에 대하여 독자 여러분들의 기탄없는 조언을 들어 계속 보완해 나갈 예정이다. 아울러 이 책이 출판될 수 있도록 지원을 아끼지 않으신 한국금융연수원 원장님 이하 임직원 여러분에게 감사의 마음을 전하고자 한다.

2025년 2월

吳 時 正

머리말

기업이 수익을 내기 위해서는 적극적인 마켓팅을 통한 매출신장도 중요하지만, 각종의 거래관계로부터 필연적으로 발생하게 되어 있는, 타인에 대한 채권을 적기에 회수하여 이를 재투자에 활용하는 것이다. 거래의 규모와 이윤의 폭이 아무리 크다 하더라도, 그 거래관계에서 발생하는 채권이 회수불능으로 되어 버린다면, 그러한 거래는 오히려 기업의 존립을 위태롭게 하는 요인이 되고 말 것이기 때문이다.

그간 저자는 금융회사 등의 여신거래관계에서 발생하는 채권의 안전한 회수를 위하여 담보를 취득하고 관리함에 있어 알아두어야 할 각종의 법률관계를 담보의 종류별로 인적담보, 유체동산담보, 지명채권담보, 유가증권담보, 지식재산권 등 담보, 부동산담보 및 그 밖의 등기·등록재산담보로 분류하여 체계적으로 해설하여 여신거래의 실무자나 관리자가 실제로 부딪치게 되는 여러 업무의 실무처리지침으로 삼을 수 있도록 여신실무법률(중)-담보편이라는 책 이름으로 2002년에 초판을 낸 이후 2012년 제7판까지 낸 바 있다.

그런데 초판을 낸 이후 12년여가 지남에 따라 그간 동산·채권 등의 담보에 관한 법률의 제정으로 동산담보권과 채권담보권 제도가 새로이 마련되었고, 공장저당법·광업재단저당법을 통합한 공장 및 광업재단 저당법의 제정으로 재단저당제도가 개편되었으며, 자동차저당법·건설기계저당법·소형선박저당법·항공기저당법을 통합한 자동차 등 특정동산저당법의 제정으로 동산저당제도의 개편도 있었다. 또한 보증인 보호를 위한 특별법이 제정되어 보증인 보호를 위한 새로운 제도가 마련되었으며, 민법이 개정되어 미성년자 등 행위무능력자제도가 제한능력자제도로 개편되었고, 그밖에 금융업무에 변화를 가져올 부동산등기법·주택임대차보호법·상가건물임대차보호법 등 많은 법령이 개정되었으며 새로운 판례가 나왔다. 그리고 금융업무에 있어서도 담보권설정비용의 금융회사부담, 소비자금융의 연대보증폐지, 기업금융에 대한 보증의 합리적 규제, 포괄근담보의 금지 등 많은 변화가 있었다.

이 책은 위와 같은 변화를 모두 반영하여 여신거래의 실무자나 관리자가 담보의 취득과 관리 업무를 수행하는 과정에서 발생하는 여러 실무적인 법률문제에 관하여 충분히 이해하고 적절히 대응할 수 있도록 여신실무법률(중)-담보편을 전면 개편하여 여신실무법률(담보Ⅰ)과 여신실무법률(담보Ⅱ) 2권으로 구성, 담보Ⅰ에서는 담보총론, 인적담보, 유체동산담보, 지명채권담보, 유가증권담보 및 지식재산권 등 담보에 관하여, 그리고 담보Ⅱ에서는 부동산담보 및 그 밖의 등기·등록재산담보에 관하여 해설하였다.

특히 이 책을 집필함에 있어서 가장 고심한 것은, 이 책이 한국금융연수원의 집합연수과정인 여신실무법률과정의 강의교재로 사용되는 것이라는 점에서, 그 분량을 어느 정도로 할 것인지 이었다. 강의시간에 맞추어 그에 맞는 분량만을 해설하게 되면, 그 내용이 너무 축소되어 실제의 실무에 있어서 발생하게 되는 여러 법률문제를 이해하기가 쉽지 않고, 그렇다고 하여 실무상의 여러 법률문제를 모두 해설하려고 하면 교재의 분량이 많아지기 때문이다.

그러나 이 책의 독자가 모두 한국금융연수원의 집합연수교육을 받는 것이 아니고, 또 교육을 받는다 하더라도 주어진 교육시간의 범위에서 학습하지 못한, 여러 실무상의 법률문제에 대하여도 그 처리방향을 제시해줄 참고서가 필요할 것이라는 점을 고려하여, 분량이 많아지더라도 담보의 취득과 관리에 관한 기초적인 법률관계는 물론이고, 실제의 업무처리과정에서 발생하게 되는 복잡한 여러 법률문제까지 최대한 해설하기로 하였다.

따라서 이 책을 연수교재로 사용하고자 하는 때에는, 주어진 교육시간과 교육목적에 맞도록 강의할 부분을 미리 한정하되, 나머지 부분의 내용을 본인이 스스로의 학습을 통해서 습득할 수 있도록 학습프로그램을 적절히 조정하여 사용할 것을 권유하고자 한다.

아무쪼록 이 책이 독자 여러분들에게 실용적인 반려자가 되기를 바라오며, 아울러 이 책이 출판될 수 있도록 물심양면으로 지원을 아끼지 않으신 한국금융연수원 원장님 이하 임직원 여러분에게 깊은 감사의 마음을 전하고자 한다.

2014. 2

吳 時 正

차 례 Contents

약어표

1. 법률

(ㄱ)

가 담 • 가등기담보 등에 관한 법률
감 평 • 감정평가 및 감정평가사에 관한 법률
개 이 환 • 개발이익의 환수에 관한 법률
건 기 관 • 건설기계관리법
고 산 보 • 고용보험 및 산업재해보상보험의 보험료 징수 등에 관한 법률
공 설 운 • 공익법인의 설립운영에 관한 법률
구 회 정 • 구회사정리법
국 건 보 • 국민건강보험법
국 지 조 • 국세와 지방세의 조정에 관한 법률
공 광 저 • 공장 및 광업재단저당법
공 항 시 • 공항시설법
광 업 • 광업법
국 기 • 국세기본법
국 징 • 국세징수법
금 소 보 • 금융소비자보호법
금 위 • 금융위원회의 설치 등에 관한 법률

(ㄴ)

내 수 어 업 • 내수면어업법
농 어 특 • 농어촌특별세법

(ㄷ)

댐 주 지 • 댐건설 및 주변지역지원 등에 관한 법률

(ㅁ)

민 • 민법
민 소 • 민사소송법
민 집 • 민사집행법

(ㅂ)

부 등 • 부동산등기법
보 험 • 보험업법
부 가 공 • 부동산 가격공시에 관한 법률
부 실 등 명 • 부동산 실권리자명의 등기에 관한 법률

(ㅅ)

사 학 • 사립학교법
상 • 상법
상 임 보 • 상가건물임대차보호법
선 등 • 선박등기법
선 박 • 선박법
상 표 • 상표법
수 레 등 검 • 수상레저기구의 등록 및 검사에 관한 법률
수 산 업 • 수산업법

(ㅇ)

약 규 • 약관의 규제에 관한 법률
어 선 • 어선법
유 도 • 유료도로법
은 행 • 은행법
의 료 • 의료법
임 주 • 임대주택법
입 목 • 입목에 관한 법률

(ㅈ)

자 관 • 자동차관리법
자 시 금 투 • 자본시장과 금융투자업에 관한 법률
자 특 저 • 자동차 등 특정동산 저당법
전 사 보 • 전통사찰의 보존 및 지원에 관한 법률
조 특 제 • 조세특례제한법
주 도 기 • 주택도시기금법
주 민 • 주민등록법
주 임 보 • 주택임대차보호법
주 택 • 주택법
지 기 • 지방세기본법
지 세 • 지방세법
지 징 • 지방세징수법
집 건 • 집합건물의 소유 및 관리에 관한 법률

(ㅊ)

채 회 파 • 채무자회생 및 파산에 관한 법률
출 관 • 출입국관리법

(ㅌ)

특 다 댐 • 특정다목적댐법

(ㅎ)

항 만 • 항만법
항 안 • 항공안전법
향 재 • 향교재산법
헌 • 헌법
형 • 형법
형 소 • 형사소송법

2. 령 · 규칙

감 평 • 감정평가에 관한 규칙
광 등 령 • 광업등록령
금 소 보 감 • 금융소비자 보호에 관한 감독규정
댐 사 등 령 • 댐사용권등록령
어 등 령 • 어업등록령
유 도 등 령 • 유료도로관리권등록령

※ 기타 : 법률약어 다음에 「령」이 붙은 것은 시행령, 「규」가 붙은 것은 시행규칙임.

예)
국 기 령 • 민사소송규칙
의 료 령 • 의료법시행령
의 료 규 • 의료법시행규칙

3. 대법원예규

입 찰 지 침 • 부동산 등에 대한 입찰실시에 관한 처리지침

4. 판례

헌 재 • 헌법재판소결정
대전합판 • 대법원전원합의부판결
대 판 • 대법원판결
대전합결 • 대법원전원합의부결정
대 결 • 대법원결정

5. 약관, 기타

1 ① i • 제1조 제1항 제1호
1 ① ② • 제1조 제1항 제2항
1 ~ 3 • 제1조 내지 제3조
1, 2 • 제1조 제2조
본, 단 • 본문, 단서
전, 후 • 전단, 후단
본전, 본후 • 본문 전단, 본문 후단

주요 참고문헌 및 인용약어

민법 해설서

강태성 물권법	강태성, 물권법, 대명출판사, 2000
고상룡 물권법	고상룡, 물권법, 법문사, 2001.
곽윤직 물권법	곽윤직, 물권법(신정수정판), 2000, 박영사.
곽윤직 부동산등기법	곽윤직, 부동산등기법(신정판), 1993, 박영사.
권용우 물권법	권용우, 물권법, 법문사, 1995
김기선 한국물권법	김기선, 한국물권법, 1985, 법문사.
김기선 한국물권법(1990)	김기선, 한국물권법, 1990, 법문사.
김상용 물권법	김상용, 물권법, 1993, 법문사.
김상용 물권법(2003)	김상용, 물권법, 2003, 법문사.
김상용 물권법(2009)	김상용, 물권법, 2009.7, 화산미디어
김재형 근저당권연구	김재형, 근저당권연구, 2000, 박영사
김용한 물권법론	김용한, 물권법론(전정판), 1985, 박영사.
김종권 실무부동산등기법(하)	김종권, 실무부동산등기법(하), 1992, 한국사법행정학회.
김증한/김학동 물권법	김증한/김학동, 물권법(제9판), 박영사(1997),
김현태 신물권법(하)	김현태, 신물권법(하), 1964, 일조각.
송덕수 물권법	송덕수, 물권법, 박영사 2012, 박영사.
이영준 물권법	이영준, 물권법, 1991, 박영사.
이영준 물권법(2000)	이영준, 물권법, 2000, 박영사.
이영준 물권법(신정판)	이영준, 물권법(신정판), 2001, 박영사.
이은영 물권법	이은영, 개정판 물권법, 2000, 박영사.
이은영 물권법(제4판)	이은영, 제4판 물권법, 2006, 박영사.
장경학 물권법	장경학, 물권법, 1987. 법문사.
하경일 신물권법	하경일, (판례학설실무)신물권법(제3편 · 제4편), 1993, 도서출판 가인.
곽윤직 채권각론	곽윤직, 채권각론(민법강의IV, 신정수정판), 2000, 박영사.집필대표 이영준, 주석물권법(하), 1993, 한국사법행정학회.
민법주해[VI]	편집대표 곽윤직, 민법주해[VI] 물권(3), 1996, 박영사.
민법주해[VII]	편집대표 곽윤직, 민법주해[VII] 물권(4), 1996, 박영사.

민법주해[XV]	편집대표 곽윤직, 민법주해[XV] 채권(8), 1997, 박영사.
주석민법[채권총칙(1)]	편집대표 박준서, 주석민법[채권총칙(1)], 2000. 한국사법행정학회.
주석민법[채권총칙(3)]	편집대표 박준서, 주석민법[채권총칙(3)], 2000. 한국사법행정학회.
주석민법[물권(3)]	편집대표 박준서, 주석민법[물권(3)], 2001, 한국사법행정학회.

민사집행법 해설서

남기정 신강제집행법(중)	남기정, 신강제집행법(중), 2000, 법률문화원.
신현기 부동산등기법 각론	신현기, 부동산등기법 각론, 2004, 법률서원.
오영관, 부동산등기법	오영관, 부동산등기법, 2006, 법학사.
법원실무제요 민사집행(상)	법원실무제요 민사집행(상), 2002, 법원행정처.
법원실무제요(임시판) 민사집행(하)	법원실무제요 민사집행(하), 2002. 법원행정처.

기타 해설서

박승두 회사정리법	박승두, 회사정리법, 2000, 법률 SOS
임채홍 · 백창훈, 회사정리법(상)	임채홍 · 백창훈, 회사정리법(상), 1999, 한국사법행정학회.
금융법률실무(여신편)	금융법률실무(여신편), 1995, 한국산업은행.
회사정리법해설	회사정리법해설, 1982, 한국산업은행.
회사정리실무	재판자료 제28집, 1985, 법원행정처.
특수담보제도	특수담보제도, 1984, 한국산업은행.

논문

강대성 전세권저당권의…	강대성, 전세권저당권의 우선변제적 효력[토지법학(2008.6), 한국토지법학회]
권 성 근저당권…	권 성, 근저당권설정계약의 해지[민사판례연구(VIII) 1986]
김상수 경매를…	김상수, 경매를 신청하지 않은 선순위근저당권자의 피담보채권의 확정시기김석우 근저당권 김석우, 근저당권에 관한 연구(한양대학교 박사학위논문, 1974).
김학동 주택임대차보호법	김학동, 주택임대차보호법상의 문제점(판례월보 제194

호, 1987년 9월호).

남양우 전세권을… ······ 남양우, 전세권을 목적으로 한 저당권의 효력에 관하여[실무연구자료 제7권(2006.1), 대전지방법원]

박순성 전세권에 관한… ······ 박순성, 전세권에 관한 판례의 동향과 전망-전세권의 담보물권성을 중심으로[21세기 한국민사법학의 과제와 전망-심당 송상현선생 화갑기념논문집(2002)]

안법영 외화채권 ······ 안법영, 외화채권과 환차손의 배상(동천김인섭변호사 화갑기념, 법실천의 제문제, 1996).

양창수 전세권 ······ 양창수, 전세권[고시계 421호(1992.3), 고시계사]

오경미 채권담보전세권과… ······ 오경미, 채권담보전세권과 그 저당권의 법률관계[민사재판의 제문 제 19권(박일환 대법관 화갑기념)(2010.12), 민사실무연구회]

오시영 전세권 존속기간… ······ 오시영, 전세권 존속기간 경과 후 전세권저당권의 물상대위성에 대한 고찰[한양법학 제22권 제3집(통권 제35집)(2011.8), 한양법학회]

윤천희 주택임차권 ······ 윤천희, 주택임차권의 대항력의 득실에 관한 문제(하)(판례월보 제201호, 1988년 4월호).

이미선 전세권저당권자의… ······ 이미선, 전세권저당권자의 지위와 관련된 쟁점에 관한 검토[대전지방변호사회지 4호(2007.1), 대전지방변호사회]

이상태 전세권저당권자의… ······ 이상태, 전세권저당권자의 법적 지위[민사법학 제38호(2007.9), 한국민사법학회]

이인철 근저당권… ······ 이인철, 근저당권의 확정을 둘러싼 등기실무상의 제문제[사법연구자료 제24집(97.12)].

이재도 전세권저당권의… ······ 이재도 전세권저당권의 효력과 실행방법[실무연구자료 7권, 대전지방법원 2006.1]

이재성 임대주택 ······ 이재성, 임대주택을 양도한 자의 임차인에 대한 보증금반환책임(사법행정 제324호, 1987년 12월호).

추신영 전세권저당권의… ······ 추신영, 전세권저당권의 실행방안[재산법연구 28권 2호, 법문사 (2012.8)]

제 1 장

부동산 담보

제 1 담보취득의 방법

1. 대상목적물

부동산담보의 대상목적물은 그 특성에 따라 크게 부동산 자체, 부동산의 공유지분, 부동산상의 권리, 부동산과 동산 등의 복합체, 특수한 물권으로 분류하여 볼 수 있다.

부동산 자체는 토지와 토지의 정착물로 구분하여 볼 수 있고 토지의 정착물은 다시 건물과 입목 등으로 구분하여 볼 수 있다. 이 중 입목이란 토지에 부착된 수목의 집단으로서 그 소유자가 입목에 관한 법률에 의하여 소유권보존등기를 한 것을 말한다. 미등기의 수목도 이른바 명인방법이라는 공시방법을 갖추고 있으면 부동산담보의 대상이 된다.

부동산의 공유지분이란 토지나 건물 등 부동산 자체를 수인이 공동으로 소유하는 경우 공동소유자 중의 1인이 대상 부동산에 대하여 가지는 권리를 말한다.

부동산상의 권리란 부동산인 토지나 토지의 정착물에 대하여 가지는 지상권·지역권·전세권·임차권 등의 용익권과 저당권·가등기담보권·유치권 등의 담보권 및 기타 가압류·가처분·가등기 권리자의 권리 등을 말하나, 이들 중 담보의 대상목적물이 되는 것은 지상권과 전세권에 한한다.

특수한 물권이란 광물·도로·바다·하천·댐·공항시설·항만시설 등을 대상으로 특별법에 의하여 인정되어 있는 물권으로서 광업법상의 광업권·수산업법상의 어업권·내수면어업법상의 내수면어업권·유료도로법상의 유료도로관리권·댐건설 및 주변지역지원 등에 관한 법률상의 댐사용권·공항시설법상의 공항시설관리권 및 항만법상의 항만시설관리권이 이에 속한다.

부동산과 동산 등의 복합체란 기업경영에 필요한 토지·건물과 생산설비인 기계·기구 등의 동산 및 지상권·임차권·산업재산권 등의 권리를 포함하여 하나의 통일적인 재단을 구성한 것으로 공장 및 광업재단 저당법에서 규정하는 공장과 공장재단 및 광업재단이 이에 속한다.

그런데 이상 여러 물건과 재산권을 대상으로 하는 담보에 관한 현행법의 체계는, 토지 · 건물을 중심으로 민법과 부동산등기법에서 그 담보권의 설정방법과 효력 등에 관하여 규정하고, 기타 물건과 재산권을 대상으로 하는 담보에 관하여는 개별 특별법으로 정하되 대상목적물의 특수성을 고려한 특별사항 이외에는 대체로 토지 · 건물을 대상으로 하는 담보에 관한 민법과 부동산등기법의 규정을 준용하도록 하고 있다.

따라서 이 장에서는 먼저 토지 · 건물을 대상으로 하는 담보에 관하여 설명하고 그 밖의 재산권을 대상으로 하는 담보에 대하여는 토지 · 건물 담보와 다른 특수한 부분만을 대상으로 제2장 그 밖의 등기 · 등록 재산담보에서 설명하기로 한다.

2. 담보권의 종류

(1) 담보권을 기준으로 한 분류

토지 · 건물 등의 부동산을 담보로 취득하는 방법으로는 저당권 · 가등기담보권 · 양도담보권 및 매도담보권을 설정하는 4가지가 있다.

저당권이라 함은 채무자 또는 제3자(물상보증인)가 채무의 담보로 제공한 부동산 기타의 목적물을 담보제공자의 사용 · 수익에 맡겨 두면서, 채무의 변제가 없을 때에는 그 물건의 가액으로부터 우선변제를 받는 것을 목적으로 하는 담보물권을 말한다(민 356). 저당권은 광 · 협 두 가지의 의미를 가진다. 즉 광의의 저당권은 특정채무만을 담보하는 보통저당권과 장래의 계속적 거래관계로부터 발생하는 불특정채권을 일정한 한도액까지 담보하는 근저당권을 모두 포함하나, 협의의 저당권은 근저당권에 대응하는 개념으로서의 보통저당권만을 의미한다.

가등기담보라 함은 대물변제의 예약이나 매매의 예약을 원인으로 한 소유권이전청구권보전의 가등기를 이용한 담보제도를 말한다. 예컨대 A가 B로부터 100백만원을 월 2%의 이율로 1년간 빌리면서, 원리금을 제대로 변제하지 못할 경우에는 B의 요구에 따라 X부동산(시가 200백만 원 상당)을 대물변제로서 B앞으로 소유권이전하기로 하거나(대물변제의 예약) 또는 원금과 소유권이전시까지의 이자의 합계액으로 B가 매수하기로(매매의 예약) 약정하고, 이 약정에 의하여 B가 가지게 되는 장래의 소유권이전등기청구권을 보전하기 위하여 X부동산에 가등기를 한 후, A가 원리금의 변제를 완료하면 동가등기를 말소하되 제대로 변제하지 않으면 B는 예약완결권을 행사하여 X부동산에 대한 소유권이전의 본등기를 함으로써, X부동산의 소유권을 취득하거나 X부동산에 대한 경매를 신청하여 그 매각대금으로부터 우선변제를 받는 담보제도를 말한다.

넓은 의미에서의 양도담보라 함은 채권담보를 목적으로 채권자에게 목적물의 소유권을 이전하여, 채무자가 채무를 이행하지 않으면 그 소유권을 채권자에게 확정적으로 귀속시키고, 채무를 이행하면 그 소유권을 다시 채무자에게 돌려주는 형식의 담보제도를 말한다. 이와 같은 의미에서의 양도담보는 소유권이전의 원인이 되는 금융수수의 모습에 따라서 두 가지 유형으로 나누어 볼 수 있다. 하나는 금융을 얻고자 하는 자가 채권자에게 자신의 부동산을 매각하여 필요한 금전을 조달하되, 일정한 기간내에 매각한 부동산을 다시 사올 수 있는 권리를 유보하는 형식을 취하는 경우이고, 다른 하나는 금융을 얻고자 하는 자가 소비대차의 형식으로 필요한 금전을 조달하고, 그 담보로써 부동산의 소유권을 채권자에게 이전시키는 형식을 취하는 경우이다. 전자의 경우는 신용의 수수를 소비대차가 아닌 매매의 형식으로 함으로써 당사자간에 채권 · 채무관계를 남기지 않는다는 점에서, 신용의 수수를 소비대차의 형식으로 함으로써 당사자간에 채권 · 채무관계를 남기는 후자의 경우와 구별된다. 이에 따라 전자의 경우를 매도담보라 하고 후자의 경우를 협의의 양도담보라고 한다. 실제의 거래에서 이용되는 양도담보가 이상의 어느 유형인지에 관하여는 당사자의 의사해석 문제이기는 하나, 당사자의 의사가 불분명한 경우는 협의의 양도담보로 보아야 한다는 것이 일반적인 견해이며, 통상 양도담보라고 하여 논의되는 것도 이 협의의 양도담보라고 할 수 있다.

(2) 피담보채권의 범위를 기준으로 한 분류

가. 특정채무담보형

특정채무담보형은 채무자가 채권자에 대하여 현재 부담하고 있거나 장래 부담하게 될 특정한 채무를 담보하고자 하는 경우에 설정한다. 보통저당권과 통상의 가등기담보권 및 통상의 양도담보권이 이에 해당한다.

나. 근담보형

㈎ 의의

근담보형은 계속적인 거래관계로부터 발생하는 다수의 불특정한 채권을, 장래의 결산기에서 일정한 한도까지 담보하려는 경우에 설정한다. 근저당권과 근가등기담보권 및 근양도담보권이 이에 해당한다. 이러한 담보권은 거래상의 편의를 위하여 인정된 것이다. 예컨대 A은행과 B회사 사이에 대출과 상환이 반복적으로 발생하는 거래관계가 있다고 할 때, 이러한 대출채권을 특정채무담보형으로만 담보해야 한다고 하면, 담보권의 부종성으로 인하여 매 대출시마다 구담보권의 말소와 신담보권의 설정이라는 절차를 반복해야 하게 되는데, 이는 시간과 비용의 낭비라는 점에서 불합리하기 그지없는 결과가 된다. 여기에서 한 번의 담보권설정으로, 그러한 거래관계에서 계속적으로 발생하는 대출채권을 중간의 채무소멸이나 이전에 관계없이, 일정한 한도액의 범위에서 담보할 수 있도록 할 담보제도를 필요로 하게 되었으며, 이러한 요청을 충족시키도록 고안된 것이 바로 근담보제도인 것이다.

㈏ 설정유형

근담보권이 채권자와 채무자 사이의 각종 거래관계 등에 의거하여 발생되는 여러 채무 중 어느 범위까지 담보하는가에 관하여는, 당사자 사이에 맺어지는 근담보권설정계약으로 정하게 되는데 현재 거래계에서 관용되고 있는 각종 근담보권설정계약서상의 내용을 중심으로, 그 유형을 분류하여 보면 다음과 같다.

① 근담보권설정계약시에 이미 체결되어 있는 특정의 거래약정(예컨대 년 월 일자 여신거래약정서 또는 년 월 일자 상품판매계약서 등)으로부터 발생하는 채무로 하는 경우.

② 근담보권설정계약시에 이미 체결되어 있는 거래계약인지의 여하에 관계없이, 특정한 거래의 종류를 한정적으로 열거하고, 그 거래(예컨대 당좌대출거래 또는 상품판매거래 등)로부터 발생하는 채무로 하는 경우.

③ 근담보권설정계약시에 이미 계약이 체결되어 있는 거래인지의 여하에 관계없이, 특정한 종류의 거래를 예시적으로 열거하고, 다시 이들을 포괄하는 거래를 한정적으로 정하여(예컨대 당좌대출거래, 어음할인거래, 지급보증거래 .... 기타 여신거래 또

는 상품판매거래, 위탁판매거래, 위탁가공거래 .... 기타 상거래) 그 포괄적인 거래에 속하는 여러 거래로부터 발생하는 채무로 하는 경우.

④ 근담보권설정계약시에 이미 계약이 체결되어 있는 거래인지의 여하에 관계없이, 특정한 종류의 거래를 예시적으로 열거하여, 그 거래로부터 발생하는 채무와 그 이외에 기타 각종의 원인으로 발생하는 채무까지 모두 포함하는 경우(예컨대 당좌대출거래, 어음할인거래, 지급보증거래 .... 기타 각종의 원인으로 인하여 발생하는 모든 채무 또는 상품판매거래, 위탁판매거래, 위탁가공거래 .... 기타 각종의 원인으로 인하여 발생하는 모든 채무).

⑤ 특정한 종류의 거래를 한정하거나 예시함이 없이, 채무자가 채권자에게 현재 부담하고 있거나 장래에 부담하게 될 일체의 채무로 하는 경우

실무에 있어서는, 상기 여러 유형으로 체결·설정되는 근담보권의 유형 중 ①의 경우를 특정근담보권이라 하고, ②의 경우를 한정근담보권이라 하며, ③④⑤의 경우를 포괄근담보권이라 한다.

3. 각 담보권의 내용

(1) 담보권의 설정방법과 효력

가. 저당권의 경우

저당권(광의)은 저당권을 설정 받으려는 자와 설정하려는 자가 저당권설정에 관한 계약을 체결하고 관할등기소에 저당권설정등기를 신청하여 그 등기가 이루어짐으로써 설정된다. 저당권설정에 관한 계약은 보통저당권을 설정하려는 때에는 저당권설정계약이라는 명칭으로, 그리고 근저당권을 설정하려는 때에는 근저당권설정계약이라는 명칭으로 체결하는 것이 보통이다.

은행 등의 금융권에서는 근저당권설정계약을 다시 특정근저당권과 한정근저당권 및 포괄근저당권의 3가지 유형으로 구분하여 설정하는 것이 일반이다. 그러나 특정근저당권이나 한정근저당권 및 포괄근저당권은 법률상 규정되어 있는 근저당권의 형태는 아니고, 단지 근저당권을 설정하는 당사자 사이의 피담보채무의 범위에 관한 합의사항에 지나지 않으며, 또한 부동산등기법에서 정하는 등기사항이 아니

어서 등기를 할 수가 없고 그에 따라 등기부상에는 모두 근저당권으로 기재될 뿐이다.

나. 가등기담보권의 경우

가등기담보권은 가등기담보계약을 체결하고 가등기를 함으로써 설정된다. 그리고 여기에서 가등기담보계약이라 함은 채무를 담보하기 위하여 그 불이행이 있는 때에는, 그 채무의 이행에 갈음하여 또는 그 채무액의 대가로 채무자 또는 제3자에게 속하는 소유권 기타의 권리를 채권자에게 이전하겠다는 계약으로서, 그 계약에 기한 채권자의 권리를 보전하기 위한 가등기를 할 수 있는 것을 말한다.

가등기담보권을 설정할 수 있는 채권과 가등기담보권의 효력이 미치는 목적물의 범위는 저당권의 경우와 동일한 것으로 보면 된다. 그리고 가등기담보권에 의하여 담보되는 채권의 범위에 관하여는, 저당권에 의하여 담보되는 채권의 범위에 관한 민법의 규정이 준용된다(가담 3, 4, 12, 13 참조). 따라서 그 가등기담보권이 특정채무담보용이면, 담보되는 채권은 원본 · 이자 · 위약금 · 채무불이행으로 인한 손해배상 및 담보권의 실행비용을 포함하되 채무불이행으로 인한 지연배상은 원본의 이행기를 경과한 1년분에 한하게 되고(민 360), 근담보용이면 채권최고액 범위 내에서 원본 · 이자 · 위약금 및 채무불이행으로 인한 손해배상을 포함하게 된다.

그러나 저당권에 있어서는 담보되는 채권의 범위(근저당권의 경우는 채권최고액)가 등기사항으로 되어 있고, 이를 등기하지 않으면 제3자에게 대항하지 못하는 것으로 되어 있으나(부등 75), 가등기담보권에 있어서는 이를 등기할 길이 없으므로, 등기 없이 당사자간의 약정만으로 제3자에게 대항할 수 있다는 점에서 차이가 난다.

다. 양도담보권의 경우

양도담보권은 그 설정을 목적으로 하는 계약 즉 양도담보계약과 목적권리의 이전에 필요한 공시방법을 갖춤으로써 성립한다. 양도담보계약이란, 채권담보를 목적으로 채무자 또는 제3자가 특정의 부동산을 채권자에게 양도하고, 채무자의 채무불이행시 그 부동산으로부터 채무의 변제를 받기로 하는 내용의 채권자와 담보제공자 사이의 계약을 말한다. 또한 양도담보는 권리이전의 형식을 이용해서 채권담보를 하는 것이므로, 양도담보계약의 후속조치로서 반드시 목적권리를 채권자에게 이전시켜야 한다. 단순히 채무자가 변제기에 채무를 이행하지 않으면, 목적권리를 이전하겠다고 하는 계약만으로는, 양도담보가 될 수 없고 대물변제의 예약이 될 뿐이다. 따라서 부동산이 양도담보의 목적물인 때에는 소유권이전등기를 하여야 한다. 그런데 이 경우 소유권이전등기의 원인을 무엇으로 기재할 것인가에 관하여는, 부동산등기법에 아무런 규정이 없으나, 대법원의 등기예규[1]로 「양도담보계약」을 등기원인으로 기재할 수 있도록 하고는 있다. 그러나 실무관행상으로는 「매매계약」을 원인으로 하는 이전등기를 하는 것이 보통이다. 그 결과 이 경우에는 등기만으로서는 그것이 진정한 소유권이전의 등기인지 양도담보권의 설정을 위한 등기인지 구분되지 않는다. 그리고 양도담보권설정을 위한 소유권이전등기는 그 등기원인이 「양도담보계약」이건 「매매계약」이건 묻지 않고, 피담보채권에 관한 기재(채권액 · 채무자 · 변제기 · 이자 등)가 일체 행하여지지 않는다는데 그 특징이 있다.

양도담보권을 설정할 수 있는 채권과 양도담보권의 효력이 미치는 목적물의 범위 및 양도담보권에 의하여 담보되는 채권의 범위는 가등기담보의 경우와 동일한 것으로 보면 된다.

(2) 담보권의 설정 · 해제비용

저당권의 경우는 설정시에 채권금액(근저당권의 경우는 설정금액)의 2/1,000에 해당하는 등록면허세(지세 28① i 다2)와 등록면허세세액의 20/100에 해당하는 지방교육세(지세 151① ii)를 납부하여야 한다. 또한 저당권의 설정금액이 2,000만 원 이상인 때에는 설정금액의 10/1,000에 해당하는 국민주택채권을 매입하여야 한다(주도기령 별표 부표 15 다). 그리고 해제시에는 등록면허세 6천 원과 지방교육세 12백 원을 납부하여야 한다(지세 28① i 마, 151① ii).

가등기담보권의 경우는 설정시에 과세표준의 2/1,000에 해당하는 등록면허세액(지세 28① i 라2)과 등록면허세액의 20/100에 해당하는 지방교육세(지세 151① ii)를 납부하여야 하나, 국민주택채권매입의무는 없다. 그리고 해제시에는 등록면허세 6천 원과 지방교육세 12백 원을 납부하여야 한다(지세 28① i 마, 151① ii). 특히 가등기담보권의 경우는, 실제로 담보하고자 하는 채권액에 관계없이, 동일한 설정비용이 들게 되는 특징이 있어, 담보하고자 하는 채권금액이 부동산가액을

1) 1995.11.21. 등기예규 제824호 부동산실권리자명의등기에 관한 법률시행에 따른 업무지침 참조.

초과하는 경우에 이용하면, 저당권을 설정하는 것에 비하여 설정비용의 부담을 줄일 수 있는 이점이 있다.

양도담보권의 경우는 설정시에 과세표준의 10/1,000~120/1,000에 해당하는 취득세액(지세 13①vii · viii, 13의2)과 취득세액의 10/100에 해당하는 지방교육세(지세 151① i)를 납부하여야 하고, 아울러 부동산가액의 13/1,000 내지 50/1,000에 해당하는 국민주택채권을 매입하여야 한다(주도기령 별표 부표 15 가). 그리고 해제시에는 소유권이전등기의 말소에 따른 등록면허세 6천 원과 12백 원의 지방교육세를 부담하게 된다(지세 28① i 마, 151① ii).

(3) 담보권의 실행

저당권자는 그 저당권에 의하여 담보되는 채무의 이행이 없으면 민사집행법이 정하는 절차에 따라, 저당목적물의 소재지를 관할하는 지방법원에 당해 저당목적물에 대한 경매를 신청하여 그 매각대금으로부터 우선변제를 받을 수 있다.

가등기담보권의 실행방법으로는 권리취득에 의한 실행과 경매에 의한 실행의 두 가지가 있다. 권리취득에 의한 실행은 채무자가 피담보채무의 이행을 하지 않는 경우에, 가등기담보권자가 담보목적물의 가치로부터 피담보채권의 변제를 받는 수단으로 목적부동산에 대한 소유권을 취득하는 경우로서, 실행통지 · 청산 · 소유권취득의 3단계를 거쳐 이루어진다(가담 3 이하). 가등기담보권자는 권리취득에 의한 실행방법을 취하지 않고서, 목적부동산에 대하여 민사집행법에 의한 경매를 청구해서 그 매각대금으로부터 자기채권의 변제를 받을 수 있으며, 이 경우 그 경매에 있어서 가등기담보권은 저당권으로 취급되게 된다(가담 12①). 이것은 권리취득에 의한 실행에 있어서 청산금지급이 가등기담보권자에게 오히려 번거롭고 부담이 되는 경우도 있을 수 있기 때문에, 가등기담보권자에게 담보권 실행방법에 관한 선택의 폭을 넓혀주기 위한 것이다.

양도담보권의 실행은, 가등기담보 등에 관한 법률이 정하는 이른바 권리취득에 의한 실행을 할 수 있을 뿐, 가등기담보의 경우에 인정되는 경매에 의한 실행은 인정되어 있지 않다. 그리고 권리취득에 의한 실행절차는 가등기담보권의 실행절차와 같이 실행통지와 청산 및 소유권취득의 3단계를 거치게 된다(가담 3 이하).

4. 각 담보권의 장 · 단점

토지 · 건물 등의 부동산을 담보로 취득하는 방법으로는 위와 같이 저당권, 가등기담보권, 양도담보권 및 매도담보권을 설정하는 4가지가 있다. 다만 이 4가지 방식 중 매도담보는 양도담보의 특수한 형태로 볼 수 있으므로, 이를 양도담보에 포함시키면 실제로는 저당권과 가등기담보권 및 양도담보권의 3가지가 된다.

이상 3가지 방법을 비교해 볼 때, 우선 양도담보권의 경우는 등기부상의 소유명의를 채권자 앞으로 이전시켜 두기 때문에, 채권담보의 효력을 강화시킬 수 있는 장점이 있는 반면에 비용이 많이 드는 단점이 있다. 다음에 가등기담보권의 경우는 담보권설정에 따른 비용을 많이 들이지 않고서도 양도담보와 비슷한 효과를 가져올 수 있는 장점이 있는 반면, 등기부상의 기재만으로는 그 가등기가 담보를 위한 가등기인지 아니면 진정한 소유권이전청구권보전을 위한 가등기인지의 여부를 알 수 없을 뿐만 아니라, 담보되는 채권의 내용(담보채권액, 채무자, 변제기, 이자 등)을 등기에 의하여 공시할 수 없어 후순위담보권 등의 설정을 곤란하게 함으로써, 채무자나 담보제공자의 입장에서 볼 때 담보물의 가치를 효율적으로 이용할 수 없게 하는 단점이 있다. 그리고 저당권의 경우는 민법이 인정하는 전형담보로 담보권자와 담보제공자의 이해관계를 가장 잘 조절해 놓았다는 점에서 가장 합리적인 담보제도이나, 채권자의 입장에서 전 2자의 경우보다, 채권담보의 기능이 다소 떨어진다는 단점이 있다.

위 3가지 담보제도의 실제적인 차이점을 그 설정방법과 효력 등을 중심으로 비교 · 요약하여 보면 다음과 같다.

[부동산을 대상으로 하는 담보권의 내용비교]

구 분	저 당 권	가등기담보권	양도담보권
1. 등기의 형식	저당권설정등기 근저당권설정등기	소유권이전청구권 가등기	소유권이전등기
2. 효력이 미치는 범위 • 피담보채권의 범위 – 대상	– 보통저당권 : 원본 + 이자 + 위약금 + 1년분의 지연배상금 + 저당권실행비용 – 근저당권 : 채권최고액 범위내의 원본, 이자, 위약금, 지연배상금 + 근저당권실행비용	– 보통담보권 : 원본 + 이자 + 위약금 + 1년분의 지연배상금 + 담보권실행비용 – 근담보권 : 담보한도액 범위내의 원본, 이자, 위약금, 지연배상금+담보권실행비용	– 보통담보 : 좌동 – 근담보 : 좌동
– 등기가능여부	등기가능	등기불가능	좌 동
• 목적물의 범위	부합물, 종물, 물상대위물	좌 동	좌 동
3. 담보권의 실행방법	경매에 의한 실행	– 경매에 의한 실행 – 권리취득에 의한 실행	권리취득에 의한 실행
4. 담보권의 설정비용 • 등록면허세	설정금액의 2/1,000	부동산 가액[1] 또는 채권금액의 2/1,000	없음
• 취득세	없음	없음	취득 당시 신고가액의 40/1,000[2]
• 지방교육세	등록면허세액의 20/100	등록면허세액의 20/100	취득세액의 10/100[3]
• 농어촌특별세	없음	없음	취득세액의 10/100(취득세율이 2/1,000인 경우에 한함)
• 국민주택채권매입[4]	채권최고액의 10/100 (2천만원미만인경우 면제)	없음	시가표준액의 13/1,000~50/1,000
5. 담보권의 해제비용	등록면허세 6,000원 지방교육세 1,200원	등록면허세 6,000원 지방교육세 1,200원	이전시 : 설정비용과 동일[1] 말소시 : 등록면허세 6,000원 지방교육세 1,200원

주) 1. 부동산 가액은 등기신청 당시의 신고가액으로 하되, 신고가액이 지방세법 제4조에 따른 시가표준액보다 적은 경우에는 시가표준액으로 한다(지세 28 ① i 라.4), 27①②).

2. 신고가액이 지방세법 제4조에서 정하는 시가표준액보다 적을 때에는 그 시가표준액으로 한다(지세 10②). 세율에 관하여는 부동산이 주택으로서 취득 당시의 신고가액이 6억 원 이하인 경우는 10/1,000, 6억 원 초과 9억 원

이하인 경우는 [(해당 주택의 취득 당시의 가액×2/3억 원－3)×1/100]의 산식으로 산출한 세율, 9억 원 초과인 경우는 30/1,000으로 하는 특례가 적용된다. 그리고 공유지분의 신고가액은 (전체 주택의 취득 당시의 가액 = 취득지분의 취득 당시의 가액×전체 주택의 시가표준액/취득 지분의 시가표준액)의 산식으로 산출한 전체 주택의 취득 당시의 가액으로 한다(지세 11①viii②).

3. 2010.12.27. 지방세법의 개정으로 등록세가 취득세로 흡수통합 되었는데, 개정 전 지방세법상의 지방교육세가 등록세액의 20/100 이므로, 개정 후 지방세법상의 등록세액이 취득세액의 20/100이라는 점에서 개정 후 지방세법상의 지방교육세가 늘어나지 않도록 개정 전 지방세법상의 취득세 해당부분을 공제하게 한 지방세법 제151조 제1항 제1호 본문의 산식을 적용하여 산출한 세율임.
4. 국민주택채권 매입액의 구체적인 내용은 도시주택기금법 8, 도시주택기금법시행령 8②, 도시주택기금법시행령 별표 부표 15 다. 참조

제2 담보취득 전의 검토 사항

1. 취득할 담보권의 선택

토지 · 건물에 설정할 수 있는 위와 같은 여러 담보제도 중 실제로 어느 것을 이용할 것인지는, 채권자와 담보제공자가 구체적인 상황에 따라 서로 협의하여 결정하면 된다.

은행을 비롯한 제도권의 금융회사에 있어서는, 전형담보인 저당제도만을 이용하고 있고 가등기담보나 양도담보를 이용하는 경우는 거의 없다. 이는 가등기담보나 양도담보가 과거에 폭리를 도모하기 위한 수단으로 이용되어 왔다는 점과 채권자의 채권보전에 필요한 범위를 넘어서 담보제공자의 담보물 이용을 제약한다는 점 및 담보권의 설정과 해제에 많은 비용을 필요로 한다는 점 등에 기인한다.

그러나 가등기담보는 현재에 있어서는 가등기담보 등에 관한 법률에 의하여 담보의 내용이 정형화되어 있고, 담보권자가 폭리를 취할 수 없도록 여러 장치가 마련되어 있으며 또한 경우에 따라서는 저당권을 설정하는 것에 비하여 설정비용이 적게 들 수도 있으므로, 고객이 원하는 때에는 은행여신거래에 따른 담보취득에 있어서도, 이를 활용할 수 있도록 하는 것이 좋을 것으로 생각한다.

2. 담보의 금지와 제한

(1) 개설

법률에서는 일정한 공익상의 필요에서 특정한 공익목적을 수행하는 자에 관하여, 그가 보유하고 있는 재산에 대한 담보의 제공을 금하거나 담보의 제공에 주무관청의 허가를 요하도록 제한하고 있는 경우가 있다.

따라서 여신거래의 담보로 제공되는 토지 · 건물에 대하여는, 먼저 담보취득이 금지되거나 제한되어 있는지의 여부를 검토한 후, 금지되어 있으면 담보취득을 해서는 아니 되고, 제한되어 있으면 담보취득할 수 있는 요건을 구비한 후 취득하여야 한다.

(2) 금지와 제한의 내용

가. 사립학교법상의 금지와 제한

(가) 담보제공의 금지

학교교육에 직접 사용되는 학교법인의 재산 중 ① 교지 ② 교사(강당을 포함한다) ③ 체육장(실내체육장을 포함한다) ④ 실습 또는 연구시설 ⑤ 기타 교육에 직접 사용되는 시설 · 설비 및 교재 · 교구는 이를 매도하거나 담보에 제공할 수 없다(사학 28②, 사학령 12①). 그러나 다음 중 어느 하나에 해당하는 재산은 학교법인이 매도하거나 담보로 제공할 수 없는 재산에서 제외한다(사학 28②, 사학령 12②).

① 교육환경의 개선을 위하여 교지의 전부와 교육용 기본시설의 일부를 확보한 후 학교를 이전하는 경우로서 이전으로 용도가 폐지되는 재산

② 교육환경의 개선을 위하여 교지의 전부와 교육용 기본시설의 일부를 확보한 후 학교 간 통폐합(본교와 분교 간 통폐합을 포함한다)하려는 경우로서 통폐합으로 용도가 폐지되는 재산

③ 교육 · 연구의 경쟁력 강화 및 특성화를 위하여 학교법인 간에 교환의 방법으로 처분하는 재산

④ 공공 또는 교육 · 연구의 목적으로 교육용 기본재산을 국가, 지방자치단체 또는 연구기관에 무상으로 귀속하는 경우로서 사립학교법 시행령 제13조의2에서 규정하는 요건을 충족하는 경우

⑤ 그 밖에 학생 수의 감소 등 교육여건의 변화를 고려하여 매도하거나 담보로 제공해도 교육에 지장을 주지 않는 경우로서 교육부장관이 정하여 고시하는 기준에 해당하는 재산

그리고 여기에서 "학교법인"이란 사립학교만을 설치 · 경영함을 목적으로 사립학교법에 의하여 설립되는 법인을 말하고(사학 2②), "사립학교"란 학교법인, 공공단체 외의 법인 또는 그 밖의 사인(私人)이 설치하는 유아교육법상의 유치원(동법 2ii),

초 · 중등교육법상의 ① 초등학교 · 공민학교 ② 중학교 · 고등공민학교 ③ 고등학교 · 고등기술학교 ④ 특수학교 ⑤ ① 내지 ④의 학교와 유사한 교육기관에 해당하는 각종학교(동법 2, 60①) 및 고등교육법상의 ① 대학 ② 산업대학 ③ 교육대학 ④ 전문대학, ⑤ 방송대학 · 통신대학 · 방송통신대학 및 사이버대학(원격대학) ⑥ 기술대학 ⑦ ① 내지 ⑥의 학교와 유사한 교육기관에 해당하는 각종학교를 말한다(동법 2, 59①).

한편 위와 같은 매도 또는 담보제공의 금지규정은 학교법인이 아닌 사립학교경영자에 대하여도 준용된다(사학 51). 그리고 여기에서 「사립학교경영자」라 함은 유아교육법, 초 · 중등교육법 및 고등교육법과 사립학교법에 의하여 사립학교를 설치 · 경영하는 공공단체 외의 법인(학교법인을 제외한다) 또는 사인(私人)을 말한다(사학 2iii).

(나) 담보제공의 제한

학교법인이 위와 같이 담보제공이 금지되는 재산 이외의 기본재산을, 매도 · 증여 · 교환 또는 용도변경하거나 담보에 제공하고자 할 때 또는 의무의 부담이나 권리의 포기를 하고자 할 때에는 관할청의 허가를 받아야 한다. 다만 대통령령이 정하는 경미한 사항은 이를 관할청에 신고하여야 한다(사학 28①). 이러한 학교법인의 재산은 학교교육에 직접 사용되는 것이 아니므로 매도나 양도 등의 처분 자체를 금지할 필요는 없으나, 그렇다고 이를 자유로 처분할 수 있도록 하면 학교운영에 지장을 줄 수 있으므로 대통령령으로 정하는 경미한 사항(사학령 11⑤ 참조)을 제외하고는 관할청의 허가를 얻도록 한 것이다.

(다) 금지나 제한되지 않는 경우

사립학교경영자의 소유에 속하는 재산이기는 하나 학교교육에 직접 사용되지 않는 재산을, 사립학교경영자가 매도 또는 담보제공함에 있어서는 주무관청의 허가를 요하지 않는다. 학교법인의 재산에 대한 매도 또는 담보제공의 금지와 제한에 관한 규정 중, 사립학교경영자에 대하여 준용되는 것은 금지에 관한 규정(사학 28②)일 뿐, 제한에 관한 규정(사학 28①)은 준용되지 않는 것이기 때문이다(사학 51).

따라서 사립학교경영자는 그의 보유재산 중 학교교육에 직접 사용되는 것만 담보로 제공할 수 없을 뿐 그 이외의 것은 담보로 제공하는데 아무런 제한을 받지 않는다.

학교법인이나 사립학교경영자가 타인의 소유에 속하는 재산을 빌려서 이를 학교교육에 직접 사용하고 있는 중에, 그 타인이 동재산을 매도 또는 담보제공하려 함에 있어서도, 위 사립학교법상의 금지규정이 적용되는가. 이에 관하여는 그 적용이 없는 것으로 보아야 한다. 위 사립학교법상의 금지와 제한 규정은, 학교법인이나 사립학교경영자의 소유에 속하는 재산에 관하여 적용되는 것으로 규정되어 있을 뿐, 타인의 소유에 속하는 것까지 포함하는 것으로 규정으로 되어 있지 않기 때문이다. 또한 위 사립학교법상의 금지와 제한 규정을, 타인의 소유에 속하는 것까지 포함하는 것으로 해석하는 것은, 헌법이 정하고 있는 재산권 보장과 제한의 원칙(헌 23)에도 위배된다. 단지 학교법인이나 사립학교경영자에게 빌려주었다는 것만으로, 그 소유자가 자신의 재산에 대하여 매도나 담보제공 등 일체의 처분행위를 할 수 없다고 하는 것은, 지나치게 공익상의 필요성 만을 내세워 필요 이상으로 개인의 재산권을 제한하는 것이 되어, 헌법상의 기본권 제한은 기본권의 보장과 공익상의 필요성이 균형을 이루는 범위에서 이루어져야 한다는, 비례성의 원칙에 반하는 결과가 되기 때문이다. 다만 학교법인이나 사립학교경영자가, 그 용익권(지상권, 전세권, 임차권 등) 자체를 매도 또는 담보의 대상으로 함에 있어서는, 동금지규정이 적용되게 됨은 물론이다.

판례1-1

담보권설정 후 학교교육에 사용된 경우의 담보권의 효력

사립학교법상의 사립학교에 해당하는 유치원 설립자 겸 경영자 소유의 재산으로서, 유치원교육에 직접 사용되는 교지 등 사립학교법시행령 제12조 소정의 재산의 경우에는 관할관청의 처분허가 유무에 관계없이 처분할 수 없는 것이지만, 위에 해당하는 재산이라고 하더라도 유치원 설립자가 유치원 설립허가를 얻기 전에 담보권을 설정한 경우에는 담보권 성립 당시 담보제공자가 사립학교의 경영자라고 볼 수 없으므로 학교재산은 적법하게 설정된 피담보채무를 부담한 것이라 할 것이고, 적법하게 담보권이 성립한 이상 그 후에 담보제공자가 유치원 설립자의 지위를 얻었고, 그 재산이 유치원교육에 직접 사용하게 되었다고 하여 담보권자가 그 담보권을 실행하는 것이 금지된다거나 새삼스럽게 감독청의 처분허가를 필요로 한다고 볼 것은 아니다(대결 2004.7.5. 2004마97).

㈃ 금지 또는 제한 위반의 효력

사립학교법에서 규정하고 있는 금지 또는 제한 규정에 위반한 담보권설정 등의 법률행위는, 상대방의 선의·악의 여하에 관계없이 모두 무효이다. 따라서 예컨대

학교법인이나 사립학교경영자의 소유에 속하는 재산으로서, 학교교육에 직접 사용되는 운동장이나 교실 등에 설정한 근저당권은, 무효로서 그 효력을 인정받을 수가 없다. 또한 학교법인의 기본재산으로서 학교교육에 사용되지 않는 것이라도, 주무관청의 허가를 받지 않고 제공한 토지 · 건물에 설정한 근저당권도, 무효로서 그 효력을 인정받을 수가 없다. 다만 신고사항을 신고하지 않고 한 행위는 그 사법상의 효력에는 영향이 없는 것으로 보아야 한다.

판례1-2

금지 또는 제한 위반의 효력

(1) 사립학교 체육장으로 사용하기 위한 재산으로 편입시킨 임야에 대하여 설정된 근저당권설정등기 및 지상권설정등기는 위 임야 중 운동장, 통로, 교사부지 등 학교교육에 직접 사용되고 있는 부분위에 설정된 위 각 등기만이 사립학교법 제51조에 의하여 준용되는 동법 제28조 제2항 동시행령 제12조에 위배되어 무효이고, 위 임야중 나머지 개간되지 아니한 임야부분에 설정된 각 등기는 유효로 함이 계약당사자의 의사에 합치되고 공평의 견지에도 부합되는 것이다(대판 1974.8.30. 74다403).

(2) 사립학교법 제28조 제2항, 같은법시행령 제12조는 학교교육에 직접 사용되는 학교법인의 재산 중 교지, 교사 등은 이를 매도하거나 담보에 제공할 수 없다고 규정하고 있고, 같은 법 제51조는 사립학교 경영자에게도 학교법인에 관한 같은 법 제28조 제2항을 준용한다고 규정하고 있으므로, 사립학교 경영자가 사립학교의 교지, 교사로 사용하기 위하여 출연 · 편입시킨 토지나 건물이 등기부상 학교경영자 개인 명의로 있는 경우에도 그 토지나 건물에 관하여 경료된 담보 목적의 가등기나 근저당권설정등기는 같은 법 제51조에 의하여 준용되는 같은 법 제28조 제2항, 같은법시행령 제12조에 위배되어 무효이다(대판 2000.6.9. 99다70860).

나. 공익법인의 설립 · 운영에 관한 법률에 의한 제한

공익법인이 기본재산을 매도 · 증여 · 임대 · 교환 또는 용도변경하거나 담보로 제공하려는 경우 또는 대통령령으로 정하는 일정 금액 이상을 장기차입(長期借入)하려는 경우에는 주무 관청의 허가를 받아야 한다(공설운 11③).

공익법인이란 재단법인이나 사단법인으로서 사회 일반의 이익에 이바지하기 위하여 학자금 · 장학금 또는 연구비의 보조나 지급, 학술, 자선(慈善)에 관한 사업을 목적으로 하는 법인을 말한다(공설운 2).

공익법인의 재산은 기본재산과 보통재산으로 구분하며(공설운 11①), 기본재산이란 ① 설립시 기본재산으로 출연한 재산 ② 기부에 의하거나 기타 무상으로 취득한 재산. 다만, 기부목적에 비추어 기본재산으로 하기 곤란하여 주무관청의 승인을 얻은 것은 예외로 한다. ③ 보통재산 중 총회 또는 이사회에서 기본재산으로 편입할 것을 의결한 재산 ④ 세계잉여금 중 적립금으로 구성된다(공설운령 16①). 보통재산은 기본재산 이외의 모든 재산이다(공설운령 16②). 주무관청은 공익법인의 보통재산이 과다하다고 인정할 때에는 그 일부를 기본재산으로 편입하게 할 수 있다(공설운령 16③).

그러나 상속세 및 증여세법 제16조제2항에 따른 성실공익법인이 기본재산에 관하여 다음 중 어느 하나에 해당하는 경우에는 주무 관청에 대한 신고로 갈음할 수 있다(공설운 11④).

① 기본재산의 100분의 20 범위에서 기본재산의 증식을 목적으로 하는 매도·교환 또는 용도변경 등 대통령령으로 정하는 경우

② 기본재산의 운용수익이 감소하거나 기부금 또는 그 밖의 수입금이 감소하는 등 대통령령으로 정하는 사유로 정관에서 정한 목적사업의 수행이 현저히 곤란하여 기본재산을 100분의 10 범위에서 보통재산으로 편입하려는 경우. 이 경우 직전 편입이 있은 날부터 최소 3년이 경과하여야 한다.

주무 관청의 허가를 받아야 하는 담보제공행위를 주무관청의 허가 없이 한 때에는 담보취득자의 선의·악의 여하에 관계없이 무효가 된다. 다만 신고사항을 신고 없이 한 행위는 그 사법상의 효력에는 영향이 없는 것으로 보아야 한다.

다. 의료법에 의한 제한

의료법인이 재산을 처분하거나 정관을 변경하려면 특별시장·광역시장·도지사 또는 특별자치도지사의 허가를 받아야 한다(의료 48③). 의료법인이 재산 처분이나 정관 변경에 대한 허가를 받으려면 그 허가신청서에 ① 이유서 ② 처분재산의 목록 및 감정평가서(교환인 경우에는 쌍방의 재산에 관한 것이어야 한다) ③ 이사회의 회의록 ④ 처분의 목적, 용도, 예정금액, 방법과 처분으로 인하여 감소될 재산의 보충 방법 등을 적은 서류 ⑤ 처분재산과 전체재산의 대비표를 첨부하여 처분 1개월 전에 그 법인의 주된 사무소의 소재지를 관할하는 특별시장·광역시장·도지사 또는 특별자치도지사에게 제출하여야 한다(의료령 21본, 의료규 54①). 다만, 법률 제4732호 의료법중개정법률 부칙 제11조에 해당하는 국가로부터 공공차관을 지원받은 의료법인의 경우에는 위 허가신청서와 첨부서류를 그 법인의 주된 사무소의 소재지를 관할하는 특별시장·광역시장·도지사 또는 특별자치도지사를 거쳐 보건

복지부장관에게 제출하여야 한다(의료령 21단).

의료법인이 재산을 처분한다고 하는 것은 재산을 매각하는 것은 물론이고 담보제공하는 것도 포함하는 것으로 보아야 한다. 특별시장 · 광역시장 · 도지사 또는 특별자치도지사의 허가 없이 이루어진 담보제공행위는 담보취득자의 선의 · 악의 여하에 관계없이 무효인 것으로 보아야 한다.

담보제공에 특별시장 · 광역시장 · 도지사 또는 특별자치도지사의 허가를 받아야 하는 것은 의료법인의 소유에 속하는 것이어야 한다. 그리고 의료법인의 소유에 속하는 이상 그것이 의료목적으로 사용되는 것인지 여부는 묻지 않는다. 따라서 의료목적으로 사용되는 재산이라도 그것이 의료법인의 소유가 아닌 것 즉 의료법인이 다른 법인이나 개인이 소유하는 것을 빌려서 의료목적으로 사용하고 있는 것을 그 소유자가 담보로 제공함에는 특별시장 · 광역시장 · 도지사 또는 특별자치도지사의 허가를 요하지 않는다. 또한 의료업을 경영하는 개인이 의료목적으로 사용하는 자신의 재산을 담보로 제공함에 있어서도 특별시장 · 광역시장 · 도지사 또는 특별자치 도지사의 허가를 요하지 않는다.

라. 전통사찰보존법에 의한 제한

전통사찰의 주지가 동산 또는 부동산을 대여하거나 담보로 제공하려면 사찰이 속한 단체 대표자의 승인서를 첨부(사찰이 속한 단체가 없는 경우에는 제외한다)하여 특별시장 · 광역시장 · 도지사 · 특별자치도지사의 허가를 받아야 한다. 허가받은 사항을 변경하려는 경우에도 같다(전사보 9②). 특별시장 · 광역시장 · 도지사 또는 특별자치도지사의 허가 없이 이루어진 담보제공행위는 담보취득자의 선의 · 악의 여하에 관계없이 무효라는 것이 대법원판례이다.

'전통사찰'이란 불교 신앙의 대상으로서의 형상(形象)을 봉안(奉安)하고 승려가 수행(修行)하며 신도를 교화하기 위한 시설 및 공간으로서 전통사찰의 보존 및 지원--에 관한 법률 제4조에 따라 등록된 것을 말하고(전사보 2ⅰ), "주지"란 전통사찰의 대표자로서 사찰의 운영 및 재산을 관리하고 전통사찰의 보존 · 발전 · 계승을 관장하는 승려를 말한다(전사보 2ⅱ). 그리고 "동산"이란 사찰에 있는 불상 · 화상(畵像) · 석물(石物) · 고문서 · 고서화 · 종류(鐘類) · 경전, 그 밖에 사찰에 속하는 재산으로서 유서(由緖)가 있거나 학예, 기예(技藝) 또는 고고(考古) 자료로 인정되는 것으로 제작되거나 작성된 지 50년 이상 지난 것을 말하고(전사보 2ⅴ), "부동산"이란 사찰에 속하는 대지 · 전답 · 임야 및 건조물을 말한다(전사보 2ⅵ).

판례1-3

1. 관할청의 허가 없이 한 담보제공의 효력

구 전통사찰보존법(1997. 12. 13. 개정되기 전의 것) 제6조 제1항 제2호, 같은 조 제5항 및 같은 법시행령 제7조 제2항 등에 의하면 전통사찰보존법상의 경내지 등을 대여, 양도, 담보제공 등 처분행위를 함에는 문화체육부장관의 허가를 받게 되어 있고, 이에 위배되는 처분은 무효로 한다고 규정하고 있는 바, 그 처분행위가 강제경매절차의 한 경우라 하더라도 달리 볼 것은 아니다(대판 1999.10.22. 97다49817).

2. 관할청의 사후허가의 효력

사찰 소유의 일정한 재산을 대여, 양도 또는 담보에 제공하는 때에는 관할청의 허가를 받아야 한다는 구 불교재산관리법(1962. 5. 31. 법률 제1087호, 전통사찰보존법 부칙 제2조에 의하여 폐지) 제11조 제1항 제2호 및 전통사찰보존법 제6조의 규정은 강행법규로서 이에 위반한 양도계약은 무효이고, 사찰재산의 양도에 필요한 위와 같은 허가는 반드시 그 양도 전에 미리 받아야 하는 것은 아니고 양도 후에라도 허가를 받으면 그 양도계약은 소급하여 유효한 것으로 된다고 할 것이지만, 양도계약이 처음부터 허가를 배제 · 잠탈하는 내용의 것이거나 또는 양도계약 후 당사자 쌍방이 허가받지 않기로 하는 의사표시를 명백히 한 때에는 그 양도계약은 그로써 확정적으로 무효로 되어 더 이상 관할청의 허가를 받아 유효한 것으로 될 여지가 없다(대판 2001.2.9. 99다26979).

마. 향교재산법에 의한 제한

향교재단이 향교(鄕校)를 유지하고 운영하기 위하여 조성된 동산(動産)과 부동산을 처분하거나 담보로 제공하려는 때에는 ①재산의 표시(동산 · 부동산 여부 및 그 소재지 · 명칭 · 수량과 유래 등) ②담보제공의 사유 ③채권자 ④채무액 · 그 용도 · 이율 및 상환방법을 기재한 서면으로 신청하여 특별시장 · 광역시장 · 도지사 또는 특별자치도지사의 허가를 받아야 한다(향재 8① i , 2, 향재령 2ii).

향교재단은 특별시 · 광역시 · 도 및 특별자치도 마다 그 지역 내의 문묘(文廟)의 유지, 교육이나 그 밖의 교화사업의 실시, 유교의 진흥 및 문화발전에 대한 기여를 목적으로 설립된 법인을 말한다(향재 3①, 5). 그리고 특별시장 · 광역시장 · 도지사 또는 특별자치도지사의 허가 없이 이루어진 담보제공행위는 담보취득자의 선의 · 악의 여하에 관계없이 무효인 것으로 보아야 한다.

바. 주택법에 의한 제한

사업주체[1]는 주택건설사업에 의하여 건설된 주택[2] 및 대지에 대하여는 입주자 모집공고 승인 신청일(주택조합의 경우에는 사업계획승인 신청일을 말한다) 이후부터 입주예정자가 그 주택 및 대지의 소유권이전등기를 신청할 수 있는 날[3] 이후 60일까지의 기간 동안 입주예정자의 동의 없이 다음 중 의 어느 하나에 해당하는 행위를 하여서는 아니 된다. 다만, 그 주택의 건설을 촉진하기 위하여 대통령령으로 정하는 경우[4]에는 그러하지 아니하다(주택 61①).

① 해당 주택 및 대지에 저당권 또는 가등기담보권 등 담보물권을 설정하는 행위

② 해당 주택 및 대지에 전세권·지상권(地上權) 또는 등기되는 부동산임차권을 설정하는 행위

③ 해당 주택 및 대지를 매매 또는 증여 등의 방법으로 처분하는 행위

사업주체는 해당 주택 또는 대지가 입주예정자의 동의 없이는 양도하거나 제한

---

1) "사업주체"란 대통령령으로 정하는 호수 이상의 주택건설사업계획 또는 대통령령으로 정하는 면적 이상의 대지조성사업계획의 승인을 받아 그 사업을 시행하는 다음의 자를 말한다(주택 2x, 15①).
① 국가·지방자치단체
② 한국토지주택공사 또는 지방공사
③ 주택법 제4조에 따라 등록한 주택건설사업자 또는 대지조성사업자
④ 그 밖에 주택법에 따라 주택건설사업 또는 대지조성사업을 시행하는 자
"대통령령으로 정하는 호수"란 다음의 구분에 따른 호수(戶數) 또는 세대수를 말한다(주택령 27①).
① 단독주택의 경우 : 30호. 다만, 주택법시행령 제27조 제1항 제1호에서 규정하는 경우는 50호
② 공동주택의 경우 : 30세대(리모델링의 경우에는 증가하는 세대수를 기준으로 한다). 다만, 주택법시행령 제27조 제1항 제2호에서 규정하는 경우는 50세대
"대통령령으로 정하는 면적"이란 1만제곱미터를 말한다(주택령 27②).

2) "주택"이란 세대(世帶)의 구성원이 장기간 독립된 주거생활을 할 수 있는 구조로 된 건축물의 전부 또는 일부 및 그 부속토지를 말하며, 단독주택과 공동주택으로 구분한다(주택 2i).

3) "소유권이전등기를 신청할 수 있는 날"이란 사업주체가 입주예정자에게 통보한 입주가능일을 말한다(주택 61②).

4) "대통령령으로 정하는 경우"란 다음 중의 어느 하나에 해당하는 경우를 말한다(주택령 71).
① 해당 주택의 입주자에게 주택구입자금의 일부를 융자해 줄 목적으로 주택도시기금이나 다음 각 목의 금융기관으로부터 주택건설자금의 융자를 받는 경우
가. 「은행법」에 따른 은행
나. 「중소기업은행법」에 따른 중소기업은행
다. 「상호저축은행법」에 따른 상호저축은행
라. 「보험업법」에 따른 보험회사
마. 그 밖의 법률에 따라 금융업무를 수행하는 기관으로서 국토교통부령으로 정하는 기관
② 해당 주택의 입주자에게 주택구입자금의 일부를 융자해 줄 목적으로 제1호 각 목의 금융기관으로부터 주택구입자금의 융자를 받는 경우
③ 사업주체가 파산(「채무자 회생 및 파산에 관한 법률」 등에 따른 법원의 결정·인가를 포함한다. 이하 같다), 합병, 분할, 등록말소 또는 영업정지 등의 사유로 사업을 시행할 수 없게 되어 사업주체가 변경되는 경우

물권을 설정하거나 압류 · 가압류 · 가처분 등의 목적물이 될 수 없는 재산임을 소유권등기에 부기등기(附記登記)하여야 한다(주택 61③본). 이 경우 부기등기의 내용 및 말소에 관한 사항은 대통령령으로 정한다.[5) 6)]

부기등기는 주택건설대지에 대하여는 입주자 모집공고 승인 신청(주택건설대지 중 주택조합이 사업계획승인 신청일까지 소유권을 확보하지 못한 부분이 있는 경우에는 그 부분에 대한 소유권이전등기를 말한다)과 동시에 하여야 하고, 건설된 주택에 대하여는 소유권보존등기와 동시에 하여야 한다(주택 61④). 그러나 사업주체가 국가 · 지방자치단체 및 한국토지주택공사 등 공공기관이거나 해당 대지가 사업주체의 소유가

---

5) 부기등기는 대지의 경우는 "이 토지는 「주택법」에 따라 입주자를 모집한 토지(주택조합의 경우에는 주택건설사업계획승인이 신청된 토지를 말한다)로서 입주예정자의 동의 없이는 양도하거나 제한물권을 설정하거나 압류 · 가압류 · 가처분 등 소유권에 제한을 가하는 일체의 행위를 할 수 없음"이라는 내용으로하고, 주택의 경우는 "이 주택은 「부동산등기법」에 따라 소유권보존등기를 마친 주택으로서 입주예정자의 동의 없이는 양도하거나 제한물권을 설정하거나 압류 · 가압류 · 가처분 등 소유권에 제한을 가하는 일체의 행위를 할 수 없음"이라는 내용으로 한다(주택령 72①).

6) 부기등기의 말소는 주택법 제61조제4항 후단에 따라 주택법 제15조에 따른 사업계획승인이 취소되거나 입주예정자가 소유권이전등기를 신청한 경우를 제외하고는 할 수 없다. 다만, 소유권이전등기를 신청할 수 있는 날부터 60일이 지나면 말소할 수 있다(주택령 72③).

7) 대통령령으로 정하는 경우란 다음의 구분에 따른 경우를 말한다(주택령 72②).

① 대지의 경우: 다음 각 목의 어느 하나에 해당하는 경우. 이 경우 라목 또는 마목에 해당하는 경우로서 법원의 판결이 확정되어 소유권을 확보하거나 권리가 말소되었을 때에는 지체 없이 제1항에 따른 부기등기를 하여야 한다.

가. 사업주체가 국가 · 지방자치단체 · 한국토지주택공사 또는 지방공사인 경우

나. 사업주체가 「택지개발촉진법」 등 관계 법령에 따라 조성된 택지를 공급받아 주택을 건설하는 경우로서 해당 대지의 지적정리가 되지 아니하여 소유권을 확보할 수 없는 경우. 이 경우 대지의 지적정리가 완료된 때에는 지체 없이 제1항에 따른 부기등기를 하여야 한다.

다. 조합원이 주택조합에 대지를 신탁한 경우

라. 해당 대지가 다음의 어느 하나에 해당하는 경우. 다만, 2) 및 3)의 경우에는 법 제23조제2항 및 제3항에 따른 감정평가액을 공탁하여야 한다.

1) 법 제22조 또는 제23조에 따른 매도청구소송(이하 이 항에서 "매도청구소송"이라 한다)을 제기하여 법원의 승소판결(판결이 확정될 것을 요구하지 아니한다)을 받은 경우

2) 해당 대지의 소유권 확인이 곤란하여 매도청구소송을 제기한 경우

3) 사업주체가 소유권을 확보하지 못한 대지로서 법 제15조에 따라 최초로 주택건설사업계획승인을 받은 날 이후 소유권이 제3자에게 이전된 대지에 대하여 매도청구소송을 제기한 경우

마. 사업주체가 소유권을 확보한 대지에 저당권, 가등기담보권, 전세권, 지상권 및 등기되는 부동산임차권이 설정된 경우로서 이들 권리의 말소소송을 제기하여 승소판결(판결이 확정될 것을 요구하지 아니한다)을 받은 경우

② 주택의 경우: 해당 주택의 입주자로 선정된 지위를 취득한 자가 없는 경우. 다만, 소유권보존등기 이후 입주자모집공고의 승인을 신청하는 경우는 제외한다.

아닌 경우 등 대통령령으로 정하는 경우[7]에는 그러하지 아니하다.

위 부기등기를 한 경우 그 부기등기일 이후에 해당 대지 또는 주택을 양수하거나 제한물권을 설정 받은 경우 또는 압류 · 가압류 · 가처분 등의 목적물로 한 경우에는 그 효력을 무효로 한다(주택 61⑤본). 따라서 이 부기등기는 금지사항을 공시하여 분양 주택 및 대지에 대한 사업주체의 처분은 물론이고 사업주체의 다른 채권자가 압류 · 가압류 · 가처분하는 것까지 할 수 없도록 함으로써 분양받은 자가 피해를 입게 되는 것을 미연에 방지하는 효력이 있다는데 그 의미가 있다.

그러나 사업주체의 경영부실로 입주예정자가 그 대지를 양수받는 경우 등 대통령령으로 정하는 경우[8]에는 그 효력을 유효로 한다(주택 61⑤단). 또한 사업주체의 재무 상황 및 금융거래 상황이 극히 불량한 경우 등 대통령령으로 정하는 사유[9]에 해당되어 「주택도시기금법」에 따른 주택도시보증공사(이하 "주택도시보증공사"라 한다)가 분양보증을 하면서 주택건설대지를 주택도시보증공사에 신탁하게 할 경우에는 위 저당권설정 등의 제한(주택 61①③)에 불구하고 사업주체는 그 주택건설대지를 신탁할 수 있다(주택 61⑥).

---

8) 대통령령으로 정하는 경우란 다음 중의 어느 하나에 해당하는 경우를 말한다(주택령 72④).
① 다음 중의 어느 하나에 해당하여 해당 대지에 저당권, 가등기담보권, 전세권, 지상권 및 등기되는 부동산임차권을 설정하는 경우
1. 해당 주택의 입주자에게 주택구입자금의 일부를 융자해 줄 목적으로 주택도시기금이나 다음 각 목의 금융기관으로부터 주택건설자금의 융자를 받는 경우
가. 「은행법」에 따른 은행
나. 「중소기업은행법」에 따른 중소기업은행
다. 「상호저축은행법」에 따른 상호저축은행
라. 「보험업법」에 따른 보험회사
마. 그 밖의 법률에 따라 금융업무를 수행하는 기관으로서 국토교통부령으로 정하는 기관
2. 주택의 입주자에게 주택구입자금의 일부를 융자해 줄 목적으로 제1호 각 목의 금융기관으로부터 주택구입자금의 융자를 받는 경우
② 사업주체가 파산(채무자 회생 및 파산에 관한 법률 등에 따른 법원의 결정 · 인가를 포함한다. 이하 같다), 합병, 분할, 등록말소 또는 영업정지 등의 사유로 사업을 시행할 수 없게 되어 사업주체가 변경되는 경우에 해당하여 다른 사업주체가 해당 대지를 양수하거나 시공보증자 또는 입주예정자가 해당 대지의 소유권을 확보하거나 압류 · 가압류 · 가처분 등을 하는 경우

9) 대통령령으로 정하는 사유란 다음 중의 어느 하나에 해당하는 경우를 말한다(주택령 72⑤).
① 최근 2년간 연속된 경상손실로 인하여 자기자본이 잠식된 경우
② 자산에 대한 부채의 비율이 500퍼센트를 초과하는 경우
③ 사업주체가 법 제61조제3항에 따른 부기등기를 하지 아니하고 「주택도시기금법」에 따른 주택도시보증공사(이하 "주택도시보증공사"라 한다)에 해당 대지를 신탁하려는 경우

사업주체가 주택건설대지를 신탁하는 경우 신탁등기일 이후부터 입주예정자가 해당 주택건설대지의 소유권이전등기를 신청할 수 있는 날 이후 60일까지의 기간 동안 해당 신탁의 종료를 원인으로 하는 사업주체의 소유권이전등기청구권에 대한 압류·가압류·가처분 등은 효력이 없음을 신탁계약조항에 포함하여야 한다(주택 61⑦). 그리고 신탁등기일 이후부터 입주예정자가 해당 주택건설대지의 소유권이전등기를 신청할 수 있는 날 이후 60일까지의 기간 동안 해당 신탁의 종료를 원인으로 하는 사업주체의 소유권이전등기청구권을 압류·가압류·가처분 등의 목적물로 한 경우에는 그 효력을 무효로 한다(주택 61⑧).

사. 은행업감독규정에 의한 제한

은행[10]집합건물의 소유 및 관리에 관한 법률에 따른 집합건물을 담보로 하는 대출에 관하여 다음에서 정하는 사항을 준수하지 않는 불건전영업행위를 하여서는 아니된다(은행령 20의2ⅴ, 은감규 29의3②ⅴ).

① 원칙적으로 동 담보건물의 건축자금에 한하여 취급할 것

② 입주자 또는 입주예정자 등 제3자의 기득권 보호를 위한 조치를 강구한 후 취급할 것

그러나 위 은행업감독규정을 위반한 은행의 담보취득이 당연히 무효로 되는 것은 아니며, 이 경우 금융감독원장은 금융위원회의 설치 등에 관한 법률 위반을 이유로 담보취득한 은행에 대하여 이를 시정하게 하거나 해당 직원의 징계를 요구할 수 있을 뿐이다(금위설 41①ⅰ).

금융감독원장의 시정조치는 원칙적으로 은행의 담보취득이 없었다면 입주자 또는 입주예정자 등 제3자가 받게 될 이익이 되는 것으로 보아야 할 것이나(예컨대 입주자가 임차인인 경우 보증금의 반환 등), 담보권을 말소하지 않으면 입주자 또는 입주예정자 등 제3자가 받게 될 이익이 보호되지 않는다면 담보권의 말소까지도 포함되는 것으로 보아야 한다.

---

10) "은행"이란 은행업을 규칙적·조직적으로 경영하는 한국은행 외의 모든 법인을 말하고(은행 2①ⅱ), "은행업"이란 예금을 받거나 유가증권 또는 그 밖의 채무증서를 발행하여 불특정 다수인으로부터 채무를 부담함으로써 조달한 자금을 대출하는 것을 업(業)으로 하는 것을 말한다(은행 2①ⅰ).

아. 금융소비자 보호에 관한 법률에 의한 제한

㈎ 제한의 내용

금융상품판매업자등[11]은 우월적 지위를 이용하여 대출성 상품, 그 밖에 대통령령으로 정하는 금융상품에 관한 계약체결과 관련하여 부당하게 담보를 요구하는 행위를 함으로써 금융소비자의 권익을 침해하여서는 아니 된다(금소보 20①ⅱ).

부당하게 담보를 요구하는 행위의 구체적인 유형은 다음과 같다(금소보령 15④ⅱ · ⅲ라, 금소보감 14⑥ⅷ · ⅹ).

① 담보가 필요 없음에도 이를 요구하는 행위

② 해당 계약의 체결에 통상적으로 요구되는 일반적인 담보 범위보다 많은 담보를 요구하는 행위.

③ 금융소비자 또는 제3자로부터 담보를 취득하는 계약과 관련된 다음의 행위

가. 해당 계약서에 그 담보의 대상이 되는 채무를 특정하지 않는 행위

나. 해당 계약서상의 담보가 장래 다른 채무에도 적용된다는 내용으로 계약을 하는 행위

④ 근저당이 설정된 금전제공계약의 금융소비자가 채무를 모두 변제한 경우에 해당 담보를 제공한 자에 근저당 설정을 유지할 것인지를 확인하지 않는 행위

---

11) "금상품판매업자등"은 금융상품판매업자 또는 금융상품자문업자를 말한다(금소보 2ix).
"금융상품판매업자"는 금융상품판매업을 영위하는 자로서 대통령령으로 정하는 금융관계법률(이하 "금융관계법률"이라 한다)에서 금융상품판매업에 해당하는 업무에 대하여 인허가 또는 등록을 하도록 규정한 경우에 해당 법률에 따른 인허가를 받거나 등록을 한 자(금융관계법률에서 금융상품판매업에 해당하는 업무에 대하여 해당 법률에 따른 인허가를 받거나 등록을 하지 아니하여도 그 업무를 영위할 수 있도록 규정한 경우에는 그 업무를 영위하는 자를 포함한다) 및 제12조제1항에 따라 금융상품판매업의 등록을 한 자를 말하며, 다음 각 목에 따라 구분한다(금소보 2iii).
가. 금융상품직접판매업자 : 금융상품판매업자 중 금융상품직접판매업을 영위하는 자
나. 금융상품판매대리·중개업자 : 금융상품판매업자 중 금융상품판매대리·중개업을 영위하는 자
"금융상품자문업자"란 금융상품자문업을 영위하는 자로서 금융관계법률에서 금융상품자문업에 해당하는 업무에 대하여 인허가 또는 등록을 하도록 규정한 경우에 해당 법률에 따른 인허가를 받거나 등록을 한 자 및 법 제12조제1항에 따라 금융상품자문업의 등록을 한 자를 말한다(금소보 2ⅴ).

㈏ 제한의 적용범위

금융상품판매업자등이 부당하게 담보를 요구하는 행위를 할 수 없는 "금융소비자"란 "금융상품"에 관한 계약의 체결 또는 계약체결의 권유를 하거나 청약을 받는 것(이하 "금융상품계약체결등"이라 한다)에 관한 금융상품판매업자등의 거래상대방인 전문금융소비자 또는 일반금융소비자[12]를 말한다(금소보 2ⅷ). 그리고 "금융상품"이란 다음의 어느 하나에 해당하는 것을 말한다(금소보 2ⅰ, 금소보령 2①).

① 「은행법」에 따른 예금 및 대출
② 「자본시장과 금융투자업에 관한 법률」에 따른 금융투자상품
③ 「보험업법」에 따른 보험상품
④ 「상호저축은행법」에 따른 예금 및 대출
⑤ 「여신전문금융업법」에 따른 신용카드, 시설대여, 연불판매, 할부금융
⑥ 그 밖에 ①부터 ⑤까지의 상품과 유사한 다음의 어느 하나에 해당하는 것(금소보령 2①)
  가. 「대부업 등의 등록 및 금융이용자 보호에 관한 법률」 제2조제1호에 따른 대부
  나. 「신용협동조합법」에 따른 예탁금, 대출 및 공제
  다. 「온라인투자연계금융업 및 이용자 보호에 관한 법률」 제2조제1호에 따른 연계투자(이하 "연계투자"라 한다) 및 연계대출
  라. 「자본시장과 금융투자업에 관한 법률」 제9조제4항에 따른 신탁계약(이하 "신탁계약"이라 한다) 및 투자일임계약(이하 "투자일임계약"이라 한다)
  마. 「중소기업은행법」에 따른 예금 및 대출
  바. 「한국산업은행법」에 따른 예금 및 대출

---

12) "전문금융소비자"란 "금융상품"에 관한 전문성 또는 소유자산규모 등에 비추어 금융상품 계약에 따른 위험감수능력이 있는 금융소비자로서 금융소비자보호법 제2조제9호 소정의 어느 하나에 해당하는 자를 말하고(금소보 2ix), "일반금융소비자"란 전문금융소비자가 아닌 금융소비자를 말한다(금소보 2ⅹ). 다만, 금융상품판매업자등이 부당하게 담보를 요구하는 행위를 할 수 없도록 한 금융소비자보호법의 규정은 "일반금융소비자"와 "전문금융소비자" 모두에 관하여 적용되므로 구분의 실익은 없다.

(다) 위반행위의 효력

금융상품판매업자등이 금융소비자보호법 제20조를 위반하여 체결한 담보계약이라도 일단 유효하게 그 효력을 발생한다. 다만, 이 경우 금융소비자는 계약체결에 대한 위반사항을 안 날부터 1년 이내의 기간(이 경우 해당 기간은 계약체결일부터 5년 이내의 범위에 있어야 한다)에 서면등으로 해당 담보계약의 해지를 요구할 수 있다. 해지를 요구받은 금융상품판매업자등은 요구받은 날부터 10일 이내에 금융소비자에게 수락여부를 통지하여야 하며, 거절할 때에는 거절사유를 함께 통지하여야 한다(금소보 47①, 금소보령 38②). 금융소비자는 금융상품판매업자등이 정당한 사유 없이 해지의 요구를 따르지 않는 경우 해당 계약을 해지할 수 있으며(금소보 47②), 담보계약이 해지된 경우 금융상품판매업자등은 수수료, 위약금 등 계약의 해지와 관련된 비용을 요구할 수 없다(금소보 47③).

(라) 위반행위에 따른 제재

금융소비자보호법 제20조를 위반하여 체결한 담보계약에 대하여는 금융위원회가 그 위반행위와 관련된 담보계약으로 얻은 수입 또는 이에 준하는 금액(이하 "수입등"이라 한다)의 100분의 50 이내에서 과징금을 부과할 수 있다. 다만, 위반행위를 한 자가 그 위반행위와 관련된 계약으로 얻은 수입등이 없거나 수입등의 산정이 곤란한 경우로서 대통령령으로 정하는 경우에는 10억원을 초과하지 아니하는 범위에서 과징금을 부과할 수 있다(금소보 57①ii, 58, 금소보령 43①②, 44).

금융소비자보호법 제20조를 위반하여 체결한 담보계약에 대하여는 금융위원회는 금융상품판매업자등에게 1억원 이하의 과태료를 부과·징수한다(금소보 69①iii⑤). 과태료의 부과기준은 금융소비자보호법시행령 제51조 별표4 참조.

3. 담보 목적물의 평가

(1) 담보 목적물평가의 의의

담보 목적물의 평가라 함은 담보 목적물의 적정한 경제적가치를 판정하여 그 가치를 화폐액으로 표시하는 것을 말한다. 채권자는 채무자의 채무불이행 시 담보 목적물을 매각하여 그 매각대금으로부터 우선변제를 받게 될 것이므로, 담보 목적물의 화폐가치를 올바르게 판단하는 것은 채권보전에 있어서 대단히 중요한 문제에 속한다.

(2) 담보 목적물평가의 제방식

일정한 담보목적물의 가액을 산정하는 방식으로는 감정평가 및 감정평가사에 관한 법률에 따라 국토교통부령으로 마련한 감정평가에 관한 규칙에서 "원가법" "거래사례비교법" "공시지가기준법" 및 "수익환원법(收益還元法)"의 4가지를 규정하고 있다.

"원가법"이란 대상물건의 재조달원가에 감가수정(減價修正)[13]을 하여 대상물건의 가액을 산정하는 감정평가방법이고(감평규 2ⅴ), "거래사례비교법"이란 대상물건과 가치형성요인[14]이 같거나 비슷한 물건의 거래사례와 비교하여 대상물건의 현황에 맞게 사정보정(事情補正)[15], 시점수정[16], 가치형성요인 비교 등의 과정을 거쳐 대상물건의 가액을 산정하는 감정평가방법(감평규 2ⅶ)을 말한다.

"공시지가기준법"이란 감정평가 및 감정평가사에 관한 법률 제3조제1항 본문에 따라 감정평가의 대상이 된 토지와 가치형성요인이 같거나 비슷하여 유사한 이용가치를 지닌다고 인정되는 표준지의 공시지가[17]를 기준으로 대상토지의 현황에 맞

---

13) "감가수정"이란 대상물건에 대한 재조달원가를 감액하여야 할 요인이 있는 경우에 물리적 감가, 기능적 감가 또는 경제적 감가 등을 고려하여 그에 해당하는 금액을 재조달원가에서 공제하여 기준시점에 있어서의 대상물건의 가액을 적정화하는 작업을 말한다(감평규 2ⅻ).

14) "가치형성요인"이란 대상물건의 경제적 가치에 영향을 미치는 일반요인, 지역요인 및 개별요인 등을 말한다(감평규 2ⅳ).

15) "사정보정"이란 가격의 산정에 있어서, 수집된 거래사례에 거래관계자의 특수한 사정 또는 개별적인 동기가 개재되어 있거나 시장사정에 정통하지 못하여, 그 가격이 적정하지 아니하였을 때에, 그러한 사정이 없었을 경우의 가격수준으로 정상화 하는 것을 말한다.

16) "시점수정"이란 가격의 산정에 있어서 거래사례자료의 거래시점과 가격시점이 시간적으로 불일치하여, 가격수준의 변동이 있을 경우에 거래사례가격을 가격시점의 수준으로 정상화 하는 것을 말한다.

17) 공시지가에는 "표준지공시지가"와 "개별공시지가"가 있다. "표준지공시지가"란 국토교통부장관이 토지이용상황이나 주변 환경, 그 밖의 자연적·사회적 조건이 일반적으로 유사하다고 인정되는 일단의 토지 중에서 선정한 표준지를 대상으로 중앙부동산가격공시위원회의의 심의를 거쳐 매년 특정일을 기준으로 조사·평가하여 공시하는 단위면적당 적정가격을 말하고(부가공 3①), "개별공시지가"란 시장·군수 또는 구청장이 국세·지방세 등 각종 세금의 부과, 그 밖의 다른 법령에서 정하는 목적을 위한 지가산정에 사용되도록 하기 위하여 시·군·구부동산가격공시위원회의 심의를 거쳐 매년 특정일을 기준으로 결정·공시하는 관할 구역 안의 개별토지의 단위면적당 가격을 말한다(부가공 10①).

게 시점수정, 지역요인 및 개별요인 비교, 그 밖의 요인의 보정(補正)을 거쳐 대상토지의 가액을 산정하는 감정평가방법을 말하고(감평규 2ix), "수익환원법(收益還元法)"이란 대상물건이 장래 산출할 것으로 기대되는 순수익이나 미래의 현금흐름을 환원하거나 할인하여 대상물건의 가액을 산정하는 감정평가방법을 말한다(감평규 2x).

(3) 담보물가액 산정의 주체

채권자는 스스로 담보물의 가액을 산정하여 여신거래를 할 수 있다. 그러나 담보물가액 산정의 공정성과 적정성을 확보하기 위하여 타인에게 감정평가를 의뢰하려고 하는 때에는 감정평가업자에게 의뢰하여야 한다(감평 5②).

담보물의 평가를 감정평가업자에게 의뢰하는 경우에는 평가수수료 등 상당한 비용이 수반된다. 따라서 저당목적물의 평가를 채권자 스스로 할 것인지 아니면 감정평가업자에게 의뢰하여 할 것인지는, 여신공여 금액의 다과와 평가의 난이도 등을 종합적으로 고려하여, 평가의 적정성과 공정성 여부에 대하여 문제가 제기될 가능성이 있는지 여부를 기준으로 판단하여야 한다. 예컨대 공시지가가 나와 있고 그 공시지가만으로도 채권담보에 지장이 없다고 판단되는 경우나, 공시지가가 나와 있지 않더라도 저당목적물의 통상가액보다 여신공여 금액이 아주 적어 채권담보에 지장이 없다고 판단되는 경우에는, 구태여 감정평가업자에게 의뢰하여 저당목적물을 평가할 필요가 없을 것이다. 이에 대하여 여신신청 금액이 커서, 저당목적물에 관하여 공시지가나 통상가액 이상의 담보가치가 나와야 여신취급이 가능하고, 또한 그 평가가 단순하지 않은 경우에는, 비용이 들더라도 감정평가업자에게 의뢰하여 저당목적물의 평가를 하여야 할 것이다.

(4) 부당감정의 문제

감정평가업자에게 감정의뢰하여, 그 감정가격을 기초로 하여 소비대차 등의 거래를 하였으나, 그 감정가격의 산출이 잘못되어 채권회수에 차질이 생겼을 경우, 감정의뢰인이 감정평가업자에 대하여 책임을 물을 수 있는지의 문제가 있다.

감정의뢰인이 감정평가업자에게 감정을 의뢰하는 것은 일종의 위임관계에 해당된다. 따라서 감정평가업자는 선량한 관리자의 주의의무를 다하여 감정하여야 하며(민 681), 부당한 감정을 하였을 경우에는 손해배상책임을 진다(민 390). 감정평가 및 감정평가사에 관한 법률 제28조도 「감정평가업자가 감정평가를 하면서 고의 또는 과실로 감정평가 당시의 적정가격과 현저한 차이가 있게 감정평가를 하거나 감정평가 서류에 거짓을 기록함으로써 감정평가 의뢰인이나 선의의 제3자에게 손해를 발생하게 하였을 때에는 감정평가업자는 그 손해를 배상할 책임이 있다」고 규정하고 있다.

부당감정이나 그로 인한 손해의 발생에 관하여 감정의뢰인의 과실이 있는 경우에는, 이른바 과실상계의 법리(민 396)에 따라 감정평가업자의 배상책임이 경감되게 된다. 이를 예시하여 보면 다음과 같다. 첫째 부당감정이 감정의뢰인이 현장안내를 잘못하였다든가 잘못된 정보를 제공함으로써 이루어진 경우는, 부당감정에 관하여 감정의뢰인의 과실이 있는 경우에 해당한다. 둘째 감정의뢰인이 상당한 주의의무를 다하였더라면, 예컨대 감정목적물의 공적장부와 대조하여 보았더라면, 감정평가업자의 감정결과가 부당감정이라는 것을 쉽게 알 수 있었을 경우는, 손해의 발생에 관하여 감정의뢰인에게 과실이 있는 경우에 해당한다.

판례1-4

1. 부당 감정의 여부에 대한 판단기준

지가공시및토지등의평가에관한법률 제26조 제1항은 고의에 의한 부당 감정과 과실에 의한 부당 감정의 경우를 한데 묶어서 그 평가액이 적정 가격과 '현저한 차이'가 날 때에는 감정평가업자는 감정의뢰인이나 선의의 제3자에게 손해배상책임을 지도록 정하고 있는 바, 고의에 의한 부당 감정의 경우와 과실에 의한 부당 감정의 경우를 가리지 아니하고 획일적으로 감정평가액과 적정 가격 사이에 일정한 비율 이상의 격차가 날 때에만 '현저한 차이'가 있다고 보아 감정평가업자의 손해배상책임을 인정한다면 오히려 정의의 관념에 반할 수도 있을 것이다. 결국 감정평가액과 적정 가격 사이에 '현저한 차이'가 있는지 여부는 부당 감정에 이르게 된 감정평가업자의 귀책사유가 무엇인가 하는 점을 고려하여 사회통념에 따라 탄력적으로 판단하여야 할 것이다(대판 1997.5.7. 96다52427).

2. 감정평가업자의 손해배상책임이 인정된 사례

(1) 감정원의 감정역이 감정을 위한 현장검사를 함에 있어서는 목적물의 실제위치와 경계를 측량 기타 방법으로 확인하고 공부상의 지목, 지적과 대조하여 동일성을 확인한 다음에 적정시가를 산출하여야 함에도 현장안내인이 허위지적하는 토지를 목적물로 오인하고 감정을 하였다면 동 감정역에게 감정상의 과실이 있다 할 것이다(대판 1978.11.14. 78다1789)

(2) 부동산에 대한 감정서가 감정의뢰시의 감정목적과 같은 목적으로 이용되면서 다만 융자받는 사람의 이름만을 바꾸었다 하더라도, 위 감정이 부당한 이상, 감정을 한 자는 그로 인한 손해에 대한 배상책임이 있다(대판 1981.8.25. 80다2660).

(3) 금융기관이 담보물에 관한 감정평가를 감정평가업자에게 의뢰하면서 감정업무협약에 따라

감정 목적물에 관한 대항력 있는 임대차계약의 존부와 그 임차보증금의 액수에 대한 사실조사를 함께 의뢰한 경우에 그 감정평가의 직접적 대상은 그 담보물 자체의 경제적 가치에 있는 것이고, 임대차관계에 대한 사실조사는 그에 부수되는 업무로서 당연히 담보물에 대한 감정평가의 내용이 되는 것은 아니지만, 감정평가업자는 금융기관의 의뢰에 의한 토지 및 건물의 감정평가도 그 업무로 하고 있으므로 감정평가업자가 그 담보물에 대한 감정평가를 함에 있어서 고의 또는 과실로 감정평가서류에 그 담보물의 임대차관계에 관한 허위의 기재를 하여 결과적으로 감정평가 의뢰인으로 하여금 부동산의 담보가치를 잘못 평가하게 함으로써 그에게 손해를 가하게 되었다면 감정평가업자는 이로 인한 손해를 배상할 책임이 있다(대판 1997.9.12. 97다7400).

(4) 감정인이 감정평가서를 직접 송부해달라는 감정의뢰인인 은행의 요청을 무시하고 감정평가서를 대출신청인에게 교부한 결과 그 감정평가서가 정당한 감정평가액보다 높은 감정평가액으로 위조되고 은행이 그 위조된 감정평가서를 믿고 대출을 하였으나 경매절차에서 일부만 배당받고 나머지 대출원리금이 회수불능되는 손해를 입게 되었다면 감정인은 그 손해를 배상할 책임이 있다(대판 1998.9.8. 98다17022).

3. 감정평가업자의 손해배상책임이 부정된 사례

감정평가업자가 금융기관의 신속한 감정평가 요구에 따라 그의 양해 아래 임차인이 아닌 건물 소유자를 통하여 담보물의 임대차관계를 조사하였으나 그것이 허위로 밝혀진 경우, 감정평가업자에게는 과실이 없으므로 손해배상책임이 인정되지 않는다(대판 1997.9.12. 97다7400).

4. 손해배상액의 산정방법

감정인이 감정평가서를 직접 송부해달라는 감정의뢰인인 은행의 요청을 무시하고 감정평가서를 대출신청인에게 교부한 결과 그 감정평가서가 정당한 감정평가액보다 높은 감정평가액으로 위조되고 은행이 그 위조된 감정평가서를 믿고 대출을 하였으나 경매절차에서 일부만 배당받고 나머지 대출원리금이 회수불능되는 손해를 입게된 경우 은행의 손해액은 그와 같은 사정이 없을 경우 예상되는 은행의 재산상태와 현실로 그와 같은 사정이 생긴 후의 은행의 재산상태의 차액이 될 것인 바, 은행이 실제로 대출한 금액이 위조된 감정평가서에 의할 경우 대출한도액의 범위 안에 있고, 다른 한편 선순위 근저당권의 존재를 고려하더라도 감정인의 감정평가서교부행위가 없었을 경우 담보권실행을 위한 경매절차에서 은행이 배당받을 수 있는 금액은 그와 같은 사정이 생긴 후 은행이 실제로 배당받은 금액과 같다고 할 수 있으므로, 결국 은행의 손해액은 실제 대출액과 정당한 감정평가서에 의할 경우 대출한도액의 차액이 된다(대판 1998.9.8. 98다17022).

5. 과실상계시의 고려사항

채무불이행으로 인한 손해배상의 범위를 정함에 있어 채권자측의 과실을 어느 정도로 참작할 것인지는 구체적인 사안마다 신의칙과 공평의 관념에 따라 채권자측과 채무자측의 고의나 과실의 정도, 책임원인사실인 채무불이행의 내용, 손해의 발생 및 확대 등에 어느 정도의 원인을 제공 하였는지 등 여러가지 사정을 참작하여 손해가 공평하게 분담되도록 합리적으로 결정하여야 한다(대판 1990.1.25. 90다6491).

4. 여신한도액의 산정

(1) 산정의 필요성

앞에서 설명한 담보목적물의 평가는 담보목적물 자체의 객관적인 가치를 금액으로 산정해 본 것이다. 그러나 이 금액을 바로 여신한도액으로 하는 경우에는 자산가치의 하락이나 담보 목적물에 이미 존재하는 다른 권리자의 권리 등으로 인하여 여신원리채권의 담보가 안전하지 않을 수 있다.

그래서 실무상으로는 위 평가액에 소정의 담보인정비율을 적용하여 산출한 금액에서 다시 담보목적물에 존재하는 다른 권리자의 권리의 가액에 해당하는 금액을 공제한 금액을 여신한도액으로 하는 것이 보통이다. 담보인정비율을 평가금액의 100%로 하지 않고 그 미만으로 제한하는 이유는 담보목적물의 가치하락으로 인하여 여신의 건전성이 악화되는 것을 방지하기 위한 것이다.

여신한도액을 어떤 방법으로 산출할 것인지는 여신공여자가 자율적으로 정할 수 있는 것이 원칙이지만, 은행의 대출취급과 관련하여서는 부동산 투기의 방지는 물론이고 대출을 제공하는 은행과 대출을 받는 개인의 건전성을 확보하기 위한 수단으로서 담보인정비율, 총부채상환비율, 총부채원리금상환비율 등에 대한 규제가 있다(은행 34, 은행령 20, 은감규 29의2).

(2) 산정에 관한 규제

가. 담보인정비율

담보인정비율(LTV, Loan-To-Value ratio)이라 함은 주택담보대출 취급시 담보가치에 대한 대출취급가능금액의 비율을 말한다(은감규 29의2 별표6 1.아).

주택이란 「주택법 제2조제1호에서 정하는 주택을 말하며, 분양권 및 재건축ㆍ재개발 지분(조합원 입주권) 등을 포함한다(은감규 29의2 별표6 1.나). 주택담보대출이란 은행이 주택을 담보로 취급하는 가계대출(자산유동화된 대출을 포함한다)을 말한다. 다음의 어느 하나에 해당하는 대출은 주택담보대출로 본다(은감규 29의2 별표6 1.가).

① 분양 주택에 대한 중도금대출 및 잔금대출

② 재건축ㆍ재개발(리모델링 및 도심 공공주택 복합사업에 따라 현물보상으로 공급하는 주택 포함, 이하 이 규정 별표 6에서 같다) 주택에 대한 이주비대출, 추가분담금에

대한 중도금대출 및 잔금대출

현재(2024년 1월말 기준) 은행은 신규 주택담보대출 취급시 담보인정비율을 70%(규제지역의 경우 50%) 이내에서 취급하여야 한다. 이 경우 주택구입 목적 주택담보대출과 생활안정자금 목적 주택담보대출을 합산하여 산출한 담보인정비율이 상기의 담보인정비율을 초과할 수 없다(은감규 29의2 별표6 2.가).

이상의 주택담보대출에 관한 담보인정비율 이외에 주택임대업대출 및 주택매매업대출에 대한 담보인정비율(은감규 29의2 별표6 2-1), 주택관련 수익증권 담보대출에 대한 담보인정비율(은감규 29의2 별표6 2-2), 비주택담보대출에 대한 담보인정비율(은감규 29의2 별표6 2-3), 주택보유세대에 대한 주택구입 목적 주택담보대출에 대한 담보인정비율(은감규 29의2 별표6 5.), 1주택세대에 대한 생활안정자금 목적 주택담보대출에 대한 담보인정비율(은감규 29의2 별표6 9.), 2주택 이상 세대에 대한 생활안정자금 목적 주택담보대출에 대한 담보인정비율(은감규 29의2 별표6 10.), 일시상환대출의 분할상환대출 전환시 담보인정비율(은감규 29의2 별표6 15.)에 대하여는 은행업감독규정 별표6의 해당 규정 참조.

나. 총부채상환비율

총부채상환비율(DTI, Debt-To-Income ratio)이라 함은 차주의 연간 소득에 대한 연간 대출 원리금 상환액의 비율을 말한다(은감규 29의2 별표6 1.카). 부동산 투기를 방지하여 부동산 가격 안정을 도모하고 은행의 건전성을 유지하기 위한 규제의 수단으로 담보인정비율(LTV)의 규제가 만들어졌으나, 담보인정비율의 규제만을 하는 경우에는 담보 주택의 자산가치만 충분하면 소득이 없는 사람도 많은 대출을 받을 수 있어 부동산 투기 방지에 한계가 있어 총부채상환비율(DTI) 규제가 만들어진 것이다.

은행의 신규 주택담보대출 취급시 총부채상환비율은 다음 표와 같다(은감규 29의2 별표6 3.가). 다만, 이는 원칙적인 총부채상환비율이고, 경우에 따라서 그 적용을 배제하거나 달리 적용할 수 있는데 이에 관하여는 은행업감독규정 별표6 3.나~3.마 참조.

구 분	투기지역	투기과열지구	조정대상지역 1	수도권 1, 2
총부채상환비율	40% 이내	40% 이내	50% 이내	60% 이내

1. 해당 지역 소재의 아파트(주상복합아파트 포함) 담보대출에 적용
2. 투기지역, 투기과열지구 및 조정대상지역을 제외한 수도권에 한함

그밖에 일시상환대출의 분할상환대출 전환시의 총부채상환비율(은감규 29의2 별표6 15), 미성년자에 대한 주택담보대출, 주택임대업대출 및 주택매매업대출 취급 및 담보취득 제한(은감규 29의2 별표6 14)에 관하여는 은행업감독규정 해당 규정 참조.

다. 총부채원리금상환비율

총부채원리금상환비율(DSR, Debt-Service-Ratio)이란 차주의 총 금융부채 상환부담을 판단하기 위하여 산정하는 차주의 연간 소득 대비 연간 금융부채 원리금 상환액 비율을 말한다(은감규 29의2 별표6 1.타).

은행은 총대출액이 1억원을 초과(대출 신청금액 포함, 한도대출의 경우 한도금액 기준)하는 차주에 대해 가계대출을 취급하는 경우, 총부채원리금상환비율이 40%를 초과하지 않는 범위 내에서 취급해야 한다(은감규 29의2 별표6 4.가). 그밖에 이와 다른 총부채원리금상환비율이 적용되는 경우에 관하여는 은행업감독규정 별표6 4.나~4.아 참조.

(3) 대출한도액의 조정

담보대출의 경우 담보인정비율(LTV)을 적용하여 산출한 대출한도액을 그대로 적용하여 대출 취급하려면, 담보목적물에 관하여 현재 소유자 이외에 다른 이해관계인이 없고 또한 장래에도 생길 가능성이 없는 경우이어야 하고, 현재 이해관계인이 있거나 장래 생길 가능성이 있는 때에는 그 이해관계인의 권리에 해당하는 가액을 공제하여 대출한도액을 조정하여야 한다.

담보인정비율을 적용하여 산출한 대출한도액의 조정은 다시 다음 2가지의 금액을 공제하는 방법으로 하여야 한다. 하나는 담보목적물이 경매되는 경우 그 매수인에게 승계됨으로써 그 매각가액의 저감(低減)을 가져올 권리의 가액이고, 다른 하나는 그 매각대금으로부터 담보권자와 같은 순위이거나 담보권자보다 우선변제권이 있는 권리자의 채권액이다.

따라서 부동산을 담보로 대출을 취급함에 있어서는 대상부동산의 평가액에 담보인정비율을 곱하여 산출한 금액에서 대상부동산이 경매되는 경우 매수인에게 승계됨으로써 그 매각대금의 저감을 가져올 권리의 가액을 공제한 후 다시 매각대

금으로부터 당해 담보권자보다 우선배당을 받거나 또는 같은 순위로 각자의 채권액에 안분하여 배당받게 되는 금액을 공제한 금액을 대출한도액으로 하여야 한다.

예컨대 담보목적물에 근저당권을 설정하는 경우에 담보목적물에 존재하는 다른 권리로서 후일 담보목적물이 경매되어 매수인에게 승계됨으로써 매각가액의 저감을 가져올 권리를 담보가액에 반영하는 방법을 보면 다음과 같다.

첫째는 소유권이전청구권가등기나 처분금지가처분등기이다. 이들 권리가 있는 부동산에 근저당권을 설정하였다가 가등기에 기한 본등기나 가처분등기에 기한 본안등기가 이루어지면 그 근저당권은 말소된다. 또한 가등기에 기한 본등기나 가처분등기에 기한 본안등기가 이루어지지 않은 상태에서 근저당권에 기한 경매절차가 실시되어 그 매수인이 소유권을 취득하더라도 그 가등기나 가처분등기는 매수인에게 인수되어 후일 가등기에 기한 본등기나 가처분등기에 기한 본안등기가 이루어지면 매수인 앞 소유권이전등기는 말소된다. 따라서 이들 가등기나 가처분등기가 되어 있는 부동산을 담보로 하는 경우 그 대출한도액은 0원인 것으로 보아야 한다.

둘째는 지상권이나 전세권 또는 임차권 등의 용익권 등기이다. 이들 권리가 등기되어 있는 부동산에 근저당권을 설정하였다가 경매가 실시되는 경우 그 경매절차에서의 매수인은 이들 권리는 인수하는 상태로 경매부동산의 소유권을 취득한다. 그 결과 매수인은 지상권의 가액이나 전세금 또는 보증금 해당액 만큼을 공제한 가격으로 매수신청을 할 것이고 담보권자는 그 만큼 배당받을 수 있는 금액이 적어질 수밖에 없다. 따라서 이들 지상권 등의 등기가 되어 있는 부동산을 담보로 하는 경우에는 대출한도액의 산출에 있어서 그 지상권의 가액이나 전세금 또는 보증금 해당액 만큼을 공제하여야 한다.

셋째는 대항력을 구비한 주택임차권(채권적전세권 포함) 또는 상가건물임차권(채권적전세권 포함)이다. 이들 권리가 설정되어 있는 부동산에 담보권을 설정하였다가 경매가 실시되는 경우 그 경매절차에서의 매수인은 이들 권리는 인수하는 상태로 경매부동산의 소유권을 취득한다. 그 결과 매수인은 그 임차권자의 보증금(채권적전세권의 경우는 전세금) 해당액 만큼을 공제한 가격으로 매수신청을 할 것이고 담보권자는 그 만큼 배당받을 수 있는 금액이 적어질 수밖에 없다. 따라서 이들 임차권이 설정되어 있는 부동산을 담보로 하는 경우에는 대출한도액의 산출에 있어서 그 임차권자의 보증금(채권적전세권의 경우는 전세금) 해당액 만큼을 공제하여야 한다. 다만 이 셋째의 경우는 담보 목적물이 주택임대차보호법상의 주택 또는 상가건물임대차법상의 상가건물인 경우에 한하여 적용된다.

다음에 담보 부동산의 경매시 그 매각대금으로부터 담보권자보다 우선하거나 같은 순위로 안분 배당됨으로써 배당받을 금액의 저감을 가져올 권리를 예시하여 보면 다음과 같다.

첫째는 가압류등기이다. 가압류등기가 되어 있는 부동산에 담보권을 설정하였다가 경매가 실시되는 경우 매수인은 가압류등기를 인수하지 않고 소멸되는 상태로 소유권을 취득함으로써 매각대금의 저감을 가져오지 않는다. 그러나 가압류채권액에 대하여 근저당권자가 매각대금으로부터의 우선변제권을 주장할 수 없고 각 자의 채권액에 안분하여 배당하게 됨으로써 담보권자가 배당받을 수 있는 금액의 저감을 가져오게 된다. 따라서 가압류등기가 되어 있는 부동산을 담보로 하는 경우에는 대출한도액의 산출에 있어서 그 가압류채권 중 담보권자와 같은 순위로 배당받는 금액만큼을 공제하여야 한다.

둘째는 선순위의 담보권이나 가등기담보권 등의 담보권이다. 이들 권리가 등기되어 있는 부동산에 근저당권을 설정하였다가 경매가 실시되는 경우 매수인은 이들 권리를 인수하지 않고 소멸되는 상태로 소유권을 취득함으로써 매각대금의 저감을 가져오지 않는다. 그러나 이들 권리자의 담보채권액은 매각대금으로부터 근저당권자보다 우선하여 배당하게 됨으로써 근저당권자가 배당받을 수 있는 금액의 저감을 가져오게 된다. 따라서 이들 권리가 등기되어 있는 부동산을 담보로 하는 경우에는 대출한도액의 산출에 있어서 이들 권리자의 담보채권액을 공제하여야 한다.

셋째는 근저당권설정 이후에 발생할 수 있는 주택임대차(채권적전세권 포함) 또는 상가건물임대차(채권적전세권 포함)에 있어서 임차인(또는 채권적전세권자)이 최우선변제권을 가지는 소액임대차의 보증금 중 일정액이다. 이 경우의 임차권은 부동산의 경매시 매수인에게 인수되지 않으나 소액보증금 중 일정액이 매각대금으로부터 근저당권자에 우선하여 배당하게 됨으로써 근저당권자가 배당받을 수 있는 금액의 저감을 가져오게 된다. 따라서 주택이나 상가건물을 담보로 하는 경우에는 대출한도액의 산출에 있어서 근저당권설정 후 발생할 수 있는 이들 소액임대차의 보증금 중 일정액을 공제하여야 한다.

넷째는 근저당권설정자에게 부과된 당해세와 법정기일이 근저당권의 설정일자 이전인 국세 및 지방세이다. 이들 조세는 부동산의 경매시 매수인에게 인수되지 않으나 매각대금으로부터 근저당권자에 우선하여 배당하게 됨으로써 저당권자가 배당받을 수 있는 금액의 저감을 가져오게 된다. 따라서 근저당권설정시에 근저당권설정자에게 부과된 국세와 지방세 중 그 법정기일이 근저당권의 설정일자 이전인 것(국기 35①iii, 지기 71①iii 참조)으로서, 근저당권설정등기가 이루어질 때까지 납부하지 않은 것이 있으면 대출한도액의 산출에 있어서 이들 조세를 공제하여야 한다. 그리고 당해세의 경우는 미리 그 예상액을 산정하여 공제할 필요가 있다. 공제할 당해세액은 3년분 정도[18]에 해당하는 종합부동산세, 재산세, 지역자원시설제(특정부동산에 대한 지역자원시설세에 한함) 및 지방교육세(재산세분에 부가되는 것에 한함)이다(국기 35⑤, 지기 71⑤). 또한 담보로 제공되는 부동산의 소유자가 그 소유권을 증여나 상속에 의하여 취득한 것이면, 증여세와 상속세의 납부여부를 조사하여 납부하지 않은 것이 있으면 그 해당액을 공제하여야 한다(국기 35⑤).

다섯째는 담보 부동산의 소유자가 근로자를 고용하고 있는 사용자인 경우 근로자의 임금우선특권에 의하여 담보되는 채권(근기 38②, 근퇴보 12②)이다. 근로자의 임금우선특권은 부동산의 경매시 매수인에게 인수되지 않으나 매각대금으로부터 근저당권자에 우선하여 배당하게 됨으로써 근저당권자가 배당받을 수 있는 금액의 저감을 가져오게 된다. 따라서 근저당권설정자가 사용자인 경우는 대출한도액의 산출에 있어서 근저당권설정 후 발생할 수 있는 이 근로자의 임금우선특권 해당액을 공제한 금액을 여신한도액으로 하여야 한다. 공제할 금액은 일반적으로는 그 사용자가 모든 근로자에게 지급하는 연간 인건비의 4분의 1과 그 근로자가 일시에 퇴직하는 경우에 지급할 3년분의 퇴직금 및 연간 발생하는 평균적인 재해보상금의 합계액이다. 그런데 사용자가 근저당권설정자인 경우 근저당권을 설정하고자 하는 토지·건물의 감정가액에서 이 근로자임금우선특권에 해당하는 금액을 공제하고 나면 담보가액 자체가 나오지 않는 경우가 허다하게 발생하게 된다. 그래서 현실의 실무에 있어서는 근저당목적물의 감정가액에서 이 근로자임금우선특권에 해당하는 금액을 공제하지 않는 경우도 많은 것 같다. 그러나 이와 같은 업무처리를 하려면 적어도 근저당권설정자에게 그러한 채권의 발생가능성이 없다고 판단되는 경우에 한하여야 할 것이고, 나아가 채무불이행이 있으면 많은 임금체불이 생기기 전에 신속히 근저당권을 실행하여 채권을 회수하는 조치를 취하는 등 그

18) 공제액을 3년분 정도로 한 것은 담보물의 경매시에 소유자가 체납하게 되는 개략적인 예상 금액일 뿐이므로 경우에 따라서는 그 기간을 늘리거나 줄일 수 있음은 물론이다.

사후관리에 있어서도 더욱 주의를 기울여야 한다.

여섯째는 근저당권설정자가 납부하여야 하는 건강보험료 · 연금보험료 · 고용보험료 및 산재보험료 중 그 납부기한이 근저당권설정등기일자 이전인 것이다. 이들 보험료는 부동산의 경매시 매수인에게 인수되지 않으나 매각대금으로부터 근저당권자에 우선하여 배당하게 됨으로써(국건보 85, 국연 98, 고산보 30) 근저당권자가 배당받을 수 있는 금액의 저감을 가져오게 된다. 따라서 납부기한이 근저당권의 설정등기일자 이전인 건강보험료 · 연금보험료 · 고용보험료 및 산재보험료로서 저당권설정등기가 이루어질 때까지 납부하지 않은 것이 있으면 대출한도액의 산출에 있어서 이들 보험료를 공제하여야 한다.

제 3 저당권의 설정

1. 설정할 저당권의 선택

(1) 저당권과 근저당권

저당권을 설정하려면 먼저 담보목적물에 대하여 어떠한 종류의 저당권을 설정할 것인지를 결정해야 한다. 우선 채권자가 채무자에 대하여 현재 가지고 있거나 장래 가지게 될 특정한 채권을 담보하고자 하는 경우이면 저당권을 설정하여야 한다. 이에 대하여 채권자가 채무자와의 계속적인 거래관계로부터 발생하는 장래의 불특정 채권액을, 일정한 한도액의 범위에서 담보하려고 하는 경우이면 근저당권을 설정하여야 한다.

은행의 여신거래에 있어서는 저당권을 설정하는 경우는 거의 없고 근저당권을 설정하는 것이 보통이다. 다만 근저당권을 설정하는데 필요한 근저당권설정계약은, 특정근담보와 한정근담보 및 포괄근담보의 3가지 유형으로 나누어, 거래의 실정에 맞도록 선택하여 체결하도록 하고 있다. 특정근담보는 근저당권설정계약시에 이미 체결되어 있는 특정의 거래약정서(예컨대 년 월 일자 여신거래약정서)에 의한 거래로 말미암아, 채무자가 채권자에게 현재 및 장래에 부담하는 채무를 담보하고자 하는 경우에 설정한다. 한정근담보는 근저당권설정계약시에 이미 체결되어 있는 거래계약인지의 여하에 관계없이 근저당권설정계약으로 정한 특정한 종류(예컨대 당좌대출거래)의 거래로 말미암아, 채무자가 채권자에게 현재 및 장래에 부담하는 채무를 담보하고자 하는 경우에 설정한다. 포괄근담보는 근저당권설정계약시에 이미 체결되어 있는 거래계약인지의 여하에 관계없이 근저당권설정계약으로 정한 여러 종류의 여신거래 및 기타 거래로 말미암아, 채무자가 채권자에게 현재 및 장래에 부담하는 채무를 담보하고자 하는 경우에 설정한다.

(2) 단독근저당권과 공동근저당권

담보목적물이 하나 뿐인 경우에는 단독근저당권을 설정할 수밖에 없으나, 2개 이상인 때에는 단독근저당권을 설정할 것인지 아니면 공동근저당권을 설정할 것인지를 결정하여야 한다. 예컨대 X부동산(시가 10백만원)과 Y부동산(시가 10백만원)에, 채권최고액을 2천만원으로 하는 근저당권을 설정하고자 하는 경우에는, 각 부동산별로 채권최고액을 10백만원으로 하는 2개의 단독근저당권을 설정할 것인지 아니면, 2개의 부동산을 대상으로 채권최고액을 20백만원으로 하는 1개의 공동근저당권을 설정할 것인지를 결정해야 한다.

여러 개의 부동산에 공동근저당권을 설정하는 경우의 이점은, 그 여러 개의 부동산 중에서 멸실·훼손·가격하락 등으로 가치가 감소하는 것이 있거나 또는 경제사정의 변동으로 경매하기가 곤란한 것이 생기더라도, 다른 부동산으로부터 구제를 받을 수 있다는데 있다. 예컨대 20백만원의 채권담보로, X부동산(시가 10백만원)과 Y부동산(시가 10백만원)에, 별개의 단독담보로서 각각 10백만원씩의 단독근저당권을 설정한 후, 경제사정의 변동으로 X부동산의 시가는 5백만원으로 하락하고 Y부동산의 시가는 15백만원으로 올라갔가고 하면, 이 때 근저당권자가 우선변제를 받을 수 있는 금액은 15백만원이 되게 된다. X부동산은 시가가 5백만원뿐이기 때문에, 설정액은 10백만원이라도 5백만원만 우선변제를 받을 수 있게 되고, Y부동산은 시가가 15백만원이나 설정액이 10백만원밖에 되지 않아, 10백만원만 우선변제를 받을 수 있게 될 것이기 때문이다. 그러나 이 경우 X·Y부동산을 공동담보로하여, 20백만원의 공동근저당권을 설정하였다고 하면, X·Y양부동산으로부터 20백만원까지 우선변제를 받을 수 있게 되므로, X부동산의 가치하락을 Y부동산의 가치상승으로 구제받을 수 있게 되는 것이다.

(3) 근저당권의 설정비율

담보 목적물에 근저당권을 설정함에 있어서 채권최고액을 여신금액의 100%로 하면, 대출원리금의 상환지체로 근저당권을 실행하는 경우 원금만으로도 채권최고액에 달함으로써 약정이자나 지연배상금 등의 우선배당을 받을 수 없게 된다. 이에 따라 실무에서는 여신금액에 일정 비율을 곱하여 산출한 금액을 채권최고액으로 하여 근저당권을 설정하고 있다. 이 경우 여신금액에 곱하여 담보 목적물에 설정할 근저당권의 채권최고액을 산정하는 일정 비율(통상 120%~150%로 한다)을 근저당권의 설정비율이라고 한다.

2. 저당권의 설정방법

(1) 저당권설정계약

가. 개설

저당권을 설정하려면 먼저 저당권자와 저당권설정자가 저당권설정계약을 체결한 후, 그 내용을 저당권설정계약서로 작성하여야 한다. 저당권설정계약서의 작성에 특별한 방식이 있는 것은 아니다. 다만 금융거래에 있어서는 불특정 다수의 사람을 상대로 하는 계약상의 편의와 후일의 분쟁에 대비한 입증자료의 확보 및 저당권설정등기신청서에 첨부할 등기원인서류로 하기 위하여, 저당권설정계약의 내용을 미리 확정하여 인쇄한 서식인 이른바 약관에 의하여 부합계약의 형식으로 저당권설정계약을 체결하는 것이 보통이다.

나. 저당권설정계약서의 유형

(가) 저당권설정계약서 · 근저당권설정계약서

저당권설정자가 담보책임을 지게 되는 채무의 내용이 특정되어 있는가 아니면 특정되어 있지 않은 것인가에 따른 구분이다. 「저당권설정계약서」가 채무자가 채권자에게 부담하는 특정한 채무에 대하여만 담보책임을 지우고자 하는 경우에 사용하기 위한 것인 반면, 「근저당권설정계약서」는 채무자가 채권자에 대하여 현재 또는 장래의 계속적인 거래관계로부터 발생하게 되는 불특정한 채무를, 미리 정하여 둔 일정한 기준에 따라 담보책임을 지우고자 하는 경우에 사용하기 위한 것인 점에서 양자가 구분된다.

현재 은행의 경우는 「저당권설정계약서」와 「근저당권설정계약서」를 별도로 마련하여 두고서, 특정한 채무를 담보하고자 하는 때에는 「저당권설정계약서」에 의하여, 그리고 계속적인 거래관계로부터 발생하게 되는 불특정한 채무를 담보하고자 하는 때에는 「근저당권설정계약서」에 의하여 저당권설정계약을 체결하도록 하고 있다. 그러나 실무에 있어서 저당권설정계약을 체결하는 경우는 찾아볼 수가 없고, 거의 모두가 근저당권설정계약을 체결하고 있다. 그 이유는 저당권을 설정할 경우에는 저당권설정계약에서 정하고 있는 특정 채무만을 담보하고 다른 채무를 담보할 수 없어, 새로운 여신거래를 하고자 할 때마다 구저당권의 말소와 신저당권의 설정을 반복해야 함으로써, 시간과 비용의 낭비를 가져와 비경제적이기 때문이다.

(나) 특정 · 한정 · 포괄근저당권설정계약서

근저당권설정자가 담보책임을 지게 되는 증감변동하는 채무의 내용이, 근저당권설정계약서상에 어떻게 정해져 있는지에 따른 구분이다. 「특정근저당권설정계약서」는 근저당권설정계약시에 이미 체결되어 있는 특정의 계속적인 거래약정서에 의한 거래로 말미암아, 채무자가 채권자에 대하여 현재 또는 장래에 부담하는 모든 채무를 담보하고자 하는 경우에 사용하기 위한 것이다. 「한정근저당권설정계약서」는 근저당권설정계약시에 이미 체결되어 있거나 장래에 체결할 특정한 유형의 거래로 말미암아, 채무자가 채권자에 대하여 현재 또는 장래에 부담하는 모든 채무를 담보하고자 하는 경우에 사용하기 위한 것이다. 그리고 「포괄근저당권설정계약서」는 근저당권설정계약시에 이미 체결되어 있거나 장래에 체결할 제반 여러 유형의 거래로 말미암아, 채무자가 채권자에 대하여 현재 또는 장래에 부담하는 모든 채무를 담보하고자 하는 경우에 사용하기 위한 것이다.

일반거래에 있어서는 포괄근저당권설정계약서 하나의 서식만을 사용하는 것이 보통이다. 그러나 금융거래에 있어서는 과거 서식을 다양화하여 담보제공자의 선택의 폭을 넓히고 과잉담보취득을 방지하려는 취지에서 특정채무담보용 저당권설정계약서 이외에 근담보용 근저당권설정계약서를 ① 특정근저당권설정계약서와 ② 한정근저당권설정계약서 및 ③ 포괄근저당권설정계약서라는 3가지 서식을 각별로 작성한 서식을 사용하기도 하였으나, 이후 서식 간소화와 과잉담보취득 방지를 더욱 강화하려는 취지에서 ① 특정근저당 ② 한정근저당 ③ 포괄근저당의 3가지 유형을 근담보형 근저당권설정계약서라는 하나의 서식에 열거하여 이중 어느 유형을 선택하게 함으로써 특정근저당권설정계약서나 한정근저당권설정계약서 또는 포괄근저당권설정계약서의 기능을 하게 한 서식을 사용하거나, ③ 포괄근저당의 유형을 제외하고 ① 특정근저당과 ② 한정근저당만을 근담보형 근저당권설정계약서라는 하나의 서식에 열거하여 이중 어느 유형을 선택하게 함으로써 특정근저당권설정계약서나 한정근저당권설정계약서의 기능을 하게 한 서식을 사용하고 있다.

(다) 근저당권설정계약에 관한 규제의 필요성과 연혁

담보제공자의 선택의 폭을 넓히고 과잉담보취득을 방지하려는 취지에서 저당권설정을 위한 서식의 다양화와 간소화가 여러 차례에 걸쳐 있었다 하여도 저당권의 설정이 특정채무담보, 특정근담보, 한정근담보, 포괄근담보의 4가지 유형을 채권자와 담보제공자가 협의하여 선택하도록 되어 있어, 현실에 있어서는 금융회사측에 편리한 포괄근담보가 주로 이용됨으로써 여전히 과잉 담보 취득의 문제가 제기되었다.

이에 금융감독당국에서는 은행업감독규정 제88조(불건전 영업행위금지) 제2호와 은행업감독업무시행세칙 제64조(불공정거래행위 등) 제2호에 의하여 담보제공자가 채무자이면 포괄근저당권을 설정하고, 제3자이면 특정근저당권이나 한정근저당권을 설정(다만 예외적으로 담보제공자에게 객관적으로 포괄근저당권이 편리하다고 판단되는 경우에는 포괄근저당권을 설정)하도록 규제하기에 이르렀다.

그런데 위와 같은 규제는 법에 근거가 없는 것으로 비판되어 2010년 5월 17일 은행법에 제52조의2(불공정영업행위의 금지 등)를 신설하여 「여신거래와 관련하여 차주 등에게 부당하게 담보를 요구하거나 보증을 요구하는 행위」를 공정한 금융거래 질서를 해칠 우려가 있는 「불공정영업행위」로 규정하여 금지하되 그 구체적인 내용을 은행법시행령으로 정하도록 하였고(동조 제1항 제1호 및 제3항), 이에 따라 은행법시행령에서는 「여신거래와 관련하여 차주 또는 제3자로부터 담보를 취득할 때 정당한 사유 없이 포괄근담보(包括根擔保 : 현재 발생하였거나 장래에 발생할 다수의 채무 또는 불확정 채무를 일정한 한도에서 담보하기 위한 물건 또는 권리를 제공하는 것)를 요구하는 행위를 불공정거래행위로 규정하여 금지하였다(은행령 24의4①iii).

그러나 위와 같은 은행법 등에서의 개별적인 규정만으로는 금융소비자 보호에 미흡하다는 비판이 있어 2020년 3월 24일에는 금융소비자를 보다 체계적이고 구체적으로 보호하기 위하여 금융소비자 보호에 관한 법률(약칭 금융소비자보호법)을 단행법으로 제정하여 2021년 3월 25일부터 시행하기에 이르렀다.[19] 이하에서는 금융소비자보호법에 의한 근저당권의 설정의 규제에 관하여 알아보기로 한다.

---

19) 금융소비자 보호에 관한 법률이 제정되어 시행됨으로써 불공정영업행위의 금지 등에 관한 규정은 은행법과 은행법시행령 및 은행업감독규정 및 은행업감독업무시행세칙에서 삭제되고, 금융소비자 보호에 관한 법률과 금융소비자 보호에 관한 법률시행령 및 금융소비자 보호에 관한 감독규정에 규정되었다.

㈑ 금융소비자보호법에 의한 규제

금융소비자보호법에서는 금융회사가 여신거래와 관련하여 금융소비자 또는 제3자로부터 담보취득하는 경우에 ① 계약서에 그 담보의 대상이 되는 채무를 특정하지 않는 행위나 ② 계약서상의 담보가 장래 다른 채무에도 적용된다는 내용으로 계약을 하는 행위를 하는 것을 "불공정영업행위"로서 금지하고 있다(금소보 20①, 금소보령 15④iii라, 금소보감 14⑥viii).

그런데 금융소비자보호에 관한 감독규정 제14조 제6항 제8호에서 금지하고 있는 ①②의 내용과 관련하여서는 특정근저당권의 설정이 허용되고 포괄근저당권의 설정이 허용되지 않는다는 점에 대해서는 이견이 없지만, 한정근저당권의 설정이 허용되는지 여부에 관하여는 허용되지 않는다는 견해와 허용된다는 견해로 갈려 있다.

허용되지 않는다는 견해는 은행의 현행 근저당권설정계약서 서식의 한정근담보에는 그 피담보채무가 「채무자가 채권자(본 · 지점)에 대하여 다음 종류의 거래로 말미암아 부담하는 현재 및 장래에 부담하는 채무」라고 되어 있어, 위 감독규정에서 금지하고 있는 ①②의 내용을 충족하는 것으로 보아야 한다는 점을 들고 있고, 허용된다는 견해는 구체적인 이유는 제시하지 않고 있다.

이에 실무계에서는 금융위원회에 금융소비자보호에 관한 감독규정 제14조 제6항 제8호의 법령해석을 요청하였고, 금융위원회에서는 2024년 8월 29일자로 한정근담보 · 한정근보증이 허용된다는 내용으로 회신한 바 있다.

그러나 한정근담보 · 한정근보증이 허용된다는 이 금융위원회의 해석은 후일 한정근담보 · 한정근보증이 허용되는지 여부에 관하여 재판상 문제가 되었을 때 법원에서도 동일하게 허용된다고 해석할 것인지에 관하여는 의문이 제기된다. 금융위원회는 「은행법」 및 「보험업법」 등 기존의 개별 금융업법상 '정당한 사유 없이 포괄근담보 또는 포괄근보증을 요구하는 행위를 금지'하던 규정을 「금소법」에서 포괄하여 규정한 취지임을 감안하여 판단할 때 허용된다는 것이지만, 「감독규정」의 문언만을 기준으로 판단할 때에는 허용되지 않는다고 볼 여지가 크기 때문이다.

따라서 이 문제는 「감독규정」 제14조 제6항 제8호를 문언상으로도 한정근담보 · 한정근보증이 허용되도록 개정하여 논란의 소지가 없도록 하여야 할 것으로 본다.

참고

한정근담보 · 한정근보증 허용여부에 대한 금융위원회 회신 내용

· 「금융소비자 보호에 관한 법률」 제20조 제1항 제2호, 동법 「시행령」 제15조 제4항 제2호 및 「감독규정」 제14조 제6항 제8호에 따르면,

· 금융상품판매업자등은 대출성 상품 등에 관한 계약체결과 관련하여 담보 또는 보증이 필요 없음에도 이를 요구하거나 해당 계약의 체결에 통상적으로 요구되는 일반적인 담보 또는 보증범위보다 많은 담보 또는 보증을 요구하는 행위를 해서는 아니 됩니다.

· 또한, 상기 행위에 준하는 것으로서 금융소비자 또는 제3자로부터 담보 또는 보증을 취득하는 계약과 관련하여, 해당 계약서에 그 담보 또는 보증의 대상이 되는 채무를 특정하지 않는 행위, 해당 계약서상의 담보 또는 보증이 장래 다른 채무에도 적용된다는 내용으로 계약을 하는 행위가 금지됩니다.

· 이는 「은행법」 및 「보험업법」 등 기존의 개별 금융업법상 '정당한 사유 없이 포괄근담보 또는 포괄근보증을 요구하는 행위를 금지'하던 규정을 「금소법」에서 포괄하여 규정한 취지임을 감안하여 판단할 때,

· 「금융소비자 보호에 관한 감독규정」 제14조 제6항 제8호 규정은 원칙적으로 포괄근담보 또는 포괄근보증을 요구하는 행위를 금지하며, 이 외에 한정근담보 · 한정근보증 · 특정근담보 · 특정근보증은 허용됩니다.

㈒ 근저당권설정계약서 작성상의 유의사항

담보제공자와 근저당권설정계약을 체결하기 위하여 은행 등이 사용하는 근저당권설정계약서는 약관의 규제에 관한 법률에서 규율하고 있는 약관에 해당된다. 따라서 근저당권설정계약을 체결할 때에는 근저당권자는 근저당권설정자에게 근저당권설정계약서의 내용을 일반적으로 예상되는 방법으로 분명하게 밝히고, 근저당권설정자가 요구할 경우 근저당권설정계약서의 사본을 고객에게 내주어 고객이 근저당권설정계약서의 내용을 알 수 있게 하여야 하며(약규 3②), 근저당권설정계약서에 정하여져 있는 중요한 내용을 고객이 이해할 수 있도록 설명해 주어야 한다(약규 3③). 근저당권자가 만일 위 약관의 규제에 관한 법률 제3조 제2항과 제3항에 위반하여 근저당권설정계약을 체결한 경우에는 해당 근저당권설정계약서상의 내용을 근저당권설정계약의 내용으로 주장할 수 없게 된다(약규 3④). 은행의 여신거래에 사용되는 근저당권설정계약서에 의하여 근저당권설정계약을 체결하는 경우에 특히 유의하여야 할 사항에 관하여 좀 더 구체적으로 설명하면 다음과 같다.

첫째, 근저당권설정계약서 제1조 제1호 피담보채무의 범위 본문 박스 안에는

반드시 근저당권설정자로 하여금 「특정근담보」나 「한정근담보」 또는 「포괄근담보」 중 선택하여 적어 넣도록 한다. 다만, 금융소비자보호법상 금융소비자 또는 제3자로부터 담보를 취득하는 경우에는 포괄근담보는 선택하여 적어 넣을 수가 없다. 한정근담보를 선택하여 적어 넣을 수 있는지에 관하여는 찬부 양론이 있으나 금융위원회의 법령해석 상으로는 가능하지만, 이에 따라 한정근담보를 선택하여 적어 넣는 경우 여전히 문제가 있을 수 있다는 점은 앞에서 설명한 바 있다.

둘째, 근저당권설정계약서 제1조 제1호 피담보채무의 범위 본문 박스 안에 「특정근담보」라고 적어 넣게 한 경우에는, 다시 그 아래 「특정근담보」란에 담보제공자로 하여금 담보채무를 발생시키는 채권자와 채무자 사이에 체결된 특정의 거래약정서[예를 들면 2013년 4월 10일 여신거래약정서]라고 적어 넣게 하여야 한다. 이 때 특히 주의하여야 할 것은 근저당권설정계약서상에 적어 넣는 피담보채무를 발생시키는 채권자와 채무자 사이의 특정한 거래약정서상의 약정일자가 근저당권설정계약일자보다 장래의 일자가 되어서는 아니 된다는 점이다. 특정근저당권의 경우는 채권자와 채무자 사이에 근저당권설정계약을 체결하기 전에 이미 체결되어 있는 특정한 거래약정서에 의하여 발생하는 채무를 담보하도록 되어 있는데, 근저당권설정계약이 먼저 체결되고 그 후에 그 근저당권에 의하여 담보되는 채무를 발생시키는 여신거래약정이 체결된다는 것은 논리적으로 모순되어 근저당권의 부종성에 반하는 것이 되고 그에 따라 근저당권 자체가 무효로 될 수 있기 때문이다.

셋째, 근저당권설정계약서 제1조 제1호 피담보채무의 범위 본문 박스 안에 「한정근담보」라고 적어 넣게 한 경우에는, 다시 그 아래 「한정근담보」란에 담보제공자로 하여금 담보채무를 발생시키는 채권자와 채무자 사이에 현재 또는 장래에 체결될 거래의 종류[예를 들면 일반자금대출(주택담보)거래 또는 당좌대출(기타부동산담보)거래 등]라고 적어 넣게 하여야 한다. 그리고 적어 넣는 거래의 종류는 반드시 1가지만 이어야 하는 것은 아니고 2가지 이상이라도 무방하지만 모든 여신거래의 종류를 거의 다 열거함으로써 사실상으로 포괄근담보가 되도록 하여서는 아니 된다.

넷째, 근저당권설정계약서 제1조 제3호 근저당권결산기 본문 박스 안에는 반드시 근저당권설정자로 하여금 「지정형」이나 「자동확정형」 또는 「장래지정형」 중 선택하여 적어 넣도록 한다. 다만 어느 것을 선택하여 적어 넣는가에 관하여는 특별히 규제되어 있는 것이 없으므로 근저당권설정자와 협의하여 선택하면 될 것이지만 특별한 사유가 없는 한 「장래지정형」을 선택하여 적어 넣는 것이 거래에 편리하다. 만일 「지정형」이라고 적어 넣는 경우에는 그 아래 「지정형」이란 란에 근저당권설정자로 하여금 지정된 일자를 적어 넣도록 하여야 한다.

다섯째, 근저당권설정자에게 은행여신거래기본약관과 근저당권설정계약서 사본을 교부하여야 한다. 약관의 규제에 관한 법률 제3조 제2항은 근저당권설정자가 요구할 경우 근저당권설정계약서의 사본을 고객에게 내주도록 되어 있으나, 근저당권설정계약서에 의하면 계약조항 마지막 부분에 「1. 은행여신거래기본약관과 이 계약서 사본을 확실히 수령하였습니까?」라는 문항을 두고 이에 근저당권설정자가 「수령함」이라고 적어 답하도록 되어 있기 때문이다.

여섯째, 담보목적물이 주택으로서 채무자의 소유가 아닌 제3자 소유인 경우(즉 물상보증인 담보의 경우)에는 근저당권설정계약서 작성일을 포함하여 3일 이내에 담보제공을 철회할 수 있도록 되어 있으므로 3일 동안 기다렸다가 담보제공자의 철회 의사표시가 없으면 대출실행하고, 철회 의사표시가 있으면 담보제공자로 하여금 계약조항 마지막 부분 「담보제공을 철회합니까?」라는 문항에 대하여 「철회함 ○년 ○월 ○일」이라고 적어 넣도록 한 후 대출실행을 하여서는 아니 된다. 유효한 철회가 있으나 이미 근저당권설정등기가 이루어진 상태이면 은행으로서는 미리 부담한 근저당권설정비용과 새로이 들어가는 근저당권말소비용을 담보제공자로부터 받은 후 근저당권설정등기의 말소에 응하여야 한다. 그러나 근저당권설정계약을 체결하는 때 또는 그 이후라도 근저당권설정계약서 작성일을 포함하여 3일이 경과하기 전에 담보제공자가 철회권을 포기하는 때에는 계약조항 마지막 부분 「철회권을 포기합니까?」라는 문항에 대하여 「포기함 ○년 ○월 ○일」이라고 적어 넣도록 한 후 바로 대출실행을 할 수 있다. 이에 따라 실무에서는 근저당권설정계약을 체결하는 때에 「철회권을 포기합니까?」라는 문항에 「포기함 ○년 ○월 ○일」이라고 적어 넣도록 하는 것이 보통이다.

다. 여신채권 이외의 채권을 담보하려는 경우

금융회사는 주로 여신채권의 담보를 위하여 근저당권을 취득하는 것이 보통이나, 실무에 있어서는 여신채권 이외의 채권을 담보하기 위하여 근저당권을 취득하는 경우도 있다. 영업점포를 임차하면서 그 임차보증금을 담보하기 위하여, 해당 영업점포의 건물과 토지에 근저당권을 취득하는 것이 그 대표적인 예이다.

그런데 이 경우에 근저당권설정계약서를 무엇으로 할 것인지가 문제로 된다. 금융회사가 여신채권을 담보하기 위해서 마련해두고 있는 근저당권설정계약서상에는, 임차보증금채권을 피담보채권으로 하고 있지 않기 때문이다. 이에 따라 실무에 있어서는, 금융회사가 마련해 두고 있는 근저당권설정계약서를 사용하지 않고, 법무사들이 서식으로 사용하고 있는 근저당권설정계약서를, 사용하는 경우도 있는 것 같다.

그러나 법무사들이 서식으로 사용하고 있는 근저당권설정계약서를 사용하는 경우에는, 후일 임대인과의 여신거래가 필요할 경우, 금융회사 소정의 근저당권설정계약에 의한 근저당권이 설정되어 있지 않아 문제가 발생할 수 있다. 따라서 임차보증금채권 등과 같이, 금융회사 소정의 근저당권설정계약서에서 피담보채권으로 정하고 있지 않은 채권을 담보하고자 하는 경우에는, 금융회사 소정의 근저당권설정계약상의 피담보채권에 ㅇ년 ㅇ월 ㅇ일 부동산임대차계약서 등을 추가하는 방식으로, 근저당권설정계약서의 내용을 변경하여 이를 근저당권설정계약서로 하는 것이 좋다.

(2) 저당권설정등기

가. 등기절차

저당권은 저당권을 설정받으려는 자와 설정하려는 자가, 저당권설정에 관한 계약을 체결하는 것만으로 설정되는 것이 아니라, 그 저당권설정계약에 기하여 저당권을 설정하고자 하는 부동산의 소재지를 관할하는 등기소에 저당권설정등기를 신청하여, 대상부동산의 등기부에 저당권설정의 등기가 이루어져야 한다.

저당권설정등기의 신청은 등기권리자(근저당권자)와 등기의무자(근저당권설정자)가 공동으로 다음 중 하나의 방법으로 신청한다(부등 23①, 24).

①신청인 또는 그 대리인(代理人)이 등기소에 출석하여 신청정보 및 첨부정보를 적은 서면을 제출하는 방법. 다만, 대리인이 변호사[법무법인, 법무법인(유한) 및 법무조합을 포함한다. 이하 같다]나 법무사(법무사합동법인을 포함한다. 이하 같다)인 경우에는 대법원규칙으로 정하는 사무원을 등기소에 출석하게 하여 그

서면을 제출할 수 있다.

②대법원규칙으로 정하는 바에 따라 전산정보처리조직을 이용하여 신청정보 및 첨부정보를 보내는 방법(법원행정처장이 지정하는 등기유형으로 한정한다)

보통저당권의 설정등기를 신청하는 때에는 신청서에 부동산등기법 제48조에서 규정하는 일반등기사항 이외에 ① 채권액 ② 채무자의 성명 또는 명칭과 주소 또는 사무소 소재지 ③ 변제기(辨濟期) ④ 이자 및 그 발생기 · 지급시기 ⑤원본(元本) 또는 이자의 지급장소 ⑥ 채무불이행(債務不履行)으로 인한 손해배상에 관한 약정 ⑦ 민법 제358조 단서의 약정 ⑧ 채권의 조건을 적어야 한다. 다만 ③~⑧은 등기원인(저당권설정계약)에 그 약정이 있는 경우에 한한다(부등 75①).

근저당권의 설정등기를 신청하는 때에는 신청서에 부동산등기법 제48조에서 규정하는 일반등기사항 이외에 ① 채권의 최고액 ② 채무자의 성명 또는 명칭과 주소 또는 사무소 소재지 ③ 민법 제358조 단서의 약정 ④ 존속기간을 적어야 한다. 다만 ③④는 등기원인(근저당권설정계약)에 그 약정이 있는 경우에 한한다(부등 75①). 현재 은행권에서 사용하는 근저당권설정계약서에는 ③민법 제358조 단서의 약정[20] 은 하고 있지 않으며[21] ④존속기간에 관하여는 결산기의 형태로 약정을 두고 있으나 등기신청서에 기재하여 등기하지는 않고 있다.

저당권의 설정등기를 신청할 때에는 신청서에 그 등기를 신청함에 필요한 이상의 사항 이외에 등록면허세 등 등기신청과 관련하여 납부하여야 할 세액 및 그 과세표준액을 적어야 하고, 아울러 다른 법률에 의하여 부과된 의무사항이 있는 때에는 그 의무사항도 적어야 한다(부등규 44). 그밖에 저당권의 설정등기 신청서에 첨부하여야 할 서류를 열거하면 다음과 같다.

① 등기원인을 증명하는 서면(저당권설정계약서 또는 근저당권설정계약서).

② 등기권리증(등기권리증분실시는 등기의무자임을 확인하는 법무사 또는 변호사의 서면).

③ 등기신청위임장.

20) 민법 제358조 단서의 약정이란 근저당권의의 효력이 미치는 근저당목적물의 부합물과 종물 중 근저당권의 효력이 미치는 대상목적물의 범위에서 제외하기로 하는 근저당권자와 근저당권설정자 사이의 합의를 말한다.

21) 부록 은행의 담보약관 서식 2. 근저당권설정계약서 참조.

22) 법인 등의 등기사항증명서 발급 등에 관한 업무처리지침(2009.05.19 등기예규 제1292호) 참조.

④ 등기의무자의 인감증명서(발행일로부터 6월 이내의 것).
⑤ 등기의무자의 등기부상 주소와 현주소가 다른 경우에는 등기의무자의 주민등록초본. 등기의무자가 법인인 경우는 법인등기사항전부증명서(현재사항)[22]
⑥ 등기권리자의 법인등기사항전부증명서(현재사항). 등기권리자가 개인인 경우는 주민등록등본
⑦ 등록면허세 · 지방교육세 납부영수증
⑧ 국민주택채권매입필증

나. 설정비용

㈎ 통상의 경우

토지 · 건물을 대상으로 하여 근저당권설정등기를 하는데 통상적으로 드는 비용을 보면 다음과 같다.

① 등록면허세 : 근저당권채권최고액 × 2/1,000(지세 28① i 다 2))
② 지방교육세 : 등록면허세액 × 20/100(지세 151① ii)
③ 등기수수료 : 15,000원 × 부동산 수(등기신청수수료 징수에 관한 예규 : 개정 2014.12.24 등기예규 제1565호)
④ 국민주택채권 : 근저당권 채권최고액의 10/1,000. 다만 매입금액이 10억 원을 초과하는 경우에는 10억 원으로 한다(주도기 8, 주도기령 8②, 주도기령 별표 부표 15 다). 국민주택채권의 최저매입금액은 1만 원으로 한다. 다만 1만 원 미만의 단수가 있을 경우에 그 단수가 5천 원 이상 1만원 미만인 때에는 이를 1만 원으로 하고 그 단수가 5천 원 미만인 때에는 단수가 없는 것으로 한다(주도기 8, 주도기령 8②, 주도기령 별표 4).
⑤ 법무사의 보수 : 법무사의 보수는 법무사법 제19조 제3항에 따라 대한법무사협회 회칙 제76조 제1항 별표 법무사보수기준으로 정하고 있다. 이 법무사보수기준에 의하면 법무사의 보수는 기본보수, 가산보수, 기타 보수 및 비용으로 구분한다(동기준 3). 다만, 이 법무사보수기준은 법무사가 수행하는 업무에 관하여 위임인으로부터 받는 보수 및 비용에 관한 기준의 상한이므로(동기준 1), 당사자가 합의하여 이보다 낮은 기준의 보수를 정할 수 있다. 이하에서는 근저당권설정으로 한정하여 법무사보수의 상한에 관하여 알아보기로 한다.

Ⅰ. 기본보수

〈 근저당권설정등기 〉

〈 담보권의 추가설정(추가근저당권설정등기) 〉

과세표준액(근저당권설정액)	기본보수(산정방법)
1천만원까지	100,000원
1천만원초과 5천만원까지	100,000원 + 1천만원초과액의 11/10,000
5천만원초과 1억원까지	144,000원 + 5천만원초과액의 10/10,000
1억원초과 3억원까지	194,000원 + 1억원초과액의 9/10,000
3억원초과 5억원까지	374,000원 + 3억원초과액의 8/10,000
5억원초과 10억원까지	534,000원 + 5억원초과액의 7/10,000
10억원초과 20억원까지	884,000원 + 10억원초과액의 5/10,000
20억원초과 200억원까지	1,384,000원 + 20억원초과액의 4/10,000
200억원초과	8,584,000원 + 100억원초과액의 1/10,000

〈 그 밖의 등기 〉

과세표준액(근저당권설정액)	기본보수(산정방법)
5천만원까지	80,000원
5천만원초과 2억원까지	80,000원 + 5천만원초과액의 5/10,000
2억원초과 10억원까지	155,000원 + 2억원초과액의 2/10,000
10억원초과 100억원까지	315,000원 + 10억원초과액의 1/10,000
100억원초과	1,215,000원 + 100억원초과액의 1/20,000

Ⅱ. 가산보수

그 밖의 등기의 유형	기본보수
(1) 재단의 분할·합병·목록변경	80,000원
(2) 권리의 변경·경정 또는 회복	100,000원
(3) 부동산의 표시 또는 등기명의인 표시의 변경·경정	30,000원
(4) 말소등기	50,000원

① 업무 사건이 특별히 중대하거나 복잡한 경우 ② 업무 사건의 처리기간이 현저하게 오래 걸릴 것이 예상되는 경우 ③ 업무 사건의 처리에 특별한 조사 연구가 필요한 경우 ④ 업무 사건의 당사자나 직접적인 이해관계인이 5인 이상인 경우 ⑤ 법무사보수기준에서 특별히 정한 경우의 하나에 해당하여 증액한 보수 및 목적물이나 대상의 수량 또는 인원에 따라 추가하여 받는 보수로 다음과 같다.

첫째, 대상 부동산이 1개를 초과하는 경우에는 초과하는 1개마다 20,000원을 가산한다.

둘째, 위 ①~⑤의 어느 하나에 해당하는 경우에는 그 정도에 따라 당해 기본보수의 100% 상당액까지 가산할 수 있다. 이 경우 그 사유가 중복되더라도 별도로 가산하지 않는다.

셋째, 등기원인 및 등기목적이 동일한 것으로서 여러 개의 등기소의 관할에 걸쳐 있는 여러 개의 부동산에 관한 권리의 등기를 신청하는 경우에는 당해 기본보수의 50% 상당액까지 가산할 수 있다.

넷째, 동일인보증서를 작성하는 때에는 150,000원, 등기필정보(등기필증)가 분실 멸실된 경우 등기의무자 본인임을 확인하는 서면을 작성하는 때에는 100,000원을 가산한다.

Ⅲ. 기타 보수 및 비용

〈 대행료 〉

서류 작성, 대행 업무의 유형	적용기준	대행료
1. 등기원인증서의 작성 또는 검인, 부동산거래의 신고 등 대행	1건당	40,000원
2. 취득세·등록면허세의 신고·납부 또는 감면신청 및 공과금 납부 대행	1건당	40,000원
3. 국민주택채권의 매입 또는 즉시매도 대행	1건당	40,000원
4. 등기원인에 대한 제3자의 허가(신고 포함)·동의·승낙 또는 등기상 이해관계인의 승낙에 관한 서류 작성 대행	종류마다	40,000원

5. 정관, 의사록, 내용증명 그 밖에 문안을 요하는 서류의 작성 대행	종류마다	60,000원
6. 제5호의 서류나 그 밖의 서류에 대한 공증 대행	종류마다	40,000원
7. 법인인감카드의 발급 대행	1건당	40,000원
8. 법원·검찰청 등에 제출하는 서류의 제출 대행	1건당	30,000원
9. 송무·비송·집행·가사 사건 등의 기록열람 대행	1건당	40,000원
10. 법원·검찰청으로부터 송달되는 서류의 영수 대행	1건당	50,000원
11. 확정일자 날인, 내용증명의 발송 대행	1건당	50,000원
12. 등기사항증명서 발급·열람, 등기부등초본·열람 대행	1건당	3,000원
13. 그 밖에 수임사건과 관련되는 업무의 대행	1건당	30,000원

※ 위 가산보수의 ①~⑤에 해당하는 경우, 대행료도 가산보수에 준하여 증액할 수 있다.

〈 상담료 〉

의뢰인과의 대면이나 전화 등에 의한 개별적 상담료는 소요시간 30분까지는 50,000원 이하로 하고, 30분을 초과하는 매 30분마다 20,000원을 가산한다. 이 경우에 30분 미만은 30분으로 본다. 다만, 사건의 수임이 따르는 경우에는 상담료를 면제할 수 있다. 그리고 계속적 상담은 월액 500,000원 이하로 한다. 이 경우 사건수임으로 연결되는 경우에도 적용한다.

〈 그 밖에 여비 등 실비변상의 비용 〉

수임 받은 사건·업무의 처리를 위하여 출장을 갈 때에는 교통비[1등급 여객운임(택시, KTX 일반석) 기준 실비(단, 현지교통비는 50,000원까지), 숙박비(1급 숙박업소 기준 실비), 일당(소요시간 4시간 이내 70,000원, 4시간 초과 150,000원)을 지급받는다. 또한 수임 받은 사건·업무의 처리를 위하여 지출한 기타 실비는 별도로 지급받는다.

㈏ 국민주택채권의 매입이 면제되는 경우

다음의 경우는 근저당권설정시 국민주택채권의 매입이 면제된다.

① 저당권 설정금액이 2천만 원 미만인 경우(주도기령 별표 부표 15 다 ㈎).

② 신탁 또는 신탁종료에 따라 수탁자 또는 위탁자에게 저당권을 이전하는 경우(주도기령 별표 부표 15 다 ㈏)

③ 국가기관 · 지방자치단체 · 주택도시기금법 제8조 제1항에 따른 공공기관 · 지방공기업법에 따른 지방공기업 · 한국자산관리공사의 설립 등에 관한 법률에 따라 설립된 한국자산관리공사 · 부동산투자회사법에 따른 부동산투자회사 · 한국주택금융공사법에 따라 설립된 한국주택금융공사의 경우(주도기령 별표 2).

④ 다음의 어느 하나에 해당하는 경우 융자에 필요한 저당권의 설정등기를 할 때(주도기령 별표 3 가).

㉠ 농업협동조합법에 따른 농업인, 수산업협동조합법에 따른 어업인 또는 산림조합법에 따른 임업인에 대하여 농업협동조합중앙회(농협은행을 포함한다)와 그 회원조합의 장, 수산업협동조합중앙회와 그 회원조합의 장 또는 산림조합중앙회와 그 회원조합의 장이 농어촌 소득증대를 위한 영농자금 · 축산자금 · 어업자금 · 산림개발자금으로 융자하고 이를 확인한 경우

㉡ 주택법 제9조에 따른 주택건설사업자에 대하여 금융기관(국민주택사업특별회계가 설치된 지방자치단체를 포함한다)의 장이 국민주택규모 이하의 주택을 건설하기 위한 자금으로 융자하고 이를 확인한 경우

⑤ 농업·농촌 및 식품산업 기본법 제3조제2호에 따른 농업인, 수산업·어촌 발전 기본법 제3조제3호에 따른 어업인 또는 농어업경영체 육성 및 지원에 관한 법률 제16조에 따라 설립된 영농조합법인 및 같은 법 제19조에 따라 설립된 농업회사법인이 농지에 대하여 저당권의 설정등기 및 이전등기를 할 때(주도기령 별표 3 마).

⑥ 관계 법령에 따라 조세를 납부하여야 하는 자가 그 법령에서 정하는 바에 따라 분납·연부연납(세금 신고기한 경과 후 장기간 분할납부하는

것을 말한다) 또는 조세의 납부시기를 연기할 목적으로 제공한 담보에 대하여 저당권설정등기를 할 때(주도기령 별표 3 바).

⑦ 주택도시공사가 주택도시기금법 제26조에 따른 업무 중 보증업무를 수행하는 경우로서 건축허가를 받거나 부동산등기를 할 때(주도기령 별표 3 사).

⑧ 국가유공자 등 예우 및 지원에 관한 법률」, 「보훈보상대상자 지원에 관한 법률」, 「5 · 18민주유공자예우 및 단체설립에 관한 법률」, 「제대군인 지원에 관한 법률」 및 「특수임무유공자 예우 및 단체설립에 관한 법률」을 적용받는 자가 대부금으로 취득한 재산을 담보로 제공하거나 대부를 받기 위하여 담보로 제공하는 재산에 대하여 근저당권설정등기를 할 때(주도기령 별표 3 아).

⑨ 다음의 어느 하나에 해당하는 사람이 담보로 제공하는 주택에 대하여 근저당권설정등기를 할 때(주도기령 별표 3 자).

㉠ 「한국주택금융공사법」 제43조의2에 따라 한국주택금융공사로부터 주택담보노후연금보증을 받는 사람

㉡ 장기주택저당대출(주택소유자가 주택에 저당권을 설정하고 「한국주택금융공사법」 제2조 제11호의 금융기관으로부터 연금방식으로 생활자금을 대출받는 것을 말한다)에 가입한 사람

⑩ 자본시장과 금융투자업에 관한 법률」 제229조제2호에 따른 부동산집합투자기구가 건축허가를 받거나 부동산등기를 할 때(주도기령 별표 3차).

⑪ 외국인투자 촉진법 제2조에 따른 외국인투자기업이 업무용 부동산의 등기를 하는 경우, 외국인투자 촉진법 제9조에 해당하는 외국인투자기업은 매입대상채권액의 100퍼센트, 그 밖의 외국인투자기업은 매입대상채권액 중 외국인투자비율에 해당하는 금액(주도기규 별표 1, 1).

⑫ 한국환경공단법에 따른 한국환경공단이 업무용 부동산의 등기를 하는 경우(주도기규 별표 1, 3).

⑬ 신문 등의 진흥에 관한 법률 제9조에 따른 일반일간신문, 특수 일간신문, 일반주간신문 및 특수주간신문을 발행하기 위하여 등록한 자와 뉴스통신 진흥에 관한 법률 제8조에 따라 뉴스통신사업을 하기 위하여

등록한 자 및 방송법 제2조제3호에 따른 방송사업자가 언론사업 수행에 직접 사용되는 부동산(수익사업용은 제외한다)에 대한 등기를 하는 경우(주도기규 별표 1, 4).

⑭ 중소기업기본법 제2조에 따른 중소기업(중소기업창업 지원법 제3조 단서에서 정한 중소기업은 제외한다)이 자기의 부동산(공유 부동산인 경우에는 담보대출 받는 중소기업의 공유지분으로 한정한다)으로 금융기관(제2호의 금융기관을 말한다) 또는 「중소기업진흥에 관한 법률」에 따른 중소기업진흥공단의 담보대출을 받는 경우의 저당권설정등기(주도기규 별표 1, 8).

⑮ 제주특별자치도 설치 및 국제자유도시 조성을 위한 특별법」에 따른 제주국제자유도시개발센터가 업무용 부동산의 등기를 하는 경우(주도기규 별표 1, 12).

⑯ 자산유동화계획에 의하여 유동화자산을 양도 또는 신탁하거나 유동화자산에 대하여 저당권을 설정하는 경우(자유 36의2).

다. 설정비용의 부담자

저당권설정비용을 채권자와 채무자(또는 설정자) 중 누가 부담하는지에 관하여는 종래 근저당권설정계약서에서 채무자(또는 설정자)가 부담하는 것으로 하였다. 그러나 그 부담자에 관하여 논란이 제기되자 근저당권설정계약서를 변경하여 채권자와 채무자(또는 설정자)가 개별적으로 합의하여 정하는 것으로 하였다가, 현재는 기본적으로 은행이 부담하는 것으로 하여 다음과 같이 정하고 있다. 우선 근저당권설정 직접비용에 관하여는 등록면허세, 지방교육세, 등기신청 수수료 및 법무사 수수료는 근저당권설정등기를 하는 경우는 채권자가 부담하고, 근저당권설정말소등기를 하는 경우는 채무자(또는 설정자)가 부담하며, 국민주택채권매입비는 채무자(또는 설정자)가 부담한다. 다음에 근저당권설정 간접비용에 관하여는 근저당물건의 조사 및 감정평가수수료는 근저당권을 설정하기 위한 경우는 채권자가 부담하고, 채무자의 채무불이행으로 인하여 근저당권을 행사하는 경우는 채무자(또는 설정자)가 부담하며, 기타 비용으로서 부담주체가 분명하지 않은 경우는 채권자와 채무자(또는 설정자) 균분으로 부담한다.

(3) 저당목적물에 대한 부보와 질권설정

가. 부보와 질권설정의 필요성

담보의 목적물이 멸실·훼손되어 그 가치를 상실하게 될 경우에는, 채무불이행시 그 교환가치로부터 우선변제를 받으려는 목적을 달성할 수 없게 된다. 그러므로 멸실·훼손의 가능성이 있는 담보목적물에 대하여는, 그 멸실·훼손이 있어도 그 가치를 보전할 수 있는 특별한 조치를 취하여 둘 필요가 있는 바, 그 수단으로서 보험제도를 이용할 수 있다.

따라서 멸실·훼손의 가능성이 있는 목적물을 담보로 취득하는 경우에는, 채무자나 담보제공자로 하여금 반드시 당해 목적물을 보험에 들도록 하여야 한다. 그리고 이 담보목적물의 부보와 관련하여서는 다음과 같은 2가지 점에 유의를 요한다. 첫째는 부보금액을 얼마로 할 것인가 하는 것이고 둘째는 그에 대한 채권보전의 방법이다.

전자의 경우는 채권보전에 필요한 정도의 보험금만 나오면 될 것이므로, 반드시 담보목적물의 실제가격에 상응하도록 부보시킬 필요는 없고, 현재의 채권액에 소정의 부보율(보통은 담보비율과 동일하다)을 곱하여 산출한 금액에서, 멸실·훼손 즉 이재의 가능성이 없는 담보물(토지, 유가증권 등)의 가액을 공제한 금액으로 부보시키면 될 것이고, 후자의 경우는 보험금청구권에 대하여도 따로이 담보권(질권)을 설정하여 두면 될 것이다.

보험금에 대하여는 담보물권의 공통성질인 물상대위성에 의하여, 따로이 담보권을 설정하지 않아도 멸실·훼손된 목적물에 대한 담보권의 효력이 미치므로,[23] 별도로 담보권을 설정해둘 필요가 없지 않은가 하는 의문이 있을 수 있다. 그러나 보험금에 대하여 물상대위를 할 수 있다는 것만으로는 채권보전이 완전하게 이루어져 있다고 할 수가 없다. 예컨대 건물에 대한 저당권과 건물보험금청구권에 대한 질권은 별개의 독립한 담보권에 속하므로, 양자가 경합하게 되는 경우가 생길 수 있고 또 경합하지 않더라도 보험금에 대하여 저당권에 기한 물상대위권을 행사하려면 당해 보험금이 지급되기 전

23) 민법주해(VI) 401(양승태). 곽윤직 물권법 410.

에 압류하여야 하며, 따라서 압류 전에 보험금이 지급되어 버리면 그 후에는 물상대위권을 행사할 수 없게 되는데, 저당권자가 이러한 사실을 정확하게 파악하여 적기에 권리를 행사한다는 것은 용이한 일이 아니기 때문이다.

그리고 보험금청구권에 대한 담보권설정은, 보통의 경우에는 담보제공자로 하여금 담보제공자를 피보험자로 하여 보험계약을 체결하게 하고, 그 보험금청구권에 대하여 채권자 앞으로 질권을 설정하게 하면 된다.

나. 물상대위권의 행사방법

㈎ 문제의 소재

저당목적물을 보험에 가입한 후 보험사고가 발생함으로써, 저당권설정자가 보험회사에 대하여 가지게 된 보험금지급청구권을 대상으로, 저당권자가 물상대위권을 행사하고자 하는 경우와 관련하여서는 다음과 같은 4가지의 문제가 있다. 첫째는 보험금의 지급 전에 반드시 저당권자 스스로 압류를 하여야 하는 것인지 이고, 둘째는 압류를 하려면 집행권원을 구비하고 있어야 하는지 이며, 셋째는 물상대위권에 기하여 보험회사로부터 보험금을 지급받으려면 어떠한 절차를 밟아야 하는지 이고, 넷째는 물상대위권행사시 저당권자로서 우선변제를 받을 수 있는 것인지 이다.

㈏ 저당권자가 스스로 압류하여야 하는지 여부

이에 관하여는 요건행위설과 특정성보전설로 견해가 대립되어 있다. 요건행위설은 압류는 저당권자 자신이 하는 것을 요하고 다른 채권자가 그 채권보전을 위하여 하는 압류는 저당권자의 권리를 보전하는 효력이 없는 것이라고 하고,[24] 특정성보전설은 다른 채권자에 의하여 이미 압류가 되어 있으면 저당권자가 물상대위권을 행사하기 위하여 다시 스스로 압류할 필요가 없다고 한다.[25]

요건행위설은 그 논거로서 압류는 특정성보전의 작용과 함께 물상대위의

24) 김현태 신물권법(하) 121.
25) 민법주해(VI) 402(양승태). 곽윤직 물권법 411.

목적으로 되는 채권이 저당권의 효력에 따르는 것을 공시하는 작용을 가진다는 점을 들고 있다. 이에 대하여 특정성보전설은 그 논거로서 ① 물상대위권을 행사하기 위한 요건으로서 대위물의 지급 또는 인도 전에 압류할 것을 요하는 것은, 대위물이 불특정물인 경우에 그것이 지급 또는 인도에 의하여, 저당물 소유자의 일반재산에 혼입된 때에는 특정성을 상실하게 되므로, 특정의 원칙상 물상대위권의 목적이 될 수 없으며, 만일 혼입 후에도 저당권의 추급을 허용하면 다른 채권자를 해하고 나아가서는 법률관계의 분규를 초래하게 된다는 점 ② 저당권자의 물상대위권은 공평의 견지에서 저당권의 가치권적성격과 우선적효력에 의거하여 인정되며, 저당목적물의 멸실·훼손이 있으면 당연히 그 대위물에 효력이 미치는 것으로 해석되고, 본래의 저당권의 전부 또는 일부와 전보·보충의 관계에 서며, 본래의 저당권과 동일성을 가진다는 점 ③ 대위물의 특정성이 유지되고 있으면, 저당권에 관한 공시방법이 구비되어 있는 이상, 원목적물과의 견련성에 의하여 원목적물에 관한 공시방법(등기)으로서 대위물에 관한 공시를 할 수 있기 때문에, 대위물에 관한 독자적인 공시방법을 갖출 필요가 없다는 점을 들고 있다.

압류가 공시의 기능을 가질 수 있다고 하여도 그 중점은 대위목적물의 특정성보전을 목적으로 하는 것이라고 해석하여야 할 것이므로 특정성보전설이 타당하다. 또한 특정보전설이 현재의 통설·판례이다.

판례1-5

저당권자의 압류가 물상대위권 행사의 요건인지 여부

민법 제370조에 의하여 준용되는 제342조 후문이 "저당권자가 물상대위권을 행사하기 위하여서는 저당권설정자가 지급받을 금전 기타 물건을 지급 또는 인도 전에 압류하여야 한다"라고 규정한 취지는 물상대위의 목적이 되는 금전 기타 물건의 특정성을 유지하여 제3자에게 불측의 손해를 입히지 아니하여는 데 있는 것이므로(대판 1994.11.22 94다25728), 저당목적물의 변형물인 금전 기타 물건에 대하여 이미 제3자가 압류하여 그 금전 또는 물건이 특정된 이상 저당권자는 스스로 이를 압류하지 않고서도 물상대위권을 행사할 수 있다(대판 1996.7.12, 96다21058).

(다) 물상대위권행사를 위한 압류에 집행권원을 요하는지 여부

집행권원을 필요로 하지 않는다. 저당권에 기한 물상대위권의 행사는 어디까지나 담보권의 실행절차이므로, 그 요건으로서 담보권의 존재를 증명하는 서류를 제출하여 개시하면 되는 것이고 일반채권자로서 강제집행을 하는 것이 아니기 때문이다.

판례1-6

물상대위권행사를 위한 압류에 집행권원을 요하는지 여부

근저당권에 기한 물상대위권을 갖는 채권자가 그 물상대위권을 행사하여 우선변제를 받음에 있어, 그 권리실행방법은 민사소송법 제733조에 의하여 채권에 대한 강제집행절차를 준용하여 채권의 압류 및 전부명령을 신청할 수 있다고 할 것이나, 이는 어디까지나 담보권의 실행절차이므로 그 요건으로서 담보권의 존재를 증명하는 서류를 제출하여 개시하면 되는 것이고, 일반채권자로서 강제집행을 하는 것이 아니므로 채무명의(집행권원)를 필요로 하지 않는다(대결 1992.7.10. 92마380).

㈃ 물상대위권에 기한 권리실행의 방법

예컨대 저당권자가 물상대위권에 기하여 보험금의 지급을 받으려면, 민사집행법 제273조에 의하여 담보권의 존재를 증명하는 서류를 집행법원에 제출하여 민사집행법 제229조에 따라 압류·추심명령이나 압류·전부명령을 신청하고서, 법원의 압류·추심명령 또는 압류·전부명령이 보험회사에 송달되게 한 후, 그 압류·추심명령이나 압류·전부명령에 기하여 보험금의 지급을 청구를 하여야 한다.

그러나 전부명령의 경우 보험금청구권에 대하여 이미 다른 채권자의 신청에 의한 가압류명령이나 압류명령 또는 압류·추심명령이 보험회사에 송달되어 있는 상태이면, 이후 저당권자의 신청에 의한 법원의 전부명령이 보험회사에 송달되더라도, 그 전부명령은 가압류명령이나 압류명령에 저촉되어 무효가 된다. 따라서 이 경우 저당권자로서는 새로이 추심명령을 신청하여 법원의 추심명령이 보험회사에 송달되게 한 후 보험금의 지급을 청구하는 수밖에 없다.

그리고 저당권자의 물상대위권에 기한 법원의 압류명령이 보험회사에 송달되기 전에 다른 압류·추심채권자가 이미 보험회사로부터 보험금을 지급받은 경우라도, 아직 배당절차가 종료되지 아니한 때에는 저당권자는 민사집행법 제247조 제1항에 의한 배당요구를 하는 방식으로 물상대위권을 행사할 수 있다. 다만 이 경우의 배당요구는 민사집행법 제247조에서 규정하고 있는 배당요구의 종기(즉 압류·추심채권자가 법원에 추심의 신고를 하기 전)까지 하여야 한다.

판례1-7

1. 물상대위권에 기한 권리실행의 방법

민법 제370조, 제342조 단서가 저당권자는 물상대위권을 행사하기 위하여 저당권설정자가 받을 금전 기타 물건의 지급 또는 인도 전에 압류하여야 한다고 규정한 것은 물상대위의 목적인 채권의 특정성을 유지하여 그 효력을 보전함과 동시에 제3자에게 불측의 손해를 입히지 않으려는 데 있는 것이므로, 저당목적물의 변형물인 금전 기타 물건에 대하여 이미 제3자가 압류하여 그 금전 또는 물건이 특정된 이상 저당권자가 스스로 이를 압류하지 않고서도 물상대위권을 행사하여 일반채권자보다 우선변제를 받을 수 있으나, 그 행사방법으로는 민사소송법 제733조에 의하여 담보권의 존재를 증명하는 서류를 집행법원에 제출하여 채권압류 및 전부명령을 신청하는 것이거나 민사소송법 제580조 제1항에 의하여 배당요구를 하는 것이므로, 이러한 물상대위권의 행사에 나아가지 아니한 채 단지 수용대상토지에 대하여 담보물권의 등기가 된 것만으로는 그 보상금으로부터 우선변제를 받을 수 없다(대판 1998.9.22. 98다12812).

2. 물상대위권에 기한 권리실행의 종기

(1) 민사소송법 제733조, 제580조의 각 규정의 취지에 비추어 보면 물상대위권에 기한 권리실행은 늦어도 민사소송법 제580조에서 규정하고 있는 배당요구의 종기까지 하여야만 물상대위권자의 우선변제권이 확보되는 것이고, 그 이후에는 그런 권리가 없다고 봄이 상당하다(대판 1994.11.22. 94다25728).

(2) 토지수용에 있어 기업자가 보상금을 변제공탁하였다고 하더라도 이 공탁금이 출급되어 수용 대상 부동산 소유자의 일반재산에 혼입되기까지는 토지수용법 제69조 단서가 규정하는 '지불'이 있었다고 할 수 없고, 이는 보상금의 변제의 효과와는 별개의 문제라고 할 것이다(대결 1992.7.10. 92마380).

㈒ 물상대위권에 기하여 우선변제를 받을 수 있는지 여부

저당목적물의 멸실·훼손으로 저당권설정자가 보험회사에 대하여 가지는 보험금청구권에 대하여, 저당권설정자의 다른 채권자가 가압류나 압류를 한 경우에, 물상대위권을 행사하는 저당권자와 가압류채권자 또는 압류채권자 사이의 배당우선순위에 관하여는 저당권자가 우선하는 것으로 보아야 한다. 저당권에 기한 물상대위권의 행사는 어디까지나 담보권실행의 일환으로서 하는 것이고, 그에 따라 저당권자는 지급받은 보험금으로부터 원저당권의 순위에 따라 우선변제 받을 수 있는 것으로 보아야 하기 때문이다.[26] 대법원의 판례[27]도 같은 입장을 취하고 있다.

26) 민법주해(VII) 237(남효순), 이은영 물권법 567.
27) 대판 1998.9.22. 98다12812(전게 ㈑ 1. 대법원 판결) 참조.

다. 물상대위권과 질권이 경합하는 경우의 우선순위

동일한 보험금청구권에 대하여 저당권에 기한 물상대위권과 질권이 경합하는 경우, 예컨대 S은행이 A에게 대출하면서 A소유의 X부동산에 저당권을 설정받았으나, A가 X부동산의 이재시 보험회사에 대하여 가지는 보험금청구권에 질권을 설정하지 않아 동보험금청구권에 대하여는 K가 A로부터 질권을 설정받은 후, X부동산에 보험사고가 발생한 때에는, A가 보험회사가 대하여 가지는 보험금지급청구권에 저당권자의 물상대위권과 질권이 경합하게 되는데, 이 경우 어느 쪽이 우선하는 것으로 보아야 할 것인지가 문제로 된다.

이에 관하여는 민법 제342조가 규정하는 물상대위를 위한 압류의 의미를 어떻게 볼 것인지에 따라 그 결론을 달리하게 된다. 특정성보전설의 입장에서는 저당권 및 질권의 설정시점의 선후에 따른다고 보게 될 것이고, 요건행위설에 의하면 질권의 대항요건인 확정일자와 물상대위를 위한 압류일자의 선후에 의한다고 보게 될 것이다. 그러나 전술한 바와 같이 물상대위를 위한 전제로서의 압류는, 특정성보전설의 입장에서 해석하는 것이 타당할 것이므로 이에 관하여도 전자의 견해가 타당하다.[28) 29)] 또한 후자의 견해를 따를 때에는 다음과 같은 결과가 발생되어 불합리하기도 하다. 즉 보험금청구권에 대하여 물상대위권을 행사하기 위하여 동청구권을 압류하려면 보험계약체결 후 보험목적물(담보목적물)에 보험사고가 발생하여야 하는데, 보험금청구권에 대한 질권설정은 보험계약체결과 동시에 하는 것이 보통이므로(일반적으로 보험증권에 질권설정의 사실을 기재하여 확정일자를 받는다), 시간적으로 보아 질권설정의 대항요건을 갖추는 시기가 물상대위권을 행사하기 위하여 보험금청구권을 압류하는 시기보다 빠르게 되어 질권이 항상 우선하는 결과가 된다.

---

28) 민법주해(VI) 402(양승태).

29) 최근 일본의 최고재판소는 「채권에 대해 일반 채권자의 압류와 저당권자의 물상대위에 기한 압류가 경합한 경우에는 양자의 우열은 일반 채권자의 신청에 의한 압류명령의 제3채무자에게로의 송달과 저당권설정등기의 선후에 의해 결정되고 압류명령의 송달이 저당권설정등기 전이라면 배당을 받을 수 없다(最判平成 10년(1998) 3월 27일, 平成8년(オ) 제1681호)」고 판시함으로써 물상대위권 행사를 위한 압류일자가 아니라 저당권설정등기일자를 기준으로 다른 권리자와 우열을 가려야 한다고 판시한 바 있다.

제 4 저당권의 효력

1. 저당권의 효력이 문제되는 경우

(1) 개설

금융거래의 실무에 있어서는, 특정한 부동산에 설정한 근저당권이 그 근저당권설정계약에서 정하고 있는 채권 모두를 담보하지 못하게 되거나 근저당권 자체가 무효가 됨으로써, 여신채권의 회수에 막대한 지장을 초래하는 경우가 있다. 따라서 여신거래의 원활한 수행을 위해서는 어떠한 경우에 여신채권의 담보로서 설정받은 근저당권이 무효로 되는지, 또 무효로 되지는 않으나 그 근저당권설정계약에서 정하고 있는 채권 모두를 담보하지 못하게 되는지를 밝히고, 그에 대한 대책을 강구할 필요가 있는 바, 이하에서는 부동산에 설정한 근저당권의 효력이 문제되는 여러 경우를 구체적으로 예시하여, 그 유효성여부와 그에 따른 사전 · 사후대책에 관하여 알아보기로 한다.

(2) 계약편입요건을 구비하지 않고 설정한 근저당권

채권자가 근저당권설정계약을 체결하기 위하여 미리 일방적으로 작성하여 두고 있는 근저당권설정계약서는 약관의 규제에 관한 법률(이하 약관규제법으로 줄여서 사용하기로 한다)에서 규제하고 있는 약관에 해당한다. 약관은 거래의 일방 당사자(사업자)가 장래 다수의 타방 당사자(고객)와의 거래에 사용할 것을 예상하여 미리 인쇄된 서식으로 만들어 놓은 계약모형으로 사업자가 작성하는 특성상 사업자에게 유리하게 만들어지는 경향이 있다. 이에 약관규제법에서는 사업자가 약관에 의하여 고객에게 불공정한 거래를 함으로써 부당한 이득을 취하는 것을 방지하기 위한 여러 제도적인 장치를 마련하여 두고 있다.

사업자가 미리 일방적으로 작성하여둔 약관의 내용이 상대방인 고객을 구속하는 근거가 무엇인가에 관하여 판례는 「약관 자체가 법규범이거나 또는 법규범적 성질을 가지기 때문이 아니라 당사자가 그 약관의 규정을 계약내용에 포함시키기로 합의하였기 때문」이라고 한다.[30] 따라서 약관은 당사자 사이의 합의에 의하여 계약의 구성부분이 되었을 때에, 즉 당사자 사이의 합의에 의하여 약관이 계약의 일부로 편입되었을 때에 비로소 구속력을 가지게 되는데, 이와 같이 약관이 계약 속에 편입되어 그 내용을 구성하는 것을 계약에의 편입이라고 한다.

따라서 채권자가 미리 일방적으로 작성하여 두고 있는 근저당권설정계약서에 의하여 근저당권을 설정하는 때에는 반드시 약관의 계약편입요건을 구비하여야 한다. 약관의 계약편입요건은 다음과 같은 3가지로 구성되어 있다. 첫째는 약관의 내용을 쉽게 알 수 있도록 한글로 작성하고, 표준화·체계화된 용어를 사용하며, 약관의 중요한 내용을 부호, 색채, 굵고 큰 문자 등으로 명확하게 표시하여 알아보기 쉽게 약관을 작성하여야 하는 점이고(약규 3①), 둘째는 계약을 체결할 때에는 고객에게 약관의 내용을 계약의 종류에 따라 일반적으로 예상되는 방법으로 분명하게 밝히고, 고객이 요구할 경우 그 약관의 사본을 고객에게 내주어 고객이 약관의 내용을 알 수 있게 하여야 하는 점이며(약규 3②본), 셋째는 계약의 성질상 설명이 현저하게 곤란한 경우를 제외하고는 약관에서 정하여져 있는 중요한 내용을 고객이 이해할 수 있도록 설명하여야 하는 점이다(약규 3②).

위 3가지 계약편입요건 중 첫째의 경우는 약관의 작성에 관한 것이고 둘째의 경우 중 앞부분은 약관의 공시에 관한 것으로 개별적인 근저당권설정계약의 체결 전에 미리 공통적으로 갖추어 두고 있어야 하는 사항인 반면, 둘째의 경우 중 뒷부분과 셋째의 경우는 각 고객과 실제로 근저당권설정계약을 체결할 때에 구비하여야 하는 것으로 근저당권설정계약을 체결하는 여신업무의 담당자가 반드시 알고서 실행해야 하는 사항이다.

만일 사업자인 채권자가 근저당권설정계약을 체결할 때에 약관의 계약편입요건 중 둘째와 셋째의 요건을 구비하지 않아 근저당권자와 근저당권설정자 사이에 그 근저당권에 의하여 담보되는 채권의 범위에 관하여 오해가 생긴 때에는 근저당권설정계약서상의 내용에 불구하고 근저당권설정자가 인식하고 있었던 채권의 범위에서만 담보책임을 지게 된다(약규 3④).

사업자가 고객의 요구에 따라 약관의 사본을 교부하였는지 그리고 약관의 중요내용을 고객에게 설명하였는지에 관하여 당사자 사이에 다툼이 있는 경우에 그

---

30) 대판 1998.9.8. 97다53663, 대판 2003.7.11. 2001다6619 참조.

입증책임을 사업자와 고객 중 누가 부담하는지에 관하여는 약관규제법의 고객보호 특성상 사업자가 고객에 대한 설명의무를 이행하였음을 입증해야 한다고 보는 것이 타당하다.

사업자가 고객에게 설명하여야 하는 중요한 내용이란 사회통념에 비추어 고객이 계약체결의 여부나 대가를 결정하는데 직접적인 영향을 미칠 수 있는 사항을 말하고, 약관조항 중에서 무엇이 중요한 내용에 해당하는지에 관하여는 일률적으로 말할 수 없으며, 구체적인 사건에서 개별적 사정을 고려하여 판단하여야 한다. 그리고 설명은 당해 계약의 체결 경위 및 방법, 약관에 대한 고객의 이해가능성, 당해 약관이 고객에게 미치는 불이익의 정도 등에 비추어 고객이 이해할 수 있는 방법으로 하여야 한다.[31]

약관의 중요한 내용에 해당하는 사항이라 하더라도 고객이나 그 대리인이 그 내용을 충분히 잘 알고 있는 경우에는 당해 약관이 바로 계약 내용이 되어 당사자에 대하여 구속력을 가지므로 사업자로서는 고객이나 그 대리인에게 약관의 내용을 따로 설명할 필요가 없다. 다만 이 경우 고객이나 그 대리인이 그 약관의 내용을 충분히 잘 알고 있다는 점은 이를 주장하는 사업자 측에서 입증하여야 한다.[32]

따라서 채권자가 근저당권설정자에 대하여 근저당권설정계약서상의 내용대로 담보책임을 물을 수 있으려면 근저당권설정자에게 약관의 사본 교부와 함께 중요내용을 잘 설명해 줌으로써 근저당권설정자로 하여금 근저당권설정계약 당시에 자신이 담보책임을 지게 되는 범위에 관하여 오해가 생기지 않도록 확실하게 인식시켜주고, 또한 근저당권설정자가 그 인식이 없었다고 다툴 경우에 대비하여 이를 입증할 수 있는 확실한 증거자료를 확보하고 있을 필요가 있다.

은행에서 서식으로 마련하여 두고 있는 근저당권설정계약서[33]상의 중요내용으로는 피담보채무의 범위, 채권최고액, 근저당권결산기라고 할 수 있다. 이에 따라 은행의 경우는 근저당권설정계약서상에 근저당권의 여러 유형 즉 보통저당권·특정근저당권·한정근저당권·포괄근저당권의 의미에 관한 설명내용을 「담보제공자가(저당권설정자)가 꼭 알아두어야 할 사항」으로 하여 근저당권설정계약서 끝부분에 기재하여 두고 근저당권설정계약서 맨 앞면에 이를 읽어 보도록 하는 안내 문구를 두는 한편, 근저당권설정자로 하여금 피담보채무의 범위, 채권최고액, 근저당권

31) 대판 2013.2.15. 2011다69053 참조.
32) 대판 2003.8.22. 2003다27054 참조.
33) 부록 2. 근저당권설정계약서 참조.

결산기를 자필로 기재하도록 하는 이외에, 근저당권설정계약서의 사본을 받았음과 근저당권설정계약의 중요내용에 대하여 설명을 받았음을 인정하는 문구를 자필로 기재하도록 하고 있다.

(3) 소유권자 확인을 잘못하고 설정받은 근저당권

예컨대 A가 B의 주민등록증을 습득하거나 절취하여 변조한 후 이를 소지하고서 B로 행세하여 주민센터로부터 B의 인감증명서를 발급받아, B소유의 부동산에 S은행 앞으로 근저당권을 설정하여 주었다거나 또는 H주식회사의 대표이사가 B인데 위와 같은 방법으로 A가 B로 행세하여 법원으로부터 인감증명서를 발급받아, H주식회사 소유의 부동산에 S은행 앞으로 근저당권을 설정하여준 경우에는, 비록 S은행이 A를 B로 오인한데에 과실이 없고 또한 동부동산등기부에 S은행 앞으로 근저당권설정등기가 이루어졌다 하더라도, 그 근저당권은 효력을 발생할 수 없는 무효인 것으로 된다. 즉 소유권자의 의사와는 전혀 관계없이 소유권자 아닌 자로부터 근저당권을 설정받아도, 그 근저당권은 소유권자에 대한 관계에서 무효가 되는 것이다.

따라서 근저당권설정계약을 체결함에 있어서, 예컨대 그 설정자가 개인 「홍길동」 또는 H주식회사의 대표이사 「홍길동」이라고 칭할 경우에는, 우선 그가 실지로 「홍길동」인지의 여부를 확인하여야 한다. 「홍길동」이라 칭하는 자가 진짜 「홍길동」인지의 여부를 확인하는데 있어서, 가장 일반적인 수단으로 사용되는 것은 주민등록증이다. 주민등록증은 시장(특별시장 · 광역시장은 제외하고, 특별자치도지사는 포함한다) · 군수 또는 구청장(자치구의 구청장을 말한다)이 관할 구역에 주민등록이 된 자 중 17세 이상인 자에 대하여 발급하는데(주민 24①), 이 주민등록증에는 성명, 사진, 주민등록번호, 주소, 지문(指紋), 발행일, 주민등록기관이 수록되어 있기(주민 24②) 때문이다. 그러나 주민등록증에도 위조나 변조가 있을 수 있으므로, 주민등록증에 의하여 특정인의 신분을 확인하는 경우에는 그러한 위조나 변조 여부에도 세심한 주의를 기울일 필요가 있으며, 의심의 여지가 있는 경우에는 다른 경로를 통해서 본인인지의 여부를 확인해 보아야 하는 것이다. 그리고 본인확인이 잘못되어 소유권자가 아닌 자로부터 근저당권을 설정받게 된 경우, 그 담보제공자에 대한 조치는, 자신의 소유권취득이 원인무효임을 알고서도, 이를 담보로 제공한 경우의 그 담보제공자에 준하는 것으로 보면 된다(구체적인 내용은 후술하는 (8) 가. 참조).

(4) 의사무능력자로부터 설정받은 근저당권

의사능력 없는 자와 체결한 근저당권설정계약은 당연 무효이다. 의사능력이라 함은 개개의 행위를 함에 있어서, 자기 행위의 의미나 결과를 정상적인 인식력과 예기력으로써 합리적으로 판단할 수 있는 정신적 능력 내지 지능을 말한다. 따라서 근저당권설정계약을 체결할 때에는 상대방이 의사능력이 있는지의 여부를 확인하여 보아야 한다. 의사능력의 유무에 관하여는 그 판단의 객관적인 기준이 없으므로, 개별적인 거래행위시마다 구체적인 정황을 종합하여 판단할 수밖에 없다.

의사능력 없는 자로부터 근저당권을 설정받은 결과 그 근저당권이 무효가 되더라도, 그 설정자에 대하여는 아무런 조치를 취할 수가 없다. 의사무능력자의 행위를 무효로 한 것은 그 의사무능력자를 보호하기 위한 것이기 때문이다. 그리고 이 경우 의사무능력자가 대출받은 채무자인 동시에 담보제공자인 경우에는 그 대출계약도 함께 무효가 되고, 이미 대출해준 금원에 대하여는 현존이익의 범위에서만 반환받을 수 있게 된다. 이에 대하여 채무자와 담보제공자가 다르고 채무자는 의사무능력자가 아니라면, 그 채무자에 대하여 담보의 보완을 요구하고, 만일 이것이 여의치 않을 때에는 대출금의 기한전 상환청구와 함께 그에 따른 강제집행의 보전 등 채권보전조치를 신속하게 취하여야 한다.

(5) 제한능력자로부터 설정받은 근저당권

가. 근저당권설정의 유효요건

근저당권설정이 유효하려면 근저당권설정자에게 앞에서 설명한 의사능력 이외에 행위능력이 있어야 한다. 행위능력이란 단독으로 완전·유효한 법률행위를 할 수 있는 지위 또는 자격이라고 할 수 있으며, 이와 같은 행위능력이 완전하지 못한 자를 제한능력자라고 한다. 현행법상 제한능력자로는 미성년자(민 4~8)·피성년후견인(민 9~11)·피한정후견인(민 12~14) 및 피특정후견인(민 14의2)의 4종류가 있다.[34)]

미성년자는 만 19세 미만의 사람을 말하고(민 4), 피성년후견인은 가정법원이 질병, 장애, 노령, 그 밖의 사유로 인한 정신적 제약으로 사무를 처리할 능력이 지속적으로 결여된 사람에 대하여 본인, 배우자, 4촌 이내의 친족, 미성년후견인, 미성년후견감독인, 한정후견인, 한정후견감독인, 특정후견인, 특정후견감독인, 검사

34) 제한능력자 제도는 2011.3.7. 개정 민법에 의하여 종전의 행위무능력자제도를 정비한 것으로 2013.7.1부터 시행되었다.

또는 지방자치단체의 장의 청구에 의하여 성년후견개시의 심판을 한 사람을 말한다(민 9①). 피한정후견인은 가정법원이 질병, 장애, 노령, 그 밖의 사유로 인한 정신적 제약으로 사무를 처리할 능력이 부족한 사람에 대하여 본인, 배우자, 4촌 이내의 친족, 미성년후견인, 미성년후견감독인, 성년후견인, 성년후견감독인, 특정후견인, 특정후견감독인, 검사 또는 지방자치단체의 장의 청구에 의하여 한정후견개시의 심판을 한 사람을 말하고(민 12①), 피특정후견인은 가정법원이 질병, 장애, 노령, 그 밖의 사유로 인한 정신적 제약으로 일시적 후원 또는 특정한 사무에 관한 후원이 필요한 사람에 대하여 본인, 배우자, 4촌 이내의 친족, 미성년후견인, 미성년후견감독인, 검사 또는 지방자치단체의 장의 청구에 의하여 특정후견의 심판을 한 사람을 말한다(민 14의2①).

나. 유효요건에 반한 근저당권의 효력

제한능력자 중 미성년자와 근저당권설정계약을 체결하고 근저당권을 설정하는 때에는 그 법정대리인으로부터 근저당권설정에 대한 동의를 받아야 한다(민 5①). 미성년자의 법정대리인으로는 친권자(1순위)와 미성년후견인(2순위)이 있다. 그러나 근저당권의 설정이 친권자와 이해상반행위가 되는 경우에는 그 친권자는 동의권이 없으므로 법원이 선임한 특별대리인의 동의를 받아야 한다(민 921). 또한 친권자가 친권을 상실하거나(민 924) 법률행위의 대리권과 재산관리권을 상실한 때에는 그 친권자는 미성년자의 근저당권설정에 동의할 권리가 없다(민 925).

미성년자에게 친권자가 없거나 친권자가 제924조(친권의 상실 또는 일시 정지의 선고), 제924조의2(친권의 일부 제한의 선고), 제925조(대리권, 재산관리권 상실의 선고) 또는 제927조제1항(대리권, 관리권의 사퇴)에 따라 친권의 전부 또는 일부를 행사할 수 없는 경우에는 미성년후견인이 법정대리인이 된다(민 928). 그리고 후견인이 피후견인을 대리하여 근저당권을 설정하거나 미성년자의 근저당권설정 행위에 동의를 할 때는 후견감독인이 있으면 그의 동의를 받아야 한다(민 950①iv).

근저당권설정에 대한 법정대리인의 동의 없이 미성년자와 근저당권설정계약을 체결하고 근저당권을 설정한 경우에도 그 근저당권이 당연 무효가 되는 것은 아니다. 다만 이 경우 미성년자 자신이나 그 법정대리인은 근저당권설정계약을 취소할 수 있고(민 5, 140), 이들의 근저당권설정계약취소가 있는 때에 비로소 그 근저당권은 처음부터 무효인 것으로 된다(민 141본). 그리고 미성년자의 근저당권설정에 미성년후견인의 동의가 있었으나 미성년후견인의 동의에 미성년후견감독인의 동의가 없었던 경우에는 미성년자 또는 미성년후견감독인이 근저당권설정계약을 취소할 수 있고 이 근저당권설정계약취소가 있어야 비로소 그 근저당권이 처음부터 무효인 것으로 된다(민 950③).

제한능력자 중 피성년후견인과는 근저당권설정계약을 체결하고 근저당권을 설정할 수 없다. 그러나 피성년후견인과 근저당권설정계약을 체결하였다고 하여 그 근저당권이 당연 무효인 것은 아니다. 이 경우 피성년후견인이나 그 법정대리인인 성년후견인은 근저당권설정계약을 취소할 수 있으며, 이 근저당권설정계약의 취소가 있어야 비로소 그 근저당권이 처음부터 무효인 것으로 된다(민 10①, 141본).

제한능력자 중 피한정후견인과의 근저당권설정계약은 그것이 가정법원에서 한정후견인의 동의 사항으로 결정한 것인 경우에 한하여 한정후견인의 동의를 받아야 한다(민 13①). 가정법원이 피한정후견인의 근저당권설정을 한정후견인의 동의 사항으로 결정한 경우에, 피한정후견인이 한정후견인의 동의 없이 근저당권설정계약을 체결하고 근저당권을 설정하였어도 그 근저당권이 당연 무효인 것은 아니다. 다만 이 경우 피한정후견인 자신이나 한정후견인은 근저당권설정계약을 취소할 수 있으며, 이 근저당권설정계약의 취소가 있어야 비로소 그 근저당권이 처음부터 무효인 것으로 된다(민 13④, 141본).

제한능력자 중 피특정후견인에 관하여는 특정후견인에 의한 피특정후견인에 대한 후원이 있을 뿐 피특정후견인의 법률행위 자체에 대하여 제약을 가하지 않는 것이 원칙이다. 다만 가정법원은 특정후견의 심판을 하면서(민 14의2), 피특정후견인의 후원을 위하여 필요하다고 인정하면 기간이나 범위를 정하여 특정후견인에게 대리권을 수여하는 심판을 할 수 있고(민 959의11①), 또한 특정후견인의 대리권 행사에 가정법원이나 특정후견감독인의 동의를 받도록 명할 수 있다(민 959의11②). 따라서 피특정후견인에 대하여 대리권을 수여하는 가정법원의 심판이 있어, 특정후견인을 대리인으로 하여 피특정후견인을 근저당권설정자로 하는 근저당권설정계약을 체결하는 때에는 후견등기사항증명서와 가정법원의 심판서를 징구하여 대리권의 내용을 확인함으로써 담보취득의 유효요건을 구비하여야 한다.

그런데 여기에서 한 가지 문제가 되는 것은 가정법원이 특정후견인에게 대리권을 수여하는 심판을 하는 경우 그 대리권의 범위에서 피특정후견인의 행위능력이 제한되어 특정후견인이 대리할 수 있는 행위를 피특정후견인은 할 수 없게 되거나 특정후견인의 동의를 얻어야만 할 수 있게 되는가 하는 점이다. 이에 관하여는 민법에 명확한 규정이 없어 견해가 대립할 수 있으나, 본인은 특정후견인은 피특정후견인의 후원자일 뿐이라는 점에서 대리권을 수여하는 가정법원의 심판이 있어도 피특정후견인의 법률행위 자체에 어떤 법률적인 제약이 따르는 것은 아니라고 생각한다. 다만 실무상은 이를 긍정하는 견해가 있고 아직 부정하는 판례가 나온 것이 아니므로 부정하는 견해에 따라 처리하는 것이 안전하다고 할 것이다.

다. 제한능력자 등의 확인수단

미성년자인지의 여부와 그 법정대리인인 친권자와 미성년후견인 및 미성년후견감독인이 누구인지는 가족관계 등록 등에 관한 법률과 가족관계등록 등에 관한 규칙에 의한 기본증명서(가등 15①ii, 가등규 21)에 의하여 확인할 수 있다. 그리고 피성년후견인 · 성년후견인 · 성년후견감독인이나 피한정후견인 · 한정후견인 · 한정후견감독인 또는 피특정후견인 · 특정후견인 · 특정후견감독인이 누구인지는 후견등기에 관한 법률에 의한 후견등기사항증명서 또는 후견등기사항부존재증명서에 의하여 확인할 수 있다.

라. 유효요건에 반한 근저당권설정시의 대응방안

민법에서 규정하는 제한능력자의 보호규정에 위반하여 근저당권이 설정된 것인 경우 그 취소권자가 근저당권설정계약을 취소하면 근저당권은 처음부터 무효인 것이 되므로 채권자로서는 아직 대출금이 지급되지 않은 상태이면 지급을 하여서는 아니되고 지급된 상태이면 다음과 같이 대응하여야 한다.

우선 유효요건에 반한 근저당권설정에 제한능력자측이 책임져야할 사유가 있는지 또는 제한능력자측의 법정추인으로 볼 수 있는 사유가 있는지 검토하여 보아야 한다. 제한능력자가 속임수로써 자기를 행위능력자로 믿게 하거나 미성년자나 피한정후견인이 속임수로써 법정대리인의 동의가 있는 것으로 믿게 하고서 근저당권설정계약을 체결한 경우에는 근저당권설정계약을 취소할 수 없으므로 그 근저당권은 확정적으로 유효하게 되며(민 17), 법정추인의 사유가 있으면 이후 제한능력자측에서 근저당권설정계약을 취소할 수 없게 되어 근저당권이 확정적으로 유효로 되는 것이기 때문이다(민 145). 예를 들어 인감증명서와 주민등록표 등본(또는 초본)상의 생년월일을 변조함으로써 금융회사로 하여금 근저당권설정자를 행위능력자로 오인하게 한 경우에는 속임수로 근저당권을 설정한 것으로 볼 수 있으며, 근저당권설정자와 채무자가 동일인으로서 그 취소의 원인이 대출계약에도 함께 존재하는 때에 제한능력자의 법정대리인(제한능력자가 행위능력자가 된 때에는 그 행위능력자)이 근저당권설정의 사실을 알면서 대출계약에 따른 약정이자의 지급을 하는 경우에는 법정추인을 한 것으로 볼 수 있을 것이다.

다음에 제한능력자가 속임수로 근저당권을 설정한 것으로 볼 수 없고 또한 법정추인이 있는 것으로도 볼 수 없는 경우에는 신속히 그 법정대리인(제한능력자가 행위능력자가 된 때에는 그 행위능력자)과 접촉하여 추인을 받도록 하되(민 15), 만일 추인을 받을 수 없다고 판단되면 다음과 같이 처리하여야 한다. 첫째, 근저당권설정자와 채무자가 동일인으로서 그 취소의 원인이 대출계약에도 함께 존재하는 때에는 바로 철회권을 행사하여 근저당권설정계약과 대출계약을 철회하고(민 16), 지급된 대출금 중 제한능력자에게 현존하는 것의 반환청구를 하되 그 반환청구권의 보전을 위하여 제한능력자의 재산에 가압류 조치를 취해 두어야 한다. 그리고 이 경우 철회권을 최대한 빠른 시일내에 행사하여야 하는 것은 근저당권설정계약과 대출계약의 유효성 여부가 미확정인 상태에서 시일을 끌면 그 만큼 반환받을 현존이익이 줄어들게 되어 손해이기 때문이다(민 141단). 둘째, 근저당권설정자와 채무자가 다르고 채무자는 제한능력자가 아니라면, 바로 근저당권설정계약을 철회하고 채무자에게 그 근저당권의 담보가치에 상응하는 다른 담보의 제공을 요구하고(민 362, 은여기약기 6①), 만일 채무자가 이에 응하지 않으면 대출금의 기한 전 상환청구(민 388)와 함께 그 청구권 보전을 위하여 채무자의 재산에 가압류 조치를 취해 두어야 한다.

(6) 대리권 없는 자로부터 설정받은 근저당권

가. 근저당권설정의 유효요건

근저당권은 소유자 본인 이외에 소유자의 대리인으로부터도 설정받을 수 있다. 대리란 타인(대리인)이 본인의 이름으로 법률행위(의사표시)를 하거나 또는 의사표시를 수령함으로써 그 법률효과가 직접 본인에게 생기게 하는 제도이다.

대리인으로부터 설정받은 근저당권이 유효하려면 그 대리인이 본인을 대리할 수 있는 정당한 대리권을 가지고 있어야 한다. 대리권이 발생하는 원인은 본인의 의사표시에 의한 경우와 법률의 규정에 의한 경우로 크게 나누어 볼 수 있으며, 일반적으로 앞의 경우를 임의대리 뒤의 경우를 법정대리라고 부른다. 본인의 의사표시에 의한 대리 즉 임의대리가 발생하는 경우는 ①본인의 수권행위에 의한 경우 ②본인의 선임행위에 의한 경우(상 10, 15, 16, 745, 764) ③본인과 대리인 사이의 계약에 의한 경우(민 959의14, 상 87)로 분류하여 볼 수 있고, 법률의 규정에 의한 대리 즉 법정대리가 발생하는 경우는 ①본인이 제한능력자인 경우(민 920, 938, 959의4) ②본인이 부재자인 경우(민 25) ③자연인이 사망한 경우(민 1053, 1101) ④부부간의 일상가사에 관한 경우(민 827)로 분류하여 볼 수 있다.

본인의 의사표시에 의한 대리인 중 ②본인의 선임행위에 의한 대리인으로는 상업사용인으로서 지배인(상 10), 부분적 포괄대리권을 가진 사용인(상 15), 물건판매점포의 사용인(상 16), 선장(상 749), 선박관리인(상 765)을 들 수 있으며, ③본인과 대리인 사이의 계약에 의한 대리인으로는 후견계약에 의한 임의후견인(민 959의14)과 대리상(상 87)이 있다. 본인의 의사표시에 의한 대리인의 3유형은 대리인을 누구로 할 것인지를 모두 본인이 정한다는 점에서 같지만, 그 대리권의 범위에 관하여는 ①본인의 수권행위에 의한 대리인의 경우는 본인이 정하는 반면 ②본인의 선임행위에 의한 대리인의 경우는 법률의 규정으로 정하여져 있고 ③본인과 대리인 사이의 계약에 의한 대리인의 경우는 본인과 대리인의 계약으로 정한다는 점에서 3유형이 서로 다르다.

법률의 규정에 의한 대리인 중 ①본인이 제한능력자인 경우의 대리인은 제한능력자가 미성년자이면 친권자(민 920) 또는 미성년후견인(민 938), 피성년후견인이면 성년후견인(민 938), 피한정후견인이면 한정후견인(민 959의4)이고 ②본인이 부재자인 경우의 대리인은 부재자재산관리인이다(민 25). 그리고 ③자연인이 사망한 경우의 대리인은 상속재산관리인(민 1053) 또는 유언집행자(민 1101)이며, ④부부간의 일상가사에 관한 경우의 대리인은 타방 배우자이다(민 827).

나. 대리권 없는 자로부터 설정받은 근저당권의 효력

대리권 없는 자와 근저당권설정계약을 체결하고 설정한 근저당권은 소유자인 본인에 대하여 아무런 효력도 발생하지 않는 것이 원칙이다. 그러나 대리권 없는 자의 근저당권설정행위에 대하여 본인이 어느 정도 그 원인을 제공하고 있고 또한 그 상대방인 근저당권자가 대리인이라 칭하는 자의 대리권 없음에 대하여 선의·무과실인 경우에는 예외적으로 그 근저당권설정의 효력이 본인에 대하여도 발생한다. 앞의 경우 즉 본인에 대하여 근저당권설정의 효력이 발생하지 않는 경우를 협의의 무권대리라하고, 뒤의 경우 즉 본인에 대하여 근저당권설정의 효력이 발생하는 경우를 표현대리라고 한다.

현행법상 근저당권설정의 표현대리가 성립하는 경우로는 ①소유자가 제3자에게 근저당권설정의 대리권을 수여하였음을 특정의 채권자(근저당권자)에게 표시하였으나, 실제로 그 제3자에게 대리권을 수여하지 않은 상태에서, 그 채권자가 제3자의 대리권 없음을 과실 없이 알지 못하고서, 그 제3자로부터 근저당권을 설정받은 경우(민 125) ②제3자의 채권자에 대한 근저당권설정행위가 그의 대리권의 범위를 넘는 것이지만, 채권자가 그 대리권의 범위 내라고 믿은 데 대하여 정당한 이유가 있는 경우(민 126) ③제3자의 채권자에 대한 근저당권설정행위가 그의 대리권이 소멸한 후에 이루어진 것이지만, 채권자가 아직 대리권이 있다고 과실 없이 믿은 경우(민 129)의 3가지이다. 그리고 위 ①~③의 표현대리에 관한 민법의 규정은 임의대리에 관한 것이지만, 이 중 ②와 ③의 표현대리에 관한 민법의 규정은 법률의 규정에 의한 대리 즉 법정대리에 관하여도 적용된다는 것이 통설 · 판례(대판 1997.6.27. 97다3828, 대판 1975.1.28. 74다1199)이다.

한편 본점 또는 지점의 영업주임, 기타 유사한 명칭을 가진 사용인(이를 표현지배인이라 한다)은, 선의의 제3자에 대하여 본점 또는 지점의 지배인과 동일한 권한을 가진 것으로 취급된다(상 14). 이는 처음부터 지배인이 아닌 자의 대리행위에는 위와 같은 표현대리에 관한 민법의 규정을 적용할 수 없으므로 특별히 상법에서 규정을 두어 본인으로 하여금 그 책임을 지도록 한 것이다. 그리고 이 표현지배인에 관한 상법의 규정은 상대방이 선의이기만 하면 적용되는 반면 표현대리에 관한 민법의 규정은 상대방이 선의이고 무과실이어야 적용된다는 점에 차이가 있다. 다만 과실에는 경과실과 중과실이 있는데 중과실이 있는 경우는 악의로 보아야 한다는 것이 통설이므로, 표현대리인과 표현지배인의 행위에 대한 본인의 책임에 관한 실제 차이는 표현대리인의 대리권 없는 대리행위에 대하여는 상대방에게 중과실은 물론이고 경과실이라도 있으면 본인의 책임이 인정되지 않음에 대하여 표현지배인의 대리권 없는 대리행위에 대하여는 상대방에게 중과실이 있는 경우만 본인의 책임이 인정되지 아니하고 경과실이 있는 경우는 본인의 책임이 인정된다는 점이라고 할 수 있다. 따라서 이들 표현지배인과 체결한 근저당권설정계약의 경우는, 이들에게 근저당권설정계약의 체결권한이 부여되어 있지 않다 하더라도, 근저당권자가 이들 표현지배인을 지배인과 동일한 권한이 있는 것으로 믿었고 그 믿은데 중대한 과실이 없으면, 그 근저당권은 유효하게 효력을 발생하게 된다.

다. 대리권의 확인수단

본인의 의사표시에 의한 대리인 중 ①본인의 수권행위에 의한 대리인은 본인이 대리인에게 작성하여 준 위임장에 의하여 확인하는 것이 보통이다. 그리고 ②본인의 선임행위에 의한 대리인 중 지배인은 상업등기사항증명서(상업등기규칙 31)에 의하여, 선박관리인은 선박등기사항증명서(선등규 5④, 9)에 의하여, 선장이나 부분적 포괄대리권을 가진 상업사용인과 물건판매점포의 사용인은 본인의 선임확인서나 영업점포 등에서의 사실관계에 의하여 확인할 수 있고 ③본인과 대리인 사이의 계약에 의한 대리인 중 임의후견인은 공정증서로 작성한 본인과 대리인 사이의 임의후견계약서에 의하여(민 959의14②), 대리상은 본인과 대리상 사이의 대리상 계약서에 의하여 확인할 수 있다.

법률의 규정에 의한 대리인 중 ①본인이 제한능력자인 경우의 대리인인 친권자(민 920) 또는 미성년후견인(민 938), 성년후견인(민 938), 한정후견인(민 959의4)은 후견등기에 관한 법률에 의한 후견등기사항증명서에 의하여 확인할 수 있다. 다음에 ②본인이 부재자인 경우의 대리인인 부재자재산관리인(민 25)과 ③자연인이 사망한 경우의 대리인인 상속재산관리인은 법원의 선임심판서에 의하여 확인할 수 있다(민 22①, 23, 1053①). 또한 자연인이 사망한 경우의 또 다른 대리인인 유언집행자(민 1101)는 유언집행자가 사망한 자의 유언으로 정해진 때에는 유언자의 유언에 의하여(민 1093), 유언자의 유언이 없어 상속인이 유언집행자가 되는 때에는 사망한 자의 가족관계증명서와 제적등본 등에 의하여, 그리고 유언집행자가 법원의 선임에 의하여 정해진 때에는 법원의 선임심판서에 의하여 확인할 수 있다(민 1096①). 그리고 ④부부간의 일상가사에 관한 경우의 대리인인 타방 배우자(민 827)는 가족관계증명서에 의하여 확인할 수 있다.

라. 대리권 없는 자로부터 근저당권을 설정받은 경우의 대응방안

(가) 대출계약과 근저당권설정계약 모두 대리권 없이 체결된 경우

채무자와 근저당권설정자가 동일인으로서 대리인(또는 표현지배인)이 대출계약과 근저당권설정계약 모두에 관하여 본인을 대리할 수 있는 대리권이 없는 경우에 근저당권자로서는 표현대리(또는 표현지배인 관계)의 성립여부를 검토하여 다음과 같이 처리하여야 한다.

첫째, 표현대리(또는 표현지배인 관계)가 성립되는 것으로 판단되고 또한 본인도 이를 다투지 않으면, 본인으로부터 그 대리행위의 추인이나 표현대리(또는 표현지배인 관계)의 성립을 인정하는 확인서를 받아 두면 된다.

둘째, 본인이 표현대리(또는 표현지배인 관계)의 성립을 부정하고 채권자로서도 표현대리(또는 표현지배인 관계)가 성립되지 않는다고 판단되면 대출계약과 근저당권의 유효성을 인정받을 수 없어 본인에 대하여 대출계약에 따른 채무의 이행을 청구할 수 없고 근저당권도 무효로써 말소에 응하는 수밖에 없으므로 채권자로서는 이미 실행된 대출채권을 보전하기 위하여 다음과 같은 조치를 취해 두어야 한다.

채권자로서는 대리인(또는 표현지배인)에 대하여 일차적으로 무효인 근저당권의 담보가치에 상응하는 다른 담보를 제공하고 대출채무를 인수하도록 청구하되, 대리인(또는 표현지배인)이 이 청구에 응하지 않으면 바로 본인에 대한 대출계약과 근저당권설정계약이 무효임에 따라 채권자가 입을 손해의 배상을 청구하고(민 135①), 아울러 그 손해배상청구권을 보전하기 위하여 대리인(또는 표현지배인)의 재산에 가압류 조치를 취해 두어야 한다. 다만 채권자가 대리인(또는 표현지배인)에게 위와 같은 청구를 할 수 있으려면 대출계약과 근저당권설정계약을 체결할 때에 대리인에게 본인을 대리할 수 있는 대리권이 없다는 사실을 알았거나 알 수 있었던 경우가 아니어야 하고, 또한 대리인(또는 표현지배인)이 제한능력자가 아니어야 한다(민 135②).

셋째, 표현대리(또는 표현지배인 관계)가 성립되는 것으로 판단되지만 본인이 표현대리(또는 표현지배인 관계)의 성립을 다투는 경우에는, 본인을 상대로 소를 제기하여 근저당권이 유효하게 설정되었음을 확인하여 두는 방법과 대리인(또는 표현지배인)에게 대상 근저당권의 담보가치에 상응하는 다른 담보를 제공하고 대출채무를 인수하도록 청구하되, 대리인(또는 표현지배인)이 이에 응하지 않으면 대출계약과 근저당권설정계약이 무효임에 따라 채권자가 입을 손해의 배상을 청구하고(민 135①), 아울러 그 손해배상청구권을 보전하기 위하여 대리인(또는 표현지배인)의 재산에 가압류 조치를 취해 두는 방법 중 어느 것이 유리한지 비교하여 다음과 같이 처리하여야 한다.

먼저 대리인(또는 표현지배인)에게 충분한 변제자력이 있는지 여부를 검토하여, 충분한 변제자력이 있는 것으로 판단되면, 일차적으로 대리인(또는 표현지배인)으로 하여금 대리권의 존재를 증명하거나 본인의 추인을 받아내도록 하고, 만일 대리인(또는 표현지배인)이 이를 충족시키지 못하면 대리인(또는 표현지배인)으로 하여금 그 근저당권의 담보가치에 상응하는 다른 담보를 제공하고 대출채무를 인수하도록 하되, 대리인(또는 표현지배인)이 이에 응하지 않으면 대출계약과 근저당권설정계약이 무효임에 따라 채권자가 입을 손해의 배상을 청구하고(민 135) 아울러 그 손해배상청구권을 보전하기 위하여 대리인(또는 표현지배인)의 재산에 가압류를 하여 두어야 한다.

반면에 대리인(또는 표현지배인)에게 충분한 변제자력이 없다고 판단되면, 본인을 상대로 소를 제기하여 대출계약과 근저당권설정계약이 유효임을 확인받아 두도록 하되, 그 유효성 확인에 실패할 경우에 대비하여 대리인(또는 표현지배인)으로부터 대출계약과 근저당권설정의 무효로 채권자가 입을 손해의 배상을 받을 수 있도록 미리 대리인(또는 표현지배인)의 재산에 가압류 등 채권보전 조치를 취해 두어야 한다.

(나) 근저당권설정계약만 대리권 없이 체결된 경우

채무자와 근저당권설정자가 서로 다른 자로서 대출계약은 유효하나, 근저당권설정계약이 대리권 없이 체결된 경우에도 채권자로서는 표현대리(또는 표현지배인 관계)의 성립여부를 검토하여 다음과 같이 처리하여야 한다.

첫째, 표현대리(또는 표현지배인 관계)가 성립되는 것으로 판단되고 또한 본인도 이를 다투지 않으면, 본인으로부터 그 대리행위의 추인이나 표현대리 (또는 표현지배인 관계)의 성립을 인정하는 확인서를 받아 두면 된다.

둘째, 본인이 표현대리(또는 표현지배인 관계)의 성립을 부정하고 근저당권자로서도 표현대리(또는 표현지배인 관계)가 성립되지 않는다고 판단되면 근저당권의 유효성을 인정받을 수 없어 근저당권의 말소에 응하는 수밖에 없다. 따라서 이 경우 채권자로서는 이미 실행된 대출채권을 보전하기 위하여 다음과 같은 조치를 취해 두어야 한다.

채무자에게는 일차적으로 무효인 근저당권의 담보가치에 상응하는 다른 담보의 제공을 청구하도록 하되(민 362, 은여기약기 6①), 그 청구에 따른 담보의 제공이 없으면 대출금의 기한 전 상환청구를 하고(민 388) 그 청구권을 보전하기 위하여 채무자의 재산에 가압류 조치를 취해 두어야 하고, 아울러 대리인(또는 표현지배인)에 대하여도 무효인 근저당권의 담보가치에 상응하는 다른 담보의 제공을 청구하되 그에 따른 담보의 제공이 없으면 바로 근저당권이 무효임에 따라 대출채권의 회수에 지장이 초래된 데에 따른 손해배상을 청구하고 아울러 그 손해배상청구권을 보전하기 위하여 대리인(또는 표현지배인)의 재산에 가압류 조치를 취해 두어야 한다(민 135).

셋째, 표현대리(또는 표현지배인 관계)가 성립되는 것으로 판단되지만 본인이 표현대리(또는 표현지배인 관계)의 성립을 다투는 경우에는, 본인을 상대로 소를 제기하여 근저당권이 유효하게 설정되었음을 확인하여 두는 방법 이외에, 채무자에 대하여는 대상 근저당권의 담보가치에 상응하는 다른 담보를 제공을 요구하되(민 362, 은여기약기 6①), 그 청구에 따른 담보의 제공이 없으면 대출금의 기한 전 상환청구를 하고(민 388) 그 청구권을 보전하기 위하여 채무자의 재산에 가압류 조치를 취해 두어야 하고, 아울러 대리인(또는 표현지배인)에 대하여도 무효인 근저당권의 담보가치에 상응하는 다른 담보의 제공을 청구하되 그에 따른 담보의 제공이 없으면 바로 근저당권이 무효임에 따라 대출채권의 회수에 지장이 초래된 데에 따른 손해배상을 청구하고 아울러 그 손해배상청구권을 보전하기 위하여 대리인(또는 표현지배인)의 재산에 가압류조치를 취해 두어야 한다(민 135).

(7) 대표권 없는 자로부터 설정받은 근저당권

가. 근저당권설정의 유효요건

자연인 이외에 근저당권자가 될 수 있는 자로는 법인과 법인 아닌 사단(권리능력 없는 사단이라고도 한다) 또는 법인 아닌 재단(권리능력 없는 재단이라고도 한다)을 들 수 있다.

법인이란 자연인 이외의 존재로서 권리 · 의무의 주체가 될 수 있는 지위 즉 법인격이 주어진 것을 말한다. 현행법상 자연인 이외의 존재로서 법인격이 주어진 것을 크게 분류하여 보면 일정한 목적과 조직하에 결합한 사람의 집단(사단 또는 조합)인 사단법인과 일정한 목적을 가진 재산의 집단인 재단법인으로 나누어 볼 수 있다.

사단법인은 일정한 공동목적을 가진 인격체를 구성요소로 하여 법률상 구성된 법인으로서 그 설립근거법에 따라 민법상의 비영리법인과 상법상의 회사 및 특별법상의 특수법인으로 나누어 볼 수 있다. 재단법인은 일정한 목적을 위하여 출연된 재산을 개인의 권리에 귀속시키지 않고 그것을 독립의 것으로 하여 운용하도록 그 재산을 구성요소로 하여 법률상 구성된 법인으로서 그 설립근거법에 따라 민법상의 법인과 특별법상의 재단법인으로 나누어 볼 수 있다.

그런데 위와 같은 법인과 법인 아닌 사단 또는 법인 아닌 재단은 관념상의 존재이므로, 그 소유인 부동산에 대한 근저당권설정 등 현실적인 법률행위는 자연인인 대표기관을 통하여 할 수밖에 없으며, 그 대표기관의 법률행위가 법인과 법인 아닌 사단 또는 법인 아닌 재단의 법률행위로 간주되어, 그에 따른 권리의무가 법인과 법인 아닌 사단 또는 법인 아닌 재단에 귀속되게 된다. 따라서 근저당권설정자가 법인이나 법인 아닌 사단 또는 재단인 때에는 채권자로서는 그 법인이나 법인 아닌 사단 또는 재단의 대표기관이 누구인지 확인하여 그 대표기관과 근저당권설정계약을 체결하고 근저당권을 설정 받아야 한다.

민법상의 비영리법인의 대표기관은 이사이다(민 59). 영리법인인 상법상의 회사 중 합명회사의 대표기관은 각 사원 또는 업무집행사원이고(상 207), 합자회사의 대표기관은 무한책임사원(상 269, 207, 208), 주식회사의 대표기관은 대표이사(상 389), 유한회사의 대표기관은 이사이다(상 561). 대표기관이 여러 명인 때에는 각자 대표인 것이 원칙이나 정관이나 내부적인 의사결정으로 여러 명을 공동대표로 할 수도 있다(민 59, 상 208, 269, 389, 562). 특별법상의 법인의 대표기관은 각 특별법에 규정되어 있으며 그 명칭은 총재, 사장, 이사장, 조합장 등으로 다양하게 규정되어 있다. 법인 아닌 사단의 경우는 사원총회에서 정한 자가 그리고 법인 아닌 재단의 경우는 정관으로 정한 자가 대표기관이 되며 그 명칭은 회장, 이사장 등 다양하다.

나. 대표권 없는 자로부터 설정받은 근저당권의 효력

대표권 없는 자와 근저당권설정계약을 체결하고 설정한 근저당권은 해당 법인이나 법인 아닌 사단 또는 법인 아닌 재단에 대하여 아무런 효력도 발생하지 않는 것이 원칙이다. 그러나 법인의 대표에 관하여는 대리에 관한 규정이 준용되므로(민 59②), 앞에서 설명한 대리권 없는 자로부터 설정받은 근저당권의 효력에 관한 내용은 대표권 없는 자로부터 설정받은 근저당권의 효력에 대하여도 그대로 적용되는 것으로 보아야 한다.

따라서 ①법인의 대표기관을 선정할 수 있는 사원총회나 이사회 등이 채권자에게 특정인을 그 법인의 대표기관으로 선정하였음을 표시하였으나, 실제로 특정인이 대표기관으로 선정되지 않은 상태에서, 채권자가 그 특정인의 대표권 없음을 과실 없이 알지 못하고서, 그 특정인으로부터 근저당권을 설정받은 경우(민 125준용) ②대표기관의 채권자에 대한 근저당권설정행위가 그의 대표권의 범위를 넘는 것이지만, 채권자가 그 대표권의 범위 내라고 믿은 데 대하여 정당한 이유가 있는 경우(민 126준용) ③전 대표기관의 채권자에 대한 근저당권설정행위가 그의 대표권이 소멸한 후에 이루어진 것이지만, 채권자가 아직 대표권이 있다고 과실 없이 믿은 경우(민 129준용)에는 그 근저당권은 유효하게 설정된 것으로 보아야 한다.

또한 주식회사의 경우 사장, 부사장, 전무, 상무, 기타 회사를 대표할 권한이 있는 것으로 인정될 만한 명칭을 사용한 이사(이를 표현대표이사라 한다)의 행위에 대하여는, 그 이사가 회사를 대표할 권한이 없는 경우에도, 회사는 선의의 제3자에 대하여 그 책임을 지게 된다(상 395). 이는 대표권이 없는 이사의 대표행위에는 위와 같은 표현대리에 관한 민법의 규정을 준용할 수 없으므로 특별히 상법에서 규정을 두어 주식회사에 대한 효력을 인정한 것이다. 그리고 표현대리에 관한 민법규정의 준용에 의한 표현대표자의 대표권 없는 대표행위에 대하여는 상대방이 선의이고 무과실이어야만 해당 주식회사의 책임이 인정되는 반면, 상법규정에 의한 표현대표이사의 대표권 없는 대표행위에 대하여는 상대방이 선의이기만 하면 해당 주식회사의 책임이 인정된다는 점에 차이가 있다. 다만 과실에는 경과실과 중과실이 있는데 중과실이 있는 경우는 악의로 보아야 한다는 것이 통설이므로, 민법규정의 준용에 의한 표현대표자의 대표행위에 대한 해당 주식회사의 책임과 상법규정에 의한 표현대표이사의 대표행위에 대한 해당 주식회사의 책임에 있어서의 실제 차이는, 민법규정의 준용에 의한 표현대표자의 대표권 없는 대표행위에 대한 해당 주식회사의 책임은 상대방이 악의이거나 선의라도 중과실은 물론이고 경과실이라도 있으면 인정되지 않는 반면, 상법규정에 의한 표현대표이사의 대표권 없는 대표행위에 대한 해당 주식회사의 책임은 상대방이 악의이거나 선의이지만 중대한 과실이 있는 경우만 인정되지 아니하고 선의이거나 악의라도 경과실이 있는 경우는 인정되지 않는다는 점이라고 할 수 있다. 따라서 이들 표현대표이사와 체결한 근저당권설정계약의 경우는, 이들에게 해당 법인 등을 대표하여 근저당권설정계약을 체결할 권한이 없다 하더라도, 근저당권자가 이들 표현대표이사를 대표이사와 동일한 권한이 있는 것으로 믿었고 그 믿은데 중대한 과실이 없으면, 그 근저당권은 유효하게 효력을 발생하게 된다.

다. 대표권의 확인수단

민법상의 비영리법인의 대표기관인 이사(민 59)는 해당 비영리법인의 정관과 법인등기사항증명서에 의하여 확인할 수 있다. 그리고 영리법인인 합명회사·합자회사·주식회사·유한회사·유한책임회사의 대표기관인 업무집행사원이나 대표이사 등(상 207, 208, 269, 389, 561)은 해당 법인의 정관과 상업등기사항증명서에 의하여 확인할 수 있고, 특별법상의 법인의 대표기관은 특별법인 해당 법인의 설립근거법과 정관 및 법인등기사항증명서에 의하여 확인할 수 있다. 그러나 법인 아닌 사단이나 법인 아닌 재단의 경우는 등기에 의하여 공시되고 있지 않으므로 법인 아닌 사단의 경우는 정관과 대표기관의 선임에 관한 총회의사록 등에 의하여 그리고 법인 아닌 재단에 관하여는 정관 등에 의하여 사실관계를 조사하여 확인하는 수밖에 없다.

라. 대표권 없는 자로부터 근저당권을 설정받은 경우의 대응방안

㈎ 대출계약과 근저당권설정계약 모두 대표권 없이 체결된 경우

채무자와 근저당권설정자가 동일인으로서 대출계약과 근저당권설정계약 모두에 관하여 대표권이 없는 경우에 근저당권자로서는 표현대리의 준용(또는 표현대표이사 관계)에 의한 근저당권의 유효성 여부를 검토하여 다음과 같이 처리하여야 한다.

첫째, 표현대리의 준용(또는 표현대표이사 관계)에 의하여 근저당권이 유효한 것으로 판단되고 또한 해당 법인 등도 이를 다투지 않으면, 해당 법인으로부터 그 대표행위의 추인이나 근저당권의 유효성을 인정하는 확인서를 받아 두면 된다.

둘째, 해당 법인 등이 표현대리의 준용(또는 표현대표이사 관계)에 의한 근저당권의 유효성을 부정하고 채권자로서도 표현대리의 준용(또는 표현대표이사 관계)이 인정되지 않는다고 판단되면 대출계약과 근저당권의 유효성을 인정받을 수 없어 해당 법인 등에 대하여 대출계약에 따른 채무의 이행을 청구할 수 없고 근저당권도 무효로써 말소에 응하는 수밖에 없으므로 채권자로서는 이미 실행된 대출채권을 보전하기 위하여 다음과 같은 조치를 취해 두어야 한다.

채권자로서는 대표행위자에 대하여 일차적으로 무효인 근저당권의 담보가치에 상응하는 다른 담보를 제공하고 대출채무를 인수하도록 청구하되, 대표행위자가 이 청구에 응하지 않으면 바로 해당 법인 등에 대한 대출계약과 근저당권설정계약이 무효임에 따라 채권자가 입을 손해의 배상을 청구하고(민 135①준용), 아울러 그 손해배상청구권을 보전하기 위하여 대표행위자의 재산에 가압류 조치를 취해 두어야 한다. 다만 채권자가 대표행위자에게 위와 같은 청구를 할 수 있으려면 대출계약과 근저당권설정계약을 체결할 때에 대표행위자에게 해당 법인 등을 대표할 수 있는 대표권이 없다는 사실을 알았거나 알 수 있었던 경우가 아니어야 하고, 또한 대표행위자가 제한능력자가 아니어야 한다(민 135②준용).

셋째, 표현대리의 준용(또는 표현대표이사 관계)에 의하여 근저당권이 유효한 것으로 판단되지만 해당 법인 등이 표현대리의 준용(또는 표현대표이사 관계)에 의한 근저당권의 유효성을 다투는 경우에는, 해당 법인 등을 상대로 소를 제기하여 근저당권이 유효하게 설정되었음을 확인하여 두는 방법과 대표행위자에게 대상 근저당권의 담보가치에 상응하는 다른 담보를 제공하고 대출채무를 인수하도록 청구하되, 대표행위자가 이에 응하지 않으면 대출계약과 근저당권설정계약이 무효임에 따라 채권자가 입을 손해의 배상을 청구하고(민 135①), 아울러 그 손해배상청구권을 보전하기 위하여 대표행위자의 재산에 가압류 조치를 취해 두는 방법 중 어느 것이 유리한지 비교하여 다음과 같이 처리하여야 한다.

이에 관하여는 먼저 대표행위자에게 충분한 변제자력이 있는지 여부를 검토하여, 충분한 변제자력이 있는 것으로 판단되면, 일차적으로 대표행위자로 하여금 대표권의 존재를 증명하거나 해당 법인 등의 추인을 받아내도록 하고, 만일 대표행위자가 이를 충족시키지 못하면 대표행위자로 하여금 그 근저당권의 담보가치에 상응하는 다른 담보를 제공하고 대출채무를 인수하도록 하되, 대표행위자가 이에 응하지 않으면 대출계약과 근저당권설정계약이 무효임에 따라 채권자가 입을 손해의 배상을 청구하고(민 135) 아울러 그 손해배상청구권을 보전하기 위하여 대표행위자의 재산에 가압류를 하여 두어야 한다. 반면에 대표행위자에게 충분한 변제자력이 없다고 판단되면, 해당 법인 등을 상대로 소를 제기하여 대출계약과 근저당권설정의 유효임을 확인받아 두도록 하되, 그 유효성 확인에 실패할 경우에 대비하여 대표행위자로부터 대출계약과 근저당권설정의 무효로 채권자가 입을 손해의 배상을 받을 수 있도록 미리 대표행위자의 재산에 가압류 등 채권보전 조치를 취해 두어야 한다.

(나) 근저당권설정계약만 대표권 없이 체결된 경우

채무자와 근저당권설정자가 서로 다른 자로서 대출계약은 유효하나, 근저당권설정계약이 대표권 없이 체결된 경우에도 채권자로서는 표현대리의 준용(또는 표현대표이사 관계)에 의한 근저당권의 유효성 여부를 검토하여 다음과 같이 처리하여야 한다.

첫째, 표현대리의 준용(또는 표현대표이사 관계)에 의한 근저당권의 유효성이 인정되는 것으로 판단되고 또한 해당 법인 등도 이를 다투지 않으면, 해당 법인으로부터 그 대표행위의 추인이나 표현대리의 준용(또는 표현대표이사 관계)에 의한 근저당권의 유효성을 인정하는 확인서를 받아 두면 된다.

둘째, 본인이 표현대리의 준용(또는 표현대표이사 관계)에 의한 근저당권의 유효성을 부정하고 근저당권자로서도 표현대리의 준용(또는 표현대표이사 관계)이 인정되지 않는 것으로 판단되면 근저당권의 유효성을 인정받을 수 없어 근저당권의 말소에 응하는 수밖에 없다. 따라서 이 경우 채권자로서는 이미 실행된 대출채권을 보전하기 위하여 다음과 같은 조치를 취해 두어야 한다.

채무자에게는 일차적으로 무효인 근저당권의 담보가치에 상응하는 다른 담보의 제공을 청구하도록 하되(민 362, 은여기약기 6①), 그 청구에 따른 담보의 제공이 없으면 대출금의 기한 전 상환청구를 하고(민 388) 그 청구권을 보전하기 위하여 채무자의 재산에 가압류 조치를 취해 두어야 하고, 아울러 대표행위자에 대하여도 무효인 근저당권의 담보가치에 상응하는 다른 담보의 제공을 청구하되 그에 따른 담보의 제공이 없으면 바로 근저당권이 무효임에 따라 대출채권의 회수에 지장이 초래된 데에 따른 손해배상을 청구하고 아울러 그 손해배상청구권을 보전하기 위하여 대표행위자의 재산에 가압류조치를 취해 두어야 한다(민 135).

셋째, 표현대리의 준용(또는 표현대표이사 관계)에 의하여 근저당권이 유효한 것으로 판단되지만 해당 법인 등이 표현대리의 준용(또는 표현대표이사 관계)에 관하여 다투는 경우에는, 해당 법인 등을 상대로 소를 제기하여 근저당권이 유효하게 설정되었음을 확인하여 두는 방법 이외에, 채무자에 대하여는 대상 근저당권의 담보가치에 상응하는 다른 담보를 제공을 요구하되(민 362, 은여기약기 6①), 그 청구에 따른 담보의 제공이 없으면 대출금의 기한 전 상환청구를 하고(민 388) 그 청구권을 보전하기 위하여 채무자의 재산에 가압류 조치를 취해 두어야 하고, 아울러 대표행위자에 대하여도 무효인 근저당권의 담보가치에 상응하는 다른 담보의 제공을 청구하되 그에 따른 담보의 제공이 없으면 바로 근저당권이 무효임에 따라 대출채권의 회수에 지장이 초래된 데에 따른 손해배상을 청구하고 아울러 그 손해배상청구권을 보전하기 위하여 대표행위자의 재산에 가압류조치를 취해 두어야 한다(민 135).

(8) 담보제공자의 소유권취득에 법적하자 있는 부동산에 설정받은 근저당권

가. 근저당권자의 선의·악의 여하에 관계없이 무효인 경우

소유권이전과정에 원인무효사유가 있는 부동산에 설정받은 근저당권은, 무효로써 그 효력을 인정받을 수가 없다. 예컨대 A소유의 부동산이 B·C·D에게 순차로 소유권이전등기되어, 등기부상의 최종소유명의자인 D가 S은행에 근저당권을 설정하였다고 하는 경우에, 만일 A에서 B나 B에서 C 또는 C에서 D로의 소유권이전에 원인무효사유가 있었다고 하면, D와 S은행 사이에 유효하게 근저당권설정계약이 이루어졌고 또한 그에 따라 동부동산의 등기부에 근저당권의 설정등기까지 되었다고 하더라도, S은행은 동부동산에 대하여 근저당권을 취득할 수 없게 된다.

우리 법제상으로는 등기에 공신력이 인정되어 있지 않아, A에서 B로의 소유권이전에 원인무효사유가 있었다고 하면, 그 후 C나 D 또는 S은행에의 소유권이전 또는 근저당권설정이 A에 대한 관계에서 모두 무효로 되고, B에서 C로의 소유권이전에 원인무효사유가 있었다고 하면, D 또는 S은행에의 소유권이전 또는 근저당권설정이 B에 대한 관계에서 모두 무효로 되며, C에서 D로의 소유권이전에 원인무효사유가 있었다고 하면, S은행에의 근저당권설정이 C에 대한 관계에서 무효로 되는 것이기 때문이다.

위 사례에서 A에서 B, B에서 C, C에서 D로의 소유권이전이 원인무효로 되는 것은, 그 소유권이전의 과정에 A나 B 또는 C의 의사나 행위가 전혀 게재되어 있지 않은 경우이다. 그 대표적인 예로서는 A에서 B로의 소유권이전등기가, A와는 전혀 관계없이 B가 A의 인감도장과 인감증명서를 위조하여, 허위의 매매계약서와 등기신청서 등을 작성하여 등기관을 기망함으로써 이루어진 경우 또는 B와 등기관이 결탁함으로써 이루어진 경우를 들 수 있다. 그리고 이와 같은 A에서 B로의 소유권이전등기가 원인무효인 경우는, 그 후 C가 B로부터 소유권이전을 받을 때에 A에서 B로의 소유권이전이 원인무효라는 사실을 알지 못하였고 또한 알지 못한데 전혀 과실이 없었다고 하더라도, A는 C에 대하여 자신의 소유권을 주장할 수 있고 또한 이러한 관계는 그 후의 권리취득자인 D나 S은행에 대하여도 마찬가지로 적용된다.

특정한 부동산의 소유권이전과정에 원인무효사유가 있는지를 미리 확인하고서 근저당권을 설정받는다는 것은, 사전에 타인으로부터 그 제보를 받는다는 등 특수한 경우를 제외하고는 사실상 불가능한 일이라고 할 수 있다. 공적장부인 등기부의 기재내용을 일일이 의심하고서 그 진위를 밝혀가며 거래를 하려고 한다면, 시간과 노력의 낭비를 가져와 업무의 마비를 초래하게 될 것이기 때문이다. 따라서 이 문제는 사전예방보다는 사건 발생시의 사후수습에 중점이 두어져야 한다. 사후수습에 있어서 특히 유의하여야 할 사항을 보면 다음과 같다. 첫째로 선의자라도 보호되지 않는 이 원인무효의 경우와 선의자가 보호되는 다른 경우를 혼동하지 말아야 한다. 둘째로 선의자라도 보호되지 않는 원인무효에 해당하는 것으로 판단되는 때에는 그 근저당권설정자와 채무자를 상대로 담보의 보완을 요구하고, 그것이 여의치 않은 경우에는 손해배상의 청구나 담보채권의 기한전상환청구 및 그에 따른 강제집행의 보전 등 채권보전조치를 신속하게 취하여야 한다. 셋째로 자신의 소유권취득이 원인무효인 사실을 알면서도 이를 담보로 제공한 경우에는 형법상으로는 사기죄(형 347 이하)를 구성할 수가 있다. 따라서 이 경우에는 근저당권설정자를 수사기관에 고소하여 형사처벌을 구하는 것이 좋다. 사기죄를 범한 자가 형사상의 소추를 받은 경우 관대한 처벌을 받으려면 그 사기행위를 당한 자의 피해를 배상하여야 하므로(형 51 이하), 이러한 고소는 근저당권설정자가 자발적으로 손해배상을 하게 하는데 크게 도움이 될 수 있을 것이기 때문이다.

나. 근저당권자가 선의이면 유효인 경우

(가) 근저당권설정자앞 소유권이전등기의 원인행위가 취소된 경우

예컨대 S은행이 D로부터 D소유로 되어 있는 부동산에 근저당권을 설정받았는데, 동부동산의 전소유자인 C가 D앞으로 소유권이전등기하게 된 원인행위인 매매계약이, 착오나 사기 또는 강박에 의하여 이루어진 것임을 이유로 취소하고 D앞 소유권이전등기의 말소를 구하는 경우에, S은행이 D로부터 설정받은 근저당권의 효력이 어떻게 되는지가 문제로 된다.

이 문제를 해결하려면 C의 D앞 소유권이전등기의 유효성 문제부터 검토해 보아야 한다. C의 D앞 소유권이전등기가 유효하다면, S은행의 근저당권설정등기도 당연히 유효한 것이기 때문이다. 따라서 S은행의 근저당권설정등기의 유효성이 문제로 되는 것은, C의 D앞 소유권이전등기가 무효로 되는 경우에 한한다.

C가 D앞으로 소유권이전등기하게 된 원인행위인 매매계약이, C가 매매계약 내용의 중요부분에 착오를 일으켜 이루어진 것이라면, C는 D에 대하여 매매계약을 취소할 수 있고(민 109① 본), 이 취소가 있으면 D앞 소유권이전등기는 소급하여 무효로 되어(민 141 본), C는 D에게 소유권이전등기의 말소를 구할 수 있게 된다. 그러나 이 경우라도 매매계약 내용의 중요부분에 대한 착오가 C의 중대한 과실에 기한 것이면, C는 D에 대하여 매매계약을 취소할 수 없고(민 109① 단), 그에 따라 C의 D앞 소유권이전등기는 유효한 것이 된다.

또한 C가 D앞으로 소유권이전등기하게 된 원인행위인 매매계약이, D의 사기나 강박에 의하여 이루어진 것이면, C는 사기나 강박상태에서 벗어난 후에 그 매매계약을 취소할 수 있고(민 110①), 이 취소가 있으면 D앞 소유권이전등기는 소급하여 무효로 되어(민 141본), C는 D에게 소유권이전등기의 말소를 구할 수 있게 된다.

C가 D와의 매매계약을 착오나 사기 또는 강박을 이유로 취소하더라도, 그 취소를 가지고 선의의 제3자에게 대항하지 못한다(민 109②, 110③). 따라서 이 경우 S은행이 C의 매매계약 취소로 D앞 소유권이전등기가 말소될 때까지, C와 D사이의 매매계약이 취소되었다는 사실을 알지 못하고, D와 근저당권설정계약을 체결하고서 근저당권을 설정받은 경우이면, D의 소유권이전등기가 말소되더라도 S은행의 근저당권설정등기는 C에 대한 관계에 있어서 그대로 유효한 것이 된다.[35]

(나) 근저당권설정자앞 소유권이전등기의 원인행위가 무효인 경우

예컨대 S은행이 D로부터 D소유로 되어 있는 부동산에 근저당권을 설정받았는데, 동부동산의 전소유자인 C가 D앞으로 소유권이전등기하게 된 원인행위인 매매계약이 진의아닌 의사표시[36]나 통정허위표시[37]에 기한 것으로서 무효(민 107①단, 108①)임을 이유로, D앞 소유권이전등기의 말소를 구하는 경우에, S은행이 D로부터 설정받은 근저당권의 효력이 어떻게 되는지 문제로 된다.

그러나 진의아닌 의사표시의 무효나 통정허위표시의 무효는 선의의 제3자에게 대항하지 못하는 것이므로(민 107②, 108②), 매매계약의 무효에 따른 D앞 소유권이전등기의 말소가 있을 때까지 S은행이 C와 D사이의 매매계약이 무효라는 사실을 알지 못하고, D와 근저당권설정계약을 체결하고서 근저당권을 설정받은 경우이면

35) 곽윤직 물권법 120.

36) 표의자(즉 의사표시를 하는 자)가 내심적 효과의사와 표시상의 효과의사가 일치하지 않는다는 것을 알면서 하는 의사표시를 진의 아닌 의사표시 또는 비진의표시라고 한다. 예컨대 부동산을 매도할 의사가 없으면서, 매도하겠다고 하거나 매매계약서에 서명하는 경우가 이에 해당한다. 진의 아닌 의사표시는 상대방이 표의자의 진의아님을 알았거나 알 수 있었을 경우에는 무효가 되나 그렇지 않은 경우에는 표시된 대로 효력을 발생하게 된다(민 107①).

37) 상대방과 짜고서 하는 진의 아닌 의사표시를 하는 것을 통정허위표시라고 한다. 예컨대 채무자가 자신이 소유하는 부동산에 대한 채권자의 강제집행을 면하기 위하여 타인과 짜고서 그 자와 매매계약을 체결하고 그 타인명의로 소유권이전등기를 하는 경우가 이에 해당한다. 통정허위표시는 당사자 사이에서는 당연히 무효가 된다(민 108①).

D의 소유권이전등기가 말소되더라도, S은행의 근저당권설정등기는 C에 대한 관계에 있어서 그대로 유효한 것이 된다.

다. 근저당권자가 악의라도 유효인 경우

(가) 근저당권설정자앞 소유권이전등기의 원인행위가 해제된 경우

예컨대 S은행이 D로부터 D소유로 되어 있는 부동산에 근저당권을 설정받았는데, 동부동산의 전소유자인 C가 D앞으로 소유권이전등기하게 된 원인행위인 매매계약을 해제하였음을 이유로 D앞 소유권이전등기의 말소를 구하는 경우에, S은행이 D로부터 설정받은 근저당권의 효력이 어떻게 되는지 문제로 된다.

D앞으로 소유권이전등기가 이루어진 이후에 C가 D의 채무불이행 등을 이유로 매매계약을 해제하는 경우에, 부동산에 대한 D의 소유권이 어떻게 되는지에 관하여는 물권적 효력설[38]과 채권적 효력설이 대립되어 있다. 물권적 효력설은 매매계약의 해제로 D의 소유권이 당연히 소급해서 C에게 복귀하게 된다고 하고, 채권적 효력설은 매매계약의 해제로 D의 소유권이 당연히 C에게 복귀하는 것이 아니라, 단지 D에게 C앞으로 소유권을 복귀시켜줄 채무가 생길 뿐이라고 한다. 대법원의 판례는 물권적 효력설을 채택하고 있다.

채권적 효력설에 의하면 C의 D에 대한 매매계약의 해제는, S은행의 근저당권에 아무런 영향을 미치지 않는다. 이에 대하여 물권적 효력설에 의하면, S은행의 근저당권설정등기가 있기 전으로 소급해서 C앞으로 소유권이 복귀되는 결과가 되기 때문에, S은행의 근저당권의 효력이 어떻게 되는지 문제로 된다.

그러나 매매계약의 해제는 제3자의 권리를 해하지 못하는 것이므로(민 548① 단), C가 매매계약을 해제하기 전에, S은행이 D와 근저당권설정계약을 체결하고서 근저당권을 설정받은 경우이면, D의 소유권이전등기가 말소되더라도 S은행의 근저당권설정등기는 C에 대한 관계에 있어서 그대로 유효한 것이 된다. 그리고 이 경우 S은행의 근저당권은 S은행이 D로부터 근저당권을 설정받을 때, C와 D 사이에 매매계약의 해제사유가 있다는 것을 알고 있었다 할지라도 유효하다.

그런데 여기에서 한 가지 더 문제가 되는 것은, C가 매매계약을 해제하였으나

38) 곽윤직 채권각론 171.

아직 D앞 소유권이전등기가 말소되기 전에, S은행이 D와 근저당권설정계약을 체결하고서 근저당권을 설정받은 경우에, S은행의 근저당권이 어떻게 되는지이다. 그러나 이에 관하여는 취소의 경우에 준하여, S은행이 D와 근저당권설정계약을 체결할 때에 C의 매매계약 해제사실을 알고 있었으면, 근저당권의 유효를 주장할 수 없는 반면, 모르고 있었으면 근저당권의 유효를 주장할 수 있는 것으로 보아야 한다.[39] 대법원의 판례도 같은 취지이다.

판례1-8

원인계약 해제와 물권행위의 효력

(1) 민법 제548조 제1항 본문에 의하면 계약이 해제되면 각 당사자는 상대방을 계약이 없었던거와 같은 상태에 복귀케 할 의무를 부담한다는 뜻을 규정하고 있는 바, 계약에 따른 채무의 이행으로 이미 등기나 인도를 하고 있는 경우에 그 원인 행위인 채권계약이 해제됨으로써 원상회복된다고 할 때 그 이론 구성에 관하여 해제가 있더라도 이행행위 그 자체는 그대로 효력을 보유하고 다만 그 급부를 반환하여 원상회복할 채권 · 채무관계가 발생할 뿐이라는 소위 채권적 효과설과 이미 행하여진 이행행위와 등기나 인도로 물권변동이 발생하고 있더라도 원인행위인 채권계약이 해제되면 일단 이전하였던 물권은 당연이 복귀한다는 소위 물권적 효과설이 대립되어 있다. 우리의 법제가 물권행위의 독자성과 무인성을 인정하고 있지 않는 점과 민법 제548조 제1항 단서가 거래안정을 위한 특별규정이란 점을 생각할 때 계약이 해제되면 그 계약의 이행으로 변동이 생겼던 물권은 당연히 그 계약이 없었던 원상태로 복귀한다고 봄이 타당하다 할 것이다(대판 1977.5.24. 75다1394).

(2) 매도인이 계약금만 지급받은 단계에서 매수인에게 소유권이전등기를 경료하여 주고 가등기를 경료받았는데 매수인이 대금지급의무를 이행하지 아니하자 판결에 의해 본등기를 경료한 사안에서, 계약이 적법하게 해제되면 그 계약의 이행으로 변동이 되었던 물권은 당연히 그 계약이 없었던 상태로 복귀하는 것이므로, 위 가등기 및 이에 기한 본등기가 미지급된 매매잔대금을 담보하기 위한 등기라고 하더라도 매수인이 계속하여 매매에 의한 채무를 이행하지 아니하여 매매계약이 적법하게 해제된 것이라면, 매도인으로부터 매수인에게 넘어갔던 소유권은 당연히 복귀하여 매도인이 그 소유자라 할 것이다(대판1995.5.12. 94다18881, 18898)

계약해제후 말소등기 전 물권행위의 효력

계약당사자의 일방이 계약을 해제하였을 때에는 계약은 소급하여 소멸하여 해약당사자는 각 원상회복의 의무를 지게되나 이 경우 계약해제로 인한 원상회복등기 등이 이루어지기 이전에 계약의 해제를 주장하는 자와 양립되지 아니하는 법률관계를 가지게 되었고 계약해제 사실을 몰랐던 제3자에 대하여는 계약해제를 주장할 수 없다(대판 1985.4.9. 84다카130, 131).

39) 곽윤직 채권각론 175.

㈏ 명의신탁 부동산에 근저당권을 설정받은 경우

부동산의 명의신탁이란 부동산에 관한 물권(부동산에 관한 소유권이나 그 밖의 물권을 말한다)을 대상으로 내부적인 관계에 있어서는 신탁자가 권리를 가지고 관리·수익하면서 등기부상의 권리자 명의만을 수탁자로 하여두는 것을 말한다. 이와 같은 명의신탁은 부동산투기와 조세면탈, 뇌물 등 부정한 자금의 은닉 또는 강제집행의 면탈 등을 목적으로 행하여지는 것이 보통이다.

부동산에 관한 물권을 대상으로 명의신탁을 하려면 명의신탁자와 명의수탁자 사이에 명의신탁약정을 하게 된다. 부동산 실권리자 명의등기에 관한 법률은 이 명의신탁약정을 「부동산에 관한 소유권이나 그 밖의 물권(이하 "부동산에 관한 물권"이라 한다)을 보유한 자 또는 사실상 취득하거나 취득하려고 하는 자[이하 "실권리자"(實權利者)라 한다]가 타인과의 사이에서 대내적으로는 실권리자가 부동산에 관한 물권을 보유하거나 보유하기로 하고 그에 관한 등기(가등기를 포함한다. 이하 같다)는 그 타인의 명의로 하기로 하는 약정[위임·위탁매매의형식에 의하거나 추인(追認)에 의한 경우를 포함한다]을 말한다」고 정의하고 있다(부실명등 2ⅰ본).

다만, 부동산 실권리자 명의등기에 관한 법률은 ①채무의 변제를 담보하기 위하여 채권자가 부동산에 관한 물권을 이전(移轉)받거나 가등기하는 경우 ②부동산의 위치와 면적을 특정하여 2인 이상이 구분소유하기로 하는 약정을 하고 그 구분소유자의 공유로 등기하는 경우 ③신탁법 또는 자본시장과 금융투자업에 관한 법률」에 따른 신탁재산인 사실을 등기한 경우 그 등기를 위한 원인계약은 명의신탁약정이 아닌 것으로 규정하고 있다(부실명등 2ⅰ단).

부동산 실권리자 명의등기에 관한 법률은 부동산에 관한 물권을 대상으로 한 명의신탁이 부동산투기와 조세면탈 등의 불법적인 목적으로 이용되는 것을 방지하기 위하여 명의신탁약정과 그에 따른 등기로 이루어진 부동산에 관한 물권변동을 원칙적으로 무효로 하고 있다(부실명등 4①②본). 다만 부동산에 관한 물권거래의 건전성을 해치지 않는 범위에서 예외적으로 유효인 명의신탁에 관하여 규정하고 있다(부실명등 8).

명의신탁이 유효한 경우[40]에는 신탁부동산에 관한 물권은 대외적으로는 명의수탁자가 가지고 명의신탁자는 명의신탁계약을 해지하여 명의수탁자로부터 다시 찾아올 수 있는 채권적인 권리를 가질 뿐이다. 따라서 예를 들어 명의신탁자 A가 명의수탁자 B와 명의신탁약정을 하고 B 명의로 소유권이전등기를 하면 B는 유효하게 소유권을 취득하고, 만일 B가 제3자 D에게 처분하여 소유권이전등기를 해주거나 근저당권설정등기를 해주면, D는 그 신탁부동산에 관한 소유권이 명의신탁된 것임을 알고 있었는지의 여부에 불구하고 소유권 또는 근저당권을 취득한다. 이 경우 B는 명의신탁약정 위반에 따른 손해배상책임을 A에게 지게 되지만 이는 신탁부동산의 소유권이 D에게 이전되는 것과는 별개의 문제이다. 그러나 제3자 D가 명의수탁자 B의 배임행위에 적극 가담한 때에는 소유권이나 근저당권을 취득할 수 없는 것으로 보아야 한다(대판 2008.3.27. 2007다82875).

명의신탁약정이 무효인 경우[41]에는 그에 따른 등기로 이루어진 부동산에 관한 물권변동도 무효이다. 따라서 예를 들어 명의신탁자 A가 명의수탁자 B와 명의신탁약정을 하고 B 명의로 소유권이전등기를 하더라도 B 명의로의 소유권이전등기는 무효이고 B는 소유권을 취득하지 못한다(부실명등 4②본). 그러나 명의신탁자와 명의수탁자 사이에서는 무효인 명의신탁의 경우라도 거래의 안전을 위하여 명의신탁약정에 따른 등기로 이루어진 부동산에 관한 물권변동을 유효로 보는 2가지 예외가 있다.

첫째, 부동산에 관한 물권을 취득하기 위한 계약에서 명의수탁자가 어느 한쪽 당사자가 되고 상대방 당사자는 명의신탁약정이 있다는 사실을 알지 못한 경우 그 물권취득은 유효하다(부실명등 4②본). 예를 들면 명의신탁자 A와 명의수탁자 B가 명의신탁약정을 하고 명의수탁자 B가 부동산소유자 D와 매매계약을 체결하고 B앞으로 소유권이전등기를 할 때에 D가 A와 B사이에 명의신탁약정이 있었다는 사실을 알지 못하였다면, A와 B사이의 명의신탁약정이 무효라 할지라도 B 명의로의 소유권이전등기는 유효인 것이다.

---

40) 유효인 명의신탁은 ①종중(宗中)이 보유한 부동산에 관한 물권을 종중(종중과 그 대표자를 같이 표시하여 등기한 경우를 포함한다) 외의 자의 명의로 등기한 경우 ②배우자 명의로 부동산에 관한 물권을 등기한 경우 ③종교단체의 명의로 그 산하 조직이 보유한 부동산에 관한 물권을 등기한 경우 중 어느 하나에 해당하는 경우로서 조세 포탈, 강제집행의 면탈(免脫) 또는 법령상 제한의 회피를 목적으로 하지 아니하는 경우이다(부실명등 8).

41) 무효인 명의신탁의 유형으로는 ①명의신탁자가 자신의 명의로 되어 있는 부동산에 관한 물권을 명의수탁자 명의로 이전등기 하는 경우, ②명의신탁자(물권취득자)가 제3자(물권 이전 또는 설정자)와 부동산에 관한 물권의 이전 또는 설정계약을 체결하고 그 제3자로부터 명의수탁자에게 바로 물권이전 또는 물권설정 등기를 하는 경우 ③명의신탁자의 위임에 따라 명의수탁자가 명의신탁자로부터 대금을 제공받아 제3자(물권 이전 또는 설정자)와 자신의 명의로 물권 이전 또는 설정 계약을 체결하고 물권 이전 또는 설정 등기를 하는 경우의 3가지를 들 수 있다.

둘째, 명의신탁약정과 그에 따른 등기로 이루어진 부동산에 관한 물권변동이 무효라도 그 무효를 제3자에게 대항할 수 없다(부실명등 4③). 예를 들어 명의신탁자 A와 명의수탁자 B가 명의신탁약정을 하고, A소유의 부동산을 B 명의로 소유권이전등기한 경우 B 명의의 소유권이전등기는 무효이지만, B가 명의신탁부동산을 제3자인 M에게 소유권이전등기 또는 근저당권설정등기를 하면 그 소유권이전등기 또는 근저당권설정등기는 유효한 것이 된다. 다만 이 경우 문제가 되는 것은 제3자 M이 악의인 경우, 즉 A와 B 사이의 명의신탁의 사실을 알고 있었던 경우에도, 그 소유권이전등기나 근저당권설정등기가 유효한지 여부이다. 이에 관하여는 유효설[42]과 무효설[43]로 견해가 갈린다. 그러나 법문이 「선의의 제3자」라고 규정하지 않고 단순히 「제3자」라고 규정하고 있는 점에 비추어 유효설이 타당하다. 다만 유효설을 취하더라도 그 제3자가 수탁자의 배임행위에 적극 가담한 때에는 소유권이나 근저당권을 취득할 수 없는 것으로 보아야 한다(대판 2008.3.27. 2007다82875).

판례1-9

명의신탁 재산이 제3자에게 이전된 경우의 효력

부동산 실권리자명의 등기에 관한 법률 제8조의 특례가 적용되는 종중 등의 명의신탁에 있어서 명의수탁자는 신탁재산을 유효하게 제3자에게 처분할 수 있고 제3자가 명의신탁사실을 알았다 하여도 그의 소유권취득에 영향이 없는 것이기는 하지만, 특별한 사정이 있는 경우, 즉 명의수탁자로부터 신탁재산을 매수한 제3자가 명의수탁자의 명의신탁자에 대한 배임행위에 적극 가담한 경우에는 명의수탁자와 제3자 사이의 계약은 반사회적인 법률행위로서 무효라고 할 것이고, 이때 제3자가 명의수탁자의 배임행위에 적극 가담하는 행위란 수탁자가 단순히 등기명의만 수탁 받았을 뿐 그 부동산을 처분할 권한이 없는 줄을 잘 알면서 명의수탁자에게 실질소유자 몰래 신탁재산을 불법처분하도록 적극적으로 요청하거나 유도하는 등의 행위를 의미하는 것이다(대법원 1992.3.31. 선고 92다1148 판결, 대법원 1992.6.9. 선고 91다29842 판결 등 참조)(대판 2008.3.27. 2007다82875).

42) 이은영 물권법 271.
43) 곽윤직 물권법 140.

2. 저당권에 의하여 담보되는 채권의 범위

(1) 보통저당권

가. 개설

보통저당권은 저당권설정 당시에 저당권설정계약서상의 채권자와 채무자 사이에 현재 발생되어 있거나 또는 장래 발생하게 될 특정채권을 담보한다. 그리고 여기에서 담보되는 특정채권의 구체적인 내용은, 원본과 부수채권으로 나누어 볼 수 있고, 다시 부수채권은 이자 · 위약금 · 채무불이행으로 인한 손해배상 및 저당권의 실행비용으로 나누어 볼 수 있다.

나. 원본

원본이란 피담보채권의 원금을 말한다. 원금의 금액은 반드시 등기하여야 하나(부등 75①본), 변제기는 등기원인(저당권설정계약)에 그 약정이 있는 경우에만 등기한다(부등 75①단). 원금은 그 등기가 없으면 담보의 효력 자체가 생기지 않는다.

다. 부수채권

㈎ 약정이자

이자약정이 있는 때에는 그 이율과 발생기 및 지급시기를 등기하여야 한다(부등 140). 이자약정이 있더라도 그 약정과 이율을 등기하지 않으면, 이를 후순위저당권자 등의 제3자에게 대항하지 못한다. 그리고 이자의 약정에 관하여만 등기를 하고, 이율에 관한 등기를 하지 않으면 법정이율인 연 5%의 범위내에서만 제3자에게 대항할 수 있다.

상사채권의 이자에 관하여는 등기가 없더라도 상법소정의 연 6%의 범위내에서 제3자에게 대항할 수 있다는 견해와 이자의 약정에 관한 등기 없이는 대항할 수 없다는 견해 및 등기원인으로부터 피담보채권이 상사채권인 것이 명백한 경우에는 연 6%의 범위내에서 대항할 수 있다는 견해 등이 주장될 수 있으나, 상사채권이라고 해서 반드시 이자약정이 있는 것은 아니므로, 등기가 없는 한 제3자에 대항할 수 없는 것으로 보는 둘째의 견해가 타당하다고 본다.

(나) 위약금

위약금특약을 등기할 수 있는지 여부에 대하여는 부동산등기법에 아무런 규정이 없으나 그 등기를 받아들이고 있는 것이 실무이다. 따라서 위약금의 특약이 있는 경우에는 그것이 손해배상액의 예정이든 아니든 간에 반드시 등기를 하여야 한다. 만일 이를 등기하지 않으면 담보의 효력이 생기지 않는다.

(다) 채무불이행으로 인한 손해배상

채무불이행으로 인한 손해배상 즉 이행기일 이후의 지연배상금(연체이자)은, 그 특약이나 등기가 없더라도 법정이율의 범위내에서 당연히 담보된다. 지연배상금은 원금채무의 불이행으로 법률상 당연히 발생되는 것이기 때문이다. 다만 법정이율(민사채권 연 5%, 상사채권 연 6%)을 넘는 지연배상금율에 관한 약정이 있으면, 이를 등기하여야 제3자에게 대항할 수 있음은 약정이자의 경우와 같다. 그리고 약정이자에 관한 등기가 있으면, 별도로 지연배상금율에 관한 등기를 하지 않아도 그 약정이자율이 지연배상금율이 된다.

지연배상금(연체이자)은 원금의 이행기일을 경과한 후의 1년분에 한하여서만 담보한다(민 360). 이는 이행기일을 경과하여 저당권의 실행이 가능함에도 불구하고, 저당권자의 태만으로 시일이 경과하여 지연배상금이 늘어가는 경우에, 이를 무제한으로 인정한다면 후순위저당권자를 비롯한 다른 채권자의 이익을 해할 우려가 있기 때문에 이를 방지하기 위한 것이다.

이행기일을 경과한 후의 1년분을 초과한 지연배상금이라도, 저당권설정자가 채무자인 경우는 담보의 효력을 주장할 수 있는 것으로 보아야 한다. 민법 제350조의 취지는 목적부동산에 대하여 이해관계를 가지는 제3자가 있는 경우에, 그 제3자를 보호하기 위하여 그 제3자에 대한 관계에서 우선변제권의 범위를 제한하는 것에 지나지 않는 것이기 때문이다.

위의 경우 이해관계 있는 제3자의 범위를 어떻게 볼 것인가는 문제이다. 후순위저당권자와 배당에 참가한 일반채권자가 이에 속함에는 의문이 없다. 그러나 저당목적물의 제3취득자와 물상보증인이 이에 포함되는가에 관하여는 논의가 있다. 우선 제3취득자에 관하여는 이를 긍정하는 견해가 있고 판례도 동취지인 반면, 물상보증인에 관하여는 부정하는 견해가 있으나, 저당목적물의 제3취득자와 물상보증인을 구분하여야 할 이유가 없으므로 양자 모두 포함되는 것으로 보아야 할 것으로 생각한다.

판례1-10

이행기일 경과후 1년분 초과 지연배상금 담보제한의 적용범위

저당권의 피담보채무의 범위에 관하여 민법 제360조가 지연배상에 대하여는 원본의 이행기일을 경과한 후의 1년분에 한하여 저당권을 행사할 수 있다고 규정하고 있는 것은 저당권자의 제3자에 대한 관계에서의 제한이며 채무자나 저당권설정자가 저당권자에 대하여 대항할 수 있는 것이 아니고, 민법 제360조가 양도담보의 경우에 준용된다고 하여도 마찬가지로 해석하여야 할 것인 만큼, 양도담보의 채무자가 양도담보권자에 대하여 민법 제360조에 따른피담보채권의 제한을 주장할 수는 없는 것이다(대판 1992.5.12. 90다8855).

(라) 저당권의 실행비용

저당권의 실행비용은 그 성질상 등기를 요하지 않는다. 따라서 등기 없이도 당연히 담보된다. 저당권의 실행비용이란 경매준비비용과 경매비용을 말한다. 그러나 저당권자 자신의 신청으로 진행되는 경매절차에서의 경매준비비용과 경매비용은, 그 경매절차의 집행비용으로서 매각대금으로부터 최우선변제되는 것이므로, 여기에서 말하는 피담보채권으로서의 저당권실행비용에는 해당되지 않는다. 따라서 여기에서의 저당권실행비용이라 함은 그 경매절차에서의 집행비용으로 인정되지 않는 비용 예컨대 다른 채권자의 신청으로 경매절차가 진행중인 경우에, 다시 경매신청하여 2중으로 경매개시결정이 난 경우의 경매준비비용과 경매비용 또는 배당요구준비비용과 배당요구비용을 말하는 것으로 보아야 한다.

(2) 근저당권의 경우

가. 개설

근저당권은 담보되는 채권이 근저당권설정계약시에는 특정되지 않고 불특정인 상태로 있다가 나중에 일정한 기준에 따라 특정되어(이를 피담보채권의 확정이라 한다), 그 특정된 금액을 기본채권으로 하여 동 채권과 이에 부수된 채권을 일정한 한도액 범위에서 담보한다는 데에 그 특징이 있다. 따라서 근저당권에 있어서는 그 근저당권에 의하여 담보되는 구체적인 피담보채권액을 무엇을 기준으로 산출할 것인지가 중요한 바, 그 기준을 요약하여 제시하면 피담보채권의 확정 전에 근저당권설정계약으로 정한 거래관계에서 발생한 채권을 채권최고액을 한도로 하여 담보한다는 것으로 정리해 볼 수 있다.

그리고 근저당권은 근저당권설정 당시에 존재하는 채권뿐만 아니라 근저당권설정 이후에 새로이 발생하는 채권도 담보하는 것이기는 하지만, 이미 설정되어 있는 근저당권의 피담보채권이 확정되어 있는 상태인 때에는 확정 이후에 발생하는 새로운 여신채권을 담보할 수 없고 또 피담보채권이 확정되어 있지 않은 상태라도 새로이 발생하는 여신채권이 이미 설정한 근저당권설정계약에서 정하고 있는 여신거래계약에 의하여 발생한 것이 아니면 역시 담보할 수가 없다. 따라서 이미 설정되어 있는 근저당권을 담보로 새로운 여신을 제공하려고 하는 경우에는 이미 설정되어 있는 근저당권의 피담보채권이 확정되어 있는 상태인지 여부와 이미 설정되어 있는 근저당권이 새로운 여신채권도 담보하는 것인지 등을 검토하여 근저당권설정등기유용이나 근저당권설정변경계약을 하는 등의 조치를 취한 후 여신취급을 하여야 한다.

이하에서는 근저당권에 의하여 담보되는 채권의 범위를 정하는 3가지 기준이라 할 수 있는 근저당권설정계약과 피담보채권의 확정 및 채권최고액에 관하여 설명하고 아울러 이미 설정한 근저당권을 활용하여 새로운 여신을 취급함에 있어서 실무상 유의하여야 할 사항에 대하여 설명하기로 한다.

나. 근저당권설정계약

근저당권에 의하여 담보되는 채권의 범위는 설정당사자가 근저당권설정계약으로 정한다. 예를 들면 은행권에서 사용하고 있는 근담보용 근저당권설정계약서 제1조 1. 피담보채무의 범위에서 특정근담보를 선택하여 적어 넣고 그 아래 피담보채무를 발생시키는 근저당권자와 채무자 사이의 거래계약으로 2024년 1월 24일 여신거래약정서라고 적어 넣으면 그 근저당권은 2024년 1월 24일 여신거래약정서에 의하여 채무자가 근저당권자에게 부담하는 채무만을 담보하고, 같은 근저당권자와 채무자 사이에 2025년 1월 24일 여신거래약정서에 의한 거래약정이 체결되어도 그 여신거래약정서에 의하여 채무자가 근저당권자에게 부담하는 채무는 담보하지 않게 된다.

다음에 근담보용 근저당권설정계약서 제1조 1. 피담보채무의 범위에서 한정근담보를 선택하여 적어 넣고 그 아래 피담보채무를 발생시키는 근저당권자와 채무자 사이의 거래로 당좌대출거래라고 적어 넣으면 그 근저당권은 근저당권자와 채무자 사이에 근저당권설정 당시는 물론이고 근저당권설정 이후까지를 묻지 않고 근저당권자와 채무자 사이에 체결되는 모든 당좌대출거래로부터 발생하는 채무를 담보하게 된다. 그리고 근담보용 근저당권설정계약서 제1조 1. 피담보채무의 범위에서 포괄근담보를 선택하여 적어 넣으면 그 아래 열거되어 있는 근저당권자와 채무자 사이의 거래로부터 발생하는 모든 채무를 담보하게 된다.

한정근담보와 포괄근담보가 특정근담보와 다른 점은 특정근담보의 경우는 담보되는 채무가 그 근저당권설정 당시에 근저당권자와 채무자 사이에 이미 체결되어 있는 특정된 거래약정(예컨대 2024년 1월 24일 여신거래약정서)에 의하여 채무자가 근저당권자에 대하여 부담하는 채무만을 담보하는 것인 반면, 한정근담보와 포괄근담보는 근저당권설정 당시에는 체결되어 있지 않고 근저당권설정 후에 근저당권자와 채무자 사이에 체결된 근저당권자와 채무자 사이의 거래약정에 의하여 채무자가 근저당권자에 대하여 부담하는 채무까지도 담보하는 것이라는 점이다.

이에 따라 금융거래에 있어서는 한 번의 근저당권설정으로 근저당권설정 후에 근저당권자와 채무자 사이의 여신거래에서 발생하는 채무까지도 담보할 수 있어 편리한 한정근담보형 내지 포괄근담보형 근저당권이 주로 이용되어 왔고, 대법원 판례도 근저당권자가 근저당권설정 후에 취득한 제3자와의 여신거래로 취득한 채무자에 대한 어음채권[44], 근저당권자와 제3자 사이의 여신거래에 대한 채무자의 보증채무[45]를 피담보채권으로 한 포괄근담보형 근저당권에 대하여도 그 유효성을 인정하였고, 다만 근저당설정자와 채무자 및 채권자와의 상호관계 등 제반 사정에 비추어 당사자의 의사가 계약서 문언과는 달리 일정한 범위 내의 채무만을 피담보채무로 약정한 취지라고 해석하는 것이 합리적이라고 인정되는 경우에는 당사자의 의사에 따라 그 담보책임의 범위를 제한할 수 있다고 한 바 있다.[46]

그러나 포괄근담보형 근저당권이 유효하다 하더라도 금융거래에서 관용되어온 포괄근저당권설정이 과잉담보취득이라는 비판이 꾸준히 제기되어 오자, 금융감독당국에서는 은행법과 은행법시행령 및 은행업감독규정으로 포괄근저당권의 설정을 매우 제한적인 경우로 제한하는 규제를 하여 왔고, 나아가 2020년 3월 24일

44) 대판 1999.7.23. 97다45952 참조.
45) 대판 2001.1.19. 2000다44911 참조.
46) 대판 2000.3.28. 99다32332 참조.

제정하여 2021년 3월 25일 시행에 들어간 금융소비자 보호를 위한 법률에 근거한 금융소비자 보호에 관한 감독규정에서는 ① 계약서에 그 담보의 대상이 되는 채무를 특정하지 않는 행위나 ② 계약서상의 담보가 장래 다른 채무에도 적용된다는 내용으로 계약을 하는 행위를 하는 것을 "불공정영업행위"로서 금지하기에 이르렀다(금소보 20①, 금소보령 15④iii라, 금소보감 14⑥viii).

이에 따라 현재 금융거래에서 사용하는 근담보용 근저당권설정계약서에 특정근담보를 선택하여 적어 넣는 것은 허용되지만, 포괄근담보를 선택하여 적어 넣는 것은 금융소비자보호에 관한 감독규정 제14조 제6항 제8호에서 규정하는 "불공정영업행위"에 해당되어 금지된다. 문제는 한정근담보를 선택하여 적어 넣는 것이 허용되는지 여부이나 금융위원회에서는 허용되는 것으로 해석한 바 있으며, 이 해석에 대하여는 여전히 의문이 남는다는 점 등에 대하여는 앞에서 설명한 바 있다.[47]

다. 피담보채권의 확정

(가) 확정의 의미

피담보채권의 확정이라 함은 근저당권에 의하여 담보되는 채권의 원본(원금)이 증감변동하는 것을 멈추고 그 합계액으로 확정되는 것을 말한다. 근저당권의 피담보채권이 확정되면 그 근저당권은 확정되어 특정된 채권만을 담보하는 통상의 저당권으로 되고, 그 특정된 채권이 소멸하면 그에 따라 소멸하게 된다.

피담보채권이 확정된다는 것은, 원금이 확정된다는 것이지 약정이자 등의 부수채권까지 확정된다는 것은 아니다. 따라서 담보되는 원금으로부터 발생되는 부수채권의 경우는 확정된 이후에 발생되는 것이라도 당연히 담보된다. 예컨대 2001년 2월 10일자로 피담보채권이 확정되었다고 하면, 그 이전에 발생된 원금과 이 원금으로부터 발생된 이자(확정된 이후에 발생된 것도 포함한다) 등의 부수채권은 담보되나, 그 이후에 발생된 원금과 그 원금으로부터 발생된 이자 등의 부수채권은 담보되지 않는 것이다.

근저당권의 피담보채권이 어떠한 사유로 확정되게 되는가에 관하여는, 일본 민법이 이에 관한 구체적인 규정을 두고 있는 것과는 달리, 우리 민법은 아무런 규

---

47) 구체적인 내용은 제1장 제3 2. (1) 나. (라) 금융소비자보호법에 의한 규제 참조.

정을 두고 있지 않으므로, 이는 해석에 의하여 해결하는 수밖에 없다. 이하 그 구체적인 사유에 관하여 살펴보기로 한다.

(나) 결산기의 도래 · 존속기간의 만료

근저당권설정계약에서 결산기에 관하여 정하고 있으면 그 피담보채권은 그 결산기가 도래함으로써 확정하게 된다.

은행의 경우는 근저당권설정계약서 제1조 제3호에서, 근저당권결산기에 관하여 지정형과 자동확정형 및 장래지정형의 3개의 유형을 두고, 근저당권설정당사자가 이를 선택하여 정하도록 하고 있다.

지정형은 구체적인 연월일을 결산기로 기재한 것으로 그 일자에 피담보채권이 확정된다. 그런데 이 경우 예컨대 결산기가 2002년 4월 25일이라고 할 때 그 구체적인 확정시점이 25일이 시작되는 시점인지 아니면 종료되는 시점인지 문제로 되나 시작시점인 오전 0시로 보는 것이 타당하다.[48] 자동확정형은 계약일로부터 3년이 경과하면 설정자는 서면통지에 의하여 결산기를 지정할 수 있고, 나아가 계약일로부터 5년이 경과하도록 설정자의 별도 의사표시가 없으면, 계약일로부터 5년이 경과하는 날이 결산기로 되어 피담보채권이 확정된다. 장래지정형은 계약일로부터 3년이 경과하면 설정자는 서면통지에 의하여 결산기를 지정할 수 있으나, 설정자가 따로 결산기를 지정하여 통지하지 아니하는 한 피담보채권이 확정되지 않는다.

근저당권설정계약에서 결산기가 아닌 존속기간을 정하고 있는 경우에 그 존속기간의 의미가 무엇인지 문제로 된다. 그런데 민법에는 근저당권의 존속기간에 관하여 아무런 규정을 두고 있지 않다. 따라서 근저당권의 존속기간이 가지는 의미는 해석으로 정하는 수밖에 없다. 생각건대 근저당권의 존속기간은 그 기간의 만료로 근저당권이 소멸하는 것을 의미하는 것이 아니라 근저당거래가 종료되는 것 즉, 근저당권의 피담보채권이 확정되는 것을 의미하는 것으로 보아야 한다.[49]다만 존속기간이 정하여진 경우에 구체적으로 피담보채권의 확정되는 시기는 존속기간의 말일이 시작되는 시점이 아니라 만료되는 시점으로 보아야 한다.

---

48) 日本 法務省 民事局 實務研修敎材 제9-2, 物權法Ⅲ(根抵當權)(第3版) 74[이인철 근저당권… 459 재인용].

49) 김재형 근저당권연구 239, 이인철 근저당권… 458.

근저당권설정계약에서 결산기나 존속기간을 정하고 있는지 여부에 관계없이 그 근저당권의 기초가 되는 기본계약에 결산기나 존속기간이 정하여져 있는 경우에는 그 기본계약상의 결산기가 도래하거나 존속기간이 만료되는 때에도 피담보채권이 확정된다. 이와 같은 경우의 예로는 제2장 제1절에서 본 근저당권의 유형 중 특정근저당권이 설정되고, 그 기초가 되는 기본계약인 년 월 일의 여신거래약정서상에 여신거래의 결산기나 존속기간이 정하여져 있는 경우를 들 수 있다. 이와 같은 특정근저당권의 경우는 년 월 일의 여신거래약정서에 의하여 채무자가 채권자에 대하여 부담하는 채무만을 담보하는 것이어서 그 여신거래약정서상의 결산기가 도래하거나 존속기간이 만료되면 근저당권설정계약상의 결산기가 도래하거나 존속기간이 만료되지 않더라도 담보할 원금이 생길 수 없게 되는 것이기 때문이다. 그러나 한정근저당권이나 포괄근저당권이 설정된 경우는 개별 여신거래약정에서 정하고 있는 여신거래의 결산기가 도래하거나 존속기간이 만료되더라도 그 근저당권의 피담보채권은 확정되지 않는다.[50]

(다) 설정계약의 해지

근저당권설정계약상 결산기나 존속기간에 관하여 정하고 있는 바가 없으면 다른 특약이 없는 한 당사자는 언제라도 설정계약을 해지할 수 있다는 것이 통설[51]이며 피담보채권은 이 설정계약의 해지가 있으면 확정된다. 대법원의 판례[52]도 「존속기간이나 결산기의 정함이 없는 때에는 근저당권설정자가 근저당권자를 상대로 언제든지 해지의 의사표시를 함으로써 피담보채무를 확정시킬 수 있다」고 한다. 그리고 특정근저당권의 경우는 근저당권설정계약상의 결산기나 존속기간과는 관계없이 그 특정근저당권의 기초가 되는 기본계약이 해지된 경우에도 피담보채권이 확정하게 된다.

---

50) 부록 은행의 담보약관 서식 2. 근저당권설정계약서에서는 존속기간을 정하지 않고 결산기를 정하고 있는데, 이는 존속기간의 의미가 다음과 같이 다의적이어서 금융거래에 혼란과 불편을 초래할 수 있기 때문이다. 즉 근저당권의 존속기간을 정하고 있는 경우 그 존속기간은 ①그 기간 중에 발생한 채무를 담보한다는 의미 ②그 기간 중에 변제기한이 도래하는 채무를 담보한다는 의미 ②그 기간 중에 발생하고 또한 변제기한이 도래하는 채무를 담보한다는 의미 중 어느 것으로 보아야 할지의 문제가 생기게 되어 혼란을 초래하고 또한 이 중 어느 것으로 해석하건 그 존속기간 이전에 근저당권자와 채무자 사이의 여신거래로 인한 채무는 담보할 수가 없어 불편한 것이다.

51) 곽윤직 물권법 492, 장경학 물권법 847, 이영준 물권법 861, 김상용 물권법 755, 이은영 물권법 814.

52) 대판 2002.2.26. 2000다48265 (공 2002, 785).

근저당권설정계약의 해지가 있을 때 그 해지의 효력은 해지통고가 근저당권자에 도달한 때로부터 상당한 유예기간이 경과한 후에 발생하는 것으로 보아야 한다.[53] 그 이유는 예컨대 S은행이 거래처 A에 대한 일정액의 시설자금용 대출금을 담보하기 위하여 물상보증인 D의 부동산상에 근저당권을 설정받았다고 할 경우에, 만일 대출금지급을 위한 건축공사는 이미 완료되었으나 아직 그 확인절차가 끝나지 않아 대출금지급이 이루어지지 않고 있는 사이에, D가 근저당권설정계약을 해지하여 피담보채권을 확정시킬 수 있다고 하면, 이후 S은행은 당사자 사이에 당연히 지급될 것으로 예정되어 있는 건축공사분에 대한 대출금을 지급할 수 없게 되는 불합리한 결과가 생기게 되기 때문이다. 다만 이 경우 유예기간을 어느 기간 정도로 볼 것인지는 획일적으로는 말할 수가 없고 구체적인 제반사정을 종합적으로 고려하여 합리적으로 정하는 수밖에 없다.

은행거래에 있어서는 결산기나 존속기간을 정하지 아니한 경우의 근저당권설정계약해지에 관하여, 근저당권설정계약서상에 근저당권설정자의 해지권행사를 제한하는 특별규정을 두는 한편 해지권행사시 그 해지의 효력이 발생하는 시기에 대하여도 특별규정을 두고 있다. 즉, 전술한 근저당권설정계약서 제1조 제3호에 의하면, 결산기의 유형으로는 지정형 이외에 자동확정형과 장래지정형 두 가지가 있는데, 양 유형 모두 근저당권설정계약일로부터 3년이 경과한 후, 설정자가 서면통지에 의하여 결산기(통지도달일로부터 14일 이후의 일자로 정하여야 하며 이에 미달하는 때에는 통지도달일로부터 14일이 되는 날이 된다)를 지정할 수 있는 것으로 되어 있다.[54] 다만 자동확정형은 설정자의 결산기 지정이 없으면, 계약일로부터 5년이 되는 날이 자동적으로 결산기로 되어 피담보채권이 확정되는 반면, 장래지정형은 설정자의 결산기 지정이 없으면, 5년이 경과하여도 결산기가 도래하지 않아 피담보채권이 확정되지 않는다는 차이가 있다. 그리고 이 근저당권설정계약서 제1조 제3호는, 근저당권설정계약의 해지라는 표현을 쓰지 않고 결산기의 지정이라는 표현을 쓰고 있으나, 이 결산기의 지정은 그 실질이 근저당권설정계약 해

53) 이은영 물권법 814.

54) 결산기를 통지도달일로부터 14일 이후의 일자로 정하도록 한 것은, 앞의 예에서 본바와 같이 이미 예정되어 있는 시설자금대출금이 갑작스런 결산기의 지정으로 지급할 수 없게 되는 등의 불합리한 결과가 발생하는 것을 방지하기 위한 것이다. 따라서 14일의 유예기간이 있다고 하여 그 유예기간 중에 채무자에 대한 어떠한 대출을 하여도 채권최고액의 범위에서 모두 담보되는 것으로 보아서는 아니되고, 부득이 대출취급을 하여야만 하는 특별한 경우에 한하는 것으로 보아야 한다.

지의 법률적 성질을 가지는 것으로 보아야 한다.

한편 결산기나 존속기간을 정하고 있는 경우와 결산기나 존속기간을 정하지 않으나 별도의 특약으로 일정기간이 경과하기 전에는 근저당권설정계약을 해지할 수 없도록 한 경우라도 근저당권의 피담보채권을 확정시키는 것이 합리적이라고 판단되는 특별한 사정이 있는 때에는 그 당사자는 결산기나 존속기간 또는 특약에 불구하고 근저당권설정계약을 해지할 수 있는 것으로 보아야 한다.[55]

그리고 이와 같은 특별한 사정은 근저당목적물의 소유자가 채무자인 경우보다는 물상보증인인 경우에 보다 너그럽게 인정되어야 할 것이고, 특히 제3취득자인 경우는 근저당목적물의 소유권을 취득하였다는 것만으로 해지권을 가지는 것으로 보아야 한다.[56]

대법원의 판례도 근저당권설정계약에 존속기간의 정함이 있다 하더라도 채권이 전부 소멸하고 당사자가 거래를 더 계속할 의사가 없는 경우에는 존속기간의 경과 전이라도 설정자는 설정계약을 해지할 수 있다고 하는 한편, 근저당채무가 소멸하였음을 이유로 근저당권설정등기의 말소등기절차를 구하는 행위에는 근저당권설정계약의 해지의 의사표시가 포함된 것으로 볼 것이라고 판시하고 있다.

판례1-12

근저당권설정계약의 해지

(1) 근저당부동산을 매수하고 소유권이전등기를 경료한 제3자가 근저당권자에게 피담보채무의 일부를 대위변제하면서 피담보채무의 소멸을 이유로 근저당권의 말소를 요구한 경우, 그 의사표시에는 근저당부동산의 소유권을 취득한 제3자로서 근저당권설정계약을 해지하고 피담보채무를 확정시키고자 하는 의사표시가 포함되어 있다고 볼 수 있으므로 근저당권의 피담보채무는 그 설정계약에서 정한 바에 따라 확정된다(대판 2001.11.9. 2001다47528).

(2) 근저당권이라 함은 그 담보할 채권의 최고액만을 정하고 채무의 확정을 장래에 유보하여 설정하는 저당권을 말하고, 이 경우 그 피담보채무가 확정될 때까지의 채무의 소멸 또는 이전은 근저당권에 영향을 미치지 아니하므로, 근저당권설정자는 피담보채무가 확정된 이후에 그 확정된 피담보채무를 채권최고액의 범위 내에서 변제하고 근저당권의 소멸을 청구할 수 있다고 할 것이고, 피담보채무의 확정은 근저당권 설정계약에서 근저당권의 존속기간을 정하거나 근저당권으로 담보되는 기본적인 거래계약에서 결산기를 정한 경우에는 원칙적으로 존속기간이나 결산기가 도래한 때에 피담보채무가 확정된다고 할 것이지만, 이 경우에도 근저당권에 의하여 담보되는 채권이 전부 소멸

55) 김재형 근저당권연구 243, 권성 근저당권… 85, 이인철 근저당권… 459.
56) 김재형 근저당권연구 243.

> 하고 채무자가 채권자로부터 새로이 금원을 차용하는 등 거래를 계속할 의사가 없는 경우에는, 그 존속기간 또는 결산기가 경과하기 전이라 하더라도, 근저당권설정자는 계약을 해제하고 근저당권 설정등기의 말소를 구할 수 있다고 할 것이고, 존속기간이나 결산기의 정함이 없는 때에는 근저당권설정자가 근저당권자를 상대로 언제든지 해지의 의사표시를 함으로써 피담보채무를 확정시킬 수 있다(대판 2002.2.26.~2000다48265).

(라) 담보할 채무가 모두 변제된 경우

근저당권에 의하여 담보되는 채무가 모두 변제된 경우, 해당 근저당권의 피담보채권이 확정되는지 여부는 모두 변제된 당시에 근저당권설정 당사자가 근저당 설정을 계속 유지할 의사가 있었는지 여부에 대한 해석상의 문제라고 할 수 있다. 즉 모두 변제된 당시에 근저당권자와 근저당권설정자가 근저당 설정을 계속 유지할 의사를 가지고 있었다면 근저당권으로서의 효력이 그대로 유지되어 추가여신채권을 담보하는 것으로 보아야 하고, 근저당권설정자나 근저당권자가 근저당 설정을 계속 유지할 의사가 없었다면 근저당권으로서의 효력이 상실되어 추가여신채권을 담보하지 않는 것으로 보아야 한다.

근저당 설정을 계속 유지할 의사가 있었던 것으로 볼 수 있는 경우로는 근저당권자가 근저당권설정자로부터 근저당권으로서의 효력이 그대로 유지되고 있다는 확인서를 작성하여 받아둔 경우(확인서에는 확정일자를 받아두면 더욱 확실할 것임)와 근저당권자가 내부적인 실무처리 기준으로 채무가 모두 변제된 후 일정기간까지는 근저당권설정자의 요청이 없는 한 근저당 설정이 계속 유지되는 것으로 정하여 그에 따라 실무처리하고 있는 경우 등을 들 수 있다. 반면에 근저당 설정을 계속 유지할 의사가 없었던 것으로 볼 수 있는 경우로는 근저당권설정자가 근저당권의 말소등기를 청구하였으나 말소등기에 필요한 비용을 내지 않는 등의 사유로 말소신청을 하지 않고 있었던 경우와 근저당권자가 근저당권설정계약서에 완제 등의 표시를 하여 언제라도 말소등기에 응할 준비를 갖추어 두고 있었던 경우를 들 수 있다.

문제는 담보할 채무가 모두 변제된 상태에서 근저당권설정 당사자 사이에 특별한 행위 없이 일정기간이 경과한 경우 해당 근저당권의 피담보채권이 확정된 것으로 보아야 하는지 여부이나 이에 관하여는 견해가 갈릴 수 있다. 이에 금융소비자보호법에 근거한 금융소비자 보호에 관한 감독규정에서는 「근저당이 설정된 금전제공계약의 금융소비자가 채무를 모두 변제한 경우에 해당 담보를 제공한 자에 근저당 설정을 유지할 것인지를 확인하지 않는 행위」를 불공정영업행위로 규정하여 금지하고 있다(금소보감 14⑥x).[57]

그런데 여기에서 다시 문제가 되는 것은 근저당이 설정된 여신거래의 채무가 모두 변제되었음에도 근저당권자가 금융소비자 보호에 관한 감독규정에 따라 근저당권설정자에게 근저당 설정을 유지할 것인지의 여부에 대한 확인을 받지 아니하고 그대로 둔 경우에 근저당권의 피담보채권이 확정된 것으로 보아야 하는지 여부이다.

그러나 담보할 채무가 모두 변제된 경우 근저당 설정의 효력을 그대로 유지할 것인지 여부를 확인하라는 금융소비자 보호에 관한 감독규정은 근저당권설정자에 대한 감독차원에서의 의무 부과일 뿐, 그와 같은 확인을 즉시 하지 않았다고 하여 해당 근저당권의 피담보채권이 바로 확정된 것으로 보아야 한다는 것은 아니다. 다만 이 경우 근저당권자가 금융감독차원에서의 제재를 받을 수는 있으나 이는 근저당권의 효력과는 별개인 것으로 보아야 한다. 따라서 담보할 채무가 모두 변제된 상태라도 이후 근저당권의 피담보채권이 확정되었다고 볼 수 있는 다른 특별한 사유가 없는 한, 금융소비자 보호에 관한 감독규정과 관계 없이 그대로 근저당 설정의 효력이 계속 유지된다고 보는 것이 타당하다.

(마) 근저당권목적물에 제3취득자가 생긴 경우

근저당권을 설정한 후 근저당목적물에 제3취득자가 생긴 경우, 예컨대 S은행이 A소유의 부동산에 채권최고액을 120백만 원으로 하는 근저당권을 설정 받고 A에게 100백만 원을 대출하였다가, 대출 잔액이 50백만 원인 상태에서 A가 근저당부동산을 B에게 매각하여 그 소유권이전등기를 한 경우에는 다음과 같은 후속조치를 취하는 것이 보통이다. 즉 A와 B는 S은행에 대한 A의 채무를 B가 인수하는 계약을 체결하고 S은행에 그 채무인수에 대한 승낙을 요청하고, 그러면 S은행은 채무인수의 승낙과 함께 근저당권의 채무자를 A에서 B로 변경하는 근저당

57) 금융소비자보호법이 제정되기 전에도 금융감독원에서는 근저당권에 의하여 담보되는 채권이 0이 된 경우의 피담보채권의 확정여부를 명확히 하고자 하려는 취지에서 2012년 8월 8일 은행업감독규정을 개정하여, 은행은 근저당이 설정된 여신거래의 채무변제가 완료되었을 경우 담보제공자에게 근저당 설정을 유지할 것인지 여부를 확인하여야 할 것으로 한 바 있으나(은감규 88의3), 이 내용은 금융소비자보호법이 제정되어 시행됨으로써 금융소비자 보호에 관한 감독규정에 흡수되고, 은행업감독규정에서는 삭제된 바 있다.

권변경계약(계약인수용)을 체결하고 해당 근저당권의 채무자를 A에서 B로 변경하는 근저당권변경등기를 하고서 이후 B와 근저당거래를 하는 것이 보통 이다.

그런데 실무에서는 위의 예에서 B가 A에게 지급할 잔금에서 50백만 원만 공제하고 소유권이전등기를 받은 후 조만간에 S은행에 대한 50백만 원의 채무를 변제하고서 근저당권을 말소시키고자 근저당권의 채무자를 A에서 B로 변경하는 근저당권변경등기를 하지 아니하고 그대로 두는 경우가 있는데(이는 채무자변경등기에 따른 시간과 비용을 절약하기 위한 것으로 볼 수 있다), 이후 S은행이 A의 요청에 따라 A에게 50백만 원의 추가대출을 하면 그 50백만 원의 추가대출채권을 근저당권에 의하여 담보할 수 있는지 문제로 된다.

위의 문제에 대한 답은 B의 소유권취득으로 S은행이 A로부터 설정 받은 근저당권의 피담보채권이 확정된다고 보면 부정하게 되고, 확정되지 않는다고 보면 긍정하게 된다. 생각건대 근저당권이란 그 담보할 채권의 최고액만을 정하고 채무의 확정을 장래에 유보하여 설정하는 저당권이라는 점에서 B가 A로부터 근저당부동산의 소유권을 이전받은 이후에 특별히 근저당권설정계약을 해지한다는 의사표시를 S은행에 대하여 하지 않은 이상, 근저당부동산의 소유권이 A로부터 B에게로 이전되었다는 것만으로 S은행이 A로부터 설정 받은 근저당권의 피담보채권이 확정되는 것은 아니라고 보아야 한다.

대법원도 위의 사례에서 B가 근저당부동산의 소유권을 이전받고서 S은행에 대하여 근저당권설정계약 해지의 의사표를 하지 않은 이상 근저당권의 효력이 계속 유지된다는 것을 전제로 「제3취득자가 명시적인 해지의 의사표시를 하지는 아니하였지만 근저당권자에게 저당목적 부동산을 취득하였음을 내세우면서 앞으로 대위변제를 통하여 채권최고액 범위 내에서 피담보채무를 소멸시키고 근저당권의 소멸을 요구할 것이라는 전제에서 채무자의 피담보채무에 대하여 채무를 일부 변제하기 시작하는 등 제3취득자가 기존 근저당권설정계약의 존속을 통한 피담보채무의 증감변동을 더 이상 용인하지 아니하겠다는 의사를 파악할 수 있는 어떤 외부적, 객관적 행위를 하고, 채권자도 그러한 사정 때문에 그 계약이 종료됨으로써 피담보채무가 확정된다고 하는 점을 객관적으로 인식할 수 있었던 경우라면, 제3취득자는 근저당권설정계약을 해지하는 묵시적인 의사표시를 한 것으로 볼 수 있으므로, 근저당권의 피담보채무는 그 설정계약에서 정한 바에 따라 확정된다」고 판시한 바 있다.[58]

그런데 은행의 여신거래 실무에 있어서는 소비자대출의 경우 위의 사례와 같은 경우에 A로부터 추가대출신청을 받은 S은행으로서는 근저당부동산에 관한 등기사항증명서를 발급받아 근저당부동산의 소유권이 B에게 이전된 사실이 확인되면 A에 대한 추가대출을 하지 않는 것이 보통인데, 이와 같은 실무처리는 근저당부동산의 소유권이 A로부터 B에게로 이전되면 해당 근저당권의 피담보채권이 확정되어 추가대출채권을 담보할 수 없기 때문이 아닌가 하는 의문이 들 수 있다. 그러나 이와 같은 실무처리는 A로부터 B에게로 소유권이전에 따라 피담보채권이 확정되기 때문이 아니라, 일반의 대출채무자인 소비자가 법률관계를 잘못 인식하여 뜻하지 않는 피해를 보지 않도록 배려하기 위한 은행의 소비자에 대한 서비스일 뿐인 것으로 보아야 한다.

한편 위의 사례에 있어서 추가적인 논의를 요하는 것은 첫째, 근저당부동산을 매각하려고 하는 A로서는 S은행으로부터 일정 시점에서의 대출잔액증명서를 발급받아 이를 B에게 교부하는 수가 있는데, 이와 같은 대출잔액증명서의 발급신청이나 발급에 근저당권설정계약을 해지하는 의사표시가 포함되어 있는 것으로 보아 근저당권의 피담보채권이 확정되는 것으로 볼 수 있는가 하는 점과 둘째, 매수인 B가 소유권이전등기를 하기 전 매매계약 과정에서 근저당권해지의 의사표시를 할 수 있는가 하는 점이다. 우선 첫째의 문제에 관하여는 대출잔액증명서란 특정 시점에서의 대출잔액이 얼마인가를 확인해 주는 기능만이 있을 뿐이라는 점에서 부정하는 것이 타당하다. 그리고 둘째의 문제에 관하여는 아직 소유권이전등기를 받지 않은 B는 제3취득자가 아니므로 근저당권설정계약해지의 의사표시를 할 수 없는 것으로 보아야 한다. 다만 B가 소유권이전등기를 받는 것을 조건으로 하여 근저당권설정계약해지의 의사표시를 할 수 있는지 여부에 관하여는 논란이 있을 수 있으나 S은행의 입장으로서는 긍정하는 입장에서 실무처리하는 것이 안전하다고 할 것이다.

58) 대판 2002.5.24. 2002다7176 참조.

(바) 근저당목적물에 대한 경매신청 · 체납처분압류

(ㄱ) 근저당권자의 경매신청

(a) 피담보채권의 확정여부

근저당권자가 채무자의 채무불이행을 이유로 경매신청을 한 경우에 그 근저당권의 피담보채권이 확정되는지 여부에 관하여는 긍정설[59]과 부정설[60]이 대립되어 있다.

긍정설은 그 이유로서 근저당권자가 스스로 경매신청을 한 것은 채무자와 더 이상의 거래관계를 유지하지 아니하겠다는 의사를 표시한 것으로 볼 수 있는 것이기 때문이라고 한다.[61] 그리고 이와 같은 경매신청은 당해 근저당권에 기한 경매신청뿐만 아니라 근저당권자가 당해 부동산 위에 가지고 있는 다른 담보권(저당권이나 가등기담보권 등)에 기한 경매 및 근저당권자가 당해 부동산의 소유자에 대하여 가지는 채권에 기한 강제경매를 포함하는 것으로 보아야 한다고 한다.[62]

이에 대하여 부정설은 근저당권자의 경매신청이 있다고 하여 바로 그 근저당권의 피담보채권이 확정되는 것이 아니라 경락기일(현행 민사집행법상으로는 매각결정기일)에 비로소 확정된다고 한다. 그 이유는 ①근저당권자가 스스로 경매신청 하였다고 하여 이를 채무자와 더 이상의 거래관계를 유지하지 아니하겠다는 의사표시로 볼 근거가 없고 ②근저당권자는 경락기일까지 채권계산서를 통하여 청구채권의 범위를 확장할 수 있고,[63] 그 이후에는 청구채권의 확장이 허용되지 않으므로 사실상 우선변제권이 인정되는 피담보채권의 범위는 경락기일에 이르러 확정되고,[64] 또 법원은 경락기일에 최고가매수인에게 경락허가결정을 선고함으로써 경락인(현행 민사집행법상으로는 매수인)은 정지조건부로 저당부동산의 소유권을 취득하므로[65] 근저당권은 그 이후에 생긴 다른 채무(원금)를 담보할 수 없게 된다는 점으로 미루어 볼 때, 근저당부동산에 대한 저당권의 실행이나 다른 채권자의 경매신청(임의, 강제 불문)으로 피담보채권은 경락기일에 이르러 비로소 확정된다고 새기는 것이 타당하기 때문이라고 한다.[66]

그러나 부정설은 ①스스로 경매신청을 하여 경매절차를 진행시키면서도 근저당

---

59) 곽윤직 물권법 493, 장경학 물권법 848, 민법주해(VII) 23(박해성), 김재형 근저당권연구 246, 권용우 물권법 580, 이인철 근저당권 460.

60) 하경일 신물권법 943.

61) 민법주해(VII) 23(박해성).

62) 민법주해(VII) 23(박해성), 김재형 근저당권연구 246, 이인철 근저당권 460.

거래를 계속할 수 있다는 것이 되어 통상의 거래관념에 부합되지 않고 ②다음 항에서 설명하는 바와 같이 경매신청에는 근저당권설정계약 해지의 의사표시가 포함되어 있다고 보아야 한다는 점에서 찬성할 수가 없다. 따라서 긍정설이 타당하다고 생각한다. 대법원도 「근저당권자가 그 피담보채무의 불이행을 이유로 경매신청한 때에는 그 경매신청시에 근저당권은 확정되는 것이며 근저당권이 확정되면 그 이후에 발생하는 원금채권은 그 근저당권에 의하여 담보되지 않는다」고 판시함으로써 긍정설을 채택하고 있다.[67]

63) 채권자가 총 채권액 중의 일부만을 청구금액으로 하여 특정부동산에 대한 경매신청을 하였다가 채권계산서에 이를 확장 기재하여 나머지 채권액까지 청구할 수 있는가에 관하여 대법원판례는 한 때 강제경매에 있어서는 허용하지 않은(대결 1983.10.15. 83마393) 반면, 임의경매에 있어서는 허용하고(대판 1974.11.2. 74다1445) 있었다. 그러나 현재의 대법원판례는 강제경매는 물론이고 임의경매에 있어서도 허용하지 않고(대판 1995.2.28. 94다8952) 있을 뿐만 아니라 배당요구의 방법으로 청구채권액을 확장하는 것까지 허용하지 아니하고 있다(대판 1997.2.28. 95다22788).

64) 부동산경매절차상 배당요구의 종기가 과거 민사소송법상으로는 경락기일까지로 되어 있었으나 현행 민사집행법상은 첫 매각기일 이전으로 법원이 정하도록 되어 있다(민집 84①).

65) 경매 부동산의 소유권이 경락인에게 이전되는 시기에 관하여는 경매법을 폐지하고 민사소송법(현재는 민사집행법)에 이를 흡수하기 전과 후에 있어서 차이가 있다. 즉 흡수 전에 있어서는 임의경매의 경우는 구 경매법 제3조 제1항에 「경락인은 경락대금을 완납한 때에 경매의 목적인 권리를 취득한다」는 명문의 규정이 있어 경락대금납부기일(대금납부기일 이후에 대금을 납부한 때에는 실제로 대금을 납부한 날)을 소유권이전시기로 본 반면, 강제경매에 있어서는 민사소송법에 이와 같은 규정이 없어 견해가 나뉘어 있었으나 통설은 경락대금납부를 정지조건으로 하여 경락허가결정이 확정된 때 소유권이 경락인에 이전하는 것으로 보고 있었다. 그러나 흡수 후에 있어서는 위 경매법상의 규정을 민사소송법에 제646조의 2(현재는 민사집행법 제135조)에 흡수하여 신설함으로써 현재에 있어서는 임의경매건 강제경매건 모두 경락대금납부기일(대금납부기한 이전이나 이후에 대금을 납부한 때에는 실제로 대금을 납부한 날)을 소유권이전시기로 보고 있다.

66) 새로운 대법원판례 및 현행 민사집행법의 규정하에서 근저당권자의 경매신청으로 그 피담보채권이 확정되지 않는다는 부정설에 따라 근저당권자의 경매신청시 그 피담보채권이 확정되는 시점을 판단하여 보면 매수인이 매각대금을 납부하고 소유권을 취득한 때라는 것이 된다. 매수인이 소유권을 취득하면 경매부동산상의 근저당권은 소멸하게 되어 그 이후 발생한 채권을 담보할 수 없게 되기 때문이다.

67) 대판 1988.10.11. 87다카545 참조.

판례1-13

근저당권자의 경매신청과 피담보채권의 확정

(1) 근저당권자가 그 피담보채무의 불이행을 이유로 경매신청한 때에는 그 경매신청시에 근저당권은 확정되는 것이며 근저당권이 확정되면 그 이후에 발생하는 원금채권은 그 근저당권에 의하여 담보되지 않는다(대판 1988.10.11. 87다카545).

(2) 근저당권자가 피담보채무의 불이행을 이유로 경매신청을 한 경우에는 경매신청시에 근저당권의 피담보채권액이 확정되고, 그 이후부터 근저당권은 부종성을 가지게 되어 보통의 저당권과 같은 취급을 받게 된다(대판 1998.10.27. 97다26104).

(3) 근저당권은 계속되는 거래관계로부터 발생하고 소멸하는 불특정 다수의 장래 채권을 결산기에 계산하여 잔존하는 채무를 일정한 한도액의 범위 내에서 담보하는 저당권이어서 그 거래가 종료하기까지 채권은 계속적으로 증감 변동하나, 근저당권자가 피담보채무의 불이행을 이유로 스스로 담보권의 실행을 위한 경매를 신청한 때에는 그때까지 발생되어 있는 채권으로 피담보채권액이 확정된다(대판 2023.6.29. 2022다300248).

(b) 근저당권의 피담보채권이 확정되는 시기

근저당권자의 경매신청으로 그 근저당권의 피담보채권이 확정되게 된다고 하더라도, 그 확정의 시기를 언제로 볼 것인지 다시 문제로 된다. 이에 대하여는 경매신청시설과 경매개시결정시설의 2가지 견해가 있을 수 있다. 경매신청시설은 근저당권자의 경매신청이 있으면 그 피담보채권이 경매신청시에 즉시 확정되어 그 효력이 발생한다고 하는 반면, 경매개시결정시설은 근저당권자의 경매신청이 있다고 하여 바로 피담보채권 확정되는 것이 아니라 경매개시결정시에 비로소 확정되나 그 효력이 경매신청시로 소급하여 발생한다고 한다.

대법원판례가 어느 견해를 채택하고 있는지는 명확하지 않다. 대법원판례상 「경매신청시에 근저당권의 피담보채권액이 확정된다」고 하는 내용의 의미를 확정의 시기에 대한 것으로 보면 경매신청시설의 견해를 채택한 것으로 볼 수 있는 반면, 확정의 효력이 발생하는 시기에 대한 것으로 보면 경매개시결정시설을 채택한 것으로 볼 수 있기 때문이다. 따라서 이는 합리적인 해석으로 판단하는 수밖에 없다.

그런데 경매신청시설에 의하면 경매신청을 하였으나 부적법한 신청으로 경매신청이 각하되거나 경매개시결정이 있기 전에 경매신청을 취하함으로써 경매개시결정이 없었던 경우에도 피담보채권 확정의 효력을 인정할 것인가 하는 점이 다시 문제로 된다. 이에 관하여 이 견해는 경매신청이 각하되거나 경매개시결정 전에 신청을 취하하면 일단 확정되었던 피담보채권을 확정되지 아니한 것으로 그 부활을 인정하되, 다만 경매신청에 의하여 경매개시결정이 발하여져 경매절차가 개시된 뒤에는 종국적 환가에 이르기 전에 경매신청이 취하되거나 경매개시결정이 취소되더라도 확정의 효력에는 영향이 없는 것으로 보아야 한다고 한다.

그러나 경매신청시설은 확실한 근거가 없이 일단 확정된 근저당권의 부활을 인정하고 있다는 점에서 찬성할 수가 없다. 따라서 근저당권자의 경매신청으로 그 피담보채권이 확정되는 시기는 경매개시결정시로 보되 그 확정의 효력이 경매신청시로 소급한다고 보는 것이 타당하다. 그리고 이와 같이 해석하면 확정된 근저당권의 효력이 부활하게 되는 경우가 발생하지 않을 뿐만 아니라 근저당권자의 경매신청과 법원의 경매개시결정으로 근저당권의 피담보채권이 확정되는 것으로 보게 되어 이해관계인 사이에 공평을 기할 수 있게 된다.

(c) 공동근저당부동산상 근저당권의 피담보채권 확정

공동근저당권의 대상이 되는 담보물 중 어느 하나의 담보물에 대하여 경매신청을 하여 경매개시결정이 있는 경우, 다른 담보물에 대한 근저당권에 관하여도 피담보채권이 확정되게 되는가.

이에 관하여는 담보목적물이 여러 개 존재하는 경우에는, 일부의 부동산을 실행하여 변제기가 도래한 채권의 만족의 얻고, 다른 목적물에 관하여는 근저당거래를 계속하는 것이 실제의 요청에 부응하고 또 이론적으로 보아서도 근저당권의 실행은 전 채권의 확정을 요한다고 보아야 할 근거가 없고, 거래계속 중에 근저당권의 실행을 인정하여도 불합당한 점이 없으므로, 이를 긍정하여야 한다고 하여 피담보채권의 확정을 부정하는 견해가 있다.[68]

그러나 이 견해에 따라 공동저당목적물 중 어느 한 목적물에 대한 경매개시결정이, 다른 공동저당목적물에 대한 근저당권의 피담보채권을 확정시키지 않는 것으로 하면, 공동저당목적물에 관하여 후순위저당권을 가지는 자가 민법 제368조 제2항에 의하여 가지는 권리(이른바 후순위저당권자의 대위권)를 침해받게 된다. 예컨대 A가 채무자 K소유의 X·Y(시가 각각 1억원) 두 부동산을 대상으로, 채권최고액을 1억원으로 하는 제1순위 공동근저당권을 설정한 후에, B가 X부동산에 채권최

68) 주석물권법(하) 419.

고액을 1억원으로 하는 제2순위 단독근저당권을 설정한 사안에서, A가 X부동산에 대하여 경매신청을 하여 그 매각대금으로부터 1억원을 배당받고서도, Y부동산을 담보로 1억원을 한도로 계속 근저당거래를 하여 다시 1억원까지 담보할 수 있다고 하면, X부동산에 대한 제2순위 근저당권자인 B는, X · Y 부동산이 동시에 경매되었더라면 배당받을 수 있었을 5천만원을 가지고, Y부동산에 대한 A의 제1순위 근저당권을 대위할 수 없게 되는 것이다.

따라서 근저당권자가 공동근저당권의 대상이 되는 담보물 중 어느 하나의 담보물에 대하여 경매신청을 하여 경매개시결정이 있는 경우, 다른 담보물에 대한 근저당권의 피담보채권도 확정된다고 보는 것이 타당하다고 생각한다. 공동근저당권의 대상이 되는 여러 개의 담보물 중 일부가 물상보증인의 소유에 속하는 경우에, 근저당권자가 주채무자 소유의 담보물에 경매신청을 하여 그 경매개시결정이 있은 사안에 관하여는, 대법원도 물상보증인 소유의 담보물에 대한 근저당권의 피담보채권이 그 경매신청시에 확정되는 것으로 보고 있다. 주채무자 소유의 담보물에 대한 근저당권의 피담보채권이 확정됨을 인정하면서, 공동담보물인 물상보증인 소유의 담보물에 대한 근저당권의 피담보채권이 확정되지 않는다고 하는 것은, 주채무자의 신용이 현저히 악화된 상태에서 오로지 물상보증인이 제공한 담보물의 담보가치에만 의존하여 대출을 하는 결과가 되어 신의칙에 반할 뿐만 아니라, 주채무자의 채무를 변제한 물상보증인이 민법 제481조(변제자의 법정대위)에 의하여 대위를 할 수 있는 권리를 침해하게 되어 부당하다는 점에서 이 대법원의 판례는 매우 타당하며, 그 취지는 공동담보목적물이 모두 주채무자의 소유에 속하는 경우에도 적용되어야 할 것으로 생각한다.

판례1-14

공동근저당부동산상 근저당권의 피담보채권 확정여부

채권자가 물상보증인 소유 토지와 공동담보로 주채무자 소유 토지에 1번 근저당권을 취득한 후 이와 별도로 주채무자 소유 토지에 2번 근저당권을 취득한 사안에서, 물상보증인에 대한 근저당권의 피담보채권의 발생 원인인 어음거래약정이 그 결산기가 정해 있지 않고 물상보증인의 토지에 대하여 아직 경매신청이 되지 않았더라도, 먼저 주채무자의 토지에 대하여 피담보채무의 불이행을 이유로 근저당권이 실행된 이상, 채권자와 물상보증인 사이의 근저당권 설정계약의 원인관계인 어음거래약정에 기한 거래는 그로써 종료되고 그 경매 신청시에 그 피담보채권이 확정된다(대판 1996.3.8. 95다36596).

(d) 경매신청의 취하 등이 있는 경우

근저당권자가 경매신청을 했으나 법원에 의하여 경매신청이 각하 또는 기각되거나 법원의 경매개시결정이 있기 전에 경매신청의 취하가 있은 때에는 피담보채권은 확정되지 않은 것으로 보아야 한다. 근저당권자의 경매신청은 법원의 경매개시결정을 전제로 하여 채무자와 더 이상의 거래관계를 유지하지 아니하겠다는 의사표시인 것으로 보는 것이 타당하고 경매신청의 취하는 그러한 의사표시의 철회로 볼 수 있는 것이기 때문이다.

그러나 근저당권자의 경매신청에 따라 법원이 경매개시결정을 하고서 경매절차를 진행하다가 근저당권자가 경매신청을 취하한 경우나, 채무자가 경매신청채권자의 채권을 변제함으로써 경매절차가 중도에 취소된 경우 또는 민사집행법 제102조에서 규정하는 남을 가망이 없을 경우의 경매취소가 있은 경우에는 피담보채권 확정의 효력에 영향을 미치지 않는 것으로 보아야 한다. 대법원도 근저당권자가 피담보채무의 불이행을 이유로 근저당부동산에 경매신청을 함으로써, 법원이 경매개시결정을 하여 절차를 진행 중에 채무자의 채무변제로 경매신청을 취하하였다가, 채무자의 신청을 받아 추가대출을 한 사안에서, 경매신청의 취하에 따른 근저당권 부활의 효력을 인정하지 않고 추가대출금의 담보효력을 부인한 바 있다.

문제는 처음부터 부적법하거나 이유가 없어 각하 또는 기각되어야 할 경매신청이 법원에 의해 받아들여져 경매개시결정이 있었다가, 후일 채무자나 경매부동산소유자 등 이해관계인의 이의신청이나 상소에 의하여 경매개시결정이 취소된 경우에도 피담보채권 확정의 효력에 영향을 미치지 않는 것으로 보아야 하는지 여부이다. 이에 관하여는 근저당권자의 경매신청으로 근저당권이 확정된다는 것은 채무자의 채무불이행을 전제로 한 것으로 생각된다고 하면서, 만일 근저당권자가 아무런 이유 없이 경매신청을 한 경우에는 근저당권이 확정되었다고 볼 수 없을 것이라고 하여 부정하는 견해가 있다. 그러나 근저당권자의 경매신청에 따른 법원의 경매개시결정에 피담보채권 확정의 효력이 주어지는 것은 법원의 경매개시결정보다는 채무자와 더 이상의 거래관계를 유지하지 아니하겠다는 근저당권자의 의사에 기인하는 것으로 보아야 할 것이므로 긍정하는 것이 타당하다고 생각한다.

판례1-15

경매신청의 취하시 피담보채권확정의 효력이 번복되는지 여부

근저당권자가 피담보채무의 불이행을 이유로 경매신청을 한 경우에는 경매신청시에 근저당 채무액이 확정되고, 그 이후부터 근저당권은 부종성을 가지게 되어 보통의 저당권과 같은 취급을 받게 되는바, 위와 같이 경매신청을 하여 경매개시결정이 있은 후에 경매신청이 취하되었다고 하더라도 채무확정의 효과가 번복되는 것은 아니다(대판 2002.11.26. 2001다73022).

(e) 물상대위권에 기한 압류신청

근저당목적물이 멸실되거나 수용되는 등으로 그 소유자가 보험금청구권이나 손해배상청구권 또는 수용보상금청구권 등을 가지는 경우에, 근저당권자는 민법 제370조에 의하여 준용되는 민법 제342조(물상대위)의 규정에 의하여 이를 압류함으로써, 그 보험금청구권이나 손해배상청구권 또는 수용보상금청구권 등에 근저당권을 행사할 수 있는데, 이 경우에는 근저당권자가 물상대위권 행사를 위한 압류신청을 하면, 근저당목적물에 대하여 경매신청을 한 경우에 준하여 법원의 압류명령이 있는 때에 압류신청시로 소급하여 근저당권의 피담보채권이 확정되는 것으로 보아야 한다.

근저당목적물의 일부가 멸실되거나 수용된 때에 물상대위권이 행사된 경우에도 근저당권은 전면적으로 확정된다. 근저당권에 기한 물상대위권이 행사되어 피담보채권 중의 일부가 회수되었음에도 근저당권이 확정되지 않고 이후의 거래에 의해 발생하는 채권이 이 근저당권에 의해 채권최고액까지 담보된다고 하는 것은 타당하지 않기 때문이다. 따라서 이러한 경우에는 근저당권자는 근저당권확정을 용인하고 물상대위권을 행사하든지, 물상대위권행사를 보류하여 근저당권을 미확정의 상태로 보존하든지 선택을 해야만 한다.

(ㄴ) 다른 채권자의 경매신청

(a) 문제의 소재

근저당부동산에 대하여 근저당권자 이외의 제3자 즉 선순위 또는 후순위담보권자가 담보권실행을 위한 경매신청(민집 264 이하)을 하거나, 집행력 있는 정본을 소지한 일반채권자가 강제경매신청(민집 80 이하)을 함으로써 근저당부동산에 대한 경매절차가 진행되어 매수인이 근저당부동산의 소유권을 취득하면 그 근저당부동산상의 저당권은 모두 소멸하게 된다(민집 91②). 따라서 이 경우 매수인의 소유권취득으로 그 권리가 소멸하게 되는 근저당권자는 근저당부동산의 매각대금으로부터 자신의 순위에 따른 우선배당을 받아 채권의 만족을 구할 수 밖에 없게 되는데, 이 소멸하는 근저당권의 피담보채권이 어느 시점에서 확정되는 것으로 보아 그 담보채권액을 계산할 것인지가 문제로 된다. 또한 제3자의 신청으로 진행되던 경매절차가 매수인의 소유권취득으로 완결되지 않고 중도에 취하되거나 취소되는 경우에 일단 확정되었던 근저당권이 소급해서 확정되지 않은 것으로 되는지도 문제로 된다.

(b) 피담보채권의 확정시기

근저당권자 이외의 제3자가 당해 저당부동산에 대하여 임의경매나 강제경매를 신청하여 그 경매개시결정이 있은 때에, 경매신청하지 않은 다른 근저당권자의 피담보채권이 언제 확정되는지에 대하여는 여러 학설이 대립되어 있다.

첫째는 경매개시결정이 있은 때라고 하는 경매개시결정시설[69]이고, 둘째는 근저당권자가 경매개시결정이 있은 것을 안 때라고 하는 경매개시결정인지시설[70]이며, 셋째는 매수인이 매각대금을 납부하여 경매부동산의 소유권을 취득한 때라는 소유권취득시설[71]이고, 넷째는 채권신고서의 제출시 또는 그 제출기한의 만료시라고 하는 설[72]이다.

선순위근저당권자와 경매신청인 등 후순위권리자의 합리적인 이해관계 조절이라는 점에서 본다면 둘째 설인 경매개시결정인지시설이 타당하다고 생각한다. 다만 경매개시결정인지시설에 의하더라도 구체적인 피담보채권의 확정시점을 어느 시점으로 볼 것인지에 관하여는 다시 인지한 바로 그 시점에서 확정된다는 견해와 인지한 다음날 확정된다는 견해[73] 등이 있을 수 있으나 인지한 날로부터 상당한 유예기간이 경과한 후에 확정된다고 보는 것이 타당하다고 생각한다. 경매절차개시를 안 날이나 그 다음날에 확정된다고 보는 것은, 경매신청을 하지 않은 근저당

69) 곽윤직 물권법 493. 김용한 물권법론 587. 이영준 물권법 850. 장경학 물권법 848.

70) 대전고등법원 1999.4.21. 선고 98나5775 판결.

71) 민법주해(Ⅶ) 24쪽(박해성). 대전지방법원 1998.7.24. 선고 97가합10837 판결.

72) 김상수 「경매를 신청하지 않은 선순위근저당권자의 피담보채권의 확정시기」 법률신문 1999.11.29(제2840호) 14면(판례평석).

73) 대전지방법원 1998.7.24. 선고 97가합10837 판결이 바로 이 입장에 있다.

권자가 본인의 의사와는 무관하게 피담보채권의 확정을 강요당하게 되는 문제점이 있을 뿐만 아니라, 예컨대 금융회사의 시설자금대출에 있어서와 같이 건설공정에 따라 대출금지급이 이루어지게 되어 있고, 그에 따라 이미 그 공사진척분에 대한 조사가 이루어져 2~3일내에 대출금지급을 해야 하는 상황에서, 오늘 근저당목적물에 대한 경매개시결정이 있었음을 알게 되면 대출금지급을 할 수 없는 불합리한 결과가 생기게 되기 때문이다.

그러나 대법원의 판례는 셋째의 견해를 채택하고 있다. 따라서 실무상은 대법원의 판례에 따라 매수인에게 경매부동산의 소유권이 이전하게 되는 매각대금납부기한까지 매각대금을 납부한 때에 선순위근저당권의 피담보채권이 확정되는 것으로 보아야 한다. 다만 대법원판례에 따라 경매신청하지 않은 선순위근저당권자의 피담보채권이 아직 확정되지 않은 것으로 취급된다 하여 선순위근저당권자가 무분별하게 채무자에게 추가대출을 하는 것은 후순위근저당권자 등에 대한 관계에서 신의성실의 원칙에 반하는 권리남용이 되어 추가대출금이 우선변제되지 않을 수도 있다는 점 유의를 요한다.

판례1-16

타채권자의 경매신청과 피담보채권의 확정

부동산 경매절차에서 경매신청기입등기 이전에 등기되어 있는 근저당권은 경락으로 인하여 소멸되는 대신에 그 근저당권자는 민사소송법 제605조가 정하는 배당요구를 하지 아니하더라도 당연히 그 순위에 따라 배당을 받을 수 있고(대법원 1998. 7. 28. 선고 98다7179 판결 참조), 이러한 까닭으로 선순위 근저당권이 설정되어 있는 부동산에 대하여 근저당권을 취득하는 거래를 하려는 사람들은 선순위 근저당권의 채권최고액 만큼의 담보가치는 이미 선순위 근저당권자에 의하여 파악되어 있는 것으로 인정하고 거래를 하는 것이 보통이므로 담보권 실행을 위한 경매절차가 개시되었음을 선순위 근저당권자가 안 때 이후의 어떤 시점에 선순위 근저당권의 피담보채무액이 증가하더라도 그와 같이 증가한 피담보채무액이 선순위 근저당권의 채권최고액 한도 안에 있다면 경매를 신청한 후순위 근저당권자가 예측하지 못한 손해를 입게 된다고 볼 수 없다. 반면 선순위 근저당권자는 자신이 경매신청을 하지 아니하였으면서도 경락으로 인하여 근저당권을 상실하게 되는 처지에 있으므로 거래의 안전을 해치지 아니하는 한도 안에서 선순위 근저당권자가 파악한 담보가치를 최대한 활용할 수 있도록 함이 타당하다. 이와 같은 관점에서 보면 후순위 근저당권자가 경매를 신청한 경우 선순위 근저당권의 피담보채권은 그 근저당권이 소멸하는 시기, 즉 경락인이 경락대금을 완납한 때에 확정된다고 보아야 할 것이다(대판 1999.9.21. 99다26085).

(c) 경매신청의 취하 등이 있는 경우

근저당권자 아닌 다른 채권자가 근저당부동산에 경매신청을 함으로써 법원이 경매개시결정을 하고서 경매절차를 진행하다가 경매신청이 취하되었거나, 채무자가 경매신청채권자의 채권을 변제함으로써 경매절차가 중도에 취소된 등의 경우, 경매신청을 하지 않은 근저당권자의 피담보채권 확정의 효력에 어떠한 영향을 미치는지 문제로 된다.

다른 채권자의 경매신청시 근저당권자의 피담보채권의 확정시점에 관하여 소유권취득시설을 취하면, 경매신청의 취하나 경매개시결정의 취소는 근저당권의 피담보채권확정여부에 아무런 영향을 미치지 않는다. 이 설에 의하면 매수인의 소유권취득시까지는 근저당권의 피담보채권 자체가 확정되지 않기 때문이다. 그러나 경매개시결정시설이나 경매개시결정인지시설 등에 의하면, 그 시기가 경과하면 일단 근저당권의 피담보채권이 확정되기 때문에, 매수인의 소유권취득 이전에 경매신청이 취하되거나 경매개시결정이 취소되는 경우, 확정된 근저당권의 효력이 계속 그대로 유지되는지 아니면 확정되지 않았던 것으로 부활되는지의 여부가 문제로 된다.

이에 관하여는 경매개시결정인지시설의 입장에서 다른 채권자의 경매신청에 따라 근저당권의 피담보채권이 확정되는 것은 근저당권자의 의사에 반한 것이라는 이유로 또는 근저당권의 당사자들에게 거래를 종료시키려는 의사도 없었고 근저당권이 소멸되지도 않기 때문이라는 이유로 확정의 효력이 소급적으로 소멸하는 것으로 보아야 한다는 견해가 있다.

그러나 일단 확정된 근저당권의 효력이 부활되는 것으로 하려면 그에 관한 법적근거가 있어야 하는데 일본[74]과 달리 민법에 아무런 규정이 없는 우리나라에 있어서는 확정된 근저당권의 효력이 그대로 유지되는 것으로 보는 것이 타당하다고 생각한다.

---

74) 日本 民法 제398조의 20 제1항 제4호는 「근저당권자 저당부동산에 대한 경매절차의 개시 또는 체납처분으로 인한 압류가 있었음을 안 때로부터 2주간이 경과한 때」에는 근저당권의 피담보채권이 확정된 것으로 규정하는 한편 동조 제2항은 「전항 제4호의 경매절차의 개시 또는 압류 및 제5호의 파산선고의 효력이 소멸한 때에는 담보해야 할 원본은 확정되지 않은 것으로 본다. 그러나 원본이 확정된 것으로 하여 그 근저당권 또는 그것을 목적으로 하는 권리를 취득한 자가 있는 때에는 그러하지 아니하다」고 하여 경매절차개시의 효력이 소멸한 때에는 근저당권의 효력이 부활되는 것으로 규정하고 있다.

(d) 채권자대위권에 의한 경매신청

근저당권자의 채권자가 채권자대위권에 의해 근저당권에 기한 경매신청을 한 경우에 당해 근저당권의 피담보채권이 언제 확정되는 것으로 보아야 하는지 문제로 된다. 이 문제는 채권자대위권에 기한 경매신청을 근저당권자의 경매신청으로 볼 것인지 아니면 다른 채권자의 경매신청으로 볼 것인지의 여하에 따라 그 결론이 달라지게 된다. 즉 전자의 경우로 보면 경매개시결정이 있은 때에 경매신청시로 소급하여 피담보채권이 확정되는 것으로 보아야 한다. 이에 대하여 후자의 경우로 보면 앞에서 설명한 다른 채권자가 경매신청한 경우와 마찬가지로 견해가 대립할 수 있다.

채권자대위권에 의한 경매신청은 형식적으로는 근저당권자의 신청으로 경매절차가 진행되는 것이지만 실질적으로는 근저당권자가 경매절차의 진행에 관여하지 않는다는 점에서 후자로 보아야 할 것으로 생각한다. 따라서 경매개시결정을 인지한 날로부터 상당한 유예기간이 경과한 후에 피담보채권이 확정된다고 보는 것이 타당하다. 그러나 후순위근저당권자의 경매신청시 선순위근저당권의 피담보채권이 확정되는 시기에 대한 앞의 대법원판례에 의하면 매수인이 매각대금을 완납한 때에 확정되는 것으로 보아야 한다.

(ㄷ) 체납처분압류

국가나 지방자치단체의 체납처분압류가 있은 때에 압류부동산상에 설정되어 있는 다른 근저당권의 피담보채권이 확정되는가에 관하여도, 다른 채권자가 경매신청을 하여 경매개시결정이 있은 경우와 달리 취급할 이유가 없으므로, 근저당권자가 그 체납처분압류가 있음을 인지한 날로부터 상당한 유예기간이 경과한 후에 그 피담보채권이 확정된다고 보는 것이 타당하다고 생각한다.

그러나 대법원판례는 조세채권자가 체납처분을 하는 경우에도 선순위 근저당권자의 피담보채권은 근저당권자 아닌 다른 채권자가 근저당부동산에 경매신청을 하여 경매절차가 진행되는 경우와 마찬가지로 그 근저당권이 소멸하는 시기 즉 체납처분절차에서의 매수인이 매수대금을 완납한 때에 확정된다고 한다. 따라서 실무적인 처리는 이에 따를 수밖에 없으나, 이 경우에 선순위근저당권자가 무분별하게 추가대출을 하는 것은 체납압류권자에 대한 관계에서 신의성실의 원칙에 반하는 권리남용이 되어 추가대출금이 우선변제되지 않을 수도 있다는 점 역시 유의를 요한다.

판례1-17

체납처분시 선순위근저당권의 피담보채권 확정시기

국세에 우선하는 선순위 근저당권이 설정되어 있는 부동산에 대하여 체납처분을 하려는 조세채권자는 선순위 근저당권의 채권최고액만큼의 담보가치는 이미 선순위 근저당권자에 의하여 파악되어 있는 것으로 인정하고 절차를 취하는 것이 보통이라 할 것이므로, 체납처분절차가 개시된 이후의 어떤 시점에 선순위 근저당권의 피담보채무액이 증가하더라도 그와 같이 증가한 피담보채무액이 선순위 근저당권의 채권최고액 한도 안에 있다면 조세채권자가 예측하지 못한 손해를 입게 된다고 볼 수 없고, 반면 이러한 경우 선순위 근저당권자는 자신이 경매신청을 하지 아니하였으면서도 체납처분으로 인하여 근저당권을 상실하게 되므로 거래의 안전을 해하지 아니하는 한도 안에서 선순위 근저당권자가 파악한 담보가치를 최대한 활용할 수 있도록 함이 타당하고, 이와 같은 관점에서 보면, 후순위 근저당권자가 경매를 신청한 경우 선순위 근저당권의 피담보채권은 그 근저당권이 소멸하는 시기, 즉 경락인이 경락대금을 완납한 때에 확정되는 것과 마찬가지로, 조세채권자가 체납처분을 하는 경우에도 선순위 근저당권자의 피담보채권은 그 근저당권이 소멸하는 시기, 즉 매수대금을 완납한 때에 확정된다(대판 2001.12.11. 2001두7329).

(사) 피담보채권의 기한이익상실

근저당권에 의하여 담보되는 피담보채권의 일부 또는 전부에 대하여, 채무자가 기한의 이익을 상실한 경우에도, 그것만으로는 그 근저당권의 피담보채권이 확정되는 것으로 볼 수 없다. 채무자가 기한의 이익을 상실하였다고 하여, 채권자가 반드시 담보권을 실행하여야 하는 것이 아니기 때문이다.

(아) 피담보채권의 양도 · 대위변제

(ㄱ) 통상의 경우

(a) 피담보채권의 확정여부

근저당거래의 존속 중 피담보채권의 전부 또는 일부에 관하여 양도 또는 대위변제[75]가 있어도 그것만으로는 당해 근저당권의 피담보채권이 확정되는 것으로 볼 수 없다. 근저당권이란 거래가 종료하기까지 담보할 채권이 계속적으로 증감 · 변동 되는 것을 그 성질로 하는 저당권이기 때문이다.

대법원판례도 「근저당거래관계가 계속 중인 경우, 즉 근저당권의 피담보채권이 확정되기 전에 그 채권의 일부를 양도하거나 대위변제한 경우 근저당권이 양수인이나 대위변제자에게 이전할 여지가 없다 할 것이다」라고 하고,[76] 대법원의 등기예규도 「근저당권의 피담보채권이 확정되기 전에 그 피담보채권이 양도 또는 대위변제된 경우에는 이를 원인으로 하여 근저당권이전등기를 신청할 수는 없다」고 규정하고 있는데[77], 이는 모두 피담보채권의 전부 또는 일부에 대한 양도 또는 대위변제가 피담보채권의 확정을 가져오지 않는다는 것을 전제로 하고 있다.

(b) 양수인의 권리

근저당거래의 존속 중 근저당권에 의하여 담보되는 채권의 전부 또는 일부에 관하여 양도가 있어도 근저당권의 피담보채권이 확정되지 않고, 그에 따라 양수인이 이를 원인으로 근저당권의 전부 또는 일부 이전등기를 청구할 수 없다고 할 때, 양수인은 당해 근저당권에 관하여 아무런 권리도 가지지 못하는 것인가.

생각건대 채권양도에 따른 저당권의 이전은 법률행위에 의한 것으로 이전등기가 있어야 그 효력이 발생하도록 되어 있으므로(민 186), 근저당권의 전부 또는 일부에 관한 이전등기가 이루어지지 않은 이상, 양수인으로서는 당해 근저당권에 관하여 아무런 권리도 가지지 못한다고 보는 것이 타당하다. 따라서 이 경우 양수인은 근저당권에 의하여 담보되지 않는 무담보채권을 양수한 것이 되고 양도인의 근저당권은 양도된 채권만큼 채권최고액에 여유가 생기는 것으로 보아야 한다.

그러나 근저당권의 채권자지위인수를 원인으로 채권자를 양수인으로 교체하거나 채권자에 양수인을 추가하는 근저당권변경등기를 하는 때에는, 교체의 경우는 양

---

75) 대위변제란 주된 채무자가 아닌 제3자가 주된 채무자의 채무를 변제하는 것을 말하여 제3자변제라고도 한다. 이해관계 있는 제3자, 즉 변제할 정당한 이익이 있는 제3자가 대위변제를 한 때에는 변제자는 대위변제한 채권 및 그 담보에 관한 채권자의 권리를 자기의 권리에 의하여 구상할 수 있는 범위에서 당연히 승계하여 행사할 수 있다(민 481, 482①). 이와 같이 대위변제로 채권자가 가지고 있었던 채권 및 그 담보에 관한 권리가 법률상 당연히 변제자에게 이전하는 것을 법정대위라고 한다. 이에 대하여 이해관계 없는 제3자가 대위변제를 한 때에는 변제자는 변제와 동시에 채권자의 승낙을 얻어야만 대위변제한 채권 및 그 담보에 관한 채권자의 권리를 자기의 권리에 의하여 구상할 수 있는 범위에서 승계하여 행사할 수 있다(민 480①). 변제자가 이와 같은 절차를 거쳐 채권자가 가지고 있던 채권 및 그 담보에 관한 권리를 승계하는 것을 임의대위라고 한다. 이해관계 있는 제3자에 있어서의 이해관계란 법률상의 이해관계만을 말하며, 연대보증인, 물상보증인, 저당목적물의 제3취득자 또는 후순위저당권 등이 이에 해당된다. 단순한 친지나 친족 또는 동업자 등과 같이 변제를 함에 대하여 사실상으로 이해관계를 가지는 자는 여기에서의 이해관계 있는 제3자에 속하지 않는다.

76) 대판 1996.6.14. 95다53812, 대판 2000.12.26. 2000다54451 참조.

77) 근저당권에 관한 등기사무처리지침 3①iii 참조.

수인이 그리고 추가의 경우는 종전의 채권자 및 양수인이 채무자와 채권최고액의 범위에서 근저당거래를 할 수 있는 것이므로 양수채권도 당해 근저당권에 의하여 담보되는 것으로 보아야 한다.

(c) 대위변제자의 권리

근저당거래의 존속 중 근저당권에 의하여 담보되는 채권의 전부 또는 일부에 관하여 대위변제가 있어도 대위변제자가 근저당권의 전부 또는 일부에 대한 대위등기를 청구할 수 없고, 그에 따라 당해 근저당권의 피담보채권이 확정되지 않는다고 할 때, 대위변제자는 당해 근저당권에 관하여 아무런 권리도 가지지 못하는 것인가.

이에 관하여는 긍정설과 부정설이 대립되어 있다. 긍정설에 의하면 대위변제자는 근저당권에 의하여 담보되지 않는 채권을 취득할 뿐이고, 그에 따라 근저당권자는 대위변제된 금액만큼 채권최고액에 여유가 생기는 것으로 보게 된다. 이에 대하여 부정설에 의하면 근저당권의 대위등기 여부와는 관계없이 채권자와 대위변제자 사이에 근저당권의 준공유관계가 발생하여 당해 근저당권은 채권자의 피담보채권 이외에 대위변제자가 대위변제한 채권도 함께 담보하는 것으로 보게 된다.

긍정설은 그 논거로서 ① 근저당권에 있어서는 피담보채권의 유동·교체는 문제가 되지 않는다는 점[78] ② 대위변제로 인하여 그 채권은 피담보채권의 범위로부터 이탈된다는 점[79] ③ 근저당권에 의하여 담보되는 것은 계속적 거래로부터 발생하는 개개의 채권이라기 보다는 오히려 전체로서 부동하는 채권이며 계속적 거래관계 없는 확정채권을 가진 자와 준공유관계를 인정하는 것은 복잡한 법률문제를 발생시킨다는 점[80] 등을 들고 있다.

부정설은 그 논거로서 ① 피담보채권의 원본액이 근저당거래의 종료까지에는 확정되어 있지 않으나 개개의 채권은 역시 근저당권에 의하여 담보되어 있는 것이므로, 그것이 근저당거래의 종료시에 현존한 경우 당해 근저당권에 의하여 담보된다는 이익을 보유하고 있는 한 대위변제되어도 이러한 이익을 보유한 채로 양수인에게 이전한다고 해석하여야 한다는 점[81] ② 근저당권의 확정 후에 대위변제를 하면 근저당권이 이전되고 확정 전에 대위변제를 하면 근저당권이 이전되지 않는다고 하면, 예컨대 보증인이 자신의 보증채무는 이행기가 도래하였음에도 불구하고 지체하고 있다가 모든 거래관계가 종료되어 근저당권이 확정된 후에 변제하면 근저당권의 일부이전이 인정되고 그 확정 전에 자신의 이행기가 도래한 즉시 변제하면 근저당권의 일부이전을 인정받지 못하게 되어 불합리하다는 점[82] ③ 부정설은 당사자의 구체적인 의사에 배치될 뿐만 아니라 이해관계의 면에 있어서도 기본계약관계의 이전과 달리 취급할 이유가 없고 따라서 피담보채권의 확정 후의 대위변제에 준하여 취급하는 것이 타당하다는 점[83] 등을 들고 있다.

대법원판례는 근저당권의 피담보채권이 확정되기 전에 그 채권의 일부를 대위변제한 경우 당해 근저당권의 일부에 관하여 대위등기를 청구할 수는 없지만, 그렇다고 대위변제한 채권의 담보적 효력까지 소멸하는 것은 아니고 후일 당해 근저당권의 피담보채권이 확정되면, 확정 당시 근저당권자가 채무자에 대하여 가지는 담보채권과 대위변제한 채권액을 채권최고액까지 담보하되, 근저당권자와 대위변제자 사이에서는 근저당권자가 우선변제권을 가진다고 함으로써 부정설을 채택하고 있다.[84]

채권양도에 따른 저당권의 이전은 법률행위에 의한 것으로 이전등기가 있어야 그 효력이 발생하도록 되어 있는 것과(민 186), 달리 법정대위에 따른 저당권의 이전은 법률의 규정에 의한 것으로 대위등기 없이 저당권이전의 효력이 발생하는 것이므로(민 187) 부정설이 타당하다. 다만 임의대위의 경우는 채권자의 승낙을 요하는 법률행위에 의한 저당권의 이전에 해당하여, 대위등기 없이 저당권이전의 효력이 발생하는 것이 아니므로, 대위변제자가 당해 근저당권에 관하여 아무런 권리도 가지지 못하는 것으로 보아야 한다. 또한 대위변제자가 보증인인 경우는 저당권의 등기에 그 대위를 부기하지 아니하면 저당물에 권리를 취득한 제3자에 대하여 채권자를 대위하지 못하므로(민 482② i) 그 범위에서 권리행사에 제한이 따르는 것으로 보아야 한다.

(ㄴ) 특별약정이 있는 경우

(a) 문제의 소재

피담보채권의 전부 또는 일부를 대상으로 하는 양도 또는 대위변제가 있는 경우에 채권자와 양수인 또는 대위변제자 사이에 근저당권의 전부 또는 일부에 관하여 이전등기 또는 대위등기를 해주기로 하는 특별한 약정이 있는 때에는 채권자는 그 약정에 따른 이전등기 또는 대위등기의 의무가 있다. 그런데 채권자와 양수인 또는 대위변제자 사이의 특별약정에 따라 근저당권자가 근저당권의 전부 또는 일부에 관하여 이전등기 또는 대위등기 의무를 이행하는 경우 당해 근저당권의 피담보채권이 확정되는지 문제로 된다. 이에 관하여는 피담보채권의 전부 또는 일부에 관하여 양도가 있는 경우와 대위변제가 있는 경우로 구분하여 알아볼 필요가 있다.

(b) **양도의 경우**

피담보채권의 확정 전에 피담보채권의 전부 또는 일부에 관하여 양도가 있고, 그 채권양도를 원인으로 하여 근저당권의 전부 또는 일부 이전등기를 신청하여 그 등기가 이루어진 때에는 당해 근저당권은 피담보채권이 확정되어, 전부 양도의 경우는 양수인이 양수한 채권만을 그리고 일부 양도의 경우는 양도인과 양수인이

78) 곽윤직 물권법 493, 김상용 물권법 757.

79) 장경학 물권법 848, 고상룡 물권법 711.

80) 일본 주석민법(9) 273.

81) 김석우 근저당권의... 407.

82) 민법주해[Ⅷ] 30(박해성). 그리고 이 견해는 이 경우 근저당권자와 대위변제자 사이에는 근저당권의 준공유상태가 되나, 대위변제시 근저당권자의 피담보채권이 확정되어 있지 아니하므로 각자의 지분은 정할 수 없고, 그 지분은 근저당거래가 종료되어 양도인의 피담보채권이 확정되면 채권액에 비례하여 정하여진다고 한다. 다만 이 경우 근저당권자의 근저당거래는 대위변제자가 중단시킬 수 없다고 할 것이므로 대위변제자는 확정 전에 단독으로 근저당권을 실행할 수 없고, 또한 근저당권자의 근저당권실행시에 근저당권자의 피담보채권과 대위변제자의 채권의 합계액이 채권최고액을 초과하거나 목적물의 경락대금을 넘는 경우에는, 확정 후의 피담보채권의 일부대위의 경우와 같이 채권자가 대위변제자에 우선하여 배당받는 것으로 봄이 타당하다고 한다.

83) 이영준 물권법 866.

84) 즉 대법원 2002.07.26. 선고 2001다53929 판결은 「채권자가 부동산에 대하여 근저당권을 가지고 있는 경우에는, 채권자는 대위변제자에게 일부 대위변제에 따른 저당권의 일부 이전의 부기등기를 경료해 주어야 할 의무가 있다 할 것이나, 이 경우에도 채권자는 일부 변제자에 대하여 우선변제권을 가지고 있다 할 것이고, 근저당권이라고 함은 계속적인 거래관계로부터 발생하고 소멸하는 불특정다수의 장래채권을 결산기에 계산하여 잔존하는 채무를 일정한 한도액의 범위 내에서 담보하는 저당권이어서, 거래가 종료하기까지 채권은 계속적으로 증감변동하는 것이므로, 근저당거래관계가 계속중인 경우 즉, 근저당권의 피담보채권이 확정되기 전에 그 채권의 일부를 양도하거나 대위변제한 경우 근저당권이 양수인이나 대위변제자에게 이전할 여지는 없다 할 것이나, 그 근저당권에 의하여 담보되는 피담보채권이 확정되게 되면, 그 피담보채권액이 그 근저당권의 채권최고액을 초과하지 않는 한 그 근저당권 내지 그 실행으로 인한 경락대금에 대한 권리 중 그 피담보채권액을 담보하고 남는 부분은 저당권의 일부이전의 부기등기의 경료 여부와 관계없이 대위변제자에게 법률상 당연히 이전된다」고 한다.

공동근저당권자로서 피담보채권 중 양도하고 남은 양도인의 채권과 양수인이 양수한 채권만을 담보하고, 이후 새로운 거래로부터 발생한 채권을 담보할 수 없는 것으로 보아야 한다. 이 경우 근저당권 일부 이전등기의 신청인은 양도인과 양수인이 된다.

반면에 채권양도를 원인으로 하지 아니하고 근저당권의 채권자변경을 원인으로 하여 근저당권변경등기를 신청한 때에는 당해 근저당권은 피담보채권이 확정되지 않아, 전부 양도의 경우는 양수인이 근저당권자로서 그리고 일부 양도의 경우는 양도인과 양수인이 공동근저당권자로서 채권최고액의 범위에서 채무자와 근저당거래를 계속할 수 있는 것으로 보아야 한다. 다만 이 경우 근저당권변경등기의 신청인은 양도인과 양수인 및 채무자(채무자와 소유자가 다른 때에는 소유자까지)가 된다. 그리고 이 경우 공동근저당권자로서의 양도인과 양수인의 우선변제순위는 같은 것으로 보아야 한다.

(c) 대위변제의 경우

피담보채권의 확정 전에 피담보채권의 전부 또는 일부에 관하여 대위변제가 있고 그 대위변제를 원인으로 한 근저당권의 대위등기가 있은 때에는 당해 근저당권은 피담보채권이 확정되어, 전부 대위의 경우는 대위변제자가 근저당권자로서 대위변제한 채권만을 그리고 일부 대위의 경우는 채권자와 대위변제자가 공동근저당권자로서 피담보채권 중 대위변제하고 남은 채권자의 채권과 대위변제자가 대위변제한 채권만을 담보하며, 이후 새로운 거래로부터 발생한 채권을 담보할 수 없는 것으로 보아야 한다. 앞에서 설명한 바와 같이 근저당권의 피담보채권이 확정되기 전에는 피담보채권의 전부 또는 일부에 관하여 대위변제가 있다 하더라도 당해 근저당권이 대위변제자에게 이전할 여지가 없는 것이기 때문이다.

특히 실무에 있어서는 근저당권의 피담보채권이 확정되지 않은 상태에서, 근저당권자가 대위등기의무가 없음에도 대위변제자의 요청에 따라, 근저당권의 전부 또는 일부 이전등기를 신청하고 등기소에서도 이를 수리하여 등기해주는 경우가 있는데, 이를 어떻게 법률적으로 설명할 것인지 문제로 된다. 그러나 이 경우는 근저당거래의 존속을 전제로 근저당권의 전부 또는 일부 이전등기가 이루어지는 것이 아니라, 근저당거래가 종료되어 그 피담보채무가 확정된 상태에서 그 근저당권(즉 확정근저당권)의 전부 또는 일부 이전등기가 이루어지는 것으로 보아야 한다. 즉, 대위변제를 원인으로 한 근저당권의 전부 또는 일부 이전등기신청이 있으면 실질적심사권이 없는 등기관으로서는 그 근저당권의 피담보채권이 확정된 상태에서 그 대위변제에 따른 근저당권의 전부 또는 일부 이전등기신청이 있는 것으로 보아 이를 수리할 수밖에 없는 것이고, 그에 따라 이 경우에는 근저당권자가 비록 근저당거래의 계속을 원하고 있었다고 할지라도 그 의사에 관계없이 그 근저당권의 피담보채권은 확정되어, 그 후 새로운 거래로부터 발생한 채권을 담보할 수 없는 것으로 보아야 한다. 그리고 이 경우 채권자와 대위변제자 사이의 우선변제순위는 채권자가 대위변제자에 우선하는 것으로 보아야 한다.

㈜ 피담보채무의 인수

근저당권의 피담보채권이 확정되기 전에 이미 발생되어 있는 피담보채무의 전부 또는 일부를 제3자인 인수인이 인수하고 이를 채권자가 승낙하였어도 그것만으로 당해 근저당권의 피담보채권이 확정되는 것으로 볼 수 없다. 근저당권이란 거래가 종료하기까지 담보할 채권이 계속적으로 증감·변동 되는 것을 그 성질로 하는 저당권이기 때문이다.

다만 근저당권의 피담보채권이 확정되지 않은 상태에서 피담보채무의 전부 또는 일부에 대한 인수를 원인으로 하여, 전부 인수의 경우는 채무자 교체 그리고 일부 인수의 경우는 채무자 추가의 채무자변경등기가 이루어진 때에는 피담보채권이 확정되어, 당해 근저당권은 이후 종전 채무자에 대한 관계에서건 인수인에 대한 관계에서건 새로운 거래로부터 발생하는 채권을 담보할 수 없게 되는 것으로 보아야 한다.

㈕ 피담보채권에 대한 강제집행·체납처분

근저당거래의 존속 중에 그 근저당권에 의하여 담보되는 채권의 전부 또는 일부를 대상으로 압류명령, 가압류명령, 추심명령 또는 전부명령을 신청하여 그 효력이 발생한 경우나 체납처분압류가 있더라도 그것만으로는 그 근저당권의 피담보채권이 확정되는 것으로 볼 수 없다. 그 이유는 근저당거래의 존속 중 피담보채권의 일부에 관하여 양도 또는 대위변제가 있어도 그것만으로는 당해 근저당권의 피담보채권이 확정된 것으로 볼 수는 없는 것과 같다.

㈎ 근저당권자·채무자·소유자의 사망

(ㄱ) 근저당권자의 사망

근저당권자가 사망한 경우 근저당거래와 관련하여 문제가 되는 것은 ①근저당권의 피담보채권이 확정되는지 여부 ②상속인에게 이전된 근저당권에 의하여 담보되는 채권의 범위 ③상속인이 여러 명인 경우의 근저당거래관계의 3가지이다.

첫째로 근저당권자의 사망으로 그 근저당권의 피담보채권이 확정되는지에 관하여는, 근저당권자인 지위의 상속을 인정한다고 해서 채무자나 저당목적물의 소유자에게 특별히 불이익이 되는 것은 아니므로, 근저당권자가 사망하더라도 그 근저당권의 피담보채권은 확정되지 않고, 그 근저당권은 기본계약상의 지위와 함께 당연히 상속인에게 이전하는 것으로 하되, 이 경우 채무자나 저당목적물의 소유자는 근저당권자의 사망을 이유로 그 근저당권설정계약을 해지함으로써 근저당권에 의하여 담보되는 채권의 범위를 확정시킬 수 있다고 하는 것이 타당하다. 따라서 근저당권자가 사망한 경우라도, 채무자나 저당목적물의 소유자가 그 근저당권설정계약을 해지하지 않은 이상, 상속인은 근저당권자 지위의 상속등기를 한 후, 채무자와 근저당거래를 계속할 수 있다고 할 것이다. 그리고 근저당권설정계약의 해지가 있는 경우 그 해지의 효력은 사망시까지 소급하는 것이 아니라 해지의 통지가 근저당권자에게 도달한 때로부터 생기는 것으로 보아야 한다.

둘째로 상속인에게 이전된 근저당권에 의하여 담보되는 채권의 범위가 어떠한지에 관하여는, S가 A와의 어음대출거래로부터 발생하는 채권을 담보하기 위하여, A소유의 부동산에 채권최고액을 3억원으로 하는 근저당권을 설정하고 거래하던 중 사망하고, 이를 K가 상속한 경우를 예로 들어 설명하면 다음과 같다. 우선 S의 사망전에 S가 A와의 어음대출거래에 의하여 취득한 채권(이 채권도 K가 상속한다)이 K가 상속한 근저당권에 의하여 담보된다는 점에 대하여는 의문이 있을 수 없다. 또한 상속등기 이후 K가 A와의 어음대출거래로부터 취득하는 채권도 상속에 불구하고 근저당권의 피담보채권이 확정되지 아니한다고 보는 이상 이 근저당권에 의하여 담보할 수 있음에 대하여도 의문이 있을 수 없다.

문제는 S의 사망전 즉 K가 근저당권을 상속하기 전에 A와의 어음대출거래로부터 취득한 채권이 있다고 할 때 이 채권을 K가 상속한 근저당권에 의하여 담보할 수 있는가 하는 점이다. 이에 관하여는 근저당권에 의하여 담보되는 채권의 범위를, 현재 근저당거래의 당사자로 되어 있고 또한 그 당사자 사이에 근저당권설정계약에서 정한 거래관계로부터 발생한 채권이면 그 발생시기와 관계없이 모두 포함하는 것으로 보아 긍정하는 견해도 있을 수 있다. 그러나 근저당권에 의하여 담보되는 채권의 범위는 근저당거래의 당사자로 되어 있는 중에 근저당권설정계약에서 정한 거래관계로부터 발생한 채권이라고 보는 것이 근저당권설정계약의 취지에 부합된다고 할 것이므로 부정하는 것이 타당하다.[85] 다만 부정한다 하더라도 상속전의 어음대출금을 K가 상속받은 근저당권에 의하여 담보하게 할 수 없는 것은 아니다. 즉 현재의 근저당권자 K가 A에게 새로운 어음대출을 하여 상속전의 어음대출금을 상환하게 하거나 또는 현재의 근저당부동산의 소유자와 근저당권변경계약을 체결하여 상속전의 어음대출금까지 담보채권으로 포함시키면 상속전의 어음대출금도 담보하게 할 수가 있는 것이다.

셋째로 상속인이 여러 명인 때에, 채무자와의 근저당거래를 상속인 각자가 할 수 있는 것인지 아니면 공동상속인 전원이 공동으로만 할 수 있는 것인지에 관하여는, 근저당권의 채권자 추가가 있는 경우와 같이, 상속인 각자가 할 수 있는 것으로 보는 것이 타당하다고 생각한다.

(ㄴ) 채무자의 사망

근저당권의 채무자가 사망한 경우 근저당거래와 관련하여 문제가 되는 것은 ① 근저당권의 피담보채권이 확정되는지 여부 ② 근저당권에 의하여 담보되는 채권의 범위 ③ 상속인이 여러 명인 경우의 근저당거래관계의 3가지이다.

첫째로 근저당권의 채무자가 사망한 경우에 그 근저당권의 피담보채권이 확정되는지의 여부에 관하여는 앞에서 설명한 근저당권자가 사망한 경우와 동일하게 볼 수가 없다. 담보제공자가 채무자가 아닌 제3자인 경우 채무자가 누구인가는 담보제공자의 이해관계에 중대한 영향을 미치는 사항(예컨대 채무자가 변제자력이 있는 자인 경우와 없는 자인 경우로 나누어 생각해 보라)이라 할 것이고, 또한 담보제공자가 채무자라고 할지라도, 상속인이 여러 명인 때에는 그 중 어느 한 상속인의

85) 주석물권법(하), 424. 민법주해(VII) 31(박해성). 김석우 근저당권 128.

입장에서 볼 때, 다른 상속인과 채권자간의 새로운 거래에 있어서는 담보제공자인 제3자의 지위에 서게 되는 것이기 때문이다. 그러나 그렇다고 하여, 근저당권의 채무자가 사망하면, 바로 근저당권의 피담보채권이 확정되는 것으로 보는 것도, 근저당거래 당사자의 의사에 부합된다고 할 수 없고 또한 거래의 실정에도 맞지 않는다.

따라서 이에 관하여는 다음과 같이 해석하여야 할 것으로 생각한다. 즉 채무자의 사망후 상속인 전원이 근저당거래의 존속을 합의하여 채무자변경등기를 하면 그 근저당권의 피담보채권은 확정되지 않는 것으로 보되, 그러한 합의와 등기가 있기 전에는 잠정적으로 근저당거래를 할 수 없고, 나아가 상당한 기간이 지나도록 그러한 합의와 등기가 없는 때에는, 그 근저당권의 피담보채권이 확정되는 것으로 보는 것이 타당하다. 그리고 이 경우 저당부동산의 소유자가 제3자인 때에는, 상속인 전원의 합의 이외에, 제3자의 동의도 있어야 할 것으로 본다. 그러나 그밖에 후순위저당권자 등 이해관계인의 동의는 요하지 않는 것으로 보아야 한다. 이 들 후순위저당권자 등은 그 권리취득시에 선순위근저당권자의 채권최고액을 이미 감안한 것으로 보아야 하기 때문이다.

둘째로 채무자의 지위가 상속인에게 이전된 근저당권에 의하여 담보되는 채권의 범위가 어떠한지에 관하여는, S가 A와의 어음대출거래로부터 발생하는 채권을 담보하기 위하여, A소유의 부동산에 채권최고액을 3억원으로 하는 근저당권을 설정하고 거래하던 중 A가 사망하고, 그 상속인이 B인 경우를 예로 들어 설명하면 다음과 같다. 우선 A의 사망 전에 S가 A와의 어음대출거래에 의하여 취득한 채권(그 채무자지위를 B가 상속한다)이 S가 A로부터 취득한 근저당권에 의하여 담보된다는 점에 대하여는 의문이 있을 수 없다. 또한 상속에 불구하고 근저당거래의 존속을 합의하고 채무자변경등기를 한 이상 이후 S가 B와의 어음대출거래로부터 취득하는 채권도 이 근저당권에 의하여 담보할 수 있음에 대하여도 의문이 있을 수 없다.

문제는 근저당권의 채무자를 A에서 B로 변경등기 하기 전에 S가 B와의 어음대출거래로부터 취득한 채권이 있다고 할 때 이 채권을 이 근저당권에 의하여 담보할 수 있는가 하는 점이다. 이에 관하여는 근저당권자가 사망한 경우에 관하여 본 바와 마찬가지의 이유에서 부정하는 것이 타당하다. 다만 부정한다 하더라도 채무자변경등기 전에 S가 B에 대하여 가지는 어음대출금을 이 근저당권에 의하여 담보하게 할 수 없는 것은 아니다. 즉 S가 B에게 새로운 어음대출을 하여 종전의 어음대출금을 상환하게 하거나 또는 현재의 근저당부동산의 소유자와 근저당권변경계약을 체결하여 채무자변경등기전의 어음대출금까지 담보채권으로 포함시키면 그 어음대출금도 담보하게 할 수가 있는 것이다.

셋째로 상속인이 여러 명인 때에, 근저당권자가 상속인 각자와 근저당거래를 할 수 있는 것인지 아니면 공동상속인 전원과 공동으로만 할 수 있는 것인지에 관하여는, 근저당권의 채무자 추가가 있는 경우와 같이, 상속인 각자와 할 수 있는 것으로 보는 것이 타당하다고 생각한다.

한편 대법원의 등기예규는 「근저당권의 채무자가 사망하고 그 공동상속인 중 1인만이 채무자가 되려는 경우에 근저당권자와 근저당권설정자 또는 소유자(담보목적물의 상속인, 제3취득자 등)는 근저당권변경계약정보를 첨부정보로서 제공하여 "계약인수" 또는 "확정채무의 면책적 인수"를 등기원인으로 하는 채무자 변경의 근저당권변경등기를 공동으로 신청할 수 있다」고 규정하고 있다(근저당권에 관한 등기사무처리지침 5).

(ㄷ) 소유자의 사망

근저당권의 채무자와 근저당목적물의 소유자가 다른 경우, 소유자의 사망이 피담보채권의 확정을 가져오는가. 이에 관하여는 매매나 증여 등에 의하여, 저당목적물이 제3자에게 이전된 경우에, 그것만으로는 근저당권의 피담보채권이 확정된다고 볼 수 없는 것인데, 이러한 결과를 상속에 의한 저당목적물의 소유권이전이라 하여 특별히 다르게 취급할 이유가 없으므로, 부정하는 것이 타당하다. 다만 이 경우 상속인은 저당목적물의 소유자 사망을 이유로, 근저당권설정계약의 해지를 할 수 있다고 할 것이다. 그리고 근저당권설정계약의 해지가 있는 경우 그 해지의 효력은 사망시까지 소급하는 것이 아니라 해지의 통지가 근저당권자에게 도달한 때로부터 생기는 것으로 보아야 한다.

(타) 근저당권자 · 채무자 · 소유자의 회사합병

(ㄱ) 근저당권자인 회사의 합병

근저당권자인 회사가 합병을 한 경우 근저당거래와 관련하여 문제가 되는 것은 ①근저당권의 피담보채권이 확정되는지 여부 ②합병 후 근저당권에 의하여 담보되는 채권의 범위의 2가지이다.

첫째로 근저당권자인 회사의 합병으로 그 근저당권의 피담보채권이 확정되는지에 관하여는, 합병 후의 존속회사나 신설회사에게 근저당권자인 지위의 승계를 인정한다고 해서, 채무자나 저당목적물의 소유자에게 특별히 불이익이 되는 것은 아니므로, 근저당권자 측에 합병이 있다고 해서 그 근저당권의 피담보채권이 확정된 것으로 볼 필요는 없고, 근저당권은 법률상 당연히 기본계약상의 지위와 함께 합병 후의 존속회사 또는 신설회사에 이전하는 것으로 하되, 이 경우 채무자나 저당목적물의 소유자는 근저당권자의 합병을 이유로 그 근저당권설정계약을 해지함으로써 근저당권에 의하여 담보되는 채권의 범위를 확정시킬 수 있다고 하는 것이 타당하다. 따라서 근저당권자 측에 합병이 있는 경우, 합병 후의 존속회사 또는 신설회사는 근저당권자의 변경등기(근저당권자가 존속회사인 경우는 변경등기를 요하지 않는다)를 한 후 채무자와 근저당거래를 계속할 수 있다고 할 것이다. 그리고 근저당권설정계약의 해지가 있는 경우 그 해지의 효력은 합병시까지 소급하는 것이 아니라 해지의 통지가 합병 후의 존속회사 또는 신설회사에게 도달한 때로부터 생기는 것으로 보아야 한다.

둘째로 합병 후 근저당권에 의하여 담보되는 채권의 범위가 어떠한지에 관하여는, S회사가 A와의 어음대출거래로부터 발생하는 채권을 담보하기 위하여, A 소유의 부동산에 채권최고액을 3억원으로 하는 근저당권을 설정하고 거래하던 중 K회사에 흡수합병된 경우를 예로 들어 설명하면 다음과 같다. 우선 S회사와 K회사가 합병하기 전에 S회사가 A와의 어음대출거래에 의하여 취득한 채권(이 채권도 K회사가 승계한다)이 K회사에 이전된 근저당권에 의하여 담보된다는 점에 대하여는 의문이 있을 수 없다. 또한 합병에 따른 근저당권의 채권자변경등기 이후 K회사가 A와의 어음대출거래로부터 취득하는 채권도 합병에 불구하고 근저당권의 피담보채권이 확정되지 아니한다고 보는 이상 이 근저당권에 의하여 담보할 수 있음에 대하여도 의문이 있을 수 없다.

문제는 합병 전 즉 K회사가 근저당권을 승계하기 전에 A와의 어음대출거래로부터 취득한 채권이 있다고 할 때 이 채권을 K회사가 승계한 근저당권에 의하여 담보할 수 있는가 하는 점이다. 이에 관하여는 근저당권에 의하여 담보되는 채권의 범위를, 현재 근저당거래의 당사자로 되어 있고 또한 그 당사자 사이에 근저당권설정계약에서 정한 거래관계로부터 발생한 채권이면 그 발생시기와 관계없이 모두 포함하는 것으로 보아 긍정하는 견해도 있을 수 있다. 그러나 근저당권에 의하여 담보되는 채권의 범위는 근저당거래의 당사자로 되어 있는 중에 근저당권설정계약에서 정한 거래관계로부터 발생한 채권이라고 보는 것이 근저당권설정계약의 취지에 부합된다고 할 것이므로 부정하는 것이 타당하다.[86] 다만 부정한다 하더라도 합병전의 어음대출금을 K회사가 승계한 근저당권에 의하여 담보하게 할 수 없는 것은 아니다. 즉 현재의 근저당권자 K회사가 A에게 새로운 어음대출을 하여 합병전의 어음대출금을 상환하게 하거나 또는 현재의 근저당부동산의 소유자인 A와 근저당권변경계약을 체결하여 합병전의 어음대출금까지 담보채권으로 포함시키면 합병전의 어음대출금도 담보하게 할 수가 있는 것이다.

(ㄴ) **근저당채무자인 회사의 합병**

근저당권의 채무자인 회사가 합병을 한 경우 근저당거래와 관련하여 문제가 되는 것은 ① 근저당권의 피담보채권이 확정되는지 여부 ② 합병 후 근저당권에 의하여 담보되는 채권의 범위의 2가지이다.

첫째로 근저당권의 채무자인 회사가 합병을 한 경우에 그 근저당권의 피담보채권이 확정되는지의 여부에 관하여는 다음과 같이 경우를 나누어 볼 필요가 있다. 우선 담보제공자가 바로 채무자인 경우에는 근저당권자인 회사가 합병을 한 경우에 준하는 것으로 보면 된다.

그러나 담보제공자가 채무자가 아닌 제3자인 경우에는 근저당권자인 회사가 합병을 한 경우와 동일하게 볼 수가 없다. 담보제공자가 채무자가 아닌 제3자인 경우 채무자가 누구인가는 담보제공자의 이해관계에 중대한 영향을 미치는 사항(예컨대 채무자가 변제자력이 있는 자인 경우와 없는 자인 경우로 나누어 생각해 보라)이라 할 것이기 때문이다.

따라서 이에 관하여는 근저당권의 채무자가 사망한 경우에 준하여 다음과 같이 해석하여야 할 것으로 생각한다. 즉 합병후의 존속회사 또는 신설회사와 담보제공자가 근저당거래의 존속을 합의하여 채무자변경등기를 하면(채무자가 존속회사인 때에는 변경등기를 요하지 않는다) 그 근저당권의 피담보채권은 확정되지 않는 것으로

86) 주석물권법(하), 424. 민법주해(VII) 31(박해성). 김석우 근저당권 128.

보되, 그러한 합의와 등기가 있기 전에는 잠정적으로 근저당거래를 할 수 없고, 나아가 상당한 기간이 지나도록 그러한 합의와 등기가 없는 때에는, 그 근저당권의 피담보채권이 확정되는 것으로 보는 것이 타당하다.[87] 그러나 그밖에 후순위저당권자 등 이해관계인의 동의는 요하지 않는 것으로 보아야 한다. 이 들 후순위저당권자 등은 그 권리취득시에 선순위근저당권자의 채권최고액을 이미 감안한 것으로 보아야 하기 때문이다.

둘째로 합병 후 근저당권에 의하여 담보되는 채권의 범위가 어떠한지에 관하여는, S가 A회사와의 어음대출거래로부터 발생하는 채권을 담보하기 위하여, A소유의 부동산에 채권최고액을 3억원으로 하는 근저당권을 설정하고 거래하던 중 A회사가 B회사에 흡수합병된 경우를 예로 들어 설명하면 다음과 같다. 우선 A회사와 B회사가 합병하기 전에 S가 A회사와의 어음대출거래에 의하여 취득한 채권(이 채무자지위도 B회사가 승계한다)이 근저당권에 의하여 담보된다는 점에 대하여는 의문이 있을 수 없다. 또한 합병에 따른 근저당권의 채무자변경등기 이후 S가 B회사와의 어음대출거래로부터 취득하는 채권을 이 근저당권에 의하여 담보할 수 있음에 대하여도 의문이 있을 수 없다.

문제는 합병전에 S가 B와의 어음대출거래로부터 취득한 채권이 있다고 할 때 이 채권을 근저당권에 의하여 담보할 수 있는가 하는 점이다. 이에 관하여는 근저당권자가 합병한 경우에 관하여 본 바와 마찬가지의 이유에서 부정하는 것이 타당하다. 다만 부정한다 하더라도 S가 합병전에 B에 대하여 취득한 어음대출금을 이 근저당권에 의하여 담보하게 할 수 없는 것은 아니다. 즉 현재의 근저당채무자인 B회사에 새로운 어음대출을 하여 합병전의 어음대출금을 상환하게 하거나 또는 현재의 근저당부동산의 소유자인 B와 근저당권변경계약을 체결하여 합병전의 어음대출금까지 담보채권으로 포함시키면 합병전의 어음대출금도 담보하게 할 수가 있는 것이다.

(ㄷ) 소유자의 회사합병

근저당권의 채무자와 근저당목적물의 소유자가 다른 경우, 소유자의 회사합병이 피담보채권의 확정을 가져오는가.

---

87) 금융법률실무(여신편) 245.

매매나 증여 등에 의하여 저당목적물이 제3자에게 이전된 경우에, 그것만으로는 근저당권의 피담보채권이 확정된다고 볼 수 없는 것이고 또한, 상속에 의한 저당목적물의 소유권이전이 있다고 하여 근저당권의 피담보채권이 확정되는 것으로 보지 않는 이상, 합병의 경우에 관하여 이를 달리 취급할 이유가 없으므로, 부정하는 것이 타당하다고 생각한다.[88]

다만 이 경우 소유자인 존속회사는 합병을 이유로 근저당권설정계약의 해지를 할 수 있다고 할 것이다. 그리고 근저당권설정계약의 해지가 있는 경우 그 해지의 효력은 합병시까지 소급하는 것이 아니라 해지의 통지가 근저당권자에게 도달한 때로부터 생기는 것으로 보아야 한다.

㈣ 근저당권자 · 채무자 · 소유자의 파산

근저당권자가 채무자 회생 및 파산에 관한 법률에 의하여 파산선고가 받았다고 하여 근저당권의 피담보채권이 확정되는 것으로 볼 필요는 없다. 근저당권자의 파산으로 채무자나 소유자가 특별히 불이익하게 되는 것이 아니기 때문이다. 따라서 이 경우는 근저당권자에 갈음하여 파산관재인이 그 관리권한의 범위에서 원래의 근저당권설정계약내용에 따라 채무자와 근저당거래를 계속할 수 있는 것으로 본다.

그러나 채무자나 저당목적물의 소유자(물상보증인 또는 제3취득자)가 파산선고를 받은 때에는, 근저당권의 피담보채권이 확정되는 것으로 보아야 한다.[89] 채무자에 대하여 파산선고가 내려진 경우 채무자는 거래능력을 잃게 되어 더 이상 피담보채권이 발생할 가능성이 없고, 또한 저당목적물의 소유자에 대하여 파산선고가 내려진 경우도, 파산이 파산자의 총재산에 대한 일괄적인 매각절차라는 점에서 당해 목적물에 대하여 경매 등의 신청이 있는 것과 같을 뿐만 아니라, 채무자 회생 및 파산에 관한 법률 제330조의 해석상 파산선고 후에는 근저당권자가 근저당권의 피담보채권을 취득하더라도 파산채권자에 대한 관계에서 그 취득을 대항할 수 없어 파산선고 후에는 피담보채권이 발생할 여지가 없기 때문이다.

다만 파산선고가 그 절차진행 중에 취소 등에 의하여 실효되는 경우에는 피담보채권 확정의 효력이 소급하여 없어지는 것인지의 문제가 있으나, 이에 관한 명문의 규정이 없는 우리 민법상으로는 부정하여야 할 것으로 본다. 즉 우리 민법

---

88) 주석물권법(하) 423.

89) 민법주해[VII] 21(박해성). 곽윤직 물권법 492.

상으로는 일단 확정된 근저당권은 파산선고가 그 효력을 잃는다고 하더라도 그대로 유지되는 것으로 볼 수밖에 없다.

㈛ 근저당권자 · 채무자 · 소유자의 회생절차개시

(ㄱ) 근저당권자의 회생절차개시

근저당권자에 대하여 채무자 회생 및 파산에 관한 법률에 의한 회생절차(구 회사정리법상의 회사정리절차)가 개시되었다고 하여 근저당권의 피담보채권이 확정되는 것으로 볼 필요는 없다. 이로 인하여 채무자나 소유자가 특별히 불이익하게 되는 것이 아니기 때문이다. 따라서 이 경우는 근저당권자에 갈음하여 관리인이 그 관리권한의 범위에서 원래의 근저당권설정계약내용에 따라 채무자와 근저당거래를 계속할 수 있는 것으로 본다.

(ㄴ) 채무자 · 소유자의 회생절차개시

채무자나 소유자에 대하여 채무자 회생 및 파산에 관한 법률에 의한 회생절차가 개시된 경우에 근저당권의 피담보채권이 확정되는지에 관하여는 동법에 아무런 규정이 없어 문제이다. 이에 관하여는 현행 회생절차에 대응하는 것으로 볼 수 있는 구 회사정리법상의 회사정리절차와 관련하여 종래 불확정설[90]과 확정설[91]로 견해가 대립되어 있다.

불확정설은 회생절차의 개시에 의하여 피담보채권이 확정된다고 하면 이후의 법률관계의 처리가 간명해지는 장점은 있으나, 이러한 결과는 회사를 갱생시키려는 회생절차(구 회사정리절차)의 목적에 부합되지 않고 또한 채권자나 채무자의 입장에 있어서도 피담보채권을 확정시키는 것이 반드시 유리한 것이 아니어서 타당성이 없다는 점을 그 논거로 하고 있다.

이에 대하여 확정설의 논거는 다음과 같다. 회생절차(구 회사정리절차)의 개시에 의하여 회사의 사업의 경영 및 재산의 관리 · 처분권은 관리인에 전속하게 되고(채회파 56, 구회정 53), 회사는 이 시점으로부터 법률관계의 모든 사항에 걸쳐 새로운 단계로 들어가게 된다. 즉 파산 · 회생절차개시 등의 신청을 할 수 없게 되고, 회

90) 회사정리실무 338. 회사정리법해설 296, 448. 박승두 회사정리법 586.

91) 임채홍 · 백창훈 회사정리법(상) 451.

생채권(회사정리절차상은 정리채권) 또는 회생담보권(회사정리절차상은 정리담보권)에 기하여 회사재산에 대한 강제집행을 할 수 없게 되며, 이미 진행 중인 강제집행은 중지되고(채회파 58, 구회정 67), 회사의 재산관계의 소송절차는 중단되며(채회파 59, 구회정 68), 회사와 상대방간의 쌍방 이행미완료의 쌍무계약에 있어서도 새로이 그 처리가 도모되게 된다(채회파 119, 구회정 103). 이와 같이 회생절차(구 회사정리절차)의 개시에 의하여, 회사가 그 시점으로부터 새로운 단계로 들어가게 된다는 점을 고려하면, 근저당권으로 담보되는 채권도 회생절차의 개시에 의하여 확정되는 것으로 보아야 한다. 또한 이렇게 처리하는 것이 법률관계의 처리를 간명하게 하며, 만일 불확정설에 의할 경우에는 선순위근저당권자의 입장은 필요 이상으로 유리하게 되나, 후순위저근당권자는 현저히 불리하게 되어 보호의 균형을 잃게 됨으로써 불합리하다고 한다.

이상을 종합하여 보면 확정설은 절차의 명확성과 후순위권자의 보호를 주된 이유로 하고 있고, 불확정설은 금융의 편의를 도모하고 회생회사(구 회사정리절차상으로는 정리회사)의 부담을 덜어주어 갱생에 도움을 주고자 하는 것을 주된 이유로 하고 있다. 회생절차(구 회사정리절차)는 회사의 갱생을 그 주된 목적으로 하고 있고 또 근저당거래에 있어서의 후순위권자는 선순위근저당권자가 그 채권최고액 전부에 대하여 채권을 가진다는 것을 예상한 자이므로, 회생절차(구 회사정리절차)개시 후에 선순위근저당거래의 계속을 인정한다고 하더라도 반드시 불이익을 입는다고는 할 수 없다는 점에서 불확정설이 타당하다고 생각한다.

그러나 대법원판례는 구 회사정리정리법상의 회사정리절차에 관하여 확정설의 입장을 채택한 바 있다. 따라서 구 회사정리절차에 해당하는 현행 회생절차에 있어서도 실무상으로는 확정설의 입장에 따라 처리할 수밖에 없을 것으로 본다.

판례1-18

회사정리절차개시와 근저당권의 피담보채권확정

근저당권이 설정된 뒤 채무자 또는 근저당권설정자에 대하여 회사정리절차개시결정이 내려진 경우, 그 근저당권의 피담보채무는 회사정리절차개시결정시점을 기준으로 확정되는 것으로 보아야 하므로, 그 이후 근저당권자가 정리회사 또는 정리회사의 관리인에게 그 사업의 경영을 위하여 추가로 금원을 융통하여 줌으로써 별도의 채권을 취득하였다 하더라도, 그 채권이 위 근저당권에 의하여 담보될 여지는 없다 할 것이다(대판 2001.6.1. 99다66649).

㈎ 근저당권자 · 채무자 · 소유자의 개인회생절차개시

근저당권자에 대하여 개인회생절차가 개시되었다고 하여 근저당권의 피담보채권이 확정되는 것으로 볼 필요가 없음은 근저당권자에 대하여 회생절차가 개시된 경우와 같다.

채무자 또는 소유자에 대하여 개인회생절차개시가 있는 경우 근저당권의 피담보채권이 확정되는지 여부에 관하여는 다소 문제가 있다. 개인회생절차개시의 경우는 변제계획의 인가결정일 또는 개인회생절차 폐지결정의 확정일 중 먼저 도래하는 날까지만 근저당권의 실행을 할 수 없고 그 이후는 근저당권을 실행할 수 있다는 점에서(채회파 600②), 절차진행 중인 동안 근저당권의 실행을 할 수 없는 회생절차와 다르기 때문이다.

그러나 개인회생절차가 채무자의 사회생활에 지장을 초래하게 하지 않으면서 채무조정을 통하여 채무자의 회생을 도모하려는데 그 목적이 있다는 점에서 개인회생절차의 개시로 인하여 근저당권의 피담보채권이 확정되는 것은 아니라고 보는 것이 타당하다고 생각한다.

라. 채권최고액

㈎ 채권최고액의 의미

근저당권에 있어서의 채권최고액이 어떠한 의미를 가지는 것인지에 관하여는 견해가 대립되어 있다. 제1설은 근저당권의 채권최고액은 우선변제권의 범위를 한정할 뿐만 아니라, 피담보채권에 관한 근저당권 행사의 한도, 환가권의 한도를 의미하는 것이라고 하고, 제2설은 근저당권의 채권최고액은 물상보증인이나 타채권자 등의 이해관계인에 대하여, 우선변제권을 주장할 수 있는 최고한도액을 의미하는 것이라고 한다.[92)]

예컨대 A가 B소유의 부동산에 채권최고액을 5천만원으로 하는 제1순위근저당권을 설정하였고 현재 그 피담보채권액이 1억원이라고 할 때, 제1설에 의하면 B가 채무자이건 아니건을 불문하고 5천만원만 변제하면 근저당권의 말소를 구할 수 있는 반면, 제2설에 의하면 B가 물상보증인이거나 저당목적물의 제3취득자이면 5

92) 법원실무제요 민사집행(상) 806. 남기정 신강제집행법(중) 464.

판례1-19

근저당권의 채권최고액의 의미

(1) 근저당권에 의하여 담보되는 채권의 범위에 관한 문제는 차순위담보권자 또는 담보물건의 제3 취득자에 대한 관계에서만 거론될 수 있는 있는 것이고 근저당권설정자 겸 채무자에 대한 관계에 있어서는 적용되지 아니한다(대판 1972.5.23. 72다485,486).

(2) 원래 저당권은 원본, 이자, 위약금, 채무불이행으로 인한 손해배상 및 저당권의 실행비용을 담보하는 것이며, 채권최고액의 정함이 있는 근저당권에 있어서 이러한 채권의 총액이 그 채권최고액을 초과하는 경우, 적어도 근저당권자와 채무자 겸 근저당권설정자와의 관계에 있어서는 위 채권 전액의 변제가 있을 때까지 근저당권의 효력은 채권최고액과는 관계없이 잔존채무에 여전히 미친다고 할 것이다(대판 2001.10.12. 2000다59081).

(3) 채무자는 현실제공에 의한 변제뿐 아니라 변제의 목적물을 공탁하여서도 그 채무를 면할 수 있으나(민법 제487조) 공탁 자체가 부적법하여 무효인 경우에는 변제의 효력은 발생하지 않는다. 한편, 근저당권이라 함은 그 담보할 채권의 최고액만을 정하고 채무의 확정을 장래에 유보하여 설정하는 저당권을 말하는 것이므로 그 피담보채무가 확정될 때까지의 채무의 소멸 또는 이전은 근저당권에 영향을 미치지 않는다. 그리고 근저당부동산에 대하여 소유권, 전세권 등의 권리를 취득한 제3자는 피담보채무가 확정된 이후에 채권최고액의 범위 내에서 그 확정된 피담보채무를 변제하고 근저당권의 소멸을 청구할 수 있으나, 채무자가 그 부동산의 소유자 겸 근저당설정자인 경우에는 그 피담보채무는 채무자가 채권자인 근저당권자에 대하여 부담하는 채무 전액으로 보아야 하므로 채무자로서는 채권최고액이 아니라 확정된 피담보채무액 전액을 변제공탁하지 않는 한 적법한 변제공탁이 될 수 없다(대판 2011.7.28. 2010다88507).

천만원만 변제하고서 근저당권의 말소를 구할 수 있고, 채무자이면 1억원 전액을 변제하여야 근저당권의 말소를 구할 수 있다는 것이 된다.

그러나 물상보증인 등 다른 이해관계인에게 영향을 주지 않는 이상, 근저당권의 효력을 특별히 제한할 필요가 없을 것이므로 제2설이 타당하다. 대법원의 판례도 제2설의 입장을 취하고 있다.

판례1-20

근저당권의 물상보증인은 민법 357조에서 말하는 채권의 최고액만을 변제하면 근저당권설정등기의 말소청구를 할 수 있고 채권최고액을 초과하는 부분의 채권액까지 변제할 의무가 있는 것이 아니다(대판 1974. 12.10. 74다998).

(나) 채권최고액에 포함되는 채권의 범위

(ㄱ) 개설

근저당권에 있어서도 저당권의 피담보채권의 범위에 관한 민법 제360조의 규정이 적용됨은 물론이다. 따라서 근저당권은 피담보채권이 확정되기 전에 근저당권 설정계약에서 정하고 있는 거래계약으로부터 발생한 원금과 그에 부수하여 발생하는 이자, 위약금, 채무불이행으로 인한 손해배상, 저당권의 실행비용을 담보하게 된다. 다만 근저당권은 계속적인 거래관계로부터 발생하는 불특정채권을 일정한 한도액까지 담보한다는 특성상, 부수채권에 관하여 별도로 등기를 할 것을 요하지 않고 또한 담보되는 원금이나 부수채권의 구체적인 내용을 확정함에 있어서 보통 저당권과 다른 점이 있는 바 이하에서 살펴보기로 한다.

(ㄴ) 원금

피담보채권이 확정되기 전에 근저당권설정계약에서 정하고 있는 거래계약으로부터 발생한 것만을 담보하는 것이 원칙이다.

따라서 금융거래에 있어서는 근저당권설정계약에서 미리 정하고 있는 거래관계로부터 취득한 채권이 아닌 우연한 관계로부터 취득한 채권, 예컨대 제3자가 채무자에 대하여 가지고 있는 채권을 채권자가 제3자로부터 양수함으로써 취득하게 된 채권이나, 채권자가 채무자로부터 임차한 영업용건물에 대한 임대차보증금반환채권 또는 채무자가 채권자에게 가한 불법행위로 인한 손해배상채권 등은 비록 포괄근저당권을 설정하였다 하더라도, 그 근저당권에 의하여 담보되는 원금채권에 속하지 않는다. 이들 채권을 담보하게 하려면 근저당권설정계약서상의 피담보채권에 이 들 채권을 추가로 기재해 두어야만 한다.

그러나 당사자가 근저당권설정계약으로 피담보채권을 발생시키는 것으로 정하고 있는 거래계약이 무효로 되거나 해제·해지된 경우 또는 그 거래계약을 이행하지 않음으로써 발생하게 되는 부당이득반환청구권이나 손해배상청구권 등은, 그 거래계약과 관련이 있는 것이므로 그 근저당권에 의하여 담보되는 기본채권에 속하는 것으로 보아야 한다.

판례1-21

근저당권에 의하여 담보되는 채권의 범위

소비대차계약에 의거하여 부담하게 될 일체의 채무와 그 불이행으로 인한 손해배상채무를 담보하기 위하여 근저당권설정계약을 체결한 경우에는 이 근저당권은 소비대차계약이 무효로 됨으로써 발생하는 부당이득반환채권을 담보하는 것으로 보는 것이 위근저당권설정계약의 취지에 부합한다(대결 1968.1.11. 67마576).

(ㄷ) 부수채권

근저당권에 의하여 담보되는 부수채권의 범위에 관하여 민법 제357조 제2항은 「채무의 이자는 최고액 중에 산입한 것으로 본다」고만 규정하고 있는 바, 이 규정과 관련하여서는 다음과 같은 두 가지의 문제가 있다. 하나는 동조항에서 규정하는 이자는 약정이자만을 의미하는가 아니면 지연이자(지연배상금)도 포함하는가 하는 문제이고, 다른 하나는 지연이자도 포함된다고 할 때 저당권의 피담보채권의 범위에 관한 민법 제360조 단서의 규정이 이 경우에도 적용되는가 하는 문제이다.

우선 첫째 문제에 관하여는 만일 민법 제357조 제2항에서 규정하는 이자가 약정이자만을 의미한다고 하면, 지연이자는 채권최고액과 무관하게 민법 제360조에 의거 우선변제를 받을 수 있다는 결과가 되어, 후순위저당권자를 비롯한 다른 채권자의 이익을 해하게 됨으로써 불합리한 결과를 초래하게 된다. 따라서 민법 제357조 제2항에서 규정하는 이자에는, 지연배상금도 포함되는 것으로 보아야 하며 이에 대하여 반대하는 견해는 없다.[93]

다음에 둘째 문제에 관하여는 근저당권의 경우 지연배상금이 채권최고액의 범위에 포함된다고 하는 이상, 후순위저당권자나 다른 채권자를 해할 염려가 없다고 할 것이므로, 구태여 담보되는 범위를 보통저당권의 경우와 같이 원본의 이행기일을 경과한 후의 1년분으로 다시 제한할 필요가 없다는 견해[94]와 근저당권이 확정되어 근저당권을 실행할 수 있는데도 불구하고, 채권자가 태만하여 시일이 경과함으로써 지연이자가 늘어난 경우에도, 지연이자 모두의 우선변제권을 인정하여 채권자를 보호하는 것은 적절하지 못하다는 견지에서, 지연배상금을 근저당권의 확정후 1년분으로 제한하여야 한다는 견해[95]가 주장되고 있다. 전설이 통설로서 타당하다. 따라서 근저당권자는 채권최고액의 범위내이면, 원본의 이행기일을 1년 초과한 지연배상금에 대하여도 제한 없이 우선변제를 받을 수 있는 반면, 채권최고액을 초과하면 1년분의 범위내의 지연배상금이라도 우선변제를 받을 수 없다.

보통저당권의 경우는 원본의 이행기일이 등기되어 지연배상금이 후순위저당권자 등 이해관계인에 대한 관계에서 이 등기된 원본의 이행기일로부터 1년분에 한정되고 그 초과분을 우선변제 받지 못하는 반면에, 근저당권의 경우는 원본의

93) 민법주해[VII] 20(박해성). 곽윤직 물권법 492.
94) 민법주해[VII] 21(박해성). 곽윤직 물권법 492. 김용한 물권법론 587. 이영준 물권법 947.
95) 민법주해[VII] 20(박해성). 곽윤직 물권법 492.

이행기일이 등기되지 아니하고 담보할 채권최고액만 등기되므로 지연배상금이 채권최고액 범위 내이면 원본의 이행기일을 경과한 후의 1년분을 초과하는 지연배상금도 우선변제를 받는다는 특징이 있다.

위와 같은 보통저당권과 근저당권의 특징 때문에 금융거래의 실무에서는 보통저당권이 설정되는 경우는 거의 없고 대부분 특정근담보형 근저당권이 설정되고 있다. 그 이유는 예컨대 채권자 S은행과 채무자 A 사이에 체결된 대출금을 1억원, 상환기일(이행기일)을 2025년 1월 25일로 한 2024년 1월 25일자 여신거래약정서상의 채권을 담보하기 위하여 A의 부동산을 대상으로 보통저당권을 설정한 경우에는 A가 대출금의 상환기일을 2026년 1월 25일까지 연장신청하여도 S은행은 이를 받아줄 수가 없다. A가 연장된 상환기일인 2026년 1월 25일 이후에 대출원금과 부수채권의 상환을 지체할 경우 S은행은 지연배상금을 2025년 1월 25일을 지난 2026년 1월 25일까지의 것만 우선변제 받을 수 있고 연장된 상환기일인 2026년 1월 25일 이후의 것은 우선배당받을 수 없기 때문이다. 반면에 특정근담보형 근저당권을 설정한 경우에는 2026년 1월 25일 이후의 지연배상금이 채권최고액 범위에서 모두 담보할 수 있어 상환기일 연장이 가능하므로 채무자의 입장에서도 보통저당권보다는 특정근담보형 근저당권을 설정하는 것이 편리하다.

한편 근저당권의 실행비용이 채권최고액에 포함되는가에 관하여는 긍정설[96]과 부정설[97]이 주장되고 있다. 긍정설은 민법 제357조가 최고액이라고 하고 있는 이상 일반저당권의 경우에 비하여 축소해석을 하여야 할 특별한 이유가 없기 때문이라고 하고, 부정설은 본래 근저당권에 있어서의 채권최고액이란 당사자 사이의 계속적인 거래관계에서 발생하는 채권의 담보한도액을 의미하는 것이기 때문이라고 한다. 부정설이 타당하다고 생각한다. 대법원의 판례도 같은 입장이다. 따라서 근저당권실행비용의 경우는 채권최고액의 한도를 초과한 경우라도 민법 제360조에 의하여 우선변제를 받을 수 있게 된다. 그리고 이 경우 구체적으로 어떠한 것이 저당권의 실행비용이 되느냐 하는 것은 전술한 보통저당권의 경우와 동일한 것으로 보면 된다.

판례1-22

근저당권의 실행비용이 채권최고액에 포함되는지 여부

경매부동산을 매수한 제3취득자는 그 부동산으로 담보하는 채권최고액과 경매비용을 변제공탁하면 그 저당권의 소멸을 청구할 수 있다(대결 1971.5.15. 71마251).

96) 김용한 물권법론 587. 이영준 물권법 849.

97) 민법주해[VII] 21(박해성). 곽윤직 물권법 492.

㈐ 채권최고액을 넘는 금액의 배당에 관한 문제

근저당목적물이 경매되는 경우에 근저당권의 실행비용을 제외한 담보채권총액이 채권최고액을 초과하는 때에는 다음과 같은 3가지가 문제로 된다. 첫째는 근저당권자가 그 초과금액에 대하여 우선배당을 받을 수 있는가 하는 점이고, 둘째는 우선배당을 받을 수 있다고 할 경우에 근저당권자가 실제로 그 초과금액을 배당받기 위해서 어떠한 절차를 취하여야 하는가 하는 점이며, 셋째는 우선배당을 받을 수 없는 경우에 일반채권자로서 배당참가를 할 수 있는 것인지, 할 수 있다면 어떠한 절차를 취하여야 하는가 하는 점이다.

첫째의 문제에 관하여는 전술한 채권최고액의 의미에 관한 제1설에 의하면 경매부동산의 소유자가 누구인지에 관계없이 채권최고액을 초과하는 금액에 대한 우선배당을 부정할 수밖에 없다. 이에 대하여 제2설에 의하면 경매부동산의 소유자가 채무자이고 다른 채권자의 배당참가가 없는 경우와 배당참가가 있어도 배당할 금액으로 배당에 참가한 모든 채권자의 채권액을 변제할 수 있으면 채권최고액을 초과하는 금액에 대한 우선배당을 긍정하게 되지만, 경매부동산의 소유자가 물상보증인이거나 제3취득자인 경우와 채무자라 하더라도 다른 채권자의 배당참가가 있고 배당할 금액이 배당에 참가한 모든 채권자의 채권을 만족시키기에 부족한 경우는 우선배당을 부정하게 된다.

둘째의 문제에 관하여는 우선배당을 긍정하는 이상, 초과하는 금액에 대하여 집행력 있는 정본을 소지하거나 초과하는 금액에 기하여 경매부동산에 가압류를 하고서 배당요구의 종기까지 배당요구하거나 경합압류를 해야 할 필요는 없으며, 경매신청서나 채권계산서상에 그 초과금액이 존재하는 것을 소명하는 것으로 초과금액을 배당받는데 충분한 것으로 보아야 한다. 대법원판례도 같다.

셋째의 문제에 관하여는 우선 경매부동산의 소유자가 물상보증인이거나 제3취득자인 경우는 채권최고액을 초과하는 금액에 대하여 우선변제권자로서는 물론이고 일반채권자로서도 배당을 받을 수 없는 것으로 보아야 한다. 물상보증인이나 제3취득자는 채무자가 아닌 자로서 채권최고액의 범위에서 물적 유한책임만을 지는 자이기 때문이다. 이에 대하여 경매부동산의 소유자가 채무자인 경우는 채권최고액을 초과하는 금액에 대하여 우선변제권자가 아닌 일반채권자로서 당연히 배당참가할 수 있는 것으로 보아야 한다. 다만 이 경우는 우선배당을 받는 근저당권자로서가 아니라 일반 채권자로서 배당참가하는 것이므로 다른 일반채권자와 같은 지위를 가지는 것으로 보아야 한다. 따라서 초과금액에 대하여 일반 채권자와 각자의 채권액에 안분한 배당을 받으려면 당해 경매절차의 배당요구의 종기 이전에, 초과하는 금액에 대하여 집행력 있는 정본을 소지하거나 초과하는 금액에 기하여 경매부동산에 가압류를 하고서, 배당요구의 종기까지 배당요구를 하거나 경합압류를 해야만 한다. 대법원판례도 같다.

판례1-23

채권최고액을 초과하는 금액을 배당받기 위한 절차

(1) 근저당권설정자와 채무자가 동일한 경우에 근저당권의 채권최고액은 후순위담보권자나 저당목적 부동산의 제3취득자에 대한 우선변제권의 한도로서의 의미를 갖는 것에 불과하고 그 부동산으로서는 그 최고액 범위내의 채권에 한하여서만 변제를 받을 수 있다는 이른바 책임의 한도라고까지는 볼 수 없으므로 제3취득자나 후순위근저당권자가 없는 한 근저당권자의 채권액이 근저당권의 최고액을 초과하는 경우에 경락대금 중 그 채권최고액을 초과하는 금액이 있더라도 이는 근저당권설정자에게 반환할 것은 아니고 근저당권자의 채권최고액을 초과하는 채무의 변제에 충당하여야 할 것이며, 한편 이 사건에 있어서와 같이 1990. 1. 13. 법률 제4201호로써 폐지된 구경매법에 의하여 진행되는 경매절차에서는 민사소송법 소정의 배당요구 등 배당절차에 관한 규정이 준용되지 아니하는 결과 배당요구가 허용되는 것을 전제로 하는 간이절차에 의한 민사분쟁사건처리 특례법(1990.1.13. 법률 제4204호로 개정되기 전의 것) 제5조(배당요구)의 규정은 앞서 본 바와 같이 근저당권설정자와 채무자가 같아 당해 임의경매 절차에서 배당을 받을 수 있는 근저당권자의 채권최고액 초과 채권에 대하여는 적용이 없고 근저당권자는 그 채권액에 관한 소명만으로도 경매법원에 그 채권최고액을 초과하는 채권에 대한 경락대금의 교부를 청구할 수 있다(대판 1992.5.26. 92다1896).

(2) 피고의 이 사건 일반 채권은 위 공동근저당권의 채권최고액을 초과하는 부분으로서 우선변제의 효력이 미치지 않는 채권이라는 것인 바, 위와 같이 우선변제의 효력이 미치지 아니하는 피고의 이 사건 일반 채권에 관하여 원심 판시와 같이 가압류채권자인 원고와의 사이에 같은 순위로 안분비례하여 배당하기 위하여는 앞서와 같은 경매신청이나 채권계산서의 제출이 있는 것만으로 될 수 있는 것이 아니고 피고가 일반 채권에 관하여 별도로 민사소송법 제728조, 제605조의 규정에 의한 적법한 배당요구를 하였거나 그밖에 달리 배당을 받을 수 있는 채권으로서의 필요한 요건을 갖추고 있어야 하는 것이다. 원심판결에서 인용하고 있는 위 대법원 판결(대판 1992.5.26. 92다1896)은 구 경매법에 관한 것으로서 이 사건에 그대로 적용할 바가 못된다(대판 1998.4.10. 97다28216).

3. 이미 설정한 근저당권의 활용

(1) 개설

여신거래처로부터 제공되는 담보물에 근저당권을 설정하고 처음 여신을 취급하는 때에는 제공된 담보물의 감정가액에 일정비율을 곱하여 산출한 금액에서 경매시 그 매수인에게 승계되는 권리의 가액과 여신공여자인 근저당권자보다 우선변제되는 채권자의 채권액을 공제한 금액을 여신한도액으로 하여 여신금액을 정한 후 그 여신금액에 일정비율을 곱하여 산출한 금액을 채권최고액으로 한 근저당권을 설정하고서 여신취급을 하는 것이 보통이다. 이 경우 담보물의 감정가액에 곱하는 일정비율을 담보인정비율(담보물이 주택인 때에는 주택담보인정비율)이라 하고, 여신금액에 곱하는 일정비율을 설정비율이라고 한다.

그런데 근저당권에 의하여 담보되는 채권은 근저당거래의 존속 중에는 특정되지 않고 변동될 수 있어, 이미 설정한 근저당권에 의하여 담보되는 채권의 원금이 상환되어 줄어든 상태에서는 담보인정비율과 설정비율에 여유가 생기게 되는데 이 경우의 여유를 여신여력과 설정여력이라고 한다. 예를 들면 담보제공 부동산의 감정가액이 5억 원, 담보인정비율이 60%, 부동산 현황조사 결과 경매시 그 매수인에게 승계되는 권리의 가액과 여신공여자인 근저당권자보다 우선변제되는 채권자의 채권액의 합계액이 1억 원인 상태에서 여신금액을 2억 원(5억 원 × 60% − 1억 원)으로 하고 채권최고액을 2억 4천만 원(2억 원 × 설정비율 120%)으로 하는 근저당권을 설정하고 여신취급하였다가, 원금 일부가 상환되어 그 잔액이 5천만 원이라고 할 때, 그 근저당목적물의 여신여력은 1억 5천만 원이 되고 설정여력은 1억 8천만 원[2억 4천만 원 − (5천만 원 × 120%)]이 된다. 다만 이는 근저당부동산의 감정가액이 새로운 여신취급 시점에서 5억 원을 그대로 유지하는 것을 전제로 하는 것이고 만일 감정가액이 변동이 되었다면 그 변동금액에 60%를 곱한 금액을 기준으로 다시 산출하여야 한다.

이에 따라 여신거래의 실무에서는 거래처로부터 이미 취득하고 있는 근저당권의 여신여력과 설정여력을 원용한 새로운 여신공여신청을 받는 경우가 많이 발생하게 된다. 그러나 이와 같은 경우라도 이미 취득하고 있는 근저당권의 여신여력과 설정여력을 원용하여 새로운 여신을 공여하려면 여신공여 시점에 해당근저당권의 피담보채권이 확정되어 있지 아니하여야 하고 또한 새로이 제공하려고 하는 여신채권이 이미 설정되어 있는 근저당권에 의하여 담보되는 채권이어야만 한다. 만일 원용하고자 하는 근저당권의 피담보채권이 확정된 상태이거나 새로이 제공하려고 하는 여신채권이 이미 설정되어 있는 근저당권에 의하여 담보되지 않는 채권이라면 이를 보완하는 조치를 취한 후 여신취급을 하여야 한다. 이하에서는 이에 관한 사항을 경우를 구분하여 자세히 설명하기로 한다.

(2) 피담보채권이 확정되지 않은 상태인 경우

새로이 여신을 제공하려는 시점에서 기 설정된 근저당권의 피담보채권이 확정되지 않은 상태인 때에는 다음의 사항을 검토하여 여신금액을 산정하고 여신취급하여야 한다.

첫째, 기 설정된 근저당목적물의 담보가액을 다시 평가하여야 한다. 예를 들어 위의 예에서 근저당 부동산의 감정가액이 5억 원 그대로 유지되어 있으면 여신여력은 현잔 5천만 원을 공제한 1억 5천만 원이 되지만, 4억 원으로 낮아졌다면 여신여력이 9천만 원(4억 원 × 60% - 1억 원 - 5천만 원)이 되고, 6억 원으로 높아졌다면 여신여력이 2억 1천만 원(6억원 × 60% - 1억 원 - 5천만 원)이 된다. 그리고 이 경우 공제금액 중 1억 원은 기존 근저당권설정 당시의 부동산 현황조사 결과 경매시 그 매수인에게 승계되는 권리의 가액과 그 근저당권자보다 우선변제되는 채권자의 채권액이므로 더 많아질 수 없는 것이 보통이다. 다만 근저당권설정자가 근로자를 고용하는 사용자라면 근저당권 설정 당시보다 근로자의 수가 늘어남으로써 최우선변제 되는 금액이 늘어날 수는 있다. 따라서 최초 여신한도액 산출시 최우선변제 되는 근로자의 임금채권도 고려한 경우라면 새로운 대출시에도 늘어나는 최우선변제권 있는 임금채권도 추가로 고려하여야 한다.

둘째, 기 설정된 근저당권의 설정여력도 검토하여야 한다. 다만 이 경우 새로운 여신 취급 당시의 설정여력은 1억 8천만 원으로 변동이 없으므로 만일 새로운 여신액이 1억 5천만 원 이하이면 기 설정된 근저당권 채권최고액의 증액이나 추가설정이 필요 없지만, 새로운 여신액이 1억 5천만 원을 초과하는 경우에는 그 초과금액에 120%를 곱한 금액의 채권최고액 증액이나 추가설정을 하여야 한다. 그리고 채권최고액 증액이나 추가설정시에는 그 증액이나 추가설정금액을 그 증액이나 추가설정 당시의 이해관계인에게 대항할 수 없다는 점도 고려하여야 한다.

셋째, 기 설정된 근저당권의 설정계약내용이 새로이 제공하려고 하는 여신채권도 담보하는 것인지 검토하여야 한다. 만일 기 설정된 근저당권이 새로이 제공하려는 여신채권을 담보하지 않는 때에는 설정당사자가 근저당권설정계약변경계약을 체결하여 기 설정된 근저당권이 새로이 제공하려는 여신채권도 담보하도록 하여야 한다.

예컨대 이미 설정되어 있는 근저당권이 특정근저당권으로서 그 피담보채무가 "2024.4.18.여신거래약정서"에 의한 거래로 말미암아 현재 및 장래에 부담하는 모든 채무로 되어 있고, 새로이 제공하려는 여신이 2025.4.18. 여신거래약정서에 의한 거래로 말미암아 현재 및 장래에 부담하는 모든 채무이면, 근저당권설정계약 변경계약서[98]에 의하여 근저당권설정변경계약을 체결하되 그 변경계약서 「피담보채무의 범위」란의 "변경후 피담보채무의 범위"를 담보제공자로 하여금 「2025.4.18. 여신거래약정서」로 적어 넣도록 한 후 여신취급하여야 한다. 이 때 주의하여야 할 사항은 2024.4.18. 여신거래약정서상의 채무가 모두 완제된 상태가 아니어야 하고 또한 근저당권설정계약서 제1조제3호에서 정하고 있는 결산기가 도래하지 않은 상태이어야 한다는 점이다. 2024.4.18. 여신거래약정서의 채무가 모두 완제된 상태이거나 결산기가 도래한 상태이면 이 특정근저당권의 피담보채권은 이미 확정된 것이어서 근저당권설정등기의 유용절차를 거치지 않는 한 새로운 여신채권을 담보할 수 없는 것이기 때문이다.

그리고 기 설정된 근저당권이 한정근저당권으로서 그 피담보채무가 "일반자금대출(주택담보)"거래로 말미암아 현재 및 장래에 부담하는 모든 채무로 되어 있고, 새로이 제공하려는 여신이 "당좌대출(기타부동산담보)"에 의한 거래로 말미암아 현재 및 장래에 부담하는 모든 채무이면, 근저당권설정계약 변경계약서에 의하여 근저당권설정변경계약을 체결하되 그 변경계약서 「피담보채무의 범위」란의 "변경후 피담보채무의 범위"를 담보제공자로 하여금 기존의 일반자금대출(주택담보)금이 아직 남아 있는 상태이면 「"일반자금대출(주택담보)", "당좌대출(기타부동산담보)"」로 적어 넣도록 하고, 상환완료된 상태이면 「"당좌대출(기타부동산담보)"」로 적어 넣도록 한 후 여신취급하여야 한다. 물론 이 경우도 근저당권설정계약서 제1조 제3호에서 정하고 있는 결산기가 도래하지 않은 상태이어야 한다. 만일 결산기가 도래한 상태이면 이 한정근저당권의 피담보채권은 이미 확정된 것이어서 근저당권설정

98) 부록 은행의 담보약관 서식 5. 참조

등기의 유용절차를 거치지 않는 한 새로운 여신채권을 담보할 수 없는 것이기 때문이다. 그러나 기 설정된 근저당권에 의하여 담보되는 "일반자금대출(주택담보)"의 원리금은 이미 상환완료 되었어도 무방하다. 한정근저당권의 성질상 그 한정근저당권의 설정 당시에 존재하는 담보채권이 상환완료 되었다는 사실만으로는 그 한정근저당권의 피담보채권이 확정되는 것은 아니기 때문이다.

다만, 피담보채권의 내용은 등기사항이 아니어서 근저당권설정계약변경계약은 등기를 요하지 아니하고 당사자 사이의 합의만으로 그 효력이 발생한다. 그리고 피담보채권의 내용변경을 위한 근저당권설정계약변경계약의 체결 시에는 후순위근저당권자 등이 있다 하더라도 이들의 동의를 필요로 하지 않는다.

⑶ 피담보채권이 확정되어 있는 상태인 경우

가. 여신취급을 위한 필요 조치

새로이 여신을 제공하려는 시점에서 이미 설정되어 있는 근저당권의 피담보채권이 확정되어 있으면 그 근저당권은 확정근저당권으로서 그 시점에 이미 발생되어 있는 특정된 여신채권 중 근저당권설정계약으로 정하고 있는 여신채권만을 담보하고 확정 이후에 발생된 새로운 여신채권은 담보하지 않는다. 따라서 이와 같은 경우에는 첫째로 근저당권설정등기의 유용을 하여 근저당권으로서의 효력을 회복시켜야 하고, 둘째로 이미 설정되어 있는 근저당권이 새로운 여신채권도 담보하는 것인지 확인하여 담보하지 않으면 근저당권설정계약변경계약을 체결하여 담보되는 것으로 하여야 하며, 셋째로 여신여력과 설정여력을 확인한 후 필요한 조치를 취하고서 여신취급하여야 한다.

나. 저당권설정등기의 유용

㈎ 저당권설정등기유용의 의의

저당권은 그 부종성에 따라 저당권으로 담보할 채권이 불성립하거나, 변제, 시효의 완성 기타의 사유로 소멸하게 되면 함께 소멸하며, 반드시 그 저당권을 말소하는 등기가 있어야 소멸하는 것이 아니다. 그런데 처음부터 무효이거나 담보할 채권이 소멸하여 실효된 저당권의 등기가 말소되지 않고 그대로 남아 있는 경우에, 당사자 사이의 계약으로 무효이거나 실효된 그 저당권의 효력을 회복시켜, 이를 다른 채권의 담보를 위한 유효한 저당권으로 할 수 있는지가 문제로 되고 있는데 이를 저당권설정등기의 유용문제라고 한다.

예컨대 A은행이 B에게 100백만원을 빌려주고, 동채권을 담보하기 위하여 B소유의 부동산상에 저당권의 설정등기를 한 후 B가 100백만원의 변제를 하게 되면, 동저당권은 그에 따른 말소등기를 하지 않더라도 자동적으로 소멸하여 효력을 상실하게 된다. 그런데 이 실효된 저당권의 말소등기가 되지 않고 있는 사이에, A은행이 B에게 다시 100백만원을 빌려주고 동부동산을 담보로 하려고 한다면, 원칙적으로는 위 실효된 저당권은 말소등기를 하고 새로이 100백만원의 담보를 위한 저당권의 설정등기를 하여야 한다. 그러나 이러한 이중의 절차를 취한다는 것은 경제적인 측면에서 보면 시간과 비용의 낭비를 초래하여 불합리하다. 여기에서 이 실효된 등기를 당사자간의 특약으로, 다른 채권의 담보를 위한 저당권설정등기로 유용할 수 없는지가 논의되게 된 것이다.

근저당권의 경우는 근저당거래의 존속중에는 유용의 문제가 생기지 않는다. 근저당권은 특정채권을 담보하는 것이 아니고 증감변동하는 불특정채권을 담보하는 특성을 지니고 있어, 일시적으로 담보할 채권이 없게 되더라도 그 근저당권으로서의 효력이 상실되지 않고, 그 후에 발생하는 채권을 그 채권최고액 범위내에서 담보하는 것이기 때문이다. 따라서 근저당권에 있어서는 근저당거래가 종료하여 그 후에 발생하는 채권을 담보할 수 없게 된 때에, 그러한 채권을 담보할 수 있도록 다시 근저당권의 효력을 회복시키고자 하는 경우에야 비로소 유용의 문제가 생기게 된다. 그리고 근저당권이 새로운 채권을 담보할 수 없게 되는 것은, 그 근저당권에 의하여 담보할 피담보채권이 확정된 때라고 할 수 있다.

근저당권설정등기의 유용은 근저당권의 효력이 소멸되는 단계에 따라 다음과 같은 2가지 유형으로 이루어진다. 첫째는 근저당권의 피담보채권이 확정됨으로써 특정의 채권만을 담보하게 된 상태에서 다시 그 근저당권으로서의 효력을 부활시키기 위하여 유용하는 경우이고, 둘째는 피담보채권의 확정 후 그 확정된 피담보채권이 완제되어 저당권으로서의 효력이 완전히 소멸된 후에 그 근저당권의 효력을 부활시키기 위하여 유용하는 경우이다.

(나) 저당권설정등기유용의 인정여부

저당권설정등기의 유용을 인정할 수 있는지에 관하여는 저당권설정등기의 유용을 전면적으로 긍정하는 무제한긍정설[99]과 저당권의 등기가 무효로 된 후에, 그 부동산에 관하여 제3자가 이를 양수하거나 저당권을 취득하는 등 새로운 이해관계를 가지게 된 경우에는 등기를 유용할 수 없지만, 그렇지 않은 경우에는 유용할 수 있다는 제한적긍정설[100]이 대립되어 있다. 제한적긍정설이 통설과 판례로서 타당하다.

판례1-24

근저당권설정등기유용에 관한 합의의 효력

(1) 근저당권 설정계약에 관하여 기히 등재된 본건 근저당권설정등기를 유용하기로 약정하여도 제3자의 권리를 침해하지 아니하는 한 본건 근저당권 설정등기 역시 현재의 진실한 권리상태를 표시하고 있으므로 그 등기는 유효라 할 것이다(대판 1961.12.14. 4293민상893).

(2) 근저당권설정등기의 유용은 그 유용합의 이전에 있어서 등기상의 이해관계가 있는 제3자가 없는 경우에 한하여 가능한 것이라고 할 것이고 그 유용합의 이전에 가등기권자가 있는 경우에는 근저당권설정등기 유용에 관한 합의는 가등기권자에 대한 관계에 있어서 그 효력이 없으며 그 범위 내에서 위 등기는 실체관계에 부합치 아니하는 무효의 등기다(대판 1974. 9.10. 74다482).

(3) 갑과 을 사이에 을의 갑에 대한 채무담보조로 을 소유의 부동산에 이미 경료되어 있던 병 명의의 원인무효인 근저당권설정등기에 터잡아 이전등기를 경료하는 방법을 취하기로 합의하여 갑 앞으로 근저당권이전의 부기등기를 한 경우 갑과 을 사이의 위와 같은 합의는 원인무효인 병 명의의 근저당권설정등기에 터잡아 역시 원인무효의 등기가 될 수밖에 없는 갑 명의로 경료될 근저당권이전등기를 유용하기로 하는 합의에 불과한 것으로서, 이러한 등기유용에 관한 합의는 그 유용하기로 한 갑 명의의 근저당권이전등기가 경료되기 이전에 이미 위 부동산에 대하여 처분금지가처분을 하여 둠으로써 등기상의 이해관계를 가지게 된 정에 대한 관계에 있어서는 그 효력이 없다(대판 1994.1.28. 93다31702).

(다) 저당권설정등기유용의 제3자에 대한 효력

이해관계 있는 제3자가 있음에도 불구하고 그 저당권설정등기를 유용하였을 때에, 이를 절대적으로 무효로 보아야 할 것인지 아니면, 그 제3자에 대한 관계에 있어서만 대항할 수 없는 상대적인 무효로 보아야 할 것인지의 문제가 생긴다. 예컨대 A가 Q소유의 부동산에 제1순위근저당권을 설정하였다가 그 채권이 완제되

---

99) 장경학 물권법 617.

100) 곽윤직 물권법 444. 이영준 물권법 131. 이은영 물권법 745.

어 근저당권이 소멸된 후에(말소등기는 하지 않았음), B가 새로운 근저당권을 설정한 상태에서 A와 Q가 동근저당권설정등기의 유용을 하였다고 할 경우에, 이 유용을 절대적무효로 본다면 A는 B에 이은 후순위저당권자로서 지위도 인정받을 수 없게 되어, 위 부동산이 경매될 때에 A는 전혀 배당을 받을 수 없게 되는 반면, 상대적무효로 본다면 B에 이은 후순위저당권자로서의 지위를 인정받아, B가 배당받고 남은 잔액에 대하여 배당을 받을 수 있게 된다.

그러나 이해관계인을 해하지 않는 범위에서 저당권설정등기의 유용을 인정하는 이상, 이 문제에 관하여도 구태여 이를 절대적무효라고 보아야 할 이유가 없으며, 따라서 상대적무효로 보는 것이 타당하다고 생각한다. 앞에서 설명한 대법원의 판례도 「그 유용합의는 그 등기명의인에 대한 관계에 있어서 효력이 없으므로 그 범위내에서 근저당권설정등기는 무효이다」라고 하는 판시내용에 비추어 볼 때, 상대적무효의 입장을 취하고 있는 것으로 생각한다.

한편 이해관계 있는 제3자가 있음에도 불구하고 저당권설정등기의 유용을 한 경우에, 그 유용이 이해관계 있는 제3자에 대한 관계에서만 상대적인 무효라고 할 때에는, 나아가 유용을 할 당시에 그 유용에 관하여 이해관계 있는 제3자의 동의까지 받았다고 하면, 그 유용을 가지고 그 이해관계 있는 제3자에 대하여도 대항할 수 있을 것으로 생각한다. 따라서 이러한 경우에는 등기부상의 기재순위가 실제로도 그대로 유지되는 것이다.

㈑ 저당권설정등기유용과 관련한 특수문제

㈀ 이해관계 있는 제3자의 범위

무효인 등기의 유용은 등기가 무효로 된 후 당사자가 그 무효등기를 유용하기로 합의할 때까지의 사이에, 등기부상 이해관계 있는 제3자가 나타나지 않는 한 유효다고 하는 것이 대법원의 판례임은 앞에서 설명한 바와 같다. 그러면 등기부상의 이해관계 있는 제3자만 없으면 그 유용을 언제나 유효한 것으로 볼 수 있는 것인가. 그렇지가 않다. 동판례는 등기 없이 제3자에 대한 대항력을 가지는 권리가 없었던 때에 나온 것으로, 그 후에 제정된 주택임대차보호법이나 상가건물임대차보호법에 의하면, 주거용건물이나 상가건물의 임차인은 등기를 하지 않고서도, 일정한 요건을 구비함으로써 제3자에 대하여 대항력을 가지는 것으로 되어 있기 때문이다. 따라서 예컨대 저당권의 대상목적물이 주거용건물로서 무효등기를 유용하기로 합의할 때까지, 그 건물의 소재지번에 전입신고를 하고 입주하여 살고 있는 주택임차인이 있는 경우에는, 그 자에 대한 관계에 있어서도 무효등기의 유효를 주장할 수 없는 것으로 보아야 한다.

또한 조세채권과의 관계에 있어서도 그 우선순위를 결정함에 있어서는 그 유용일자와 조세의 법정기일을 기준으로 하여야 한다.

(ㄴ) **유용합의일자의 소급**

피담보채권이 확정된 근저당권설정등기나 무효 또는 실효된 근저당권(또는 저당권)설정등기의 유용은, 유용당사자간의 합의만으로 그 효력이 생기는 것이기 때문에, 피담보채권이 확정되거나 근저당권(또는 저당권)설정등기가 무효 또는 실효된 후에, 그 부동산에 대하여 저당권이나 전세권 또는 소유권 등의 새로운 권리를 취득한 자라 할지라도, 유용당사자가 공모하여 그러한 새로운 권리의 취득전에 유용합의가 있었던 것으로 주장하는 때에는 뜻하지 않은 손해를 보게 될 수가 있고, 반대로 유용합의 당사자간에 위와 같은 새로운 권리취득 전에 유용합의가 있었다 할지라도, 근저당권(또는 저당권)설정자인 합의당사자가 유용합의후의 권리취득자와 공모하여, 유용합의일자가 소급된 것이라고 허위주장을 할 때에는, 유용합의 당사자인 근저당권자(또는 저당권자)가 뜻하지 않은 손해를 보게 될 수도 있다.

따라서 무효 또는 실효된 근저당권(또는 저당권)의 말소등기가 되어 있지 않은 부동산에 새로운 권리를 취득하고자 하는 자는, 그 근저당권(또는 저당권)의 말소등기를 한 후에 그와 같은 권리를 취득하고, 또한 무효 또는 실효된 근저당권(또는 저당권)의 말소등기를 하지 않고 이를 당사자간의 합의로 새로운 근저당권(또는 저당권)설정등기로서 유용하고자 하는 자는, 그 유용합의서를 작성한 후 이에 확정일자를 받아두는 것이 안전하다. 그리고 피담보채권이 확정된 근저당권설정등기가 있는 부동산에 대하여, 소유권 등의 새로운 권리를 취득하고자 하는 자는, 그 확정된 담보채권을 변제하고 근저당권의 말소등기를 하거나, 그 근저당권을 그 때까지의 확정된 채권만을 담보하는 보통저당권으로 변경하는 등기를 한 후에, 그러한 권리를 취득하는 것이 안전하다. 그러나 만일 피담보채권이 확정된 근저당권설정등기를 그대로 두고서 소유권 등의 새로운 권리를 취득하려고 하면,

그 부동산의 매매가격 등에서 그 근저당권설정등기상의 채권최고액을 공제하여야 안전하고, 또한 피담보채권이 확정된 근저당권을 원래의 근저당권으로 회복시키고자 그 설정등기를 유용하려고 하면, 그 유용합의서를 작성한 후 이에 확정일자를 받아두는 것이 안전하다.

(ㄷ) 저당권설정등기의 유용한계

근저당권의 경우와는 달리 보통저당권을 설정하는 경우에는 그에 의하여 담보되는 채권의 상환기일이 등기되기 때문에, 무효 또는 실효된 저당권설정등기를 유용함에 있어서 그 상환기일과 관련하여 일정한 제약이 따른다. 예컨대 A은행이 B에게 상환기일을 2024년 6월 20일로 하여 100백만원의 대출을 하면서, 이를 담보하기 위하여 B소유의 부동산에 저당권을 설정하였다가, 그 대출금이 완제되었으나 저당권의 말소등기가 이루어지지 않은 상태에서, 이 저당권설정등기를 유용하여 새로운 대출을 하고자 하는 경우에, 그 새로운 대출금의 상환기일이 2024년 6월 20일 이전이면 그 유용에 별문제가 없으나, 이후이면 그 유용에 문제가 생기게 된다. 즉 근저당권의 경우는 약정이자와 지연배상금이 채권최고액의 범위 내에서 제한 없이 담보되지만, 저당권의 경우는 약정이자는 등기된 상환기일까지의 기간에 등기된 이자율을 곱하여 산출한 금액을 넘어 담보될 수 없고, 또 지연배상금도 등기된 상환기일 이후 일년분을 넘어 담보될 수 없도록 되어 있어, 새로운 대출금의 상환기일이 2024년 6월 20일 이후인 경우에는, 그 유용된 저당권으로 2024년 6월 20일 이후의 약정이자와 2025년 6월 20일 이후의 지연배상금을 담보할 수 없는 문제가 생기게 되는 것이다. 따라서 저당권설정등기의 유용은 등기된 상환기일을 넘지 않는 기일을 상환기일로 하는 새로운 대출을 하는 경우에만 그 담보적 기능을 제대로 수행하게 된다고 하겠다.

(ㅁ) 새로운 제3의 채무자와의 근저당권설정등기의 유용

근저당권의 피담보채권이 확정되어 완제되었으나 근저당권의 말소등기가 이루어지지 않은 상태에서 근저당권설정등기를 유용하여 근저당권자와 근저당 부동산의 새로운 소유자인 제3의 채무자 사이의 거래로부터 발생하는 채권을 담보하게 할 수 있는가.

예컨대 S은행이 A소유의 부동산에 채권최고액을 3억 원으로 하는 근저당권을 설정하고, A와 여신거래를 하다가 그 피담보채권이 확정된 후 그 여신채권이 완제되었으나, 동 근저당권의 말소등기를 하지 않은 상태에서, S은행이 동 근저당권설정등기를 유용하여 동 부동산의 소유권을 취득한 B와 여신거래를 하여 그 여신채권을 담보하게 할 수 있는가 하는 점이다. 만일 이것이 가능하다고 하면 B로서는 기존 근저당권의 말소등기와 새로운 근저당권의 설정등기를 하지 않아도 되기 때문에 비용과 시간을 절약할 수 있는 이점이 있어 논의되는 문제이다.

우선 동 부동산의 소유자가 A에서 B로 변경되었다는 것만으로는 이를 긍정할 수가 없다. 동 부동산의 등기부상에 A의 S은행에 대한 채무를 담보한다고 기재되어 있을 뿐 B의 S은행에 대한 채무를 담보한다고 기재되어 있지 않기 때문이다. 따라서 이 경우에 근저당권설정등기의 유용이 가능하다고 하려면 그에 앞서 동 근저당권설정등기상의 채무자를 A에서 B로 변경하는 등기가 가능하다는 것을 전제로 하여야 한다.

그러면 무효 또는 실효된 근저당권의 채무자를 변경하는 등기가 가능한 것인가. 근저당권자인 S은행과 구 소유자인 A 및 신 소유자 겸 채무자인 B가 근저당권설정등기의 유용을 합의하였고 또한 그 유용할 때까지 근저당 부동산에 대하여 이해관계를 가지는 제3자가 생기지 않은 경우에는 신구 소유자 및 근저당권자의 공동신청으로 그 근저당권의 채무자변경등기가 가능하다고 보아야 한다. 또한 유용할 당시에 근저당 부동산에 대하여 이해관계를 가지는 제3자가 있는 경우라도 그 제3자의 동의서까지 첨부하면 역시 그 근저당권의 채무자변경등기가 가능하다고 보아야 한다.

유용할 당시에 근저당 부동산에 대하여 이해관계를 가지는 제3자가 있는 경우 그 이해관계인의 동의서를 첨부할 수 없다고 하여 근저당권의 채무자변경등기를 할 수 없는 것은 아니다. 신구 소유자 및 근저당권자가 근저당권의 무효나 피담보채권이 확정된 것 또는 실효된 것을 숨기고 아직 유효하게 근저당권으로서의 효력이 존속하는 것으로 하여 이해관계인의 동의 없이 채무자변경등기를 신청하면 실질적심사권이 없는 등기관으로서는 그 신청에 따른 등기를 할 수밖에 없기 때문이다. 그러나 이 경우 근저당권자는 근저당권설정등기의 유용을 가지고 그 이해관계인에게 대항할 수 없는 것으로 보아야 한다.

원래 유용이란 원래대로의 효력을 발생할 수 없는 것이나, 다른 사정으로 그 등기가 현실의 권리관계에 부합하고 또 그 유용으로 인하여 타인의 권리를 해하지 않으면 시간과 비용을 절약할 수 있다는 취지에서 이를 유효한 것으로 인정하려는 것인 점에 비추어 채무자변경이 수반되는 근저당권설정등기의 유용이라고 하여 이를 특별히 부정할 이유가 없기 때문이다.

(바) 새로운 제3의 채권자와의 근저당권설정등기의 유용

근저당권의 피담보채권이 확정되어 완제되었으나 근저당권의 말소등기가 이루어지지 않은 상태에서 근저당권설정등기를 유용하여 근저당권설정자 겸 채무자와 새로운 제3의 채권자 사이의 거래로부터 발생하는 채권을 담보하게 할 수 있는가. 예컨대 S은행이 A소유의 부동산에 채권최고액을 3억 원으로 하는 근저당권을 설정하고, 여신거래를 하다가 그 피담보채권이 확정된 후 완제되었으나, 동 근저당권의 말소등기를 하지 않은 상태에서, K은행이 동 근저당권설정등기를 유용하여 A와 여신거래를 하고서 그 여신채권을 담보하게 할 수 있는가 하는 점이다.

이에 관하여도 앞에서 설명한 실효된 근저당권설정등기를 유용하여 근저당권자와 새로운 제3의 채무자 사이의 거래로부터 발생하는 채권을 담보하게 할 수 있다고 보는 것과 마찬가지의 취지에서 긍정하여야 할 것으로 본다. 다만 이 경우 S은행과 K은행 및 A 사이에 근저당권설정등기의 유용합의 이외에 당해 근저당권설정등기상의 채권자를 S은행에서 K은행으로 하는 변경등기가 필요하다는 점과 만일 유용시에 근저당부동산에 이해관계인이 있을 때에는 그 이해관계인의 동의가 있어야 한다는 점 등은 앞에서 설명한 새로운 제3의 채무자와의 근저당권설정등기유용에 관하여 설명한 바와 같은 것으로 보면 된다.

이에 관하여 대법원은 근저당권설정등기의 유용합의 이외에 채권자변경의 부기등기를 한 경우와 하지 않은 경우로 나누어, 부기등기를 한 경우에 관하여는 「부동산의 소유자 겸 채무자가 채권자인 저당권자에게 당해 저당권설정등기에 의하여 담보되는 채무를 모두 변제함으로써 저당권이 소멸된 경우 그 저당권설정등기 또한 효력을 상실하여 말소되어야 할 것이나, 그 부동산의 소유자가 새로운 제3의 채권자로부터 금원을 차용함에 있어 그 제3자와 사이에 새로운 차용금 채무를 담보하기 위하여 잔존하는 종전 채권자 명의의 저당권설정등기를 이용하여 이에 터잡아 새로운 제3의 채권자에게 저당권 이전의 부기등기를 경료하기로 하는 내용의 저당권등기유용의 합의를 하고 실제로 그 부기등기를 경료 하였다면, 그 저당권이전등기를 경료 받은 새로운 제3의 채권자로서는 언제든지 부동산의 소유자에 대하여 그 등기 유용의 합의를 주장하여 저당권설정등기의 말소청구에 대항할 수 있다고 할 것이고, 다만 그 저당권 이전의 부기등기 이전에 등기부상 이해관계를 가지게 된 자에 대하여는 위 등기유용의 합의 사실을 들어 위 저당권설정등기 및 그 저당권 이전의 부기등기의 유효를 주장할 수는 없다」고 하여 그 유용의 물권적 효력을 인정하는 한편, 아직 부기등기를 하지 않은 경우에 관하여는 「채무자인 부동산소유자와 새로운 제3의 채권자와 사이에 저당권등기의 유용의 합의를 하였으나 아직 종전의 채권자 겸 근저당권자의 협력을 받지 못하여 저당권이전의 부기등기를 경료하지 못한 경우에는 부동산소유자와 종전의 채권자 사이에서는 저당권설정등기는 여전히 등기원인이 소멸한 무효의 등기라고 할 것이므로 부동산 소유자는 종전의 채권자에 대하여 그 저당권설정등기의 말소를 구할 수 있다고 할 것이지만, 부동산 소유자와 종전의 채권자 그리고 새로운 제3의 채권자 등 3자가 합의하여 저당권설정등기를 유용하기로 합의한 경우라면 종전의 채권자는 부동산소유자의 저당권설정등기말소청구에 대하여 그 3자 사이의 등기유용의 합의사실을 들어 대항할 수 있고 또한 부동산소유자로부터 그 부동산을 양도받기로 하였으나 아직 소유권이전등기를 경료 받지 아니하여 그 소유자를 대위하여 저당권설정등기의 말소를 구할 수밖에 없는 자에 대하여도 마찬가지로 대항할 수 있다[101]고 하여 그 유용에 대한 합의 당사자 사이의 채권적 효력을 인정하고 있다.

다. 근저당권설정등기 유용 후의 조치

㈎ 근저당권설정계약변경계약의 체결

근저당권설정등기유용을 하여 피담보채권이 확정된 근저당권의 효력을 회복시켰다면 다음에는 효력이 회복된 이미 설정되어 있는 근저당권이 새로운 여신채권도 담보하는지 확인하여 담보하지 않는다면 근저당권설정자와 근저당권설정계약변경계약을 체결하여(은행의 경우는 근저당권설정계약변경계약서[102]에 의하여 체결함)

101) 대판 1998.3.24. 97다56242 참조.
102) 부록 은행의 담보약관 서식 5. 참조.

이미 설정되어 있는 근저당권이 새로이 제공하려는 여신채권도 담보하도록 하여야 한다. 다만 피담보채권의 내용은 등기사항이 아니어서 근저당권설정계약변경계약은 등기를 요하지 아니하고 당사자 사이의 합의만으로 그 효력이 발생한다.

㈏ 여신여력과 설정여력의 확인

근저당권설정등기유용을 하고 근저당권설정계약변경계약을 체결한 후에는 다음과 같이 이미 설정되어 있는 근저당목적물의 여신여력과 설정여력을 확인하여 필요한 조치를 취한 후 여신취급하여야 한다.

첫째, 근저당목적물의 담보가액을 다시 평가하여 이에 여신비율(주택인 경우는 주택담보대출비율)을 곱하여 제1차적인 여신한도액을 산정하여야 한다. 앞 사례에서의 제1차적인 여신한도액은 새로이 여신취급을 하려는 시점에서 근저당목적물의 담보가액이 5억 원을 그대로 유지하고 있으면 3억 원(5억 원 × 60%)이 되고, 4억 원으로 낮아졌으면 2억 4천만 원이 되며, 6억 원으로 높아졌으면 3억 6천만 원이 된다.

둘째, 새로운 여신취급을 하는 시점을 기준으로 근저당목적물에 대한 이해관계인을 조사하여 제1차적으로 산출한 여신한도액에서 근저당목적물의 경매시 그 매수인에게 승계되는 권리의 가액과 여신공여자인 근저당권자보다 우선변제되는 채권자의 채권액의 합계액을 공제한 금액에서 다시 여신 현잔액을 공제한 금액을 새로이 취급할 수 있는 여신여력 즉 추가여신한도액으로 하여야 한다. 이해관계인은 등기상으로 확인할 수 있는 이해관계인인 후순위근저당권 등 이외에 사실조사를 통하여 확인할 수 있는 주택임차인이나 상가건물임차인 또는 조세채권자 등을 포함한다. 즉 근저당권설정등기의 유용을 하는 경우에는 추가제공 여신에 관하여는 유용 시점에 새로이 근저당권이 설정되는 것으로 보고 여신여력을 산정하여야 한다.

앞의 사례에서 처음 근저당권을 설정할 당시의 이해관계인 이외에 근저당권설정등기유용을 할 시점에서 이미 또 다른 이해관계인으로 채권최고액을 1억 원으로 하는 후순위근저당권이 설정되어 있다고 할 때의 여신여력 즉 추가여신한도액은 근저당목적물의 담보가액이 5억 원을 그대로 유지하고 있으면 5천만 원[5억 원(기설정 근저당목적물의 담보평가액) × 60%(주택담보대출비율) − 1억 원(근저당목적물의 경매시 그 매수인에게 승계되는 권리의 가액과 여신공여자인 근저당권자보다 우선변제 되는 채권자의 채권액의 합계액) - 1억 원(기 설정 근저당권보다 후순위 위 등기된 근저당권의 채권최고액) - 5천만 원(기존 여신의 미상환 잔액)]이 되고, 4억 원으로 낮아졌으면 0원(4억 원 × 60% - 1억 원 - 1억 원 - 5천만 원)이 되며, 6억 원으로 높아졌으면 1억 1천만 원(6억 원 × 60% - 1억 원 - 1억 원 - 5천만 원)이 된다. 이해관계인은 등기상으로 확인할 수 있는 이해관계인인 후순위근저당권 등 이외에 사실조사를 통하여 확인할 수 있는 주택임차인이나 상가건물임차인 또는 조세채권자 등을 포함한다. 즉 근저당권설정등기의 유용을 하는 경우에는 추가제공 여신에 관하여는 유용 시점에 새로이 근저당권이 설정되는 것으로 보고 여신여력을 산정하여야 한다.

셋째, 이미 설정되어 있는 근저당권의 설정여력도 검토하여야 한다. 다만 이 경우 새로운 여신 취급 당시의 설정여력은 1억 8천만 원[2억 4천만 원 - (5천만 원 × 120%)]으로 변동이 없으므로 만일 새로운 여신액이 1억 5천만 원 이하이면 기 설정된 근저당권 채권최고액의 증액이나 추가설정이 필요 없다. 그러나 새로운 여신액이 1억 5천만 원을 초과하는 경우에는 그 초과금액에 120%를 곱한 금액의 채권최고액 증액이나 추가설정을 하여야 한다.

4. 저당권의 효력이 미치는 목적물의 범위

(1) 부합물

가. 원칙

(가) 부합의 의미

저당권의 효력은 저당부동산에 부합된 물건에 미친다(민 358본). 저당부동산에 부합된다 함은 특정한 물건이 저당부동산에 부착되어 부착된 물건을 훼손하지 아니하고서는 분리할 수 없게 된 경우나, 분리에 과다한 비용을 요하는 경우 또는 분리할 경우 그 경제적 가치가 심히 감손되는 경우를 말한다.[103] 부합하는 물건에 동산 이외에 부동산도 포함되는지에 관하여는, 긍정설과 부정설이 대립하나 대법원의 판례는 긍정설을 취하고 있다.[104] 부합의 시기는 저당권설정 전이건 후이건 묻지 않는다.[105]

판례1-25

1. 부합의 기준과 부합물의 소유자

부합이란 분리 훼손하지 아니하면 분리할 수 없거나 분리에 과다한 비용을 요하는 경우는 물론 분리하게 되면 경제적 가치를 심히 감손케 하는 경우도 포함하고, 부합의 원인은 인공적인 경우도 포함하나(대판 1962.1.31. 4294민상445 참조), 부동산에 부합한 물건이 타인이 적법한 권원에 의하여 부속한 것인 때에는 민법 제256조 단서에 따라 그 물건의 소유권은 그 타인의 소유에 귀속되는 것이다. 다만 부동산에 부합된 물건이 사실상 분리복구가 불가능하여 거래상 독립한 권리의 객체성을 상실하고 그 부동산과 일체를 이루는 부동산의 구성 부분이 된 경우에는 타인이 권원에 의하여 이를 부합시켰더라도 그 물건의 소유권은 부동산의 소유자에게 귀속된다(대판 1985.12.24. 84다카2428, 대판 2008.5.8. 2007다36933,36940 등 참조)(대판 2012.1.26. 2009다76546).

2. 부합의 예외사유로 규정한 '권원'의 의미

민법 제256조에서 부동산에의 부합의 예외사유로 규정한 '권원'은 지상권, 전세권, 임차권 등과 같이 타인의 부동산에 자기의 동산을 부속시켜서 그 부동산을 이용할 수 있는 권리를 뜻한다. 따라서 타인 소유의 토지에 수목을 식재할 당시 토지의 소유권자로부터 그에 관한 명시적 또는 묵시적 승낙·동의·허락 등을 받았다면, 이는 민법 제256조에서 부동산에의 부합의 예외사유로 정한 '권원'에 해당한다고 볼 수 있으므로, 해당 수목은 토지에 부합하지 않고 식재한 자에게 그 소유권이 귀속된다(대판 2023.11.16. 2023도11885).

(나) 토지에의 부합

입목은 토지의 부합물로서 이에 토지저당권의 효력이 미치는 것이 원칙이다. 다만 입목에 관한 법률에 의하여 등기한 입목과 명인방법[106]을 갖춘 수목은, 토지와 별개의 부동산으로 취급되므로 토지저당권의 효력이 미치지 않는다. 건물도 독립된 부동산으로 토지의 부합물이 아니나, 짓고 있는 건물은 그것이 토지와 구분되는 독립한 부동산이 되기 전에는 토지의 부합물에 해당한다. 주택의 조경용으로 식재 또는 설치된 정원수와 정원석 및 석등 등도 토지의 부합물에 해당한다. 농작물을 토지의 부합물로 볼 것인지의 여부에 관하여는, 긍정설[107]과 부정설[108]이 대립하고 있으나 대법원의 판례는 부정설을 취하고 있다.

---

103) 민법주해[V] 494(권오곤).
104) 민법주해[V] 493(권오곤). 곽윤직 물권법 273.
105) 곽윤직 물권법 449.
106) 명인방법이란 지상물을 토지로부터 분리하지 않은 채로, 토지의 소유권(또는 사용수익권)으로부터 분리해서, 그 자체를 독립해서 거래하는 데 이용되는 공시방법을 말한다. 예컨대 수목의 집단의 경우에는 경계를 따라 적당한 거리를 두고 수피를 깍아서 거기에 소유자의 성명을 묵서하는 것이 이에 해당한다(곽윤직 물권법 184 참조).
107) 곽윤직 물권법 275. 장경학 물권법 484.
108) 김상용 물권법 449. 이영준 물권법 469. 이은영 물권법 484.

판례1-26

1. 권원 없이 타인의 토지에 경작한 농작물의 소유권자

(1) 토지에 대한 소유권이 없는 자가 권원없이 경작한 입도라 하더라도 성숙하였다면 그에 대한 소유권은 경작자에게 귀속된다(대판 1963.2.21. 62다913).

(2) 타인소유 토지에 농작물을 경작한 경우에도 그 생산물은 사실상 이를 경작배양한 사람의 소유가 된다(대판 1968.6.4. 68다613 614).

(3) 타인의 농지를 임차한 것이 농지개혁법상 무효라 하더라도 그 토지에 경작한 채소의 소유권은 심은 사람에게 있으므로 그 경작물을 멸실시켰다면 그 농작물 가격을 배상할 책임이 있다(대판 1978.1.17. 77다1745).

2. 토지 위의 과목의 소유권자

토지 위의 과목은 그 정착물로서 토지의 일부로 간주되며 토지의 소유자나 기타 권원이 있는 자가 특별히 토지에서 분리하여 과목만을 따로 처분한다는 특별한 조처가 없는 한 그 토지와 법률적 운영을 같이 한다(대판 1971.12.28. 71다2313).

3. 저당건물과 독립한 건물이 저당건물의 부합물로 경매된 경우의 효력

저당권은 법률에 특별한 규정이 있거나 설정행위에 다른 약정이 있는 경우를 제외하고 그 저당부동산에 부합된 물건과 종물 이외에까지 그 효력이 미치는 것이 아니므로 사회적 관점이나 경제적 관점에 비추어 보아 저당건물과는 별개의 독립된 건물을 저당건물의 부합물이나 종물로 보아 경매법원에서 저당건물과 같이 경매를 진행하고 경락허가를 하였다고 하여 위 건물의 소유권에 변동이 초래될 수는 없다(대판 1974.2.12. 73다298).

4. 미등기수목의 명인방법

명인방법의 실시는 법률행위가 아니며 목적물인 입목이 특정인의 소유라는 사실을 공시하는 팻말의 설치로 다른 사람이 그것을 식별할 수 있으면 명인방법으로서는 충분한 것이니, 갑이 제3자를 상대로 입목소유권확인판결을 받아 확정된 후 법원으로부터 집행문을 부여받아 집달관에게 의뢰하여 그 집행으로 집달관이 임야의 입구부근에 그 지상입목들이 갑의 소유에 속한다는 공시문을 붙인 팻말을 세웠다면, 비록 확인판결이 강제집행의 대상이 될수 없어서 위 확인판결에 대한 집행문의 부여나 집달관의 집행행위가 적법시될 수 없더라도 집달관의 위 조치만으로써 명인방법이 실시되었다고 할 것이니 그 이후 임야의 소유권을 취득한 자는 갑의 임목소유권을 다툴 수 없다(대판 1989.10.13. 89다카9064).

(다) 건물에의 부합

저당건물의 수리를 위하여 또는 효용성을 높이기 위하여 부착시킨 동산 예컨대, 벽면에 부착한 창틀, 아파트 베란다의 샷시나 건물내부의 싱크대 및 각종 인테리어 등은, 건물의 부합물로서 이에 건물저당권의 효력이 미치는 것이 원칙이다.

특히 문제가 되는 것은 부속건물과 증축건물인 바, 이들 건물이 저당건물에 부합된 것인지의 여부는 건축물대장이나 건물등기부의 기재만으로 판단할 것이 아니고, 그 물리적구조와 거래관념 및 소유자의 의사 등을 종합적으로 고려하여 판단하여야 한다.

우선 부속건물이 저당건물과 동일한 건축물대장이나 등기부에 등재되어 있거나 또는 동일한 지번상에 건축되어 있으면, 일단은 저당건물의 부합물로 보아 저당권의 효력이 미치는 것으로 볼 수 있다. 그러나 저당건물과 동일한 지번상에 축조되어 있고 또한 건축물대장에 저당건물의 부속건물이라고 기재되어 있다 하더라도, 그 건물이 저당건물과 구분되는 독립성이 인정되어 있으면 저당권의 효력이 미치지 않는다는 것이 대법원의 판례이다.

다음에 증축건물은 저당건물과의 근접성 및 일체성에 비추어, 특별한 사정이 없는 한 당연히 저당건물의 부합물로서 이에 저당권의 효력이 미친다. 증축건물에 대하여 별도로 소유권보존등기가 되어 있다 하더라도, 그것이 독립한 별개의 건물로서 취급될 수 있는 효용성을 갖추고 있지 못하는 한 저당건물의 부합물로 보아야 한다는 것이 대법원의 판례이다.

판례1-27

건물의 독립성 판단기준

(1) ① 건물이 증축된 경우에 증축 부분이 기존건물에 부합된 것으로 볼 것인가 아닌가 하는 점은 증축 부분이 기존건물에 부착된 물리적 구조뿐만 아니라, 그 용도와 기능의 면에서 기존건물과 독립한 경제적 효용을 가지고 거래상 별개의 소유권 객체가 될 수 있는지의 여부 및 증축하여 이를 소유하는 자의 의사 등을 종합하여 판단하여야 한다.

② 건물의 증축 부분이 기존건물에 부합하여 기존건물과 분리하여서는 별개의 독립물로서의 효용을 갖지 못하는 이상 기존건물에 대한 근저당권은 민법 제358조에 의하여 부합된 증축 부분에도 효력이 미치는 것이므로 기존건물에 대한 경매절차에서 경매목적물로 평가되지 아니하였다고 할지라도 경락인은 부합된 증축 부분의 소유권을 취득한다(대판 2002.10.25. 2000다63110).

(2) 인접한 구분건물 사이에 설치된 경계벽이 일정한 사유로 제거됨으로써 각 구분건물이 구분건물로서의 구조상 및 이용상의 독립성을 상실하게 되었다고 하더라도, 각 구분건물의 위치와 면적 등을 특정할 수 있고 사회통념상 그것이 구분건물로서의 복원을 전제로 한 일시적인 것일 뿐만 아니라 그 복원이 용이한 것이라면, 각 구분건물은 구분건물로서의 실체를 상실한다고 쉽게 단정할 수는 없고, 아직도 그 등기는 구분건물을 표상하는 등기로서 유효하지만, 구조상의 구분에 의하여 구분소유권의 객체 범위를 확정할 수 없는 경우에는 구조상의 독립성이 있다고 할 수 없고, 구분소유권의 객체로서 적합한 요건을 갖추지 못한 건물의 일부는 그에 관한 구분소유권이 성립할 수 없으므로, 건축물관리대장상 독립한 별개의 구분건물로 등재되고 등기부상에도 구분소유권의 목적으로 등기되어 있더라도, 그 등기는 그 자체로 무효이다(대법원 2020.2.27. 2018다232898).

나. 예외

㈎ 타인의 권원에 의하여 부속된 것

타인의 권원에 의하여 부속된 것은 부합물의 외형을 갖추었다 하더라도, 저당부동산의 소유자가 그 소유권을 취득할 수 없고(민 256단), 그에 따라 이에 저당권의 효력이 미치지 아니한다(민 358단 · 전단). 따라서 예컨대 저당부동산의 지상권자나 전세권자 또는 임차인이 저당토지에 식재한 수목 또는 저당건물에 축조한 부속건물이나 증축건물 기타 부속시킨 물건 등은, 이들 부동산용익권자의 소유에 속하고 저당부동산의 소유권에 흡수되지 아니하므로 이에 저당권의 효력이 미치지 아니한다.

그러나 타인이 그 권원에 의하여 부속시킨 것이라 하더라도, 그 부속된 물건이 사실상 분리복구가 불가능하여 거래상 독립한 권리의 객체성을 상실하고, 그 부동산과 일체를 이루게 된 경우에는 그 부속된 물건에도 저당권의 효력이 미치는 것으로 보아야 한다.[109] 예를 들면 사회관념상 토지로부터 독립성을 전혀 가지지 못하는 정원수 · 정원석 등과 건물로부터 독립성을 가지지 못하는 창틀 · 베란다 새시 · 싱크대 등이 이에 해당한다.

판례1-28

1. 권원없이 타인의 토지에 심은 나무의 소유권자

민법 제256조 단서 소정의 '권원'이라 함은 지상권, 전세권, 임차권 등과 같이 타인의 부동산에 자기의 동산을 부속시켜서 그 부동산을 이용할 수 있는 권리를 뜻하므로 그와 같은 권원이 없는 자가 토지소유자의 승낙을 받음이 없이 그 임차인의 승낙만을 받아 그 부동산 위에 나무를 심었다면 특별한 사정이 없는 한 토지소유자에 대하여 그 나무의 소유권을 주장할 수 없다(대판 1989.7.11. 88다카9067).

2. 부합된 물건이 부동산의 구성부분이 된 경우의 효력

부동산에 부합된 물건이 사실상 분리복구가 불가능하여 거래상 독립한 권리의 객체성을 상실하고 그 부동산과 일체를 이루는 부동산의 구성부분이 된 경우에는 타인이 권원에 의하여 이를 부합시켰더라도 그 물건의 소유권은 부동산의 소유자에게 귀속된다(대판 2008.5.8. 2007다36933,36940).

---

109) 민법주해[VII] 43(남효순). 곽윤직 물권법 274.

(나) 저당권설정계약에서 제외시킨 것

저당권설정당사자는 설정계약에 의하여 저당권의 효력이 부합물에 미치지 않는 것으로 할 수 있다(민 358단). 다만 이 약정은 등기하여야 제3자에게 대항할 수 있다(부등 75).

(2) 종물

가. 원칙

저당권의 효력은 저당부동산의 종물에도 미친다(민 358본). 여기에서 저당권의 효력이 미치는 저당부동산의 종물이라 함은, 민법 제100조가 규정하는 종물과 같은 의미로서 주물인 저당부동산의 상용에 이바지하고 있는 물건으로서, 주물의 소유자가 소유하고 있는 것을 말한다. 따라서 주물의 소유자나 이용자의 상용에 공여되고 있더라도 주물 그 자체의 효용과는 관계없는 물건이나, 주물의 소유자의 소유에 속하지 않은 것은 저당권의 효력이 미치는 종물이 아니다. 기타 전술한 부합물에 관한 이론은 종물에 관하여도 그대로 적용된다.

저당권의 효력은 저당부동산에 종된 권리에도 미치는가. 종된 권리도 종물에 준하는 것으로 보아 긍정하는 것이 타당하다. 따라서 예컨대 건물에 대한 저당권의 효력은 그 대지 이용권인 지상권 · 전세권 · 임차권 등에 미치는 것으로 보아야 한다.[110] 다만 임차권의 경우는 그 양도에 임대인의 승낙을 요하므로(민 629), 그 저당권의 실행으로 건물을 경락받은 자는, 임대인의 승낙이 있어야만 대지에 대한 임차권의 취득을 주장할 수 있다고 할 것이다.

110) 이은영 물권법 766.

판례1-29

1. 종물이 되기 위한 요건

종물은 주물의 상용에 이바지하는 관계에 있어야 하고, 주물의 상용에 이바지한다 함은 주물 그 자체의 경제적 효용을 다하게 하는 것을 말하는 것으로서 주물의 소유자나 이용자의 상용에 공여되고 있더라도 주물 그 자체의 효용과 직접 관계가 없는 물건은 종물이 아니다(대판 1997.10.10. 97다3750 판결).

2. 종된 권리에도 저당권의 효력이 미치는지 여부

저당권의 효력이 저당부동산에 부합된 물건과 종물에 미친다는 민법 제358조 본문을 유추하여 보면 건물에 대한 저당권의 효력은 그 건물에 종된 권리인 건물의 소유를 목적으로 하는 지상권에도 미치게 되므로, 건물에 대한 저당권이 실행되어 경락인이 그 건물의 소유권을 취득하였다면 경락 후 건물을 철거한다는 등의 매각조건에서 경매되었다는 등 특별한 사정이 없는 한, 경락인은 건물 소유를 위한 지상권도 민법 제187조의 규정에 따라 등기 없이 당연히 취득하게 되고, 한편 이 경우에 경락인이 건물을 제3자에게 양도한 때에는, 특별한 사정이 없는 한 민법 제100조 제2항의 유추적용에 의하여 건물과 함께 종된 권리인 지상권도 양도하기로 한 것으로 봄이 상당하다(대판 1996.4.26. 95다52864).

나. 사례

호텔 건물의 객실에 비치되어 있는 침대 등 각종 가구와 전자제품 등이 호텔 건물의 종물에 속하는지 여부가 문제로 된다. 종물에 해당한다면 호텔 건물의 저당권이 이 들 물건에 미치므로, 호텔 건물의 저당권자는 이 들 물건을 호텔 건물과 함께 경매신청하여 그 경매대금으로부터 우선변제를 받을 수 있는 반면에, 종물에 해당하지 않는다면 이 들 물건에는 저당권의 효력이 미치지 않으므로 호텔 건물과 함께 경매신청할 수 없고, 별도로 유체동산에 대한 강제집행절차를 취할 수밖에 없다.

1985년 3월에 나온 대법원의 판결은 이 들 물건은 호텔 건물의 종물이 아니라고 판시하고 있다. 그러나 이 대법원의 판례를 일반화하여, 모든 호텔 건물의 객실에 비치되어 있는 각종 가구와 전자제품 등에 관하여 저당권의 효력이 아니 미친다고 할 것은 아니다. 이 판례는 하나의 특정 사건에 대한 것에 지나지 않고 또 이 판례가 나온 시기와 현재를 비교해 보면 호텔운영의 상황이 상당히 달라졌다고 할 것이기 때문이다.

따라서 이들 물건에 대하여는 획일적으로 종물인지의 여부를 결정할 것이 아니라 호텔 건물의 구조와 영업형태 등을 종합적으로 고려하여, 이 들 물건이 없어도 호텔 영업을 하는데 지장이 없는 경우라면 종물이 아닌 것으로 볼 것이나, 이 들 물건이 없으면 호텔 영업 자체를 할 수 없는 경우라면 종물로 보아야 할 것으로 생각한다. 그리고 이와 같은 관점에서 보면 적어도 고급호텔에 있는 이 들 물건은 호텔 건물의 종물로 보는 것이 타당하다.

특히 1993년에 나온 대법원판례가 백화점 건물의 지하 2층 기계실에 설치되어 있는 전화교환설비가 과다한 비용을 들이지 않고서도 분리할 수 있는 독립한 물건이기는 하나, 백화점 건물의 효용과 기능을 다하기에 필요 불가결한 시설물로서 위 건물의 상용에 제공된 종물이라고 본 것은, 위와 같은 취지를 반영한 것이라고 볼 수 있을 것이다.

판례1-30

1. 건물의 종물이 아니라고 본 사례

호텔의 각 방실에 시설된 텔레비전, 전화기, 호텔세탁실에 시설된 세탁기, 탈수기, 드라이크리닝기, 호텔주방의 냉장고, 제빙기, 호텔방송실에 시설된 브이티알(비데오), 앰프 등은 적어도 호텔의 경영자나 이용자의 상용에 공여됨은 별론으로 하고, 주물인 부동산 자체의 경제적 효용에 직접 이바지하지 아니함은 경험칙상 명백하므로 위 부동산에 대한 종물이라고 할 수는 없다(대판 1985.3.26. 84다카269).

2. 건물의 종물이라고 본 사례

백화점 건물의 지하 2층 기계실에 설치되어 있는 전화교환설비가 건물의 원소유자가 설치한 부속시설이며, 위 건물은 당초부터 그러한 시설을 수용하는 구조로 건축되었고, 위 시설들은 볼트와 전선 등으로 위 건물에 고정되어 각 층 각 방실까지 이어지는 전선 등에 연결되어 있을 뿐이어서 과다한 비용을 들이지 않고도 분리할 수 있고, 분리하더라도 독립한 동산으로서의 가치를 지니며, 그 자리에 다른 것으로 대체할 수 있는 것이라면 위 전화교환설비는 독립한 물건이기는 하나 그 용도, 설치된 위치와 그 위치에 해당하는 건물의 용도, 건물의 형태, 목적, 용도에 대한 관계를 종합하여 볼 때, 위 건물에 연결되거나 부착하는 방법으로 설치되어 위 건물인 10층 백화점의 효용과 기능을 다하기에 필요 불가결한 시설물로서 위 건물의 상용에 제공된 종물이라 할 것이다(대판 1993.8.13. 92다43142).

(3) 과실

과실이란 물건으로부터 생기는 경제적인 수익을 말하며, 이 과실을 생기게 하는 물건을 원물이라고 한다. 과실에는 저당권의 효력이 미치지 않는 것이 원칙이다(민 359본 반대해석). 과실에도 저당권의 효력이 미친다고 하면 목적물의 이용권을 설정자로부터 빼앗는 것이 되어 저당권의 성질에 반하기 때문이다.

그러나 저당부동산에 대한 압류가 있은 후에, 저당권설정자가 그 부동산으로부터 수취한 과실 또는 수취할 수 있는 과실에는 저당권의 효력이 미친다(민 359본). 이는 저당목적물의 소유자가 고의적으로 경매절차를 지연시킴으로써, 과실을 취득하는 폐해를 방지할 필요가 있다는 점[111]과 저당목적물이 압류된 이후에는 소유자의 이용권보다는 저당권자의 담보가치를 보전해 줄 필요가 있다는 점[112]을 고려한 것이다.

그리고 여기에서 저당권의 효력이 미친다는 것은, 압류가 있은 후에 수취한 과실 또는 수취할 수 있는 과실과 저당부동산을 함께 경매의 대상으로 한다는 것을 의미한다.[113] 따라서 이 경우 경매부동산의 최저경매가격은 압류의 효력이 미치는 과실까지를 포함하여 산정하여야 하고, 매수신청인의 매수가액도 이를 포함해서 산정하여야 하며 매수인도 매각대금을 납부함으로써 경매부동산과 과실의 소유권을 함께 취득하는 것으로 보아야 한다.

다만 저당부동산에 대한 소유권, 지상권 또는 전세권을 취득한 제3자에 대하여는, 저당권자가 압류한 사실을 통지한 후에 수취한 과실 또는 수취할 수 있는 과실에 한하여 저당권의 효력이 미친다(민 359단). 이는 저당목적물의 제3취득자가 알지 못하는 사이에 과실에 저당권의 효력이 미치게 됨으로써, 제3취득자의 수익권이 제한되는 것을 방지하기 위한 것이다. 그리고 이 민법 제359조 단서의 취지가 제3취득자의 보호에 있는 이상, 비록 명문의 규정은 없지만 저당부동산 위에 대항력 있는 임차권을 취득한 자도, 여기에서의 제3자에 포함되는 것으로 보아야 한다.

과실에는 물건의 용법에 의하여 수취하는 천연과실(민 101①)과 물건의 사용대가로 받는 금전 기타의 물건인 법정과실(민 101②)이 있다. 천연과실이 여기에서의 과실을 의미하는 점에는 이론이 없다. 그러나 법정과실도 여기에서의 과실에 포함되는지 여부에 관하여는, 통설인 긍정설[114]과 소수설인 부정설[115]로 견해가 나뉘어 있다. 민법이 천연과실에 한정하는 것으로 규정하고 있지 않고 또한 특별히 법정과실을 제외할 이유가 없다는 점에서 긍정설이 타당하다. 부동산에서 수취할 수 있

111) 곽윤직 물권법 450. 이영준 물권법 783. 이은영 물권법 767.
112) 민법주해[VII] 52(남효순).
113) 민법주해[VII] 53(남효순).
114) 민법주해[VII] 58(남효순). 곽윤직 물권법 450. 이은영 물권법 767.
115) 김기선 한국물권법 474.

는 천연과실의 예로는 토지저당권의 효력이 미치는 과목의 열매 등을 들 수 있고, 법정과실의 예로는 저당부동산을 임대함으로써 발생하는 차임 등을 들 수 있다.

(4) 기타

가. 분리 · 반출된 부합물 · 종물

부합물이나 종물이 저당부동산으로부터 분리 · 반출되는 경우, 예컨대 정원수 · 정원석 · 엘리베이터 · 대문 등이 저당부동산으로부터 분리 · 반출되는 경우, 저당권이 그 분리 · 반출된 물건에도 미치는가. 이에 관하여는 그 분리 · 반출이 저당권설정자의 정당한 부동산이용에 따라 이루어진 것인가 그렇지 않은 것인가로 나누어 살펴볼 필요가 있다.

첫째로 정당한 부동산이용에 따라 분리 · 반출된 물건에 대하여는 당연히 저당권이 소멸하는 것으로 보아야 한다.[116] 저당권은 가치권으로서 설정자의 정당한 이용을 수용하여야 하기 때문이다.

둘째로 정당한 부동산의 이용과 관계없이 부당하게 분리 · 반출된 물건에 대한 저당권의 효력에 관하여는 견해가 나뉘어 있다. 제1설은 이에 물상대위의 규정을 준용하여 비록 저당부동산으로부터 분리 · 반출된 것이라도, 저당권자가 이를 압류하면 저당권의 효력이 미치는 것으로 보아야 한다고 한다.[117] 제2설은 저당권자는 저당권에 기한 방해제거청구권 또는 방해예방청구권에 의하여 그 분리 · 반출을 금지할 수는 있으나, 일단 분리 · 반출되어 버린 때에는 그 분리 · 반출된 물건은 저당권의 효력에서 벗어나게 된다고 한다. 다만 이 경우에도 부합물이나 종물이 분리된 상태에서 반출되지 않고 있어, 사회관념상으로 아직 저당물건과 일체를 이루는 것으로 볼 수 있는 때에는, 그 분리된 물건에도 저당권의 효력이 미친다고 한다.[118]

그러나 원래 물상대위권은 저당목적물의 교환가치의 변형물에 행사할 수 있는 것인데, 저당목적물로부터 분리 · 반출된 부합물이나 종물은 그러한 교환가치의 변형물로 볼수 없는 것이므로, 이 제1설은 타당성이 없다고 본다. 또한 제1설은 현

---

116) 민법주해[VII] 46(남효순).

117) 김기선 한국물권법 473.

118) 민법주해[VII] 48(남효순). 곽윤직 물권법 451. 이은영 물권법 769.

행 민법상 저당목적물의 매각대금에 물상대위가 인정되지 않는 것과도 균형이 맞지 않는다. 따라서 제2설이 타당하다.

나. 물상대위

저당권은 원래의 저당목적물 뿐만 아니라 그 가치대표물에도 효력이 미친다(민 342, 370). 목적물에 갈음하는 대표물로서 저당권자가 추급할 수 있는 것은, 저당목적물의 멸실·훼손 또는 공용징수로 인하여 저당권자가 받을 금전 기타의 물건이다. 예컨대 보험금·손해배상금·토지수용보상금 등이다. 그러나 저당목적물의 매각대금, 차임에는 물상대위가 인정되지 않는다.[119] 매각대금에 물상대위를 인정하지 않는 것은 저당목적물이 매각되어도 매각된 저당목적물에 여전히 저당권을 행사할 수 있기 때문이고, 차임에 물상대위를 인정하지 않는 것은 저당권설정자에게 목적물의 이용권을 확보해 주기 위해서이다. 또한 저당물건이 붕괴된 경우의 건축자재에도 물상대위가 인정되지 않는다. 붕괴된 건축자재를 저당목적물의 가치변형물로 볼 수 없는 까닭이다.

물상대위의 객체는 보험금·보상금 등의 금전 기타의 물건 그 자체가 아니라 이 들에 대한 목적물소유자의 청구권이다. 물상대위권을 행사하고자 하는 저당권자는 대표물의 지급 또는 인도가 있기 전에 그 청구권을 압류하여야 한다. 그리고 여기에서의 압류를 반드시 저당권자가 스스로 해야 하는지 여부와 물상대위권의 행사방법 등에 관하여는 전술한 [제3. 2. (3). 나] 참조.

다. 구분건물의 대지권

㈎ 의의

일동(一棟)의 건물은 이를 반드시 하나의 건물로 취급하여야 하는 것이 아니고 이를 수직적으로 또는 수평적으로 구분하여, 각 층 또는 각 구획된 부분을 독립한 별개의 건물로 할 수가 있는데, 이 구분된 각 건물부분을 구분건물이라고 한다(민 215, 집건 1).

구분건물의 소유자가 전유부분(구분소유권의 목적인 건물부분)을 소유하기 위하여,

119) 민법주해[VI] 401(양승태). 곽윤직 물권법 410. 이은영 물권법 566.

건물의 대지[120]에 대하여 가지는 권리를 대지사용권이라고 한다(집건 2vi). 그리고 대지사용권 중 규약이나 공정증서로서 특별히 분리처분할 수 있음을 정하지 아니하여 일체 · 불가분성이 있는 것을 대지권이라고 한다.[121]

1동의 건물 중 구분된 각 부분이 구분건물이 되기 위하여는, 객관적 · 물리적인 측면에서 구분건물이 구조상 · 이용상의 독립성을 갖추어야 하고, 그 건물을 구분소유권의 객체로 하려는 의사표시 즉 구분행위가 있어야 한다. 그리고 이러한 구분건물을 독립한 거래의 대상으로 하려면, 구분된 각 부분에 대하여 각 별로 소유권보존등기를 하여야 한다.

1동의 건물을 여러 개의 구분건물로 하여 여러 명이 소유하는 때에는, 그 일동의 건물이 소재하는 토지에 대한 권리(소유권 또는 용익권)는, 각 구분건물의 소유자가 지분으로 나누어 공동소유하는 것이 보통이다. 그런데 이 경우에도 일반의 건물과 토지에 대한 권리변동에 있어서와 동일하게, 구분건물과 토지의 공유지분에 대한 권리변동을 건물등기부와 토지등기부에 따로 등기하여 공시해야 한다고 하면, 토지등기부의 기재가 너무 복잡하게 되어 등기사무처리가 번잡할 뿐만 아니라,[122] 구분건물의 소유권과 토지의 공유지분권을 둘러싼 법률관계를 효율적으로 규율할 수가 없게 된다.

이에 부동산등기법에서는 구분건물과 토지의 공유지분권을 건물등기부에 함께 등기할 수 있도록 하는(부등 40③)[123] 한편, 집합건물의 소유 및 관리에 관한 법률에서는 구분소유자의 대지사용권은 그가 가지는 전유부분의 처분에 따르며, 구분소유자는 규약에서 따로 정하고 있지 않은 한 그가 가지는 전유부분과 분리하여 대지사용권을 처분할 수 없게 하고 있다(집건 20①②). 다만 이 분리처분금지의 원

---

120) 건물의 대지라 함은 전유부분이 속하는 1동의 건물이 소재하는 토지 및 집합건물의소유및관리에관한법률 제4조(규약에 의한 건물의 대지)의 규정에 의하여 건물의 대지로 된 토지를 말한다(집건 2v).

121) 신현기 부동산등기법 각론 151, 오영관 부동산등기법 660.

122) 예컨대 하나의 토지에 여러 동의 아파트건물이 들어서고, 그 아파트건물이 수백(또는 수천)개의 구분건물로 나누어지는 경우에는, 하나의 토지에 수백(수천) 명의 공동소유자가 있게 되어, 이 들 수백(수천) 명을 하나의 토지등기부에 모두 기재하여 관리하여야 하므로, 등기부가 너무 방대하고 복잡하게 된다.

123) 그 등기는 각 구분건물의 등기기록의 표제부를 둘로 구분하여, 첫째 부분에는 1동의 건물과 그 대지권의 목적인 토지를 표시하고, 둘째 부분에는 전유부분인 건물과 대지권(토지의 공유지분권)을 표시하는 방법으로 한다.

칙은 등기부에 대지권인 취지를 등기하지 아니하면 선의로 물권을 취득한 제3자에 대하여 대항하지 못한다(집건 20③).[124)]

판례1-31

1. 구분건물이 되기 위한 요건

1동의 건물 중 구분된 각 부분이 구조상, 이용상 독립성을 가지고 있는 경우에 그 각 부분을 1개의 구분건물로 하는 것도 가능하고, 그 1동 전체를 1개의 건물로 하는 것도 가능하기 때문에, 이를 구분건물로 할 것인지 여부는 특별한 사정이 없는 한 소유자의 의사에 의하여 결정된다고 할 것이므로, 구분건물이 되기 위하여는 객관적, 물리적인 측면에서 구분건물이 구조상, 이용상의 독립성을 갖추어야 하고, 그 건물을 구분소유권의 객체로 하려는 의사표시 즉 구분행위가 있어야 하는 것으로서, 소유자가 기존 건물에 증축을 한 경우에도 증축 부분이 구조상, 이용상의 독립성을 갖추었다는 사유만으로 당연히 구분소유권이 성립된다고 할 수는 없고, 소유자의 구분행위가 있어야 비로소 구분소유권이 성립된다고 할 것이며, 이 경우에 소유자가 기존 건물에 마쳐진 등기를 이와 같이 증축한 건물의 현황과 맞추어 1동의 건물로서 증축으로 인한 건물표시변경등기를 경료한 때에는 이를 구분건물로 하지 않고 그 전체를 1동의 건물로 하려는 의사였다고 봄이 상당하다(대판 1999.7.27. 98다35020).

2. 요건이 구비되지 않은 건물을 구분건물로 등기한 경우의 효력

구분소유권의 객체로서 적합한 물리적 요건을 갖추지 못한 건물의 일부는 그에 관한 구분소유권이 성립될 수 없는 것이어서, 건축물관리대장상 독립한 별개의 구분건물로 등재되고 등기부상에도 구분소유권의 목적으로 등기되어 있어 이러한 등기에 기초하여 경매절차가 진행되어 이를 낙찰받았다고 하더라도, 그 등기는 그 자체로 무효이므로 낙찰자는 그 소유권을 취득할 수 없다(대판 1999.11.9. 99다46096).

(나) 구분건물에 대한 저당권설정

(ㄱ) 저당권의 효력

구분건물의 전유부분과 대지사용권이 일체로서 등기되어 있는 때에는 구분건물에 설정한 저당권은 대지사용권에도 미친다(집건 20①). 문제는 아직 대지사용권이

124) 이는 어떤 건물을 구분소유권의 목적으로 할 것인가는 소유자의 의사에 달려 있고, 특히 미등기건물의 경우 그것이 구분소유권의 목적인 건물인가는 객관적으로 명백하지 아니하며, 또한 구분건물로서 등기된 건물이라고 하더라도 대지권의 등기가 되지 아니한 경우에는 분리처분이 가능하다고 믿고 거래할 수 있으므로 분리처분의 금지에 위반한 처분이 있어도 그 무효를 선의의 제3자(상대방)에게 주장할 수 없도록 하여 거래안전을 보호하려는 것이다(민법주해[V] 276(김황식)).

등기되어 있지 않은 상태에서, 구분건물에만 저당권을 설정한 경우에 그 저당권이 유효한 것인지 여부와, 이를 긍정할 경우에 그 후 등기된 대지사용권에 구분건물에 설정한 저당권의 효력이 당연히 미치는 것인지 여부이다.

우선 첫째의 문제에 관하여는, 저당권설정 당사자가 명시적으로 대지사용권을 제외하고, 전유부분에만 저당권을 설정한 것이 아닌 한 유효한 것으로 보아야 한다. 구분건물의 전유부분과 대지사용권을 일체로 하여 저당권을 설정하기로 합의한 이상, 아직 등기되지 않은 대지사용권을 제외하고 전유부분에만 저당권설정등기를 하였다고 하여 이를 무효로 보아야 할 이유가 없고, 또한 대지권을 제외한다는 명시적인 의사표시 없이 전유부분에만 저당권설정등기한 경우에도 「구분소유자는 그가 가지는 전유부분과 분리하여 대지사용권을 처분할 수 없다」고 규정하고 있는, 집합건물의 소유 및 관리에 관한 법률 제20조 제2항 본문의 규정 취지에 비추어 볼 때, 양자를 포함하여 저당권을 설정하기로 한 것으로 보는 것이 타당하기 때문이다.

다음에 둘째의 문제에 관하여는 저당권설정계약에서 저당목적물에 양자를 포함하는 것으로 합의한 이상, 그 후 등기된 대지사용권에 대하여 전유부분에 설정한 저당권의 효력이 당연히 미치는 것으로 보아야 한다. 그런데 이 경우에 있어서는 다시 전유부분에 설정한 저당권의 효력이 대지사용권에도 미친다는 부기등기를 하여야 하는지가 문제로 되나, 전유부분에 설정한 저당권의 효력이 당연히 대지사용권에 미치는 것으로 보는 이상 따로 부기등기를 할 필요는 없다고 보는 것이 타당하다.

한편 대법원의 판례는 이보다 한 단계 더 나아가, 저당권을 설정할 당시에는 저당권설정자가 대지사용권을 가지고 있지 않아 구분건물의 전유부분만을 대상으로 저당권을 설정하였으나, 그 후에 대지사용권을 취득함으로써 전유부분과 대지사용권이 동일소유자의 소유에 속하게 된 때에는, 전유부분에 설정한 저당권의 효력은 그 대지사용권에까지 미친다고 한다.

판례1-32

구분건물의 전유부분에 대한 저당권의 효력이 대지권에 미치는지 여부

민법 제358조, 집합건물의소유및관리에관한법률 제20조 제1항, 제2항, 제2조 제6항 등의 규정에 의하면, 구분건물의 전유부분만에 관하여 설정된 저당권의 효력은 대지사용권의 분리처분이 가능하도록 규약으로 정하는 등의 특별한 사정이 없는 한 그 전유부분의 소유자가 사후에라도 대지사용권을 취득함으로써 전유부분과 대지권이 동일소유자의 소유에 속하게 되었다면 그 대지사용권에까지 미치고 여기의 대지사용권에는 지상권 등 용익권 이외에 대지소유권도 포함된다고 해석함이 상당하다고 할 것이며, 구분건물의 전유부분만에 관하여 저당권설정등기가 경료된 후에 대지권등기가 경료되면서 그 저당권설정등기는 전유부분만에 관한 것이라는 취지의 부기등기가 직권으로 경료되었다고 하더라도 이를 대지사용권의 분리처분이 가능하도록 규약으로 정하거나 공정증서로써 정한 경우에 해당한다고 볼 수 없다(대판 2001.2.9. 2000다62179).

(ㄴ) 대지에 설정한 저당권과의 관계

구분건물의 전유부분에 설정한 근저당권이 구분건물의 소유자가 가지는 대지권에 미친다 하더라도, 구분건물의 대지권이 등기되기 전에 1동(一棟)의 건물의 대지에 대하여 이미 다른 권리자의 권리에 관한 등기가 되어 있는 때에는, 그 대지권에 대한 근저당권은 1동의 건물의 대지에 관하여 이미 등기되어 있는 권리에 의하여 제한을 받게 된다.

예컨대 구분건물의 대지권이 등기되기 전에 1동의 건물의 대지에 대하여 이미 다른 권리자의 소유권이전청구권가등기가 되어 있었다가 소유권이전의 본등기가 되면 구분건물의 대지권에 대한 근저당권은 실효된다. 그리고 구분건물의 대지권이 등기되기 전에 1동의 건물의 대지에 대하여 이미 다른 채권자의 가압류등기가 되어 있었다가, 후일 가압류채권자가 건물의 대지 자체에 대한 경매신청을 하여 그 매수인이 대지의 소유권을 취득하게 되면 대지권에 대한 근저당권은 소멸하며, 이 경우 구분건물의 대지권에 대한 근저당권자는 가압류채권자에 대한 관계에서 대지의 매각대금으로부터 우선변제를 받을 수 없다. 또한 구분건물의 대지권이 등기되기 전에 1동의 건물의 대지에 대하여 이미 다른 채권자의 근저당권설정등기가 되어 있었다가 그 근저당권이 실행되어 매수인이 대지의 소유권을 취득하게 된 경우에도 대지권에 대한 근저당권은 소멸하며, 이 경우 구분건물의 대지권에 대한 근저당권자는 대지의 매각대금으로부터 대지에 대한 근저당권자보다 후순위로 배당받게 된다.

다만 구분건물의 대지권이 등기되기 전에 1동의 건물의 대지에 대하여 소유권이전청구권가등기나 가압류등기 또는 근저당권등기 등 다른 권리자의 권리에 관한 등기가 되어 있는 때에는 그 대지권등기에 1동의 건물의 대지에 대하여 별도등기가 있다는 내용이 함께 등기된다. 따라서 구분건물에 근저당권을 설정하려고 할 때에 그 구분건물의 대지권등기에 별도등기 있다는 내용의 등기가 있는 때에는 1동의 건물의 대지등기사항증명서를 발급받아 그 권리의 내용을 확인하여 대지권의 담보가액에서 그 권리의 가액만큼을 공제하여야 한다.

그런데 여기에서 문제가 되는 것은 구분건물의 대지권이 등기되어 있지 않은 상태에서 구분건물의 전유부분을 대상으로 근저당권을 설정하고자 하는 경우에 나중에 등기될 구분건물의 대지권의 가액을 담보가액으로 인정할 수 있는가 하는 점이다. 결론부터 말하면 이 경우에는 1동의 건물의 대지가 구분건물의 대지권으로 등기되기 전까지 그 1동의 건물의 대지에 대하여 다른 권리자의 권리에 관한 등기가 이루어지지 않는다는 보장이 없는 한 나중에 등기될 대지권의 가액을 담보가액에 포함시킬 수 없는 것으로 보아야 한다. 대지권의 등기가 이루어지기까지 1동의 건물의 대지에 대하여 어떠한 등기가 이루어질지 알 수 없는 것이기 때문이다.

그러나 30세대 이상의 공동주택을 건설하여 분양하는 사업주체는 입주자모집공고승인신청과 동시에 당해 주택건설 대지는 당해 주택을 공급받는 자들의 동의 없이는 양도 또는 제한물권을 설정하거나 압류·가압류·가처분 등이 될 수 없는 재산임을 소유권등기에 부기등기 하도록 되어 있으므로(주택 61③본), 이 처분제한의 부기등기가 되어 있는 대지에 축조되어 있는 공동주택의 구분건물을 대상으로 그 분양받은 소유자로부터 근저당권을 설정받는 때에는 아직 그 구분건물의 대지권이 등기되어 있지 않은 경우라도 그 대지권의 가액을 담보가액에 포함시킬 수 있다고 할 것이다.

5. 저당권자의 권리

(1) 우선변제권

저당권자의 가장 기본적인 권리는, 저당목적물의 매각대금으로부터 자신의 채권을 우선적으로 변제받을 수 있는 권리라고 할 수 있는데, 이를 저당권자의 우선변제권이라고 한다.

저당권자가 저당목적물의 매각대금으로부터 우선변제를 받는다고 하는 것은, 다른 일반채권자들 보다 우선변제를 받는다는 것을 의미한다. 따라서 일반채권자가 아닌 또 다른 우선변제청구권자들과의 변제순위에 관하여는, 그 우선변제권을 규정하고 있는 법률의 규정과 그 해석에 의하여 정하는 수밖에 없는 바, 이에 관하여는 따로 후술하기로 한다.

(2) 임의경매청구권

저당권자는 그 저당권에 의하여 담보되는 피담보채무의 이행이 없으면, 민사집행법이 정하는 절차에 따라 저당목적물의 소재지를 관할하는 지방법원에 당해 저당목적물에 임의경매 절차를 취하여, 그 매각대금으로 자신의 채권을 변제하여 줄 것을 신청할 수 있는데, 이를 저당권자의 임의경매청구권이라고 한다.

토지와 건물은 별개의 부동산이므로 양자를 공동담보로 하여 저당권을 설정하지 않은 이상, 어느 일방에 대한 저당권을 가지고 다른 일방에 대하여 경매청구를 할 수 없는 것이 원칙이다. 다만 예외적으로 토지를 목적으로 저당권을 설정한 후 그 설정자가 그 토지에 건물을 축조한 때에는, 저당권자는 토지와 함께 그 건물에 대하여도 경매를 청구할 수 있다. 그러나 그 건물의 경매대가에 대하여는 우선변제를 받을 권리가 없다(민 365). 이와 같은 토지저당권자의 권리를 일괄경매청구권이라고 한다.

(3) 배당요구권

저당목적물에 대하여 이미 다른 채권자의 신청에 의한 경매절차가 진행중인 때에는, 저당권자는 따로이 경매청구를 할 것까지도 없이 그 절차에서의 매각대금으로부터 자신의 채권을 변제하여 줄 것을 청구할 수 있는데(민소 605), 이를 저당권자의 배당요구권이라 한다.

다만 배당요구채권자는 다른 채권자의 신청에 의한 경매절차에 편승하여 자신의 채권의 만족을 구하는 것이므로, 배당에 관련한 사항을 제외하고는 그 경매절차의 진행에 독자적인 권리를 가지지 않는다. 따라서 배당요구채권자는 경매절차 진행중 경매신청인의 경매취하로 경매절차가 종료되는 것을 저지할 수 없으며, 그로 인하여 경매절차가 종료되면 배당요구의 효력도 실효된다.

6. 저당권의 침해에 대한 구제

(1) 저당권침해의 의의

저당권자가 저당목적물에 대하여 가지는 담보로서의 효력을 위법하게 해하는 것을 저당권의 침해라고 한다. 저당권의 침해가 되는 대표적인 예로서는, 저당목적물의 소유자나 제3자가 저당권자의 동의없이 저당목적물을 멸실시키기거나 훼손함으로써, 저당권자가 저당목적물의 교환가치로부터 우선변제를 받지 못하게 되거나 지장을 초래하는 것을 들 수 있다. 그리고 위와 같은 저당목적물에 대한 적극적 침해 이외에도, 소유자가 저당목적물이 멸실·훼손되는 것을 부당하게 방치하는 것도 저당권의 소극적인 침해가 될 수 있다.

그러나 저당권은 원래 저당목적물의 사용·수익을 그 소유자로부터 빼앗는 것이 아니므로, 저당목적물의 통상의 경제적 용도에 따라 이용되고 있는 한, 그 소유자가 부합물이나 종물을 저당목적물로부터 분리한다거나 또는 저당목적물을 제3자에게 용익하게 하여도, 저당권의 침해가 되지 않는다. 또한 저당권은 추급력이 있으므로 소유자가 저당목적물을 제3자에게 양도하더라도 그것만으로는 저당권을 침해하는 것이 되지 않는다.

(2) 저당권침해에 대한 구제방법

가. 물권적청구권

(가) 침해행위의 제거·예방청구

저당권자는 저당권을 침해하는 자에 대하여 그 침해의 제거를 청구할 수 있고, 침해의 염려가 있는 행위를 하는 자에 대하여 그 예방이나 손해배상의 담보를 청구할 수 있다(민 370, 214). 예컨대 건물에 대한 저당권자는, 저당권자의 동의 없이 건물을 철거 또는 훼손하는 자에 대하여 그 행위를 중지할 것을 요구할 수 있고, 철거 또는 훼손의 우려가 있는 행위를 하는 자에 대하여 그 예방이나 손해배상의 담보를 청구할 수 있는 것이다. 그리고 이러한 중지나 예방 등의 청구는 저당권 불가분의 원칙상, 비록 목적부동산의 잔여가치로 피담보채권의 변제를 받는데 지장이 없다고 하더라도 할 수 있다는 것이 통설이다.[125] 그러나 저당권은 목적물의 점유를 수반하지 않기 때문에 저당권자 자신에 대하여 목적물을 반환할 것을 청구하지는 못한다.

판례1-33

저당권에 기한 방해배제청구권

(1) 저당권자는 저당권 설정 이후 환가에 이르기까지 저당물의 교환가치에 대한 지배권능을 보유하고 있으므로 저당목적물의 소유자 또는 제3자가 저당목적물을 물리적으로 멸실·훼손하는 경우는 물론 그 밖의 행위로 저당부동산의 교환가치가 하락할 우려가 있는 등 저당권자의 우선변제청구권의 행사가 방해되는 결과가 발생한다면 저당권자는 저당권에 기한 방해배제청구권을 행사하여 방해행위의 제거를 청구할 수 있다.

(2) 대지의 소유자가 나대지 상태에서 저당권을 설정한 다음 대지상에 건물을 신축하기 시작하였으나 피담보채무를 변제하지 못함으로써 저당권이 실행에 이르렀거나 실행이 예상되는 상황인데도 소유자 또는 제3자가 신축공사를 계속한다면 신축건물을 위한 법정지상권이 성립하지 않는다고 할지라도 경매절차에 의한 매수인으로서는 신축건물의 소유자로 하여금 이를 철거하게 하고 대지를 인도받기까지 별도의 비용과 시간을 들여야 하므로, 저당목적 대지상에 건물신축공사가 진행되고 있다면, 이는 경매절차에서 매수희망자를 감소시키거나 매각가격을 저감시켜 결국 저당권자가 지배하는 교환가치의 실현을 방해하거나 방해할 염려가 있는 사정에 해당한다(대판 2006.1.27. 2003다58454).

(나) 유해등기의 말소청구

피담보채권이 변제되어 이미 소멸된 선순위저당권이 아직 말소되지 않고 있는 등과 같이 법률상으로는 무효인 등기라도, 사실상 저당권의 행사에 장애가 될 수 있는 등기가 있는 때에는 저당권자는 그 말소를 청구할 수 있다.

그러나 아직 근저당권으로서의 효력이 소멸되어 있지 않은 이상 후순위근저당권자가 선순위근저당권의 피담보채무를 변제하고 민법 제364조에 의하여 선순위근저당권의 소멸을 청구하고 그에 따른 말소를 구할 수는 없다.

125) 민법주해[VII] 226(남효순). 곽윤직 물권법 477.

판례1-34

후순위근저당권자의 저당권소멸청구권 인정 여부

민법 제364조는 "저당부동산에 대하여 소유권, 지상권 또는 전세권을 취득한 제3자는 저당권자에게 그 부동산으로 담보된 채권을 변제하고 저당권의 소멸을 청구할 수 있다."고 규정하고 있다. 그러므로 근저당부동산에 대하여 민법 제364조의 규정에 의한 권리를 취득한 제3자는 피담보채무가 확정된 이후에 채권최고액의 범위 내에서 그 확정된 피담보채무를 변제하고 근저당권의 소멸을 청구할 수 있으나, 근저당부동산에 대하여 후순위근저당권을 취득한 자는 민법 제364조에서 정한 권리를 행사할 수 있는 제3취득자에 해당하지 아니하므로 이러한 후순위근저당권자가 선순위근저당권의 피담보채무가 확정된 이후에 그 확정된 피담보채무를 변제한 것은 민법 제469조의 규정에 의한 이해관계 있는 제3자의 변제로서 유효한 것인지 따져볼 수는 있을지언정 민법 제364조의 규정에 따라 선순위근저당권의 소멸을 청구할 수 있는 사유로는 삼을 수 없다 (대판 2006.1.26. 2005다17341).

(다) 강제집행에 대한 제3자이의의 소

저당목적물에 대하여 다른 채권자가 강제집행을 하더라도 저당권을 침해하는 행위가 되지 않는다. 저당권자는 그 강제집행절차에서 우선변제를 받으면 되는 것이기 때문이다. 그러나 저당권에 우선하는 권리를 가지지 않은 다른 채권자가 저당목적물의 일부(예컨대 부합물 또는 종물)에 대하여만 강제집행을 하는 경우에는, 저당권자는 저당목적물의 일체성이 침해된다는 것을 이유로 제3자이의의 소(민집 48)를 제기하여 이를 방지할 수 있다.

나. 손해배상청구권

저당권자는 저당권을 침해하는 자에 대하여 불법행위로 인한 손해배상청구를 할 수 있다(민 750). 그러나 저당권자의 이러한 손해배상청구권은, 그 침해의 대상이 저당권이란 특성에 따라 일반의 불법행위로 인한 손해배상청구권과 다음과 같은 점에서 대비된다.

첫째 손해배상청구권이 발생하려면 목적물의 침해로 저당권자가 채권의 완전한 만족을 얻을 수 없게 되어야 한다. 비록 저당권의 침해로 그 교환가치가 떨어진다 해도 채권의 변제를 받는데 지장이 없다고 하면 저당권자로서는 손해가 없는 것이기 때문이다.

둘째 저당목적물에 대한 침해가 있을 때에 피담보채권의 변제기에 불구하고 바로 손해배상의 청구를 할 수 있는가의 문제가 있으나 이에 관하여는 긍정하는 것이 일반이다.[126] 저당권의 실행 이전에 손해액을 산정하는 것이 불가능한 것은 아니므로 긍정하는 것이 타당하다고 본다.

다. 담보물보충청구권

저당권설정자의 책임있는 사유로 인하여 저당물의 가액이 현저히 감소된 때에는, 저당권자는 위와 같은 청구권을 행사할 수 있는 이외에 저당권설정자에 대하여 그 원상회복 또는 상당한 담보의 제공을 청구할 수도 있다(민 362).

담보물보충청구권이 성립하기 위해서는 첫째, 저당목적물의 가액의 현저한 감소(저당물의 멸실·훼손 등에 따른 교환가치의 감소로 피담보채권을 완제하지 못할 염려가 있는 경우)가 있어야 하고 둘째, 그와 같은 감소가 저당권설정자의 책임 있는 사유로 발생하여야 한다. 따라서 천재지변에 의한 저당목적물의 멸실·훼손이나 경제사정의 변동에 따른 저당물의 가액 감소의 경우는 담보물보충청구권이 발생하지 않는다.

한편 채무자와 저당권설정자가 다른 경우에 채무자 또는 저당권설정자의 책임 있는 사유로 저당목적물의 가액이 현저히 감소된 때에는, 저당권자는 그 채무자에 대하여도 그 원상회복 또는 상당한 담보의 제공을 청구할 수 있는 것으로 보아야 한다.

다만 저당권자가 이 담보물보충청구권을 행사하는 경우에는, 전술한 손해배상청구권이나 뒤에 설명하는 기한이익상실에 의한 즉시변제청구권은 행사할 수 없는 것으로 보아야 한다.

라. 즉시변제청구권

채무자가 담보를 손상·감소 또는 멸실하게 한 때에는 기한의 이익을 잃는다(민 388i). 따라서 이 경우에 저당권자는 위와 같은 여러 청구권을 행사할 수 있는 이외에 즉시 변제를 청구할 수 있고, 채무자가 이에 응하지 않으면, 저당권을 실행할 수 있다. 또한 저당권자가 담보물보충청구를 하였으나 충분한 담보물의 보충이 이루어지지 않는 때에는, 저당권자는 채무자에 대하여 기한의 이익을 상실시켜 즉시 변제청구할 수 있다.

---

126) 민법주해[VII] 84(남효순). 곽윤직 물권법 477.

마. 말소된 저당권설정등기의 회복

저당권설정등기가 위조된 등기서류에 의하여 원인없이 말소된 때에는, 저당권자는 말소된 저당권설정등기의 회복을 청구할 수 있다. 그러나 저당권설정등기가 말소된 상태에서 저당부동산이 경매되어, 매수인이 저당부동산의 소유권을 취득한 경우에 그 매수인에 대하여는 저당권설정등기의 회복을 청구할 수 없다. 부동산에 설정되어 있는 저당권은 매수인이 저당부동산의 소유권을 취득하면 소멸하는 것이기 때문이다(민집 91②). 다만 이 경우 저당권자는 저당권설정등기의 말소로 배당받지 못한 금액에 대하여, 말소등기를 한 자를 상대로 한 손해배상청구를 하는 이외에, 배당받은 자를 상대로 그 배당받은 금액의 범위에서 부당이득반환청구를 함으로써 구제받을 수 있다.

판례1-35

근저당권설정등기가 불법으로 말소된 경우의 구제수단

① 부동산에 관하여 근저당권설정등기가 경료되었다가 그 등기가 위조된 등기서류에 의하여 아무런 원인 없이 말소되었다는 사정만으로는 곧바로 근저당권이 소멸하는 것은 아니라고 할 것이지만, 부동산이 경매절차에서 경락되면 그 부동산에 존재하였던 근저당권은 당연히 소멸하는 것이므로, 근저당권설정등기가 원인 없이 말소된 이후에 그 근저당 목적물인 부동산에 관하여 다른 근저당권자 등 권리자의 경매신청에 따라 경매절차가 진행되어 경락허가결정이 확정되고 경락인이 경락대금을 완납하였다면, 원인 없이 말소된 근저당권은 이에 의하여 소멸한다.

② 근저당권설정등기가 위법하게 말소되어 아직 회복등기를 경료하지 못한 연유로 그 부동산에 대한 경매절차에서 피담보채권액에 해당하는 금액을 전혀 배당받지 못한 근저당권자로서는 위 경매절차에서 실제로 배당받은 자에 대하여 부당이득반환청구의 소로서 그 배당금의 한도 내에서 그 근저당권설정등기가 말소되지 아니하였더라면 배당받았을 금액의 지급을 구할 수 있을 뿐이고, 이미 소멸한 근저당권에 관한 말소등기의 회복등기를 위하여 현소유자를 상대로 그 승낙의 의사표시를 구할 수는 없다(대판 1998.10.2. 98다27197).

제5 특별한 유의를 요하는 저당권설정

1. 공동순위의 근저당권설정

예컨대 S은행과 K은행이 동일한 부동산을 담보로 A에게 각각 10억원과 5억원의 대출을 하려고 할 때에, S은행과 K은행 중 어느 일방을 선순위로 하고 다른 일방을 후순위로 하지 않고 양 자를 동일 순위로 하여 공평하게 근저당권을 설정하는 방법으로는, 다음과 같은 두 가지 방법을 생각해 볼 수 있다.

첫째는 S은행과 K은행이 15억원의 대출을 10대 5의 비율로 공동융자하여 채권의 준공유자가 되고, 준공유 채권 15억원을 담보하기 위한 근저당권설정계약도 공동으로 체결하여, 공동근저당권자로서 등기함으로써 근저당권의 준공유자가 되는 방법이고, 둘째는 S은행과 K은행이 각자의 대출약정에 따라 대출실행하고, 근저당권설정계약도 각자 체결하되 그 등기신청을 동시에 하여,[127] 그 순위가 동일하게 되도록 하는 방법이다.

S은행과 K은행이 협조융자의 방식으로 대출한 후 채권의 공동관리를 하고자 하는 경우에는, 첫째의 방식으로 근저당권을 설정하는 것이 적절하고, 각자 별개로 대출하고 채권관리도 각자 별개로 하고자 하는 경우에는, 둘째의 방식으로 근저당권을 설정하는 것이 적절하다고 본다.

127) 부동산등기법 제11조 제3항은 「등기관은 접수번호의 순서에 따라 등기사무를 처리하여야 한다」고 규정하는 한편 부동산등기규칙 제65조 제2항은 「같은 부동산에 관하여 동시에 여러 개의 등기신청이 있는 경우에는 같은 접수번호를 부여하여야 한다」고 규정함으로써 동일 순위의 근저당권을 설정할 수 있도록 하고 있다. 그리고 실무상 동시신청은 두 개의 근저당권설정등기신청서를 함께 제출하되 앞장의 첫머리 여백에 「동시신청」이라 주서(朱書)하고 그 신청서상에 일련번호를 붙이는 방법으로 하도록 하고 있다.

2. 실제현황과 등기부의 기재가 일치하지 않은 부동산의 담보취득

(1) 문제의 소재

담보로 제공되는 부동산 중에는 실제면적와 등기면적이 일치하지 않는 경우 또는 등기부에 등기되어 있지 않은 부속건물이나 증축건물이 있는 경우가 있다. 이와 같은 경우에는, 소유자로 하여금 등기부의 기재를 실제의 부동산 현황과 일치하도록 변경등기하게 한 후, 저당권을 설정하는 것이 가장 바람직하다고 할 수 있다. 문제는 부동산의 소유자가 변경등기 자체를 하고 싶지 않는 경우[128]나, 변경등기를 하고 싶어도 할 수 없는 경우[129]이다. 이하에서는 이와 같은 경우의 실무처리에 관하여 알아보기로 한다.

(2) 실제면적과 등기면적이 일치하지 않는 경우

실제면적과 등기면적이 일치하지 않는 경우라도 등기부상의 부동산이 어느 것인지를 알 수 있으면, 그 등기부상의 부동산에 설정한 저당권은 실제면적에 대하여 그 효력을 가지는 것이므로, 실제면적을 기준으로 평가하여 담보취득하면 된다. 그러나 실제면적과 등기면적의 불일치가 너무 심하여 등기부상의 부동산이 어느 것인지를 알 수 없으면, 그 등기부상의 부동산에 설정한 저당권은 대상목적물의 불특정으로 인하여 무효가 되므로 담보취득해서는 아니된다.

실제면적과 등기면적의 불일치를 담보취득 이후에 발견한 때에는, 위 기준에 따라 저당권의 유효성 여부를 따져보아 무효라고 판단되면 채무자로부터 새로이 담보를 제공받아야 한다. 그리고 유효라고 판단되는 때에도, 실제면적이 등기면적보다 작아 실제면적을 기준으로 담보가치를 평가할 경우 담보부족이 생기면, 채무자로부터 추가담보를 제공받아야 한다. 이 경우 만일 채무자가 새로운 담보나 추가담보의 제공을 하지 않으면, 채권자로서는 기한이익을 상실시켜 바로 채권회수절차에 들어갈 수밖에 없다.

---

128) 예컨대 건물 소유자가 세금을 적게 내기 위하여 일부러 건물의 면적을 실제면적보다 작게 등기한 경우 등이 이에 해당한다.

129) 건축관련 법령에 위배하여 부속건물이나 증축건물을 축조한 경우 등이 이에 해당한다.

판례1-36

건물에 관한 소유권보존등기의 효력

건물에 관한 소유권보존등기가 당해 건물의 객관적, 물리적 현황을 공시하는 등기로서 효력이 있는지의 여부는, 등기부에 표시된 소재, 지번, 종류, 구조와 면적 등이 실제 건물과 간에 사회통념상 동일성이 인정될 정도로 합치되는지의 여부에 따라 결정된다(대판 1996.6.14. 94다53006).

(3) 등기되지 않은 부속건물이나 증축건물이 있는 경우

가. 처리기준

담보로 제공된 토지와 본건물 이외에 토지 위에 등기되지 않은 부속건물이나 증축건물이 있는 경우에는, 그 건물을 누가 축조한 것인지와 그 건물이 등기되어 있는 본건물과 별개로 소유권보존등기를 낼 수 있는 독립한 건물에 해당하는지, 아니면 본건물의 부합물이나 종물에 해당하는 것인지의 여부를 조사한 후, 다음과 같이 처리하여야 한다.

판례1-37

기존건물에 대한 저당권의 효력이 증축건물에 미치는지 여부

기존 건물에 관하여 증축 후의 현존 건물의 현황에 맞추어 증축으로 인한 건물표시변경등기가 경료된 경우에는 특별한 사정이 없는 한 그 소유자는 증축 부분을 구분건물로 하지 않고 증축 후의 현존 건물 전체를 1개의 건물로 하려는 의사였다고 봄이 상당하고, 이 경우 증축 부분이 기존 건물의 구성 부분이거나 이에 부합된 것으로서 기존 건물과 증축 후의 현존 건물 사이에 동일성이 인정된다면, 위 건물표시변경등기는 증축 후의 현존 건물을 표상하는 유효한 등기라고 할 것이고, 또한 기존 건물에 대하여 이미 설정되어 있던 저당권의 효력은 법률에 특별한 규정이나 설정행위 등에 다른 약정이 없는 한 증축 부분에도 미친다고 할 것이므로 기존 건물에 설정된 저당권의 효력을 증축 부분에 미치게 하는 취지의 저당권변경등기를 할 수 없는 것이고, 설사 그러한 등기가 경료되었다고 하더라도 아무런 효력이 없으며, 한편 증축 부분이 기존 건물의 구성 부분이거나 이에 부합된 것이 아닌 별개의 건물이고 이를 구분건물로 할 의사였다면 구분건물로서 등기를 하여야 할 것이지 건물표시변경등기를 할 수는 없는 것이므로, 그 건물표시변경등기가 경료된 후 기존 건물에 설정된 저당권의 효력을 증축 부분에 미치게 하는 취지의 저당권변경등기를 하였다고 하더라도 그 저당권의 효력이 별개의 건물인 증축 부분에 미칠 수는 없다(대판 1999.7.27. 98다32540).

나. 소유자가 축조한 것으로 독립한 건물인 경우

미등기의 부속건물이나 증축건물이 소유자가 축조한 것으로 독립한 건물에 해당하는 때에는, 그 부속건물이나 증축건물의 이용에 필요한 면적의 토지에 법정지상권이 설정된다는 것을 전제로 한 토지의 평가액에 본건물의 평가액을 합산한 금액을 담보가액으로 하여 담보취득한다. 저당토지상에 토지소유자의 소유에 속하는 건물이 있었으나 토지만을 대상으로 저당권을 설정하였다가 토지만이 경매됨으로써 토지소유자와 건물소유자가 달라지게 된 때에는, 그 경매절차상의 토지매수인은 건물소유자에게 그 건물의 이용에 필요한 면적의 토지를 대상으로 법정지상권을 설정해준 것이 되므로(민 366) 토지의 매수가격을 법정지상권에 의하여 제한받는 만큼 낮게 신고할 것이고, 그에 따라 토지의 저당권자가 배당받을 금액도 그만큼 적어지게 될 것이기 때문이다.

다. 소유자가 축조한 것으로 독립한 건물이 아닌 경우

미등기의 부속건물이나 증축건물이 소유자가 축조한 것으로 독립한 건물이 아닌 본건물의 부합물이나 종물에 해당하는 때에는, 정상적인 토지의 평가액과 본건물의 평가액 및 부속건물이나 증축건물의 평가액을 합한 금액 모두를 담보가액으로 하여 담보취득한다. 부속건물이나 증축건물이 본건물의 부합물에 해당하는 때에는 본건물에 설정한 저당권이 부속건물이나 증축건물에도 미치고, 그에 따라 채무자의 채무이행이 없으면 저당권자는 이 들 모두를 경매의 대상으로 하여, 그 매각대금으로부터 우선변제받을 수 있기 때문이다. 다만 이 경우라도 부속건물이나 증축건물이 무허가 건물 등에 해당하여 철거될 수 있는 것이라면 담보가액에 포함하여서는 아니되고, 오히려 철거로 인하여 본건물에 훼손이 생길 수 있는지 여부를 검토하여 훼손으로 생길 수 있는 본건물의 가치감소액 만큼을 담보가액에서 공제하여야 한다.

라. 타인이 토지와 본건물의 이용권을 확보하여 축조한 것인 경우

미등기의 부속건물이나 증축건물이 타인이 토지와 본건물의 이용권을 확보하여 축조한 것인 때에는, 그 미등기의 부속건물이나 증축건물이 독립한 건물이건 본건물의 부합물이나 종물에 해당하는 것이건 정상적인 토지의 평가액에 본건물의 평가액을 합한 금액에서 부속건물이나 증축건물을 철거시키는데 드는 비용과 철거에 따라 본건물에 훼손이 생길 경우의 가치 감소액을 공제한 금액을 담보가액으로 하여 담보취득한다. 부속건물이나 증축건물의 평가액을 담보가액에 포함시키지 않은 것은, 부속건물이나 증축건물에 저당권의 효력이 미치지 않기 때문이고, 토지의 담보가액을 정상적으로 평가한 것은, 부속건물이나 증축건물에 저당권의 효력이 미치지 않는 경우에도, 토지의 경매시 부속건물이나 증축건물의 소유자가 토지의 매수인으로부터 지상권을 취득한 것으로 간주되지 않고, 오히려 토지 및 본건물의 매수인이 부속건물이나 증축건물의 철거를 요구할 수 있기 때문이다.

반면에 타인이 토지와 본건물의 이용권을 확보하여 축조한 것인 경우라도 부속건물이나 증축건물이 부합물로서 본건물의 본체적 구성부분이 되어 버린 경우에는 본건물의 소유권이 부합물에 미치고 또한 저당권의 효력도 부합물에 미치는 것이므로 증축건물의 가액을 담보가액에 포함시킬 수 있다. 다만 이 경우라도 부속건물이나 증축건물의 축조자는 그로 인하여 입은 손실을 부당이득에 관한 규정에 따라 소유자에게 보상청구할 수 있고(민 261), 나아가 그 보상금청구권을 가지고 본건물에 대하여 유치권을 행사할 수 있으므로(민 320), 이 유치권이 존속하는 동안은 증축건물의 평가액을 담보가액에 포함시켜서는 아니된다. 이 경우는 저당목적물에 대하여 경매절차가 진행되더라도 유치권자가 그 경매절차상의 매수인에 대하여 보상금의 지급이 없으면 경매목적물을 인도하지 않을 권리를 가지기 때문에 경매목적물을 매수하려는 자가 유치권자에 지급할 금액만큼 매수가액을 낮게 함으로써 저당권자가 배당받을 금액이 적어지는 것이기 때문이다.

마. 타인이 토지와 본건물의 이용권 없이 불법으로 축조한 것인 경우

미등기의 부속건물이나 증축건물이 타인이 토지와 본건물의 이용권 없이 불법으로 축조한 것인 때에는, 그 부속건물이나 증축건물이 본건물과 독립한 건물인 경우와 본건물의 부합물이나 종물인 경우로 나누어 다음과 같이 처리한다.

본건물과 독립한 건물이면 정상적인 토지의 평가액에 본건물의 평가액을 합한 금액에서 부속건물이나 증축건물을 철거시키는데 드는 비용과 철거에 따라 본건물에 훼손이 생길 경우의 가치 감소액을 공제한 금액을 담보가액으로 하여 담보취득한다. 이 경우는 본건물의 저당권이 부속건물이나 증축건물에 미치지 않으나, 그렇다고 하여 경매시 부속건물이나 증축건물의 소유자가 토지의 매수인으로부터 지상권을 취득한 것으로 간주되지도 않아, 토지 및 본건물의 매수인이 부속건물이나 증축건물의 철거를 요구할 수 있기 때문이다.

본건물의 부합물이거나 종물이면 정상적인 토지의 평가액과 본건물의 평가액 및 부속건물이나 증축건물의 평가액을 합한 금액 모두를 담보가액으로 하여 담보취득할 수 있다. 이 경우는 본건물의 소유권이 부속건물이나 증축건물에 미치고 그에 따라 본건물에 대한 저당권의 효력이 부속건물이나 증축건물에 미치기 때문이다. 그러나 이 경우라도 부속건물이나 증축건물이 무허가 건물 등에 해당하여 철거될 수 있는 것이라면 담보가액에 포함하여서는 아니되고, 오히려 철거로 인하여 본건물에 훼손이 생길 수 있는지 여부를 검토하여 훼손으로 감소될 금액만큼 담보가액에서 공제하여야 한다. 그밖에 이와 관련하여 문제가 되는 점을 보면 다음과 같다.

첫째, 이 경우 부속건물이나 증축건물의 축조자는 그로 인하여 입은 손실을 부당이득에 관한 규정에 따라 소유자에게 보상청구할 수 있으므로(민 261), 그 보상액만큼 담보가액에서 공제해야 하지 않는가 하는 점이다. 그러나 이 경우 부속건물이나 증축건물의 축조자가, 저당권설정자인 본건물의 소유자에 대해서 가지는 보상청구권은 채권적 청구권에 지나지 않아, 저당권자의 담보채권보다는 후순위인 것으로 보아야 하므로 공제할 필요가 없다고 본다.

둘째 이 경우 부속건물이나 증축건물의 축조자는 그 보상금청구권을 가지고 본건물에 대하여 유치권을 행사할 수 있으므로(민 320①), 이 유치권이 존속하는 동안은 증축건물의 가액을 담보가액에 포함시킬 수 없지 않은가 하는 점이다. 그러나 부속건물이나 증축건물의 축조자가 그 보상금청구권을 가지고 본건물에 대하여 유치권을 행사할 수 있으려면, 토지 및 본건물의 점유가 합법적인 것이어야 하는데(민 320②), 여기에서는 점유가 불법이므로 축조자가 유치권을 가질 수 없는 것으로 보아야 한다.

셋째 이 경우 부속건물이나 증축건물의 축조자는 그 축조비용을 필요비나 유익비로서 경매대가로부터 저당권자보다 우선상환받을 수 있으므로(민 367), 그 해당액을 담보가액에 포함시킬 수 없지 않은가 하는 점이다. 그러나 필요비나 유익비로서 경매대가로부터 저당권자보다 우선상환 받으려면, 부속건물이나 증축건물이 당해 저당권이 설정된 후에 축조된 것이어야 하는데, 여기에서는 저당권이 설정되기 전에 축조된 것이므로 저당권자보다 우선상환받을 수 있는 필요비나 유익비에 해당하지 않는 것으로 보아야 한다.

3. 분양받은 미등기 공장용지의 담보취득

정부나 지방자치단체 또는 공공단체가 조성한 공업단지내의 토지로서, 분양은 받았으나 아직 소유권이전등기를 받지 못한 공장용지를, 담보로 취득하는 방법이 있는가. 이러한 토지의 담보취득이 가능하다면, 예컨대 정부나 지방자치단체 또는 공공단체로부터 공장용지를 분양받은 자가, 그 소유권이전등기를 하기 전부터 이를 담보로 제공하여 금융회사로부터 자금을 대출받을 수 있어, 공장용지의 분양을 활성화할 수 있을 뿐만 아니라 기업의 자금운용에도 크게 도움이 될 수 있다.

아직 분양받은 자 앞으로 소유권이전등기가 되어 있지 않은 공장용지라도, 소유권이전등기의무자가 정부나 지방자치단체 또는 공공단체와 같이 신용이 있는 자라면, 금융회사가 그 공장용지와 관련하여 다음과 같은 3가지의 장치를 할 수 있는 경우라면 이를 담보로 취득할 수 있다.

첫째의 장치는 공장용지를 분양받은 자인 담보제공자로부터, 자신이 분양자로부터 공장용지의 소유권을 이전받게 되는 경우, 그 소유권이전등기와 함께 바로 금융회사앞 근저당권설정등기가 이루어지게 하겠다는 확약서를 받는 것이다.

둘째의 장치는 공장용지의 분양자인 정부나 지방자치단체 또는 공공단체가 분양받은 자에게 소유권이전등기의무를 이행할 때에, 금융회사앞 근저당권설정등기가 함께 이루어지도록 하여 근저당권설정등기에 앞서 다른 등기가 끼어들지 않도록 협조하겠다는 확약서를 분양자로부터 받는 것이다. 그런데 이 둘째 장치와 관련하여서는 다음과 같은 두 가지의 문제가 제기될 수 있다.

하나는 담보제공자의 다른 채권자가 담보제공자에 대하여 가지는 채권에 기하여, 담보제공자 즉 분양받은 자가 분양자에 대하여 가지는 공장용지에 대한 소유권이전등기청구권을 가압류하거나 압류한 경우에도 금융회사가 분양자에 대하여, 금융회사앞 근저당권설정등기가 가압류등기나 압류등기보다 먼저 이루어지도록 협력할 것을 청구할 수 있고, 또 분양자도 이와 같은 금융회사앞 근저당권설정등기의 협력의무를 가지고 가압류채권자나 압류채권자에게 대항할 수 있는지이다. 만일 금융회사의 분양자에 대한 청구로써 분양자의 가압류채권자 또는 압류채권자에 대한 대항이 아니된다고 하면, 금융회사는 공장용지의 매각대금으로부터 우선변제를 받을 수 없어, 이와 같은 공장용지를 담보로 한 여신취급은 이를 할 수 없게 된다. 그러나 ①분양자와 분양받은 자 및 금융회사 사이에 미리 합의되어, 분양자가 금융회사에 부담하게 되는 의무가, 제3자의 가압류나 압류에 의하여 소멸하는 것으로 볼 수 없다는 점 ②원래 채권에 대한 가압류나 압류의 경우, 제3채무자(분양자)는 가압류명령이나 압류명령을 송달받을 때까지 채권자(분양받은 자)에게 대항할 수 있는 사유를 가지고, 가압류채권자나 압류채권자에게 대항할 수 있는 것이라는 점을 고려해 볼 때, 분양자는 금융회사에 대한 근저당권설정등기 협력의무를 가지고 가압류채권자나 압류채권자에게 대항할 수 있는 것으로 보아야 한다. 그리고 이 경우 만일 분양자가 금융회사앞 근저당권설정등기에 협력하지 않고 바로 분양받은 자 앞으로 소유권이전등기를 해줌으로써, 해당 공장용지에 근저당권설정등기보다 가압류등기나 압류등기가 먼저 이루어지게 한 때에는, 금융회사는 분양자에 대하여 그로 인한 손해의 배상을 청구할 수 있는 것으로 보아야 한다. 따라서 부동산소유권이전등기청구권에 대한 다른 채권자의 가압류나 압류는, 금융회사의 채권보전에 지장을 초래하지 않는 것으로 보아야 한다.

다른 하나는 분양받은 자(담보제공자)가 분양계약상의 의무를 이행하지 않아 분양자가 분양계약을 해제 또는 해지함으로써, 분양자가 분양받은 자에게 소유권이전등기를 해 줄 필요가 없어지게 되는 경우에 금융회사의 지위가 어떻게 되는지이다. 이 경우는 금융회사로서도 분양자에게 근저당권설정등기가 이루어지도록 해달라고 청구할 수가 없다. 분양자가 금융회사에 부담하는 근저당권설정등기에의 협력의무는, 분양받은 자에 대한 소유권이전등기를 전제로 하는 것이기 때문이다. 따라서 이 문제를 해결하려면 다시 다음과 같은 셋째의 장치가 필요하다.

셋째의 장치는 분양계약의 해제 또는 해지시 분양받은 자가 분양자로부터 반환받을 분양대금반환채권을 대상으로 질권을 설정받는 것이다. 이와 같은 장치를 해두면 분양계약이 해제 또는 해지되지 않고 소유권이전등기와 근저당권설정등기가 이루어지면 근저당권에 의하여, 그리고 분양계약이 해제 또는 해지되면 분양대금반환채권에 대한 질권에 의하여 담보의 목적을 달성할 수 있을 것이기 때문이다.

그런데 이 셋째의 장치와 관련하여서는 이와 같은 분양계약의 해제 또는 해지시에, 분양받은 자가 분양자로부터 반환받을 분양대금반환채권을 대상으로 하는 질권설정이 유효한 것인지가 문제로 된다. 장래의 채권이나 조건부 채권은, 그 권리의 특정이 가능하고 가까운 장래에 발생할 것임이 상당한 정도 기대되는 경우에만, 그 양도나 질권설정이 유효한 것으로 해석되기 때문이다.

따라서 분양계약의 해제 또는 해지를 조건으로 한 분양대금반환채권은, 이를 모두 담보로 할 수 있는 것이 아니고 분양계약상에 분양계약의 해제나 해지에 관한 특약이 있고, 또 그 특약에 따라 분약계약을 해제하거나 해지할 경우 분양받은 자가 반환받게 될 금액을 구체적으로 산출할 수 있으며, 분양자가 상당한 기간내에 분양받은 자 앞 소유권이전등기를 하거나 분양계약의 해제 또는 해지를 선택해야 할 것이 예정되어 있는 경우에 한하여, 이를 담보로 취득할 수 있는 것으로 보아야 한다.

이상과 같은 방법으로 아직 소유권이전등기가 되어 있지 아니한 공장용지를 담보로 취득하고 대출을 할 경우에는, 그 담보가액을 공장용지 자체의 감정가액과 분양계약의 해제 또는 해지시 반환받을 분양대금 중 낮은 금액으로 하고, 분양자가 분양계약의 해제 또는 해지를 할 수 없게 된 때에 비로소 공장용지 자체의 감정가액으로 하여야 한다. 따라서 공장용지를 담보로 취득하고 대출을 할 경우에는 분양계약의 해제 또는 해지시 분양받은 자가 분양자로부터 반환받을 분양대금이 얼마인지 정확하게 파악하고 있어야 한다.

판례1-38

분양계약시 해제시 분양대금반환채권을 대상으로 한 담보권의 효력

그러나 소외 회사가 소외 은행에게 위 매매대금 반환채권을 양도할 당시 그 채권을 특정할 수 있었다거나 또는 그것이 가까운 장래에 발생할 것임을 상당 정도 기대할 수 있었다고 보기 어렵다는 원심의 판단은 수긍하기 어렵다.

먼저 양도채권인 위 매매대금 반환채권의 특정 여부에 관하여 보면, 채권양도에 있어 사회통념상 양도 목적 채권을 다른 채권과 구별하여 그 동일성을 인식할 수 있을 정도이면 그 채권은 특정된 것으로 보아야 할 것이고, 채권양도 당시 양도 목적 채권의 채권액이 확정되어 있지 아니하였다 하더라도 채무의 이행기까지 이를 확정할 수 있는 기준이 설정되어 있다면 그 채권의 양도는 유효한 것으로 보아야 할 것인 바, 소외 회사가 소외 은행에게 양도한 채권, 즉 피고와의 매매계약이 해제될 경우 소외 회사가 피고에 대하여 가지게 될 대금반환채권은, 그 채권자와 채무자, 채권의 종류와 발생원인, 급부의 내용 등이 이미 정하여져 있어 이를 다른 채권과 구별하여 그 동일성을 인식할 수 있을 뿐만 아니라, 채권양도 당시 장차 소외 회사가 실제 납입할 매매대금액이나 대금지급의 연체 여부, 연체 상환금에 대한 연체이자 등을 미리 알 수 없는 관계로 매매계약 해제시 소외 회사가 피고로부터 반환받을 금액이 확정되어 있지는 아니하였으나, 피고가 소외 회사의 귀책사유로 매매계약을 해제할 경우 계약해제 당시까지 소외 회사로부터 지급받은 매매대금에서 계약금의 10%에 상당한 위약금과 연체이자 등을 공제한 잔액을 반환하기로 약정한 이상, 그 금액을 확정할 수 있는 기준은 설정되어 있었다 할 것이므로, 위 채권양도 당시 양도의 목적인 매매대금 반환채권은 특정된 것으로 보아야 할 것이다.
다음 채권양도 당시 소외 회사의 피고에 대한 매매대금 반환채권이 가까운 장래에 발생할 것임을 상당 정도 기대할 수 있었는가 하는 점에 관하여 보면, 일반적으로 당사자 사이에 원상회복의무를 발생하게 하는 계약의 해제는 이례적이고 예외적인 것이기는 하나, 기록에 의하면, 소외 회사는 자본금 350,000,000원의 중소기업으로서 1990.3.경부터 소외 은행과 여신거래를 시작하여 그로부터 불과 1년 7개월도 되지 아니한 1991.10.10. 제3자에 대한 채무를 제외하더라도 소외 은행에 대한 채무만도 이미 금 3,500,000,000원 가량에 이르렀고, 이에 소외 은행은 소외 회사에 대한 채권담보를 확보하기 위한 방안의 하나로 같은 날 뒤늦게나마 소외 회사의 피고에 대한 위 매매대금 반환채권을 양도받기에 이른 사실, 그런데 소외 회사는 위 채권양도일로부터 불과 6개월도 되지 아니한 1992.4.6. 부도나기에 이른 사실, 피고는 소외 회사의 부도 후 매매계약 소정의 입주계약 해지기간이 경과된 1993.6.30. 소외 회사와의 매매계약을 해제한 사실을 엿볼 수 있는바, 사정이 그러하다면, 단기간 내에 대금이 지급되고 계약관계가 종료되는 통상의 매매계약과는 달리, 이 사건과 같은 공장용지 매매계약의 경우 매매대금이 다액에 이르고 그 대금 또한 주로 은행 등 금융기관의 대출에 의존하여 장기간에 걸쳐 지급되는 관계로, 매매계약 후 공장용지를 취득하기까지의 사이에 자금사정의 악화로 기업이 도산하는 등으로 인하여 계약이 중도에 해제되는 사례가 적지 아니한 점 등에 비추어 볼 때, 소외 회사의 거래 은행인 소외 은행으로서는 위 채권양도 당시 이미 자금사정이 악화된 소외 회사의 부도 가능성과 아울러 소외 회사가 더 이상 매매대금을 지급할 수 없게 됨으로써 피고가 소외 회사와의 매매계약을 해제하고 그로 인하여 멀지 아니한 장래에 소외 회사의 피고에 대한 매매대금 반환채권이 발생할 것임을 상당 정도 예상할 수 있었던 것으로 볼 여지가 있다 할 것이다.
그럼에도 불구하고 원심은 그 판시와 같이 이 사건 채권이 가까운 장래에 발생할 것임을 상당 정도 기대할 수 없다는 이유로 위 채권양도계약의 효력이 없는 것으로 판단하였으니 원심판결에는 채권양도의 효력에 관한 법리를 오해하였거나 위 채권양도의 유효 여부에 관한 심리를 다하지 아니함으로써 판결에 영향을 미친 위법이 있다(대법원 1997.7.25. 선고 95다21624 판결).

4. 외화표시근저당권

(1) 문제의 소재

채권의 금액은 당사자간의 약정으로 외국통화로 정할 수 있으며(민 377), 채권의 금액을 외국통화로 정한 때에는 당사자간에 특별한 약정이 없는 한, 채무자는 지급할 때에 있어서의 이행지의 환금시가에 의하여 내국통화로 변제할 수가 있다(민 378). 따라서 외국통화로 정하여진 이른바 외화채권을 담보하기 위한 근저당권의 채권최고액을, 원화로 표시하여 등기할 수 있음은 당연하다고 할 수 있다. 그런데 외화채권을 담보하기 위하여 원화를 채권최고액으로 하는 근저당권을 설정하는 경우에는, 그 후 환율변동으로 외화채권의 원화 환산액이 채권최고액을 초과하게 되면, 근저당권자로서는 그 초과액을 담보하지 못하는 불이익이 생기게 된다. 여기에서 근저당권의 채권최고액을 해당 외화로 표시하여 등기할 수 있는지의 문제가 생기게 되고, 아울러 그것이 가능하다고 할 경우에는, 다시 외화로 표시된 채권최고액의 원화 환산에 관한 특약을 하고 이를 등기할 수 있는지 여부와 그 외화표시근저당권으로 해당 외화채권 이외에 다른 외화채권이나 원화채권도 담보할 수 있는지 여부 및 외화표시 채권최고액의 원화 환산에 적용할 환율을 어느 시점의 것으로 할 것인지가 문제로 된다.

(2) 외화표시 근저당권의 설정 가능 여부

근저당권의 채권최고액을 외화로 표시하여 등기할 수 있는지 여부에 관하여는 부정설과 긍정설이 대립되어 있다.

부정설은 근저당권의 채권최고액은 원화로 표시하여 등기함을 원칙으로 하고, 설혹 외화로 표시하여 등기하였다 하더라도, 그 채권최고액은 설정 당시의 환율을 적용하여 환산한 원화 금액으로 특정되는 것으로 보아야 한다고 하고, 그 논거로서는 ①부동산등기법 제140조 제2항에 의하면, 근저당권설정등기신청서에는 등기원인이 근저당권설정계약이라는 뜻과 채권의 최고액 및 채무자를 기재하도록 규정하고 있는 바, 이는 근저당권이 장래의 증감 · 변동하는 불특정의 채권을 담보하는 권리이기 때문에, 그 채권의 최고액을 등기하게 하여 이를 공시함으로써, 후순위담보권자 기타 이해관계인을 보호하고 거래의 안전을 도모하고자 함에 있다고 할 것인데, 만일 위 채권최고액을 원화로 특정하지 않을 경우에는 그러한 목적을 달성할 수 없다는 점[130] ②세계 각국의 수십 수백에 달하는 통화 단위로 채권최고액을 표시할 수 있다고 한다면, 심한 경우에는 그 환산율 자체를 알 수 없는 경우도 발생하게 되며, 결국 형식적으로 채권최고액이 숫자상 기재되어 있을 뿐, 그 근저당권의 범위를 특정할 수 없는 사태가 발생할 것이라는 점 ③일본의 부동산등기법 제121조는 외국통화로 채권최고액을 지정하는 경우에는, 반드시 당사자 사이의 합의에 의하여, 외국통화로 표시한 채권최고액 외에, 내국통화로서 표시한 담보한도액을 기재하도록 하고 있는데, 이는 근저당권설정시의 필요적 등기사항인 채권최고액은, 반드시 내국통화로 한정되어 있어야 한다는 것을 입법적으로 명시한 것으로, 이러한 취지는 우리나라의 경우도 해석에 의하여 당연히 적용되어야 한다는 점 등을 들고 있다.

반면에 긍정설은 외화금액 그 자체를 채권최고액으로 하는 근저당권을 설정할 수 있다고 하며, 그 논거로는 근저당권설정등기절차를 규정한 부동산등기법 제140조 제2항에 의하면, 근저당권설정등기신청서에는 등기원인이 근저당권설정계약이라는 뜻과 채권의 최고액 및 채무자를 기재하도록 하고 있을 뿐, 그 밖에 달리 채권최고액을 우리나라 통화로 한정한다거나, 또는 외국통화로 표시된 경우에는 다시 이를 내국통화로 특정하여야 하며, 그 내국통화로 채권최고액을 삼는다는 등의 아무런 제한규정이 없다는 점을 들고 있다.[131]

외화금액 그 자체를 채권최고액으로 하는 근저당권의 설정을 긍정하는 경우에는, 이를 부정하는 경우보다, 확실히 후순위저당권자 등이 불안한 지위에 놓이는 것은 사실이다. 그러나 이 들 후순위저당권자 등은 당사자의 의사와 관계없는 외환시세인 환율의 변동에 따라, 선순위담보권자에게 우선변제 당하는 금액에 변동이 생긴다는 것을 미리 예상하고, 후순위담보권 등을 취득한 것이라고 볼 수도 있는 것이므로, 그것이 반드시 부당한 것이라고 할 수는 없다. 또한 외화표시근저당권의 외화표시채권최고액 그 자체에 의한 담보적 효력을 부정할 경우에는, 후순위담보권자 등에게는 편리할지 모르나 선순위담보권자의 입장에서는 환율변동을 예측할 수 없어 불편을 겪게 될 뿐만 아니라, 그로 인하여 채권자는 자신의 채권의 안전한 담보를 위하여, 장래의 환율상승을 예상한 충분한 원화금액을 채권최고액으로 등기하여 줄 것을 요청할 것이므로, 채무자의 입장에서도

---

130) 서울민사지방법원 1982.2.23. 선고 81가합4336 판결 참조.
131) 서울고등법원 1982.10.25. 선고 82나1223 판결 참조. 주석민법[채권총칙(1)] 280(안법영).

담보의 제공이나 담보여력의 활용에 큰 불편을 겪게 된다. 그리고 일본의 부동산등기법 제121조는 어디까지나 입법론상의 문제일 뿐, 그러한 규정이 없는 우리나라에서는 적용할 수가 없다. 따라서 우리나라 현행 부동산등기법의 해석론으로서는, 채권최고액을 외화로 하는 근저당권의 설정도 가능한 것으로 보아야 한다.

(3) 환율에 관한 특약사항의 등기 가능 여부

채권최고액을 외화로 표시하는 근저당권의 설정이 가능하다고 하면, 다음에는 그 외화금액을 원화로 환산하는 환율적용에 관한 특약을 부기하여 등기함으로써, 그 특약으로 정한 환율에 의하여 환산한 원화금액을 담보한도액으로 할 수 있는지의 여부가 문제로 된다.

종래의 금융거래 및 등기실무에 있어서는 이를 긍정하는 입장에 있었다. 즉 종래 금융거래에 있어서 채권액을 외화로 정하는 대출을 하는 경우에는, 근저당권설정계약서상의 설정채권최고액을 외화로 표시하고, 그 외화금액의 다음에 「원화금 ○○원정 이 금액은 ○년 ○월 ○일 현재 소정환율 금 ○원대 1로 환산한 금액인바, 이 후 그 환율이 인상 또는 인하되었을 때는 그 인상 또는 인하된 환율을 적용한 원화 환산액으로 한다」는 특약사항이 기재된 부표를 붙여 등기신청하였고, 등기소에도 이를 수리하여 등기해 오고 있었다.

그런데 위와 같은 환율특약사항에 관하여는, 그 등기의 가능여부에 대한 서울민사지방법원의 질의(1980.4.28. 총무 제646호)에 대하여, 법원행정처장이 「등기사항은 부동산등기법 제2조에서 제한적으로 규정하고, 동법 제43조(현재는 제43조 및 제43조의 2)에 의하여 특약으로서 등기할 사항은 환매 기타 등기의 목적인 권리의 소멸에 관한 약정에 한하므로 그와 같은 특약은 등기할 사항이 아닐 뿐만 아니라 저당권(근저당권) 등기에 있어서 피담보채권액(채권최고액)을 특정하지 아니함은 공시제도의 이상에도 반한다 할 것이다」고 회신함으로써(1980.6.18. 등기 제245호), 그 이후의 등기실무상 이러한 환율특약은 등기되지 아니하고 있다.[132]

---

132) 그러나 채권최고액을 외화로 표시하는 근저당권의 설정이 가능하다고 보는 이상 그 외화금액을 내국통화로 환산하여 이를 담보한도액으로 할 수 있도록 하는 그 환산율(즉 환율)의 적용에 관한 특약을 하여 이를 등기하는 것도 가능하다고 하여야 한다. 이 경우의 환율특약은 근저당권설정등기의 필요적 기재사항인 채권최고액에 관한 등기사항을 구체화하고 부연하는 것에 지나지 않은 것이어서, 이를 등기하는 것이 부동산등기법 제140조 제2항의 취지에 반하는 것이라고 할 수 없기 때문이다.

(4) 다른 외화채권 · 원화채권의 담보 여부

채권최고액을 외화로 표시하여 근저당권을 설정한 경우에는, 그 외화표시근저당권이 해당 외화표시채권만을 담보하는 것인지 다른 외화표시채권과 원화채권도 담보하는 것인지가 문제로 된다.

이에 관하여는 해당 외화로 채권최고액을 기재한 이상, 그 근저당권에 의하여 담보되는 채권도 해당 외화채권만을 담보하는 것으로 보아야 한다는 견해가 있을 수 있다. 그러나 ① 근저당권의 채권최고액이란 금전채권의 담보한도액을 의미하는 것이기 때문에, 동일한 금전채권에 속하는 외화채권과 원화채권을 구분하여 담보의 범위를 제한하는 것은 오히려 법의 취지에 반한다는 점 ② 근저당권의 채권최고액을 외화로 기재하여 등기하였다고 하여 그 해당 외화채권만을 담보할 수 있는 것으로 보면, 같은 논리에 따라 원화로 기재된 근저당권도 외화채권을 담보할 수 없는 것으로 보아야 하게 되어 불합리하다는 점을 고려할 때, 해당 외화표시채권은 물론이고 다른 외화표시채권과 원화채권도 담보한다고 보는 것이 타당하다.

(5) 외화표시 채권최고액의 원화 환산에 적용할 환율

외화표시근저당권의 채권최고액을 원화 환산에 관한 환율특약의 부기 없이 단순히 외화금액으로만 등기한 후, 저당부동산이 경매되어 그 매각대금을 배당하는 경우에, 그 근저당권자에게 배당할 채권최고액의 원화 환산에 적용할 환율을 어느 시점의 것으로 할 것인지 문제로 된다.

이에 관하여는 근저당권자 자신이 담보권을 실행하는 경우에는, 스스로 채무자와의 거래를 종결하려는 것이므로 경매신청시의 환금시가에 의하여 산정하고, 제3자가 대상 부동산의 경매를 신청하는 경우에는, 근저당권이 소멸하는 매각대금완납시[민집 135, 268(전민소 646의2, 728)]의 환금시가에 의하여 산정해야 한다는 견해가 있다.[133] 즉 이 견해는 근저당권에 의하여 담보되는 채권이 확정되는 시점의 환율에 의하여, 외화표시 채권최고액의 원화를 환산해야 한다고 본다. 그러나 피담보채권이 확정된다는 것은, 그 외화표시근저당권에 의하여 담보되는 채권(외화채권이건 원화채권이건 불문함)이 확정된다는 의미일 뿐, 나아가 담보한도

133) 주석민법[채권총칙(1)] 282(안법영).

액으로서의 원화 환산액이 확정되는 의미까지 포함하는 것으로 볼 수가 없다는 점에서 이 견해는 그 논거가 불충분하다.

따라서 이 문제는 다음과 같이 해결하여야 할 것으로 본다. 우선 당사자가 환율적용에 관한 특약을 하였으나 그 등기가 이루어지지 않은 경우에는, 당사자 사이에서는 그 특약에서 정하고 있는 환율에 의하여 산출한 원화 금액이 채권최고액이 되는 것으로 보아야 한다. 다만 이 원화 금액을 가지고서는 물상보증인, 저당목적물의 제3취득자, 배당참가채권자 등 이해관계인에 대하여 대항할 수 없으며, 이 들 이해관계인에 대하여는 환율적용에 관한 특약이 없는 것으로 취급하여야 한다. 다음에 당사자가 환율적용에 관한 특약을 하지 않은 경우에는, 매각대금의 배당일의 환율에 의하여 산출한 원화 금액이 채권최고액이 되는 것으로 보아야 한다. 그 이유로는 ① 근저당권의 채권최고액을 외화로 표시하여 등기할 수 있다고 하는 이상, 그 근저당권은 외화금액 자체로서 공시의 기능을 하는 것으로 보아야 한다는 점 ② 외화표시 채권최고액의 원화 환산에 적용할 환율에 관하여 등기된 것이 없는 경우에는, 채권자와 채무자 사이에 채무의 변제가 이루어지는 배당일의 환율을 적용하는 것이, 이해당사자 사이에 가장 공평하다는 점 ③ 근저당권에 의하여 담보되는 외화표시 채권액의 원화 환산에 관하여, 당사자 사이에 합의가 없는 경우에는, 실제로 이행할 때의 환율을 적용해야 한다는 것이 통설 · 판례인데,[134] 그 취지는 외화표시 채권최고액의 원화 환산에도 그대로 적용하는 것이 타당하다는 점 등을 들 수 있다.

134) 이에 관한 자세한 내용은 여신실무법률 - 채권회수 제1장 변제 해당부분 참조.

제 6 저당권과 다른 권리의 관계

1. 저당권의 담보가치 산출

저당권은 채무자의 채무불이행시 저당목적물을 경매처분하여 그 매각대금으로부터 담보채권의 우선변제를 받는 권리이다. 따라서 저당권의 담보가치는 저당권설정 후 담보목적물의 가액이 낮아질 수 있다는 점과 그 담보목적물상에 존재하는 여러 권리가 저당권에 어떠한 영향을 미치는지를 고려하여 다음과 같은 두 단계를 거쳐 산출하여야 한다.

첫째의 단계는 근저당목적물이 경매절차에서 매각되는 가액 즉 매각대금을 산출하는 것이다. 매각대금의 산출은 저당권설정 당시의 저당목적물의 평가액에 여신비율[135]을 곱한 금액에서 저당목적물상에 존재하는 여러 권리 중 경매시에 그 매수인에게 인수되는 권리의 가액을 공제하는 방법으로 한다. 예를 들면 D가 전세금을 1억 원으로 하는 전세권설정등기를 하고 있는 시가 3억 5천만 원의 부동산에 담보인정비율을 60%로 하고 있는 K은행이 근저당권을 설정하는 경우, 대상부동산의 경매시의 매각대금은 근저당권설정시의 시가 3억 5천만 원에 담보인정비율 60%를 곱한 금액 2억 1천만 원에서 선순위 전세권자의 전세금 1억 원을 공제한[136] 1억 1천만 원인 것으로 보아야 하는 것이다.

둘째의 단계는 첫째의 단계에서 산출한 매각대금에서 저당권자보다 우선배당받게 되는 다른 채권자의 채권액을 공제하는 것이다. 예를 들면 위의 사례에서 저당목적물상에 선순위의 전세권 이외에 채권최고액을 6천만 원으로 하는 선순위

135) 담보인정비율은 담보목적물의 투기적인 거래를 방지하는 한편 금융거래에 있어서 담보가치의 안정적인 확보를 위하여 마련된 것이다(앞에서 설명한 제2. 4. 여신한도액의 산정 참조).

136) 담보인정비율을 곱한 금액에서 다시 전세금 1억 원을 공제하는 이유는 대상 부동산의 경매시 그 매수인은 전세권을 인수하게 됨으로써 전세권자에게 전세기간 만료 후 1억 원을 지급하여야만 경매부동산을 명도 받을 수 있어 전세금 1억 원을 공제한 1억 1천만 원으로 매수하여야 2억 1천만 원에 경매부동산을 취득하게 되는 것이기 때문이다.

의 저당권이 있다고 하면 매각대금 1억 1천만 원에서 다시 6천만 원을 공제하여야 하는 것이다.

이상에서 본 바와 같이 특정 부동산에 대하여 저당권을 설정하는 경우에, 그 저당권자가 가지는 저당권의 담보적 효력은 획일적으로는 판단할 수가 없고, 구체적인 사안마다 경매부동산상에 다른 저당권자를 비롯한 여러 권리자가 어떠한 권리를 가지고 있으며, 그 권리자들의 권리가 어떠한 순위를 이루고 있는지를 분석하여 판단하여야 한다는 것이 된다.

여기에서는 저당부동산이 경매되는 경우에, 저당부동산상에 존재하는 여러 권리자의 권리가 어떠한 기준으로 매수인에게 인수되거나 소멸하게 되는 것인지에 대하여서만 설명하고, 저당권자와 개별 권리자 사이의 구체적인 법률관계와 저당부동산상의 여러 권리자가 매각대금으로부터 어떠한 순위로 배당을 받게 되는지에 관하여는, 다음 항에서부터 순차적으로 설명하기로 한다.

현행법상 경매 부동산상의 부담으로서 매수인의 소유권취득으로 매수인에게 인수되지 아니하고 소멸하는 것으로는 ①경매개시결정등기(민집 144iii) ②저당권(민집 91②) ③담보가등기(가담 13, 15) ④가압류등기(법률에 명문의 규정은 없으나 통설) ⑤배당요구한 전세권(민집 91④) ⑥배당요구한 보증금이 전액 변제되는 대항력 있는 주택임차권 또는 상가건물임차권(주임보 3의5, 상임보 8)을 들 수 있다. 특히 이들 권리는 경매신청인의 권리보다 선순위이건 후순위이건 불문하고 매수인에게 인수되지 아니하고 소멸하며, 매각대금으로부터 배당을 받을 권리만이 있다는 점에 특징이 있다.

그리고 경매 부동산상의 부담으로서 위 ①~⑥ 이외의 권리는 ①~⑥의 모든 권리보다 선순위의 것이면 매수인에게 인수되는 반면, ①~⑥의 권리 중 어느 하나의 권리보다 후순위의 것이면 매수인의 소유권취득으로 소멸하는 ①~⑥의 권리와 함께 소멸하게 된다. ①~⑥ 이외의 권리로는 진정한 소유권이전청구권가등기, 환매등기, 가처분등기, 지상권, 지역권, 배당요구하지 않은 전세권, 등기한 임차권, 배당요구하였으나 보증금이 전액 변제되지 아니하는 주택임차권 또는 상가건물임차권 등이 있다. 종래의 통설과 판례를 종합하여 경매 부동산상 각종 부담의 소멸과 인수 여부를 정리하여 보면 다음과 같다.

- 경매로 인하여 순위에 관계없이 소멸하는 것
  - ① 경매개시결정등기
  - ② 저당권
  - ③ 담보가등기
  - ④ 가압류등기
  - ⑤ 배당요구의 종기까지 배당요구한 전세권
  - ⑥ 배당요구의 종기까지 배당요구한 보증금이 전액 변제되는 대항력 있는 주택임차권 또는 상가건물임차권
- 경매신청인의 권리보다 선순위인 ①~⑥의 권리가 없는 경우
  - ①~⑥의 권리 이외의 것으로 경매신청인의 권리보다 선순위의 것
    - 원칙 – 인수
    - 예외 – 배당요구의 종기까지 배당요구한 대항력 있는 주택임차권 또는 상가건물임차권의 변제되는 보증금은 소멸하고 변제되지 않는 보증금은 인수
  - ①~⑥의 권리 이외의 것으로 경매신청인의 권리보다 후순위의 것 – 소멸
- 경매신청인의 권리보다 선순위인 위 ①~⑥의 권리가 있는 경우
  - ①~⑥의 권리 이외의 것으로 ①~⑥의 권리보다 선순위의 것
    - 원칙 – 인수
    - 예외 – 배당요구의 종기까지 배당요구한 대항력 있는 주택임차권 또는 상가건물임차권의 변제되는 보증금은 소멸하고 변제되지 않는 보증금은 인수
  - ①~⑥의 권리 이외의 것으로 ①~⑥의 권리보다 후순위의 것 – 소멸

2. 다른 저당권과의 관계

(1) 일반원칙

동일한 부동산 위에 여러 개의 저당권이 설정되어 있는 경우에, 그 여러 개의 저당권자 사이의 우선변제순위는 그 설정등기의 선후에 의하여 정하여진다. 따라서 후순위저당권자는 선순위저당권자가 우선변제를 받고 남은 잔액에 대하여만 우선변제를 받을 수 있게 된다. 다만 선순위의 저당권이 변제 기타의 사유로 인하여 소멸하면, 순위승진의 원칙[137]에 따라 후순위저당권의 순위가 올라가게 된다.

(2) 공동저당에 관한 특칙

가. 후순위저당권자와의 관계

(가) 후순위저당권자보호의 필요성

공동저당권에 있어서는 여러 개의 각 담보물상에 피담보채권 전액을 담보하는 여러 개의 저당권이 존재하므로, 공동저당권자는 채무자의 채무불이행시 담보물 전부에 대하여 동시나 순차로, 또는 어느 담보물만을 선택하여 담보권을 실행할 수 있다. 그 결과 채권자의 선택여하에 따라서는, 담보부동산의 후순위저당권자나 소유자 등에게 대단히 불공평한 결과를 가져올 수 있게 된다.

예컨대 A가 10백만원의 채권에 관하여, 시가가 각각 10백만원인 X · Y부동산에 제1순위 공동저당권을 설정받은 후, B와 C가 각각 10백만원의 채권에 관하여 X 및 Y부동산에 각각 제2순위 단독저당권을 설정받았다고 할 때, 만일 A가 먼저 X 부동산부터 담보권실행하여 10백만원의 우선변제를 받게 되면, B는 X부동산으로부터 전혀 우선변제를 받지 못하게 되는 반면, C는 Y부동산으로부터 10백만원의 채권 전액을 우선변제받게 되고, 반대로 Y부동산부터 담보권실행하면, C는 전혀 우선변제를 받지 못하게 되는 반면, B는 10백만원 전액을 우선변제받게 되는 불공평한 결과가 생기게 된다.

또한 위와 같은 결과를 그대로 인정한다면 공동저당의 목적물은 다른 물건과 공동으로 담보되고 있다는 것과는 관계없이, 채권자의 선택여하에 따라 각 담보물이 피담보채권 전액에 대하여 책임지게 되는 경우가 생길 수 있게 되어, 공동담보물의 소유자가 공동담보물 중의 어느 하나만을 대상으로 후순위저당권을 설정하고 추가금융을 얻는 것을 극히 곤란하게 한다. 예컨대 전례에서 B와 C는 최악의 경우 자신의 채권에 대하여 전혀 우선변제를 받지 못하는 결과가 발생할 수 있으므로 추가금융을 제공하지 않으려고 하게 되는 것이다.

---

137) 저당권의 순위에 관한 원칙에는 순위승진의 원칙과 순위확정의 원칙이 있다. 순위승진의 원칙이란 예컨대 제1순위의 저당권이 변제 기타의 원인으로 소멸하면 그 후의 제2순위저당권과 제3순위저당권이 한 순위씩 올라가 제1순위저당권과 제2순위저당권이 되는 것을 말하고, 순위확정의 원칙이란 제1순위의 저당권이 소멸하더라도 제2순위저당권과 제3순위저당권의 순위에 변동이 생기지 않는 것을 말한다. 저당권의 순위에 관하여 어느 원칙을 취할 것인가는 입법정책상의 문제이나 우리나라의 경우는 순위승진의 원칙을 채용하고 있다.

위와 같은 결과는 채권자의 선택이라는 우연한 사정으로 인하여, 후순위담보권자 사이의 불공평을 초래하고 나아가 소유자의 잉여담보가치 이용을 막아 합리적이라고 할 수 없다. 여기에서 민법은 공동담보권자의 자유선택권을 원칙적으로 존중하면서도, 각저당목적물에 합리적인 부담을 할당하는 조치를 규정함으로써 소유자나 후순위저당권자의 지위를 보호하고 있다.

(나) 동시배당시의 후순위저당권자 보호

공동저당의 목적부동산 전부를 동시에 경매하여 그 경매대가를 동시에 배당하는 때에는, 각 부동산의 경매대가에 비례하여 피담보채권의 분담을 정한다(민 368 ①). 그리고 각 부동산에 관하여 그 비례안분액을 초과한 금액은 후순위저당권자 등에게 배당한다. 예컨대 A가 30백만원의 채권에 관하여 X부동산(시가 30백만원)과 Y부동산(시가 20백만원)에 제1순위 공동저당권을 설정받은 후, B가 12백만원의 채권에 관하여 X부동산에 대하여 제2순위 단독저당권을 설정받고, 또한 C가 8백만원의 채권에 관하여 Y부동산에 제2순위 단독근저당권을 설정받은 상태에서, X · Y부동산이 전부 경매되어 그 대가 50백만원을 배당한다고 하면, A는 X부동산으로부터 18백만원(30백만원×30/30+20), Y부동산으로부터 12백만원(30백만원×20/30+20)의 배당을 받고, B · C는 각각 X · Y부동산의 남은 대가 12백만원과 8백만원의 배당을 받게 된다.

위와 같은 민법 제368조 제1항의 규정은, 주로 공동저당권자의 이익을 해하지 않을 정도로 그의 자의(恣意)를 막고, 그러함으로써 후순위저당권자 사이에서 공평을 유지하려는 취지의 것이다. 그런데 부동산의 경매대가의 배당에 참가하는 자는, 저당권자에 한하지 않고 다른 담보권자 · 집행권원을 가지는 배당요구자 · 가압류채권자 등도 있어, 공동저당권자를 해하지 않는 범위에서 이들 여러 배당채권자를 보호한다는 것도 요구되므로, 이 규정은 부동산에 관하여 후순위저당권자가 있든 없든 이를 묻지 않고서 적용된다.[138)]

그리고 공동저당부동산 중에 선순위저당권이 설정된 부동산이 있는 경우에는, 그 경매대가로부터 선순위저당권자가 우선변제를 받고 남은 대가를 기준으로 하여, 그 부동산의 부담부분을 정하게 된다. 예컨대 위 사례에서 A의 공동저당권

---

138) 민법주해[VII] 186(조대현). 곽윤직 물권법 483. 이영준 물권법 838. 이은영 물권법 796.

에 앞서 D가 10백만원의 채권에 관하여 X부동산에 제1순위단독저당권을 설정받았다고 하면, X·Y부동산의 경매대가 50백만원은 D가 X부동산으로부터 10백만원을 배당받고, 다음에 A가 X부동산으로부터 15백만원[30백만원×(30－10)/30－10+20)]의 배당과 Y부동산으로부터 15백만원[30백만원×20/(30－10+20)]의 배당을 받으며, B·C는 각각 X·Y부동산의 남은 대가 5백만원씩의 배당을 받게 된다.

(다) 순차배당시의 후순위저당권자 보호

(ㄱ) 후순위저당권자의 대위권

공동저당의 목적부동산 중에서 어느 부동산만이 경매되어 그 대가를 먼저 배당하는 경우에는, 공동저당권자는 그 대가로부터 채권 전부의 변제를 받을 수 있다. 그러나 이 경우에 그 경매된 부동산의 후순위근저당권자는, 만일 동시에 배당을 하였더라면 다른 부동산이 공동저당채권을 부담하였을 금액의 한도에서, 공동저당권자에 대위하여 그 저당권을 행사할 수 있다(민 368②). 예를 들면 앞의 예에서 X부동산의 경매대가만을 먼저 배당하는 때에는, A는 그 대가 30백만원에서 채권 30백만원 전부의 변제를 받게 되며, 이 때에 X부동산 위의 후순위저당권자인 B는, A가 공동저당의 목적인 다른 부동산으로부터 동시배당을 하였더라면 변제를 받았을 금액의 한도에서, 즉 Y부동산으로부터 12백만원까지, A의 저당권을 대위행사해서 자기의 채권 12백만원을 우선변제받을 수 있다. B의 이러한 권리를 후순위저당권자의 대위권이라고 한다. 그리고 여기에서 후순위저당권자라 함은 공동저당권자의 바로 다음 순위의 저당권자 뿐만 아니라, 그 이후의 저당권자 모두를 포함한다. 예를 들면 앞의 예에서 X부동산에 대한 B의 제2순위 저당채권액이 8백만원이고, 그 다음에 E가 6백만원의 채권에 관하여 제3순위의 저당권을 가지고 있었다고 하면, B뿐만 아니라 E도 Y부동산에 대한 A의 공동저당권에 대위할 자격이 있는 것이다. 그러나 이 경우 Y부동산으로부터 대위할 금액의 B·E사이에서의 분배에 있어서는 B가 E에게 우선한다.

후순위저당권자의 대위권이 발생하는 시기는 배당기일이 종료된 때이다. 배당에 관하여 배당이의의 소가 제기된 경우에도 후순위저당권자의 대위권은 일단 배당기일에 그 배당표에 따라 배당이 실시되어 배당기일이 종료되었을 때 발생하는 것이지 배당이의 소송의 확정 등 그 배당표가 확정되는 것을 기다려 그때에 비로소

발생하는 것은 아니다.[139)]

(ㄴ) 일부 변제시의 대위권발생 여부

후순위저당권자의 대위권은 선순위공동저당권자가 피담보채권의 일부만을 변제받은 경우에도 인정되는지가 문제로 된다. 이에 관하여는 만일 이를 부정하면, 선순위공동저당권자가 어느 부동산의 대가 전액으로 그 채권의 일부만을 변제받은 경우에는, 그 저당부동산의 후순위저당권자는 담보권의 이익을 가질 수 없게 됨에 반하여, 다른 저당부동산의 후순위저당권자는 유리한 배당을 받게 되어 후순위저당권자 사이에 불공평한 결과를 가져온다는 이유로 긍정하는 것이 통설이다.[140)]

다만 이 경우 후순위저당권자의 대위권이 발생하는 시기는 선순위공동저당권자의 채권이 완제되는 때인 것으로 보아야 한다. 선순위공동저당권자가 어느 부동산의 경매대가로부터 피담보채권의 일부만을 배당받은 때에는, 피담보채권의 잔액을 변제받을 때까지 나머지 부동산에 대한 저당권을 행사할 수 있는 것인데, 그 전에 후순위저당권자의 대위권행사를 인정하면 이와 같은 선순위 공동저당권자의 권리가 침해되기 때문이다.[141)]

(ㄷ) 대위의 효력

대위에 의하여 선순위공동저당권자의 저당권은 후순위저당권자에게 법률상 당연히 이전하게 된다(민 187). 따라서 이 경우 후순위저당권자는 선순위공동저당권자에게 저당권의 이전등기를 청구할 수 있으며, 그 이전등기는 부기등기의 형식으로 한다.

이 경우 후순위저당권자가 대위의 부기등기를 하지 않고서도 대위권을 행사할 수 있는가. 아직 대위할 공동저당권자의 저당권설정등기가 말소되지 않고 있는 동안에는, 대위의 부기등기를 하지 않고서도, 대위권을 행사할 수 있다는데 이론이 없다. 문제는 대위할 공동저당권자의 저당권설정등기가 말소된 경우에도, 대위의 부기등기 없이 대위권을 행사할 수 있는지 이나 이에 관하여는 견해가 대립되어 있다.

---

139) 대판 2006.5.26. 2003다18401 참조.

140) 민법주해[VII] 196(조대현). 곽윤직 물권법 484. 이영준 물권법 838. 이은영 물권법 797.

141) 민법주해[VII] 196(조대현). 이영준 물권법 839. 이은영 물권법 797.

제1설은 말소된 후 새로운 저당권이 설정되었지의 여부에 관계없이 대위를 할 수 있다고 하며, 그 논거로는 대위될 저당권등기가 말소된 경우와 그렇지 않은 경우를 구별할 근거가 없다는 점과 새로 저당권을 설정하려는 자는, 등기부에 의하여 공동저당권이 말소된 사실과 후순위저당권이 있다는 사실을 알 수 있어 마땅히 대위를 예상할 수 있는 것이므로, 대위등기 없이 대위를 인정하더라도 거래의 안전을 해하는 것이 아니라는 점을 들고 있다.[142]

제2설은 말소된 후 새로운 저당권이 설정되었는지 여부에 관계없이 대위를 할 수 없다고 하며, 그 논거로는 공동저당권등기가 말소된 때에는 그 공동저당권도 소멸하므로, 후순위자가 대위할 공동저당권이 존재하지 않게 되어 대위가 불가능하게 된다는 점을 들고 있다.[143]

제3설은 채무자나 저당권설정자에 대하여는 대위를 주장할 수 있으나, 말소된 후 제3자를 위한 저당권이 설정된 경우 그 제3자에 대하여는 대위를 주장할 수 없다고 하며, 그 논거로는 채무자나 저당권설정자는 다른 부동산의 후순위자에 의하여 대위행사되는 것을 당연히 미리 예상하여야 할 처지에 있기 때문에, 이들에 대하여 대위의 등기 없이도 대위를 주장할 수 있다고 하여도 좋으나, 대위될 저당권설정등기가 말소되고 그 후에 제3자를 위한 저당권이 설정된 경우에도, 대위를 주장할 수 있는 것으로 하면 거래의 안전을 해치게 된다는 점을 들고 있다.[144]

제1설은 후순위저당권자는 보호할 수 있으나 거래의 안전에 문제가 있고, 제2설은 후순위저당권자의 대위가 법률에 의한 이전이라는 점을 고려하지 않고 있다는 점에서 문제가 있다. 따라서 이 점을 조화 있게 해결한 제3설이 타당하다.

나. 물상보증인 또는 제3취득자와의 관계

㈎ 문제의 소재

공동저당부동산의 전부 또는 일부가 채무자 이외의 제3자(물상보증인 또는 제3취득자)의 소유에 속하는 경우, 그 부동산에 대하여 경매가 실행되었다면 경매가 실행된 부동산의 소유자인 제3자는, 변제자대위의 규정(민 481)에 의하여 다른 공동

142) 민법주해[VII] 201(조대현). 이영준 물권법 840.
143) 이은영 물권법 799.
144) 곽윤직 물권법 485. 김상용, 물권법 806. 장경학 물권법 837.

저당부동산상에 공동저당권자가 가지고 있는 저당권을 대위행사할 수 있게 된다. 그런데 이 경우 경매가 실행된 부동산 또는 제3자의 변제자대위목적인 공동저당부동산상에 후순위저당권자가 있으면, 민법 제481조에 따른 변제자대위권과 민법 제368조 제2항에 따른 후순위저당권자의 대위권이 서로 경합하게 되어, 누구의 대위권이 우선하는지의 문제가 생기게 된다.

(나) 물상보증인과의 관계

이 문제에 관하여는, 후순위저당권자와 물상보증인 중 누구를 우선적으로 보호하여야 할 것인가라는 관점에서, 후순위저당권자의 대위권을 우선시키려는 견해[145]와 물상보증인의 대위권을 우선시키려는 견해[146]가 대립되어 있다.

전자의 견해는 민법 제368조 제2항에서 규정하는 후순위저당권자의 대위는 소유자를 달리하는 부동산 사이에서도 그 적용이 있다고 하여, 후순위저당권자의 대위권이 물상보증인의 대위권에 우선한다고 주장하는데 그 논거로 하는 바는 다음과 같다. 즉 공동저당의 목적물을 제공하여 물상보증인이 된 자는, 부동산의 가격(경매대가)에 따른 피담보채권의 안분액만은 이를 부담할 것을 감수한 것이므로, 적어도 그 한도에서는 후순위저당권자의 대위권이 물상보증인의 대위권에 우선하는 것으로 보아야 하고, 또한 이렇게 해석하지 않으면 공동저당의 목적물 일부가 타인에게 양도되었다는 우연한 사정으로, 후순위저당권자가 갑자기 불리한 지위에 떨어지게 되어 타당하지 않다고 한다.

이에 대하여 후자의 견해는 민법 제368조 제2항은 채무자 소유인 여러 개의 부동산 위에 저당권이 존재하는 경우에 한하여 적용된다고 하여, 물상보증인의 대위권이 후순위저당권자의 대위권에 우선한다고 하는데 그 논거로 하는 바는 다음과 같다. 즉 공동저당의 목적물 중에 채무자의 소유물과 물상보증인의 소유물이 같이 있는 경우에는, 물상보증인은 그 전변제액에 관하여 채무자 소유의 부동산 위에 대위저당권을 행사할 수 있다는 기대를 가지게 되는데(민 481), 채무자가 자신의 소유물 위에 후순위저당권을 설정하였다고 해서 이에 민법 제368조 제2항을 적용, 채무자의 소유물과 물상보증인의 소유물을 동일하게 취급하여 후순위저당권자에게 우선권을 줌으로써, 위와 같은 물상보증인의 기대를 깨뜨린다는 것은 타당

---

145) 김용한 물권법 595, 이영준 물권법 841, 장경학 839.
146) 곽윤직 물권법 486, 이은영 물권법 798.

하지 않다고 한다.

담보가치의 고정화를 방지하여 공동저당의 목적으로 된 부동산을 다른 담보로 제공할 수 있는 길을 열어 놓아야 한다는 입장에서 보면, 후순위저당권자의 대위권을 우선시키려고 하는 전자의 견해도 반드시 부당하다고 만은 할 수 없다. 그러나 공동저당에 있어서의 물상보증인은 궁극적으로는 채무자가 제공한 담보물로 변제되지 못한 부분에 대하여서만, 자신이 제공한 담보물로 책임을 지게 된다고 보는 것이 보다 합리적이라 할 것이므로, 후자의 견해가 타당하다고 생각한다. 대법원판례도 후자의 견해를 취하고 있다.

후자의 견해에 의하면 예컨대 S가 채무자 A소유의 X부동산(시가 1억원)과 물상보증인 B소유의 Y부동산(시가 1억원)에, 채권최고액을 1억원으로 하는 제1순위 공동근저당권을 설정한 후에, K와 R이 X부동산과 Y부동산에 각각 제2순위 단독근저당권을 설정하는 경우에, K는 X부동산으로부터의 담보가치를 전혀 인정할 수 없는 반면에, R은 Y부동산으로부터의 담보가치를 1억원까지 인정할 수 있게 된다.

판례1-39

후순위저당권자의 대위권과 물상보증인의 대위권의 우선순위

공동저당의 목적인 채무자 소유의 부동산과 물상보증인 소유의 부동산에 각각 채권자를 달리하는 후순위저당권이 설정되어 있는 경우, 물상보증인 소유의 부동산에 대하여 먼저 경매가 이루어져 그 경매대금의 교부에 의하여 1번저당권자가 변제를 받은 때에는 물상보증인은 채무자에 대하여 구상권을 취득함과 동시에, 민법 제481조, 제482조의 규정에 의한 변제자대위에 의하여 채무자 소유의 부동산에 대한 1번저당권을 취득하고, 이러한 경우 물상보증인 소유의 부동산에 대한 후순위저당권자는 물상보증인에게 이전한 1번저당권으로부터 우선하여 변제를 받을 수 있으며, 물상보증인이 수인인 경우에도 마찬가지라 할 것이므로(이 경우 물상보증인들 사이의 변제자대위의 관계는 민법 제482조 제2항 제4호, 제3호에 의하여 규율될 것이다), 자기 소유의 부동산이 먼저 경매되어 1번저당권자에게 대위변제를 한 물상보증인은 1번저당권을 대위취득하고, 그 물상보증인 소유의 부동산의 후순위저당권자는 1번저당권에 대하여 물상대위를 할 수 있다(대판 1994.5.10. 93다25417).

(다) 제3취득자와의 관계

저당부동산의 제3취득자와 후순위저당권자의 관계에 관하여는, 제3취득자의 소유권취득이 있은 후에 다른 공동저당 목적물에 후순위저당권이 설정된 때에는, 그 제3취득자는 물상보증인과 다를 바가 없으므로 물상보증인의 경우에 준하여 취급할 것이고, 후순위저당권의 설정이 있은 후에 다른 공동저당목적물의 소유권취득이 있을 때에는, 그 소유권취득자(즉 제3취득자)는 후순위저당권자의 대위를 전제로, 동부동산의 소유권을 취득한 것으로 보아야 하므로, 당연히 후순위저당권자의 대위권이 우선하는 것으로 다루어야 한다. 그리고 이렇게 해석할 때에는, 전자의 견해의 논거인 우연한 사정으로 후순위저당권자가 갑자기 불리한 지위에 떨어지게 된다는 비판은 맞지 않게 된다.

3. 유치권과의 관계

(1) 유치권제도의 개요

가. 유치권의 의의

유치권이란 타인의 물건 또는 유가증권을 점유한 자가 채권의 변제가 있을 때까지, 그 물건 또는 유가증권을 유치할 수 있는 권리(민 320~328, 상 58)를 말한다. 예를 들면 TV 등 가전제품을 인도받아 수선한 자가 수선비를 지급받을 때가지 가전제품의 인도를 거절할 수 있고, 건물의 용익권자가 필요비나 유익비를 지급한 경우에 필요비나 유익비를 지급받을 때까지 또는 건물을 인도받아 리모델링한 자가 리모델링비를 지급받을 때까지 건물의 인도를 거절할 수 있는 권리가 유치권인 것이다.

유치권도 채권담보의 목적을 가진다는 점에서는 저당권 등의 다른 담보물권과 같다. 그러나 근저당권의 경우는 당사자 사이의 근저당권설정계약과 근저당권설정등기에 의하여 성립되는 약정담보물권인 반면, 유치권은 소유자와 채권자와의 사이의 계약에 의하여 설정되는 것이 아니라 법이 정하는 일정한 객관적 요건을 갖춤으로써 발생하는 이른바 법정담보물권이라는 점에서 구분된다.

참고

필요비와 유익비

필요비란 저당부동산을 통상적으로 사용하기에 적합한 상태로 유지하고 보존하기 위하여 지출한 비용으로 통상의 필요비와 그 이외의 필요비로 구분된다. 통상의 필요비는 부동산의 사용에 필요한 일상적인 지출비용을 말하고, 그 이외의 필요비는 부동산의 사용에 필요한 임시 또는 특별한 지출비용을 말한다. 타인의 부동산에 필요비를 지출한 자라 하여도 그 부동산의 과실을 취득하거나 그 부동산을 이용하는 경우에는 통상의 필요비는 상환청구할 수 없고(민 203①, 대판 1964.7.14. 63다1119 참조), 그 이외의 필요비에 한하여 상환청구할 수 있을 뿐이다. 유익비란 저당부동산의 객관적 가치를 증가시키기 위하여 지출한 비용을 말한다. 타인의 부동산에 유익비를 지출한 자는 그 가액의 증가가 현존하는 경우에 한하여 소유자의 선택에 따라 그 지출금액이나 증가액의 상환청구를 할 수 있다(민 203③).

나. 유치권의 유형

유치권은 그 발생원인이 민법에 의한 것인지 상법에 의한 것인지에 따라 민사유치권(민 320①)과 상사유치권(상 58, 91, 111, 120, 147 등)으로 구분된다. 민사유치권과 상사유치권은 그 유치적 효력에 있어서는 차이가 없고, 그 성립요건에 있어서 다음과 같은 차이가 있다.

민사유치권이 성립되려면 담보채권이 대상부동산에 관하여 생긴 것이어야 한다 (민 320①). 즉 담보채권과 대상부동산 사이에 견련관계가 있어야만 유치권이 성립하게 된다. 그리고 담보채권과 대상부동산 사이의 견련관계는 담보채권이 대상부동산 자체로부터 발생한 경우나, 담보채권이 대상부동산의 반환청구권과 동일한 법률관계 또는 동일한 사실관계로부터 발생한 경우에 인정될 수 있다.

이에 대하여 상사유치권은 단지 상인 간의 상행위에 기하여 채권을 가지는 사람이 채무자와의 상행위(그 상행위가 채권 발생의 원인이 된 상행위일 것이 요구되지 아니한다)에 기하여 채무자 소유의 물건을 점유하는 것만으로 바로 성립한다는 점에 특징이 있다.

다. 유치권자의 권리

(가) 유치권

유치권자는 그 담보채권의 전액을 변제받을 때까지 목적물을 점유하고 인도를 거절할 권리가 있다. 그리고 유치권은 대세적 효력이 있는 권리인 물권에 속하므로 채무자에 대해서는 물론이고 제3자에 대해서도 행사할 수 있다. 행사할 수 있다는 것은 유치권에 의하여 담보되는 채권을 변제하지 아니하면 목적물을 인도하지 않을 수 있다는 것을 말한다.

또한 유치권자는 대상부동산이 경매되는 경우에 그 매수인에 대해서도 유치권을 행사할 수 있다. 그리고 이는 부동산경매절차에서 유치권자가 유치권에 대한 권리신고를 하지 않아 법원이 매각물건명세서상에 유치권의 존재를 기재하지 않음으로써 매수인이 유치권이 존재하지 않은 것으로 하여 매수신고를 하였다 하더라도 마찬가지이다. 민사집행법은 부동산경매절차에 관하여 「매수인은 유치권자(留置權者)에게 그 유치권(留置權)으로 담보하는 채권을 변제할 책임이 있다(민집 91⑤, 275)」고 규정함으로써 그 권리신고를 전제로 하고 있지 않기 때문이다. 따라서 이 경우 매수인은 유치권자에게 유치권에 의하여 담보되는 채권을 변제하여야만 유치권자로부터 경매부동산의 인도를 받을 수 있다.

그러나 유치권은 유치권자가 대상목적물에 대한 점유를 잃으면 소멸한다. 또한 유치권은 법정담보물권으로서 담보채권에 부종하는 성질이 있으므로 담보채권이 발생하지 않으면 성립하지 않고, 성립하였어도 어떤 원인으로든 담보채권이 소멸하면 소멸한다.

(나) 임의경매청구권과 우선변제권

유치권자는 유치권에 의하여 담보되는 채권의 변제를 받기 위하여 유치물을 경매할 수 있다(민 322①). 경매는 민사집행법에서 규정하는 담보권실행을 위한 경매의 예에 따라 실시한다(민집 274). 또한 정당한 이유있는 때에는 유치권자는 감정인의 평가에 의하여 유치물로 직접 변제에 충당할 것을 법원에 청구할 수 있다. 이 경우에는 유치권자는 미리 채무자에게 통지하여야 한다(민 322②).

유치권은 담보물권이기는 하나 저당권 등 다른 담보물권과 같이 우선변제권이 있는 것이 아니다. 따라서 유치권자는 유치권의 대상목적물이 경매되는 경우에도 그 매각대금으로부터 배당을 요구하여 우선변제를 받을 수 없다.

그러나 유치권자는 그 유치권에 의하여 담보되는 채권의 변제가 없으면 대상목적물의 매수인 등 누구에 대해서도 그 대상목적물을 계속 점유하고 인도를 거부할 수 있는 대세적 권리를 가지고 있다(민 320①, 민집 91⑤ 참조)는 점에서 사실상 최우선변제권자로서의 지위를 가진다고 할 수 있다.

(다) 그 밖의 권리

유치권자는 유치물의 과실을 수취하여 다른 채권보다 먼저 그 채권의 변제에 충당할 수 있다. 그러나 과실이 금전이 아닌 때에는 경매하여야 한다(민 323①). 과실은 먼저 채권의 이자에 충당하고 그 잉여가 있으면 원본에 충당한다(민 323②). 유치권자는 유치물의 보존에 필요한 범위에서 유치물을 사용할 수 있다(민 324②단).

유치권자가 유치물에 관하여 필요비를 지출한 때에는 소유자에게 그 상환을 청구할 수 있다(민 325①). 유치권자가 유치물에 관하여 유익비를 지출한 때에는 그 가액의 증가가 현존한 경우에 한하여 소유자의 선택에 좇아 그 지출한 금액이나 증가액의 상환을 청구할 수 있다. 그러나 법원은 소유자의 청구에 의하여 상당한 상환기간을 허여할 수 있다(민 325②).

라. 유치권자의 의무

유치권자는 선량한 관리자의 주의로 유치물을 점유하여야 한다(민 324①). 또한 유치권자는 채무자의 승낙 없이 유치물의 사용, 대여 또는 담보제공을 하지 못한다(민 324②본). 유치권자가 선량한 관리자의 주의로 유치물을 점유하지 아니하거나, 유치권자가 채무자의 승낙 없이 유치물의 사용, 대여 또는 담보제공을 한 때에는 채무자는 유치권의 소멸을 청구할 수 있다(민 324③). 이 청구권은 형성권의 일종으로 유치권자에 대한 일방적인 의사표시로 유치권 소멸의 효력이 생긴다.

(2) 유치권과 근저당권의 관계

가. 상호관계

유치권이 성립되어 있는 부동산이라고 하여 그 소유자가 근저당권을 설정할 수 없는 것이 아니고 또한 근저당권이 설정되어 있는 부동산이라고 하여 유치권이 성립될 수 없는 것도 아니다. 따라서 양자는 동일한 부동산을 대상으로 하여 병존할 수 있다.

그런데 동일한 부동산을 대상으로 유치권과 근저당권이 병존하는 상태에서 대상부동산이 경매되는 경우, 유치적 효력이라는 유치권의 특성으로 인하여 근저당권은 유치권에 영향을 미칠 수 없는 반면, 유치권은 근저당권에 상당한 영향을 미치게 된다.

나. 유치권이 근저당권에 미치는 영향

동일한 부동산을 대상으로 유치권과 근저당권이 병존하는 상태에서 대상 부동산이 경매되는 경우 그 매수인은 유치권에 의하여 담보되는 채권액을 변제하여야만 유치권자로부터 대상 부동산의 인도를 받을 수 있으므로 대상 부동산의 매각가액을 그 담보채권액만큼 적게 할 것이고 그에 따라 근저당권자가 배당받을 수 있는 금액도 그만큼 적어지게 된다는 점에서 근저당권에 영향을 미치게 된다. 또한 이와 같은 효과는 유치권이 근저당권이 설정된 후에 성립된 경우도 마찬가지로 발생하게 된다. 근저당권이 설정된 후에 유치권이 성립한 경우에도 유치권자는 그 유치권에 의하여 담보되는 채권이 변제되지 않는 한 누구에 대해서도 대상목적물의 인도를 거절할 수 있는 권리를 가지고 있기 때문이다.

대법원판례도 「부동산 경매절차에서의 매수인은 민사집행법 제91조 제5항에 따라 유치권자에게 그 유치권으로 담보하는 채권을 변제할 책임이 있는 것이 원칙이나, 채무자 소유의 건물 등 부동산에 경매개시결정의 기입등기가 경료되어 압류의 효력이 발생한 후에 채무자가 위 부동산에 관한 공사대금 채권자에게 그 점유를 이전함으로써 그로 하여금 유치권을 취득하게 한 경우, 그와 같은 점유의 이전은 목적물의 교환가치를 감소시킬 우려가 있는 처분행위에 해당하여 민사집행법 제92조 제1항, 제83조 제4항에 따른 압류의 처분금지효에 저촉되므로 점유자로서는 위 유치권을 내세워 그 부동산에 관한 경매절차의 매수인에게 대항할 수 없다. 그러나 이러한 법리는 경매로 인한 압류의 효력이 발생하기 전에 유치권을 취득한 경우에는 적용되지 아니하고, 유치권 취득시기가 근저당권설정 후라거나 유치권 취득 전에 설정된 근저당권에 기하여 경매절차가 개시되었다고 하여 달리 볼 것은 아니다」고 한다.[147]

147) 대판 2009.1.15. 2008다70763 참조.

(3) 유치권에 대한 근저당권자의 대응방안

가. 근저당권설정 당시 유치권이 존재하는 경우

근저당권을 설정하려고 하는 부동산에 관하여 다른 채권자의 유치권이 존재하는 때에는 근저당권자로서는 그 유치권자의 담보채권에 해당하는 금액만큼 낮추어 그 담보가액을 인정하는 방법으로 대응하면 된다.

나. 근저당권설정 후 유치권이 성립한 경우

(가) 신의칙에 반하여 성립된 또는 가공의 유치권 신고에 따른 대응방안

근저당권을 설정할 당시에는 유치권이 존재하지 않았으나 근저당권을 설정한 후에 유치권이 성립한 경우라도 그 유치권에 의하여 담보되는 채권이 근저당부동산의 필요비나 유익비에 해당하는 경우에는 그 필요비나 유익비는 근저당부동산의 보존이나 가액상승에 기여한 것이므로 근저당권자의 채권보전에 지장을 초래하지 않는다.

문제는 근저당권의 실행으로서 하는 경매절차에 있어서 채무자와 담합한 제3자가 집행법원에 유치권을 신고함으로써 경매부동산의 매각가액이 낮아져 채권보전에 지장이 초래되는 경우이다. 특히 상사유치권의 성립에는 담보채권과 유치권 사이의 견련관계를 요하지 않는다는 점을 이용하여 근저당부동산의 소유자가 신의칙에 반하여 특정의 채권자에게 근저당부동산의 점유를 이전시켜 그 채권자가 상사유치권을 취득하게 함으로써 사실상으로 최우선변제를 받을 수 있게 해준다거나 또는 가공의 유치권을 만들어 대항해 오는 경우가 있는데 이에 대한 근저당권자의 대응방안이 무엇인지 문제로 된다. 위와 같은 경우 근저당권자로서의 대응방안은 다음 2가지이다. 첫째는 당해 경매절차의 일시정지를 명하는 재판(민집 266①ⅴ)을 구하여 경매절차를 일시 정지시킨 후 상사유치권자 또는 가공의 유치권자를 상대로 사해행위취소청구의 소(민 406)를 제기하거나, 상사유치권자의 권리행사를 신의성실의 원칙에 반하는 권리남용으로서 배제하는 유치권부존재확인의 소를 제기하여[148] 당해 경매절차에서 유치권을 주장할 수 없도록 한 후 경

---

148) 대판 2011.12.22. 2011다84298 참조.

매절차를 진행시키는 것이다. 그리고 둘째는 당해 경매절차에 참가하여 대상부동산을 매수한 후 상사유치권자 또는 가공의 유치권자를 상대로 사해행위취소 및 유치물인도청구의 소를 제기하거나, 상사유치권자의 권리행사를 신의성실의 원칙에 반하는 권리남용으로서 배제하는 유치권부존재확인 및 유치물인도청구의 소를 제기하여 유치권의 존재를 부인하고 유치권자로부터 대상부동산을 인도받아 처분하는 것이다.

㈏ 매수신고 후 유치권의 존재를 안 경우의 대응방안

근저당목적물에 대하여 진행된 경매절차에서 근저당권자가 매각기일에 유치권의 존재를 알지 못한 상태에서 매수신고를 하여 최고가매수신고인이 된 후 유치권의 존재를 알게 된 때에는 다음과 같이 대응하여 구제받을 수 있다.

아직 매각허가결정이 나기 전인 경우에는 매각허가결정이 있기 전까지 민사집행법 제121조 제6호에서 규정하는 「부동산에 관한 중대한 권리관계가 변동된 사실이 경매절차의 진행 중에 밝혀진 때」를 이유로 경매법원에 매각허가에 대한 이의신청(민집 120, 268)을 하여 매각불허가결정이 나도록 하여 구제받아야 한다. 대법원판례도 「부동산 임의경매절차에서 매수신고인이 당해 부동산에 관하여 유치권이 존재하지 않는 것으로 알고 매수신청을 하여 이미 최고가매수신고인으로 정하여졌음에도 그 이후 매각결정기일까지 사이에 유치권의 신고가 있을 뿐만 아니라 그 유치권이 성립될 여지가 없음이 명백하지 아니한 경우, 집행법원으로서는 장차 매수신고인이 인수할 매각부동산에 관한 권리의 부담이 현저히 증가하여 민사집행법 제121조 제6호가 규정하는 이의 사유가 발생된 것으로 보아 이해관계인의 이의 또는 직권으로 매각을 허가하지 아니하는 결정을 하는 것이 상당하다」 고 한다.[149]

매각허가결정이 난 후 매각허가결정이 확정되기 전인 경우에는 즉시항고를 하는 방법으로 구제받을 수 있으며(민집 130, 268), 매각허가결정이 확정된 뒤에는 매각대금을 낼 때까지 매각허가결정의 취소신청을 하여 구제받을 수 있다(민집 127, 268). 그리고 매수인이 매각대금을 납부하여 소유권을 취득한 이후에는 유치권으로 인하여 소유권취득의 목적을 달성할 수 없는 경우에는 경매목적물의 소유자에 대하여 경매의 해제를 하고 매수대금의 반환을 청구할 수 있고 그 밖의 경

149) 대결 2007.5.15. 2007마128) 참조.

우는 유치권에 의하여 담보되는 채권액만큼 매수대금의 감액을 청구할 수 있다(민 578①, 575①). 이 경우 경매목적물의 소유자가 자력(資力)이 없는 때에는 매수인은 배당을 받은 채권자에 대하여 그 대금전부나 일부의 반환을 청구할 수 있다(민 578②). 그리고 이 경우 경매목적물의 소유자가 유치권의 존재를 알고 고지하지 아니하거나 집행채권자가 유치권의 존재를 알고 경매를 청구할 때에는 매수인은 이를 안 경매목적물의 소유자나 채권자에 대하여 손해배상을 청구할 수 있다(민 578③).

4. 소유권이전청구권가등기와의 관계

(1) 가등기제도의 개요

가. 가등기의 의의

후일에 하게 될 본등기의 순위를 보전하기 위하여 하는 등기를 가등기라고 한다. 가등기는 후일에 하게 될 본등기가 무엇인가에 따라 소유권이전청구권가등기와 전세권설정청구권가등기 및 근저당권설정청구권가등기 등으로 구분하여 볼 수 있다.

현실의 거래에 있어서는 소유권이전청구권가등기가 주로 이용되고 있는 바 그 효용성을 보면 다음과 같다. 예컨대 K가 A에게 일정한 기간이 지나면 특정 부동산의 소유권이전등기를 해주기로 하였으나, K가 A에 대한 약속을 지키지 않고 다른 사람에게 대상 부동산의 소유권이전등기를 해 줄 경우, A는 K로부터 대상 부동산의 소유권이전등기를 받는 것이 불가능해지고, 대신 K에 대하여 금전에 의한 손해배상을 받을 수밖에 없게 되는데, 만일 이 때에 K가 손해배상을 할 변제자력이 없으면 A는 큰 손실을 보게 된다.

그런데 이 경우 A가 미리 소유권이전청구권가등기를 해두면, K가 A에 대한 약속을 지키지 않고 다른 사람에게 대상 부동산의 소유권이전등기를 해주더라도, 후일 A가 소유권이전청구권가등기에 기하여 본등기인 소유권이전등기를 하면, 그 소유권이전등기의 순위가 가등기일을 기준으로 확보되어 그 이후에 이루어진 다른 사람에 대한 소유권이전등기 등이 모두 말소됨으로써 A는 대상 부동산의 소

유권을 취득하게 된다.[150)]

소유권이전청구권가등기는 실제로 소유권이전청구권을 보전하기 위하여 하는 경우 이외에 일정액의 금전채권을 담보하기 위하여 하는 경우도 있다. 앞의 경우를 진정한 소유권이전청구권가등기(또는 줄여서 진정한 가등기)라고 하는 반면 뒤의 경우를 채권담보 목적의 소유권이전청구권가등기(또는 줄여서 담보가등기)라고 한다.

나. 진정한 소유권이전청구권가등기

진정한 가등기는 매매예약을 원인으로 한 특정한 부동산의 소유권이전등기청구권을 보전하기 위하여 하는 것이 보통이지만 매매계약을 원인으로 하여서도 할 수 있다. 예를 들면 매수인 D가 매도인 A와 매매계약을 체결하고 계약금을 지급한 후 1개월 후에 중도금, 다시 1개월 후에 잔금을 지급하기로 하였다고 할 때 매도인의 신용상태가 좋지 않아 계약금이나 중도금 지급 후 잔금 지급까지의 사이에 매도인이 매매부동산의 소유권이전등기를 제3자에게 먼저 해주거나 매도인의 채권자가 매매부동산에 압류·가압류·가처분 등의 조치를 취할 염려가 있는 경우에는 매수인으로서는 계약금지급 단계에서 또는 중도금지급 단계에서 매도인에게 요구하여 미리 매매계약을 원인으로 한 소유권이전청구권가등기를 해둘 필요가 있는 것이다.

다. 채권담보 목적의 소유권이전청구권가등기

대물변제의 예약이나 매매의 예약을 원인으로 한 채권담보 목적의 소유권이전청구권가등기를 담보가등기라고 부른다.

담보가등기권자가 채무자의 채무불이행시 담보가등기권을 실행하는 방법은 두 가지이다. 하나는 권리취득에 의한 실행이고 다른 하나는 경매에 의한 실행이다. 권리취득에 의한 실행은 채무자의 채무불이행시 가등기담보권자가 대상 목적물의 평가액과 피담보채권액을 산출하여 일정기간 내에 채무의 변제가 없으면 그

---

150) 가등기는 본등기의 순위를 보전하는 효력이 있을 뿐 가등기에 이어 본등기를 하였다고 하여 본등기의 효력까지 소급하는 것은 아니다. 즉 소유권이전본등기를 한 경우 그 소유권취득의 효력은 본등기를 한 때에 생기게 되고 가등기일까지 소급하는 것이 아니다. 따라서 가등기 후 본등기 전까지 제3자 앞으로 이루어진 소유권이전등기 등은 본등기를 함으로써 말소되기 까지는 유효하게 그 효력을 가진다.

차액을 지급하고 본등기를 하겠다는 내용의 통지를 담보제공자에게 한 후, 채무자가 그 기간 내에 채무를 변제하지 않으면 담보제공자에게 그 차액을 지급하고서(차액이 없거나 부족한 때에는 지급 없이 바로) 소유권이전의 본등기를 청구하는 방법으로 한다. 그리고 경매에 의한 실행은 대상 부동산에 대하여 민사집행법에 의한 경매를 청구해서 그 매각대금으로부터 자기채권의 우선변제를 받는 방법이다. 담보가등기의 목적물에 대하여는 다른 권리자 즉 근저당권자나 전세권자 및 일반채권자에 의하여서도 민사집행법에 의한 경매가 신청되어서 경매절차가 개시될 수 있는데, 이 경우 담보가등기권자는 저당권자로 취급되어 배당요구의 방법으로 배당참가할 수 있다.

(2) 소유권이전청구권가등기와 근저당권의 관계

가. 상호관계

담보가등기와 근저당권은 양자 모두 채권담보를 목적으로 한다는 점에서 어느 한 쪽이 선순위이고 다른 한쪽이 후순위인 상태로 병존하게 된다. 그리고 진정한 소유권이전청구권가등기와 근저당권도 가등기에 기하여 본등기가 이루어지기거나 대상 부동산에 경매절차가 실시되기 전까지는 독립하여 병존하게 된다.

그러나 가등기에 기하여 본등기가 이루어지거나 대상 부동산에 경매절차가 실시되어 매수인이 소유권을 취득하게 되면 가등기와 근저당권은 상호 영향을 미치게 된다. 구체적으로 어떠한 영향을 미치는지는 가등기와 근저당권설정등기 중 어느 것이 먼저 된 것인지에 따라 다르다. 이하에서 순차로 살펴보기로 한다.

나. 담보가등기의 경우

(가) 담보가등기권이 실행되는 경우

(ㄱ) 권리취득에 의한 실행의 경우

(a) 담보가등기권이 근저당권보다 선순위인 경우

담보가등기권이 근저당권보다 선순위인 경우는 담보가등기권자가 담보권을 실행하여 소유권이전의 본등기를 하면 담보가등기권자는 그 본등기의 순위를 가등기일을 기준으로 확보하게 되고, 그에 따라 담보가등기보다 후순위로 성립한 근저당권은 소멸하게 되어 등기관이 직권으로 말소하게 된다. 다만 이 경우 근저당권자는 담보가등기권자에 대하여 그 소유권취득을 위한 청산금의 범위에서 자신의 피담보채권에 대한 지급을 청구할 수 있다(가담 5).

(b) **근저당권이 담보가등기권보다 선순위인 경우**

담보가등기권이 근저당권보다 후순위인 경우는 담보가등기권자가 담보권을 실행하여 소유권이전의 본등기를 함으로써 대상 부동산의 소유권을 취득하더라도 근저당권자의 지위에 아무런 영향을 미치지 않으며, 이 경우 담보가등기권자는 근저당권 부동산의 제3취득자가 된다. 즉 이 경우 담보가등기권자는 근저당권의 부담이 있는 부동산의 소유권을 취득하게 되는 것이다. 따라서 담보가등기권자가 본등기를 함으로써 대상 부동산의 소유권을 취득한 이후라도 근저당권자는 담보채무의 변제가 없으면, 대상 부동산에 대하여 임의경매를 신청하여 그 매각대금으로부터 우선변제를 받는데 아무런 영향을 받지 않는다.

(ㄴ) **경매에 의한 실행의 경우**

권리취득에 의한 실행이 번거롭다고 생각하면 담보가등기권자는 가등기가 담보가등기라는 사실과 담보의 내용을 증명하여 대상부동산에 대한 경매를 신청할 수 있으며, 이 경우 담보가등기권은 저당권으로 취급된다(가담 13).

담보가등기권자가 대상부동산에 경매를 신청하여 그 경매절차에서 매수인이 매각대금을 지급하여 대상부동산의 소유권을 취득하면 담보가등기권과 근저당권은 모두 소멸하고, 담보가등기권자와 근저당권자는 매각대금으로부터 그 순위에 따른 배당을 받게 된다.

(나) **근저당권이 실행되는 경우**

담보가등기권이 설정되어 있는 부동산에 대하여 근저당권자의 신청에 의한 경매가 개시된 경우에 담보가등기권자는 다른 채권자보다 자기채권을 우선변제 받을 권리가 있다. 이 경우 그 순위에 관하여는 그 담보가등기권을 저당권으로 보고, 담보가등기를 마친 때에 저당권의 설정등기(設定登記)가 행하여진 것으로 본다(가담 13).

또한 담보가등기권이 설정되어 있는 부동산에 대하여 근저당권자의 경매신청에 따른 경매개시결정이 있는 경우에 그 경매의 신청이 청산금을 지급하기 전에 행하여진 경우(청산금이 없는 경우에는 청산기간이 지나기 전)에는 담보가등기권자는 그 가등기에 따른 본등기를 청구할 수 없게 된다(가담 14).

따라서 대상부동산에 대하여 근저당권자의 신청에 의한 경매절차가 개시되어 매수인이 매각대금을 납부하고 소유권을 취득하면 담보가등기권과 근저당권은 그 순위에 관계 없이 모두 소멸하고, 담보가등기권자와 근저당권자는 그 순위에 따른 배당을 받게 된다.

다. 진정한 가등기의 경우

㈎ 가등기에 기한 본등기가 이루어지는 경우

㈀ 가등기권이 근저당권보다 선순위인 경우

대상 목적물에 대하여 근저당권에 기한 경매절차가 실시되기 전에 그 가등기에 기한 본등기가 이루어지면 그 본등기의 순위가 가등기일을 기준으로 확보된다. 따라서 예컨대 A소유의 부동산에 S가 소유권이전청구권가등기를 하고 이어 D가 근저당권설정등기를 하였다가, S가 소유권이전의 본등기를 하면 그 소유권이전의 순위가 가등기일을 기준으로 확보되고, 그에 따라 D의 근저당권설정등기는 A의 소유권에 저촉되어 등기관이 직권으로 말소하게 된다.

㈁ 근저당권이 가등기권보다 선순위인 경우

근저당 목적물에 대한 경매절차가 실시되기 전에 그 가등기에 기하여 본등기가 이루어지면 그 가등기권자는 근저당 목적물의 제3취득자가 된다. 즉 이 경우 가등기권자는 근저당권의 부담이 있는 부동산의 소유권을 취득하게 되는 것이다. 따라서 가등기권자가 본등기를 함으로써 대상 부동산의 소유권을 취득한 이후라도 근저당권자는 담보채무의 변제가 없으면, 대상 부동산에 대하여 임의경매를 신청하여 그 매각대금으로부터 우선변제를 받는데 아무런 영향을 받지 않는다.

(나) 근저당권이 실행되는 경우

(ㄱ) 가등기권이 근저당권보다 선순위인 경우

가등기에 의하여 보전하고자 한 본등기가 이루어지기 전에 대상 목적물에 대하여 근저당권에 기한 경매절차가 실시되면, 가등기는 매수인의 소유권취득으로 소멸하지 않고 매수인에게 승계 된다. 따라서 예컨대 A소유의 부동산에 S가 소유권이전청구권가등기를 하고 이어 D가 근저당권설정등기를 하였다가 D의 신청으로 실시된 경매절차에서 M이 동 부동산의 소유권을 취득하였다면 M은 S의 소유권이전청구권가등기를 승계하게 된다. 그 결과 후일 S가 소유권이전의 본등기를 하게 되면 S는 그 본등기의 순위를 가등기일을 기준으로 확보하게 되고, 그에 따라 M의 소유권이전등기는 S의 소유권에 저촉되는 것이 되어 등기관이 직권으로 말소하게 된다. 따라서 이러한 경우는 사실상 동 부동산에 대한 경매절차가 진행되기 어려울 것이다.

(ㄴ) 근저당권이 가등기권보다 선순위인 경우

가등기에 기한 본등기가 이루어지기 전에 대상 목적물에 대한 경매절차가 실시되면, 그 가등기는 매수인의 소유권취득으로 선순위의 근저당권과 함께 소멸하게 된다. 이 경우 가등기를 소멸시키지 않고 매수인에게 승계되는 것으로 하면 매수인이 없거나 매수가격이 매우 낮아지게 되어 매수대금으로부터 배당을 받아야 하는 선순위의 근저당권자가 큰 피해를 입게 되기 때문이다.

그리고 여기에서 가등기가 저당권보다 후순위라고 하는 것은, 제1순위의 근저당권과 제2순위의 가등기가 있는 상태에서 제1순위 근저당권자의 신청으로 경매절차가 실시되는 경우는 물론이고, 제1순위의 근저당권과 제2순위의 가등기 및 제3순위의 근저당권이 있는 상태에서 제3순위 근저당권자의 신청으로 경매절차가 실시되는 경우까지를 포함한다.

그런데 소유권이전청구권보전의 가등기권자는 대상 목적물이 경매되어 매수인이 소유권을 취득함으로써 그 가등기가 소멸하게 되더라도 담보권자가 아니기 때문에 매각대금으로부터의 우선배당을 요구하지 못한다. 다만 가등기권리의 상실에 따라 가등기의무자에 대하여 손해배상채권을 취득하게 되고 이 손해배상청구권에 기하여 배당참가를 할 수는 있다. 그러나 이 경우의 배당참가는 일반채권자로서 하는 것이기 때문에 가등기보다 선순위로 등기한 근저당권자는 물론이고 후순위로 등기한 근저당권자보다 후순위로 배당받게 된다.

(3) 가등기에 대한 근저당권자의 대응방안

근저당권을 설정할 당시에 대상목적물에 가등기가 존재하지 않은 경우에는 대상부동산의 담보가액에 가등기를 고려할 필요가 없다. 근저당권이 설정된 후에 설정되는 가등기는 근저당부동산의 경매시 매수인에게 승계되지 아니하고 소멸하게 되므로 매수인이 매수신고가격에 가등기의 가액을 공제하지 않아 근저당권자가 배당받을 금액의 저감을 가져오지 아니하기 때문이다.

반면에 근저당권을 설정할 당시에 대상부동산에 가등기가 설정되어 있는 때에는 그 가등기가 진정한 가등기이면 담보가액을 전혀 인정할 수가 없고 담보가등기이면 그 가등기에 의하여 담보되는 채권액만큼 공제하여 담보가액을 인정하여야 한다. 담보가등기는 대상부동산의 경매시 저당권으로 취급되어 그 순위에 따른 배당을 받게 되기 때문이다.

그런데 근저당부동산의 등기부에 기재되어 있는 가등기의 내용만으로는 그것이 진정한 가등기인지 담보가등기인지를 알 수 없는 것이 보통이므로, 가등기가 되어 있는 부동산에 근저당권을 설정하려는 경우에 그 가등기가 진정한 가등기인지 아니면 담보가등기인지를 어떻게 구별하는가 하는 점이다. 이에 관하여는 소유자와 가등기권자로부터 그 가등기가 담보가등기라는 점과 담보채권의 내용에 대한 확인서를 받은 경우 이외에는 진정한 가등기로 추정하고 업무처리를 하는 수밖에 없다.

대법원은 권리신고가 되지 않아 담보가등기인지 진정한 가등기인지 알 수 없는 경우에도 그 가등기가 등기부상 최선순위이면 집행법원으로서는 일단 이를 진정한 가등기로 보아 매수인에게 그 부담이 인수될 수 있다는 취지를 매각물건명세서에 기재한 후 그에 기하여 경매절차를 진행하면 된다고 한다. 이에 따라 실무에서는 제1순위의 소유권이전청구권가등기가 담보가등기임에도 담보가등기권자가 집행법원의 최고에도 권리신고를 하지 않아 매각기일에 계속 유찰이 이루어지는 경우 제2순위의 근저당권자가 어떻게 대응하여야 하는지 문제로 된다.

생각건대 이 경우 제2순위 근저당권자로서는 제1순위 소유권이전청구권가등기가 담보가등기임을 증명할 수 있는 자료가 있으면 이를 집행법원에 제출하여 집행법원이 매수인에 대한 관계에서 담보가등기권이 소멸하는 것을 전제로 경매가 이루어지도록 하면 된다. 문제는 제1순위 소유권이전청구권가등기가 담보가등기임을 증명할 수 있는 자료가 없는 경우인데, 이 때에는 계속 유찰되어 남을 가망이 없는 것으로 경매가 취소되기를 기다리거나 또는 제2순위 근저당권자 자신이 당해 경매절차에 참가하여 최저가액으로 대상부동산을 매수한 후 만일 담보가등기가 진정한 가등기로 인정되면 가등기를 인수하게 되는 위험부담 하에 담보가등기의 말소를 구하는 것 중 선택하는 수밖에 없을 것으로 생각된다.

판례1-40

담보가등기인지 진정한 가등기인지 알 수 없는 경우의 경매절차

부동산의 강제경매절차에서 경매목적 부동산이 낙찰된 때에도 소유권이전등기청구권의 순위보전을 위한 가등기(즉 진정한 가등기)는 그보다 선순위의 담보권이나 가압류가 없는 이상 담보목적의 가등기와는 달리 말소되지 아니한 채 낙찰인에게 인수되는 것인바, 권리신고가 되지 않아 담보가등기인지 순위보전의 가등기인지 알 수 없는 경우에도 그 가등기가 등기부상 최선순위이면 집행법원으로서는 일단 이를 순위보전을 위한 가등기로 보아 낙찰인에게 그 부담이 인수될 수 있다는 취지를 입찰물건명세서에 기재한 후 그에 기하여 경매절차를 진행하면 족한 것이지, 반드시 그 가등기가 담보가등기인지 순위보전의 가등기인지 밝혀질 때까지 경매절차를 중지하여야 하는 것은 아니다(대판 2003.10.6. 2003마1438).

5. 가압류와의 관계

(1) 가압류제도의 개요

가. 가압류의 의의

가압류는 금전채권을 가진 자가 채무불이행이 있음에도 채무자의 무자력으로 인하여 강제집행을 할 수 없게 되는 것을 방지하기 위하여 미리 강제집행이 가능한 채무자의 재산에 관하여 그 처분권을 채무자로부터 빼앗아 두는 것으로 후일의 강제집행을 보전하기 위한 수단으로서 이용되고 있다.

예컨대 D가 A에 대한 3천만 원의 금전채무를 이행하지 않는 경우 A가 강제집행의 방법으로 D로부터 금전채권의 이행을 받으려면, 그에 앞서 A는 D를 상대로 법원에 금전채무이행청구소송을 제기하여 그 승소판결을 받는 등 집행권원을 구비하여야 한다. 그런데 채권자가 이 집행권원을 구비하는 데에는 상당한 기간이 소요되게 된다. 또 집행권원을 구비하고 있다 하더라도 그것이 기한부이거나 조건부인 때에는, 그 기한이 도래하거나 조건이 성취되기까지는 강제집행을 할 수가 없다. 그렇다고 이러한 기간 동안에 채무자로 하여금 재산의 처분을 자유로 할 수 있게 한다면, 채권자가 강제집행의 요건을 구비하여 집행에 착수할 수 있게 되었다 하더라도, 그 이전에 재산을 처분하거나 은닉 · 훼손 · 낭비하여 버림으로써 채권자의 강제집행을 법률상 또는 사실상으로 불가능하게 하거나 곤란하게 할 수가 있다. 따라서 강제집행이 그 기능을 제대로 발휘하게 하려면 강제집행이 개시되기까지 채무자의 재산을 현상 그대로 유지시켜 둘 필요가 있는데 바로 이를 위한 제도가 가압류이다.

가압류의 목적물이 부동산인 경우에는 가압류의 등기가 있어야 가압류의 효력이 발생하게 된다. 그리고 대상 부동산에 가압류의 등기가 이루어지게 하려면 관할법원에 신청하여 가압류명령을 받은 후 그 가압류명령에 기하여 법원이 관할등기소에 가압류등기의 촉탁을 하게 하여야 한다. 다만 가압류명령신청에 대한 법원의 재판은 가압류제도가 후일의 강제집행을 보전하기 위한 것이라는 성질상 가압류채무자를 심문함이 없이 채권자가 제출한 자료만으로 신속하게 이루어지는 것이 보통이다.

나. 가압류집행의 효력

(가) 상대적 처분금지의 효력

가압류명령의 집행이 있으면, 채무자는 가압류의 목적물에 대하여 이를 다른 데에 양도하거나, 담보로 제공하는 등 일체의 처분행위를 할 수 없게 된다. 다만 이러한 효력은 상대적인 것으로서 채무자가 가압류 목적물을 다른 데에 양도하거나 담보로 제공하더라도 절대적으로 무효가 되는 것이 아니라 가압류채권자에 대해서만 대항할 수 없을 뿐이다. 왜냐하면 가압류의 처분금지효력은 집행보전의 목적을 달성하는데 필요한 범위 내로 한정하면 되는 것으로, 이를 넘어서 채무자의 이익이나 일반거래상의 안전까지 희생시킬 필요가 없는 것이기 때문이다. 따라서 채무자의 처분행위가 있은 후에 가압류의 집행이 취소되면 그 처분행위는 완전히 유효한 것이 된다.

가압류채권자에게는 가압류목적물로부터 우선변제권이 인정되어 있지 않다. 가압류명령이란 가압류채무자에 대한 처분금지효력발생을 목적으로 하는 것이지 가압류채권자에 대한 우선변제권 부여를 목적으로 하는 것이 아니기 때문이다. 그 결과 가압류집행 이전에 가압류목적물에 대하여 선순위 담보권이 설정되어 있으면, 가압류채권자는 그 선순위담보권자보다 후순위로 배당받게 되고 또 다른 일반채권자의 배당참가가 있으면 채권자평등의 원칙에 따라 채권발생의 선후에 관계없이 각자의 채권액에 안분한 금액으로 배당받게 된다.

(나) 처분금지의 효력이 미치는 범위

(ㄱ) 객관적 범위

처분금지의 효력이 미치는 객관적 범위에 관하여는, 가압류집행이 본압류 집행으로 전이(轉移)한 후의 그 집행권원에 포함되는 채권에 대하여는, 보전하고자 하는 채권액을 초과하는 금액에 대하여도 그 효력이 미친다고 하는 견해도 있으나, 가압류집행의 효력을 상대적인 것으로 해석하는 취지에 비추어 볼 때, 가압류명령 신청시에 보전하고자 한 채권액을 한도로 하여 그 효력이 미친다고 하는 것이 통설 · 판례이다.[151)]

예컨대 채권자 S가 가압류에 의하여 보전하고자 하는 채권액을 30백만 원으로 하여 가압류 집행한, 채무자 A 소유의 부동산이 제3자인 D에게 양도되어 그 소유권이전등기가 된 후, S가 본안소송에서 그 채권액을 60백만 원으로 확정시켜 그 부동산에 대한 강제집행을 실시한 결과, 배당가능액이 60백만 원이고 다른 배당요구채권자는 없다고 할 경우, S가 배당받을 수 있는 금액은 후자의 견해에 의하면 30백만 원이 되나(잔여 30백만 원은 D에게 교부된다) 전자의 견해에 의하면 60백만 원이 된다.

(ㄴ) 주관적 범위

처분금지의 효력이 미치는 주관적범위 즉, 가압류 후에 가압류채무자가 가압류의 목적물을 처분한 경우에, 그 처분행위를 누구에 대한 관계에서 대항할 수 없게 되는지에 관하여는, 두 가지의 견해가 대립되어 있다. 하나는 개별상대효설이고 다른 하나는 절차상대효설이다.

개별상대효설은 가압류 후의 처분행위로서 대항할 수 없다는 것은 그 처분행위

---

151) 대판 1998.11.10. 98다43441 참조.

가 있기 전에 압류나 가압류 또는 배당요구 등으로, 이미 강제집행절차에 참가하고 있는 채권자에 대하여서만 대항할 수 없다는 것일 뿐, 처분행위가 있은 후에 새로이 압류나 가압류 또는 배당요구 등을 하려는 채권자에 대하여서까지 대항할 수 없는 것은 아니라고 하고, 절차상대효설은 가압류 후의 처분행위로서 대항할 수 없다는 것은, 그 처분행위가 있기 전 뿐만 아니라 처분행위가 있은 후에 압류나 가압류 또는 배당요구 등을 한 채권자에 대하여서도 대항할 수 없다는 것을 의미한다고 한다. 대법원의 판례는 개별상대효설을 채택하고 있다.

판례1-41

처분금지의 효력이 미치는 주관적 범위

부동산에 대하여 가압류등기가 먼저 되고 나서 근저당권설정등기가 마쳐진 경우에 그 근저당권등기는 가압류에 의한 처분금지의 효력 때문에 그 집행보전의 목적을 달성하는데 필요한 범위 안에서 가압류채권자에 대한 관계에서만 상대적으로 무효라 할 것인 바, 이 경우 가압류채권자와 근저당권자 및 위 근저당권설정등기 후 강제경매신청을 한 압류채권자 사이의 배당관계에 있어서, 근저당권자는 선순위 가압류채권자에 대하여는 우선변제권을 주장할 수 없으므로 1차로 채권액에 따른 안분비례에 의하여 평등배당을 받은 다음, 후순위 경매신청압류채권자에 대하여는 우선변제권이 인정되므로 경매신청압류채권자가 받을 배당액으로부터 자기의 채권액을 만족시킬 때까지 이를 흡수하여 배당받을 수 있다 할 것이다(대결 1994.11.29. 94마417).

(2) 가압류와 근저당권의 관계

가. 상호관계

가압류가 되어 있는 부동산이라고 하여 그 소유자가 근저당권을 설정할 수 없는 것이 아니고 또한 이미 근저당권이 설정되어 있는 부동산이라고 하여 가압류를 할 수 없는 것도 아니다. 따라서 가압류와 근저당권은 대상 부동산에 경매절차가 실시되어 매수인이 소유권을 취득하기 전까지는 독립하여 병존하게 된다.

최선순위의 가압류가 되어 있는 부동산이 경매되는 경우 그 가압류가 매수인에게 인수되는지 여부에 관하여는 법률에 명문의 규정이 없어 견해가 대립할 수 있다. 그러나 가압류는 가압류채권자가 그 가압류채권에 관하여 본안소송에서 승소하면, 어차피 매각대금에서 배당을 받고 소멸하는 것이므로, 그 가압류채권액에 관하여 배당참가한 것으로 취급하면 충분하기 때문에 그 순위에 관계없이 매수인에게 인수되지 않고 모두 소멸하는 것으로 보아야 한다. 법원의 실무도 소멸하는 것으로 보아 매수인 앞 소유권이전등기와 함께 말소처리하고 있다.

나. 매각대금으로부터의 배당순위

목적물에 대하여 경매절차가 실시되면 가압류는 근저당권보다 선순위의 것이건 후순위의 것이건 매수인에 대한 관계에서 소멸하며 가압류등기는 근저당권등기와 함께 말소된다.

그리고 이 경우 가압류권자는 그 가압류등기가 근저당권등기보다 먼저 된 것이면 그 매각대금으로부터 근저당권자와 같은 순위로 배당받을 수 있으나, 후에 된 것이면 근저당권자가 우선변제 받고 남은 잔액에 대하여만 배당받을 수 있게 된다.

문제는 예컨대 채권자 A가 채무자 R의 부동산에 대하여 보전하고자 하는 채권액을 3천만 원으로 하여 가압류집행을 한 후에, R이 동 부동산에 대하여 다른 채권자 B앞으로 채권최고액을 3천만 원으로 한 근저당권을 설정해준 상태에서, 가압류채권자인 A가 집행권원을 얻어 경매신청하여 경매결과 배당가능액이 3천만 원이고, 배당요구채권자의 채권액이 가압류채권자인 A 3천만 원 · 근저당권자인 B 3천만 원 · 집행력 있는 정본을 소지한 다른 채권자 C 3천만 원이라고 할 때, 각 채권자가 배당받을 수 있는 금액이 얼마인가 하는 점이다.

대법원판례인 개별상대효설에 의하면 배당가능액 3천만 원은 A에게 1천만 원(3천만 원×3천/9천), B에게 2천만 원(B의 몫 1천만 원=3천만 원×3천/9천 + C의 몫 1천만 원=3천만 원×3천/9천)이 배당되고, C는 배당을 받을 수 없게 된다. A에 대한 관계에서는 A · B · C가 모두 평등하나, B와 C의 관계에서는 B가 C보다 우선하기 때문이다. 이에 대하여 절차상대효설에 의하면 A · B · C에게 각각 1천만 원씩 배당되게 된다.

개별상대효설에 의하면 C는 배당요구를 할 수는 있으나, 배당요구해 보아야 자기보다 우선하는 저당권자의 존재로 인하여 배당을 받을 수 없기 때문에 배당요구 자체를 하지 않을 수도 있으며, 만일 C가 배당요구를 하지 않는다면 A와 B는 각각 1천5백만 원씩의 배당을 받게 된다.

(3) 가압류에 대한 근저당권자의 대응방안

근저당권을 설정할 당시에 대상목적물에 가압류등기가 되어 있지 않은 경우에는 대상부동산의 담보가액에 가압류를 고려할 필요가 없다. 근저당권이 설정된 후에 등기된 가압류는 근저당부동산의 경매시 매수인에게 승계되지 아니하고 소멸하게 되고, 그 피보전채권도 근저당권에 의하여 담보되는 채권보다 후순위이기 때문이다.

반면에 이미 가압류등기가 있는 부동산에 근저당권을 설정하려고 하는 경우에 그 담보가액은 통상의 담보가액에서 동 부동산이 경매되는 경우에 가압류채권자가 그 근저당권자와 같은 순위로 배당받을 금액만큼 공제한 가액으로 하여야 한다.

그러나 가압류채권자가 근저당권자와 같은 순위로 배당받을 금액은 가압류채권액과 근저당권에 의하여 담보되는 채권액의 비율에 따라 사후적으로 산출할 수밖에 없으며 근저당권을 설정할 당시에 그 담보가치를 미리 확정하는 것은 불가능하다.

예컨대 가압류채권액이 3억 원인 가압류등기가 있는 부동산(통상의 담보가액 3억 원)을 대상으로 채권최고액을 3억 원으로 하는 근저당권을 설정하는 경우의 담보가액은, 가압류채권액과 근저당권에 의하여 담보되는 채권액이 각각 3억씩이면 1억5천만 원이 되고, 3억 원과 2억 원이면 1억2천만 원이 되며, 3억 원과 1억 원이면 7천5백만 원이 된다.

6. 처분금지가처분과의 관계

(1) 처분금지가처분제도의 개요

가. 처분금지가처분의 의의

처분금지가처분은 특정한 부동산에 대하여 소유권이전청구권이나 전세권설정청구권 등을 가진 자가 소유권자의 의무불이행이 있음에도 청구권의 강제집행을 할 수 없게 되는 것을 방지하기 위하여 그 소유자로부터 미리 처분권을 빼앗아 두는 것으로 후일의 강제집행을 보전하기 위한 수단으로서 이용되고 있다.

예컨대 A가 D소유의 부동산을 매수하고서 매매대금의 지급 등 매수인으로서의 의무를 다 하였으나 D가 A에게 소유권이전등기를 해주지 않는 경우 A가 강제집행의 방법으로 D로부터 대상 부동산의 소유권이전등기를 받으려면 다음과 같은 절차를 밟아야 한다. 우선 A는 D를 상대로 법원에 소유권이전등기청구소송을 제기하여 그 승소판결을 받은 후 관할등기소에 그 판결서를 첨부하여 단독으로 자신 앞 소유권이전등기를 신청하여야 한다. 그러면 등기관은 D의 A앞 소유권이전등기신청이 없음에도 불구하고 법원의 판결서를 근거로 직권으로 대상 부동산의 소유명의를 D에서 A에게로 이전시켜주게 된다.

그런데 A가 D를 상대로 소유권이전등기청구소송을 제기하여 승소판결을 받기까지는 상당한 시일이 걸리게 되는데, 그 사이에 D가 제3자 앞으로 대상 부동산의 소유권이전등기를 해버리면 A는 그 후 승소판결을 받더라도 자신 앞으로 대상 부동산의 소유권이전등기를 강제할 수가 없게 된다. 따라서 A로서는 법원으로부터 승소판결을 받을 때까지 D가 대상 부동산을 처분할 수 없도록 할 필요가 있는데 바로 그러한 목적으로 이용되는 것이 가처분등기인 것이다.

소유권이전등기청구권자인 A가 D에 대하여 가지고 있는 소유권이전등기청구권 등을 보전하기 위하여 대상 부동산에 이 가처분등기가 이루어지게 하려면 관할법원에 신청하여 가처분명령을 받은 후 그 가처분명령에 기하여 법원이 관할등기소에 가처분등기의 촉탁을 하게 하여야 한다. 다만 A의 가처분명령신청에 대한 법원의 재판은 가처분제도가 후일의 강제집행을 보전하기 위한 것이라는 성질상 D를 심문함이 없이 A가 제출한 자료만으로 신속하게 이루어지는 것이 보통이다.

나. 처분금지가처분 집행의 효력

㈎ 처분금지의 효력

부동산을 대상으로 하는 처분금지가처분은 그 명령에 기한 집행 즉 부동산등기부에 처분금지가처분의 등기가 이루어져야 가처분채무자 및 제3자에 대하여 그 내용에 따른 구속력을 가지게 된다. 따라서 예컨대 처분금지가처분명령이 발하여졌다고 하더라도 그 등기가 이루어지기 전에 가처분채무자가 대상부동산을 매각하여 제3자 명의로 소유권이전등기를 마친 경우에는 그 소유권이전등기는 완전히 유효하며, 이 경우 처분금지가처분명령은 집행불능이 된다. 그러나 제3자 명의의 소유권이전등기가 가처분등기 이후에 이루어졌다면 소유권이전등기의 원인행위인 매매 등의 처분행위가 가처분등기 전에 있었건 후에 있었건 그 제3자는 그 소유권취득을 가지고 가처분채권자에게 대항하지 못한다.

㈏ 처분금지의 주관적 범위

처분금지가처분에 위반한 처분행위는 가처분채무자와 그 상대방 및 제3자 사이에서는 완전히 유효하고 단지 가처분채권자에 대해서만 대항할 수 없는 상대적 효력이 있다.[152]

가처분집행의 상대적 효력에 따라 가처분채권자는 본안소송에서의 승소판결 확정 등으로 실체법상의 권리를 확정하지 않는 한 단순히 가처분채권자의 지위만으로 가처분목적물에 대하여 가처분채무자로부터 소유권이전등기나 근저당권설정등기 등의 권리를 취득한 자에게 그 등기의 말소를 청구하지 못한다.

㈐ 처분금지의 객관적 범위

가처분에 의한 처분금지의 효력은 가처분채권자의 권리를 침해하는 한도에서만 생기는 것이므로 가처분채권자는 본안소송에서의 승소판결 확정 등으로 실체법상의 권리가 확정되더라도 그 확정된 피보전권리의 한도에서만 가처분위반의 효력을 주장할 수 있다.[153] 예컨대 근저당권설정등기청구권을 피보전권리로 한 처분금지가처분 등기가 있은 후에 가처분채무자가 대상부동산을 처분하여 제3자 명의의 소유권이전등기를 하였고 이어서 가처분채권자의 본안승소판결이 확정되었다 하더라도 제3자 명의의 소유권이전등기는 말소되는 것이 아니라 가처분채권자의 근저당권이라는 부담을 안은 채 그대로 유효하게 존속하는 것으로 보아야 한다.

㈑ 피보전권리의 등기절차

처분금지가처분집행의 위와 같은 효력에 의하면 가처분등기가 이루어진 후의 처분등기는 일단 유효하나 가처분채권자에게는 대항할 수 없는 것이므로 가처분채권자가 본안소송에서 승소하게 되면 그 가처분등기와 저촉되는 모든 등기명의자는 가처분채권자에 대하여 그 등기의 말소의무를 지게 된다. 그리고 이 경우의 말소절차는 등기관이 직권으로 말소하는 것이 아니라, 가처분채권자가 본안확정판결의 정본을 첨부하여 그 판결에 기한 소유권이전등기신청과 아울러 저촉되는 등기의 말소를 신청하는 경우에야 비로소 등기관이 가처분등기 후의 등기를 말소하고 가처분에 기한 소유권이전등기를 하게 된다.[154]

---

152) 대판 1988.9.13. 86다카191 참조.
153) 대결 1984.4.16. 84마7 참조.

(2) 처분금지가처분과 근저당권의 관계

가. 상호관계

가처분등기가 이루어진 부동산이라고 하여 그 소유자가 근저당권설정등기를 할 수 없는 것이 아니고, 또한 이미 근저당권설정등기가 되어 있는 부동산이라고 하여 가처분등기를 할 수 없는 것도 아니다. 따라서 가처분등기와 근저당권설정등기는 가처분등기에 기하여 소유권이전이나 전세권설정 등의 본안등기가 이루어지거나 근저당권에 기하여 경매절차가 실시되어 매수인이 소유권을 취득하기 전까지는 독립하여 병존하게 된다. 그러나 대상 부동산상에 가처분등기에 기한 본안등기가 이루어지거나 근저당권에 기한 경매절차가 실시되어 매수인이 소유권을 취득하게 되면 가처분등기와 근저당권은 상호 영향을 미치게 된다. 구체적으로 어떠한 영향을 미치는지는 가처분등기와 근저당권설정등기 중 어느 것이 먼저 된 것인지에 따라 다르다. 이하에서 순차로 살펴보기로 한다.

나. 가처분등기에 기한 본안등기가 이루어지는 경우

(가) 가처분등기가 근저당권보다 선순위인 경우

대상 목적물에 대하여 근저당권에 기한 경매절차가 실시되기 전에 가처분등기에 의하여 보전하고자 한 본안등기가 이루어지면 가처분등기 이후에 대상 목적물에 대하여 근저당권을 취득한 자는 본안등기에 반하는 권리를 주장하지 못한다. 따라서 예컨대 A소유의 부동산에 S의 소유권이전청구권을 보전하기 위한 가처분등기가 이루어진 후에, A가 D앞으로 근저당권설정등기를 해주었다가 S가 본안소송에서 승소하여 소유권이전등기를 하게 되면, S의 소유권이 가처분등기 일자로부터 보전되어 D는 S에 대하여 근저당권을 가지고 대항할 수 없고 그에 따라 D의 근저당권설정등기는 S의 소유권에 저촉되는 것이 되어 S의 신청에 따라 등기관이 직권으로 말소하게 된다. 이에 대하여 A소유의 부동산에 S의 전세권설정청구권을 보전하기 위한 가처분등기가 이루어지고 그 후에 A가 D앞으로 근저당권설정등기를 해주었다가, S가 본안소송에서 승소하여 전세권설정등기를 하게 되면, S의 전세권의 순위가 가처분등기일자로 보전되어, D의 근저당권은

154) 1993.3.13. 대법원 등기예규 제611호. 488항

그 효력을 유지하나 S의 선순위 전세권에 이은 후순위 근저당권이 된다.

(나) 근저당권이 가처분등기보다 선순위인 경우

대상 목적물에 대하여 경매절차가 실시되기 전에 가처분등기에 기하여 본안등기가 이루어지면 가처분권자는 근저당목적물의 제3취득자가 된다. 즉 이 경우 가처분권자는 본안등기가 소유권이전등기이면, 근저당목적물의 제3취득자의 지위를 가지게 되는 한편, 본안등기가 전세권의 설정등기이면, 근저당권에 이은 후순위 전세권자의 지위를 가지게 된다. 따라서 가처분권자가 본안등기를 한 이후라도 근저당권자는 담보채무의 변제가 없으면, 대상 부동산에 대하여 임의경매를 신청하여 그 매각대금으로부터 우선변제를 받는데 아무런 영향을 받지 않는다.

다. 근저당권이 실행되는 경우

(가) 가처분등기가 근저당권보다 선순위인 경우

가처분등기에 의하여 보전하고자 한 본안등기가 이루어지기 전에 대상 목적물에 대하여 근저당권에 기한 경매절차가 실시되는 경우, 가처분등기는 매수인의 소유권 취득으로 소멸하지 않고 매수인에게 승계 된다. 따라서 예컨대 A소유의 부동산에 S의 소유권이전청구권을 보전하기 위한 가처분등기가 이루어진 후, A가 D앞으로 근저당권설정등기를 해주었다가 D의 신청으로 실시된 경매절차에서 M이 동 부동산의 소유권을 취득하였다면, M은 S의 소유권이전청구권보전을 위한 가처분등기를 인수하게 된다. 그 결과 후일 S가 본안소송에서 승소하여 소유권이전등기를 하게 되면 S의 소유권이 가처분등기일자로부터 보전되어 M은 소유권취득을 가지고 S에게 대항할 수 없게 되고, 그에 따라 M앞 소유권이전등기는 S의 소유권에 저촉되는 것이 되어 S의 신청에 따라 등기관이 직권으로 말소하게 된다. 이에 대하여 A소유의 부동산에 S의 전세권설정청구권을 보전하기 위한 가처분등기가 이루어진 후, A가 D앞으로 근저당권설정등기를 해주었다가 D의 신청으로 실시된 경매절차에서 M이 동 부동산의 소유권을 취득하였다면, M은 S의 전세권설정청구권 보전을 위한 가처분등기를 인수하게 된다. 그 결과 후일 S가 본안소송에서 승소하여 전세권설정등기를 하게 되면, S의 전세권의 순위가 가처분등기일자로 보전되어 M의 소유권은 그 효력을 유지하나 S의 선순위 전세권을 승계하게 된다.

(나) 근저당권이 가처분등기보다 선순위인 경우

가처분등기에 기한 본안등기가 이루어지기 전에 대상 목적물에 대한 경매절차가 실시되면, 그 가처분등기는 매수인의 소유권취득으로 선순위의 근저당권과 함께 소멸하게 된다. 이 경우 가처분등기를 소멸시키지 않고 매수인에게 승계되는 것으로 하면 매수인이 없거나 매수가격이 매우 낮아지게 되어 매수대금으로부터 배당을 받아야 하는 선순위의 근저당권자가 큰 피해를 입게 되기 때문 이다.

그리고 여기에서 가처분등기가 근저당권보다 후순위라고 하는 것은, 제1순위의 근저당권과 제2순위의 가처분등기가 있는 상태에서, 제1순위 근저당권자의 신청으로 경매절차가 실시되는 경우는 물론이고, 제1순위의 근저당권과 제2순위의 가처분등기 및 제3순위의 근저당권이 있는 상태에서, 제3순위 근저당권자의 신청으로 경매절차가 실시되는 경우까지를 포함한다.

한편 소유권이전의 보전을 위한 가처분권자는 대상 목적물이 경매되어 매수인이 소유권을 취득함으로써 그 가처분등기가 소멸하게 되더라도 담보권자가 아니기 때문에 매각대금으로부터의 우선배당을 요구하지 못한다. 다만 가처분권리의 상실에 따라 가처분채무자에 대하여 손해배상채권을 취득하게 되고 이 손해배상청구권에 기하여 배당참가를 할 수는 있다. 그러나 이 경우의 배당참가는 일반채권자로서 하는 것이기 때문에 가처분등기보다 선순위로 등기한 근저당권자는 물론이고 후순위로 등기한 근저당권자보다 후순위로 배당받게 된다.

(3) 처분금지가처분에 대한 근저당권자의 대응방안

근저당권을 설정할 당시에 대상목적물에 처분금지가처분등기가 되어 있지 않은 경우에는 대상부동산의 담보가액에 처분금지가처권을 고려할 필요가 없다. 근저당권이 설정된 후에 이루어진 처분금가처분권은 근저당부동산의 경매시 매수인에게 승계되지 아니하고 소멸하게 되므로 근저당권자가 배당받을 금액의 저감을 가져오지 아니하기 때문이다.

반면에 근저당권을 설정할 당시에 대상목적물에 처분금지가처분등기가 되어 있는 때에는 그것이 소유권이전청구권을 보전하기 위한 것이면 담보가액을 인정하여서는 아니되고, 전세권이나 지상권 또는 근저당권 등의 등기청구권을 보전하기 위한 것이면 그러한 등기가 선행되어 있는 것으로 보고 담보가액을 산정하여야 한다. 이 경우는 근저당권을 실행하는 경우 그 경매절차의 매수인이 경매부동산의 소유권을 취득하더라도 처분금지가처분권을 승계하게 되기 때문이다.

7. 지상권과의 관계

(1) 지상권제도의 개요

가. 지상권의 의의

지상권이란 타인의 토지에서 건물 기타의 공작물이나 수목을 소유하기 위하여, 그 토지를 사용할 수 있는 물권을 말한다(민 279). 지상권은 1필의 토지를 대상으로 설정하는 것이 보통이지만 1필의 토지의 일부를 대상으로 하여서도 설정할 수 있다(부등 69vi).

나. 지상권의 유형

(가) 보통지상권과 구분지상권

보통지상권은 토지의 상하 모두를 대상으로 건물 기타의 공작물이나 수목을 소유하기 위한 지상권(민 278)임에 대하여 구분지상권은 토지의 지하 또는 지상의 공간 중 상하의 범위를 정하여 건물 기타 공작물을 소유하기 위한 지상권(민 289의2①)을 말한다.

구분지상권은 건물 기타의 공작물만을 소유하기 위하여 설정할 수 있을 뿐 수목을 소유하기 위해서는 설정할 수 없는 점에서 보통지상권과 구별된다. 토지에 배타성 있는 다른 사람의 용익권이 존재하는 때에는 그 토지의 소유자는 구분지상권을 설정할 수 없으나 그 용익권자 및 그 용익권을 목적으로 하는 권리를 가진 자 전원의 승낙이 있으면 이를 설정할 수 있다. 이 경우 토지의 용익권을 가진 자는 그 구분지상권의 행사를 방해하여서는 아니된다(민 289의2②).

(나) 약정지상권과 법정지상권

(ㄱ) 의의

토지의 소유자와 이용자 사이의 지상권설정계약과 지상권설정등기에 의하여 성립하는 지상권을 약정지상권이라 하고, 토지의 소유자와 이용자 사이의 지상권설정계약 없이 일정한 사실관계에 기초하여 법률상 당연히 성립하는 지상권을 법정지상권이라 한다.

법정지상권은 토지와 지상건물을 독립한 별개의 부동산으로 취급하고 있는 현행 법률 체계에 있어서 토지와 지상건물이 동일인의 소유에 속하여 있다가, 건물소유자가 토지의 이용권을 확보할 기회가 없이 토지소유자와 건물소유자가 달라지는 경우에 토지의 이용권을 확보하지 못한 건물소유자가 건물을 철거할 수밖에 없게 되는 불합리한 결과가 발생하는 것을 방지하고 아울러 건물의 철거라는 사회·경제적손실을 최소화하려는 데에 그 존재의의가 있는 것으로, 민법 그 밖의 법률에 의하여 인정되는 이외에 관습법에 의하여서도 인정되어 있는 바 그 내용을 보면 다음과 같다.

(ㄴ) 민법 등에 의한 법정지상권

대지와 건물이 동일한 소유자에 속한 경우에 건물에만 전세권을 설정한 후 그 대지소유권의 특별승계로 대지소유자가 변경된 때에는 그 대지소유권의 특별승계인은 전세권설정자에 대하여 지상권을 설정한 것으로 본다(민 305①).

토지와 지상건물이 동일한 소유자에 속한 경우에 토지 또는 지상건물에만 저당권을 설정하였다가 저당물의 경매로 인하여 토지와 그 지상건물이 다른 소유자에 속하게 된 때에는 토지소유자는 건물소유자에 대하여 지상권을 설정한 것으로 본다(민 366①).

토지와 지상건물이 동일한 소유자에게 속하는 경우에 토지 또는 지상건물에 대하여만 양도담보권이나 담보가등기권 등 담보권을 설정하였다가 귀속청산 또는 권리취득의 방식으로 담보권이 실행되어 토지와 지상건물이 다른 소유자에 속하게 된 때에는 토지소유자는 지상건물소유자에 대하여 지상권을 설정한 것으로 본다(가담 10).

토지와 입목이 동일한 소유자에 속한 경우에 입목의 경매나 그 밖의 사유로 토지와 입목이 각각 다른 소유자에게 속하게 되는 경우에는 토지소유자는 입목소유자에 대하여 지상권을 설정한 것으로 본다(입목 6①).

(ㄷ) 관습에 의한 법정지상권

관습에 의한 법정지상권이란 민법 등의 법률에서 정하고 있는 사유 이외의 사유로 동일인의 소유에 속하였던 토지와 지상건물의 소유자가 다르게 된 경우 건물소유자와 토지소유자 사이에 특별히 지상건물을 철거한다는 특약이 없으면 건물소유자가 토지소유자로부터 건물의 소유를 위하여 취득하게 되는 지상권을 말한다.

관습에 의한 법정지상권이 성립하기 위한 요건으로서 토지와 지상건물이 동일한 소유자에게 속하는 시점은 애초부터 원시적으로 동일인의 소유에 속하였을 필요는 없고 그 소유권이 유효하게 변동될 당시에 동일인이 토지와 그 지상 건물을 소유하였던 것으로 충분하다고 할 것이고, 강제경매에 있어서 관습상의 법정지상권이 성립하기 위한 요건으로서 토지와 그 지상 건물이 동일인에 속하는 시점은 매수인이 소유권을 취득하는 매각대금의 완납시가 아니라 그 압류의 효력이 발생하는 때인 것으로 보아야 하고, 나아가 경매의 목적이 된 부동산에 대하여 가압류가 있고 그것이 본압류로 이행되어 경매절차가 진행된 경우에는 가압류가 효력을 발생한 때인 것으로 보아야 한다. 그리고 건물을 철거하기로 하는 합의가 있었다는 등의 특별한 사정의 존재에 관한 주장입증책임은 그러한 사정의 존재를 주장하는 쪽에 있는 것으로 보아야 한다.

관습에 의한 법정지상권은 민법 등의 성문법에 의하여 인정되는 법정지상권이 아니라 판례에 의하여 인정되는 법정지상권이라는 점에 그 특징이 있다. 관습법상의 법정지상권을 인정하고 있는 이유로 판례[155]는 「원래 관습에 의한 지상권을 인정한 취지는 건물과 토지를 별개의 물건으로서 취급하고 있는 우리 법제 하에서는 건물과 그 건물이 서 있는 토지는 항상 별개의 물건으로 거래되고 있으나, 실지에 있어서 건물은 그 성질상 그 토지의 이용 없이는 건물로서의 이용을 할 수 없는 것이므로, 같은 소유자의 소유에 속하였던 건물과 그 대지 중 어느 하나가 매매 등으로 그 소유자를 달리한 때에는 다른 특별한 사정이 없는 한, 건물소유자로 하여금 대지에 대하여 지상권을 취득한 것으로 봄으로써, 그 건물로 하여금 건물로서의 가치를 유지케 하자는 국민경제상의 필요에 의하여 인정한 제도라 할 것이다」고 한다.

155) 대판 1968.8. 30. 68다1029. 그리고 동일인의 소유에 속하였던 토지와 지상건물의 소유자가 다르게 된 원인으로서 판례는 매매(대판 1993.2.23. 92다49218), 증여(대판 2000.1.18. 98다58696,58702), 국세징수법에 의한 공매(대판 1967.11.28. 67다1831), 강제경매(대판 1970.9.29. 70다1454), 공유물의 분할(대판 1967.11.14. 67다1105), 귀속재산불하(대판 1986.9.9. 85다카2275) 등을 들고 있다.

판례1-42

관습상의 법정지상권

(1) ① 토지 또는 건물이 동일한 소유자에게 속하였다가 건물 또는 토지가 매매 기타 원인으로 인하여 양자의 소유자가 다르게 된 때에 그 건물을 철거하기로 하는 합의가 있었다는 등 특별한 사정이 없는 한 건물소유자는 토지소유자에 대하여 그 건물을 위한 관습상의 지상권을 취득하게 되고, 건물을 철거하기로 하는 합의가 있었다는 등의 특별한 사정의 존재에 관한 주장입증책임은 그러한 사정의 존재를 주장하는 쪽에 있다.

② 관습상의 지상권은 법률행위로 인한 물권의 취득이 아니고 관습법에 의한 부동산물권의 취득이므로 등기를 필요로 하지 아니하고 지상권취득의 효력이 발생하고 이 관습상의 법정지상권은 물권으로서의 효력에 의하여 이를 취득할 당시의 토지소유자나 이로부터 소유권을 전득한 제3자에게 대하여도 등기없이 위 지상권을 주장할 수 있다(대판 1988.9.27. 87다카279).

(2) ① 동일인의 소유에 속하고 있던 토지와 그 지상 건물이 강제경매 또는 국세징수법에 의한 공매 등으로 인하여 소유자가 다르게 된 경우에는 그 건물을 철거한다는 특약이 없는 한 건물소유자는 토지소유자에 대하여 그 건물의 소유를 위한 관습상 법정지상권을 취득한다. 원래 관습상 법정지상권이 성립하려면 토지와 그 지상 건물이 애초부터 원시적으로 동일인의 소유에 속하였을 필요는 없고, 그 소유권이 유효하게 변동될 당시에 동일인이 토지와 그 지상 건물을 소유하였던 것으로 족하다.

② 강제경매의 목적이 된 토지 또는 그 지상 건물의 소유권이 강제경매로 인하여 그 절차상의 매수인에게 이전된 경우에 건물의 소유를 위한 관습상 법정지상권이 성립하는가 하는 문제에 있어서는 그 매수인이 소유권을 취득하는 매각대금의 완납시가 아니라 그 압류의 효력이 발생하는 때를 기준으로 하여 토지와 그 지상 건물이 동일인에 속하였는지가 판단되어야 한다.
강제경매개시결정의 기입등기가 이루어져 압류의 효력이 발생한 후에 경매목적물의 소유권을 취득한 이른바 제3취득자는 그의 권리를 경매절차상 매수인에게 대항하지 못하고, 나아가 그 명의로 경료된 소유권이전등기는 매수인이 인수하지 아니하는 부동산의 부담에 관한 기입에 해당하므로(민사집행법 제144조 제1항 제2호 참조) 매각대금이 완납되면 직권으로 그 말소가 촉탁되어야 하는 것이어서, 결국 매각대금 완납 당시 소유자가 누구인지는 이 문제맥락에서 별다른 의미를 가질 수 없다는 점 등을 고려하여 보면 더욱 그러하다. 한편 강제경매개시결정 이전에 가압류가 있는 경우에는, 그 가압류가 강제경매개시결정으로 인하여 본압류로 이행되어 가압류집행이 본집행에 포섭됨으로써 당초부터 본집행이 있었던 것과 같은 효력이 있다.
따라서 경매의 목적이 된 부동산에 대하여 가압류가 있고 그것이 본압류로 이행되어 경매절차가 진행된 경우에는, 애초 가압류가 효력을 발생하는 때를 기준으로 토지와 그 지상 건물이 동일인에 속하였는지를 판단하여야 한다(대전합판 2012.10.18. 2010다52140).

(ㄹ) 분묘기지권

분묘기지권이란 타인의 토지에 분묘(그 내부에 사람의 유골, 유해, 유발 등 시신을 매장하여 사자를 안장한 장소)를 설치한 자가 그 분묘의 수호 및 제사에 필요한 범위 내에서 타인의 토지를 사용할 수 있는 지상권 유사의 관습상 물권으로서 법정지상권의 일종에 속한다. 분묘기지권이 성립하는 경우는 ①토지소유자와의 합의에 의하여 분묘기지권을 취득하는 경우 ②타인 소유의 토지에 소유자의 승낙 없이 분묘를 설치하여 20년간 평온·공연하게 그 분묘의 기지를 점유함으로써 분묘기지권을 시효취득하는 경우.[156] ③자기 소유의 토지에 분묘를 설치한 후 분묘의 이장 등에 관한 특별한 합의 없이 토지의 소유자가 변경된 때에 토지의 구소유자가 신소유자로부터 분묘기지권을 취득하는 경우[157]의 3가지이다. 그리고 토지의 소유자가 변경된 때는 매매나 증여 또는 교환 등의 계약에 의하여 변경되는 경우는 물론이고 토지가 경매되어 변경되는 경우도 포함되는 것으로 보아야 한다.[158]

다만 분묘기지권이 성립하기 위하여는 봉분 등 외부에서 분묘의 존재를 인식할 수 있는 형태를 갖추고 있어야 하고, 평장되어 있거나 암장되어 있어 객관적으로 인식할 수 있는 외형을 갖추고 있지 아니한 경우에는 분묘기지권이 인정되지 아니한다.[159] 또한 장래 묘소로서 정하여 설치한 것으로서 현재 그 분묘 내에 시신이 안장되어 있지 아니한 경우는 외형상 분묘의 형태만 갖추었을 뿐이지 실제 분묘라 할 수 없으므로 분묘기지권이 인정되지 아니한다.[160]

---

156) 대판 1995.2.28. 94다37912, 대판 1996.6.14. 96다14036 판결, 대판 2011.11.10. 2011다63017,63024 참조.

157) 대판 1967.10.12. 67다1920 참조.

158) 대법원판례도 「자기소유 토지 위에 분묘를 설치하고 그 후 그 토지가 강제경매에 의하여 소유자를 달리하게 된 경우에 특히 그 분묘를 파 옮긴다는 조건이 없는 한 분묘의 소유자는 위 토지상에 그 분묘소유를 위한 지상권 유사의 물권을 취득한다고 할 것이다(대판 1976.10.26. 76다1359,1360)」고 한다.

159) 대판 1991.10.25. 91다18040 참조.

160) 대판 1976.10.26. 76다1359,1360 참조.

다. 지상권자의 권리

(가) 토지사용권

약정지상권자는 지상권설정계약으로 정한 목적의 범위에서 토지를 사용하는 권리를 가진다. 이에 대하여 법정지상권자는 법정지상권의 성립원인이 되는 지상건물 기타의 공작물이나 수목의 소유 또는 분묘의 수호 및 제사에 필요한 범위 내에서 토지를 사용하는 권리를 가진다. 지상권자의 위와 같은 토지사용권이 방해되는 경우에는 지상권자는 토지의 점유자로서 또는 지상권자로서 반환청구권과 방해배제청구권 및 방해예방청구권 등의 물권적청구권(민 290, 213,214)을 행사하여 구제받을 수 있다.

(나) 존속기간

(ㄱ) 약정지상권의 경우

약정지상권의 존속기간에 관하여는 최장존속기간에는 아무런 제한이 없으나, 최단존속기간에 관하여는 ①석조, 석회조, 연와조 또는 이와 유사한 견고한 건물이나 수목의 소유를 목적으로 하는 때에는 30년 ②위 ① 이외의 건물의 소유를 목적으로 하는 때에는 15년 ③건물 이외의 공작물의 소유를 목적으로 하는 때에는 5년 이하로 할 수 없고(민 280①), 만일 이 기간보다 단축한 기간을 정한 때에는 전항의 기간까지 연장되도록(민 289②) 제한되어 있다.

지상권설정계약으로 지상권의 존속기간을 정하지 아니한 때에는 그 기간은 법정 최단존속기간(민 280①)으로 하며, 지상권설정당시에 공작물의 종류와 구조를 정하지 아니한 때에는 지상권은 최단존속기간이 15년인 건물의 소유를 목적으로 한 것으로 본다(민 289②). 지상권이 소멸한 경우에 건물 기타 공작물이나 수목이 현존한 때에는 지상권자는 계약의 갱신을 청구할 수 있으며(민 283①), 이에 따라 당사자가 계약을 갱신하는 경우에는 지상권의 존속기간은 갱신한 날로부터 법정 최단존속기간(민 280)보다 단축하지 못한다. 그러나 당사자는 이보다 장기의 기간을 정할 수 있다. 지상권자의 갱신청구에 대하여 지상권설정자는 갱신을 거절할 수 있으나 이 경우 지상권자는 상당한 가액으로 지상의 공작물이나 수목의 매수를 청구할 수 있다(민 283②).

(ㄴ) 법정지상권의 경우

법정지상권의 존속기간은 기간의 약정이 없는 것으로 되어 민법 제281조 및 제280조에 의하여, 30년(지상건물이 석조, 석회조, 연와조 또는 이와 유사한 견고한 건물인 경우) 또는 15년(기타 건물인 경우)이 된다. 그리고 건물의 개축·증축 등이 있는 경우, 존속기간을 정하는 건물의 종류는 구건물을 기준으로 한다. 가등기담보 등에 관한 법률에 의하여 지상건물의 소유자가 취득하는 법정지상권의 존속기간은 당사자가 협의하여 정하여야 하나 만일 협의가 성립되지 않으면 당사자의 청구에 의하여 법원이 정한다(가담 10 제2문). 관습상의 법정지상권의 존속기간에 대하여는 다른 특별한 사정이 없는 한, 민법 제281조 및 제280조가 준용되는 것으로 보아야 한다[161]. 그리고 분묘기지권의 존속기간은 당사자 사이에 약정이 있는 등 특별한 사정이 있으면 그에 따르되, 그러한 사정이 없는 경우에는 권리자가 분묘의 수호와 봉사를 계속하며 그 분묘가 존속하고 있는 동안은 계속된다.[162] 그 밖에 존속기간의 갱신 등은 약정지상권에 준한다.

(다) 지상권의 처분

지상권자는 타인에게 그 권리를 양도하거나 그 권리의 존속기간 내에서 그 토지를 임대할 수 있으며(민 282), 지상권설정계약으로 양도 또는 임대를 금지하는 특약을 하더라도 그 특약은 효력이 없다(민 289). 또한 지상권을 대상으로 저당권을 설정할 수도 있다(민 371①). 다만 지상권설정계약으로 지상권에 대한 저당권의 설정을 금지할 수 있는지에 대하여는 민법 제289조가 명문으로 규정하고 있지 않아 긍정설[163]과 부정설[164]로 견해가 갈려 있다.

---

161) 대판 1968.8.30. 68다1029 참조.
162) 대판 2009.5.14. 2009다1092 참조.
163) 민법주해(Ⅵ) 40(박재윤), 곽윤직 물권법 317.
164) 주석민법[물권(3)] 52(윤형배), 이영준 물권법(2000) 614, 김상용 물권법(2003) 482.

라. 지상권자의 의무

(가) 지료지급의무

(ㄱ) 약정지상권의 경우

약정지상권의 경우 지상권자의 토지소유자에 대한 지료지급은 지상권의 성립요건이 아니다. 따라서 당사자 사이에 지료지급에 관한 약정이 있어야만 지상권자의 토지소유자에 대한 지료지급의무가 생긴다. 지료의 금액과 지급시기에 관한 당사자 사이의 약정은 이를 등기하여야만 제3자에게 대항할 수 있다(부등 69ⅳ).

(ㄴ) 법정지상권의 경우

민법과 가등기담보 등에 관한 법률에 의하여 건물 등의 소유자가 취득하는 법정지상권의 경우는 지상권자가 토지소유자에게 지료를 지급하여야 한다. 지료의 금액과 지급시기는 당사자가 협의하여 정하면 될 것이나 만일 당사자 사이에 협의가 이루어지지 않으면 당사자의 청구에 의하여 법원이 이를 정한다(민 305①단, 366단, 가담 10제2문). 입목에 관한 법률에 의하여 입목소유자가 취득하는 법정지상권에 관하여는 당사자가 약정으로 정하도록 되어 있으나(입목 6②), 역시 약정이 이루어지지 않으면 당사자의 청구에 의하여 법원이 정하는 것으로 보아야 한다.

관습상의 법정지상권의 경우에 관하여는 민법의 지상권에 관한 규정이 준용되어야 하므로,[165] 지료의 금액과 지급시기는 당사자가 협의하여 정하되 협의가 이루어지지 않으면 당사자의 청구에 의하여 법원이 이를 정하는 것으로 보아야 한다. 그리고 분묘기지권의 경우는 당사자 사이에 지료에 관한 약정이 있으면 그에 따르되 그러한 약정이 없으면 지료의 지급의무가 없는 것으로 보는 것이 타당하다.

판례1-43

분묘기지권자의 지료지급

지상권에 있어서 지료의 지급은 그 요소가 아니어서 지료에 관한 약정이 없는 이상 지료의 지급을 구할 수 없는 점에 비추어 보면, 분묘기지권을 시효취득하는 경우에도 지료를 지급할 필요가 없다고 해석함이 상당하다(대판 1995.2.28. 94다37912)

165) 대판 1968.8.30. 68다1029 참조.

(ㄷ) 지상물수거의무 등

지상권이 소멸한 때에는 지상권자는 건물 기타 공작물이나 수목을 수거하여 토지를 원상에 회복하여야 한다(민 285①). 이 경우에 지상권설정자가 상당한 가액을 제공하여 그 공작물이나 수목의 매수를 청구한 때에는 지상권자는 정당한 이유 없이 이를 거절하지 못한다(민 285②).

지료가 토지에 관한 조세 기타 부담의 증감이나 지가의 변동으로 인하여 상당하지 아니하게 된 때에는 당사자는 그 증감을 청구할 수 있다(민 286). 지상권자가 2년 이상의 지료를 지급하지 아니한 때에는 지상권설정자는 지상권의 소멸을 청구할 수 있다(민 287). 지상권이 저당권의 목적인 때 또는 그 토지에 있는 건물, 수목이 저당권의 목적이 된 때에는 지상권설정자의 지상권소멸 청구는 저당권자에게 통지한 후 상당한 기간이 경과함으로써 그 효력이 생긴다(민 288).

마. 지상권과 근저당권의 관련성

지상권과 근저당권은 ①지상권 자체가 근저당권의 목적물이 된다는 점 ②지상권이 설정되어 있는 토지를 대상으로 근저당권을 설정하거나 근저당권이 설정되어 있는 토지를 대상으로 지상권이 설정되는 경우가 있는 점 ③지상에 건물이나 분묘 등이 있는 토지에 근저당권을 설정하는 경우에 법정지상권이 성립될 수 있다는 점 ④나대지를 대상으로 근저당권을 설정하는 경우에 나대지상에 약정지상권을 함께 설정하는 관행이 있다는 점 ⑤저당토지상의 공동저당건물을 헐고 신축하는 경우가 있다는 점에서 서로 관련되어 있다. 다만, 다만 이 중 ①에 대해서는 이 책 제2장 제4 3. 지상권에서 설명하기로 하고 이하에서는 ②~⑤ 대해서만 설명하기로 한다.

(2) 지상권이 설정된 토지에 설정하는 근저당권

가. 지상권과 근저당권의 상호관계

지상권이 설정되어 있는 토지라고 하여 그 소유자가 근저당권을 설정할 수 없는 것이 아니고 또한 이미 근저당권이 설정되어 있는 토지라고 하여 지상권을 설정할 수 없는 것도 아니다. 따라서 지상권과 근저당권은 대상 토지상에 경매절차가 실시되어 매수인이 소유권을 취득하기 전까지는 지상권은 용익물권으로서 그리고 근저당권은 담보물권으로서 독립하여 병존하게 된다.

그러나 대상 토지에 경매절차가 실시되어 매수인이 소유권을 취득하게 되면 지상권과 근저당권은 상호 영향을 미치게 된다. 구체적으로 어떠한 영향을 미치는지는 경매 토지상에 존재하는 지상권과 근저당권 중 어느 것이 먼저 성립된 것인지에 따라 다르다. 이하에서 순차로 살펴보기로 한다.

나. 지상권이 근저당권보다 선순위인 경우

지상권이 성립되어 있는 토지에 근저당권을 설정하였다가 토지가 경매되는 경우에는 그 지상권은 매수인의 소유권취득으로 소멸하지 아니하고 매수인에게 인수되는 것이 원칙이다.[166] 이 경우 지상권이 매수인에게 인수되는 것으로 하면 매수인은 지상권의 가액만큼 공제한 금액을 매수가액으로 할 것이고 그에 따라 근저당권자가 배당받을 금액이 그 만큼 줄어들게 됨으로써 근저당권자가 뜻하지 않은 손해를 보게 되어 불합리하기 때문이다.

따라서 근저당권보다 먼저 성립된 지상권이 존재하는 토지를 경매절차에서 매수하려는 자는 경매토지의 통상적인 가액에서 지상권의 가액만큼 공제한 금액을 매수가액으로 하여 매수신청 하여야 하고, 그에 따라 근저당권자도 지상권이 없는 토지가 경매되는 경우에 배당받을 수 있는 금액보다 지상권 가액만큼 적은 배당을 받게 된다.

다. 근저당권이 지상권보다 선순위인 경우

근저당권이 설정되어 있는 토지에 지상권을 설정하였다가 토지가 경매되는 경우에는 그 지상권은 매수인에게 인수되지 아니하고 소멸하는 것이 원칙이다. 이 경우 지상권이 매수인에게 인수되는 것으로 하면 매수인은 지상권의 가액만큼 공제한 금액을 매수가액으로 할 것이고 그에 따라 근저당권자가 배당받을

166) 경매 토지상에 지상권과 근저당권 이외에 ①경매개시결정등기(민집 144①iii, 268) ②다른 저당권(민집 91②, 268) ③담보가등기(가담 13, 15) ④가압류등기(법률에 명문의 규정은 없으나 통설) ⑤배당요구한 전세권(민집 91④, 268) 이 있은 때에는, 지상권이 저당권보다는 먼저 이루어진 것이라 하더라도 이들 ①~⑤ 중 어느 하나의 권리보다 후에 이루어진 것이라면 지상권은 매수인의 소유권취득으로 소멸하는 ①~⑤의 권리와 함께 소멸하여 말소등기된다.

금액이 그 만큼 줄어들게 됨으로써 근저당권자가 뜻하지 않은 손해를 보게 되어 불합리하기 때문이다.

따라서 근저당권이 지상권보다 선순위로 설정되어 있는 토지를 경매절차에서 매수하려는 자는 지상권의 부담이 없는 토지의 가액을 매수가액으로 매수신청할 수 있고, 그에 따라 근저당권자가 배당받을 금액도 지상권의 가액만큼 적어지는 것이 아니다. 다만 지상권이 매수인에게 인수되지는 않는다고 하여도 매수인이 지상권자에게 토지의 인도를 청구하는 경우에 지상권자가 이에 응하지 않으면 민사소송과 민사집행절차를 통하여 인도받을 수밖에 없어 그에 따른 시간과 비용이 들게 될 것이므로 그만큼 매수가액과 배당받을 금액이 적어질 수는 있다.

라. 지상권에 대한 근저당권자의 대응방안

지상권이 설정되어 있는 토지를 담보로 취득하는 경우에는 대상토지의 감정평가액으로부터 지상권의 가액만큼 공제한 금액을 담보가액으로 하여야 한다. 이에 대하여 근저당권이 설정된 이후에 설정된 지상권은 근저당권자의 신청으로 경매절차가 진행되는 경우 그 근저당권과 함께 소멸되어 매수인에게 인수되지 않으므로 근저당권자가 이를 고려할 필요가 없다. 다만 채무자의 채무불이행으로 대상토지를 경매하는 경우 토지매수인이 지상권자로부터 민사소송과 민사집행절차를 통하여 토지를 인도받는데 들어가는 비용만큼을 대상토지의 감정평가액으로부터 공제하여 담보가액으로 하는 것을 고려해 볼 수 있다.

(3) 건물 등이 있는 토지에 설정하는 근저당권

가. 건물이 있는 경우

(가) 문제의 소재

토지 위에 건물이 있는 경우 토지와 건물 모두에 근저당권을 설정하는 것이 보통이나, 때로는 토지와 건물의 소유자가 다르다거나 건물의 전부 또는 일부가 미등기 상태에 있는 등의 이유로, 양자 모두에 대한 근저당권의 설정이 곤란한 경우가 있다. 그러나 이러한 경우에도 건물을 토지와 구분되는 별개의 부동산으로 취급하는 현행 법제상으로는, 토지에만 근저당권을 설정하거나 또는 건물에만 근저당권을 설정하는 것도 얼마든지 가능하다.

그런데 토지 위에 건물이 있음에도 양자 모두를 대상으로 공동근저당권을 설정하지 않고 어느 일방에만 근저당권을 설정하는 경우에는 그 근저당권의 실행시 건물소유자가 토지소유자로부터 법정지상권을 취득하게 되고 그에 따라 토지의 매각가액이 지상권의 가액만큼 낮아져 토지 근저당권자의 채권보전에 지장이 초래될 수 있다. 이하에서는 토지 또는 건물에만 근저당권을 설정하였다가 경매되는 경우에 건물소유자의 법정지상권이 성립하기 위한 요건과 그 법정지상권의 효력 및 그에 따른 근저당권자의 대응방안에 관하여 알아보기로 한다.

㈏ 법정지상권의 성립요건

㈀ 근저당권설정 당시에 토지위에 건물이 존재할 것

(a) 취지

법정지상권이 성립하려면 근저당권설정 당시에 당해 토지 위에 건물이 존재하고 있었어야 한다. 건물이 없는 토지(즉 나대지)에 근저당권을 설정하는 자는 지상권의 제한이 없는 토지의 담보가치를 파악하고 있을 것인데, 그 후에 세워진 건물에 관하여 법정지상권의 성립을 인정할 경우에는, 그 토지의 담보가치는 떨어지고 따라서 근저당권자가 뜻하지 않은 손해를 보게 될 것이기 때문이다. 그러므로 건물이 없는 토지에 근저당권을 설정한 후 근저당권설정자가 그 위에 건물을 건축하였다가 담보권의 실행을 위한 경매절차에서 경매로 인하여 그 토지와 지상 건물이 소유자를 달리하였을 경우에는 그 건물을 위한 법정지상권은 성립하지 않는다.[167)]

근저당권설정 당시에 당해 토지 위에 건물이 존재하고 있는 상태에서 토지만을 대상으로 근저당권을 설정하면서 설정당사자가 민법 제366조에서 규정하는 법정지상권의 성립을 배제하는 특약을 한 경우, 그 특약의 유효성에 관하여는 민법 제366조를 가치권과 이용권의 조절을 위한 공익상의 필요에 따라 지상권의 설정을 강제하기 위한 강행규정으로 보아야 한다는 점에서 부정하는 것이 타당하다.[168)]

167) 대판 1995.12.11. 95마1262 참조.
168) 대판 1988.10.25. 87다카1564 참조.

(b) 건물의 의미

건물소유자의 법정지상권이 성립하기 위하여 근저당권을 설정할 당시에 토지 위에 존재하는 건물은 미등기이거나 무허가인 것이라도 무방하다.[169] 또한 건축 중에 있었던 건물이라도 건물의 규모와 종류가 외형상 예상할 수 있는 정도까지 건축이 진전되어 있는 것이면 법정지상권이 성립한다.[170] 그리고 근저당권설정 당시 건물이 존재한 이상 그 이후 건물을 개축·증축하는 경우는 물론이고 건물이 멸실되거나 철거된 후 재축·신축하는 경우에도 법정지상권은 성립한다. 다만 그 법정지상권의 존속기간·범위 등은 구 건물을 기준으로 하여 그 이용에 일반적으로 필요한 범위내로 제한된다.[171]

(c) 공동근저당 건물을 철거하고 새 건물을 축조한 경우

동일소유자에 속하는 토지와 건물에 관하여 공동근저당권이 설정된 후 그 건물이 철거되고 새 건물이 축조된 경우에도, 그 후 근저당권의 실행에 의하여 토지가 매각됨으로써 토지와 건물의 소유자가 달라지면, 위 토지에 새 건물을 위한 법정지상권이 성립되는 것인지 문제로 된다. 이에 관하여 종래의 대법원판례는 법정지상권의 성립을 인정해 오고 있었다.[172] 그러나 2003년 12월 18일자 전원합의체 판결로 동일소유자에 속하는 토지와 건물에 관하여 공동근저당권을 설정한 후 건물을 철거하고 새 건물을 축조하였으나 새 건물에 토지와 동순위의 공동근저당권을 설정하지 아니한 상태에서 토지만을 경매하여 토지와 건물의 소유자가 달라지게 된 경우에는 건물소유자가 토지소유자로부터 법정지상권을 취득할 수 없는 것으로 종래의 판결을 변경하여 현재는 법정지상권의 성립을 인정하지 않는다.[173]

(ㄴ) 경매로 인하여 토지와 건물의 소유자가 달라지게 되었을 것

법정지상권이 성립하려면 경매의 결과 토지와 건물의 소유자가 서로 달라지

169) 대판 1988.4.12. 87다카2404, 대판1991.8.13. 91다16631 참조.
170) 대판 2004.6.11. 2004다13533, 대판 2011.1.13. 2010다67159 참조.
171) 대판 1992.6.26. 92다9388, 대판 2001.3.13. 2000다48517 참조.
172) 대판 1990.7.10. 90다카6399, 대판 2001.3.13. 2000다48517,48524,48531 참조.
173) 대전합판 2003.12.18. 98다43601 참조.

게 되었어야 한다. 그리고 이 경우 경매는 근저당권자의 신청으로 개시된 것이건 다른 채권자의 신청으로 개시된 것이건 묻지 않는다.

그러나 토지에 제1순위의 근저당권을 설정한 후에 건물을 축조하고 그 토지에 제2순위의 근저당권을 설정하여 제2순위 근저당권자의 신청으로 경매가 이루어지더라도 법정지상권은 성립되지 않는다. 경매가 있으면 모든 근저당권은 매수인에 대한 관계에 있어서 소멸하게 되어(민집 91②), 결과적으로 제1순위 근저당권자의 신청으로 경매가 이루어진 것과 같게 되기 때문이다. 다만 근저당부동산이 경매되기 전에 제1순위의 근저당권이 변제 등의 사유로 소멸한 경우에는 법정지상권이 성립되는 것으로 보아야 한다.

(ㄷ) 토지와 건물을 동일인이 소유하고 있었을 것

법정지상권이 성립하려면 근저당권을 설정할 때에 토지와 건물이 동일한 소유자에게 속하고 있었어야 한다. 따라서 근저당권설정 당시에 토지와 건물이 각각 다른 자의 소유에 속하고 있었던 때에는, 경매의 결과 토지와 건물의 소유자가 달라지게 되었어도 법정지상권은 인정되지 않는다. 이러한 경우에는 이미 토지소유자와 건물소유자 사이에 토지의 이용에 관한 법률관계가 형성되어 있어, 그 토지나 건물 위의 근저당권은 그러한 법률관계를 전제로 해서 존립하는 것으로 보면 되기 때문이다. 예컨대 건물소유자가 토지의 이용권이 없이 불법으로 타인의 토지 위에 건물을 축조한 것이라면, 토지소유자는 건물소유자에 대하여 그 건물의 철거를 요구할 수 있는 것이므로, 경매로 인하여 토지의 소유권을 취득한 자도 당연히 그 건물의 철거를 요구할 수 있는 것이고, 반면에 건물소유자가 토지의 이용권으로서 전세권이나 임차권 등의 권리를 설정 받고 있었으면, 경매로 인하여 토지의 소유권을 취득한 자는 그러한 용익권에 의하여 제한을 받는 토지소유권을 취득한 것으로 보면 될 것이며, 건물의 소유권을 취득한 자는 그러한 토지용익권이 붙어 있는 건물소유권을 취득한 것으로 보면 되는 것이다.

근저당권설정 당시에는 토지와 건물의 소유자가 동일인이었으나, 그 후에 토지와 건물 중 어느 하나를 처분함으로써 토지와 건물의 소유자가 달라진 상태에서 경매가 진행된 경우에 관하여도, 대법원판례는 근저당권자로서는 근저당권설정 당시에 법정지상권의 부담을 예상하였을 것이고 또 근저당권설정자는 근저당권설정 당시의 담보가치가 근저당권이 실행될 때에도 최소한 그대로 유지되어 있으면 될 것이므로, 위와 같은 경우 법정지상권을 인정하더라도 근저당권자 또는 근저당권설정자에게는 불측의 손해가 생기지 않는 반면, 법정지상권을 인정하지 않는다면 건물을 양수한 제3자는 건물을 철거하여야 하는 손해를 입게 되는 불합리한 결과가 된다는 이유로 법정지상권의 취득을 긍정하고 있다.[174)]

(다) 법정지상권의 효력

법정지상권은 경매절차에서의 매수인이 매각대금을 완납하고 소유권을 취득한 때에 성립한다. 그리고 법정지상권은 법률의 규정에 의한 부동산에 관한 물권취득에 속하므로 등기를 필요로 하지 아니하고 그 효력이 발생하고, 이를 취득할 당시의 토지소유자나 이로부터 그 토지소유권을 전득한 제3자에 대하여도 등기 없이 지상권을 주장할 수 있다(민 187본). 그러나 이를 다른 자에게 처분하려면 등기하여야 한다(민 187단).[175)]

법정지상권의 효력이 미치는 토지의 범위는 반드시 그 건물의 대지에 한정되는 것은 아니고 건물의 이용에 필요한 범위내의 대지에 대하여 인정된다. 그리고 건물을 개축·증축하는 경우와 멸실되거나 철거한 후 재축·신축하는 경우에는 구 건물을 기준으로 그 이용에 필요한 범위내의 대지에 대하여만 인정된다.

법정지상권의 존속기간은 기간의 약정이 없는 것으로 되어 민법 제281조 및 제280조에 의하여, 30년(지상건물이 석조, 석회조, 연와조 또는 이와 유사한 견고한 건물인 경우) 또는 15년(기타 건물인 경우)이 된다. 그리고 건물의 개축·증축 등이 있는 경우 존속기간을 정하는 건물의 종류도 구건물을 기준으로 하게 됨은 물론이다.

(라) 토지 또는 건물에만 근저당권을 설정하는 경우의 대응방안

(ㄱ) 토지에만 근저당권을 설정하는 경우

토지 위에 건물이 있는 상태에서 토지에만 근저당권을 설정하는 경우에는 그 근저당권자는 피담보채무의 불이행시 토지에 대하여만 경매를 신청할 수 있고 (또한 민법 제365조의 규정에 의한 일괄경매청구도 인정되지 않는다), 또 그 경매 결

174) 대판 1999.11.23. 99다52602 참조.
175) 대판 1979.8.28. 79다1087 참조.

과 토지와 건물의 소유자가 달라지게 되면 토지소유자는 건물소유자에 대하여 지상권을 설정해준 것으로 간주된다. 따라서 위의 경매절차에서 토지를 매수하려는 자는 지상권에 의하여 그 사용이 제한되는 상태의 토지를 매각허가 받을 수밖에 없게 되고, 그에 따라 그 토지의 매각가액은 그러한 제한이 없는 경우보다 낮은 금액으로 형성될 것이며, 그 결과 근저당권자가 우선변제 받을 수 있는 금액도 그 만큼 적어지게 된다. 그러므로 위와 같은 토지를 담보로 하여 금융거래를 함에 있어서는, 그 담보가액을 정상적인 토지의 가액이 아니라 지상권에 의하여 제한받는 토지의 가액으로 하여야 한다.

(ㄴ) 건물에만 근저당권을 설정한 경우

토지와 지상건물이 동일인의 소유인 상태에서 건물에만 근저당권을 설정한 경우에는 그 근저당권자는 피담보채무의 불이행시 건물에 대해서만 경매를 신청할 수 있으며, 경매 결과 토지와 건물의 소유자가 달라지게 되면 건물소유자는 토지소유자로부터 법정지상권을 취득하게 된다. 그리고 이 경우 건물의 매수인이 취득하게 되는 법정지상권은 건물의 종된 권리로서 건물에 설정한 근저당권의 효력이 미치게 된다. 따라서 이 경우는 건물만을 대상으로 근저당권을 취득하더라도 건물의 감정평가액을 감액하여 담보가액으로 할 필요는 없다.

그러나 토지와 지상건물의 소유자가 서로 다른 상태에서 건물에 대해서만 근저당권을 설정한 후 건물의 경매가 이루어지는 경우에는 그 건물소유자에게 법정지상권이 인정되지 않는다. 이에 따라 이 경우 토지소유자는 건물소유자에게 건물의 철거를 요구할 수 있는 것이므로, 건물의 경매절차에서 건물의 매각이 이루어지기 어려울 뿐만 아니라 이루어진다 하더라도 그 매각가액은 아주 낮아질 수밖에 없다. 따라서 토지와 지상건물의 소유자가 서로 다른 상태에서 건물에만 근저당권을 설정할 경우에는 그 건물에 대한 담보가액을 인정하지 않고 평가외담보로 취급하여야 한다.

나. 입목이 있는 경우

토지에 입목이 식재(植栽)되어 있는 경우에 그 입목이 토지소유자가 식재한 것이거나 타인이 식재한 것이라도 그 타인이 토지소유자로부터 토지의 이용권이 없이 무단으로 식재한 것인 때에는 토지의 부합물로서 토지의 소유권이 입목에도 미치는 것이 원칙이다(민 256본). 따라서 이 경우는 토지에 설정한 근저당권이 입목에도 미치게 되므로 그 입목을 대상으로 별도로 근저당권을 설정할 수가 없으며 설정할 필요도 없다.

이에 대하여 타인이 토지소유자로부터 지상권이나 임차권 등의 이용권을 취득하여 식재한 입목은 토지의 부합물이지만 토지소유권에 귀속되지 아니하고 식재한 자의 소유에 귀속된다(민 256단). 또한 토지소유자의 소유에 귀속되는 입목이라도 토지소유자가 그 입목을 대상으로 입목에 관한 법률에 의하여 등기를 하였거나 관습법상의 명인방법[176]으로 토지와 구분되는 별개의 소유권의 대상으로 표시한 것은 토지소유권이 식재된 입목에 미치지 않아 토지에 설정한 근저당권이 입목에 미치지 않는다. 따라서 이 경우는 입목을 토지와 함께 담보의 대상으로 하는 이외에 입목만을 대상으로 또는 토지만을 대상으로 근저당권을 설정하는 경우가 발생할 수 있다. 다만, 입목만을 대상으로 하는 근저당권은 이 책 제2장 제2. 입목저당으로 설명하므로 이하에서는 토지만을 대상으로 저당권을 설정하는 경우와 입목과 토지를 공동담보로 하여 저당권을 설정하는 경우에 대해서만 설명하기로 한다.

토지에 식재되어 있는 것으로서 토지소유권이 미치지 않는 입목의 경우 즉 타인이 그 권원에 의하여 식재한 입목이거나, 토지소유권이 미치는 것이라도 토지소유자가 입목에 관한 법률에 의한 입목등기를 하였거나 관습법상의 명인방법을 갖

---

176) 명인방법이란 특정한 수목의 소유권이 누구에게 귀속하고 있다는 것을 명백히 인식하게 하는 수단을 총칭하는 것이다. 따라서 특정되지 아니한 수목을 대상으로 하여서는 명인방법을 갖출 수가 없다(대판 1972.12.12. 72다1351). 그리고 특정한 수목을 대상으로 하는 것이라도 그것이 소유권을 공시하는 명인방법으로 인정되려면 그 표시만으로 어느 수목이 누구의 것임을 명백히 인식할 수 있어야 한다. 종래의 대법원판례가 명인방법으로 인정한 사례로는 ①임야의 수 개소에 "입산금지 소유자 아무"라는 표기를 써서 붙인 경우(대판 1967.12.18. 66다2382) ②입목에 새끼줄을 치고 또는 철인으로 O표를 하였고 요소에 소유자를 게시한 경우(대판 1976.4.27. 76다72) ③집행관이 임야의 입구부근에 그 지상입목들이 갑의 소유에 속한다는 공시문을 붙인 팻말을 세운 경우(대판 1989.10.13. 89다카9064) 등을 들 수 있고, 명인방법으로 인정하지 않은 사례로는 ①임야에 있는 입목중 일부인 일정수량의 원목을 매수하고 그 영업소장 명의로 "본건 임야내 입목을 당회사에서 매수한 지상권림임을 공시함"이라는 내용의 게시판을 세워둔 경우(대판 1973.5.22. 72다2351) ②법원의 검증당시 재판장의 수령 10년 이상된 수목을 흰페인트칠로 표시하라는 명에 따라 측량감정인이 이 사건 포푸라의 표피에 흰 페인트칠을 하고 편의상 그 위에 일련번호를 붙인 경우(대판 1990.2.13. 89다카23022) ③토지의 주위에 울타리를 치고 그 안에 수목을 정원수로 심어 가꾸어 온 사실만 있는 경우(대판 1991.4.12. 90다20220) 등을 들 수 있다.

춘 입목인 경우는 토지를 대상으로 근저당권을 취득할 때에 입목도 함께 담보취득하고,[177] 토지와 입목의 감정평가액을 합산하여 담보가액으로 하는 것이 좋다.

반면에 입목을 제외하고 토지만을 대상으로 근저당권을 설정하는 경우에는 토지의 감정평가액에서 입목소유자에게 인정되는 지상권 또는 임차권 등 용익권의 감정평가액을 공제한 가액을 담보가액으로 하여야 한다. 토지와 입목이 동일한 소유자에 속한 경우에 토지만을 대상으로 근저당권을 설정하였다가 입목의 경매나 그 밖의 사유로 토지와 입목이 각각 다른 소유자에게 속하게 되는 경우에 토지소유자는 입목소유자에 대하여 지상권을 설정한 것으로 보게 되고(입목6①), 그에 따라 토지근저당권의 실행으로 진행되는 경매절차에서 토지를 매수하려는 자는 토지의 감정평가액에서 입목소유자에게 인정되는 법정지상권의 감정평가액에 해당하는 금액만큼 공제한 금액을 매수가액으로 신고함으로써 토지근저당권자가 배당받을 수 있는 금액이 그만큼 적어지게 될 것이기 때문이다. 또한 토지와 입목의 소유자가 다른 상태에서 토지가 경매되는 경우라도 근저당권 설정 전에 그 입목소유자가 토지소유자로부터 제3자대항력이 있는 지상권이나 임차권 등의 용익권을 가지고 있는 때에는 그 토지의 매수인은 입목소유자의 지상권이나 임차권 등의 용익권을 인수하게 되므로 마찬가지의 결과가 된다.

다. 분묘가 있는 경우

분묘가 설치되어 있는 토지를 대상으로 근저당권을 설정하는 경우에는 먼저 해당 분묘의 소유자가 누구인지 조사하여야 한다.

조사결과 토지소유자가 소유·관리하는 분묘인 경우에는 토지의 감정평가액에서 분묘소유자가 취득하게 되는 법정지상권의 감정평가액만큼 공제한 가액을 담보가액으로 인정하여야 한다. 자기 소유의 토지에 분묘를 설치하였다가 토지가 경매됨으로써 토지소유권을 잃게 되는 경우 그 분묘소유자는 토지의 매수인으로부터 분묘의 소유·관리에 필요한 범위에서 분묘기지권이라는 법정지상권을 취득하게 되기 때문이다.

177) 법관습법상의 명인방법을 갖춘 입목에 대하여는 등기에 의하여 공시되고 있지 않아 근저당권을 설정할 수가 없으므로 종래의 판례에 의하여 그 효력이 인정되어온 양도담보의 형태로 담보취득할 수밖에 없다. 그리고 이 경우 양도담보권의 설정을 위한 입목의 소유권이전 또한 명인방법으로 한다.

이에 대하여 토지소유자가 아닌 타인이 소유·관리하는 분묘인 경우에는 토지소유자와 타인 사이에 해당 분묘에 대하여 어떠한 관계에 있는지 추가로 조사하여, 분묘의 소유자가 토지소유자로부터 이미 분묘기지권을 취득하고 있는 경우이면 토지의 감정평가액에서 분묘소유자가 취득하게 되는 법정지상권의 감정평가액만큼 공제한 가액을 담보가액으로 인정하여야 한다. 이 경우는 타인의 분묘기지권이 설정된 후에 근저당권이 설정된 것이므로 근저당권실행시 토지의 매수인이 분묘기지권을 인수하게 되는 것이기 때문이다. 반면에 분묘소유자가 토지소유자에 대하여 분묘를 철거하거나 이장하여야 하는 관계라면 토지의 감정평가액에서 분묘의 강제철거나 강제이장에 필요한 비용만큼을 공제한 가액을 담보가액으로 하면 된다. 이 경우는 토지의 경매시 매수인이 분묘기지권을 인수하지 않아 분묘소유자에 대하여 분묘의 철거나 이장을 청구할 수 있기 때문이다.

(4) 토지 근저당권설정시 함께 설정하는 지상권

가. 지상권을 설정 받는 취지

채권자가 지상건물이 없는 토지상에 근저당권을 설정 받는 경우에는 그 토지상에 지상권까지 설정 받는 것이 종래의 금융거래 관행인데, 그 이유는 근저당권설정 이후에 축조된 건물을 위하여서는 법정지상권이 성립되지 않는다고 하더라도, 일단 축조된 건물을 강제로 철거시키려면 상당한 노력과 시간 및 비용이 들게 되어 나대지 상태로 있는 것보다는 못하기 때문에, 채권자가 근저당 토지의 이용권까지 확보함으로써 근저당 토지상에 근저당권자가 원하지 않는 건물이 축조되는 것을 미연에 방지하기 위한 것이다.

나. 지상권자의 토지사용승낙

채권자가 근저당 토지상에 지상권까지 설정받았다 하더라도, 근저당권설정자가 지상권자인 채권자에 대하여 토지사용을 승낙해줄 것을 요청하여 왔을 때에 이를 무조건 거절할 수만은 없을 것이므로, 그 승낙시의 법률관계가 어떻게 되는가가 문제로 된다.

근저당권설정자가 건물의 축조를 위하여 지상권자인 채권자에게 토지의 사용승낙을 요청해 왔을 경우에, 채권자는 축조된 건물에 대하여도 근저당권을 설정할 것을 약정하고 사용승낙을 해주는 것이 보통이다. 그러면 이러한 지상권자의 토지사용승낙은 법률적으로 어떤 의미를 가지며 또한 근저당권설정자가 축조된 건물에 대하여 근저당권설정을 해주지 않는 등의 배신행위를 하는 경우에 채권자는 어떠한 조치를 취할 수 있는 것인가.

우선 토지사용승낙의 법률적 의미에 관하여는 당사자간에 그 사용관계에 관하여 명확한 합의를 한 것이 있으면 그에 따르면 될 것이고, 그러한 합의 없이 단순히 사용승낙만을 한 것이라면 민법 제609조 이하에서 규정하는 사용대차의 성질을 가지는 것으로 볼 수밖에 없다. 따라서 이러한 견지에서 보면 근저당권설정자가 축조된 건물에 대하여 근저당권의 설정을 하지 않는 등의 배신행위를 하는 경우에는, 채권자는 이러한 사용대차계약을 해지하고 토지의 사용을 위하여 지상건물의 철거를 요구할 수 있다는 것이 된다.

그러나 금융거래에 있어서 채권자가 근저당토지에 지상권을 설정하는 것은, 그 근본취지가 토지의 사용을 위한 것이 아니라 근저당권의 효력을 강화하기 위한 것에 지나지 않으므로, 이와 같은 배신행위가 있더라도 그로 인하여 채권보전에 상당한 지장이 초래되지 않는 한 건물의 철거를 요구할 수는 없는 것으로 보아야 한다. 그리고 이와 같은 경우 근저당권자는 토지와 건물의 일괄경매(민 365본)를 청구할 수 있는 것이 보통이고, 또 일괄경매를 청구할 수 없다고 하더라도 건물소유자는 토지의 매수인에 대하여 법정지상권의 성립을 주장할 수 없을 것이므로, 축조한 건물을 담보로 제공하지 않는다고 해서 그것만으로 바로 채권보전에 지장이 초래되는 것으로 보기는 어려울 것으로 생각된다.

다. 지상권자의 승낙 없는 건물축조

지상권이 설정되어 있는 토지에 지상권자의 토지사용 승낙 없이 토지소유자가 건물을 축조하기 위한 건축허가를 받을 수 있는지 문제로 된다. 이에 관하여 2016년 7월 20일 건축법시행규칙이 개정되기 전에는 건축허가신청서에 「건축할 대지의 소유 또는 그 사용에 관한 권리를 증명하는 서류」를 첨부하도록 규정하고 있어(개정전 건축규 6① i 의2), 이 문언의 해석을 어떻게 하는가에 따라 지상권자의 토지사용 승낙 여부에 관하여 견해가 갈려 있었다.

즉 위 문언 중 앞 부분 즉 소유에 관한 권리를 증명하는 서류는 소유권자를 대상으로 한 것이고 뒷 부분 즉 사용에 관한 권리를 증명하는 서류는 소유권자가 아닌 용익권자를 대상으로 한 것으로 해석하면, 대지의 소유권자는 지상권의 설정 등으로 사용권이 없다 하더라도 그 소유권만을 증명하면 되는 것이므로 건축허가신청서에 지상권자의 토지사용승낙서 첨부가 필요 없게 된다. 이에 대하여 앞 부분 즉 소유에 관한 권리 증명하는 서류는 소유권과 사용권을 모두 가지는 자에 한하고 소유권자라도 사용권이 없는 경우에는 뒷 부분 즉 사용에 관한 권리를 증명하는 서류를 첨부해야 하는 것으로 해석하면 건축허가신청서에 지상권자의 토지사용승낙서 첨부가 필요하게 된다.

그러나 2016년 7월 20일 개정된 건축법시행규칙에서는 건축허가신청자를 건축할 대지의 소유권자와 소유권 없는 사용권자로 구분하여 ①소유권자의 경우는 건축할 대지의 소유에 관한 권리를 증명하는 서류(건축규 6① i 의2본)를 ②소유권 없는 사용권자는 건축할 대지를 사용할 수 있는 권원을 확보하였음을 증명하는 서류(건축규 6① i 의3)를 첨부하면 되는 것으로 규정함으로써 지상권이 설정되어 있는 대지의 소유자라도 지상권자의 토지사용승낙서 첨부 없이 소유에 관한 권리를 증명하는 서류만을 첨부하면 되는 것으로 입법적으로 해결하였다.

이에 따라 나대지를 대상으로 근저당권과 지상권을 설정하고 대출을 받은 소유자는 지상권자의 토지사용승낙이 없어도 나대지에 건축물을 축조할 수 있다. 그러면 지상권자의 토지사용승낙 없이 근저당토지 상에 건물이 축조된 경우에, 근저당권자 겸 채권자로서는 지상권자라는 지위에서 그 건물의 철거를 요구할 수 있는가. 채권자가 근저당토지 상에 지상권을 설정하는 것은 그 실질이 토지의 사용을 목적으로 하는 것이 아니라 근저당권의 효력을 강화하기 위한 것이므로, 축조한 건물을 철거하지 않으면 채권보전에 상당한 지장이 초래되는 등의 특별한 사유가 없는 한 부정하여야 할 것으로 생각된다.

그렇다면 채권자가 근저당토지 상에 지상권까지 설정할 경우 그 효용성은 어디에 있는 것인가. 이는 근저당토지의 소유자 등이 근저당토지 상에 근저당권자의 채권보전에 지장이 초래될 수 있는 건물을 축조하려고 할 때에, 이를 사전에 저지할 수 있는 근거를 확보해 주는 데에 있지 않은가 한다. 다만 이것도 건물이 사회·경제적으로 그 유지가 필요할 정도로 축조되기 전인 경우에만 적용할 수 있는 것이고, 이미 그 단계를 넘어서 축조가 진행된 경우에 있어서는 적용할 수 없는 것으로 생각한다.

라. 후순위근저당권의 설정

선순위의 근저당권자가 지상권까지 설정 받은 토지에 대하여 다른 채권자가 후순위의 근저당권을 설정할 경우, 그 근저당 토지의 담보평가액에서 선순위근저당권자의 채권최고액을 공제한 잔액에 관하여 담보가치를 인정할 수 있는 것인가. 결론부터 말하자면 인정할 수 있는 것으로 보아야 한다. 왜냐하면 선순위의 근저당권자가 지상권을 설정 받는 것은 근저당권의 효력을 강화하기 위한 것이어서, 그 기본이 되는 근저당권이 소멸하면 그에 따라 지상권도 소멸하는 것으로 보아야 하기 때문이다. 대법원도 가등기와 함께 한 지상권등기가 가등기의 소멸로 함께 소멸하는지 여부에 관하여 「토지를 매수하여 그 명의로 소유권이전청구권 보전을 위한 가등기를 경료하고 그 토지상에 타인이 건물 등을 축조하여 점유 사용하는 것을 방지하기 위하여 지상권을 설정하였다면 이는 위 가등기에 기한 본등기가 이루어질 경우 그 부동산의 실질적인 이용가치를 유지 확보할 목적으로 전 소유자에 의한 이용을 제한하기 위한 것이라고 봄이 상당하다고 할 것이고 그 가등기에 기한 본등기 청구권이 시효의 완성으로 소멸하였다면 그 가등기와 함께 경료된 위 지상권 또한 그 목적을 잃어 소멸되었다고 봄이 상당하다」고 판시한 바 있다.[178]

마. 지상권설정의 타당성

금융회사가 여신취급의 담보로 나대지를 대상으로 근저당권을 설정하는 경우에 지상권을 함께 설정하는 관행은 다음과 같은 이유에서 타당성이 없으므로 폐지하는 것이 타당하다.

① 근저당권설정시 지상권을 함께 설정하는 이유가 토지이용권을 확보하기 위한 것이 아니라 토지소유자의 건물축조시 근저당권자의 승낙을 받도록 하기 위한 것이어서 토지소유자가 건물축조를 위하여 토지사용승낙을 요청해온 경우 근저당권자가 승낙을 아니할 수가 없는 점

② 토지사용승낙시 토지소유자로부터 완공시 축조건물을 토지근저당권에 최선순위의 공동담보로 추가하겠다는 각서를 받고 있으나, 근저당권설정계약서 제2조 제2항에 「근저당 토지상에 미등기건물이 있는 경우 또는 장래 건물을 신축할 경우에 채권자가 채권보전상 필요에 따라 청구하는 때에는 설정자는 지체 없이 그 보존등기를 하는 동시에 그 건물에 제1조에 의한 근

178) 대판 1991.3.12. 90다카27570 참조.

저당권을 추가 설정합니다」라고 규정되어 있어 각서 없이도 동일한 목적을 달성할 수 있는 점

③ 토지소유자가 지상권자의 승낙 없이도 건축허가를 받아 건물을 축조할 수가 있고, 이 경우 지상권자의 지위에서 법원에 건축공사정지가처분절차를 밟아 건물축조를 할 수 없게 한다 하여도 토지소유자가 뒤늦게라도 토지사용승낙을 요청하여 오면 끝까지 건물축조를 막을 수는 없는 것이므로 결국 축조건물의 담보제공을 조건으로 토지사용승낙을 할 수밖에 없고, 그 후 토지소유자가 축조건물을 토지근저당권에 공동담보로 제공하겠다는 의무를 이행하지 않는다 하더라도 토지근저당권을 실행할 수 있을 뿐 지상권자의 지위에서 축조건물의 철거를 요구할 수는 없다는 점(실제로도 축조건물의 철거를 요구하여 철거시킨 사례가 없음)

④ 축조건물을 제외하고 토지근저당권에 의하여 토지만을 대상으로 경매절차를 취하더라도 건물소유자가 토지매수인으로부터 법정지상권을 취득하지 않아 토지의 매각가액이 낮아지지 않아 축조건물로 인하여 토지근저당권자의 채권담보에 큰 영향을 미치는 것이 아닌 점

⑤ 종래에는 지상권설정비용을 채무자나 근저당권설정자가 부담하였으나 현재는 근저당권설정비용은 물론이고 지상권설정비용까지 금융회사가 부담하는 것으로 되어 있어 실익 없는 비용부담을 줄일 필요가 있는 점

⑥ 여신을 제공하면서 토지의 용익의사가 없이 근저당권 이외에 용익물권에 속하는 지상권까지 설정하는 것은 채권담보의 목적을 넘는 권리취득으로서 공정거래에 반하는 불건전 영업행위가 될 수 있는 점

(5) 근저당토지상의 공동근저당건물을 헐고 신축한 경우

가. 개설

동일인의 소유에 속하는 토지와 지상건물 모두에 근저당권을 설정 받고서 여신취급을 한 후 근저당권의 목적인 건물을 멸실시키고 새로운 건물을 축조하는 경우는 도시 및 주거환경정비법에 의한 공용환권으로 하는 경우와 건물소유자가 개별적으로 하는 경우의 2가지 유형이 있다.

나. 공용환권으로 하는 경우

㈎ 공용환권의 의의

공용환권이란 도시환경을 개선하고 주거생활의 질을 높이기 위하여 일정한 구역내의 토지등를 대상으로 그 토지등소유자[179]의 의사에 불구하고 그 기반시설을 정비하고 토지등을 개량하거나 건설하여 종전의 토지등소유자에 대한 권리를 새로이 정비된 토지등으로 변환시키는 것을 말한다. 현행법상은 도시 및 주거환경정비법에 의한 정비사업인 ①주거환경개선사업 ②재개발사업 ③재건축사업으로 공용환권이 이루어지고 있다(도주환 2ii).

㈏ 종전 토지·건물 소유자의 권리

첫째, 종전의 토지·건물 소유자는 사업시행으로 조성된 토지·건물에 대하여 사업시행자에게 분양신청을 하여 그 소유권을 이전받을 수 있다. 분양신청은 사업시행자가 종전의 토지·건물의 소유자에게 도시 및 주거환경정비법 제72조 제1항 소정의 통지를 한 날로부터 30일 이상 60일 이내의 기간으로 정한 분양신청기간 내에 하여야 한다. 다만, 사업시행자는 관리처분계획의 수립에 지장이 없다고 판단하는 경우에는 분양신청기간을 20일의 범위 이내에서 연장할 수 있다(도주환 72②). 분양신청에 따른 소유권취득은 법률에 의한 취득이므로 소유권이전등기가 없어도 사업시행자가 이전내용을 당해 지방자치단체의 공보에 고시한 날의 다음 날 이루어진다(도주환 86②). 그리고 소유권취득에 따른 이전등기는 사업시행자가 지방법원지원 또는 등기소에 촉탁(시장·군수 또는 자치구청장이 사업시행자인 경우 해당) 또는 신청하여서 한다(도주환 88①②).

둘째, 종전의 토지·건물 소유자로서 ①분양신청을 하지 아니한 자 ②분양신청기간 종료 이전에 분양신청을 철회한 자 ③도시 및 주거환경정비법 제72조제6항

179) "토지등소유자"란 다음 각 목의 어느 하나에 해당하는 자를 말한다. 다만, 도시 및 주거환경정비법 제27조제1항에 따라 「자본시장과 금융투자업에 관한 법률」 제8조제7항에 따른 신탁업자(이하 "신탁업자"라 한다)가 사업시행자로 지정된 경우 토지등소유자가 정비사업을 목적으로 신탁업자에게 신탁한 토지 또는 건축물에 대하여는 위탁자를 토지등소유자로 본다(도주환 2ix).

가. 주거환경개선사업 및 재개발사업의 경우에는 정비구역에 위치한 토지 또는 건축물의 소유자 또는 그 지상권자

나. 재건축사업의 경우에는 정비구역에 위치한 건축물 및 그 부속토지의 소유자

본문에 따라 분양신청을 할 수 없는 자 ④도시 및 주거환경정비법 제74조에 따라 인가된 관리처분계획에 따라 분양대상에서 제외된 자에 대하여 사업시행자는 관리처분계획이 인가·고시된 다음 날부터 90일 이내에 토지, 건축물 또는 그 밖의 권리의 손실보상에 관한 협의를 하여 산정한 청산금 등을 지급하여야 한다(도주환 73①, 도주환령 60①). 이 경우 협의가 성립되지 아니하면 사업시행자는 그 기간의 만료일 다음 날부터 60일 이내에 수용재결을 신청하거나 매도청구소송을 제기하여야 하고(도주환 73②), 그 기간을 넘겨서 수용재결을 신청하거나 매도청구소송을 제기한 경우에는 해당 토지등 소유자에게 지연일수(遲延日數)에 따른 이자를 지급하여야 한다. 이 경우 이자는 100분의 15 이하의 범위에서 대통령령으로 정하는 이율을 적용하여 산정한다(도주환 73③, 도주환령 60②).

셋째, 대지 또는 건축물을 분양받은 자가 종전에 소유하고 있던 토지 또는 건축물의 가격과 분양받은 대지 또는 건축물의 가격 사이에 차이가 있는 경우 사업시행자는 도시 및 주거환경정비법 제86조제2항에 따른 이전고시가 있은 후에 그 차액에 상당하는 금액(이하 "청산금"이라 한다)을 분양받은 자로부터 징수하거나 분양받은 자에게 지급하여야 한다(도주환 89①). 다만 이 청산금에 대하여 사업시행자는 정관등[180]에서 분할징수 및 분할지급을 정하고 있거나 총회의 의결을 거쳐 따로 정한 경우에는 관리처분계획인가 후부터 도시 및 주거환경정비법 제86조제2항에 따른 이전고시가 있은 날까지 일정 기간별로 분할징수하거나 분할지급할 수 있다(도주환 89②).

(다) 근저당권에 미치는 영향

사업시행자가 근저당목적물인 건물을 포함한 사업시행지역 내에 있는 모든 건물을 헐고 새로이 건물을 축조하더라도 근저당권자로서 이에 이의를 제기할 수 없다. 근저당권이란 대상목적물의 사용·수익을 목적으로 하는 것이 아니고 또한 정비사업이 도시기능의 회복이 필요하거나 주거환경이 불량한 지역을 계획적으로 정비하고 노후·불량건축물을 효율적으로 개량함으로써 도시환경을 개선하고 주거생활의 질을 높이기 위한 공익적인 목적으로 하는 것이기 때문이다(도주환 1 참조).

---

180) "정관등"이란 ①도시 및 주거환경정비법 제40조에 따른 조합의 정관 ②사업시행자인 토지등 소유자가 자치적으로 정한 규약 ③시장·군수등, 토지주택공사등 또는 신탁업자가 도시 및 주거환경정비법 제53조에 따라 작성한 시행규정 중 어느 하나에 해당하는 것을 말한다.

다만 사업시행자가 정비사업으로 조성된 토지 · 건물의 소유권을 이전하고 그 내용을 당해 지방자치단체의 공보에 고시하기 전까지는 근저당권의 실행에 아무런 제한 받지 않으므로 통상의 경우와 동일하게 처리하면 된다. 그러나 이전고시가 있은 날부터 그 이전고시에 따른 등기가 이루어질 때까지는 경매개시결정 등기를 할 수 없어 경매절차를 진행할 수 없는 제한을 받게 된다(도주환 88③).

사업시행으로 종전의 건물이 멸실되고 토지의 지적이 새로 정리되어 종전 토지 · 건물의 소유자가 분양신청을 함으로써 조성된 토지 · 건물의 소유권을 취득하게 되면 종전 토지 · 건물에 설정되어 있는 근저당권은 당연히 조성된 토지 · 건물에 이기되어 그 효력이 미치게 된다(도주환 87①). 따라서 이 경우 근저당권자로서는 채무자의 채무불이행시 조성된 토지 · 건물 모두를 대상으로 근저당권을 실행할 수 있으므로, 토지만을 경매함으로써 토지소유자와 건물소유자가 다르게 되어 건물소유자가 토지소유자로부터 법정지상권을 취득하게 됨으로써 토지의 매각가액이 낮아져 저당채권의 보전에 지장이 초래되는 경우는 발생하지 않는다. 또한 종전 토지 · 건물의 소유자가 분양신청을 하지 않는 등으로 조성된 토지 · 건물의 소유권을 취득하지 못하는 경우는 종전 토지 · 건물의 소유자가 사업시행자에 대하여 가지는 청산금지급청구권에 대하여 그 지급 전에 압류를 하여 물상대위권을 행사할 수 있을 뿐 조성된 토지 · 건물에 대하여 임의경매를 청구할 수 있는 것이 아니므로 역시 법정지상권의 문제는 생기지 않는다.

㈑ 근저당권자의 대응방안

첫째, 종전 토지 · 건물의 소유자가 분양신청을 함으로써 주택재개발사업 등으로 조성된 토지 · 건물의 소유권을 취득하는 경우에는 조성된 토지 · 건물에 대한 근저당권자로서 권리를 행사하면 된다. 공용환권의 경우 종전 토지 · 건물에 설정되어 있던 근저당권은 종전 토지 · 건물의 소유자가 취득하는 조성된 토지 · 건물에 설정된 것으로 되어 그대로 존속하기 때문이다(도주환 87①). 이 경우 조성된 토지 · 건물에 대한 근저당권등기는 소유자에 대한 소유권등기와 함께 사업시행자가 관할등기소에 촉탁 또는 신청하는 방법으로 한다(도주환 88①).

둘째, 종전 토지 · 건물의 소유자가 분양신청을 하지 않는 등으로 주택재개발사업으로 조성된 토지 · 건물의 소유권을 취득하지 못하는 경우에, 종전 토지 · 건물에 대한 근저당권자로서는 종전 토지 · 건물의 소유자가 사업시행자에 대하여 가지는 협의 보상금으로서의 청산금지급청구권 등에 대하여 그 지급 전에 압류를 하여 물상대위권을 행사함으로써 담보채권을 보전할 수 있다(도주환 91).

셋째, 사업시행자로부터 분양받은 조성된 토지 · 건물의 가격이 종전 토지 · 건물의 가격에 미달하는 경우 종전 토지 · 건물의 소유자는 사업시행자에 대하여 그 부족분에 해당하는 청산금지급청구권을 가지므로, 만일 조성된 토지 · 건물의 가액으로 여신채권의 담보에 충분하지 않은 경우에, 종전 토지 · 건물에 대한 근저당권자로서는 이 청산금지급청구권에 대하여 그 지급 전에 압류를 하여 물상대위권을 행사함으로써 담보채권을 보전할 수 있다(도주환 91).

다. 건물소유자가 개별적으로 하는 경우

㈎ 근저당권에 미치는 영향

구 건물을 멸실시키는 행위가 도시및주거환경정비법에 의한 사업시행으로 이루어지는 것이 아니라 새 건물을 축조하기 위한 구 건물소유자의 개별행위로 이루어지는 것인 경우에는 구 건물에 대한 근저당권은 신축건물로 이전되는 것이 아니라 소멸하게 되고 그에 따라 근저당권자는 토지에 대한 근저당권만을 보유하게 된다.

구 건물에 대한 근저당권이 소멸하고 신축건물에 근저당권의 효력이 미치지 않음에 따라 근저당권자가 토지만을 대상으로 경매신청하여 토지가 매각됨으로써 토지와 건물이 각각 다른 사람의 소유에 속하게 되더라도 건물소유자를 위한 법정지상권이 성립되지 아니함은 앞에서 이미 설명한 바 있다. 따라서 이 경우에는 토지의 매각가액이 법정지상권의 가액만큼 낮아지게 되는 문제는 생기지 않으며, 그에 따라 토지의 매각가액만으로 담보채권의 우선변제에 충분하다고 하면 채권보전에 지장이 초래되는 것이 아니므로 별도의 특별대책을 강구할 필요는 없다.

문제는 토지의 매각가액만으로 담보채권의 우선변제를 받기에 부족한 경우이다. 근저당권자의 동의 없이 지상건물을 멸실시키고 새 건물을 축조하려는 시도가 있는 때에 근저당권자가 사전에 이를 알았다고 하면 법원에 그러한 행위의 금지를 명하는 가처분을 구하여 이를 저지할 수 있다. 그러나 만일 지상건물이 이미 철거되고 그 지상에 새로운 건물이 축조되어 있는 경우에는, 구 건물에 대한 근저당권이 자동적으로 새 건물로 이전되는 것이 아니고 그대로 소멸하게 된다.

따라서 이 경우 채권자는 토지근저당권만을 보유하게 됨으로써 채권보전에 상당한 지장이 초래될 수가 있다. 이하에서는 이미 구 건물을 멸실시키고 새 건물을 축조한 경우를 전제로 하여 그와 같은 사실이 채권자의 채권보전에 어떠한 영향을 미치는지 검토하고 아울러 그에 따른 근저당권자의 대응방안이 무엇인지에 대하여 근저당 건물을 헐고 새 건물을 신축한 자가 근저당권설정자(채무자 또는 물상보증인)인 경우와 근저당 목적물의 제3취득자인 경우로 나누어 설명하기로 한다.

(나) 근저당권자의 대응방안

(ㄱ) 근저당권설정자가 멸실시키고 신축한 경우

(a) 담보의 보충청구

근저당권설정자가 구 건물을 헐고 새 건물을 축조한 경우에 가장 바람직스러운 것은 근저당권설정자로부터 신축건물을 담보로 제공받거나 다른 담보를 보충적으로 제공받는 것이다. 채권자가 근저당권설정자에 대하여 신축건물의 담보제공 등 담보의 보충을 요구할 수 있는 근거는 일반적으로는 「저당권설정자의 책임 있는 사유로 인하여 근저당물의 가액이 현저히 감소된 때에는 저당권자는 저당권설정자에 대하여 그 원상회복 또는 상당한 담보제공을 청구할 수 있다」고 규정하고 있는 민법 제362조를 들 수 있고, 은행거래에 있어서는 「채무자 또는 보증인의 신용악화 · 담보가치의 감소 등의 사유로 채권보전상 필요하다고 인정된 때에는 채무자는 은행의 청구에 의하여 곧 은행이 인정하는 담보를 제공하거나 보증인을 세우기로 한다」고 규정하고 있는 은행여신거래기본약관 제6조 제1항 및 「저당토지상에 미등기건물이 있는 경우 또는 장래 건물을 신축할 경우에 채권자가 채권보전상 필요에 따라 청구하는 때에는 설정자는 지체 없이 그 보존등기를 하는 동시에 그 건물을 제1조에 의한 근저당권을 추가 설정한다」고 규정하고 있는 근저당권설정계약서 제2조 제2항을 들 수 있다.

은행거래에 있어서는 근저당권설정계약서 제2조 제2항에 의하여 신축건물의 담보제공을 강제할 수도 있다. 그러나 채권자 앞 근저당권설정등기가 이루어지기전에 근저당권설정자가 신축건물을 제3자에게 처분하여 버리면 신축건물에 대한 선순위의 담보취득이 불가능해지게 된다. 따라서 근저당권설정자가 담보제공에 응하지 않을 가능성이 있어 보이는 때에는, 근저당권자인 채권자로서는 신속히 신축건물의 처분을 금지시키는 가처분절차를 취해 두고서 근저당권설정자에 대하여 담보제공을 종용하되, 그래도 응하지 않는 경우에는 신축건물을 대상으로 하는 근저당권설정등기청구소송을 제기하여 그 승소판결을 받아, 그 판결서를 첨부하여 단독으로 등기신청 하는 방법으로 근저당권설정을 강제하여야 한다.

(b) 근저당권설정자의 다른 재산에 대한 가압류 등

근저당권설정자가 신축건물을 제3자에게 처분함으로써 선순위의 담보취득이 불가능하고 또한 다른 담보의 제공도 없는 때에는, 근저당권자인 채권자로서는 채무자에 대한 여신채권의 기한이익을 상실시켜 채무자에게 바로 여신채권의 상환을 청구할 수 있다. 그리고 여신채권의 기한 전 상환청구를 하였으나 채무자의 임의이행이 없으면, 채권자로서는 부득이 강제집행절차를 취할 수밖에 없는데, 이 경우에는 특히 다음의 점에 유의하여야 한다.

첫째로 토지에 대한 근저당권을 실행하여 배당받을 수 있는 금액이 얼마나 될 것인지를 판단하여 보고, 배당받을 수 없는 채권의 회수를 위하여 신속히 근저당권설정자의 다른 재산을 찾아 가압류절차를 취해두어야 한다.

둘째로 신축건물에 대하여 제3자에게 근저당권 등의 제한물권을 설정해 주었을 뿐 아직 그 소유권이 근저당권설정자에게 있는 상태이면 토지와 신축건물을 일괄경매청구 하여야 한다. 토지와 신축건물이 일괄경매 되면 경매가 보다 원활하게 진행될 수 있을 것이기 때문이다. 다만 이 경우 근저당권자가 건물의 매각가액으로부터 우선변제를 받을 수 없음은 물론이다.

(c) 권리행사방해죄로 고소

근저당권자는 「타인의 점유 또는 권리의 목적이 된 자기의 물건 또는 전자기록 등 특수 매체기록을 취거, 은닉 또는 손괴하여 타인의 권리행사를 방해한 자는 5년 이하의 징역 또는 7백만 원 이하의 벌금에 처한다」는 형법 제323조의 규정에 따라, 근저당건물을 멸실시킨 근저당권설정자를 관할 검사 또는 사법경찰관에게 고소할 수 있다(형소 237①).

이와 같은 고소는 채무자가 신축건물이나 다른 담보를 제공하게 하는데 도움이 될 수 있다. 근저당건물을 멸실시킴으로써 권리행사방해죄를 지은 근저당권설정자가 형의 감경(형 51, 53)이나 선고유예(형 59 이하) 또는 집행유예(형 62) 등의 관대한 처분을 받으려면, 원칙적으로 채권자가 받은 손해의 원상복구에 최대한의 협력을 하여야 하기 때문이다.

(ㄴ) 제3취득자가 멸실시키고 신축한 경우

(a) 채무자에 대한 대응방안

근저당권설정자가 근저당 토지와 건물을 양수인에게 매각하여 소유권이전등기를 한 후 그 양수인인 제3취득자가 근저당 건물을 멸실시키고 새 건물을 축조한 경우에도 채권자는 채무자에 대하여 담보의 보충을 청구할 수 있다. 그리고 채무자가 그 담보의 보충청구에 불응하면 채권자는 여신채권의 기한이익을 상실시켜 바로 여신채권의 상환을 청구할 수 있다. 이 점은 근저당권설정자가 근저당 건물을 멸실시킨 경우와 다르지 않다.

그러나 근저당권설정자가 근저당 건물을 멸실시킨 경우와는 달리 이 경우에 있어서는 채권자가 신축건물에 대한 근저당권설정을 강제할 수 없고 또한 근저당권설정자를 권리행사방해죄로 고소할 수가 없다. 신축건물에 대한 근저당권설정을 강제할 수 없는 것은 신축건물의 소유권이 근저당권설정자에게 있는 것이 아니라 제3취득자에게 있기 때문이고, 근저당권설정자를 권리행사방해죄로 고소할 수 없는 것은 근저당건물을 근저당권설정자가 멸실시킨 것이 아니라 제3취득자가 멸실시킨 것이기 때문이다. 다만 제3취득자의 근저당건물 멸실행위에 근저당권설정자가 가담을 하였다면 근저당권설정자도 권리행사방해죄의 공범으로 고소할 수 있을 것이다.

(b) 제3취득자에 대한 손해배상청구

근저당권자는 제3취득자에 대하여 그 멸실행위로 인하여 우선배당 받을 수 없게 된 금액에 관하여 손해배상을 할 것을 청구할 수 있다. 근저당권자의 동의 없이 근저당건물을 멸실시키는 것은 근저당권자에 대한 불법행위가 되기 때문이다(민 750).

그리고 근저당권자는 이 손해배상청구권을 피보전채권으로 하여 제3취득자의 소유인 신축건물을 가압류할 수 있다. 또한 손해배상청구권에 대하여 집행권원을 얻은 때에는 근저당권의 대상인 토지와 신축건물 모두를 대상으로 경매를 신청할 수 있다. 다만 이 경우 신축건물의 매각대금으로부터는 우선변제를 받을 수 없고 손해배상채권을 가지고 일반채권자로서 제3취득자의 다른 채권자와 채권액에 안분하는 배당을 받을 수밖에 없다.

따라서 이 경우 근저당권자로서는 토지에 대한 근저당권을 먼저 실행하고 그 후에 손해배상채권에 기한 건물의 경매신청을 뒤에 할 것인지, 집행권원을 얻을 때까지 토지에 대한 근저당권실행을 유보하였다가 신축건물과 함께 경매신청할 것인지를 선택해야 한다. 그 선택기준은 순차로 경매신청을 하여 그 매각가액으로부터 채권 전부를 상환 받을 수 있다고 판단되면 순차로 경매신청을 하여도 무방할 것이나, 전부를 상환 받을 수 없다고 판단되면 손해배상채권에 대한 집행권원을 얻을 때까지 기다려 양자를 함께 경매신청하여야 할 것으로 본다.

(c) 제3취득자를 권리행사방해죄로 고소

근저당권자는 근저당건물을 멸실시킨 제3취득자를 형법 제323조에서 규정하는 권리행사방해죄로서 관할 검사 또는 사법경찰관에게 고소할 수 있다(형소 237①).

멸실행위자인 제3취득자를 고소했다고 해서, 채권자가 입은 손해가 자동적으로 배상되는 것은 아니다. 따라서 근저당권자가 근저당건물의 멸실로 인한 손해를 배상받으려면, 멸실행위자에 대하여 별도의 손해배상청구를 하여야 한다. 다만 형사상의 소추는 멸실행위자가 자진하여 손해를 배상하게 하는데 도움이 될 수는 있다. 멸실행위자가 형의 감경(형 51, 53)이나 선고유예(형 59 이하) 또는 집행유예(형 62)를 받으려면, 원칙적으로 피해자의 피해를 배상하여야 하기 때문이다. 반면에 멸실행위자가 형사처벌을 받았다고 하여, 피해자에 대한 손해배상책임이 없어지는 것도 아니다. 형사책임과 민사책임은 전혀 별개의 것이기 때문이다.

8. 전세권과의 관계

(1) 전세권제도의 개요

가. 전세권의 의의

전세권이란 전세금을 지급하고 타인의 부동산을 점유하여 그 부동산의 용도에 좇아 사용·수익하며, 그 부동산 전부에 대하여 후순위권리자 기타 채권자보다 전세금의 우선변제를 받을 권리를 말한다(민 303①).

전세권은 우리나라에만 존재하는 독특한 제도로 민법 제정 전부터 관습상 거래되어온 채권적전세를 민법 제정시 용익물권으로 제도화한 것이다. 민법 제정시는 전세권자에게 전세금반환청구권에 관하여 전세부동산으로부터의 우선변제권을 인정하지 않았지만 1984년 민법개정시 전세권자에게 전세금반환청구권에 대한 우선변제권이 부여되어 현재에 이르고 있다.

전세권의 대상인 부동산은 1필의 토지 또는 1동의 건물 전부를 대상으로 하는 것은 물론이고 1필의 토지의 일부 또는 1동의 건물의 일부라도 무방하다(부등 72①ii).

나. 전세권의 법적성질

전세권의 법률적 성질에 관하여는 용익물권으로 보아야 한다는 견해[181]와 담보물권[182]으로 보아야 한다는 견해도 있으나 용익물권 겸 담보물권으로 보아야 한다는 것이 통설이다. 다만 용익물권 겸 담보물권으로 보아야 한다는 견해는 다시 용익물권의 성질이 본체적인 것이고 담보물권의 성질은 부가적인 것으로 보아야 한다는 견해[183]와 2가지의 성질을 동격으로 보아야 한다는 견해[184]로 갈려 있다. 대법원판례는 용익물권 겸 담보물권으로 보아야 한다는 입장에 있지만 용익물권의 성질을 본체적인 것으로 보아야 하는지 용익물권과 담보물권의 성질을 동격으로 보아야 하는지에 관하여는 명확하게 일치하지 않는다.[185] 전세금반환청구권에 관하여 우선변제권과 임의경매청구권이 인정되어 있는 점을 고려할 때 용익물권 겸 담보물권으로 보되 양 성질을 동격으로 보는 것이 타당하다고 생각한다.

다. 전세권의 성립요건

㈎ 개설

전세권은 ①전세권설정자와 전세권자가 특정한 부동산의 사용·수익을 목적으로 전세권설정계약을 체결한 후 ②전세권자가 전세권설정자에게 전세금을 지급

---

181) 양창수 전세권 95~96.

182) 김기선 한국물권법(1990) 306~308.

183) 강태성 물권법 715, 김상용 물권법(2009) 538, 김증한/김학동 물권법 413, 이상태 전세권자의… 583.

184) 강대성 전세권저당권이… 33, 고상룡 물권법 471, 남양우 전세권을… 81, 오경미 채권담보전세권… 113, 오시영 전세권 존속기간… 511.

185) 용익물권 위주로 해석될 수 있는 판례로는 대판 1999.9.17. 98다31302, 대판 2000.6.9. 99다15122를 들 수 있고, 양 성질을 동등하게 가지는 것으로 해석될 수 있는 판례로는 대판 1995.2.10. 94다18506, 대판 2005.3.25. 2003다35659를 들 수 있다(이상태 전세권자의… 582, 강대성 전세권저당권이… 23 참조)

하고 ③대상 부동산상에 전세권설정등기를 함으로써 성립되는 것이 보통이다. 그런데 현실에 있어서는 특정한 부동산의 사용·수익 보다는 채권담보의 목적으로 전세권을 설정하는 경우가 있는가 하면 전세권설정계약과 전세권설정등기만 있고 전세권자가 전세권설정자에게 전세금을 지급하지 아니하는 경우도 있고 또한 전세권자와 전세권설정자가 전세권설정계약을 체결하고서 전세권자가 전세권설정자에게 전세금까지 지급하였으나 전세권설정등기를 하지 않은 경우가 있어 그 유효성 등이 문제로 되는 바 이하에서 순차로 설명하기로 한다.

⑷ 채권담보목적 전세권의 유효성

채권담보목적의 전세권이란 특정한 부동산의 사용·수익 보다는 채권담보의 목적으로 전세권을 설정하는 전세권을 말한다. 예를 들면 기존의 임대차계약의 당사자가 임대차보증금반환채권을 담보하기 위하여 전세권을 설정하는 경우나 공사도급계약상의 공사대금채권을 담보하기 위하여 신축한 건물에 전세권을 설정하는 경우 등이 이에 해당된다.

채권담보목적 전세권의 유효성에 관하여는 무효설[186]과 유효설[187]이 주장되고 있으나 대법원판례는 「전세권이 용익물권적 성격과 담보물권적 성격을 겸비하고 있다는 점 및 목적물의 인도는 전세권의 성립요건이 아닌 점 등에 비추어 볼 때, 당사자가 주로 채권담보의 목적으로 전세권을 설정하였고, 그 설정과 동시에 목적물을 인도하지 아니한 경우라 하더라도, 장차 전세권자가 목적물을 사용·수익하는 것을 완전히 배제하는 것이 아니라면, 그 전세권의 효력을 부인할 수는 없다」고 함으로써 유효설의 입장을 채택하고 있다.[188] 또한 대법원판례는 「전세권이 담보물권적 성격을 아울러 가지고 있는 이상 부종성과 수반성이 있기는 하지만, 다른 담보권과 마찬가지로 전세권자와 전세권설정자 및 제3자 사이에 합의가

186) 이미선, 전세권저당권자의… 224. 다만 이 견해는 무효라도 그 무효로써 그 전세권설정계약에 의하여 형성된 법률관계를 토대로 별개의 법률원인에 의하여 새로운 법률상 이해관계를 갖게 된 제3자인 전세권저당권자에게 대항하기 위해서는 전세권저당권자가 그와 같은 사정을 알고 있어야 한다고 하고, 이에 따라 전세권설정자인 임대인은 전세권저당권자의 악의를 증명하지 못하는 한 전세권설정계약이 무효임을 들어 전세권저당권설정등기의 말소를 구할 수 없고 전세금의 반환을 구하는 전세권저당권자의 청구를 다툴 수 없다고 한다.

187) 오경미 채권담보전세권과… 124~125.

188) 대판 1995.2.10. 94다18508, 대판 2009.1.30. 2008다67217 참조.

있으면 그 전세권자의 명의를 제3자로 하는 것도 가능하므로, 임대차계약에 바탕을 두고 이에 기한 임차보증금반환채권을 담보할 목적으로 임대인, 임차인 및 제3자 사이의 합의에 따라 제3자 명의로 경료된 전세권설정등기는 유효하다 할 것이고, 비록 임대인과 임차인 또는 제3자 사이에 실제로 전세권설정계약이 체결되거나 전세금이 수수된 바 없다거나, 위 전세권설정등기의 피담보채권인 임차보증금반환채권의 귀속자는 임차인이고 제3자는 임대인에 대하여 직접 어떤 채권을 가지고 있지 아니하다 하더라도 달리 볼 것은 아니다」고 한다.[189]

그러나 위 대법원판례도 장차 전세권자가 목적물을 사용·수익하는 것을 완전히 배제하는 것이라면 이는 무효라고 한다.[190] 또한 실제로는 전세권설정계약이 없음에도 불구하고 임대차계약에 기한 임차보증금반환채권을 담보할 목적으로 임차인과 임대인, 제3자 사이의 합의에 따라 제3자 명의로 전세권설정등기를 경료한 후 그 전세권에 대하여 근저당권이 설정된 경우, 가사 위 전세권설정계약만 놓고 보아 그것이 통정허위표시에 해당하여 무효라고 한다 하더라도, 이로써 위 전세권설정계약에 의하여 형성된 법률관계를 토대로 별개의 법률원인에 의하여 새로운 법률상 이해관계를 갖게 된 근저당권자에 대해서는 그와 같은 사정을 알고 있었던 경우에만 그 무효를 주장할 수 있다고 한다.[191]

전세권의 담보물권적 성질을 고려할 때 채권담보목적으로 설정된 전세권을 무효로 볼 수는 없을 것이고, 그렇다고 전세권의 용익물권적 성질을 고려할 때 전세권자가 목적물을 사용·수익하는 것을 완전히 배제하는 전세권을 인정한다는 것은 「물권은 법률 또는 관습법에 의하는 외에는 임의로 창설하지 못한다」고 규정하고 있는 민법 제185조에 위반된다는 점에서 대법원판례의 입장이 타당하다고 생각한다. 따라서 장차 전세권자가 목적물을 사용·수익하는 것을 완전히 배제하는 내용의 전세권설정계약 예를 들면 임대차보증금반환채권을 담보할 목적으로 임대차목적물이 아닌 다른 부동산에 전세권설정계약을 체결하고 전세권설정등기를 한 경우 그러한 전세권은 무효인 것으로 보아야 한다.

한편, 임대차계약의 당사자가 임대차부동산을 대상으로 전세권을 설정한 경우

189) 대판 1998.9.4. 98다20981 참조.
190) 대판 1995.2.10. 94다18508 참조.
191) 대판 1998.9.4. 98다20981, 대판 2006.2.9. 2005다59864, 대판 2013.2.15. 2012다49292 참조.

는 임대차보증금반환채권을 담보하기 위한 것으로 보아 당사자 사이에 임대차와 전세 관계가 병존하는 것으로 보아야 하는지 아니면 임대차가 종료되고 임대차보증금반환채권을 전세금으로 하는 전세권이 새로이 설정된 것으로 보아야 하는지의 문제가 있으나,[192] 용익권자를 두텁게 보호하는 취지에서 임대차와 전세 관계가 병존하는 것으로 보는 것이 타당하다.[193] 다만 전세권은 물권으로 전세권자가 전세권설정자의 승낙 없이 양도할 수 있으나 임차권은 채권으로 임차인이 임대인의 승낙 없이 양도할 수 없다는 점에서 전세권이 양도된 경우 그 양수인은 전세권설정자에 대하여 임차권을 주장할 수 없는 것으로 보아야 한다. 또한 전세부동산이 양도된 경우에도 그 양수인은 물권으로서의 공시방법을 갖춘 전세권에 대해서만 인식하는 것이 보통일 것이므로 그 양수인에 대한 관계에서는 임대차관계가 소멸하는 것으로 보아야 한다.

(다) 전세금의 지급이 전세권의 성립요건인지 여부

전세권설정자에 대한 전세금지급이 전세권의 성립요건인지의 여부에 대하여도 긍정설[194]과 부정설[195]로 견해가 갈려 있으나, 대법원판례는 건물을 신축한 공사업자가 공사도급계약시 건물을 신축하여 매매대금이나 전세권설정으로 받게 될 전세금 등으로 공사대금을 회수하겠다는 특약에 따라 자신의 채권자를 전세권자

---

192) 이 문제에 대한 논의의 실익은 예컨대 임차인 A와 임대인 B가 임대차기간을 3년으로 하되 A가 B에게 3개월 전에 통지함으로써 임대차계약을 해지할 수 있다는 특약을 둔 임대차계약을 체결하고서 그 임대차보증금반환채권을 담보하기 위하여 전세권을 설정하였는데 전세권설정계약서에는 3개월 전에 통지함으로써 전세권설정계약을 해지할 수 있다는 특약을 두지 않은 경우에, 임대차와 전세가 병존하는 것으로 보면 임차인이 3개월 전에 통지함으로써 임차보증금(전세금)을 반환받을 수 있는 반면에 임대차가 종료하고 새로이 전세권이 설정된 것으로 보면 3개월 전에 통지함으로써 전세금을 반환받을 수 없다는 점에 있다.

193) 대법원은 2011.3.24. 선고 2010다95062 판결에서 「임대인과 임차인이 임대차계약을 체결하면서 임대차보증금을 전세금으로 하는 전세권설정등기를 경료한 경우 임대차보증금은 전세금의 성질을 겸하게 되므로, 당사자 사이에 다른 약정이 없는 한 임대차보증금 반환의무는 민법 제317조에 따라 전세권설정등기의 말소의무와도 동시이행관계에 있다」고 하는데, 이는 병존설의 입장에서 한 판결인 것으로 보인다.

194) 이은영 물권법(제4판) 655, 곽윤직 물권법351~352, 이영준 물권법(신정판) 670, 김기선 한국물권법 310, 송덕수 물권법 391, 김상용 물권법(2009) 499, 고상용 물권법 475, 이상태 전세 목적물의... 185, 박순성 전세권에 관한... 88면, 오경미 채권담보전세권과... 115~117면;

195) 김증한/김학동 물권법 415면, 양창수 전게논문 전세권 100면, 오시영 전세권의 용익물권성과... 242면.

로 하고 위 공사대금 미수채권을 전세금으로 하여 전세권을 설정한 사안에서 「전세금의 지급은 전세권 성립의 요소가 되는 것이지만 그렇다고 하여 전세금의 지급이 반드시 현실적으로 수수되어야만 하는 것은 아니고 기존의 채권으로 전세금의 지급에 갈음할 수도 있다」[196]고 함으로써 긍정설의 입장을 채택하고 있다. 「전세권자는 전세금을 지급하고...」라고 규정하고 있는 민법 제303조 제1항에 비추어 긍정설이 타당하다.

또한 전세금은 전세권의 존속요건으로 보아야 한다. 따라서 실제로 지급되거나 지급된 것으로 갈음된 전세금이 등기부상의 전세금보다 적은 경우는 처음부터 실제의 전세금을 기준으로 전세권이 설정된 것으로 보아야 하고, 설정당사자 사이의 합의로 전세금의 일부를 감액하여 반환하고서 변경등기를 하지 않은 경우에도 감액된 금액만큼 전세권이 소멸하는 것으로 보아야 한다.[197] 다만 전세권을 대상으로 저당권이 설정된 경우에 전세권자는 저당권자의 동의 없이 전세권의 일부나 전부를 소멸하게 하는 행위를 하지 못한다(민 372②).

㈑ **전세권설정등기를 하지 않은 경우의 효력**

① 전세권설정계약을 체결하고서 ② 전세권설정자에게 전세금까지 지급하였으나 ③ 전세권설정등기를 하지 않았다고 하여 전세권설정계약 자체가 무효로 되는 것은 아니다.

위 ①②③의 요건을 모두 구비한 경우 물권적전세라고 하고, ①②의 요건은 구비하였으나 ③의 요건을 구비하지 않은 경우를 채권적전세 또는 미등기전세라 부르기도 한다. 그러나 단순히 전세권이라고 하면 법률적으로는 물권적전세권만을 의미하는 것으로 보아야 한다. 따라서 이하에서도 전세권이란 물권적전세권만을 의미하는 것으로 보기로 한다.

채권적전세는 그 법률적 성질이 특수한 임대차에 속하는 것으로 보아야 하므로 그 내용에 대하여는 임차권자와 근저당권자의 관계로서 다음 항에서 설명하기로 하고 여기에서는 전세권에 대하여서만 설명하기로 한다.

---

196) 대판 1995.2.10. 94다18508, 대판 2009.1.30. 2008다67217 참조.
197) 오경미 채권담보전세권과... 117.

[참고] 전세권등기기재(예시)

[을구] (소유권 이외의 권리에 관한 사항)				
순위번호	등기목적	접수	등기원인	권리자 및 기타사항
1	전세권설정	2013년 4월 22일 제○호	2013년 4월 21일 설정계약	• 전세금 ○○○원 • 범위 : 건물 전부 • 존속기간 : 2013년 4월 8일부터 2015년 4월 7일까지 • 전세권자 : 박을동(-) 서울 ○구 ○동 -

라. 전세권의 존속기간

(가) 존속기간

전세권의 존속기간은 설정당사자간의 계약으로 정하게 되나, 최장기간이 10년을 넘을 수 없으며 만일 10년을 넘은 때에는 10년으로 단축된다(민 312①). 그리고 건물에 대한 전세권의 존속기간에 대하여는 최단기간의 제한이 있다. 즉 건물에 대한 존속기간은 1년 미만으로 할 수 없으며 1년 미만으로 정한 때에는 1년으로 연장된다(민 312②). 다만 건물전세권의 최단기간 제한은 전세권자를 보호하기 위한 것이므로 전세권자 자신이 약정한 1년 미만의 기간을 그대로 주장하는 것은 허용되는 것으로 보아야 한다.

전세권의 존속기간을 약정하지 아니한 때에는 각 당사자는 언제든지 상대방에 대하여 전세권의 소멸을 통고할 수 있고 상대방이 이 통고를 받은 날로부터 6월이 경과하면 전세권은 소멸한다(민 313). 그러나 건물을 대상으로 하는 전세권의 경우는 최단기간이 전세권설정자에 대한 관계에서는 1년이므로, 전세권설정자가 존속기간을 정하지 아니한 전세권의 소멸통고를 하여 전세권자가 그 통고를 받은 날로부터 6월이 경과하였다 하더라도, 아직 최단기간인 1년이 경과하지 아니한 때에는 그 1년이 경과한 후라야 비로소 전세권이 소멸하는 것으로 보아야 한다.

전세권의 존속기간은 설정당사자 사이의 계약으로 이를 갱신할 수 있다. 그러나 그 기간은 갱신한 날로부터 10년을 넘지 못한다(민 312③). 당사자 사이의 계약으로 이루어지는 존속기간의 갱신은 이를 등기하여야 그 효력이 생긴다(민 186). 그리고 이 갱신에 따른 등기는 적어도 원래의 존속기간이 만료되는 날까지는 이루어져야 한다. 갱신 없이 존속기간이 만료되면 그 전세권은 소멸하고 그 후는 전세권의 용익권적 기능이 상실되고 전세금반환청구권에 대한 담보권적 기능만 남게 되는 것이기 때문이다.

설정당사자 사이에 갱신에 관한 합의가 없으면 전세권은 존속기간의 만료로 소멸하는 것이 원칙이다. 그러나 대상 목적물이 건물인 경우에는 설정당사자 사이에 갱신에 관한 합의가 없더라도 자동적으로 갱신의 효력이 발생하는 경우가 있다. 즉 건물의 전세권설정자가 전세권의 존속기간 만료 전 6월부터 1월까지 사이에 전세권자에 대하여 갱신거절의 통지 또는 조건을 변경하지 아니하면 갱신하지 아니한다는 뜻의 통지를 하지 아니한 경우에는 그 기간이 만료된 때에 전 전세권과 동일한 조건으로 다시 전세권을 설정한 것으로 본다. 이 경우 전세권의 존속기간은 그 정함이 없는 것으로 본다(민 312④).

㈏ 존속기간 만료의 의미

전세권의 존속기간은 당사자가 설정계약으로 정한 기간이 만료되는 경우가 있고 합의갱신 또는 법정갱신에 의하여 연장된 기간이 만료되는 경우가 있으며(민 312), 처음부터 존속기간을 약정하지 않아 당사자 중의 일방이 소멸통고하여 6월이 경과함으로써 만료되는 경우가 있는데(민 313), 이와 같이 전세권의 존속기간이 만료되면 전세권이 소멸하게 되는지 문제로 된다.

이에 관하여는 소멸설과 존속설 및 용익물권적권능소멸설로 견해가 대립되어 있다. 소멸설은 존속기간의 만료는 법률의 규정에 의한 물권변동(민 187)으로 전세권설정등기의 말소 없이도 전세권이 소멸하게 된다고 한다.[198] 존속설은 전세금의 반환을 전세권소멸의 요건으로 보아 전세금이 전세권자에게 반환되어야 비로소 전세권이 소멸한다고 한다.[199] 용익물권적권능소멸설 전세권은 용익물권인 동시에 담보물권의 성질도 겸유하고 있으므로 전세권의 존속기간만료로 소멸하는 것은 전세권의 용익물권적 권능이고 전세권의 담보물권적 권능은 전세금을

198) 곽윤직 물권법 363, 김증한/김학동 물권법 428, 고상룡 물권법 491, 김상용 물권법(2003) 555, 양창수 전세권 95.

199) 이은영 물권법(제4판) 650, 박순성 전세권에 관한... 91 이하. 즉 이 견해는 존속기간이 만료된 후에도 전세금과 목적물 반환 및 전세권설정등기의 말소라는 청산과정이 있다는 것을 이유로 전세권의 존속기간을 마치 저당권에서 피담보채권의 변제기 정도로 이해한다.

반환받을 때까지 소멸하지 않는다고 한다.[200)]

대법원판례는 처음에는 「전세권이 기간만료로 종료된 경우 전세권은 전세권설정등기의 말소등기 없이도 당연히 소멸한다」고 하여,[201)] 소멸설을 채택하는 것으로 보일 수 있었으나 그 후 「전세권의 존속기간이 만료되면 전세권의 용익물권적 권능은 전세권설정등기의 말소 없이도 당연히 소멸하고 단지 전세금반환채권을 담보하는 담보물권적 권능의 범위 내에서 전세금의 반환시까지 그 전세권설정등기의 효력이 존속하고 있다」고 함으로써[202)] 용익물권적권능소멸설을 채택하고 있음을 분명히 하였고 이후의 판결도 같은 입장에 있다.[203)]

존속기간이 만료되었음에도 전세권의 용익물권적 권능이 그대로 남아 있다는 것은 타당하다고 할 수 없고,[204)] 그렇다고 존속기간의 만료로 전세권의 담보물권적 권능까지 모두 소멸한다고 해석하면 전세권자가 그 전세금반환채권을 가지고 임의경매청구권과 우선변제권을 행사할 수 있는 여지가 없게 되어 부당한 결과가 초래된다는 점에서 용익물권적권능소멸설이 타당하다고 생각한다.

마. 전세권자의 권리

㈎ 인도불이행시의 구제수단

전세권자는 대상 부동산을 직접 지배해서 사용·수익할 수 있는 권리를 가진다. 따라서 전세권이 설정되어 대상 부동산을 전세권자에게 인도하여야 함에도 전세권설정자가 대상 부동산의 인도를 하지 않는 때에는 전세권자는 전세권의 물권적효력에 기하여 그 인도를 청구할 수 있다. 또한 전세권설정자가 대상 부

---

200) 강대성 전세권저당권의... 36, 오경미 채권담보전세권과... 130, 이상태 전세권저당권자의... 587~588.

201) 대판 1999.9.17. 98다31301 참조.

202) 대판 2005.3.25. 2003다35659 참조.

203) 대판 2008.3.13. 2006다29372,29389도 「전세권의 존속기간이 만료하면 전세권의 용익물권적 권능이 소멸하기 때문에」라고 하여 용익물권적권능소멸설을 채택하고 있다.

204) 임대차기간이 끝난 주택임대차에 관하여도 존속기간이 만료된 전세권에 있어서와 같은 문제가 발생될 수 있으나 주택임대차보호법에서는 「임대차기간이 끝난 경우에도 임차인이 보증금을 반환받을 때까지는 임대차관계가 존속되는 것으로 본다(주임보 4②)」는 규정을 두어 입법적으로 해결하고 있다. 그러나 이와 같은 규정을 두고 있지 않은 민법상의 전세권에 있어서는 전세권의 존속을 인정할 수 없는 것으로 보아야 한다.

동산을 인도한 후에 그 사용·수익을 방해하거나 방해할 염려가 있는 때에는, 전세권자는 전세권의 물권적효력에 기하여 그 방해제거조치나 방해예방조치를 하여줄 것을 청구할 수 있다. 그리고 전세권설정자가 대상 부동산의 인도를 하지 않거나 또는 사용·수익을 방해하는 것은, 민법 제750조에서 규정하는 불법행위가 되므로 전세권자는 그로 인한 손해의 배상을 전세권설정자에게 청구할 수 있다.

(나) 전세권의 처분권

전세권자는 전세권을 타인에게 양도 또는 담보로 제공할 수 있고 그 존속기간 내에서 그 목적물을 타인에게 전전세(轉傳貰)또는 임대할 수 있다(민 306본).

전세권의 양도는 전세권의 존속기간 중에는 부동산물권변동의 일반원칙에 따라 전세권자와 제3자가 전세권의 양도계약을 체결하고 이를 등기원인으로 하여 전세권의 이전등기를 하는 방법으로 하면 된다. 양도대금은 전세권설정자에게 지급한 금액보다 고액이라도 상관없다는 것이 통설이다. 그러나 양수인이 나중에 전세권설정자로부터 반환청구할 수 있는 금액은 양도인이 전세권설정자에게 지급한 등기된 전세금에 한한다. 전세권의 존속기간이 만료된 이후에도 전세권을 양도할 수 있는지 양도할 수 있다면 그 방법은 무엇인지 문제로 되나 대법원판례는「전세권설정등기를 마친 민법상의 전세권은 그 성질상 용익물권적 성격과 담보물권적 성격을 겸비한 것으로서, 전세권의 존속기간이 만료되면 전세권의 용익물권적 권능은 전세권설정등기의 말소 없이도 당연히 소멸하고 단지 전세금반환채권을 담보하는 담보물권적 권능의 범위 내에서 전세금의 반환시까지 그 전세권설정등기의 효력이 존속하고 있다 할 것인데, 이와 같이 존속기간의 경과로서 본래의 용익물권적 권능이 소멸하고 담보물권적 권능만 남은 전세권에 대해서도 그 피담보채권인 전세금반환채권과 함께 제3자에게 이를 양도할 수 있다 할 것이지만 이 경우에는 민법 제450조 제2항 소정의 확정일자 있는 증서에 의한 채권양도절차를 거치지 않는 한 위 전세금반환채권의 압류·전부 채권자 등 제3자에게 위 전세보증금반환채권의 양도사실로써 대항할 수 없다」고 한다.[205]

전세권의 담보제공이란 전세권자가 타인에 대하여 부담하는 채무의 담보로 전

---

205) 대판 2005.3.25. 2003다35659 참조.

세권에 근저당권을 설정하는 것을 말한다. 다만 이에 관하여는 뒤에 전세권을 대상으로 하는 근저당권으로서 자세히 설명하기로 한다.

전전세란 전세권자가 자신이 가진 전세권의 범위에서 대상 부동산의 전부 또는 일부를 대상으로 제3자에게 다시 전세권을 설정하는 것을 말한다. 전전세권의 설정도 전전세권설정계약을 체결하고 전전세권의 등기를 하여야 함은 전세권의 경우와 동일하며, 그 효력도 전세권에 준하는 것으로 보면 된다. 다만 원전세권자와 전전세권자가 체결하는 전세관계는 전전세권자와 원전세권자의 관계에 그치는 것으로, 전전세권자는 원전세권설정자(소유자)에 대하여 직접으로는 아무런 권리의무도 가지지 아니한다.

임대란 전세권자가 자신이 가진 전세권의 범위에서 대상 부동산의 전부 또는 일부에 대하여 제3자와 임대차계약을 체결하고 대상 부동산을 제3자로 하여금 사용·수익하게 하는 것을 말한다. 전세권자(임대인)와 임차인이 체결하는 임대차관계는 전세권자(임대인)과 임차인 사이의 관계에 그치는 것으로, 임차인은 전세권설정자(소유자)에 대하여 직접으로는 아무런 권리의무도 가지지 아니한다.

전세권자가 타인에게 전세권을 양도 또는 담보제공하거나 대상 부동산을 전전세 또는 임대하는 데에 전세권설정자의 동의는 이를 요하지 않는다. 그러나 설정행위로 이를 금지한 때에는 그러하지 아니하다(민 306단). 다만 이와 같은 금지특약을 가지고 제3자에게 대항할 수 있으려면 이를 등기하여야 한다(부등 72①Ⅴ).

㈐ 전세금반환청구권행사를 위한 권리

㈀ 임의경매청구권

존속기간의 만료 등으로 용익관계가 종료되었으나 전세권설정자가 전세금의 반환을 하지 않으면, 전세권자는 민사집행법의 규정에 따라 대상 부동산에 대한 경매를 신청하여 그 매각대금으로부터 우선변제를 받을 수 있다(민 318, 303). 전세권자의 임의경매청구권에 관하여는 다음과 같은 점이 문제로 된다.

첫째는 전세권자가 대상 부동산에 대한 경매를 신청하려면 그에 앞서 전세권설정자에 대하여 대상 부동산의 반환의무와 전세권설정등기말소의무의 이행 또는 이행제공을 하여야 하는가 하는 점이다. 이에 관하여는 대상 부동산의 반환의무는 이행 또는 이행제공을 할 필요가 있으나 전세권설정등기말소의무는 이행 또는 이행제공을 할 필요가 없다는 견해와 양자 모두 이행하여야 한다는 견해가 주장되고 있다. 앞의 견해는 말소등기는 전세권의 소멸요건이 아니라는 점과 거래관행이 양자를 동시이행관계에 두지 않고 있다는 점을 논거로 하고 있고, 뒤의 견해는 말소등기도 함께 일괄 타결하여 전세권설정자를 편하게 하는 것이 형평에 맞는다는 점을 논거로 하고 있다. 대법원의 판례는 뒤의 견해를 채택하고 있다.

판례1-44

전세권에 기한 경매신청을 하기 위한 요건

전세권자의 전세목적물 인도의무 및 전세권설정등기 말소등기의무와 전세권설정자의 전세금반환의무는 서로 동시이행의 관계에 있으므로 전세권자인 채권자가 전세목적물에 대한 경매를 청구하려면 우선 전세권 설정자에 대하여 전세목적물의 인도의무 및 전세권설정등기말소 의무의 이행제공을 완료하여 전세권설정자를 이행지체에 빠뜨려야 한다(대결 1977.4.13. 77마90).

둘째는 1동의 건물 또는 1필의 토지의 일부가 전세권의 대상 목적물인 경우에 전세권자가 전세 목적물인 건물 또는 토지의 일부를 대상으로 경매를 신청할 수 있는지 나아가 건물 또는 토지 전부를 대상으로 경매를 신청할 수 있는지 여부이다. 우선 1동의 건물 또는 1필의 토지의 일부에 대하여는 그 부분을 분할하여 따로 소유권보존등기를 하지 않은 이상 매각할 수가 없는 것이므로 전세 목적물인 건물 또는 토지의 일부만을 대상으로 하여 경매를 신청하는 것은 허용되지 않는 것으로 보아야 하며 이에 대하여는 이론이 없다.

이에 대하여 1동의 건물 또는 1필의 토지의 일부에 대한 전세권에 기하여 1동의 건물 또는 1필의 토지의 전부에 대한 경매를 신청할 수 있는지에 관하여는 긍정설과 부정설로 견해가 대립되어 있다. 긍정설은 민법 제303조 제1항이 부동산의 일부에 대한 전세권자가 부동산 전부에 대하여 우선변제 받을 수 있는 것으로 규정하고 있다는 점과 전세권설정자는 언제라도 전세금을 반환하면 경매를 막을 수 있으므로 일부에 대한 전세권자에게 전부에 대한 경매청구를 허용하더라도 전세권설정자의 보호에 그리 미흡하지 않다는 점을 논거로 하고 있고, 부정설은 전세권의 대상이 아닌 부분에 경매청구를 허용할 수 없다는 점을 논거로 하고 있다. 대법원의 판례는 후자의 견해 즉 부정설을 채택하고 있다.

부정설에 의하면 부동산의 일부에 대한 전세권자는 전세권설정자가 전세금을 반환하지 않더라도 전세권에 기하여서는 부동산의 일부에 대하여서건 전부에 대하여서건 경매청구를 할 수가 없고, 다른 채권자가 부동산 전부에 대하여 경매청구를 하여 경매절차가 개시되면 배당요구를 하여 배당받는 수밖에 없으며, 스스로 경매청구를 할 수 있으려면 별도로 전세금반환청구소송을 하여 승소판결을 받는 등 집행권원을 취득하여야 한다.

판례1-45

건물 일부의 전세권자가 건물 전부의 경매청구를 할 수 있는지 여부

건물의 일부에 대하여 전세권이 설정되어 있는 경우 그 전세권자는 민법 제303조 제1항의 규정에 의하여 그 건물 전부에 대하여 후순위권리자 기타 채권자보다 전세금의 우선변제를 받을 권리가 있고, 민법 제318조의 규정에 의하여 전세권설정자가 전세금의 반환을 지체한 때에는 전세권의 목적물의 경매를 청구할 수 있는 것이나, 전세권의 목적물이 아닌 나머지 건물부분에 대하여는 우선변제권은 별론으로 하고 경매신청권은 없으므로, 위와 같은 경우 전세권자는 전세권의 목적이 된 부분을 초과하여 건물 전부의 경매를 청구할 수 없다고 할 것이고, 그 전세권의 목적이 된 부분이 구조상 또는 이용상 독립성이 없어 독립한 소유권의 객체로 분할할 수 없고 따라서 그 부분만의 경매신청이 불가능하다고 하여 달리 볼 것은 아니다(대결 2001.7.2. 2001마212).

(ㄴ) 배당요구권

대상 부동산에 대하여 전세권설정자의 다른 채권자 등이 경매청구를 하여 경매절차가 진행되는 경우에 전세권자는 그 매각대금으로부터 우선변제청구권자로서의 배당요구를 하여 전세금의 우선변제를 받을 수 있다(민집 88). 이 경우 배당요구는 대상 부동산에 대한 경매개시결정 당시에 존속기간이 만료되었는지 여하를 묻지 아니하며, 만일 존속기간이 만료되지 아니하였음에도 배당요구를 한 때에는 당해 전세권은 매수인의 소유권취득으로 소멸하게 된다(민집 91④단).

전세권자의 배당요구는 법원이 정한 배당요구의 종기까지만 허용된다. 배당요구의 종기는 경매개시결정에 따른 압류의 효력이 생긴 때에 집행법원이 절차에 필요한 기간을 감안하여 첫 매각기일 이전으로 정하게 되어 있다(민집 84①).

(ㄷ) 우선변제권

전세권자는 대상 부동산으로부터 후순위권리자 기타 채권자보다 전세금의 우선변제를 받을 권리가 있다. 토지와 건물이 동일인의 소유에 속하는 상태에서 건물에 대해서만 전세권설정등기를 한 경우에는 건물의 매각대금으로부터만 우선변제를 받을 수 있다.

전세권자는 부동산의 일부에 대해서만 전세권설정등기를 하더라도 전세권의 대상이 아닌 부분을 포함한 부동산 전부의 매각대금으로부터 그 순위에 따라 우선변제를 받는다. 전세권자의 우선변제권을 규정하고 있는 민법 제303조 후단의 내용이 「그 부동산 전부에 대하여 후순위권리자 기타 채권자보다 전세금의 우선변제를 받을 권리가 있다」고 되어 있기 때문이다.

(라) 조세채권에 대한 우선변제의 특례

주택임대차보호법 제2조에 따른 주거용 건물에 설정된 전세권에 의하여 담보된 채권에 대하여는 국민의 주거생활의 안정을 위하여 당해세 절대우선의 원칙에 대한 특례가 인정되어 있다.

즉 전세권이 설정된 재산이 국세의 강제징수 또는 경매 절차 등을 통하여 매각되어 그 매각금액에서 국세를 징수하는 경우 통상의 경우는 해당 재산에 대하여 부과된 당해세(국세의 경우는 상속세, 증여세 및 종합부동산세, 지방세의 경우는 재산세, 지역자원시설세 및 지방교육세)는 전세권의 설정등기일이 당해세의 법정기일 전이라 하더라도 당해세가 전세권에 의하여 담보된 채권에 우선하여 징수된다.

그러나 주거용 건물에 설정된 전세권에 의하여 담보된 채권은 전세권의 설정등기일자가 당해세의 법정기일보다 늦지 않으면 해당 주거용 건물에 대하여 부과된 당해세의 우선 징수 순서에 대신하여 변제될 수 있다. 다만, 이 경우 대신 변제되는 금액은 우선 징수할 수 있었던 해당 주거용 건물에 대하여 부과된 당해세의 징수액에 한정하며, 전세권에 의하여 담보된 채권보다 우선 변제되는 저당권 등의 변제액과 해당 주거용 건물에 대하여 부과된 당해세를 우선 징수하는 경우에 배분받을 수 있었던 「주택임대차보호법」 제3조의2제2항에 따라 대항요건과 확정일자를 갖춘 임차권에 의하여 담보된 임대차보증금반환채권 또는 같은 법 제2조에 따른 주거용 건물에 설정된 전세권에 의하여 담보된 채권의 변제액에는 영향을 미치지 아니한다(국기 35⑦, 지기 71⑥).

(마) 제3자에 대한 대항력

(ㄱ) 대항력의 의미

제3자에 대한 대항력이란 당사자 사이에 체결한 전세권설정계약의 내용을 당사자 이외의 제3자에 대하여도 주장할 수 있는 효력을 말한다. 전세권을 대상으로 제3자에 대한 대항력이 있는 경우와 없는 경우를 예를 들어 설명하면 다음과 같다.

예컨대 A소유의 부동산에 A와 D가 전세권설정계약을 체결하여 D가 A에게 전세금을 지급하고 A가 D앞으로 전세권설정등기를 해준 후 A가 대상 부동산을 K에게 매각하여 K앞으로 소유권이전등기를 해주었다고 할 때, D의 전세권에 제3자대항력이 있다면 D는 K의 소유권취득에 불구하고 A와 체결한 전세권설정계약상의 존속기간동안 대상 부동산을 사용·수익할 권리를 가지고 또 그 후 존속기간이 만료되는 경우에도 전세금을 반환받을 때까지 대상 부동산을 K에게 반환하지 아니할 수 있을 뿐만 아니라 전세금의 반환이 없으면 대상 부동산에 대한 경매를 신청하여 그 매각대금으로부터 우선변제를 받을 수 있는 반면, 제3자대항력이 없다면 D는 A와 체결한 전세권설정계약상 아직 존속기간이 남아 있다 하더라도 바로 대상 부동산을 신 소유자인 K에게 반환하여야 하고 전세금은 구 소유자인 A에게 청구하여 받는 수밖에 없다.

(ㄴ) 대항력의 내용

대항력의 내용은 제3자가 어떤 원인으로 대상 부동산의 소유권을 취득하였는지 그리고 소유권취득시에 전세권의 존속기간이 만료되었는지 여부에 따라 다르다.

먼저 대상 부동산의 소유권이 매매·증여·상속 등 사법(私法)상의 원인에 의하여 제3자에게로 이전된 경우에 관하여 보면 다음과 같다. 첫째로 제3자 앞 소유권이전등기시 전세권의 존속기간이 만료되지 않은 상태이면 전세권자는 신 소유자에 대하여도 남아 있는 기간 동안 대상 부동산을 사용·수익할 수 있고, 그 후 존속기간이 만료되면 전세금의 반환과 동시이행으로 대상 부동산을 신 소유자에 반환할 권리와 의무를 가진다. 둘째로 제3자 앞 소유권이전등기시 전세권의 존속기간이 만료되어 있는 상태이면 전세권자는 신 소유자에게 전세금의 반환을 청구할 수는 있으나 대상 부동산의 계속적인 사용·수익을 주장할 수가 없고, 그에 따라 신 소유자는 전세금의 반환과 동시이행으로서 바로 대상 부동산의 반환을 전세권자에게 요구할 수 있다.

다음에 경매에 의하여 대상 부동산의 소유권이 제3자에게 이전된 경우를 보면 다음과 같다. 우선 매수인에게 대항할 수 있는 전세권자가 배당요구의 종기까지 전세금의 배당요구를 한 때에는 전세권을 가지고 신 소유자에게 대항할 수 없는 것이므로(민집 91④단), 경매에 있어서 대항력의 내용으로서 논의되는 것은 매수인에게 대항할 수 있는 전세권자가 배당요구의 종기까지 전세금의 배당요구를 하지 않은 경우에 한한다. 그리고 이 경우 대항력의 내용은 매수인이 경매 부동산의 소유권을 취득하는 때인 매각대금 납부시를 기준으로 하여 그 시점에서 전세권의 존속기간이 만료되어 있는 상태인지 여부로 나누어 앞에서 설명한 매매 등에 의한 소유권이전의 경우에 준하는 것으로 보면 된다.

이상의 내용을 종합하면 대항력 있는 전세권은 대상 부동산의 소유권이전이 있더라도 소유권이전 당시의 전세관계를 유지한 채 신 소유자와 전세권자의 전세관계로서 계속 존속하게 된다는 것이다. 다만 구 소유자와 전세권자 사이에 존재하는 전세관계 중 전세권설정등기의 기재내용과 다른 부분은 구 소유자와 전세권자 사이의 관계에 그치고 신 소유자에 대하여는 등기의 기재내용에 따른 효력만 있는 것으로 보아야 한다. 예컨대 구 소유자와 전세권자가 전세금을 증액하였다거나 존속기간을 연장 또는 갱신(법정갱신 포함)한 경우에도 이를 등기하지 않은 상태에서 소유권이 이전된 때에는 전세권자는 전세금의 증액이나 존속기간의 연장 또는 갱신을 신 소유자에게 주장할 수 없는 것이다.

문제는 위의 어느 경우이든 신 소유자가 구 소유자와 전세권자 사이의 전세관계를 인수하게 되면 구 소유자인 전세권설정자는 전세권자의 동의가 없이도 전세관계에서 완전히 이탈하여 전세금반환의무를 면하게 되는지 여부이다. 이에 관하여는 민법에 명문의 규정이 없어 견해가 갈릴 수 있다. 그러나 전세권설정자로서의 권리·의무는 대상 부동산의 소유자이기만 하면 취득하고 이행할 수 있는 것으로 대상 부동산의 소유자가 누구인지는 그다지 중요한 것이 아니므로, 대상 부동산의 소유권이전이 있으면 전세권설정자의 지위도 당연히 구 소유자로부터 신 소유자에게로 이전되고, 그에 따라 구 소유자인 전세권설정자는 전세관계에서 완전히 이탈하여 전세금반환의무를 면한다고 보는 것이 타당하다.

판례1-46

신 소유자에 대한 전세권 대항의 의미

전세권이 성립한 후 목적물의 소유권이 이전되는 경우에 있어서 전세권 관계가 전세권자와 전세권설정자인 종전 소유자와 사이에 계속 존속되는 것인지 아니면 전세권자와 목적물의 소유권을 취득한 신 소유자와 사이에 동일한 내용으로 존속되는지에 관하여 민법에 명시적인 규정은 없으나, 전세목적물의 소유권이 이전된 경우 민법이 전세권 관계로부터 생기는 상환청구, 소멸청구, 갱신청구, 전세금증감청구, 원상회복, 매수청구 등의 법률관계의 당사자로 규정하고 있는 전세권설정자 또는 소유자는 모두 목적물의 소유권을 취득한 신 소유자로 새길 수밖에 없다고 할 것이므로, 전세권은 전세권자와 목적물의 소유권을 취득한 신 소유자 사이에서 계속 동일한 내용으로 존속하게 된다고 보아야 할 것이고, 따라서 목적물의 신 소유자는 구 소유자와 전세권자 사이에 성립한 전세권의 내용에 따른 권리의무의 직접적인 당사자가 되어 전세권이 소멸하는 때에 전세권자에 대하여 전세권설정자의 지위에서 전세금반환의무를 부담하게 되고, 구 소유자는 전세권설정자의 지위를 상실하여 전세금반환의무를 면하게 된다고 보아야 하고, 전세권이 전세금 채권을 담보하는 담보물권적 성질을 가지고 있다고 하여도 전세권은 전세금이 존재하지 않으면 독립하여 존재할 수 없는 용익물권으로서 전세금은 전세권과 분리될 수 없는 요소이므로 전세권 관계로 생기는 위와 같은 법률관계가 신 소유자에게 이전되었다고 보는 이상, 전세금 채권 관계만이 따로 분리되어 전 소유자와 사이에 남아 있다고 할 수는 없을 것이고, 당연히 신 소유자에게 이전되었다고 보는 것이 옳다(대판 2000.6.9. 99다15122, 같은 취지 2006.5.11. 2006다6072).

(ㄷ) 대항력의 존부

매매 · 증여 등의 개별적인 계약이나 또는 상속 · 합병 등의 포괄적인 승계원인에 의하여 대상 부동산의 소유권이 전세권설정자로부터 제3자에게로 이전된 때에는 전세권자는 구 소유자로부터 취득한 전세권을 가지고 신 소유자인 제3자에게 대항할 수 있다. 그러나 대상 부동산에 민사집행법에 의한 경매절차가 진행되는 경우에 전세권을 매수인에게 대항할 수 있는지 여부는 전세권보다 선순위이지만 매각으로 인하여 소멸하는 다른 권리가 있는지 여부나 전세권자가 배당요구를 하였는지 여부에 따라 다른 바, 이에 관하여는 다음 근저당권과의 관계로서 설명하기로 한다.

바. 전세권자의 의무

전세권자는 전세권설정자에게 전세금을 지급하는 외에 따로 사용료를 지급할 의무가 없다. 전세관계에서는 전세권자의 부동산 사용수익권과 전세권설정자의 전세금 이용수익권이 서로 대가관계에 있는 것이기 때문이다.

전세권자는 용익관계가 종료되는 경우에 대상 부동산을 전세권설정자에게 반환할 의무를 부담한다. 그러나 이 대상 부동산의 반환의무는 전세권설정자의 전세금반환의무와 동시이행의 관계에 있다. 따라서 전세권설정자가 전세금을 반환하지 않으면, 전세권자는 대상 부동산의 반환을 하지 않고 계속 점유하여 유치할 수가 있다. 다만, 이러한 동시이행의 관계는 대상 부동산의 소유자에 변경이 생긴 때에는 그 용익관계를 신 소유자에 대하여도 대항할 수 있는 경우에 한하여 적용됨은 물론이다.

사. 전세권과 근저당권의 관련성

전세권과 근저당권은 ①전세권 자체가 근저당권의 목적물이 된다는 점 ②동일한 부동산을 대상으로 전세권과 근저당권이 설정되는 경우가 있는 점 ③전세금반환청구권을 담보하기 위하여 근저당권설정등기를 하는 경우가 있다는 점에서 서로 관련되어 있다. 다만 ①의 경우는 제2장 제4 2. 전세권에서 설명하기로 하고 이하에서는 ②와 ③에 대해서만 순차로 설명하기로 한다.

(2) 동일한 부동산상의 전세권과 근저당권의 법률관계

가. 전세권과 근저당권의 상호관계

전세권이 설정되어 있는 부동산이라고 하여 그 소유자가 근저당권을 설정할 수 없는 것이 아니고 또한 이미 근저당권이 설정되어 있는 부동산이라고 하여 전세권을 설정할 수 없는 것도 아니다. 따라서 전세권과 근저당권은 대상 부동상에 경매절차가 실시되어 매수인이 소유권을 취득하기 전까지는 전세권은 용익물권으로서 그리고 근저당권은 담보물권으로서 독립하여 병존하게 된다.

그러나 대상 부동산에 경매절차가 실시되어 매수인이 소유권을 취득하게 되면 전세권과 근저당권은 상호 영향을 미치게 된다. 구체적으로 어떠한 영향을 미치는지는 경매 부동산상에 존재하는 전세권과 근저당권 중 어느 것이 먼저 성립된 것인지에 따라 다르다. 이하에서 순차로 알아보기로 한다.

나. 전세권이 근저당권보다 선순위인 경우

전세권이 성립되어 있는 부동산에 근저당권을 설정하였다가 부동산이 경매되는 경우에는 그 전세권은 매수인의 소유권취득으로 소멸하지 아니하고 매수인에게 인수되는 것이 원칙이다.[206] 그러나 전세권자가 배당요구의 종기[207]까지 전세금의

---

206) 경매 부동산상에 전세권과 근저당권 이외에 ①경매개시결정등기(민집 144①iii, 268) ②다른 저당권(민집 91②, 268) ③담보가등기(가담 13, 15) ④가압류등기(법률에 명문의 규정은 없으나 통설) ⑤배당요구한 전세권(민집 91④, 268) ⑥배당요구한 보증금이 전액 변제되는 대항력 있는 주택임차권 또는 상가건물임차권(주임보 3의5, 상임보 8)가 있은 때에, 매수인의 소유권취득으로 전세권이 소멸하지 아니하고 매수인에게 인수되려면, 그 전세권은 근저당권은 물론이고 이들 ①~⑥ 보다도 먼저 성립된 것이어야 한다.

배당요구를 한 때에는 그 전세권은 매수인에게 인수되지 않고 소멸하며, 이 경우 전세권자는 매각대금으로부터 근저당권자보다 우선배당을 받게 된다. 즉 근저당권자보다 선순위의 전세권자는 전세부동산이 경매되는 경우에 매수인에 대한 전세권의 인수를 주장하여 전세권의 존속기간동안 전세부동산을 이용하고서 전세금의 반환과 동시이행으로 매수인에게 전세부동산을 인도하는 것과 배당요구의 종기까지 전세권설정계약을 해지하여 전세권을 소멸시키고 매각대금으로부터의 배당을 요구하여 근저당권자보다 우선배당을 받는 것 중 선택할 수 있다.

다만 선순위의 전세권자가 매수인에 대한 전세권의 인수를 주장하는 것과 매각대금으로부터의 배당을 받는 것 중 어느 것을 선택하든 후순위의 근저당권자의 지위에 차이가 생기는 것은 아니다. 선순위의 전세권자가 매수인에 대한 전세권의 인수를 선택하는 경우에는 매수인이 경매부동산의 시가에서 인수되는 전세권의 전세금만큼 공제한 가액을 매수신청가액으로 할 것이므로 후순위의 근저당권자가 배당받을 금액이 그 만큼 적어지게 될 것이고, 선순위의 전세권자가 매각대금으로부터의 배당을 선택하는 경우에는 매수인이 전세권을 인수하지 아

---

207) 배당요구의 종기는 법원이 절차에 필요한 기간을 감안하여 첫 매각기일 이전으로 정한다(민집 84①). 구 민사소송법이 배당요구의 종기를 경락기일 또는 입찰기일(현재는 매각결정기일)로 규정하고 있던 것을 민사집행법에서 이와 같이 앞으로 당긴 것이다. 그 이유는 배당요구의 종기를 구 민사소송법에서와 같이 경락기일 또는 낙찰기일까지로 할 경우에는 매수인에게는 생각하지 않은 이익을 안겨주는 반면, 저당권자에 대하여는 뜻하지 않은 불이익을 초래하는 불합리한 결과가 생길 수 있기 때문에 이를 방지하기 위한 것이다.
예컨대 전세금 4천만 원의 제1순위 전세권과 채권최고액 6천만 원의 제2순위 근저당권이 설정되어 있는 시가 1억 원의 부동산이 경매되는 경우에, 매수인이 매각기일에 전세권의 승계를 예상하여 매수신청가액을 6천만 원으로 하였으나, 그 후 전세권자가 매각결정기일까지 매각대금으로부터의 배당을 요구하게 되면, 저당권자는 배당받을 금액이 2천만 원으로 줄어들게 되는 불이익을 받는 반면, 매수인은 4천만 원의 전세금을 지급하지 않아도 되는 이익을 보는 불합리한 결과가 발생할 수 있다. 이와 같은 불합리한 결과의 발생을 방지하기 위하여, 민사집행법은 경매개시결정에 따른 압류의 효력이 생긴 때(그 경매개시결정전에 다른 경매개시결정이 있은 경우를 제외한다)에는, 집행법원은 절차에 필요한 기간을 감안하여, 배당요구를 할 수 있는 종기를 첫 매각기일 이전으로 정하도록 하는(민집 84①) 한편, 선순위의 전세권자라도 배당요구를 하면, 전세권이 소멸하도록 한 것이다(민집 91④단).
따라서 이 민사집행법의 규정에 의하면 위의 예에서 선순위의 전세권자는 첫 매각기일 이전으로 정해지는 배당요구의 종기까지 배당요구를 하지 않으면 배당요구 자체를 할 수 없어 매수인이 전세권을 인수하는 것으로 만족하여야 하고 또한 배당요구의 종기 이전에 배당요구를 하면 그 전세권은 매수인에게 인수되지 않으므로 매수인은 전세권의 소멸을 전제로 매수신청가격을 1억 원까지로 할 수 있을 것이어서 위와 같은 불합리한 결과는 발생할 수가 없게 된다.

니하므로 경매부동산의 시가를 그대로(즉 전세금을 공제하지 아니하고) 매수신청가액으로 할 것이지만 이 경우 전세권자는 매각대금으로부터 후순위의 근저당권자보다 우선배당을 받게 됨으로써 결국 후순위의 근저당권자가 배당받게 되는 금액에 차이가 생기지 않는 것이기 때문이다.

다. 근저당권이 전세권보다 선순위인 경우

전세권이 근저당권보다 후순위인 경우에 대상 부동산에 대하여 경매절차가 실시되면, 그 전세권은 매수인의 소유권취득으로 소멸하게 되는 근저당권과 함께 소멸하게 된다.[208] 이 경우 전세권을 소멸시키지 않고 매수인에게 승계되는 것으로 하면 매수신청가액이 낮아지게 되어 매각대금으로부터 배당을 받아야 하는 선순위의 권리자가 큰 피해를 입게 되기 때문이다.

예컨대 시가가 1억 원인 A소유의 부동산에 채권최고액을 4천만 원으로 하는 S앞 근저당권설정등기가 된 후 D앞 전세권이 설정되었다가 S의 신청으로 대상 부동산에 경매절차가 실시되는 경우에 그 매수인이 D앞 전세권을 인수하게 된다고 하면 매수신청가액이 낮아져 근저당권자인 S가 배당받을 금액이 적어져 피해를 입게 된다. 따라서 이 경우 매수인의 소유권취득으로 소멸하는 근저당권보다 후순위의 권리는 모두 근저당권과 함께 소멸하는 것으로 보는 것이다.

그리고 여기에서 전세권이 근저당권보다 후순위라고 하는 것은 제1순위의 근저당권과 제2순위의 전세권이 있는 상태에서 제1순위 근저당권자의 신청으로 경매절차가 실시되는 경우는 물론이고, 제1순위의 저당권과 제2순위의 전세권 및 제3순위의 저당권이 있는 상태에서 제3순위 저당권자의 신청으로 경매절차가 실시되는 경우까지를 포함한다.

전세권자는 대상 부동산이 경매됨으로써 그 권리가 소멸하더라도 전세금에 관하여 우선변제권이 있으므로 매각대금으로부터 자신의 순위에 따른 우선변제를 받을 수 있다. 그러나 아직 전세권의 존속기간이 남아 있다 하더라도 대상

208) 경매 부동산상에 전세권과 근저당권 이외에 ①경매개시결정등기(민집 144iii) ②다른 저당권(민집 91②) ③담보가등기(가담 13, 15) ④가압류등기(법률에 명문의 규정은 없으나 통설) ⑤배당요구한 다른 전세권(민집 91④) ⑥배당요구한 보증금이 전액 변제되는 대항력 있는 주택임차권 또는 상가건물임차권(주임보 3의5, 상임보 8)이 있은 때에는, 전세권이 근저당권보다는 먼저 성립된 것이라 하더라도 이들 ①~⑥ 중 어느 하나의 권리보다 후에 성립된 것이라면 전세권은 매수인의 소유권취득으로 소멸하는 ①~⑥의 권리와 함께 소멸하여 말소된다.

부동산을 사용·수익할 수는 없다. 따라서 이 경우 전세권자가 매수인에게 대항하여 남은 존속기간 동안 대상 부동산을 사용·수익할 수 있도록 하려면 전세권보다 선순위인 저당권에 의하여 담보되는 채권을 변제하고 그 저당권을 말소5켜 전세권이 제1순위인 상태에서 경매가 실시되도록 하는 수밖에 없다.

예컨대 앞의 예에서 D가 S의 담보채권 4천만 원을 변제하여 그 근저당권을 소멸시키고 자신의 전세권이 제1순위인 상태에서 경매절차가 실시되도록 하면, 그 경매절차에서의 매수인은 D의 전세권을 인수하는 조건으로 매각부동산의 소유권을 취득하게 되므로, D는 남은 존속기간 동안 대상 부동산을 사용·수익한 후 전세금을 반환받는 것과 동시이행으로 대상 부동산을 매수인에게 반환할 수 있게 된다.

그러면 이와 같은 효과를 얻기 위하여 전세권자인 D는 언제까지 매각 부동산에 대한 S의 제1순위근저당권을 소멸시켜야 하는지의 문제가 있으나 이에 관하여도 앞에서 설명한 진정한 소유권이전청구권가등기의 경우와 마찬가지로 매수인이 매각대금을 지급하고서 소유권을 취득하기 전까지로 보아야 할 것으로 생각한다.

그런데 이렇게 되면 매수인은 D의 전세권이 소멸하는 것을 전제로 매수가액을 신고하였다가 이를 인수하는 부담을 안게 되어 손해를 보게 되는데, 이 경우 매수인이 D의 전세권을 인수함으로써 입게 되는 손해를 피하려면 부동산에 관한 중대한 권리관계가 변동된 사실이 경매절차의 진행 중에 밝혀진 것(민집 121vi)을 이유로 집행법원에 매각허가결정의 취소신청을 하여 구제받을 수밖에 없다(민집 127①).

라. 전세권에 대한 근저당권자의 대응방안

근저당권을 설정하려고 하는 부동산상에 이미 전세권이 설정되어 있는 때에는, 그 부동산의 담보가액을 산정함에 있어서 대상부동산의 감정평가액으로부터 전세금을 공제하여야 한다. 근저당부동산이 경매되는 경우 근저당권자는 경매부동산의 매각대금으로부터 배당을 받게 되는데, 경매 부동산의 매수인은 그 매수신청가격을 결정함에 있어서 자신이 인수하게 되는 전세권의 전세금을 공제할 것이기 때문이다. 이에 대하여 근저당권이 설정된 이후에 설정된 전세권은 근저당권자의 신청으로 경매절차가 진행되는 경우 그 근저당권과 함께 소멸되어 매수인에게 인수되지 않으므로 근저당권자가 이를 고려할 필요가 없다.

(3) 전세금반환청구권의 담보를 위한 근저당권

가. 문제의 소재

토지와 지상건물 전부를 빌리는 경우에는 토지와 지상건물 모두를 대상으로 전세권설정등기를 하면 전세권자가 전세금을 반환받는데 큰 문제가 없다. 이 경우 전세권설정자가 전세금반환의무를 이행하지 않으면 전세권자는 전세권설정자에 대하여 전세목적물의 인도의무 및 전세권설정등기말소 의무의 이행제공을 완료하여 전세권설정자를 이행지체에 빠뜨린 후(대결 1977.4.13. 77마90) 토지와 지상건물을 대상으로 임의경매를 청구하여 그 매각대금으로부터 우선변제를 받아 전세금의 반환을 받을 수 있기 때문이다.

그런데 빌리고자 하는 목적물이 1필의 토지의 일부이거나 1동의 건물의 일부인 경우에 그 일부만을 대상으로 전세권설정등기를 하는 때에는, 전세권설정자가 전세금반환의무를 이행하지 않는 경우 전세권자가 대상목적물에 대하여 임의경매청구권을 행사하거나 대상목적물의 매각대금으로부터 우선변제를 받는데 상당한 제약이 따른다. 이에 따라 실무에서는 빌리고자 하는 목적물이 1필의 토지의 일부이거나 1동의 건물의 일부이면, 그 소유자에게 지급하는 전세금반환청구권을 담보하기 위하여 전세권설정등기를 하지 아니하고 전세금반환청구권을 피담보채권으로 하는 근저당권설정등기를 하고 있다.

이하에서는 1필의 토지의 일부 또는 1동의 건물의 일부를 빌리면서 전세권설정등기를 하는 경우와 근저당권설정등기를 하는 경우의 차이점과 용익권자로서의 최선의 대응방안이 무엇인지 알아보기로 한다.

나. 1필의 토지의 일부를 빌리는 경우

1필의 토지의 일부를 빌리는 자가 토지소유자와 전세권설정계약을 체결한 후 전세금을 지급하고 1필의 토지의 일부만을 대상으로 전세권설정등기를 한 때에는 전세권설정계약에서 정한 존속기간 동안 토지의 전세권을 제3자에 대하여도 대항할 수 있는 장점이 있는 반면, 토지소유자의 전세금반환의무 이행이 없는 경우에 전세권자가 전세권의 목적물인 토지의 일부만을 대상으로 임의경매청구를 할 수가 없는 단점이 있다. 전세권의 목적물인 일부 토지를 분필하여 별개의 토지로 하지 않은 이상 1필의 토지의 일부만을 대상으로 한 임의경매청구는 이를 할 수가 없기 때문이다. 다만 이 경우 전세권자는 전세권설정자의 다른 채권자의 신청으로 전세권설정등기가 되어 있는 일부 토지를 포함한 1필의 토지 전부에 대하여 경매절차가 진행되면 그 토지 전부의 매각대금으로부터 우선변제의 순위에 따른 배당을 받을 수는 있다.

이에 대하여 1필의 토지의 일부를 빌리는 자가 토지소유자와 토지 일부에 대한 전세권설정계약을 체결한 후 토지소유자에게 전세금을 지급하고 1필의 토지 전부를 대상으로 그 전세금반환청구권을 피담보채권으로 하는 근저당권설정등기를 한 때에는, 토지소유자의 전세금반환의무 이행이 없는 경우에 토지의 전세권자가 임의경매청구를 하여 그 경매절차의 매각대금으로부터 우선변제의 순위에 따른 배당을 받을 수 있는 장점이 있는 반면, 토지소유자와의 전세권설정계약에서 정한 존속기간을 제3자에게 대항할 수 없는 단점이 있다.

따라서 1필의 토지의 일부를 대상으로 하는 전세권설정등기를 하는 경우에 전세권자가 1필의 토지의 일부나 전부에 대한 임의경매청구를 할 수 없는 단점을 보완하여 임의경매청구를 할 수 있으면서 토지소유자와 합의한 전세권의 존속기간을 제3자에게도 대항할 수 있게 하려면, 1필의 토지 전부를 대상으로 전세금반환청구권을 피담보채권으로 하는 근저당권설정등기를 하는 이외에 1필의 토지 일부에 대한 전세권설정등기를 함께 하여야 한다. 다만 근저당권설정등기 이외에 전세권설정등기를 함께 하는 경우에는 그에 따른 등기비용이 등이 추가로 소요되므로, 근저당권설정등기만을 하는 것과 근저당권설정등기 이외에 전세권설정등기도 함께 하는 것 중 어느 쪽을 선택할 것인지는 안정적인 용익권 확보와 비용절약 중 어느 것을 우선시할 것인지 고려하여 판단해야 한다.

다. 1동의 건물의 일부를 빌리는 경우

1동의 건물의 일부를 빌리는 자가 건물소유자와 전세권설정계약을 체결한 후 전세금을 지급하고 1동의 건물의 일부만을 대상으로 전세권설정등기를 하는 경우와 건물소유자와 건물 일부에 대한 전세권설정계약을 체결한 후 건물소유자에게 전세금 또는 보증금을 지급하고 1동의 건물 전부를 대상으로 전세금반환청구권을 피담보채권으로 하는 근저당권설정등기를 하는 경우의 장단점은 앞에서 설명한 1필의 토지 일부를 빌리는 경우와 같다.

그런데 1동의 건물의 일부를 빌리는 경우에는 1동의 건물 전부를 대상으로 전세권설정등기를 하는 경우와 다르게 건물이 축조되어 있는 토지를 제외하고 1동의 건물의 일부에 대해서만 전세권설정등기를 하는 것이 보통이어서,[209] 전세권자의 전세권반환청구권 보전과 관련하여 토지가 전세권의 대상이 되지 않는데 따른 불이익이 추가된다. 특히 1동의 건물을 대상으로 여러 전세권자가 있는 경우에 전세권의 대상이 아닌 토지와 전세권의 대상인 건물이 함께 경매되는 때에는 여러 이해관계인 사이의 분쟁으로 인하여 그 매각가액이 낮아질 수밖에 없는데 토지의 매각가액이 전세권자가 우선배당 받을 수 있는 금액에서 제외된다면, 많은 후순위의 전세권자가 배당을 받을 수 없게 된다.[210]

따라서 1동의 건물의 일부를 빌리는 경우에는 건물소유자와 1동의 건물 일부를 대상으로 전세권설정계약을 체결한 후 건물소유자에게 전세금을 지급하고 1동의 건물과 1동의 건물이 축조되어 있는 1필의 토지 전부를 대상으로 전세금반환청구권을 피담보채권으로 하는 근저당권설정등기를 하는 것이 좋다. 또한 이 경우 근저당권설정등기와 함께 1동의 건물 일부에 대한 전세권설정등기를 하여두면 건물의 전세권자가 건물소유자와의 전세권설정계약에서 정한 존속기간을 제3자에게 대항할 수 있는 효력도 생긴다. 다만 근저당권설정등기 이외에 전세권설정등기를 함께 하는 경우에는 그에 따른 등기비용이 등이 추가로 소요되므로, 근저당권설정등기만을 하는 것과 근저당권설정등기 이외에 전세권설정등기도 함께 하는 것 중 어느 쪽을 선택할 것인지는 안정적인 용익권 확보와 비용절약 중 어느 것을 우선시할 것인지 고려하여 판단해야 한다.

209) 1필의 토지의 일부를 대상으로 해서도 전세권설정등기를 할 수 있으므로 1동의 건물이 축조되어 있는 1필의 토지의 일부 면적[산식 : 1필의 토지의 면적×(전세권의 대상인 1동의 건물의 일부 면적/1동의 건물의 총면적)] 을 대상으로 건물과 함께 전세권설정등기를 할 수 없는 것은 아니나, 실무상은 대부분의 경우 1동의 건물의 일부만을 대상으로 전세권설정등기를 하고 있다.

210) 1동의 건물을 여러 부분으로 나누어 그 중 어느 부분을 대상으로 전세권을 설정 받은 자는 전세대상인 부분의 가액을 별도로 산출하여 그 가액으로부터 우선변제를 받는 것이 아니라 1동의 건물 전부의 매각가액으로부터 전세권설정등기를 한 순서에 따라 배당을 받게 되기 때문이다.

9. 임차권과의 관계

(1) 임차권제도의 개요

가. 임차권의 의의

임차권이란 임대차에 의하여 임차인이 임대차의 목적물을 사용·수익할 수 있는 권리를 말한다. 그리고 임대차란 당사자 일방이 상대방에게 목적물을 사용·수익하게 할 것을 약정하고 상대방이 이에 대하여 차임을 지급할 것을 약정함으로써 그 효력이 생기는 계약을 말한다(민 618). 여기에서 목적물을 사용·수익하게 하는 당사자 일방을 임대인이라 하고, 차임을 지급하고 목적물을 사용·수익하는 상대방을 임차인이라 하며, 사용·수익의 목적물을 임차물 또는 임대물이라고 한다.

임대차제도는 당사자 사이의 계약만으로 성립하는 점에서 당사자 사이의 전세권설정계약 이외에 전세금의 지급과 전세권설정등기를 요하는 전세제도와 구분된다. 그러나 임대차도 등기가 필수적인 것이 아니라는 것이지 이를 등기할 수 없다는 것은 아니다. 임대차계약을 체결하고 임차권설정등기를 한 경우는 이를 등기한 임대차라고 한다. 또한 전세에 있어서도 전세권설정계약을 체결하고 전세금을 지급하고서 전세권설정등기를 하지 않은 경우가 있으며 이를 이른바 채권적전세 또는 미등기전세라고 한다.

채권적전세는 그 법률관계가 등기하지 않은 임대차와 거의 같다. 따라서 타인의 부동산을 그 대가를 지급하고 빌려 쓰는 법률관계는, 이를 ① 물권적전세 ② 등기한 임대차 ③ 등기하지 않은 임대차 및 채권적전세의 3가지로 구분하여 볼 수 있다. 이 중 물권적전세에 대하여는 앞에서 이미 설명한 바 있고, 채권적전세는 등기하지 않은 임대차에 준하는 것으로 보면 된다.

임대차의 목적물인 부동산 중 주택임대차보호법이 적용되는 주택과 상가건물임대차보호법이 적용되는 상가건물의 경우는 민법상의 임대차에 관한 규정 이외에 특별법인 주택임대차보호법과 상가건물임대차보호법이 적용된다. 따라서 주택이나 상가건물을 대상으로 하는 임대차에 관하여는 항목을 달리 하여 별도로 설명하기로 하고, 이하에서는 주택이나 상가건물이 아닌 부동산을 대상으로 하는 등기한 임대차와 등기하지 않은 임대차(채권적 전세 포함)에 관하여서만 설명하기로 한다.

나. 임대차의 보증금

㈎ 보증금의 의의

보증금이란 부동산임대차에서 임대차관계가 종료되어 임차부동산을 반환하는 때까지 임차인이 임대차와 관련하여 임대인에게 부담하는 차임이나 임차부동산의 멸실·훼손에 따른 손해배상 등의 채무를 담보하기 위하여 임차인 또는 제3자가 임대인에게 지급하는 금전을 말한다.

보증금은 보증금계약에 의하여 수수되는 것으로 거래의 실제에 있어서는 보증금만 지급하고 차임을 지급하지 않는 경우와 차임을 지급하면서 보증금도 지급하는 경우로 구분해 볼 수 있다. 어느 경우이든 보증금계약은 임대차계약과는 별개의 것으로 민법에 의하여 규율되지 않는 관습상의 것이다. 따라서 보증금의 성질과 내용 및 효력 등은 전적으로 해석에 의하여 판단하는 수밖에 없다.

㈏ 보증금계약의 법적성질

보증금계약은 임대차와 별개의 계약이지만 임대차에 종된 계약으로서 금전의 수수를 수반하는 요물계약으로 행하여지는 것이 보통이나 반드시 요물계약으로 하여야 하는 것은 아니고 보증금을 교부한다는 채권·채무를 발생시키는 낙성계약으로 할 수도 있다. 보증금계약은 반드시 임대차계약과 동시에 하여야 하는 것은 아니고, 임대차계약 성립 후 별도의 계약으로 할 수도 있다. 다만 보증금계약은 임대차계약의 종된 계약이므로 임대차계약이 유효하게 성립되지 않으면 그 효력이 없다. 또한 보증금계약은 임대차와는 별개의 계약이므로 임차인이 아닌 제3자가 보증금계약의 당사자가 될 수도 있다.

㈐ 보증금의 담보적 효력

보증금은 임대차관계가 종료되어 목적물을 반환하는 때까지 임대차관계에서 발생하는 임차인의 임대인에 대한 모든 채무를 담보한다. 즉 보증금은 ① 연체차임·관리비 ② 차임·관리비 연체로 인한 임대차계약의 해지와 그에 따른 임대차부동산의 인도 및 연체 차임·관리비의 지급을 구하는 소송비용 ③ 임차인의 고의 또는 과실에 의한 임대차부동산의 멸실·훼손에 따른 손해배상채무 등을 담보한다. 또한 임차인이 임대차부동산을 사용·수익하는 동안 그 사용·수익을 위하여 그 목적물에 관하여 발생한 관리비 · 수도료 · 전기료 등 용익에 관한 채무도 임대차계약에서 달리 약정하였다는 등의 특별한 사정이 없는 한 임대차관계의 성질상 보증금에 의하여 담보되는 임차인의 채무에 속한다.[211)]

다. 임대차의 존속기간

임대차의 존속기간은 당사자가 임대차계약으로 정한다. 최단기간이나 최장기간의 제한은 없다. 2016.1.6. 개정 전의 민법에서는 최장기간을 20년 이상으로 할 수 없는 제한이 있었으나 그 입법취지가 불분명하고 계약의 자유를 침해하므로 헌법에 위반된다는 헌법재판소의 결정(2011헌바234, 2013.12.26. 선고)을 반영하여 2016.1.6. 개정 및 시행된 민법에서 그 제한을 폐지한 바 있다. 다만, 처분능력, 권한 없는 자가 하는 임대차계약의 존속기간에는 일정한 제한이 있다(민 619 참조). 처분능력, 권한 없는 자란 이른바 처분행위는 할 수 없고 보존·이용·개량행위에 해당하는 관리행위만 할 수 있는 자로서 대리권의 범위가 불분명한 대리인을 그 예로 들 수 있다.

당사자가 임대차계약으로 존속기간을 정하지 아니한 때에는 당사자 즉 임대인이나 임차인은 언제든지 임대차계약해지의 통고를 할 수 있다(민 635①). 해지통고가 있은 때에 그 해지의 효력은, 임대인이 해지통고를 한 경우이면 임차인이 해지통고를 받은 날로부터 6개월이 경과한 후에 생기고, 임차인이 해지통고를 한 경우이면 임대인이 해지통고를 받은 날로부터 1개월이 경과한 후에 생긴다(민 635② i).

임대차의 존속기간은 당사자 사이의 계약으로 이를 갱신할 수 있다. 갱신기간은 당사자가 갱신계약으로 정한다. 갱신기간에 관하여도 2016.1.6. 개정 전의 민법에서는 최장기간을 10년 이상으로 할 수 없는 제한이 있었으나 2016.1.6. 개정 및 시행된 민법에서 폐지되었다. 한편 건물 기타 공작물의 소유 또는 식목, 채염, 목축을 목적으로 한 토지임대차의 기간이 만료한 경우에 건물, 수목 기타 지상시설이 현존한 때에는 임차인은 임대인에 대하여 임대차계약의 갱신을 청구할 수 있고, 임대인이 이에 불응하면 그 지상시설의 매수를 청구할 수 있다(민 643).

임대차기간이 만료한 후 임차인이 임차물의 사용, 수익을 계속하는 경우에 임대인이 상당한 기간내에 이의를 하지 아니한 때에는 전임대차와 동일한 조건으로 다

211) 대판 2012.6.28. 2012다19154 참조.

시 임대차한 것으로 본다(민 639①본). 다만 이 경우 임대차의 존속기간은 전임대차와 동일한 것으로 되지 않고 기간의 약정이 없는 것으로 된다. 따라서 당사자는 언제든지 임대차계약의 해지를 통고할 수 있고, 이 해지통고는 임차인이 한 것이면 임대인이 그 통고를 받은 날로부터 1개월, 임대인이 한 것이면 그 통고를 받은 날로부터 6개월이 경과한 후에 그 효력을 발생하게 된다(민 639①단, 635). 이와 같이 당사자사이의 갱신약정 없이 자동으로 갱신의 효력이 발생하는 경우를 법정갱신이라고 한다. 그러나 이러한 법정갱신에 관한 민법의 규정은 임의규정으로서 당사자가 임대차계약시 특약으로 미리 그 적용을 배제할 수 있는 것으로 해석되고 있다.

라. 임차인의 권리

㈎ 인도불이행시의 구제수단

임차인은 대상 부동산을 사용·수익할 수 있도록 해줄 것을 임대인에게 청구할 수 있는 권리를 가진다. 여기에서의 임차인은 임대차등기를 한 임차인이건 임대차등기를 하지 않은 임차인이건 묻지 않는다.

임대차계약의 효력이 발생하였음에도 불구하고 임대인이 대상 부동산의 점유를 이전하여 임차인으로 하여금 사용·수익할 수 있도록 하여주지 않으면 임차인은 그 채권적 효력에 기하여 대상 부동산의 인도를 청구할 수 있다. 또한 임대인이 대상 부동산의 인도를 하지 않는 것은 민법 제390조에서 규정하는 채무불이행이 되므로 임차인은 그로 인한 손해의 배상을 임대인에게 청구할 수 있다.

㈏ 보증금반환청구권

㈀ 보증금반환청구권의 발생시기

보증금은 임차인이 임대차와 관련하여 임대인에게 부담하는 차임 등의 채무를 담보하기 위하여 지급되는 것이므로 담보관계의 소멸시 담보에 충당하고 남는 금액을 임대인에게 반환청구할 수 있다.

보증금반환청구권은 임대차부동산의 반환과 동시이행으로 그 시점에서 담보채무를 공제한 금액에 관하여 발생하는 것으로 보아야 한다. 대법원판례가 「임대차계약에 있어서 임대차보증금은 임대차계약 종료 후 목적물을 임대인에게 인도

할 때까지 발생하는 임대차에 관한 임차인의 모든 채무를 담보한다[212]고 한 것은 바로 이 점을 고려한 것이라고 할 수 있다.

(ㄴ) 보증금 반환청구권 행사를 위한 권리

등기한 임대차이건 등기하지 아니한 임대차이건, 임차인은 존속기간의 만료 등으로 임대차가 종료되었으나 임대인이 보증금의 반환을 하지 않는 경우에, 바로 대상 부동산의 임의경매를 신청할 수가 없다. 물권적 전세권자의 경우와는 달리 임대차에 있어서는 임대차등기를 하였다 하여도 임차인에게 임의경매청구권이 부여되어 있지 않기 때문이다.

따라서 임차인은 그 보증금반환청구권에 관하여 집행력 있는 정본을 소지하고서 또한 임차부동산을 임대인에게 반환한 후에야 비로소 강제경매를 신청할 수 있으며, 그 경매절차에서의 매각대금으로부터도 우선배당을 받을 권리가 없어 다른 채권자의 배당참가가 있는 경우 그 배당참가채권자가 우선변제권을 가진 채권자이면 그 채권자보다 후순위로 배당받게 되며 우선변제권이 없는 일반채권자이면 채권자평등의 원칙에 따라 각 자의 채권액에 따른 안분배당을 받게 된다.

또한 임대인의 다른 채권자가 대상 부동산의 경매를 신청하여 그 경매절차가 진행됨으로써 임차권이 소멸하게 되는 경우에도, 바로 그 매각대금으로부터의 배당요구를 할 수가 없고 집행력 있는 정본을 소지하거나 대상 부동산에 대하여 가압류한 후에야 비로소 배당요구를 할 수 있다. 타인의 신청으로 진행되는 경매절차에서 배당요구를 함으로써 배당에 참가할 수 있는 채권자는 「집행력 있는 정본을 가진 채권자, 경매개시결정이 등기된 뒤에 가압류를 한 채권자, 민법 · 상법, 그 밖의 법률에 의하여 우선변제청구권이 있는 채권자」로 한정되어 있기 때문이다(민집 88).

(ㄷ) 임차권의 처분

등기한 임대차이건 등기하지 아니한 임대차이건 임차인은 임대인의 동의 없이 그 권리를 양도하거나 임차물을 전대하지 못한다(민 629①). 임차인의 권리 즉 임차권을 양도한다는 것은 임차권을 그 동일성을 유지하면서 제3자에게 이전시키는 것을 말한다. 임차권의 양도가 있으면 임차인은 임차인의 지위에서 벗어나고 양수인이 임차인의 지위를 승계하여 임차인으로서의 권리 · 의무를 가지게 된다.

---

212) 대판 2012.6.28. 2012다19154 참조.

그리고 임차물의 전대란 임차인이 자신이 임대인(즉 전대인)이 되어 그가 빌린 임차물을 다시 제3자(즉 전차인)로 하여금 사용·수익하게 하는 계약을 말한다.

임대인의 동의 없이 이루어진 임차권의 양도나 임차물의 전대라도 임차인(양도인)과 양수인 또는 임차인(전대인)과 전차인 사이에서는 유효하게 효력을 발생한다. 그러나 양수인 또는 전차인은 동의하지 않은 임대인에 대하여 임차권을 취득하였음을 주장하지 못하므로 목적물에 대한 점유는 임대인에 대한 관계에서 불법점유가 된다. 따라서 이 경우 임차인은 양수인 또는 전차인에 대하여 임대인의 동의를 얻어줄 의무를 부담한다. 한편 임대인은 임차인에 대하여 자신의 동의 없이 임차권을 양도한 것 또는 임차물을 전대한 것을 이유로 임대차계약을 해지할 수 있다(민 629②). 그리고 임대인이 임대차계약을 해지하지 아니한 상태에서는 양수인이나 전차인에게 목적물의 점유를 임차인에게 복귀시킬 것을 청구할 수 있고 나아가 임대차계약을 해지한 때에는 목적물을 자신에게 인도할 것을 청구할 수 있다.

임차권 자체를 담보로 제공할 수 있는지에 관하여는, 민법에 아무런 규정이 없으므로 부정하여야 한다. 다만 임차권자가 임대차관계의 종료시, 임대인에 대하여 가지는 보증금반환청구권은 지명채권의 일종으로서 이를 담보로 제공할 수가 있으나, 이는 용익권인 임차권 자체의 담보제공과는 구별되는 것이다.

(라) 제3자에 대한 대항력

(ㄱ) 대항력의 존부

제3자에 대한 대항력이란 당사자 사이에 체결한 임대차의 내용을 당사자 이외의 제3자에 대하여도 주장할 수 있는 효력을 말한다. 부동산임차인은 당사자 사이에 반대약정이 없으면 임대인에 대하여 그 임대차등기절차에 협력할 것을 청구할 수 있고, 부동산임대차를 등기한 때에는 그 때부터 제3자에 대하여 효력이 생긴다(민 621). 즉 등기한 임차권은 제3자에 대한 대항력이 있는 반면, 등기하지 않은 임차권이나 채권적전세권은 제3자에 대한 대항력이 없는 것이 원칙이다.

매매·증여 등의 개별적인 계약이나 또는 상속·합병 등의 포괄적인 승계원인에 의하여 대상 부동산의 소유권이 임대인으로부터 제3자에게로 이전된 때에는 등기한 임차권자는 구 소유자로부터 취득한 임차권을 가지고 신 소유자인 제3자에게 대항할 수 있다. 그러나 대상 부동산에 민사집행법에 의한 경매절차가 진행되는 경우에 등기한 임차권을 매수인에게 대항할 수 있는지 여부는 임차권보다 선순위이지만 매각으로 인하여 소멸하는 다른 권리가 있는지 여부에 따라 다른 바, 이에 관하여는 근저당권과의 관계로서 따로 설명하기로 한다.

(ㄴ) 대항력의 내용

(a) 신 소유자의 임대차 승계

특정의 부동산을 대상으로 한 임대차가 제3자에 대한 대항력을 가지는 경우 그 대항력의 내용은 제3자가 어떤 원인으로 대상 부동산의 소유권을 취득하였는지 그리고 소유권 취득시에 임대차의 존속기간이 만료되었는지 여부에 따라 다르다.

먼저 대상 부동산의 소유권이 매매·증여·상속 등 사법(私法)상의 원인에 의하여 제3자에게로 이전된 경우에 관하여 보면 다음과 같다. 첫째로 제3자 앞 소유권이전등기시 임대차의 존속기간이 만료되지 않은 상태이면 임차인은 신 소유자에 대하여도 남아 있는 기간 동안 대상 부동산을 사용·수익할 수 있고, 그 후 존속기간이 만료되면 보증금의 반환과 동시이행으로 대상 부동산을 신 소유자에 반환할 권리와 의무를 가진다. 둘째로 제3자 앞 소유권이전등기시 임대차의 존속기간이 만료되어 있는 상태이면 임차인은 신 소유자에게 보증금의 반환을 청구할 수는 있으나 대상 부동산의 계속적인 사용·수익을 주장할 수가 없고, 그에 따라 신 소유자는 보증금의 반환과 동시이행으로서 바로 대상 부동산의 반환을 임차인에게 요구할 수 있다.

다음에 경매의 경우에 있어서의 대항력의 내용은 매수인이 경매 부동산의 소유권을 취득하는 때인 매각대금 지급시를 기준으로 하여 그 시점에서 임대차의 존속기간이 만료되어 있는 상태인지 여부로 나누어 앞에서 설명한 매매 등에 의한 소유권이전의 경우에 준하는 것으로 보면 된다.

판례1-47

임대차기간 종료 후의 승계인에 대한 보증금반환청구권

등기된 임차권에는 용익권적 권능 외에 임차보증금반환채권에 대한 담보권적 권능이 있고, 임대차기간이 종료되면 용익권적 권능은 임차권등기의 말소등기 없이도 곧바로 소멸하나 담보권적 권능은 곧바로 소멸하지 않는다고 할 것이어서, 임차권자는 임대차기간이 종료한 후에도 임차보증금을 반환받기까지는 임대인이나 그 승계인에 대하여 임차권등기의 말소를 거부할 수 있다고 할 것이고, 따라서 임차권등기가 원인 없이 말소된 때에는 그 방해를 배제하기 위한 청구를 할 수 있다(대판 2002.2.26. 99다67079)

한편 임대차가 대상 부동산의 매매나 경매에 의한 소유권이전으로 구 소유자로부터 신 소유자에게로 이전된다고 할 때 신 소유자와 임차인 사이에 형성되는 임대차관계의 내용은 다음과 같다. 첫째 구 소유자와 임대차계약으로 합의한 차임과 차임지급시기에 관한 사항은 그대로 신 소유자에게 승계된다. 다만 차임과 차임지급시기는 등기부에 반드시 기재하여야 하는 사항이므로 (부등 74본), 이를 기재하지 않으면 그 내용을 신 소유자에게 대항할 수 없고 또한 실제의 임대차계약의 내용과 등기부의 기재내용이 다른 때에는 등기부의 기재내용과 다른 부분은 신 소유자에게 주장하지 못한다. 둘째 구 소유자에게 지급한 보증금도 이를 등기하여야 하는 것이므로 만일 그 등기를 하지 않았다면 임차인은 신 소유자에게 보증금의 반환청구를 하지 못한다. 셋째 구 소유자와 합의한 임대차의 존속기간이 있다 하더라도 이를 등기하지 않았으면 신 소유자에 대한 관계에서는 존속기간의 약정이 없는 것으로 된다. 넷째 임차권의 양도나 임차물의 전대에 대하여 구 소유자가 동의한 바 있다 하여도 그 내용이 등기되어 있지 않으면 신 소유자에 대한 관계에서는 동의한 바 없는 것으로 된다. 그리고 당초의 임대차계약내용이 임대차계약의 변경으로 변동되어 있는 경우에도 그 변경등기가 되어 있지 않으면 변경 전 내용으로 신 소유자에게 승계된다.

⒝ 구 소유자의 임대차관계 이탈

신 소유자가 구 소유자와 임차인 사이의 임대차관계를 인수하게 되면 구 소유자인 임대인은 임차인의 동의가 없이도 임대차관계에서 완전히 이탈하여 보증금반환의무를 면하게 되는지 여부는 민법에 명문의 규정이 없어 문제로 되나, 임대인으로서의 권리·의무는 대상 부동산의 소유자이기만 하면 취득하고 이행할 수 있는 것으로 대상 부동산의 소유자가 누구인지는 그다지 중요한 것이 아니므로, 대상 부동산의 소유권이전이 있으면 임대인의 지위도 당연히 구 소유자로부터 신 소유자에게로 이전되고, 그에 따라 구 소유자는 임대차관계에서 완전히 이탈하여 보증금반환채무를 면한다고 보는 것이 타당하다.

그러나 기간만료나 당사자의 합의 등으로 임대차가 종료된 이후에 대상 부동산이 양도된 때에는 임차인이 임대인의 지위승계를 원하지 않는 경우 대상 부동산의 양도사실을 안 때로부터 상당한 기간 내에 이의를 제기함으로써 신 소유자가 임대차관계를 승계함으로써 구 소유자가 임대차관계에서 완전히 이탈하여 보증금반환채무를 면하게 되는 것을 저지하고 구 소유자로부터 보증금의 반환을 받을 수 있는 것으로 보아야 한다(대판 2002.9.4. 2001다64615 참조). 임대차가 종료된 때에는 임대인은 임차인에게 즉시 보증금의 반환을 하여야 하는데, 이 시점에서 변제자력이 충분한 구 소유자가 변제자력이 없는 자에게 대상 부동산의 소유권을 이전시킴으로써 바로 보증금반환채무를 면하게 하는 것은 임차인에게 합리적인 이유 없이 불이익을 주는 것이 되어 타당하지 않기 때문이다.

(ㄷ) 유치권의 성부

임대차관계를 신 소유자에게 대항할 수 없는 경우라도 임차인은 신 소유자에 대하여 대상 부동산에 대한 유치권을 주장하여 보증금의 반환이 없다는 이유로 대상 부동산의 반환청구를 거절할 수 있는 것인지의 여부가 문제로 되나, 대법원판례는 「건물의 임대차에 있어서 임차인의 임대인에게 지급한 임차보증금 반환청구권이나 임대인이 건물시설을 아니하기 때문에 임차인에게 건물을 임차목적대로 사용 못한 것을 이유로 하는 손해배상청구권은 모두 민법 제320조에 규정된 소위 그 건물에 관하여 생긴 채권이라 할 수 없으므로(보증금에 관한 당원 1960.9.29선고 4292민상229 판결 참조) 원심판결이 이와 같은 취지에서 보증금반환채권과 손해배상채권에 관한 피고의 유치권 주장을 배척한 조치는 정당하다」[213] 고 함으로써 부정하고 있다.

(ㄹ) 대항력이 없는 경우의 보증금반환청구권

등기하지 않은 임대차나 채권적전세의 경우 임차인은 임대인과의 임대차계약을 제3자에게 대항할 수 없다. 따라서 임대차부동산의 신 소유자는 임차인이 구 소유자에 대하여 가지는 보증금반환청구권을 인수하지 않으므로, 임차인은 구 소유자와의 임대차계약에 따른 임대차의 존속기간 만료 여부에 관계없이 신 소유자의 청구에 따라 임대차부동산을 인도하여야 하고, 이 경우 보증금은 구 소유자에게 청구하여 반환받을 수밖에 없다.

(ㅁ) 권리금

권리금이란 주로 영업용 건물의 임대차(채권적 전세 포함)에 있어서 임차인이 임대인에게 지급하는 임대차보증금 이외에 임대차건물의 전임차인에게 지급하는 금전으

213) 대판 1976.5.11. 75다1305 참조.

로, 특정한 장소에서의 영업시설 · 비품과 일정한 기간 동안 영업을 함에 따라 생긴 거래처 · 신용 · 영업상의 노하우(know-how)등의 이전에 따른 대가라고 할 수 있다.

권리금은 임대인과는 무관하게 임차인들 사이에 관행상 주고받는 것이 보통으로 그 권리금은 임대차계약의 내용을 이루는 것은 아니어서 임대차계약의 종료시 임차인이 임대인에 대하여 반환청구권을 가지지 않는다. 그러나 권리금이 임대인에게 지급되는 경우도 있는데 이 경우 임차인이 임대인에 대하여 권리금 반환청구권을 가지는 것인지 문제로 되는데, 이에 관하여는 임차인이 약정된 임대차의 존속기간 동안 유효하게 임차목적물을 이용한 경우는 반환청구권을 가지지 않는 반면 임대인의 사정으로 임대차계약이 중도 해지됨으로써 당초 보장된 기간 동안의 이용이 불가능해졌다는 등의 특별한 사정이 있는 때에는 그 잔여기간에 해당하는 권리금의 반환청구권을 가지는 것으로 보는 것이 타당하다. 대법원판례도 같다(대판 2012.10.25. 2012다58593).

마. 임차인의 의무

(가) 사용료

임차인은 임차물을 사용 · 수익하는 대가로서 차임을 지급할 의무를 부담한다(민 618). 차임은 반드시 금전으로만 지급하여야 하는 것은 아니나 거래의 현실에 있어서는 대부분 금전으로 지급하고 있다. 차임의 액과 지급시기는 당사자가 임대차의 내용으로 자유로이 정할 수 있다. 만일 당사자의 약정으로 지급시기를 정하지 아니한 때에는 건물이나 대지에 대하여는 매월 말에 기타 토지에 대하여는 매년 말에 지급하여야 한다(민 633본).

한편 임대차의 당사자는 차임을 지급하는 대신에 보증금을 지급하기로 할 수가 있고 또한 보증금과 차임을 함께 지급하기로 할 수도 있다. 임대차에 있어서 임차인이 임대인에게 보증금을 지급하는 때에는 그 보증금의 운용수익이 차임에 해당하게 된다. 그리고 임대차에 있어서의 보증금과 차임은 채권적전세에 있어서의 전세금(또는 전세보증금)과 월세에 대응하는 것으로 보면 된다.

(나) 대상 부동산의 반환

임대차관계가 종료되는 경우에 임차인은 대상 부동산을 임대인에게 반환할 의무를 부담한다. 그런데 이 경우 대상 부동산의 반환의무가 임대인의 보증금반환의무와 동시이행의 관계에 있는지 여부가 문제로 된다. 그러나 이를 긍정한다고 해서 임대인에게 특별히 불이익한 것이 없는 반면 부정하게 되면 임차인이 임대인의 무자력(無資力)으로 보증금을 반환받을 수 없는 경우가 발생할 수 있어 임차인에게 불이익하다는 점에서 형평의 원칙에 비추어 긍정하는 것이 타당하다. 대법원판례도 같다.[214)]

바. 임차권과 근저당권의 관련성

전세권과 달리 임차권 자체는 임차권등기를 한 것인지의 여부에 관계없이 근저당권의 목적물이 될 수 없다. 그러나 임차권과 근저당권은 ① 동일한 부동산을 대상으로 임대차계약과 근저당권설정이 이루어지는 경우가 있는 점 ② 보증금반환청구권을 담보하기 위하여 근저당권설정등기를 하는 경우가 있다는 점에서 서로 관련되어 있는 바, 각 경우에 관하여 이하에서 순차로 설명하기로 한다.

(2) 동일한 부동산상의 임차권과 근저당권의 법률관계

가. 임차권과 근저당권의 상호관계

임대차가 있는 부동산이라고 하여 그 소유자가 근저당권을 설정할 수 없는 것이 아니고 또한 이미 근저당권이 설정되어 있는 부동산이라고 하여 임차권을 설정할 수 없는 것도 아니다. 따라서 임차권과 근저당권은 대상 부동산상에 경매절차가 실시되어 매수인이 소유권을 취득하기 전까지는 독립하여 병존하게 된다.

그러나 대상 부동산에 경매절차가 실시되어 매수인이 소유권을 취득하게 되면 임차권과 근저당권은 상호 영향을 미치게 된다. 구체적으로 어떠한 영향을 미치는지는 임대차의 등기가 되어 있는지 여부와 경매 부동산상에 존재하는 임차권등기와 근저당권설정등기 중 어느 것이 먼저 된 것인지에 따라 다르다.

---

214) 대전합판 1977.9.28. 77다1241,1242 참조.

나. 임차권이 근저당권보다 선순위인 경우

㈎ 임대차관계의 매수인에 대한 대항 가능여부

대상 부동산에 대하여 경매절차가 실시되는 경우 등기한 임차권은 그 임대차 관계가 매수인에게 승계되어 임차인은 구 소유자와의 임대차관계를 신 소유자인 매수인에 대하여도 대항할 수 있는 것이 원칙이다.

그러나 등기하지 않은 임차권은 근저당권보다 선순위로 성립된 경우라도 그 임대차관계가 매수인에게 승계되지 않으며, 그에 따라 이들 임차인은 구 소유자와의 임대차관계를 신 소유자인 매수인에 대하여 대항할 수 없게 된다.

㈏ 보증금의 배당요구 가능여부

임차인은 임대차의 등기여부에 관계없이 보증금반환청구권에 관하여 우선변제권이 없다. 따라서 임차인이 경매절차의 진행 중에 임대차관계를 종료시켜 임대인에 대한 관계에서 보증금반환청구권을 발생시키더라도, 배당요구의 종기까지 그 보증금반환청구권에 관하여 집행력 있는 정본을 소지하거나 또는 대상 부동산에 대하여 가압류를 한 경우가 아니면, 매각대금으로부터 배당요구를 하지 못한다. 민사집행법 제88조 제1항은 타인의 신청에 의하여 진행되는 경매절차에서 배당요구를 할 수 있는 채권자를 ①집행력 있는 정본을 가진 채권자 ②경매개시결정이 등기된 뒤에 가압류를 한 채권자 ③민법·상법 그 밖의 법률에 의하여 우선변제청구권이 있는 채권자로 한정하고 있기 때문이다.

또한 임차인은 배당요구의 종기까지 그 보증금반환청구권에 관하여 집행력 있는 정본을 소지하거나 또는 대상 부동산에 대하여 가압류를 하고서 배당요구를 하더라도, 그 보증금반환청구권에 관하여 우선변제권이 인정되어 있지 않아 임차권보다 후순위로 등기된 근저당권자에 배당하고 남는 금액이 있는 경우에 한하여, 다른 배당참가한 일반채권자와 각자의 채권액에 안분하여 배당받게 된다.

다만 임대차등기를 한 임차인의 경우는 매각대금으로부터의 우선변제는 받을 수 없다 하더라도, 그 임대차관계가 매수인에게 승계되므로 매수인이 보증금을 반환할 때까지 대상 부동산을 반환하지 않고 계속 점유함으로써 사실상으로 우선변제를 받는 효과를 거둘 수가 있다. 문제는 임대차등기를 한 임차인이, 배당요구의 종기까지 임대차가 종료되고 또한 배당을 요구할 수 있는 채권자로서의 요건을 구비하고 있는 경우(즉, 보증금반환청구권에 관하여 집행력 있는 정본을 소지하거나 대상 부동산을 가압류한 경우)에 배당요구를 하고서도 배당되지 못하는 잔여 보증금의 반환을 받을 때까지 매수인에 대하여 대상 부동산의 반환을 거절할 수 있는지 여부이다.

이에 관하여는 다음과 같은 이유로 긍정설이 타당하다고 본다. 첫째는 전세권의 경우와 달리 임차권에 관하여는 배당요구가 임차권의 소멸사유로 되어 있지 않다는 점이다. 둘째는 배당요구를 하였다고 임차권이 소멸하는 것으로 하면, 우선변제권이 없는 임차인으로서는 전혀 배당을 받지 못하고 매수인에 대한 대항력만 상실하는 결과가 되어, 임차인에게 매우 가혹할 뿐만 아니라 임차인 보호의 취지에도 배치된다는 점이다. 셋째는 배당요구의 종기를 개정 전의 민사소송법이 낙찰기일로 하고 있는 것과는 달리 현행 민사집행법은 첫 매각기일 이전으로 정하도록 하고 있어, 매수인이 대항력 있는 임차인의 배당요구가 있는지 여부를 미리 알고서 이를 감안하여 매수신고가격을 정할 수 있다는 점에서 긍정하더라도 매수인에게 특별히 불이익이 초래되지 않는다는 점이다.

다. 근저당권이 임차권보다 선순위인 경우

대상 목적물에 대하여 경매절차가 실시되는 경우 임차권은 임대차의 등기를 한 여부에 관계없이 근저당권과 함께 소멸되어, 임차인은 전 소유자와의 임대차 관계를 신 소유자인 매수인에 대하여 대항할 수 없게 된다. 따라서 이 경우에 임차인은 매각대금으로부터의 배당요구를 하여 보증금반환청구권에 대한 만족을 구할 수밖에 없다.

그리고 여기에서 근저당권이 등기한 임차권보다 선순위라고 하는 것은 제1순위의 근저당권과 제2순위의 임대차등기가 있는 상태에서 제1순위 근저당권자의 신청으로 경매절차가 실시되는 경우는 물론이고, 제1순위의 근저당권과 제2순위의 임대차등기 및 제3순위의 근저당권이 있는 상태에서 제3순위 근저당권자의 신청으로 경매절차가 실시되는 경우까지를 포함한다.

한편 임차인은 임대차등기를 하였다고 할지라도 대상 부동산의 매각대금으로부터 우선변제를 받을 수 있는 권리가 없어 우선변제권자가 아닌 일반채권자로서 배당참가할 수밖에 없고 또한 그 배당순위에 있어서도 제1순위 근저당권자에 대하여서는 물론이고 제3순위 근저당권자에 대하여서도 후순위가 된다. 그 결과 선순위 근저당권자가 배당받고 남는 금액이 있다고 하더라도 임대차등기후에 등기한 후순위 근저당권자의 피담보채권액이 잔여금액을 초과하는 때에는 임차인은 전혀 배당을 받을 수 없게 된다. 예컨대 시가가 1억 원인 A소유의 부동산에 채권최고액을 1천만 원으로 하는 S앞 근저당권설정등기, D앞 보증금 5천만 원의 임대차등기, 채권최고액을 9천만 원으로 하는 K앞 근저당권설정등기가 된 후 동 부동산에 경매절차가 진행되어 배당할 금액이 1억 원이라고 하면 동 배당금은 제1순위로 S에게 1천만 원, 제2순위로 K에게 9천만 원의 순위로 배당되고 D는 전혀 배당을 받지 못하게 되는 것이다.

따라서 이와 같은 경우 임차인이 그 권리를 보전하려면 자기보다 선순위의 근저당권에 의하여 담보되는 채권을 변제하고 그 근저당권을 말소시켜 임대차등기가 제1순위인 상태에서 경매가 실시되도록 하는 수밖에 없다. 예컨대 앞의 예에서 D가 S의 담보채권 1천만 원을 변제하여 그 근저당권을 소멸시키고 자신의 임대차등기가 제1순위인 상태에서 경매절차가 실시되도록 하면, 그 경매절차에서의 매수인은 D의 임대차등기를 승계하는 조건으로 동 부동산의 소유권을 취득하게 되어 D는 매수인이 보증금을 반환하지 않으면 대상 부동산의 반환을 거절할 수 있어 5천만 원의 보증금반환채권을 보전할 수 있게 되는 것이다.

라. 임차권에 대한 근저당권자의 대응방안

근저당권을 설정하려고 하는 부동산상에 이미 임차권등기가 되어 있는 때에는, 그 부동산의 담보가액을 산정함에 있어서 대상부동산의 감정평가액으로부터 임대차보증금을 공제하여야 한다. 근저당부동산이 경매되는 경우 근저당권자는 경매 부동산의 매각대금으로부터 배당을 받게 되는데, 경매 부동산의 매수인은 그 매수신청가격을 결정함에 있어서 자신이 인수하게 되는 임대차의 보증금을 공제할 것이기 때문이다. 이에 대하여 근저당권이 설정된 이후에 등기된 임차권은 근저당권자의 신청으로 경매절차가 진행되는 경우 그 근저당권과 함께 소멸되어 매수인에게 인수되지 않으므로 근저당권자가 이를 고려할 필요가 없다.

이에 대하여 임대차가 있기는 하나 임대차의 등기가 되어 있지 않은 부동산을 담보로 취득하는 때에는, 그 부동산의 담보가액을 산정함에 있어서 그 임대차의 보증금을 공제하지 않아도 된다. 이 경우는 대상 부동산의 매수인이 임대차를 인수하지 않기 때문이다. 다만 경매 부동산을 매수하는 매수인이 이러한 임대차를 인수하지는 않는다고 할지라도, 이들 임차인으로부터 경매 부동산을 반환 받으려면 시간과 비용 및 노력을 요하게 되어 그에 상응하는 정도의 매수가격 저감을 가져오는 것이 보통이므로, 그에 상응하는 금액만큼을 담보가액에서 공제할 필요는 있다.

[참고] 전세권과 임차권의 비교

<table>
<tr><th colspan="2">구 분</th><th>물권적전세</th><th>등기한 임대차</th><th>등기 아니한 임대차</th><th>채권적 전세</th></tr>
<tr><td colspan="2">(1)성립요건</td><td>• 전세권설정계약
• 전세금지급
• 전세권설정등기</td><td>• 임대차계약
• 임차권설정등기</td><td>임대차계약</td><td>전세계약
(특수한 임대차)</td></tr>
<tr><td colspan="2">(2)용익권의 성질</td><td>물권</td><td colspan="3">채권</td></tr>
<tr><td colspan="2">(3)존속기간
• 최단기간
• 최장기간</td><td>1년(건물에 한함
10년</td><td colspan="3">없음
없음</td></tr>
<tr><td rowspan="3">(4)
용익권자의
권리</td><td>①인도 불이행시의 구제수단</td><td>• 물권적청구권행사
– 반환청구
– 방해제거청구
–방해예방청구
• 불법행위로 인한 손해배상청구</td><td colspan="3">• 채권적청구권행사 – 인도청구
• 채무불이행으로 인한 손해배상청구</td></tr>
<tr><td>②처분</td><td>양도, 전전세, 임대, 또는 담보제공에 설정자의 동의 불요</td><td colspan="3">• 양도 또는 전대에 임대인의 동의 필요
• 담보제공 불가</td></tr>
<tr><td>③전세금, 보증금 반환청구권 확보를 위한 권리
• 임의경매 청구권
• 배당요구권
• 우선변제권</td><td>있음
있음
있음</td><td colspan="3">없음 (집행정본이 있어야 경매청구 가능)
없음 (집행정본이 있거나 경매목적물에 가압류를 한 경우에만 배당요구 가능)
없음</td></tr>
</table>

<table>
<tr><th colspan="2">구 분</th><th>물권적전세</th><th>등기한 임대차</th><th>등기 아니한 임대차</th><th>채권적 전세</th></tr>
<tr><td>(4) 용익권자의 권리</td><td>④제3자 대항력
• 매매의 경우
• 경매의 경우</td><td>있음

• 저당권보다 선순위인 것 : 있음
• 저당권보다 후순위인 것 : 없음
* 저당권보다 선순위라도 배당요구를 한 때는 없음</td><td>있음

• 저당권보다 선순위인 것 : 있음
• 저당권보다 후순위인 것 : 없음</td><td colspan="2">없음

없음</td></tr>
<tr><td rowspan="2">(5) 용익권자의 의무</td><td>①사용료</td><td>없음</td><td colspan="2">• 차임지급
• 보증금지급으로 차임지급에 갈음</td><td>• 월세지급
• 전세보증금지급으로 월세지급에 갈음</td></tr>
<tr><td>②목적물 반환</td><td>전세금반환과 동시이행 관계</td><td colspan="2">보증금반환과 동시이행관계</td><td>전세보증금반환과 동시이행 관계</td></tr>
</table>

(3) 보증금반환청구권의 담보를 위한 근저당권

임대차에 있어서는 임차권설정등기를 하였다 하더라도 물권적 전세와는 달리 대상 부동산이 1필의 토지의 일부나 1동의 건물의 일부인 경우는 물론이고 전부인 경우라도 임차인에게 보증금반환청구권의 확보를 위한 임의경매청구권과 우선변제청구권이 인정되어 있지 않다. 그 결과 소유자인 임대인의 보증금반환이 없는 경우 임차인은 보증금반환청구권에 관한 집행권원을 취득하여 강제경매를 신청하는 수밖에 없다. 그러나 이 경우 임차인은 매각대금으로부터의 우선변제권이 없어 보증금 전액을 반환받지 못할 수가 있다.

따라서 부동산을 임차하고 그 소유자에게 보증금을 지급하는 경우 그 보증금반환청구권에 관하여 대상 부동산 전체에 대한 임의경매청구권과 우선변제권을 확보하려면 보증금반환청구권을 피담보채권으로 하는 근저당권을 설정하여야 한다. 다만 이 경우 임차인은 소유자와의 임대차계약에서 정한 임차권의 존속기간을 제3자에게 대항할 수 없는 단점이 있다. 그러므로 임대인과 합의한 임차권의 존속기간을 제3자에게도 대항할 수 있게 하려면 보증금반환청구권을 피담보채권으로 하는 근저당권설정등기를 하는 이외에 대상 부동산에 임차권설정등기를 함께 하여야 한다.

그런데 근저당권설정등기 이외에 임차권설정등기를 함께 하는 경우에는 그에 따른 등기비용이 등이 추가로 소요되므로, 근저당권설정등기만을 하는 것과 근저당권설정등기 이외에 임차권설정등기도 함께 하는 것 중 어느 쪽을 선택할 것인지는 안정적인 용익권 확보와 비용절약 중 어느 것을 우선시할 것인지 고려하여 판단해야 한다.

10. 주택임차권과의 관계

(1) 주택임차권제도의 개요

가. 주택임차권의 의의

주택임차권이란 주택을 대상으로 하는 임대차에 의하여 주택임차인이 임대차의 목적물인 주택을 사용·수익할 수 있는 권리를 말한다.

주택을 대상으로 하여서도 앞에서 설명한 ①물권적전세 ②등기한 임대차 ③등기하지 아니한 임대차 및 채권적전세의 3가지 용익관계가 설정될 수 있는데 이들 3가지의 용익관계 중 용익권자의 권리를 가장 잘 보호하는 것은 물권적전세이고, 그 다음이 등기한 임대차이며, 채권적전세나 등기하지 아니한 임대차의 경우는 용익권자의 보호가 아주 미흡하다는 것을 알 수 있다.

그런데 현실의 거래에 있어서는 주택수급의 불균형으로 인하여, 주택을 빌려 쓰는 자가 물권적전세나 등기한 임대차를 이용하지 못하고, 대부분의 경우 등기하지 아니한 임대차나 채권적전세를 이용할 수밖에 없는 실정이다. 그 결과 대상 주택이 매매되거나 경매되어 그 소유권이 제3자에게 이전되면, 용익권자가 구 소유자와의 주택이용관계를 신 소유자에게 대항할 수 없을 뿐만 아니라, 대상 주택의 매각대금으로부터 우선변제도 받지 못하고 빌린 주택에서 쫓겨나야 했다. 이러한 결과는 커다란 사회적 문제를 야기하게 되었고 이의 해결을 위한 특별입법이 요망되었다.

이에 1981년 주택임차인의 주거생활 안정을 도모한다는 취지에서 주택임대차보호법이 제정되게 되었으며 그 후 몇 차례의 개정을 거쳐 오늘에 이르게 되었다. 이 주택임대차보호법은 주택임차인의 보호를 위한 것으로 그 내용을 요약하여 보면 ① 존속기간과 차임·보증금에 관한 특례 ② 등기 이외의 요건구비에 의한 제3자 대항력 부여 ③ 소액보증금 중 일정액에 대한 최우선변제권 인정 ④ 보증금 전액에 대한 순차적우선변제권 인정 ⑤ 임차권등기명령에 의한 보호 ⑥ 보증금반환청구권행사의 절차상 특례 ⑦ 주택임차권의 승계에 관한 특례 ⑧ 주택임대차와 관련된 분쟁해결절차상의 특례 ⑨ 주택임대차표준계약서의 사용의 9가지라고 할 수 있다. 이하에서는 이상 9가지의 보호내용과 그 적용범위 및 이들 주택임차인과 근저당권자의 관계에 관하여 순차로 설명하기로 한다.

나. 존속기간과 차임·보증금에 관한 특례

㈎ 최단존속기간

일반임대차에 있어서는 최단존속기간의 제한이 없다. 그러나 주택임대차에 있어서 기간의 정함이 없거나 기간을 2년 미만으로 정한 경우에는 그 기간을 2년으로 본다. 다만 임차인은 2년 미만으로 정한 기간이 유효함을 주장할 수 있다(주임보 4①). 즉 주택임대차의 최단존속기간이 2년이라는 것은 임차인을 위한 것이므로 임대차의 존속기간을 2년 미만으로 정한 경우라도 임대인에 대해서는 효력이 있다. 따라서 주택임대에 있어서 그 임대차기간을 2년 미만인 예컨대 1년으로 약정한 경우 임차인은 임대인에 대하여 약정 임대차기간 1년이 끝날 즈음 임대차계약의 종료와 임대차계약의 2년 존속 중 선택할 수 있고, 임대인도 임차인에 대하여 어떤 선택을 할 것이지 결정하여 달라는 요구를 할 수 있는 것으로 보아야 한다.[215)]

그러면 위와 같은 임차인의 선택과 임대인의 선택요구는 언제까지 이루어져야 하는가. 이에 관하여는 임대차기간이 끝나기 6개월 전부터 1개월(2020.12.10. 이후 최초로 체결되거나 갱신된 임대차계약은 2개월) 전까지의 기간에 이루어져야 할 것으로 본다. 이 기간 내에 임대인과 임차인의 아무런 의사표시가 없으면 주

---

215) 대판 2001.9. 25. 2000다24078 참조.

택임대차보호법 제6조와 제6조의 2 및 부칙 제2조에 따라 다음에 설명하는 임대차계약의 법정갱신이 되는 것으로 보아야 하기 때문이다.

(나) 임대차계약의 법정갱신

임대인이 임대차기간이 끝나기 6개월 전부터 1개월(2020.12.10. 이후 최초로 체결되거나 갱신된 임대차계약은 2개월) 전까지의 기간에 임차인에게 갱신거절(更新拒絕)의 통지를 하지 아니하거나 계약조건을 변경하지 아니하면 갱신하지 아니한다는 뜻의 통지를 하지 아니한 경우에는 그 기간이 끝난 때에 전 임대차와 동일한 조건으로 다시 임대차한 것으로 본다. 임차인이 임대차기간이 끝나기 1개월(2020.12.10. 이후 최초로 체결되거나 갱신된 임대차계약은 2개월) 전까지 통지하지 아니한 경우에도 또한 같다(주임보 6①, 부②). 그러나 이와 같은 임대차계약의 자동갱신은 2기(期)의 차임액(借賃額)에 달하도록 연체하거나 그 밖에 임차인으로서의 의무를 현저히 위반한 임차인에 대하여는 적용하지 아니한다(주임보 6③).

위와 같이 임대차계약이 법정갱신되는 경우 그 갱신된 임대차의 존속기간은 2년으로 본다(주임보 6②). 그러나 이 경우 임차인은 언제든지 임대인에게 계약해지(契約解止)를 통지할 수 있고, 이 해지는 임대인이 그 통지를 받은 날부터 3개월이 지나면 그 효력이 발생한다(주임보 6의2).

한편, 임대차기간을 2년 미만인 예컨대 1년으로 약정한 경우에 임차인이 1년의 임대차기간이 끝나기 6개월 전부터 1개월(2020.12.10. 이후 최초로 체결되거나 갱신된 임대차계약은 2개월) 전까지 임대차의 종료를 선택하면 임대차계약은 종료되고, 임대차계약의 2년 존속을 선택하면 임대차의 존속기간이 처음부터 2년이었던 것으로 되어 임대차계약의 법정갱신에 관한 주택임대차보호법 제6조와 제6조의 2의 규정이 적용된다.

문제는 1년의 임대차기간이 끝나기 6개월 전부터 2개월 전까지 임차인과 임대인 모두 아무런 의사표시가 없었던 경우와 임대인이 임차인에게 임대차계약의 종료와 임대차계약의 2년 존속 중 선택할 것을 요구하였으나 동 기간 내에 임차인이 아무런 선택을 하지 않은 경우의 법률관계이다.

첫째의 문제는 임대차기간이 1년이 끝난 때에 임대차계약이 법정갱신된 것으로 보아야 한다. 다만, 이 경우 갱신된 임대차에 대하여도 주택임대차보호법 제

6조와 제6조의 2의 규정이 적용되는지 문제될 수 있으나, 동법 제6조와 제6조의 2의 규정은 임대차계약 전반에 관한 것이지 임대차계약기간이 2년인 경우만을 대상으로 한 것이 아니므로 긍정하는 것이 타당하다.[216)]

둘째의 문제는 임대인이 임차인에게 임대차계약의 종료와 임대차계약의 2년 존속 중 선택할 것만을 요구한 경우는 주택임대차보호법 제6조에서 규정하는 임대차기간이 끝나기 6개월 전부터 1개월(2020.12.10. 이후 최초로 체결되거나 갱신된 임대차계약은 2개월) 전까지의 기간에 임차인에게 갱신거절(更新拒絕)의 통지를 하거나 계약조건을 변경하지 아니하면 갱신하지 아니한다는 뜻의 통지를 한 경우가 아니므로 동법 제6조에서 규정하는 법정갱신이 이루어진 것으로 보아 동법 제6조와 제6조의 2의 규정이 적용되는 것으로 보아야 한다.

다만, 둘째의 경우 임대인이 임차인에게 선택을 요구하는 통지를 하는 때에, 임대차기간이 끝나기 1개월(2020.12.10. 이후 최초로 체결되거나 갱신된 임대차계약은 2개월) 전부터 회신을 받는데 적절한 기한까지 선택이 없으면, 임대차종료 또는 임대차기간 2년을 선택한 것으로 간주하겠다는 내용을 넣었음에도, 임차인이 아무런 선택을 하지 아니하고 소정기간의 지나면, 임대인의 임차인에 대한 통지내용에 따라 임대차종료 또는 임대차기간 2년의 효력이 생긴다고 보는 것이 타당하다.

㈐ 임대차계약의 갱신요구 등

임대인이 임대차기간이 끝나기 6개월 전부터 1개월(2020.12.10. 이후 최초로 체결되거나 갱신된 임대차계약은 2개월) 전까지의 기간에 임차인에게 갱신거절(更新拒絕)의 통지를 하거나 계약조건을 변경하지 아니하면 갱신하지 아니한다는 뜻의 통지를 한 때에도, 임차인이 임대차기간이 끝나기 6개월 전부터 1개월(2020.12.10. 이후 최초로 체결되거나 갱신된 임대차계약은 2개월) 전까지의 기간 이내에 임대차계약의 갱신을 요구할 경우 임대인은 정당한 사유 없이 거절하지 못한다. 다만, 다음의 어느 하나에 해당하는 경우에는 그러하지 아니하다(주임보 6의3①, 부②).

① 임차인이 2기의 차임액에 해당하는 금액에 이르도록 차임을 연체한 사실이 있는 경우

---

216) 대판 1996.4.26. 96다5551 참조.

② 임차인이 거짓이나 그 밖의 부정한 방법으로 임차한 경우
③ 서로 합의하여 임대인이 임차인에게 상당한 보상을 제공한 경우
④ 임차인이 임대인의 동의 없이 목적 주택의 전부 또는 일부를 전대(轉貸)한 경우
⑤ 임차인이 임차한 주택의 전부 또는 일부를 고의나 중대한 과실로 파손한 경우
⑥ 임차한 주택의 전부 또는 일부가 멸실되어 임대차의 목적을 달성하지 못할 경우
⑦ 임대인이 다음 각 목의 어느 하나에 해당하는 사유로 목적 주택의 전부 또는 대부분을 철거하거나 재건축하기 위하여 목적 주택의 점유를 회복할 필요가 있는 경우
 i) 임대차계약 체결 당시 공사시기 및 소요기간 등을 포함한 철거 또는 재건축 계획을 임차인에게 구체적으로 고지하고 그 계획에 따르는 경우
 ii) 건물이 노후·훼손 또는 일부 멸실되는 등 안전사고의 우려가 있는 경우
 iii) 다른 법령에 따라 철거 또는 재건축이 이루어지는 경우
⑧ 임대인(임대인의 직계존속·직계비속을 포함한다)이 목적 주택에 실제 거주하려는 경우
⑨ 그 밖에 임차인이 임차인으로서의 의무를 현저히 위반하거나 임대차를 계속하기 어려운 중대한 사유가 있는 경우

임차인은 위와 같은 계약갱신요구권을 1회에 한하여 행사할 수 있다. 이 경우 갱신되는 임대차의 존속기간은 2년으로 본다(주임보 6의3②). 전 임대차가 법정갱신되어 2년의 존속기간이 만료되는 경우에도 임차인이 갱신요구를 할 수 있는지 문제이나, 법정갱신은 갱신요구권 행사에 따라 갱신된 것이 아니므로 갱신요구를 할 수 있는 것으로 보아야 한다.

갱신되는 임대차는 전 임대차와 동일한 조건으로 다시 계약된 것으로 본다. 다만, 차임과 보증금은 주택임대차보호법 제7조의 범위에서 증감할 수 있다(주임보 6의3③). 갱신요구에 따라 갱신된 임대차계약에 관하여 임차인은 언제든지 임대인에게 계약해지(契約解止)를 통지할 수 있으며, 임차인의 해지는 임대인이 그 통지를 받은 날부터 3개월이 지나면 그 효력이 발생한다(주임보 6의3④, 6의2).

임대인(임대인의 직계존속·직계비속을 포함한다)이 목적 주택에 실제 거주하

려고 갱신을 거절하였음에도 불구하고 갱신요구가 거절되지 아니하였더라면 갱신되었을 기간이 만료되기 전에 정당한 사유 없이 제3자에게 목적 주택을 임대한 경우 임대인은 갱신거절로 인하여 임차인이 입은 손해를 배상하여야 하는데 (주임보 6의3⑤), 그 손해배상액은 거절 당시 당사자 간에 손해배상액의 예정에 관한 합의가 이루어지지 않는 한 다음의 금액 중 큰 금액으로 한다(주임보 6의3⑥).

① 갱신거절 당시 월차임(차임 외에 보증금이 있는 경우에는 그 보증금을 주택임대차보호법 제7조의2 각 호 중 낮은 비율에 따라 월 단위의 차임으로 전환한 금액을 포함한다. 이하 "환산월차임"이라 한다)의 3개월분에 해당하는 금액

② 임대인이 제3자에게 임대하여 얻은 환산월차임과 갱신거절 당시 환산월차임 간 차액의 2년분에 해당하는 금액

③ 임대인(임대인의 직계존속ㆍ직계비속을 포함한다)이 목적 주택에 실제 거주하려고 갱신을 거절함으로 인하여 임차인이 입은 손해액

㈑ 임대차관계의 존속의제

주택임대차보호법은 임대차가 기간만료, 해지통고 등으로 종료한 경우에도 임차인이 보증금을 반환받을 때까지는 임대차관계가 존속하는 것으로 의제하고 있다(주임보 4②). 보증금의 반환과 주택의 인도가 동시이행의 관계에 있음에도 불구하고, 위와 같은 임대차관계의 존속 의제조항을 별도로 둔 취지는, 임대차종료 후 보증금의 반환 전에 임대인이 주택의 소유권을 이전한 경우, 대항력을 구비한 임차인이 전 소유자와의 임대차관계를 신 소유자에 대하여 대항할 수 있는지 여부에 관하여 견해의 대립이 있을 수 있으므로, 대항할 수 있음을 명백히 함으로써 임차인을 두텁게 보호하려는 것이다.

즉 대항력을 구비한 임대차가 기간만료 또는 해지통고로 종료하면 임차인에게는 보증금반환청구권만 남게 될 뿐, 그 임차권의 제3자에 대한 대항력은 소멸하게 된다는 견해가 있는데, 이 견해에 의하면 임대차가 종료된 상태에서 목적물의 소유권이 제3자에게 이전되면 비록 임차인이 동시이행의 항변권을 가지고 있다 할지라도, 이는 채권적인 것에 불과하므로 신 소유자에게까지 동시이행관계를 주장할 수 없는 것이고, 또한 주택양수인의 임대인지위 승계조항(주임보

3②) 역시 소멸된 임차권에는 적용할 수가 없다는 것이 된다. 바로 이러한 점을 고려하여 주택임대차보호법은 임대차관계가 종료한 경우에도 보증금의 반환시까지 임대차관계가 계속 존속하는 것으로 의제함으로써 신 소유자에게 임대인의 지위가 승계되도록 한 것이다.

임대차관계가 존속하는 것으로 인정되는 결과 다음과 같은 효과가 생긴다. 임대차관계가 종료한 후에도 임차인은 임대인 또는 양수인이 보증금을 반환하면서 주택의 인도를 청구할 때까지 당해 주택을 계속 사용할 수 있다. 다만 이 경우 만료된 임대차관계가 차임을 지급하는 것이라면 그에 해당되는 차임은 임대인 또는 양수인에게 지급하여야 한다.

(마) 차임 등의 증액청구 제한

(ㄱ) 개요

약정한 차임이나 보증금이 임차주택에 관한 조세, 공과금, 그 밖의 부담의 증감이나 경제사정의 변동으로 인하여 적절하지 아니하게 된 때에 당사자는 장래에 대하여 그 증감을 청구할 수 있는 점은 일반임대차나 주택임대차에 있어서 차이가 없다(민법 628, 주임보 7①본, 민임주 3).

그러나 차임이나 보증금의 증액청구를 할 수 있는 시기와 증액율 및 보증금의 월차임 전환에 대하여 일반임대차의 경우는 특별한 제한이 없는 반면 주택임대차의 경우는 증액에 대하여 일정한 제한이 있으며, 구체적인 제한의 내용에 관하여는 임대인이 민간임대주택에 관한 특별법 제5조에 따라 임대사업자의 등록을 한 자인지의 여부에 따라 차이가 있다. 이하에서는 민간임대주택에 관한 특별법 제5조에 따라 임대사업자의 등록을 한 임대인과 등록을 하지 않은 임대인으로 구분하여 알아보기로 한다.

(ㄴ) 임대사업자의 등록을 하지 않은 임대인

(a) 특례의 내용

임대사업자의 등록을 하지 않은 임대인이란 민간임대주택에 관한 특별법 제5조에 따라 임대사업자의 등록을 하지 않은 임대인을 말한다. 이들 임대인에 대하여는 주택임대차보호법에서 규정하는 차임이나 보증금의 증액청구를 할 수 있는 시기와 증액율 및 보증금의 월차임 전환 등에 대하여 다음과 같은 특례가 적용된다.

첫째, 임대인은 임대차계약 또는 약정한 차임이나 보증금의 증액이 있은 후 1년 이내에는 증액청구를 할 수 없다(주임보 7①단). 그런데 여기에서 「1년 이내에 증액청구할 수 없다」는 의미와 관련하여서 ①2년의 임대차계약을 체결하였다가 1년이 지난 후 또는 ②1년의 임대차계약을 체결하였다가 1년이 지난 후 기존의 임차인에 대하여 증액청구하는 것이 가능한지 문제로 된다.

①의 경우는 임대차의 존속기간 내이고 ②의 경우는 임차인이 2년을 주장하면 2년의 존속기간이 보장되므로 증액청구할 수 없는 것이 원칙이다. 그러나 1년이 지난 후 약정한 차임이나 보증금이 임차주택에 관한 조세, 공과금, 그 밖의 부담의 증감이나 경제사정의 변동으로 인하여 적절하지 아니하게 된 때라는 요건을 충족하는 경우이면 주택임대차보호법 제7조제1항 본문에 따라 예외적으로 증액청구가 가능하다고 본다. 다만, 임대인의 증액청구가 있어도 임차인이 이에 동의하지 않으면 증액청구의 요건구비여부와 증액내용의 적절성 등에 관하여 주택임대차보호법 제22조 이하에서 규정하는 조정절차 또는 민사소송법에서 규정하는 법원의 재판절차를 거쳐야 하므로 실제로 증액을 하는 것이 쉽지 않다.

둘째, 차임이나 보증금의 증액청구를 할 수 있는 경우에도 그 증액청구는 약정한 차임이나 보증금의 20분의 1의 금액을 초과하지 못한다. 다만, 특별시 · 광역시 · 특별자치시 · 도 및 특별자치도는 관할 구역 내의 지역별 임대차 시장 여건 등을 고려하여 본문의 범위에서 증액청구의 상한을 조례로 달리 정할 수 있다(주임보 7②).

셋째, 보증금의 전부 또는 일부를 월 단위의 차임으로 전환하는 경우에는 그 전환되는 금액에 다음 중 낮은 비율을 곱한 월차임(月借賃)의 범위를 초과할 수 없다(주임보 7의2, 주임보령 9).

① 은행법에 따른 은행에서 적용하는 대출금리와 해당 지역의 경제 여건 등을 고려하여 대통령령으로 정하는 비율(현재는 연 1할)
② 한국은행에서 공시한 기준금리(현재 0.5%)에 대통령령으로 정하는 이율(현재는 2%)을 더한 비율

넷째, 임차인이 위의 증액비율을 초과하여 차임 또는 보증금을 지급하거나 월

차임 산정률을 초과하여 차임을 지급한 경우에는 초과 지급된 차임 또는 보증금 상당금액의 반환을 청구할 수 있다(주임보 10의2).

(b) 특례의 적용범위

이상과 같은 차임 등의 증액청구 제한에 관한 특례는 기존의 임대차계약이 법정갱신된 경우(주임보 6, 7)와 임차인의 갱신요구에 따라 임대차계약이 갱신된 경우(주임보 6의3③)에 적용된다.

그러나 법정갱신이나 갱신요구에 따른 임대차계약갱신이 아닌 임대차계약갱신에 있어서는 증액청구 제한에 관한 특례가 적용되지 않는다. 따라서 이 경우 임대인은 임차인과 협의하여 종전 차임이나 보증금의 20분의 1을 넘는 금액이나 보증금의 월차임 전환비율을 넘는 월차임을 정하여 임대차계약을 체결할 수 있는 것이다. 다만 이와 같은 임대차계약을 체결한 경우에 임차인은 차후에 계약갱신요구권을 1회 행사할 수 있게 된다.

또한 기존의 임대차계약이 종료되고 다른 임차인과 새로운 임대차계약을 체결하는 경우에도 차임 등의 증액청구 제한에 관한 특례는 적용되지 않는다. 즉 임차인이 바뀌는 경우에는 차임 등의 증액청구 제한에 관한 특례가 적용되지 않아 임대인은 종전 차임이나 보증금의 20분의 1을 넘는 금액이나 보증금의 월차임 전환비율을 넘는 월차임을 정하여 임대차계약을 체결할 수 있는 것이다.

(ㄷ) 임대사업자의 등록을 한 임대인

(a) 특례의 내용

임대사업자의 등록을 한 임대인이란 소득세나 양도세 등의 혜택을 받기 위하여 민간임대주택에 관한 특별법 제5조에 따라 임대사업자의 등록을 한 임대인을 말한다. 이들 임대인에 대하여는 주택임대차보호법상의 특례규정의 적용에 앞서 민간임대주택에 관한 특별법상의 특례규정이 우선적으로 적용되는데(민임주 3), 그 구체적인 내용은 다음과 같다.

첫째, 임대사업자는 임대차계약 또는 약정한 임대료의 증액이 있은 후 1년 이내에는 임대료 증액 청구를 하지 못한다(민임주 44③). 그리고 여기에서 「1년 이내에 증액청구할 수 없다」는 의미는 임대사업자의 등록을 하지 않은 임대인에 관하여 앞에서 설명한 바와 같다.

둘째, 임대사업자는 임대기간 동안 임대료의 증액을 청구하는 경우에는 임대료의 5퍼센트의 범위에서 주거비 물가지수, 인근 지역의 임대료 변동률, 임대주택 세대 수 등을 고려하여 대통령령으로 정하는 증액 비율을 초과하여 청구해서는 아니 된다(민임주 44②).

셋째, 임대사업자가 임대료의 증액을 청구하면서 임대보증금과 월임대료를 상호 간에 전환하려는 경우에는 임차인의 동의를 받아야 하며, 전환되는 월임대료는 「주택임대차보호법」 제7조의2에 따른 범위를 초과할 수 없다. 월임대료를 임대보증금으로 전환하는 경우에도 또한 같다(민임주 44④, 민임주규 18).

넷째, 임차인은 민간임대주택에 관한 특별법 제44조제2항에 따른 증액 비율을 초과하여 증액된 임대료를 지급한 경우 초과 지급한 임대료 상당금액의 반환을 청구할 수 있다(민임주 44의2).

(b) **적용범위**

민간임대주택에 관한 특별법 제5조에 따라 임대사업자의 등록을 하고 있는 동안은 동법에서 규정하고 있는 의무임대기간이 지나기 전은 물론이고 지난 후라도 기존의 임대차계약이 갱신되는 경우이건 기존의 임대차계약이 종료되고 새로운 임대차계약을 체결하는 경우이건 관계없이 차임 등의 증액청구 제한에 관한 계속적으로 적용된다(민임주 44 참조).

또한 기존 임대차계약의 존속기간 만료 전에 기존 임대차계약을 종료시키고 새로운 임대차계약을 체결하는 경우에 5% 이내의 증액청구가 가능한가. 이에 관하여는 기존 임대차계약의 존속기간이 1년 지나기 전에 새로운 임대차계약을 체결하는 때에는 증액을 할 수 없는 반면, 1년이 지난 후에 새로운 임대차계약을 체결하는 때에는 증액할 수 있는 것으로 보아야 한다.

그리고 5% 이내 제한시의 기준이 되는 차임 및 보증금은 임대사업자가 정하는 임대료가 된다. 다만, 민간임대주택에 관한 특별법 제5조에 따른 민간임대주택 등록 당시 존속 중인 임대차계약이 있는 경우에는 그 임대차계약에 따른 임대료가 된다(민임주 44①ii).

그러나 임대사업을 폐지하고 임대사업자의 등록을 말소한 때에는 임대사업자의 등록을 하지 않은 임대인으로서의 지위를 가지므로 민간임대주택에 관한 특별법에서 규정하는 특례가 아닌 앞에서 설명한 주택임대차보호법에서 규정하는 특례가 적용된다.

다. 제3자에 대한 대항력에 관한 특례

(가) 특례의 취지

대항력이란 임차인이 임대인과 임차주택을 대상으로 체결한 임대차의 내용을 임대인 이외의 제3자에게 주장할 수 있는 효력으로서 그 내용은 물권적전세권과 등기한 임대차에 있어서와 같다고 보면 된다.

민법에 의하면 부동산을 대상으로 하는 임대차를 임대인 이외의 제3자에게 대항할 수 있으려면 임대차등기를 하여야 한다. 그런데 임대차등기를 하려면 임대인이 등기신청에 협력을 하여야 하나 주택수급의 불균형으로 임대인의 협력을 얻을 수 없으므로, 주택임대차보호법에서 임대인의 협력이 없어도 임차인이 독자적으로 제3자대항요건을 구비할 수 있도록 특례를 두게 된 것이다.

주택임대차보호법에서 규정하는 주택임대차의 제3자대항요건은 「주택의 인도」와 「주민등록」이다(주임보 3①). 주택임차인이 이 두 가지 요건을 구비하고 있으면, 보통 주택임차권의 대항력을 갖추었다고 한다. 보증금의 지급은 주택임대차의 대항력구비요건이 아니다. 따라서 적법하게 임대차계약을 체결하여 그 임대차관계가 유지되고 있는 이상 반드시 새로운 이해관계인이 생기기 전까지 임대인에게 그 보증금을 전부 지급하여야 하는 것은 아니다.[217]

대항력을 구비한 주택임차인은 임대인이 임대주택의 소유권을 제3자에게 이전시키더라도 그 신 소유자에 대하여 임차인으로서의 지위를 주장하고 임차주택의 사용·수익을 계속할 수 있다. 그러나 「주택의 인도」와 「주민등록」 중 어느 하나라도 갖추지 못한 경우에는 대상 목적물이 비록 주택이라 할지라도, 그 임차인은 앞에서 설명한 채권적전세권자나 등기하지 아니한 임대차에 있어서의 임차인과 동일한 법률적 지위를 가지게 된다.

217) 대판 2001.1.19. 2000다61855 참조.

(나) 대항력의 구비요건

(ㄱ) 주택의 인도

(a) 인도의 의의와 방법

주택임차인이 당해 임차권을 가지고 임대인 이외의 제3자에게 대항할 수 있으려면, 우선 주택의 인도를 받아야 한다. 주택의 인도를 받는다 함은 임차인이 임대차의 대상 목적물인 주택의 점유를 이전받아 사실상의 지배권을 확보하는 것을 말한다. 예컨대 임차인이 임차주택에 들어와서 거주한다든가 이사짐을 옮긴다든가 열쇠를 인계받는 경우처럼, 사회통념상 주택에 대한 실력적 지배관계가 임대인으로부터 임차인에게 이전되었다고 인정될 수 있는 사실이 있으면 「인도(引渡)」가 있다고 볼 수 있을 것이다.

임차인이 임대인으로부터 임대차의 대상 목적물인 주택의 인도를 받는 방식으로는, 현행법상 민법 제188조 제1항에서 규정하는 현실의 인도방식 이외에 간편한 인도방식이 인정되어 있다. 현실의 인도라 함은 임대인이 자기의 실력적 지배하에 있는 주택의 점유를 직접 임차인에게 이전시키는 것으로서 가장 일반적인 인도방식이라 할 수 있다. 다음에 간편한 인도라 함은 현실의 인도 없이 점유이전(占有移轉)의 의사표시만으로 임대인으로부터 임차인에의 점유이전이 일어난 것으로 간주되는 경우를 말하는데 이에는 다시 다음과 같은 3가지 형태가 있다.

첫째는 예컨대 D가 소유자 A로부터 사용대차 형식으로 이미 점유하여 사용하고 있는 주택에 관하여, D와 A간에 새로이 임대차계약이 체결되거나 또는 소유자 A와 임차인 B간에 임대차계약이 체결된 후, 임차인 B와 전차인 D간에 전대차계약이 체결되어 전차인 D가 이미 점유 사용하고 있는 주택에 관하여, 소유자인 A와 전차인 D간에 직접 임대차계약이 체결되는 등의 경우에 이루어지는, 간이인도방식(민 188②)이다. 둘째는 예컨대 소유자 A와 임차인 B간에 임대차계약이 체결되고, 다시 임차인 B와 전차인 C간에 전대차계약이 체결되어 전차인 C가 주택을 점유 사용하고 있던 중에, D가 B와 C간의 전대차 계약을 인수하는 조건으로 B의 임차권을 양수하는 등의 경우에 이루어지는 목적물반환청구권의 양도에 의한 인도방식(민 190)이다. 셋째는 주택소유자가 주택을 양도하면서 그 매수인과 임대차계약을 체결하여, 그 주택을 계속 점유 사용하는 등의 경우에 이루어지는 점유개정에 의한 인도방식(민 189)이다. 이와 같은 간편한 인도방식에 의한 인도도 주택임차권의 대항력 구비요건으로서의 인도에 포함되는 것으로 보아야 한다.[218)]

(b) **간접점유**

간접점유는 물건을 직접 지배하거나 점유보조자[219)]를 통해서 지배하는 직접점유와 대비되는 개념으로서, 어떤 자가 타인과의 일정한 법률관계에 의거하여 그 타인에게 점유를 이전한 경우에 그 자에게 인정되는 점유를 말하며, 그러한 법률관계로서 민법은 「지상권 · 전세권 · 질권 · 사용대차 · 임대차 · 임치 기타의 관계」를 들고 있다(민 194).

주택임차인의 주택에 대한 점유취득은 위와 같은 간접점유방식에 의한 것까지를 포함하는 것으로 보아야 한다. 따라서 예컨대 임차인 A가 소유자 B와 임대차계약을 체결하고 B의 승낙을 받아 제3자인 C로 하여금 직접 점유하여 사용 · 수익하게 하는 것도 가능하다. 그리고 이 간접점유는 임대차계약 당초부터 개시됨은 물론이고 직접점유이었다가 후에 적법한 전대차에 의하여 간접점유로 바뀌어도 무방하다.[220)]

(ㄴ) **주민등록**

(a) **주민등록의 의의**

주택임차인이 당해 임차권을 가지고 임대인 이외의 제3자에게 대항할 수 있으려면 당해 주택의 인도를 받는 이외에 주민등록도 마쳐야 한다.

주민등록이란 시장 · 군수 또는 구청장이 그 관할 구역 내에 30일 이상 거주할

218) 민법주해[XV] 209(민일영), 주석민법[채권각칙(3)] 517(고상룡).

219) 점유보조자란 「가사상, 영업상 기타 유사한 관계에 의하여 타인의 지시를 받어 물건에 대한 사실상의 지배를 하는 자」를 말한다(민 195). 점유보조자는 주택을 사실상으로 지배하고 있다 하더라도 점유자가 아니고 지시를 하는 타인만 이 점유자가 되는 점에 특징이 있다. 주택의 경우는 가족공동생활을 하는 자녀가 대표적인 점유보조자에 해당한다. 그러나 배우자의 경우는 남녀평등의 원칙상 부부 사이에 가족공동생활에 있어서의 종속관계가 있다고 할 수 없으므로 공동점유로 보는 것이 타당하다.

220) 자세한 내용은 뒤에 설명하는 「(사) 임차권의 양도와 임차물의 전대」 참조

목적으로 주소나 거소(이하 "거주지"라 한다)를 가진 자(이하 "주민"이라 한다)를 주민등록법의 규정에 따라 등록하는 것을 말한다(주민 6①). 시장·군수 또는 구청장은 주민등록사항을 기록하기 위하여 전자정보시스템(이하 "주민등록정보시스템"이라 한다)으로 개인별 및 세대별(世帶別) 주민등록표(이하 "주민등록표"라 한다)와 세대별 주민등록표 색인부를 작성하고 기록·관리·보존하여야 한다(주민 7①). 개인별 주민등록표는 개인에 관한 기록을 종합적으로 기록·관리하며 세대별 주민등록표는 그 세대에 관한 기록을 통합하여 기록·관리한다(주민 7②).

주민의 등록 또는 그 등록사항의 정정이나 말소는 원칙적으로 주민의 신고에 따라 한다(주민 8). 신고는 신고사유가 발생한 날부터 14일 이내에 하여야 하고 신고의무자는 세대주이다. 다만, 세대주가 신고할 수 없으면 그를 대신하여 세대를 관리하는 자 또는 본인이 하거나 세대주의 위임을 받은 세대주의 배우자 또는 직계혈족이 할 수 있다(주민 11). 신고사항은 ①성명 ②성별 ③생년월일 ④세대주와의 관계 ⑤합숙하는 곳은 관리책임자 ⑥「가족관계의 등록 등에 관한 법률」 제10조제1항에 따른 등록기준지(이하 "등록기준지"라 한다) ⑦주소 ⑧가족관계등록이 되어 있지 아니한 자 또는 가족관계등록의 여부가 분명하지 아니한 자는 그 사유 ⑨대한민국의 국적을 가지지 아니한 자는 그 국적명이나 국적의 유무 ⑩거주지를 이동하는 경우에는 전입 전의 주소 또는 전입지와 해당 연월일이다(주민 10).

하나의 세대에 속하는 자의 전원 또는 그 일부가 거주지를 이동하면 신고의무자는 신 거주지에 전입한 날부터 14일 이내에 신 거주지의 시장·군수 또는 구청장에게 전입신고(轉入申告)를 하여야 한다(주민 16①). 다음에 전입신고를 받은 신 거주지의 시장·군수 또는 구청장은 지체 없이 전 거주지의 시장·군수 또는 구청장에게 전입신고 사항을 알리고 주민등록정보시스템을 이용하여 주민등록표와 관련 공부(公簿)의 이송(移送)을 요청하여야 하고(주민 16②), 이 이송요청을 받은 전 거주지의 시장·군수 또는 구청장은 전출대상자(轉出對象者)가 세대원 전원이거나 세대주를 포함한 세대의 일부 전출인 경우에는 주민등록표와 관련 공부를, 세대주를 제외한 세대의 일부의 전출인 경우에는 전출자의 개인별 주민등록표와 관련 공부를 지체 없이 정리하여 신 거주지의 시장·군수 또는 구청장에게 주민등록정보시스템을 이용하여 이송하여야 한다(주민 16③). 그리고 신 거주지의 시장·군수 또는 구청장은 주민등록표와 관련 공부가 이송되어 오면 전입신고서와 대조·확인한 후 지체 없이 주민등록표와 관련 공부를 정리 또는 작성하여야 한다(주민 16④).

이상 살펴본 바에 의하면 주민의 거주지변경은 전입신고, 주민등록표 등의 이송요청, 주민등록표 등의 이송 및 주민등록표 등의 정리 또는 작성이라는 4단계를 거치도록 되어 있다. 그러나 주민으로서는 전입신고를 함으로써 위 절차를 마치게 되어 있으므로, 주택임대차보호법도 그러한 점을 감안하여 제3조 제1항에 주민등록표의 정리 · 작성시기 여하와는 관계없이 「전입신고를 한 때에 주민등록이 된 것으로 본다」고 규정하고 있다.

(b) 주민등록의 임대차 공시기능

주택임대차보호법 제3조 제1항에서 주택의 인도와 더불어 대항력의 요건으로 규정하고 있는 주민등록은, 거래의 안전을 위하여 임차권의 존재를 제3자가 명백히 인식할 수 있게 하는 공시방법으로 마련된 것으로서, 주민등록이 어떤 임대차를 공시하는 효력이 있는가의 여부는 그 주민등록으로 제3자가 임차권의 존재를 인식할 수 있는가에 따라 결정된다고 할 것이므로, 주민등록이 대항력의 요건을 충족시킬 수 있는 공시방법이 되려면, 단순히 형식적으로 주민등록이 되어 있다는 것만으로는 부족하고 주민등록에 의하여 표상되는 점유관계가 임차권을 매개로 하는 점유임을 제3자가 인식할 수 있는 정도는 되어야 한다는 것이 대법원의 판례이다.[221]

위와 같은 기준에 따라 대법원이 대항력을 인정하지 않은 사례로는 ①주택의 실제의 동 표시와 불일치한 임차인의 주민등록은 임대차의 공시방법으로서 유효한 것이라고 할 수 없고, 임차인은 실제 동 표시와 맞게 주민등록이 정리된 이후에야 비로소 대항력을 취득한다고 한 것[222] ②다세대주택의 동 · 호수 표시 없이 그 부지 중 일부 지번으로만 주민등록을 한 경우 주택임대차보호법상의 대항력이 없다고 한 것[223] ③주민등록에 동 · 호수를 기재하게 한 주민등록법시행령 제5조 제5항의 규정(1994.7.1 부터 시행)이 신설되기 전과 후를 구분하여 대항력을 구비하였는지 여부를 달리 판단하여야 하는 것은 아니라고 한 것[224] ④임차인이 현관문에 부

221) 대판 2001.1.30. 2000다58026, 대판 2007.2.8. 2006다70516 참조.
222) 대판 1994.11.22. 94다13176 참조.
223) 대판 1996.2.23. 95다48421 참조.
224) 대판 1996.3.12. 95다46104 참조.

착된 표시대로 주민등록을 한 결과 등기부상 실제 표시와 다르게 된 경우 주택임대차보호법에 따른 대항력이 없다고 한 것[225] ⑤등기부상 동·호수 표시인 '다동 103호'와 불일치한 '라동 103'호로 된 주민등록이 임대차의 공시방법으로서 유효하다고 할 수 없다고 한 것[226] ⑥건축 중인 주택을 임차하여 주민등록을 마친 임차인의 주민등록상의 주소 기재가 당시의 주택 현황과 일치하였으나, 그 후 사정변경으로 등기부상 주택의 표시가 달라진 경우 그 주민등록은 달라진 주택 표시를 전제로 등기부상 이해관계를 가지게 된 제3자에 대한 공시방법으로서 효력이 없다고 한 것[227] ⑦신축 중인 연립주택 중 1세대를 임차한 자가 주민등록 전입신고를 함에 있어서 호수를 기재하지 않은 채 그 연립주택 부지의 지번만으로 전입신고를 하였다가, 그 후 위 연립주택에 관하여 준공검사가 이루어지면서 건축물관리대장이 작성되자 호수를 기재하여 주소정정신고를 한 경우, 임차인의 최초 전입신고에 따른 주민등록으로는 위 임대차의 공시방법으로서 유효한 것이라고 볼 수 없다고 한 것[228] ⑧주택을 임차하여 적법한 전입신고를 마친 후에 그 대지가 분할됨으로써 주택의 지번이 변경되자, 갱신된 임대차계약서에는 새로운 지번을 표시하였으나 주민등록상 주소는 주택에 대한 경매개시결정 기입등기가 경료된 후에야 변경한 경우, 임차인은 주택에 대한 유효한 공시방법인 주민등록을 갖추었다고 볼 수 없어 경락인에게 대항할 수 없다고 한 것[229] ⑨실제 지번인 '산 53의 6'이나 등기부상 지번인 '산 53'과 일치하지 아니한 '53의 6'에 등재된 주민등록이 주택임대차보호법 제3조 제1항 소정의 대항요건으로서 유효하지 않다고 한 것[230] ⑩임차주택의 부지를 비롯한 세 필의 토지가 같은 담장 안에 있고 그 지상에 임차주택 이외에는 다른 건물이 건립되어 있지 않다 하더라도 임차인이 임차주택의 부지가 아닌 인접한 다른 토지의 지번으로 주민등록을 마쳤다면 유효한 공시방법으로 볼 수 없다고 한 것[231] 등이 있다.

---

225) 대판 1996.4.12. 95다55474 참조.
226) 대판 1999.4.13. 99다4207 참조.
227) 대판 1999.9.3. 99다15597 참조.
228) 대판 2000.4.7. 99다66212 참조.
229) 대판 2000.4.21. 2000다1549 참조.
230) 대판 2000.6.9. 2000다8069 참조.
231) 대판 2001.4.24. 2000다44799 참조.

반면에 대항력을 인정한 사례로는 ①다가구용 단독주택에 관하여 집합건물의 소유 및 관리에 관한 법률에 의하여 구분건물로의 구분등기가 경료 되었으나 소관청이 집합건축물관리대장을 작성하지 않은 경우, 위 건물의 일부나 전부를 임차한 임차인이 전유 부분의 표시 없이 지번만을 기재하여 전입신고를 한 것이 임대차의 공시방법으로 유효하다고 한 것[232] ②주택 임차인이 주민등록 전입신고를 할 당시 건축물관리대장 및 등기부가 작성되기 전이지만, 그 전입신고 내용이 실제 건물의 소재지 지번과 정확히 일치하는 경우, 그 후 토지분할 등의 사정으로 지번이 변경되었다고 하더라도 주택임대차보호법 제3조 제1항 소정의 주민등록으로 유효하다고 한 것[233] ③부동산등기부상 건물의 표제부에 '에이(A)동'이라고 기재되어 있는 연립주택의 임차인이 전입신고를 함에 있어 주소지를 '가동'으로 신고하였으나 주소지 대지 위에는 2개 동의 연립주택 외에는 다른 건물이 전혀 없고, 그 2개 동도 층당 세대수가 한 동은 4세대씩, 다른 동은 6세대씩으로서 크기가 달라서 외관상 혼동의 여지가 없으며, 실제 건물 외벽에는 '가동', '나동'으로 표기되어 사회생활상 그렇게 호칭되어 온 경우, 사회통념상 '가동', '나동', '에이동', '비동'은 표시 순서에 따라 각각 같은 건물을 의미하는 것이라고 인식될 여지가 있고, 더욱이 경매기록에서 경매목적물의 표시가 '에이동'과 '가동'으로 병기되어 있었던 이상, 경매가 진행되면서 낙찰인을 포함하여 입찰에 참가하고자 한 사람들로서도 위 임대차를 대항력 있는 임대차로 인식하는 데에 아무런 어려움이 없었다는 이유로 임차인의 주민등록이 임대차의 공시방법으로 유효하다고 한 것[234] ④처음에 다가구용 단독주택으로 소유권보존등기가 경료된 건물의 일부를 임차한 임차인은 이를 인도받고 임차 건물의 지번을 정확히 기재하여 전입신고를 하면 주택임대차보호법 소정의 대항력을 적법하게 취득하고, 나중에 다가구용 단독주택이 다세대 주택으로 변경되었다는 사정만으로 임차인이 이미 취득한 대항력을 상실하게 되는 것은 아니다[235] 라고 한 것 등을 들 수 있다.

232) 대판 1999.5.25. 99다8322 참조.
233) 대판 1999.12.7. 99다44762 참조.
234) 대판 2003.6.10. 2002다59351 참조.
235) 대판 2007.2.8. 2006다70516 참조.

건축 중인 주택을 임차하여 주민등록을 마친 임차인의 주민등록이 그 후 소유권보존등기가 경료되고 이를 바탕으로 저당권을 취득하여 등기부상 이해관계를 가지게 된 제3자에 대한 관계에서 임대차를 공시하는 효력이 있는지 여부는 그 제3자의 입장에서 보아 사회통념상 그 주민등록으로 당해 주택에 임차인이 주소 또는 거소를 가진 자로 등록되어 있다고 인식할 수 있는지 여부에 따라 판단하여야 한다.[236]

(c) **부적법한 전입신고의 경우**

주민등록법의 규정을 위반한 부적법한 전입신고에 따라 이루어진 주민등록이 임대차의 공시방법으로서 효력이 있는지 문제로 된다.

부적법한 전입신고를 한 자에 대하여는 3년 이하의 징역 또는 3천만 원 이하의 벌금에 처하거나(주민 37~39), 1천만 원 이하의 과태료를 부과하게 되는데(주민 40), 그러한 부적법한 전입신고 따라 이루어진 주민등록에 비록 사법상의 것일지라도 어떠한 법적효력을 부여하는 것이 불합리하다는 견지에서, 적법한 전입신고를 한 경우에 한하여 대항력의 취득요건을 갖춘 것으로 보아야 한다는 견해가 있을 수 있다.

그러나 주민등록법은 지방행정사무의 편의를 위하여 제정된 공법일 뿐 동법의 위반이 곧 사법상의 효력까지를 좌우하는 것으로 볼 수 없는 것이므로, 부실의 전입신고일지라도 그에 따른 주민등록이 이루어져 그 주민등록에 의하여 표상되는 점유관계가 임차권을 매개로 하는 점유임을 제3자가 인식할 수 있는 정도인 때에는 대항력의 취득요건을 갖춘 것으로 보는 것이 타당하다.

(d) **주민등록이 주택의 실제지번과 다르게 된 경우**

주민등록이 임차주택의 실제지번과 다르게 된 경우의 대항력 발생시기는, 임차인이 전입신고를 올바르게(즉, 임차주택의 소재지 지번으로)하였는데 담당공무원의 착오로 주민등록표상에 틀리게 기재된 경우에는 전입신고를 한 때[237]이고, 임차인이 전입신고를 올바르게 하지 않음으로써 주민등록표상에 틀리게 기재된 경

236) 대판 2008.2.14. 2007다33224 참조.
237) 대판 1991.8.13. 91다18118 참조.

우에는 그 기재가 올바르게 정정된 때[238]이다. 그러나 담당공무원의 착오가 있다 하더라도 담당공무원이 신고내용을 주민등록표상에 잘못 기재한 것이 아니라 담당공무원의 수정요구로 임차인이 수정하여 전입신고함으로서 주민등록표상에 잘못 기재된 경우에는 그 기재가 올바르게 정정된 때에 대항력이 발생한다.

임차인이 전입신고를 올바르게 하지 않음으로써 주민등록이 주택의 실제지번과 다르게 되어 있는 이상, 임차주택에 대하여 권리를 취득한 이해관계인이 그 취득 당시 임차인의 주민등록이 주택의 실제지번과 다르게 되어 있다는 사실을 알았거나 알 수 있었다고 할지라도, 임차인은 그 이해관계인에 대하여 주택임차권을 가지고 대항할 수 없는 것이 원칙이다. 다만 이 경우 주민등록이 주택의 실제지번과 다르다는 이유로 주택임대차의 대항력을 부정하는 것이 신의칙에 비추어 용납될 수 없는 경우에는 예외적으로 대항력이 인정될 수 있으나 이는 주택임대차에 특유한 것이 아니라 신의칙에 따른 일반 법리의 적용효과일 뿐이다.

판례1-48

주택임차권의 대항력 발생시기

① 주민등록은 단순히 주민의 거주관계를 파악하고 인구의 동태를 명확히 하는 것 외에도 주민등록에 따라 공법관계상의 여러 가지 법률상 효과가 나타나게 되는 것으로서, 주민등록의 신고는 행정청에 도달하기만 하면 신고로서의 효력이 발생하는 것이 아니라 행정청이 수리한 경우에 비로소 신고의 효력이 발생한다. 따라서 주민등록 신고서를 행정청에 제출하였다가 행정청이 이를 수리하기 전에 신고서의 내용을 수정하여 위와 같이 수정된 전입신고서가 수리되었다면 수정된 사항에 따라서 주민등록 신고가 이루어진 것으로 보는 것이 타당하다.

② 정확한 지번과 동, 호수로 주민등록 전입신고서를 작성 · 제출하였는데 담당공무원이 착오로 수정을 요구하여, 잘못된 지번으로 수정하고 동, 호수 기재를 삭제한 주민등록 전입신고서를 다시 작성 · 제출하여 그대로 주민등록이 된 사안에서, 그 주민등록이 임대차의 공시방법으로서 유효하지 않고 이것이 담당공무원의 요구에 기인한 것이라 하더라도 마찬가지이다(대판 2009.1.30. 2006다17850).

(e) 공동거주자만의 주민등록을 한 경우

대항력의 취득요건으로서 주민등록을 마칠 것과 관련하여 그 주민등록은 임차인 자신의 주민등록임을 필요로 하느냐 아니면, 그 처나 자 등 점유보조자인

238) 대판 1987.11.10. 87다카1573, 대판 1989.6.29. 89다카3370, 대판 1990.5.22. 89다카18648 참조.

공동거주자의 주민등록만으로도 갈음할 수 있느냐가 다시 문제된다. 주택임대차보호법의 제정취지에 비추어 공동거주자의 주거도 보호되어야 하며 그로 인하여 제3자에게 불측(불측)의 손해를 끼칠 염려도 적으므로 적극적으로 해석하는 것이 타당하다. 대법원판례도 「주택임대차보호법 제3조 제1항에서 규정하고 있는 주민등록이라는 대항요건은 임차인 본인뿐 아니라 그 배우자나 자녀 등 가족의 주민등록을 포함한다고 보아야 한다」고 한다.[239]

(f) 임차주택을 간접점유하고 있는 경우

임차인이 임차주택을 자신이나 자신의 가족이 점유하여 사용하지 않고 타인으로 하여금 점유하여 사용하게 함으로써 간접점유하고 있는 경우, 대항력 구비요건으로서의 주민등록은 임차인인 간접점유자의 것이어야 하는지 아니면 임차주택을 점유하여 사용하고 있는 직접점유자의 것이어야 하는지의 문제가 있으나, 대법원판례는 실제로 거주하는 직접점유자가 자신의 주민등록을 마친 경우에 한하여 비로소 그 임차인(간접점유자)의 임대차가 제3자에 대하여 적법하게 대항력을 취득할 수 있다고 한다.[240]

㈐ 대항력 구비의 효력

(ㄱ) 일반적 효력

주택임차권의 대항력의 주된 효력은 임차인이 임차주택의 여러 이해관계인에 대하여, 자신의 권리를 주장하여 임대차기간동안 주택을 사용한 후 보증금의 반환을 받아갈 수 있다는 점에 있다.

매매 · 증여 등의 개별적인 계약이나 또는 상속 · 합병 등의 포괄적인 승계원인에 의하여 대상 주택의 소유권이 주택임대인으로부터 제3자에게로 이전된 때에는 대항력을 구비한 주택임차권자는 구 소유자로부터 취득한 주택임차권을 가지고 신 소유자인 제3자에게 대항할 수 있다. 그러나 대상 주택에 민사집행법

---

239) 대판 1988.6.14. 87다카3093, 3094 참조.
240) 대판 2001.1.19. 2000다55645 참조.

에 의한 경매절차나 국세징수법에 의한 공매절차가 진행되는 경우에 대항력을 구비한 주택임차권을 매수인에게 대항할 수 있는지 여부는 주택임차권보다 선순위이지만 매각으로 인하여 소멸하는 다른 권리가 있는지 여부에 따라 다른 바, 이에 관하여는 이하에서 제목을 바꾸어 설명하기로 한다.

(ㄴ) 소유권취득자에 대한 관계

(a) 임대차관계의 당연승계

대항력을 구비한 임대차관계의 존속 중에 임차주택을 양수한 자(또는 기타 임대할 권리를 승계한 자)는, 임대인의 지위를 승계한 것으로 본다(주임보 3②). 이 경우 양수인이 주택임대인의 지위를 승계하는 것은 주택임차인을 보호하려는 법정승계로 보아야 하므로, 주택임차인에 대하여 채권양도에 있어서와 같은 통지와 승낙은 요하지 않는다.

임차주택의 전 소유자인 주택임대인과 신 소유자가 주택임대인의 지위승계를 배제하고자 하는 특약을 한 경우 그 효력은 인정되는가. 이에 관하여는 주택임대차보호법 제10조가 「이 법의 규정에 위반된 약정으로서 임차인에게 불리한 것은 그 효력이 없다」고 규정하고 있으므로 동조의 취지에 비추어 무효라고 본다. 다만 임차인이 신 소유자와의 합의에 의해 전 소유자와의 임대차관계를 승계시키지 않고 새로이 임대차계약을 체결하는 것은 동조의 규정과는 무관한 것으로 유효하다고 할 것이다.[241] 그리고 위와 같은 당연승계의 결과는 그 소유권취득이 매매·교환·증여 등의 법률행위에 의한 것이든 상속·판결·경매·국세징수법에 의한 공매 등의 법률의 규정에 의한 것이든 불문하고 발생된다.

전소유자와의 주택임대차관계를 임차주택의 현소유자에 대하여서도 대항할 수 있는지 여부(즉 주택임대차의 제3자대항력 여부)를 표로 나타내어 보면 다음과 같다.

┌ 매매의 경우
│ ├ 대항요건을 구비한 주택임차권 – 있음
│ └ 대항요건을 구비하지 않은 주택임차권 – 없음
└ 경매 또는 공매의 경우
  └ 대상주택에 관하여 저당권 등[242]이 존재하지 않는 때

241) 민법주해[XV] 220(민일영).

-
  - 대항요건을 구비한 주택임차권
    - 경매개시결정등기보다 먼저 구비한 것
      - 배당요구의 종기까지 배당요구한 경우
        - 보증금이 전액 변제되는 경우 – 없음
        - 보증금이 전액 변제되지 않는 경우 – 변제되지 않는 금액에 관하여 있음
      - 배당요구의 종기까지 배당요구하지 않은 경우 – 있음
    - 경매개시결정등기보다 뒤에 구비한 것 – 없음
  - 대항요건을 구비하지 않은 주택임차권 – 없음
- 대상주택에 관하여 저당권 등이 존재하는 때
  - 대항요건을 구비한 주택임차권
    - 저당권 등보다 먼저 구비한 것
      - 배당요구의 종기까지 배당요구한 경우
        - 보증금이 전액 변제되는 경우 – 없음
        - 보증금이 전액 변제되지 않는 경우 – 변제되지 않는 금액에 관하여 있음
      - 배당요구의 종기까지 배당요구하지 않은 경우 – 있음
    - 저당권 등보다 뒤에 구비한 것 – 없음
  - 대항요건을 구비하지 않은 주택임차권 – 없음

한편 경매 또는 공매에 있어서는 매각기일 또는 공매의 공고에 대항력 있는 임대차의 기재를 요하고(민집 106iii, 268, 국징 67②x) 그 흠결은 경매절차 또는 공매절차의 위법으로서 하자가 되지만, 이는 경매절차 또는 공매절차의 하자에 그치고 공고되지 아니하였다 하여 임차인이 매수인에 대한 관계에서 대항력을 상실하게 되는 것은 아니다. 미등기인 경우에도 그 건물의 소유권을 양수하여 사실상 소유자로 권리행사를 하는 자는 양수인에 해당한다. 그러나 양도담보로 소유권을 취득하는 자는 양수인에 해당하지 않는다. 부동산을 대상으로 하는 양도담보에 관하여는 가등기담보등에 관한 법률이 적용되어(가담 1) 동법에서 정하는 청산절차(가담 3 이하)를 거쳐야만 소유권을 취득하게 되기 때문이다.

임대차계약이 존속기간의 만료, 해지권의 행사 등에 의하여 적법하게 종료된

---

242) 저당권 등이란 ①경매개시결정등기(민집 144①iii, 268) ②저당권(민집 91②, 268) ③담보가등기(가담 13, 15) ④가압류등기(법률에 명문의 규정은 없으나 통설) ⑤배당요구한 전세권(민집 91④, 268) ⑥배당요구한 보증금이 전액 변제되는 대항력 있는 주택임차권 또는 상가건물임차권(주임보 3의5, 상임보 8)을 말한다.

후에, 소유자가 바뀐 경우에도 신 소유자는 임대인의 지위를 승계하게 되는가. 이에 관하여 주택임대차보호법 제4조 제2항은 「임대차가 종료된 경우에도 임차인이 보증금을 반환받을 때까지는 임대차관계는 존속하는 것으로 본다」고 규정하고 있다. 따라서 이 경우 전 소유자와 임차인 사이의 임대차관계는 종료된 상태 그대로 신 소유자에게 승계되는 것으로 보아야 한다.

(b) 당연 승계되는 임대차관계의 내용

신 소유자에 의해 승계되는 임대차관계의 내용은 당연승계의 법리상 종래의 임대차계약의 내용과 동일할 수밖에 없다. 등기에 의해 대항력을 취득하는 경우에 있어서는 그 등기절차에 관하여 부동산등기법 제74조가 차임액과 지급시기, 존속기간, 임차권의 양도 또는 전대의 허용 등을 필요적 기재사항으로 명정(明正)하고 있으므로, 이러한 필요적 기재사항에 관한 한 등기가 되지 아니하면 신 소유자 등의 제3자에게 대항할 수가 없다. 그러나 주택임대차보호법에 의해 대항력을 취득하는 경우에는 부동산등기법 제74조의 적용이 없으므로 실제의 계약 내용대로 대항할 수 있다고 본다. 당연승계 되는 임대차관계의 구체적인 내용은 다음과 같다.

차임의 액은 종전 그대로이고 차임증감의 특약도 그대로 승계됨이 원칙이다. 따라서 예컨대 인접건물의 공사 중 차임을 면제하고 그 준공 후 다시 협의하여 정하기로 하는 것과 같은 약정은 그대로 승계된다. 그러나 합리적인 이유 없이 이루어진 차임면제 또는 감액의 합의는 신 소유자에게 승계되지 않는다.

임차주택의 소유권이전 후 발생하는 차임청구권은 신 소유자에게 이전한다. 그러나 그 이전에 발생하여 아직 지급되지 아니한 차임은, 따로 채권양수절차를 취하지 않은 한 신 소유자에게 승계되지 않는다. 마찬가지로 임대차관계와 관련하여 이미 발생한 손해배상청구권도 신 소유자에게 이전하지 않는다고 본다. 다만 임차인이 소유권이 이전된 사실을 알지 못하고 전 소유자에게 지급한 차임은 채권의 준점유자에 대한 변제로서 보호받을 수 있을 것이다.

차임의 지급시기, 방법 등에 관한 약정도 그대로 승계된다. 따라서 추심채무의 약정도 그대로 승계되고 본래 신 소유자에게 지급해야 할 기간분의 차임이 전 소유자와의 차임선불약정에 의해 미리 지급된 경우에도 임차인은 그로써 대항할 수 있다.

임대차계약에 있어서는 보증금을 교부함이 오히려 통례이고 이러한 임차보증금관계는 임대차관계와 일체가 되어 있으므로 임대인지위의 승계로 당연히 신 소유자에게 이전한다. 다만 소유권의 이전시 연체차임 등 전 소유자에게 보증금(또는 전세보증금)에 의하여 담보된 채무가 있었을 때에는, 그것은 당연히 공제되고 신 소유자는 그 잔액에 관하여서만 승계하게 된다. 그리고 임차보증금의 증감에 관한 특약, 장래 일정시기에 임차보증금을 지급하기로 하는 특약 등도 그대로 승계된다.

임대차의 존속기간은 종전과 같으므로 결국 잔여기간이 승계된 기간으로 되며, 기간의 정함이 없는 경우나 갱신된 경우 등도 그 상태대로 신 소유자에게 승계된다. 그리고 승계 전에 이미 발생한 임차인의 위약사실 등 해지사유도 그대로 승계된다고 본다. 소유자의 교체에 의해 임차인이 이에서 벗어난다는 것은 오히려 불합리하기 때문이다. 또한 전 소유자가 주택임대차보호법 제6조 제1항에 따라 한 갱신거절의 통지도 그대로 승계된다고 본다. 그리고 임차목적물인 주택에 대한 임차인의 자본투자라고 할 수 있는 건물부속물의 부착, 필요비·유익비의 지급 등은 이에 의해 목적물에 부가된 가치가 신 소유자에게 승계되며 또한 임대차관계의 한 내용이 되므로 신 소유자에게 승계되어, 임차인은 신 소유자에 대하여 그 매수청구권과 비용상환청구권을 행사할 수 있을 것이다.

(c) 전 소유자의 임대차관계이탈여부

임차주택의 소유권이 이전되면 신 소유자의 임대인 지위승계로 인하여 전 소유자가 임차보증금반환채무를 면하게 되는지 문제로 된다. 이에 관하여는 임대인의 지위승계가 있더라도 전 소유자의 면책은 인정될 수 없고, 임차보증금반환채무를 신 소유자가 중첩적으로 인수한 것과 같은 상태가 되어, 임차인은 전 소유자에 대하여도 임차보증금의 반환을 청구할 수 있다고 하는 견해[243]와 임차인이 임차주택의 양도사실을 알고서도 상당한 기간이 지나도록 아무런 의사를 표시하지 않은 때에는, 임대인의 지위가 신 소유자에게 당연 승계 되어 전 소유자가 보증금반환채무를 면하게 되나, 상당한 기간 내에 임대인지위의 양수인에 대한 승계에 반대하는 의사를 표시한 때에는 임대인지

243) 이재성 임대주택- 61 이하 참조.

위의 승계는 없고, 양도인만이 그대로 임대인으로서의 의무를 부담하는 것으로 보아야 한다는 견해[244]가 있다.

그러나 대법원판례는 임차주택의 신 소유자가 주택임대차보호법 제3조 제2항의 규정에 따라 임대인의 지위를 승계함으로써, 전 소유자는 임대차관계에서 완전히 이탈되어 임차보증금의 반환채무를 면하게 된다고 한다. 그리고 그 이유는 만일 보증금반환채무가 양도인에게 남아 있다고 해석하면 임대차관계에서 발생하는 채권·채무, 즉 목적물의 사용·수익을 하게 하는 채무, 수선의무, 필요비, 유익비상환의무 등은 모두 이전하는데 오로지 보증금반환채무만이 남는 것이 되어 불합리할 뿐만 아니라 임대차계약의 위와 같은 여러 채권·채무는 임대인이 어떤 사람인가 하는 개인적 색채보다는 부동산 자체와 관련된 것이 대부분으로서 임대목적물의 소유자로서 거의 완전하게 이행할 수 있는 성질의 것이며, 임차인으로서는 동시이행의 항변, 유치권의 행사 등에 의하여 이행을 확보할 수 있어 임대인의 교체에 의하여 큰 영향을 받지 않기 때문이라고 한다.[245] 다만 대항력 있는 주택임대차가 기간만료나 당사자의 합의 등으로 종료된 이후에 임차주택이 양도된 경우에는 주택임차인이 임대인의 지위승계를 원하지 않으면 예외적으로 임차인이 임차주택의 양도사실을 안 때로부터 상당한 기간 내에 이의를 제기함으로써 승계되는 임대차관계의 구속으로부터 벗어날 수 있고 이와 같은 경우에는 양도인의 임차인에 대한 보증금 반환채무는 소멸하지 않는다고 한다.[246]

판례1-49

전부명령의 제3채무자인 임대인이 보증금반환채무를 면하는지 여부

주택임대차보호법 제3조 제1항의 대항요건을 갖춘 임차인의 임대차보증금반환채권에 대한 압류 및 전부명령이 확정되어 임차인의 임대차보증금반환채권이 집행채권자에게 이전된 경우 제3채무자인 임대인으로서는 임차인에 대하여 부담하고 있던 채무를 집행채권자에 대하여 부담하게 될 뿐 그가 임대차목적물인 주택의 소유자로서 이를 제3자에게 매도할 권능은 그대로 보유하는 것이며, 위와 같이 소유자인 임대인이 당해 주택을 매도한 경우 주택임대차보호법 제3조 제2항에 따라 전부채권자에 대한 보증금지급의무를 면하게 되므로, 결국 임대인은 전부금지급의무를 부담하지 않는다(대판 2005.9.9. 2005다23773).

244) 민법주해[XV] 220(민일영), 김학동 주택임대차보호법 19 이하 참조.
245) 대판 1987.7.10. 86다카1114, 대판 1994.3.11. 93다29648 참조.
246) 대판 2002.9.4. 2001다64615 참조.

(ㄷ) 용익권취득자에 대한 관계

주택임차권자와 용익권취득자와의 관계는 동일한 주택에 전세권이나 임차권이 중복되어 발생하는 경우 그 우열관계를 어떻게 정할 것인지의 문제를 말한다. 이에 관하여는 우선 주택임대차보호법에 의하여 대항요건을 갖춘 임차권자 상호 간에는, 먼저 대항요건을 갖춘 자 즉, 주택의 인도와 전입신고를 먼저 마친 자가 우선하게 된다는 점에 대하여는 의문이 없다고 할 것이다. 다음에 민법의 규정에 의해 즉, 등기에 의해 대항력을 취득하는 임차권자와의 관계에 있어서는, 주택임대차보호법이 정하는 대항요건(주택의 인도와 전입신고)과 민법이 정하는 대항요건(등기)간에 대항요건으로서의 질적 차이를 두어야 할 근거나 이유가 없으므로, 일반이론에 따라 대항력취득의 요건을 먼저 구비한 자가 우선한다고 본다.

그러면 이중의 임대차계약이 체결되어 한쪽은 주택의 인도를 받았으나 주민등록(전입신고)을 마치지 아니하였고 다른 한쪽은 주민등록은 마쳤으나 주택의 인도를 받지 못한 경우 또는 한쪽은 주택의 인도를 받았으나 주민등록을 마치지 아니하였고 다른 한 쪽은 주택의 인도는 받지 못하였으나 임대차등기를 한 경우는 어떠한가. 전자의 경우는 양쪽 모두 대항력을 갖추지 못하고 있으므로 임대인으로부터 사실상으로 채무의 이행을 받고 있는 주택의 인도를 받은 쪽이 우선한다고 할 것이고, 후자의 경우는 대항력을 갖춘 자와 갖추지 못한 자의 관계이므로 등기를 한 자가 우선한다고 할 것이다.

그리고 주택임차인이 그 대항요건을 구비한 후 그에 대항할 수 없는 용익권을 취득한 자 또는 불법점유자 등에 의하여 당해 주택의 사용에 방해를 받는 때에는, 점유소권(민 204, 205)이나 소유자가 가지는 물권적청구권(민 213, 214)의 대위행사를 통하여 그 방해를 배제할 수 있으며 더 나아가 주택임차권 자체에 의거한 방해배제도 청구할 수 있다.

(ㄹ) 가등기권리자에 대한 관계

가등기란 부동산의 물권변동을 일어나게 할 청구권(소유권이전, 제한물권 설정 등)을 가지는 자의 보호를 위한 일시적·예비적 보전수단으로 인정되는 등기로서, 가등기 그 자체만으로는 아무런 실체적 효력도 발생되지 않기 때문에 임차권자와의 관계도 잠재적인 상태로만 남아 있을 뿐 그 대항관계가 표면에 나타나지 않는다. 그러나 그 가등기에 의거하여 보전하고자 하였던 청구권을 실현하는 본등기가 이루어질 경우에는, 그 본등기의 순위가 가등기의 시점까지 소급하게 되므로 그러한 권리자와 임차권자간의 대항관계가 표면에 나타나게 되고, 이러한 경우의 임차권자와 본등기권자 사이의 우열관계는 가등기를 한 시점에서 본등기를 한 경우와 동일하게 취급하면 된다. 따라서 가등기 이후에 임차권의 대항요건을 구비한 자는 비록 임차권의 대항요건구비 이후에 본등기를 하였다 할지라도 그 본등기권자에게는 대항할 수가 없게 된다. 그리고 이 경우 관계 당사자간의 구체적인 법률관계는 앞에서 설명한 소유권취득자 및 지상권 · 전세권 · 임차권 등 용익권취득자와의 관계와 뒤에 설명하는 저당권자와의 관계에 있어서와 같다고 보면 된다.

한편 가등기담보 등에 관한 법률에 의한 채권담보를 위한 가등기 즉, 담보가등기와 주택임차권과의 관계는 어떠한가. 우선 임차권의 대항요건이 구비된 이후 담보가등기가 행하여진 경우에는, 그 담보가등기에 의거하여 소유권을 취득한 자 또는 경매절차에서의 매수인에 대하여 그 임차권을 가지고 대항할 수 있으며, 이 점은 앞에서 설명한 청구권보전을 위한 가등기의 경우와 다를 바가 없다. 그러나 담보가등기가 행하여진 후에 대항력을 취득한 경우에 관하여는 청구권보전을 위한 가등기와는 달리 가등기담보 등에 관한 법률에서 임차인보호를 위한 특별규정을 두고 있다. 즉, 동법 제5조 제5항에서는 담보가등기권자가 청산에 의하여 소유권을 취득하는 경우, 담보가등기후 대항력을 취득한 임차인에게 청산금의 범위 내에서 동시이행의 항변권을 인정하고 있다. 따라서 담보가등기가 먼저 설정되어 있는 주택을 임차한 경우일지라도, 그 담보가등기의 실행에 의하여 담보가등기권자가 소유권을 취득하려고 할 때에는, 임차인은 담보가등기권자가 채무자(주택소유자)에게 반환하여야 할 청산금(담보부동산의 가액에서 채권의 원리금 및 기타 우선변제권 있는 채권액을 공제한 금액)의 범위 안에서 보증금을 반환하지 아니하면 그 주택의 인도를 할 수 없다는 항변을 담보가등기권자에게 할 수 있다. 결국 이상을 요약하면 담보가등기권자의 소유권취득을 위한 청산금은 담보권자, 임차권자, 일반채권자의 순서로 그 배분순위가 결정된다고 할 수 있을 것이다.

그러면 위와 같은 담보권자, 임차권자, 일반채권자라는 배분순위는 담보가등기권자가 권리의 실행방법으로서 청산에 의한 소유권취득이 아닌 경매의 방법을 취한 경우에도 적용되는가. 이에 관하여는 긍정과 부정의 양론이 있을 수 있을 것이나, 법문이 청산금으로 한정하여 명시하고 있는 점에 비추어 부정하여야 할 것으로 생각한다.

(ㅁ) 보증금반환청구권행사를 위한 권리

(a) 임의경매청구권의 존부

대항요건(즉 주택의 인도와 주민등록)을 구비한 주택임차인이라도, 대상 목적물에 대한 임의경매청구권은 인정되어 있지 않다. 따라서 임대차기간이 만료되었으나 임대인이 보증금의 반환을 하지 않더라도 바로 대상 목적물의 임의경매를 신청할 수가 없고, 그 보증금반환청구권에 관하여 집행력 있는 정본을 소지한 후에야 비로소 강제경매를 신청할 수 있을 뿐이다.

(b) 우선변제권의 존부

단순히 대항요건만을 구비한 주택임차인에게는 우선변제권이 인정되어 있지 않다. 따라서 대상 목적물에 대하여 다른 채권자의 신청으로 경매절차가 진행됨으로써 그 임차권이 소멸하게 되는 경우에도, 이들 임차인은 매각대금으로부터 우선변제를 받을 수가 없고 저당권자 등의 우선채권자들에게 변제되고 남은 잔액이 있는 경우에 한하여, 다른 일반채권자들과 함께 채권액에 안분하여 변제받는 수밖에 없다.

(c) 배당요구권의 존부

단순히 대항요건만을 구비한 주택임차인에게는 배당요구권이 인정되어 있지 않다. 타인의 신청으로 진행되는 부동산 경매절차에 있어서 배당요구를 하여 배당참가할 수 있는 채권자는 ①집행력 있는 정본을 가진 채권자 ②경매개시결정이 등기된 뒤에 가압류를 한 채권자 ③민법·상법, 그 밖의 법률에 의하여 우선변제청구권이 있는 채권자로 한정되어 있기 때문이다(민집 88①). 따라서 대상 목적물에 대하여 다른 채권자의 신청으로 경매절차가 진행됨으로써 그 임차권이 소멸하게 되는 경우에도, 이들 임차인은 바로 그 매각대금으로부터의 배당요구를 할 수가 없고 집행력 있는 정본을 소지하거나 대상 목적물에 대하여 가압류한 후에야 비로소 배당요구를 할 수 있다.

(라) 대항력의 취득시기와 존속요건

(ㄱ) 취득시기

대항력의 취득시기에 관하여 주택임대차보호법 제3조 제1항은 주택의 인도와 주민등록(전입신고)을 마친 때에 「그 다음 날」부터 생기는 것으로 규정하고 있다. 따라서 예컨대 주택의 인도일이 2024년 2월 20일이고 전입신고일이 2024년 2월 22일이라고 하면, 2024년 2월 22일(전입신고일)의 다음 날인 2024년 2월 23일 오전 0시부터 대항력을 취득하게 되고, 주택의 인도일이 2024년 2월 20일이고 전입신고일이 2024년 2월 15일이라고 하면, 2024년 2월 20일(주택의 인도일)의 다음 날인 2024년 2월 21일 오전 0시부터 대항력을 취득하게 된다.[247]

이는 인도 및 전입신고를 한 날과 제3자의 소유권이전등기일이나 용익권설정등기일 또는 저당권설정등기일이 동일한 날인 경우, 그 선후 결정에 어려움이 생기는 것을 피하기 위한 것으로 볼 수 있다. 그런데 이렇게 되면 임차인이 당해 주택에 오전 중에 입주하고 전입신고를 마쳐도, 동시에 또는 오후에 당해 주택의 소유권이나 전세권 또는 저당권 등을 취득한 자가 있으면, 그에 대하여는 대항할 수 없어 임차인 보호에 미흡한 점이 있다.[248] 이에 따라 입법상으로는 주택임대차보호법 제3조 제1항의 법문에서 「그 다음 날」을 삭제하여 대항요건을 구비한 순간부터 바로 대항력이 발생하는 것으로 하고, 그 선후는 입증의 문제로 해결하도록 하자는 의견이 있다.[249] 입법론 상으로는 고려해 볼 수 있는 것이 아닌가 생각한다.

전 소유자가 신소유자에 대한 관계에서 임차인이 되는 경우 예를 들면 A가 전입신고를 하고 거주하고 있던 소유주택을 2024.5.22. B에게 매도하는 매매계약을 체결하면서 B를 임대인, A를 임차인으로 하는 임대차계약도 함께 체결하고 2024.6.25. B앞으로 소유권이전등기를 한 후 계속 거주하는 경우 A가 임차인으로서의 대항력을 취득하는 시기는 소유자로서의 주민등록이 임차인으로서의 주민등록으로 바뀌는 2024.6.25.의 다음 날인 2024.6.26. 오전 0시인 것으로 보아야 한다. 이와 같은 경우 제3자로서는 그 주택에 관하여 A로부터 B앞으로 소

247) 대판 1999.5.25. 99다9981 참조.
248) 주석민법[채권각칙(3)] 527(고상룡).
249) 민법주해[ⅩⅤ] 215(민일영).

유권이전등기가 경료되기 전에는 A의 주민등록이 소유권 아닌 임차권을 매개로 하는 점유라는 것을 인식하기 어려웠다 할 것이므로, A의 주민등록은 그 주택에 관하여 B 명의의 소유권이전등기가 경료된 2024.6.25. 이전에는 주택임대차의 대항력 인정의 요건이 되는 적법한 공시방법으로서의 효력이 없고, 그 이후에야 비로소 A와 B사이의 임대차를 공시하는 유효한 공시방법이 되는 것이기 때문이다.[250] 따라서 B가 A로부터의 소유권이전등기와 함께 S은행 앞 근저당권설정등기를 하는 경우 S은행의 근저당권설정이 B의 주택임차권의 대항력구비에 앞서는 것이 된다.

그러나 전입신고하고 거주하고 있지만 소유자와의 임대차계약이 아니라서 주택임대차보호법에 의한 대항력을 구비한 주택임차인으로 보호받지 못하고 있는 상태에서 임대인이 대상 주택의 소유권을 취득한 경우 예를 들면 C가 2024.5.22. A소유 임대아파트의 임차인인 B로부터 아파트를 임차하여 전입신고를 마치고 거주하던 중 B가 2024.6.25. A로부터 위 아파트를 분양받아 자기 명의로 소유권이전등기를 하고 같은 날 S은행에 근저당권을 설정한 경우, 비록 임대인인 B가 C와 위 임대차계약을 체결한 이후에, 그리고 C가 위 전입신고를 한 이후에 위 아파트에 대한 소유권을 취득하였다고 하더라도, 주민등록상 전입신고를 한 날로부터 소유자 아닌 C가 거주하는 것으로 나타나 있어서 제3자들이 보기에 C의 주민등록이 소유권 아닌 임차권을 매개로 하는 점유라는 것을 인식할 수 있었으므로 위 주민등록은 C가 전입신고를 마친 날로부터 임대차를 공시하는 기능을 수행하고 있었다고 할 것이고 이에 따라 C는 B 명의의 소유권이전등기가 경료되는 즉시 임차권의 대항력을 취득한 것으로 되는데, 근저당권설정등기는 그 접수순서에 있어서 소유권이전등기의 다음 순위가 되므로 C의 주택임차권의 대항력구비가 S은행의 근저당권설정에 앞서는 것으로 보아야 한다.[251]

250) 대판 1999.4.23. 98다32939, 대판 2000.2.11. 99다59306 참조.
251) 대판 2001.1.30. 선고 2000다58026,58033 참조.

판례1-50

1. 낙찰인과 종전 임차인 사이의 대항력 취득시기

경매절차에서 낙찰인이 주민등록은 되어 있으나 대항력은 없는 종전 임차인과의 사이에 새로이 임대차계약을 체결하고 낙찰대금을 납부한 경우, 종전 임차인의 주민등록은 낙찰인의 소유권취득 이전부터 낙찰인과 종전 임차인 사이의 임대차관계를 공시하는 기능을 수행하고 있었으므로, 종전 임차인은 당해 부동산에 관하여 낙찰인이 낙찰대금을 납부하여 소유권을 취득하는 즉시 임차권의 대항력을 취득한다(대판 2002.11.8. 2002다38361, 38378).

2. 보증금의 지급과 주택임대차의 대항력취득시기

임차인이 주택의 인도와 전입신고를 마친 때에는 주택임대차보호법 제3조에 의하여 그 다음날부터 임차주택의 양수인에 대하여 대항력을 취득하게 되므로, 보증금의 반환을 받을 때까지 임대차관계의 존속을 주장할 수 있는 권리를 가지게 되는 것이고, 여기서 임차인이라 함은 적법하게 임대차계약을 체결하여 그 임대차관계가 유지되고 있으면 족한 것이며, 반드시 새로운 이해관계인이 생기기 전까지 임대인에게 그 보증금을 전부 지급하여야 하는 것은 아니다(대판 2001.1.19. 2000다61855).

(ㄴ) 존속요건

(a) 인도 및 주민등록과의 관계

주택의 인도와 주민등록은 대항력의 취득요건일 뿐 아니라 그 존속요건이다. 따라서 주택의 인도와 주민등록은 대항코자 하는 제3자의 출현시에도 계속되고 있어야 하고, 대상 주택의 경매시에는 배당요구의 종기까지 존속하고 있어야 한다.[252] 배당요구의 종기가 연장된 때에는 그 연장된 때까지도 존속하고 있어야 한다. 다만 임차인이 주택의 점유를 제3자에게 침탈당했다가 점유소권(占有訴權)에 의하여 회복된 경우에는 대항력의 계속성은 인정되는 것으로 본다.

임차인이 주택의 인도와 주민등록을 마친 후 즉 주택임차권의 대항요건을 모두 갖춘 후에, 임차주택에 대하여 임대인의 다른 채권자의 담보권설정등기나 압류(또는 가압류)등기가 되어 있는 상태에서, 거주는 하면서 주민등록(세대구성원 전원의 주민등록)만을 일시 다른 곳으로 이전하였다가 다시 복귀시킨 경우, 또는 임차인이 임대인으로부터 아직 임차보증금의 반환을 받지 아니하고 주민등록

252) 대판 2007.6.14. 2007다17475, 대판 2008.3.13. 2007다54023 참조.

도 이전시키지 않은 채로 임차주택의 점유를 임대인에게 일시 이전하였다가 다시 회복한 경우, 임차권의 대항력이 최초에 주택의 인도와 주민등록을 마친 때까지로 소급하여 회복되는지는 문제이다.

이에 관하여는 대항요건의 흠결 후 새로운 이해관계인의 출현이 없는 경우와 있는 경우로 나누어, 전자의 경우에는 대항력이 소급하여 회복되게 되나 후자의 경우에는 회복되지 않는다고 하는 견해가 있다.[253] 그러나 대법원의 판례는 전자나 후자의 경우 모두 주택임차권의 대항력 회복을 인정하지 않고, 주민등록이 복귀된 다음날로부터 새로이 대항력이 구비되는 것으로 보고 있는데 그 내용을 보면 다음과 같다.

임차인이 그 가족과 함께 그 주택에 대한 점유를 계속하고 있으면서 그 가족의 주민등록은 그대로 둔 채 임차인만 주민등록을 일시 다른 곳으로 옮긴 일이 있다 하더라도 전체적으로나 종국적으로 주민등록의 이탈이라고 볼 수 없는 이상 임대차의 제3자에 대한 대항력을 상실하지 아니한다.[254] 반면에 어떤 이유에서든지 그 가족과 함께 일시적이나마 다른 곳으로 주민등록을 이전하였다면 이는 전체적으로나 종국적으로 주민등록의 이탈이라고 볼 수 있으므로 그 대항력은 그 전출 당시 이미 대항요건의 상실로 소멸되는 것이고, 그 후 그 임차인이 얼마 있지 않아 다시 원래의 주소지로 주민등록을 재전입하였다 하더라도 이로써 소멸되었던 대항력이 당초에 소급하여 회복되는 것이 아니라 그 재전입한 때부터 그와는 동일성이 없는 새로운 대항력이 다시 발생하게 된다.[255] 그러나 주민등록이 주택임차인의 의사에 의하지 않고 제3자에 의하여 임의로 이전되었고 그와 같이 주민등록이 잘못 이전된 데 대하여 주택임차인에게 책임을 물을 만한 사유도 없는 경우, 주택임차인이 이미 취득한 대항력은 주민등록의 이전에도 불구하고 그대로 유지된다.[256]

주택임차인의 의사에 의하지 아니하고 시장 군수 또는 구청장에 의하여 직권조치로 주민등록이 말소된 경우에는 원칙적으로 그 대항력은 상실된다고 할 것이지만, 주민등록법상의 직권말소제도는 거주관계 등 인구의 동태를 상시로 명

253) 윤천희 주택임차권-51 이하 참조.
254) 대판 1989.1.17. 88다카143, 대판 1996.1.26. 95다30338 참조.
255) 대판 1998.1.23. 97다43468 참조.
256) 대판 2000.9.29. 2000다37012 참조.

확히 파악하여 주민생활의 편익을 증진시키고 행정사무의 적정한 처리를 도모하기 위한 것이고, 주택임대차보호법에서 주민등록을 대항력의 요건으로 규정하고 있는 것은 거래의 안전을 위하여 임대차의 존재를 제3자가 명백히 인식할 수 있게 하기 위한 것으로서 그 취지가 다르므로, 직권말소 후 동법 소정의 이의절차에 따라 그 말소된 주민등록이 회복되거나 동법 시행령 제32조에 의하여 재등록이 이루어짐으로써 주택임차인에게 주민등록을 유지할 의사가 있었다는 것이 명백히 드러난 경우에는 소급하여 그 대항력이 유지된다고 할 것이고, 다만 그 직권말소가 구 주민등록법 소정의 이의절차에 의하여 회복된 것이 아닌 경우에는 직권말소 후 재등록이 이루어지기 이전에 주민등록이 없는 것으로 믿고 임차주택에 관하여 새로운 이해관계를 맺은 선의의 제3자에 대하여는 임차인은 대항력의 유지를 주장할 수 없다고 보아야 한다.[257]

(b) **임대차계약과의 관계**

주택임차인이 임차주택에 관하여 주택임대차보호법상의 대항력을 갖춘 이후에 임차보증금의 인상이나 임차주택의 매도에 따라 임대인 또는 매수인과 새로운 임대차계약서를 작성한 경우에, 그 임대차관계의 대항력은 최초에 취득한 때로부터 계속 유지되는 것인가 아니면 새로운 임대차계약서를 작성한 때로부터 다시 시작되는 것인가.

이에 관하여는 한 하급심의 판례에서 「주택의 매수인이 잔대금을 지급함에 있어, 주택임대차보호법상의 대항력을 갖춘 임차인과 매도인간의 임대차계약관계를 그대로 인수하고 확인하는 의미에서, 동일자로 임차인에게 자기 명의로 된 임대차계약서 및 전세보증금의 영수증을 교부해 준 것이라면, 이는 종전 임대차계약을 소멸시키고 새로운 임대차계약을 체결한 것이 아니라, 종전 임대차계약을 동일성을 해함이 없이 그대로 승계한 것으로 봄이 상당하다」고 판시하여[258] 전자의 견해를 채택한 바 있는데, 이 판례의 견해가 타당하다고 생각한다.

다만 실무적으로는 위와 같은 경우에 새로운 임대차계약서를 작성하기보다는 종전의 임대차계약의 내용을 변경하는 변경계약서를 작성하여, 종전의 임대차계

257) 대판 2002.10.11. 2002다20957, 대판 2008.3.13. 2007다54023 참조.
258) 서울고등법원 1986.3.5. 선고 85나3083, 3948 판결

약서와 함께 보관하는 것이 분쟁의 소지를 사전에 없앤다는 점에서 보다 적절하다고 하겠다.

라. 소액보증금 중 일정액의 최우선변제권에 관한 특례

㈎ 특례의 취지

주택임차권자는 주택임대차보호법 제3조에 의하여 등기 없이도 주택의 인도와 주민등록을 마침으로써 임대차등기를 하지 않고서도 제3자에 대한 대항력을 가지게 된다. 그 결과 임차주택을 인도받고 임차주택의 소재지에 전입신고를 한 주택임차인은 그 후 임대인이 임차주택을 제3자에게 매각하여 소유권이전등기를 하더라도 그 매수인에게 매도인과 체결한 임대차계약을 가지고 대항할 수 있다. 또한 임차주택에 대하여 타인이 저당권 등의 권리를 취득하기 전에 주택임대차의 대항력을 구비한 임차인은 임차주택에 대하여 경매가 이루어져 그 경매절차에서 매수인이 임차주택의 소유권을 취득하더라도 전 소유자와 체결한 임대차계약을 가지고 대항할 수 있다.

그러나 주택임차인이 임차주택을 인도받고 전입신고를 하여 임대차의 대항력을 구비하기 전에 임차주택에 대하여 이미 저당권 등의 권리를 취득한 자가 있는 경우에, 그 임차주택에 대하여 경매가 이루어져 그 경매절차에서 매수인이 임차주택의 소유권을 취득하게 되면, 주택임차인은 그 매수인에 대하여는 전 소유자와 체결한 임대차계약을 가지고 대항할 수 없어 보증금의 반환이 없어도 임차주택을 반환할 수밖에 없고, 또한 보증금반환청구권에 대하여 우선변제권이 인정되어 있지 않아 경매절차에서의 매각대금으로부터 보증금의 우선변제를 받을 수도 없다. 따라서 경매절차에서의 매각대금으로부터 배당을 받아 보증금을 회수하지 못한 주택임차인은 임대인인 구 소유자에 대하여 별도로 보증금의 반환을 청구할 수밖에 없는데, 이 경우 만일 구 소유자가 무자력(無資力)이면 보증금을 반환받을 수가 없게 된다.

그런데 위와 같은 결과는 재산이라고 해야 보증금이 전부라고 할 수 있는 영세서민이 다른 곳으로 이사하여 거주할 수 있는 기반을 상실하게 함으로써 그 생존을 불안하게 하는 사회적 문제를 일으키게 된다. 소액임대차제도는 바로 이러한 영세서민의 생존을 보장한다는 차원에서 마련된 것이며, 그 특징은 임차인의 소액보증금 중 일정액에 대하여 그 임대차의 대항요건구비 순서에 관계없이, 저당권자 등 다른 담보물권자보다 최우선변제를 받을 수 있는 권리를 부여한 데에 있다(주임보 8).

⑷ 최우선변제권의 성립요건

(ㄱ) 대항요건의 구비

주택임차인이 그 보증금 중 일정액에 대하여 최우선변제권을 가지려면 우선 주택임대차의 대항요건인 주택의 인도와 주민등록을 구비하여야 한다.

주택임대차의 대항요건을 언제까지 구비하고 있어야 하는가에 관하여, 종래에는 주택임대차보호법상 아무런 규정이 없었기 때문에 학설상으로는 압류시설과 소유권이전시설의 대립이 있었으나, 다수 학설 및 판례는 사회적·경제적 약자인 영세임차인을 두텁게 보호한다는 취지에서 소유권이전시설의 입장을 취하여, 임의경매에 있어서는 매수인이 대금납부기일에 매각대금을 납부하기 전까지, 강제경매에 있어서는 매각허가결정이 확정되기 전까지 대항요건을 구비하면 되는 것으로 하고 있었다.

그런데 위와 같은 해석이 영세임차인의 보호에 상당한 기여를 한 것은 사실이나, 한편으로 소유자의 담보책임 면탈에 악용되는 폐단이 있었다. 즉 대상 주택에 경매절차가 개시되면 소유자가 친척 등을 동원하여 여러 개의 소액임대차계약을 체결하고 주민등록을 한 후 배당요구하게 함으써 의도적으로 경매신청채권자의 배당액을 감소시키는 폐단이 발생한 것이다. 이에 따라 1989년 12월 개정된 주택임대차보호법은 그러한 폐단을 방지하고자, 동법에 제8조 제1항 후단을 신설, 「이 경우 임차인은 주택에 대한 경매신청의 등기 전에 제3조 제1항의 요건을 갖추어야 한다」고 규정함으로써 압류시설의 입장을 취하고 있다.

(ㄴ) 임대차보증금의 소액

(a) 소액보증금의 물적범위

소액보증금의 물적 범위는 주택임대차보호법시행령에서 정하도록 되어 있으며, 현재 최우선변제권이 인정되는 소액보증금은 ① 서울특별시에서는 165백만 원 ② 「수도권정비계획법」에 따른 과밀억제권역(서울특별시는 제외한다), 세종특별자치시, 용인시, 화성시 및 김포시에서는 145백만 원 ③ 광역시(「수도권정비계획법」에 따른 과밀억제권역에 포함된 지역과 군지역은 제외한다), 안산시, 광주시, 파주시, 이천시 및 평택시에서는 85백만 원 ④ 그 밖의 지역에서는 75백만 원 이하이다(주임보 8, 주임보령 11).

그리고 여기에서 보증금이 165백만 원 이하나 145백만 원 이하라고 하는 것은 보증금의 전체 금액이 165백만 원 이하나 145백만 원 이하라는 것을 의미하며, 보증금이 이를 초과하는 경우에는 그 전액에 대하여 최우선변제권이 인정되지 않는다. 따라서 당초의 보증금액 또는 계약 갱신에 의한 보증금액이 위의 금액을 초과하는 경우에는 그 보증금 전액에 대하여 최우선변제권을 인정받을 수 없게 된다.

수도권정비계획법에 따른 과밀억제권역이란 인구와 산업이 지나치게 집중되었거나 집중될 우려가 있어 이전하거나 정비할 필요가 있는 지역(동법 6① i)으로서, ① 서울특별시 ② 인천광역시[강화군, 옹진군, 서구 대곡동 · 불로동 · 마전동 · 금곡동 · 오류동 · 왕길동 · 당하동 · 원당동, 인천경제자유구역(경제자유구역에서 해제된 지역을 포함한다) 및 남동 국가산업단지는 제외한다] ③ 의정부시 ④ 구리시 ⑤ 남양주시(호평동, 평내동, 금곡동, 일패동, 이패동, 삼패동, 가운동, 수석동, 지금동 및 도농동만 해당한다) ⑥하남시 ⑦ 고양시 ⑧ 수원시 ⑨ 성남시 ⑩ 안양시 ⑪ 부천시 ⑫ 광명시 ⑬ 과천시 ⑭ 의왕시 ⑮ 군포시 ⑯ 시흥시[반월특수지역(반월특수지역에서 해제된 지역을 포함한다)은 제외한다]를 말한다(동법 6②, 동법시행령 9).

(b) 소액보증금의 인적범위

소액보증금의 범위는 각 임차인이 지급한 금액을 기준으로 한다. 따라서 한 채의 주택에 여러 명의 임차인이 존재하는 경우, 소액보증금인가의 여부는 각 임차인이 지급한 보증금액별로 판단하여야 하며, 각 임차인이 지급한 보증금액 전체를 합산하여 판단하는 것이 아니다. 다만 한 채의 주택에 임차인이 2인 이상이라 할지라도, 이들이 가족공동생활을 하는 경우에는 이들을 1인의 임차인으로 보아, 각자 지급한 금액을 합산하여 소액보증금인지의 여부를 판단한다(주임보령 3④). 선순위담보권과의 관계를 고려할 때 우선변제권의 혜택을 받기 위하여 소액보증금의 범위를 넘는 보증금을 고의로 쪼개어 여러 명의 임차인이 존재하는 것과 같은 외형을 취하는 경우 이들을 보호하는 것은 부당하기 때문이다.

(다) 최우선변제권의 적용효과

(ㄱ) 최우선변제권

보증금 중 일정액을 다른 담보물권자보다 우선하여 변제받는다. 대항력을 구비한 일자가 저당권자 등의 설정등기일자보다 후이라도 저당권자 등보다 우선변제 받는다는 점에 특징이 있다. 그래서 이러한 주택임차인의 우선변제권을 최우선변제권이라고 부른다. 최우선변제 되는 보증금의 액수는 ①서울특별시에서는 55백만 원 까지 ②수도권정비계획법에 따른 과밀억제권역(서울특별시는 제외한다), 세종특별자치시, 용인시, 화성시 및 김포시에서는 48백만 원 까지 ③광역시(수도권정비계획법에 따른 과밀억제권역에 포함된 지역과 군지역은 제외한다), 안산시, 광주시, 파주시, 이천시 및 평택시에서는 28백만 원까지 ④그 밖의 지역에서는 25백만 원 까지이다(주임보 8, 주임보령 10①).

소액임차권자가 다른 담보물권자보다 우선변제 받을 수 있는 범위는 대지가을 포함한 주택가액의 2주의 1에 한정된다(주임보 8③단, 주임보령 10②). 주택가액은 매각대금에 매수보증금에 대한 배당기일까지의 이자, 몰수된 매수·항고보증금 등을 포함한 금액에서 집행비용을 공제한 실제 배당할 금액을 말한다.[259]

주택가액에는 대지가액이 포함된다. 따라서 건물만의 임차인이라 할지라도 대지를 포함한 환가대금으로부터 우선변제를 받는다.[260] 건물과 대지가 시기를 달리하여 경매되더라도 각 경매절차에 모두 참가하여 우선변제를 받을 수 있으며, 먼저 경매되는 물건의 매각대금 2분의 1 한도 안에서 우선변제를 받고, 만일 잔여 보증금이 있으면 후에 경매되는 목적물의 매각대금 2분의 1 한도 안에서 다시 우선변제를 받는다.[261]

대지와 주택의 소유자가 다를 경우에는 대지와 건물은 별개의 부동산으로 취급되므로, 대지를 제외한 주택가액의 2분의 1 범위에서만 우선변제를 받을 수

---

259) 재판예규 제866-41호 주택임대차보호법 제8조에 관한 질의회답(재민 84-10) 문 9, 대판 2001.4.27. 2001다8974 참조.

260) 재판예규 제866-41호 주택임대차보호법 제8조에 관한 질의회답(재민 84-10) 문 12 참조.

261) 재판예규 제866-41호 주택임대차보호법 제8조에 관한 질의회답(재민 84-10) 문 13, 14 참조.

있다고 할 것이다. 또한 나대지상에 저당권이 설정된 후에 건물이 축조된 경우에도, 그 근저당권자에 대한 관계에서는 대지를 제외한 주택가액의 2분의 1 범위에서만 우선변제를 받을 수 있는 것으로 보아야 한다.[262)]

하나의 주택에 임차인이 2인 이상이고 그 각 보증금 중 일정액의 합산액이 주택가액의 2분의 1을 초과하는 경우에는, 그 각 보증금 중 일정액의 합산액에 대한 각 임차인의 보증금 중 일정액의 비율로, 그 주택가액의 2분의 1에 해당하는 금액을 분할한 금액을 각 임차인의 보증금 중 일정액으로 본다(주임보 8③, 주임보령 10③). 또한 하나의 주택에 임차인이 2명 이상이고 이들이 그 주택에서 가정공동생활을 하는 경우에는 이들을 1명의 임차인으로 보아 이들의 각 보증금을 합산한다(주임보 8③, 주임보령 10④).

우선변제를 받을 수 있는 목적물은 임차주택에 한한다. 따라서 소액보증금 중 일정액(또는 임차인이 수인이 있을 경우 소액보증금 중 일정액의 합계액)이 임차주택가액의 2분의 1을 초과함으로써 우선변제를 받지 못한 잔액은, 임대인의 다른 재산에서 우선변제 받을 수 있는 것이 아니다.

판례1-52

대지가액에 주택임차인의 최우선변제권이 미치는지 여부

(1) 임차주택의 환가대금 및 주택가액에 건물뿐만 아니라 대지의 환가대금 및 가액도 포함된다고 규정하고 있는 주택임대차보호법(1999.1.21. 법률 제5641호로 개정되기 전의 것) 제3조의2 제1항 및 제8조 제3항의 각 규정과 같은 법의 입법 취지 및 통상적으로 건물의 임대차에는 당연히 그 부지 부분의 이용을 수반하는 것인 점 등을 종합하여 보면, 대지에 관한 저당권의 실행으로 경매가 진행된 경우에도 그 지상 건물의 소액임차인은 대지의 환가대금 중에서 소액보증금을 우선변제 받을 수 있다고 할 것이나, 이와 같은 법리는 대지에 관한 저당권 설정 당시에 이미 그 지상 건물이 존재하는 경우에만 적용될 수 있는 것이고, 저당권 설정 후에 비로소 건물이 신축된 경우에까지 공시방법이 불완전한 소액임차인에게 우선변제권을 인정한다면 예측할 수 없는 손해를 입게 되는 범위가 지나치게 확대되어 부당하므로, 이러한 경우에는 소액임차인은 대지의 환가대금에 대하여 우선변제를 받을 수 없다고 보아야 한다(대판 1999.7.23. 99다25532).

(2) 대항요건 및 확정일자를 갖춘 임차인과 소액임차인은 임차주택과 그 대지가 함께 경매될 경우뿐만 아니라 임차주택과 별도로 그 대지만이 경매될 경우에도 그 대지의 환가대금에 대하여 우선변제권을 행사할 수 있고, 이와 같은 우선변제권은 이른바 법정담보물권의 성격을 갖는 것으로서 임대차 성립시의 임차 목적물인 임차주택 및 대지의 가액을 기초로 임차인을 보호하고자 인정되는 것이므로, 임대차 성립 당시 임대인의 소유였던 대지가 타인에게 양도되어 임차주택과 대지의 소유자가 서로 달라지게 된 경우에도 마찬가지이다(대전합판 2007.6.21. 2004다26133).

262) 대판 1999.7.23. 99다25532 참조.

소액보증금의 액수와 그 중 최우선변제 되는 금액은 계속 증액되어 왔으며 그 내용은 다음 참고 표와 같다. 그리고 그 증액에 따른 경과조치로서 주택임대차보호법시행령은 개정규정은 이 영 시행 당시 존속 중인 임대차계약에 대해서도 적용하되, 이 영 시행 전에 임차주택에 대하여 담보물권을 취득한 자에 대해서는 종전의 규정에 따른다고 규정하고 있다(주임보령 부칙 2).

[참고] 소액보증금과 최우선변제금의 변동 내용

시 행 시 기	지 역 별	소액보증금	최우선변제금액
84.1.1~87.11.30	- 서울특별시 · 광역시 - 기타지역	3백만 원 이하 2백만 원 이하	3백만 원 까지 2백만 원 까지
87.12.1~90.2.18	- 서울특별시 · 광역시 - 기타지역	5백만 원 이하 4백만 원 이하	5백만 원 까지 4백만 원 까지
90.2.1~95.10.18	- 서울특별시 · 광역시 - 기타지역	20백만 원 이하 15백만 원 이하	7백만 원 까지 5백만 원 까지
95.10.1~01.9.14	- 서울특별시 · 광역시 - 기타지역	30백만 원 이하 20백만 원 이하	12백만 원 까지 8백만 원 까지
01.9.15~08.8.20	- 수도권정비계획법에 의한 수도권 중 과밀억제권역 - 광역시(군지역과 인천광역시 지역 제외) - 기타지역	40백만 원 이하 35백만 원 이하 30백만 원 이하	16백만 원 까지 14백만 원 까지 12백만 원 까지
08.8.21~10.7.25	- 수도권정비계획법에 의한 수도권 중 과밀억제권역 - 광역시(군지역과 인천광역시 지역 제외) - 기타지역	60백만 원 이하 50백만 원 이하 40백만 원 이하	20백만 원 까지 17백만 원 까지 14백만 원 까지
10.7.26~13.12.31	- 서울특별시 - 수도권정비계획법에 따른 과밀억제권역(서울특별시는 제외한다) - 광역시(수도권정비계획법에 따른 과밀억제권역에 포함된 지역과 군지역은 제외한다), 안산시, 용인시, 김포시 및 광주시 - 그 밖의 지역	75백만 원 이하 65백만 원 이하 55백만 원 이하 40백만 원 이하	25백만 원 까지 22백만 원 까지 19백만 원 까지 14백만 원 까지

14.1.1~16.3.30	– 서울특별시 – 수도권정비계획법에 따른 과밀억제권역(서울특별시는 제외한다) – 광역시(수도권정비계획법에 따른 과밀억제권역에 포함된 지역과 군지역은 제외한다), 안산시, 용인시, 김포시 및 광주시 – 그 밖의 지역	95백만 원 이하 80백만 원 이하 60백만 원 이하 45백만 원 이하	32백만 원 까지 27백만 원 까지 20백만 원 까지 15백만 원 까지
16.3.31~18.9.17	– 서울특별시 – 수도권정비계획법에 따른 과밀억제권역(서울특별시는 제외한다) – 광역시(수도권정비계획법에 따른 과밀억제권역에 포함된 지역과 군지역은 제외한다), 세종특별자치시, 안산시, 용인시, 김포시 및 광주시 – 그 밖의 지역	100백만 원 이하 80백만 원 이하 60백만 원 이하 50백만 원 이하	34백만 원 까지 27백만 원 까지 20백만 원 까지 17백만 원 까지
18.9.18~21.5.10	– 서울특별시 – 수도권정비계획법에 따른 과밀억제권역(서울특별시는 제외한다), 세종특별자치시, 용인시, 화성시 및 김포시 – 광역시(수도권정비계획법에 따른 과밀억제권역에 포함된 지역과 군지역은 제외한다), 안산시, 광주시, 파주시 및 평택시 4. 그 밖의 지역	110백만 원 이하 100백만 원 이하 60백만 원 이하 50백만 원 이하	37백만 원 까지 34백만 원 까지 20백만 원 까지 17백만 원 까지
21.5.11~23.2.20	– 서울특별시 – 수도권정비계획법」에 따른 과밀억제권역(서울특별시는 제외한다), 세종특별자치시, 용인시, 화성시 및 김포시 – 광역시(수도권정비계획법에 따른 과밀억제권역에 포함된 지역과 군지역은 제외한다), 안산시, 광주시, 파주시, 이천시 및 평택시 – 그 밖의 지역	150백만 원 이하 130백만 원 이하 70백만 원 이하 60백만 원 이하	50백만 원 까지 43백만 원 까지 23백만 원 까지 20백만 원 까지

23.2.21 이후	– 서울특별시 – 수도권정비계획법에 따른 과밀억제권역(서울특별시는 제외한다), 세종특별자치시, 용인시, 화성시 및 김포시 – 광역시(「수도권정비계획법」에 따른 과밀억제권역에 포함된 지역과 군지역은 제외한다), 안산시, 광주시, 파주시, 이천시 및 평택시 – 그 밖의 지역	165백만 원 이하 145백만 원 이하 85백만 원 이하 75백만 원 이하	55백만 원 까지 48백만 원 까지 28백만 원 까지 25백만 원 까지

(ㄴ) 보증금의 증감에 따른 법률관계

(a) 같은 임대차계약 당사자 사이에 보증금의 증감이 있는 경우

처음 임대차계약을 체결할 당시에는 소액보증금에 해당되었으나, 임대차계약 갱신으로 소액을 초과하게 된 경우에는 전체 보증금에 대하여 소액임차인으로 보호받을 수 없게 된다. 반면에 처음 임대차계약을 체결할 당시에는 소액보증금이 아니었으나, 임대차계약을 갱신할 때에 임대인과의 사이에 정당하게 보증금을 감액하여 소액보증금에 해당하게 되었다면, 그 임대차계약이 통정허위표시에 의한 계약이어서 무효라는 등의 특별한 사정이 없는 한 그러한 임차인이 같은 법상 소액임차인으로 보호받을 수 있다.[263)]

(b) 소액보증금의 증액 입법에 따른 경과조치

최우선변제권의 성립요건인 소액보증금이 얼마인지 그리고 그 소액보증금 중 얼마의 금액을 최우선변제 받을 수 있는지는 주택임대차보호법시행령으로 정하도록 되어 있다(주임보 8③). 이에 따라 소액보증금과 소액보증금 중 최우선변제 받을 수 있는 금액은 부동산의 가격과 임대차보증금의 상승에 따라 주택임대차보호법시행령의 개정으로 여러 차례 증액되어 왔다. 그런데 주택임대차보호법시행령의 개정으로 소액보증금과 소액보증금 중 최우선변제 받을 수 있는 금액이 증액된 경우에 관하여는 한 가지 문제가 있다.

263) 대판 2008.5.15. 2007다23203 참조

예컨대 시가 600백만 원 상당의 주택(서울특별시 소재)을 소유하고 있는 A가 2023년 1월 25일 S에게 채권최고액을 400백만 원으로 하는 제1순위근저당권을 설정하고, 이어 2023년 3월 15일 K에게 채권최고액을 200백만 원으로 하는 제2순위근저당권을 설정한 후 2023년 3월 20일 D와 보증금을 160백만 원으로 하는 임대차계약을 체결하고서 D가 2023년 4월 16일 주택점유 및 전입신고를 한 경우에, D가 S에 대해서는 최우선변제권을 주장할 수 없음은 당연하나 K에 대해서도 최우선변제권을 주장할 수 없는 것인지 하는 점이다(S가 저당권을 취득할 당시에 적용되는 구 소액임대차보호법시행령상으로는 소액보증금이 150백만 원 이하이었던 반면, K가 저당권을 취득할 당시에 적용되는 현행 주택임대차보호법시행령상으로는 소액보증금이 165백만 원 이하이기 때문에 발생하는 문제임).

이에 대하여는 긍정설과 부정설로 견해가 갈릴 수 있다. 동일 주택에 여러 순위의 저당권이 설정된 경우, 긍정설은 맨 앞 순위의 저당권이 설정된 시점을 기준으로 D의 보증금이 소액인지 여부를 판단하여 그 이후의 모든 권리자의 배당금액과 순위를 정해야 한다고 하고, 부정설은 각 저당권이 설정된 시점을 기준으로 각 별로 D의 보증금이 소액인지 여부를 판단하여 각 채권자의 배당금액과 순위를 정해야 한다고 한다. 위 사례에서 대상 주택이 경매되어 배당할 금액이 550백만 원이고, S와 K의 배당요구채권액이 각각 400백만 원과 200백만 원이라고 할 때, 긍정설에 의하면 D는 S에 대하여서는 물론이고 K에 대하여도 최우선변제권을 주장할 수 없어, 배당할 금액 550백만 원은 S에게 제1순위로 400백만 원 · K에게 제2순위로 159백만 원이 배당되는 반면, 부정설에 의하면 D는 S에 대하여는 최우선변제권을 주장할 수 없으나, K에 대하여는 최우선변제권을 주장할 수 있어, 배당할 금액 550백만 원은, S에게 제1순위로 400백만 원 · D에게 제2순위로 55백만 원 · K에게 제3순위로 95백만 원이 배당된다.

그러나 이에 관하여 소액보증금과 소액보증금 중 최우선변제 받을 수 있는 금액이 증액된 경우의 경과조치에 관한 동법시행령 부칙 제2조의 규정과 주택임대차보호법이 주택임차인을 보호하기 위한 것이라는 점을 고려할 때, 주택임차인에게 유리한 결과가 되는 부정설의 입장이 타당하다.

(ㄷ) 다른 권리자와의 우선관계

(a) 조세와의 관계

국세기본법은 임차주택을 매각함에 있어서 그 매각대금 중에서 국세, 가산금을 징수하는 경우에는 소액보증금 중 일정액이 국세에 우선함을 정하고 있다(국기 35①iv). 따라서 법원에 의한 경매절차가 진행되는 경우는 물론이고 세무서에 의하여 국세체납처분에 의한 공매절차가 진행되는 경우에도 소액보증금 중 일정액은 국세에 우선하여 지급되게 된다. 한편 지방세와의 관계에 있어서는 지방세법에서 국세기본법과 유사한 내용의 정함을 두고 있다(지기 71①iv).

(b) 담보물권과의 관계

소액임차인의 소액보증금 중 일정액의 채권은 담보물권에 의하여 담보하는 채권에 우선한다. 담보물권이 소액임대차보다 먼저 성립하고 있는지는 묻지 않는다. 그리고 여기에서 담보물권이라 함은 저당권뿐만 아니라 전세권도 포함되며 가등기담보 등에 관한 법률상의 담보가등기도 이에 해당된다.

따라서 주택을 담보로 한 금융에 있어 담보권자로서 안전한 채권회수를 기하려면, 주택의 담보평가시 각 방별로 소액보증금이 생길 수 있음을 예상하여, 방개수에 해당하는 소액보증금 중 일정액의 합계액과 주택가액의 2분의 1 중 적은 금액을 주택평가액에서 공제하는 수밖에 없다.

(c) 순차적우선변제권자와의 관계

소액임차인의 소액보증금 중 일정액의 채권은 주택임대차보호법상의 대항요건과 확정일자를 갖춘 순차적우선변제권자에 우선한다. 그리고 이 경우 순차적우선변제권자가 소액임차인의 지위를 겸하는 경우에는 먼저 소액임차인으로서 보호받는 보증금 중 일정액을 우선시키고 난 후 나머지 임차보증금채권액에 대하여 대항요건과 확정일자를 갖춘 순서에 따라 우선순위를 정해지는 것으로 보아야 한다.

판례1-53

순차적우선변제권자와 최우선변제권자의 지위를 겸하는 경우의 순위

주택임대차보호법 제3조의2 제2항은 대항요건(주택인도와 주민등록전입신고)과 임대차계약증서상의 확정일자를 갖춘 주택임차인에게 부동산 담보권에 유사한 권리를 인정한다는 취지로서, 이에 따라 대항요건과 확정일자를 갖춘 임차인들 상호간에는 대항요건과 확정일자를 최종적으로 갖춘 순서대로 우선변제받을 순위를 정하게 되므로, 만일 대항요건과 확정일자를 갖춘 임차

> 인들이 주택임대차보호법 제8조 제1항에 의하여 보증금 중 일정액의 보호를 받는 소액임차인의 지위를 겸하는 경우, 먼저 소액임차인으로서 보호받는 일정액을 우선 배당하고 난 후의 나머지 임차보증금채권액에 대하여는 대항요건과 확정일자를 갖춘 임차인으로서의 순위에 따라 배당을 하여야 하는 것이다(대판 2007.11.15. 2007다45562).

(d) 근로자임금우선특권과의 관계

사용자가 소유하는 주택에 대하여 경매 등이 개시된 경우에 근로자의 최우선변제권과 주택임차인의 최우선변제권 사이의 우선순위는, 근로기준법과 주택임대차보호법이 서로 최우선순위로 변제하여야 할 것으로 규정하고 있을 뿐 양자의 순위에 관하여 규정하고 있는 바가 없으므로, 양 채권자는 같은 순위로서 각자의 채권액에 비례하여 안분배당 받는 것으로 보아야 한다.

(ㄹ) 기타 보증금반환청구권행사를 위한 권리

(a) 임의경매청구권

주택임차인의 보증금이 소액이고 주택임대차의 대항요건(즉 주택의 인도와 주민등록)을 구비하고 있다 하더라도 주택임차인에게 대상 목적물에 대한 임의경매청구권은 인정되어 있지 않다. 따라서 임대차기간이 만료되었으나 임대인이 보증금의 반환을 하지 않더라도, 주택임차인이 바로 대상 목적물의 임의경매를 신청할 수는 없고, 그 보증금반환청구권에 관하여 집행력 있는 정본을 소지한 후에야, 비로소 강제경매를 신청할 수 있을 뿐이다.

(b) 배당요구권

최우선변제권을 가진 임차인은 소액보증금반환채권을 가지고 대상 목적물에 대하여 스스로 경매신청을 할 수는 없지만, 다른 채권자의 신청에 의하여 경매절차가 진행되는 때에는 그 최우선변제권에 기하여 배당요구를 할 수 있다(민집 88①, 주임보 8).

그러나 최우선변제권을 가진 주택임차인이라도 자신이 그러한 권리를 가지고 있다는 사실을 증빙서류를 갖추어 신고하고, 배당요구의 종기까지 배당요구를 하여야 그 매각대금으로부터 최우선변제를 받을 수 있으며, 권리신고를 하지 않는다든가 또는 권리신고만 하고 배당요구를 하지 아니하면 최우선변제를 받을 수 없게 된다.

배당요구를 하지 아니함으로써 최우선변제를 받지 못한 주택임차인은 배당요구 하였더라면 자신이 받았을 금액을 배당받은 자를 상대로 부당이득반환청구를 할 수 있는가. 이에 관하여 대법원은 과거에는 긍정하는 입장을 취한 경우가 있었으나[264] 최근에는 부정하는 입장을 취하고 있다.[265]

(ㅁ) 압류금지

최우선변제의 대상이 되는 소액보증금 중 일정액에 대하여는 주택임차인의 채권자가 이를 압류할 수 없다(민집 246①ⅵ). 이는 2010.7.23. 개정되어 2010.10.24. 시행되는 민사집행법에 처음 규정된 것으로 세계적인 금융위기와 이로 인한 경제 불황이 지속되면서 임차인들의 유일한 재산이다시피 한 임대차 보증금에 대한 강제집행도 빈번히 이루어지고 있는 점 등을 고려하여 주택임대차보호법에 따라 최우선변제를 받을 수 있는 임대차보증금을 압류금지채권에 추가하여 임차인들의 주거안정을 도모하려는 것이다.

마. 보증금 전액에 대한 순차적우선변제권에 관한 특례

(가) 제도의 취지

앞에서 설명한 주택임차권의 대항력과 보증금 중 일정액에 대한 최우선변제 제도만으로는 주택임차인의 보호가 미흡하다고 할 수 있다. 예컨대 이미 근저당권이 설정되어 있는 주택에 주택임대차보호법상의 대항요건(주택인도 및 주민등록)을 갖춘 이른바 「중간임차인」은 그 보다도 뒤에 설정된 근저당권의 실행이나 집행권원을 얻은 일반채권자의 강제집행이 있으면, 선순위근저당권이 소멸하게 되는 결과(민집 91②) 매수인에게 그 임차권을 가지고 대항할 수가 없다. 또한 임차인에게는 우선변제권이 부여되어 있지 않기 때문에 그 보증금반환채권에 관하여도 후순위근저당권자에게 배당하고 잔여가 있는 때에 한하여 다른 일반채권자와 같은 순위로 배당받을 수밖에 없다.

그리고 보증금 중 일정액에 대한 최우선변제제도도 보증금이 소액인 경우에 그 보증금 중 일정액에 대하여서만 최우선변제권을 부여하고 있어, 보증금이 소

264) 대판 1990.3.27. 90다카315,322,339 참조.
265) 대판 2002.1.22. 2001다70702 참조.

액이 아니거나 소액이더라도 최우선변제 받는 금액을 제외한 보증금에 대하여는 여전히 보호를 받을 수 없는 한계가 있다. 여기에서 주택임차인의 보증금반환채권에 일반적으로 우선변제권을 인정하고자 도입한 것이 바로 순차적우선변제권 제도인 것이다. 다만 순차적우선변제권제도는 최우선변제권제도와 달리 그 요건 구비순서에 따라 우선변제를 받는다는 점에 그 특징이 있다.

(나) 적용요건

(ㄱ) 대항요건의 구비

주택임차인이 그 보증금에 대하여 순차적우선변제권을 가지려면 우선 주택임대차의 대항요건인 주택의 인도와 주민등록을 하여야 한다.

(ㄴ) 임대차계약서상 확정일자구비

주택임차인이 보증금의 액수에 관계없이 순차적우선변제권을 인정받으려면 임대차계약서상에 확정일자를 갖추어 두어야 한다(주임보 3의2②본). 또한 보증금이 소액이라고 하더라도 그 임대차계약서상에 확정일자를 받아두면, 최우선변제를 받을 수 있는 금액을 넘는 금액에 대하여 순차적우선변제권을 가지게 됨은 물론이다. 주택의 인도와 주민등록 이외에 이와 같이 임대차계약서상에 확정일자를 받으라고 한 것은, 주택의 인도와 주민등록만으로 순차적우선변제권을 인정하게 되면 임대차계약서를 소급하여 작성함으로써, 저당권자 등 다른 권리자를 해할 염려가 있기 때문에 이를 방지하기 위한 것이다.

판례1-54

임대차계약서상에 확정일자를 받게 한 취지

주택임대차보호법 제3조의2 제2항에 의하면, 주택임차인은 같은 법 제3조 제1항에 규정된 대항요건과 임대차계약서상에 확정일자를 갖춘 경우에는 경매절차 등에서 보증금을 우선하여 변제받을 수 있고, 여기서 확정일자의 요건을 규정한 것은 임대인과 임차인 사이의 담합으로 임차보증금의 액수를 사후에 변경하는 것을 방지하고자 하는 취지일 뿐, 대항요건으로 규정된 주민등록과 같이 당해 임대차의 존재 사실을 제3자에게 공시하고자 하는 것은 아니므로, 확정일자를 받은 임대차계약서가 당사자 사이에 체결된 당해 임대차계약에 관한 것으로서 진정하게 작성된 이상, 위와 같이 임대차계약서에 임대차 목적물을 표시하면서 아파트의 명칭과 그 전유 부분의 동 · 호수의 기재를 누락하였다는 사유만으로 주택임대차보호법 제3조의2 제2항에 규정된 확정일자의 요건을 갖추지 못하였다고 볼 수는 없다(대판 1999.6.11. 99다7992).

확정일자는 주택 소재지의 읍·면사무소, 동 주민센터 또는 시(특별시·광역시·특별자치시는 제외하고, 특별자치도는 포함한다)·군·구(자치구를 말한다)의 출장소, 지방법원 및 그 지원과 등기소 또는 공증인법에 따른 공증인(이하 "확정일자부여기관"이라 한다)이 부여한다(주임보 3의6①). 확정일자부여기관은 해당 주택의 소재지, 확정일자 부여일, 차임 및 보증금 등을 기재한 확정일자부를 작성하여야 한다. 이 경우 전산처리정보조직을 이용할 수 있다(주임보 3의6②).

주택의 임대차에 이해관계가 있는 자는 확정일자부여기관에 해당 주택의 확정일자 부여일, 차임 및 보증금 등 정보의 제공을 요청할 수 있다. 이 경우 요청을 받은 확정일자부여기관은 정당한 사유 없이 이를 거부할 수 없다(주임보 3의6③). 임대차계약을 체결하려는 자는 임대인의 동의를 받아 확정일자부여기관에 해당 주택의 확정일자 부여일, 차임 및 보증금 등 정보의 제공을 요청할 수 있다(주임보 3의6④).

확정일자를 부여받거나 정보를 제공받으려는 자는 수수료를 내야하며(주임보 3의6⑤), 확정일자의 부여방법, 정보의 제공을 요청할 수 있는 이해관계 있는 자의 범위, 정보제공의 요청방법, 요청할 수 있는 정보의 범위 및 제공방법 및 확정일자의 부여 및 정보제공 수수료에 관하여는 확정일자 부여기관이 주택 소재지의 읍·면사무소, 동 주민센터 또는 시(특별시·광역시·특별자치시는 제외하고, 특별자치도는 포함한다)·군·구(자치구를 말한다)의 출장소 또는 공증인법에 따른 공증인인 경우는 주택임대차보호법시행령 제5조~제7조에서 정하고 있고, 지방법원 및 그 지원과 등기소인 경우는 주택임대차계약증서의 확정일자 부여 및 정보제공에 관한 규칙(대법원규칙 제2506호, 2013.12.10. 제정)에서 정하고 있다.

㈐ 적용효과

㈀ 순차적우선변제권

대항요건을 구비한 주택임차인이 임대차계약서상에 확정일자를 받아두고 있는 경우에는, 그 대항요건을 갖춘 일자 즉, 주택의 인도 및 전입신고 중 늦게 이루어진 것의 다음 일자와 임대차계약서상의 확정일자 중 후의 일자를 기준으로, 다른 담보물권자 또는 조세채권자와의 우선변제순위를 가리게 된다(주임보

3의2②). 이와 같이 다른 담보물권자와 그 요건구비 순서에 따라 우선변제를 받는다는 점에서 이 우선변제권을 순차적우선변제권이라고 한다.

따라서 예컨대 저당권설정등기일자가 2013.3.12일인 경우에, 주택임차인의 주택인도 및 전입신고 일자가 2013.3.12이고 임대차계약서상의 확정일자가 2013.3.11이면 저당권자가 우선하게 되는 반면(이 때는 2013.3.12의 다음 날인 2013.3.13에 대항력을 구비한 것이 되기 때문임), 주택임차인의 주택인도 및 전입신고 일자가 2013.3.11이고 임대차계약서상의 확정일자가 2013.3.11이면 주택임차인이 우선하게 된다(이 때는 2013.3.11의 다음 날인 2013.3.12 오전 0시에 대항력을 구비한 것이 되기 때문임). 그리고 만일 주택임차인의 주택인도 및 전입신고 일자가 2013.3.11이고 임대차계약서상의 확정일자가 2013.3.12이면 저당권자와 주택임차인이 동일한 순위를 가지게 된다(이 때는 확정일자를 구비한 시점과 등기신청을 접수한 시점 중 어느 것이 먼저인지를 판단할 수가 없기 때문임).

주택임차인들이 그 순위에 따라 우선변제받을 수 있는 보증금의 합계액은 주택가액의 2분의 1을 초과해도 무방하다. 이것은 소액임차인들이 최우선변제받을 수 있는 「보증금 중 일정액」의 합계액이, 주택가액의 2분의 1을 넘지 못하는 것과 다르다(주임보 8③, 주임보령 3②). 그리고 여기에서의 주택가액이란 소액보증금에 관하여 설명한 바와 같다.

(ㄴ) 기타 보증금반환청구권행사를 위한 권리

(a) 임의경매청구권

대항요건(즉 주택의 인도와 주민등록)을 구비하고 또한 임대차계약서상에 확정일자를 받아둔 주택임차인이라도 대상 목적물에 대한 임의경매청구권은 인정되어 있지 않다. 따라서 임대차기간이 만료되었으나 임대인이 보증금의 반환을 하지 않더라도 주택임차인이 바로 대상 목적물의 임의경매를 신청할 수는 없고, 그 보증금반환청구권에 관하여 집행력 있는 정본을 소지한 후에야 비로소 강제경매를 신청할 수 있을 뿐이다.

(b) 배당요구권의 존부

순차적우선변제권을 가지고 있는 주택임차인은 대상 목적물에 대하여 스스로 임의경매신청을 할 수는 없지만, 다른 채권자의 신청에 의하여 경매절차가 진행되는 때에는 그 순차적우선변제권에 기하여 배당요구를 할 수 있다(민집 88①, 주임보 3의2②).

그러나 순차적우선변제권을 가진 주택임차인이라도 자신이 그러한 권리를 가지고 있다는 사실을 증빙서류를 갖추어 신고하고, 배당요구의 종기까지 배당요구를 하여야 그 매각대금으로부터 우선변제를 받을 수 있으며, 권리신고를 하지 않는다든가 또는 권리신고만 하고 배당요구를 하지 아니하면 우선변제를 받을 수 없게 된다.

배당요구를 하지 아니함으로써 대상 주택의 경매대금으로부터 순차적우선변제를 받지 못한 주택임차인은 배당요구 하였더라면 자신이 받았을 금액을 배당받은 자를 상대로 하여 부당이득반환청구도 할 수 없다는 것이 대법원의 판례이다.[266]

㈑ 조세채권에 대한 우선변제의 특례

「주택임대차보호법」 제3조의2제2항에 따라 대항요건과 확정일자를 갖춘 임차권에 의하여 담보된 임대차보증금반환채권에 대하여는 국민의 주거생활의 안정을 위하여 당해세 절대우선의 원칙에 대한 특례가 인정되어 있다.

즉 통상의 경우는 임차권이 설정된 재산이 국세의 강제징수 또는 경매 절차 등을 통하여 매각되어 그 매각금액에서 국세를 징수하는 경우 해당 재산에 대하여 부과된 당해세(국세의 경우는 상속세, 증여세 및 종합부동산세, 지방세의 경우는 재산세, 지역자원시설세 및 지방교육세)는 임차권의 등기일자 또는 대항요건의 구비일자와 확정일자(상가건물의 경우)가 당해세의 법정기일 전이라 하더라도 당해세가 임차권의 보증금반환채권에 우선하여 징수된다.

그러나 주택임대차보호법 제2조에 따른 주거용 건물을 대상으로 「주택임대차보호법」 제3조의2제2항에 따라 대항요건과 확정일자를 갖춘 임차권에 의하여 담보된 임대차보증금반환채권은 대항요건의 구비일자와 확정일자가 해당 주거용 건물에 부과된 당해세의 법정기일보다 늦지 않으면 해당 당해세의 우선 징수 순서에 대신하여 변제될 수 있다. 다만, 이 경우 대신 변제되는 금액은 우선 징수할 수 있었던 해당 당해세의 징수액에 한정하며, 해당 임대차보증금반환채권에 의하여 담보된 채권보다 우선 변제되는 저당권 등의 변제액과 해당 재산에 대하여 부과된 당해세를 우선 징수하는 경우에 배분받을 수 있었던 「주택임대차보호법」 제3조의2제2항에

266) 대판 1997.2.25. 96다10263 참조.

따라 대항요건과 확정일자를 갖춘 임차권에 의하여 담보된 임대차보증금반환채권 또는 같은 법 제2조에 따른 주거용 건물에 설정된 전세권에 의하여 담보된 채권의 변제액에는 영향을 미치지 아니한다(국기 35⑦, 지기 71⑥).

㈣ 보증금반환채권을 양수한 금융기관의 우선변제권 승계

주택임차인이 취득한 순차적우선변제권 있는 보증금반환채권(주임보 3의2②, 3의3⑤, 3의4①)을 다음의 금융기관이 계약으로 양수한 경우에는 양수한 금액의 범위에서 그 순차적우선변제권을 승계한다(주임보 3의2⑦). 이는 주택임차인이 보증금반환채권을 담보로 전세자금 등을 빌리는 경우 그 담보권자에게 우선변제권이 인정되지 않아 높은 대출이자를 부담하게 되므로 보증금반환채권을 양수한 금융기관 등에 우선변제권을 인정함으로써 주택 임차인이 낮은 금리로 전세자금 등을 빌릴 수 있도록 하기 위한 것이다.

① 은행법에 따른 은행
② 중소기업은행법에 따른 중소기업은행
③ 한국산업은행법에 따른 한국산업은행
④ 농업협동조합법에 따른 농협은행
⑤ 수산업협동조합법에 따른 수산업협동조합중앙회
⑥ 우체국예금 · 보험에 관한 법률에 따른 체신관서
⑦ 한국주택금융공사법에 따른 한국주택금융공사
⑧ 보험업법 제4조 제1항 제2호 라목의 보증보험을 보험종목으로 허가받은 보험회사
⑨ 주택도시기금법에 따른 주택도시보증공사
⑩ 그 밖에 ①부터 ⑨까지에 준하는 것으로서 대통령령으로 정하는 기관

그러나 주택임차인이 취득한 순차적우선변제권 있는 보증금반환채권을 위 금융기관이 계약으로 양수하였다 하더라도 ①임차인이 주택임대차의 제3자 대항요건을 상실한 경우 ②임차권등기명령에 의한 임차권등기가 말소된 경우 ③민법 제621조에 따른 임대차등기가 말소된 경우 중의 어느 하나에 해당하는 경우에는 우선변제권을 행사할 수 없다(주임보 3의2⑧). 또한 위 금융기관이 주택임차인으로부터 양수한 보증금반환채권에 관한 우선변제권을 행사하기 위하여 임차인을 대리하거나 대위하여 임대차를 해지할 수 없다(주임보 3의2⑨).

바. 임차권등기명령제도

(가) 제도의 취지

임차권등기명령제도란 임대차가 종료된 후 보증금을 반환받지 못한 임차인에게 단독으로 임차권등기를 경료할 수 있게 하고서, 이 임차권등기를 한 임차인에게 주택의 점유나 주민등록과는 관계없이 종전에 이미 취득하고 있던 대항력과 우선변제권을 그대로 보유하게 한 제도를 말한다.

종래에는 임차인이 임대차가 종료된 후 보증금을 반환받지 못한 상태에서 다른 곳으로 이사 가거나 주민등록을 전출하면, 종전에 가지고 있던 대항력과 우선변제권을 상실하게 되어 보증금을 반환받기가 어렵게 되는 문제점이 있었다.

그러나 1999년 1월 21일에 주택임대차보호법을 개정하여 1999년 3월 1일부터 시행에 들어간 임차권등기명령제도에 의하면, 임대차계약기간이 만료된 임차인이 근무지 변경 등으로 다른 곳으로 이사할 필요가 있는 경우에, 임차권등기명령신청을 하고 그에 따라 임차주택에 임차권등기가 경료되면, 그 이후부터는 주택의 점유와 주민등록의 요건을 갖추지 아니하더라도 이미 취득하고 있던 대항력과 우선변제권을 상실하지 않기 때문에, 임차인이 안심하고 자유롭게 주거를 이전할 수 있게 된 것이다. 그리고 이 임차권등기명령제도는 이 개정규정 시행 당시 존속 중인 임대차에 대하여도 적용된다(주임보 부칙②).

(나) 임차권등기명령에 의한 임차권등기의 절차

(ㄱ) 임차권등기명령의 신청

임차권등기명령의 신청은 임대차가 종료된 후 보증금을 반환받지 못한 임차인이, 임차주택의 소재지를 관할하는 지방법원·지방법원지원 또는 시·군법원에 할 수 있다(주임보 3의3①). 주택임차인이 취득한 순차적우선변제권 있는 보증금반환채권을 양수한 금융기관(주임보 3의2⑦)은 임차인을 대위하여 임차권등기명령을 신청할 수 있다(주임보 3의2⑨).

임대차의 종료는 임대차기간이 만료된 경우는 물론이고 계약해지 등으로 임대차가 종료된 경우를 포함한다. 임대차기간이 끝나기 1개월 전까지 임대인이나 임차인의 아무런 의사표시가 없어 묵시의 경신(주임보 6)이 이루어진 경우에는 임차인이 계약해지의 통고를 하여 임대인이 이를 받은 날로부터 3개월이 경과하여야 임차권등기명령을 신청할 수 있다.

임차권등기명령을 신청함에 있어서는 신청서에 ①신청의 취지 및 이유 ②임대차의 목적인 주택(임대차의 목적이 주택의 일부분인 경우에는 그 도면을 첨부한다) ③임차권등기의 원인이 된 사실(임차인이 제3조 제1항·제2항 또는 제3항의 규정에 따른 대항력을 취득하였거나 제3조의2 제2항의 규정에 따른 우선변제권을 취득한 경우에는 그 사실) ④그밖에 대법원규칙으로 정하는 사항을 적어야 하며, 신청의 이유 및 임차권등기의 원인이 된 사실을 소명하여야 한다(주임보 3의3②).

(ㄴ) 임차권등기명령의 신청에 대한 재판

임차권등기명령의 신청에 대하여는 가압류신청에 대한 재판절차가 준용된다(주임보 3의3③). 따라서 변론 없이 서면심리방식에 따라 임차권등기명령의 발령 여부를 심리하여 그 신청이 이유 있다고 인정되면 임차권등기명령을 발령한다. 그러나 가압류에 관하여 적용되는 가압류담보금(민집 280②③④)과 가압류해방금액(민집 282) 및 본안제소명령(민집 287)에 관한 규정 등은 임차권등기명령에는 준용되지 않는다.

(ㄷ) 임차권등기명령의 집행

임차인의 임차권등기명령신청이 이유 있는 것으로 인정하여 법원이 임차권등기명령을 발령하고 그 효력이 발생하면, 법원은 임차주택의 소재지를 관할하는 등기소에 지체 없이 재판서의 등본을 첨부하여 임차권등기를 촉탁하고, 그 촉탁을 받은 관할등기소의 등기관은 건물등기부에 임차권등기를 기입하게 된다.

임차권등기명령에 의하여 임차권등기를 한 임차인은 임차권등기명령의 신청 및 그에 따른 임차권등기와 관련하여 소요된 비용을 임대인에게 청구할 수 있다(주임보 3의3⑧).

(다) 임차권등기명령에 의한 임차권등기의 효력

임차인이 임차권등기 이전에 임차주택의 점유와 주민등록을 하여 대항력을 갖추고 있고 또한 임대차계약서상에 확정일자를 받아두어 우선변제권을 가지고 있는 경우에는, 임차권등기가 마쳐진 이후에 주택의 점유와 주민등록의 요건을 상실하더라도 즉 다른 곳으로 이사하거나 주민등록을 전출하더라도 원래 구비하고 있던 대항력과 우선변제권을 그대로 유지할 수 있게 된다(주임보 3의3⑤단).

임차인이 임차권등기 이전에 임차주택의 점유와 주민등록을 하고 있지 않아 대항력과 우선변제권을 취득하고 있지 않은 경우에는, 임차주택의 점유와 주민등록 여부와는 관계없이 임차권등기가 된 때로부터 대항력과 우선변제권을 취득하게 된다(주임보 3의3⑤본).

임차권등기명령의 집행에 의한 임차권등기가 경료된 주택(임대차의 목적이 주택의 일부분인 경우에는 해당부분에 한한다)을 그 이후에 임차한 임차인은 주택임대차보호법 제8조에 의한 소액보증금을 받을 권리를 가지지 못한다(주임보 3의3⑥). 이 경우의 소액임차인까지 최우선변제권을 부여하면 임차권등기명령에 의하여 동일한 임차주택에 이중의 최우선변제를 하게 됨으로써, 임차권등기명령에 의하여 임차권등기를 한 임차인은 물론이고 근저당권자 등 다른 이해관계인의 이익을 크게 해하게 되기 때문이다.

(라) 민법에 의한 임대차등기의 효력

임차권등기명령에 의한 임차권등기의 효력에 관한 주택임대차보호법의 규정은 민법 제621조에 의한 주택임대차등기의 효력에 관하여 준용된다(주임보 3의4①). 그 결과 주택을 대상으로 하는 임대차에 있어서 임차인이 임대인의 협력을 얻어 임대차등기를 하는 경우에는 다음과 같이 대항력과 우선변제권을 가지게 된다.

첫째, 임차인이 임대차등기 이전에 임차주택의 점유와 주민등록을 하여 대항력을 갖추고 있고 또한 임대차계약서상에 확정일자를 받아두어 우선변제권을 가지고 있는 경우에는, 임대차등기가 마쳐진 이후에 주택의 점유와 주민등록의 요건을 상실하더라도 즉 다른 곳으로 이사하거나 주민등록을 전출하더라도, 원래 구비하고 있던 대항력과 우선변제권을 그대로 유지할 수 있게 된다(주임보 3의3⑤단). 따라서 임차인이 대항력 또는 우선변제권을 갖추고 임대인의 협력을 얻어 임대차등기를 신청하는 경우에는, 신청서에 부동산등기법 제74조에 규정된 사항 이외에 ①주민등록을 마친 날 ②임차주택을 점유한 날 ③임대차계약서상의 확정일자를 받은 날을 기재하여야 하며, 이를 증명할 수 있는 서면(임대차의 목적이 주택의 일부분인 경우에는 해당부분의 도면을 포함한다)을 첨부하여야 한다(주임보 3의4②).

둘째, 임차인이 임대차등기 이전에 임차주택의 점유와 주민등록을 하고 있지 않아 대항력과 우선변제권을 취득하고 있지 않은 경우에는, 임차주택의 점유와 주민등록 여부와는 관계없이 임대차등기가 된 때로부터 대항력과 우선변제권을 취득하게 된다(주임보 3의3⑤본).

그러나 위와 같은 주택임대차보호법 제3조의4의 개정규정은 이 법 시행 전(즉 1999.3.1전)에 이미 경료된 임대차등기에 대하여는 적용되지 않는다(주임보 부칙③).

판례1-55

임차권등기의 말소와 보증금반환의무의 동시이행 여부

주택임대차보호법 제3조의3 규정에 의한 임차권등기는 이미 임대차계약이 종료하였음에도 임대인이 그 보증금을 반환하지 않는 상태에서 경료되게 되므로, 이미 사실상 이행지체에 빠진 임대인의 임대차보증금의 반환의무와 그에 대응하는 임차인의 권리를 보전하기 위하여 새로이 경료하는 임차권등기에 대한 임차인의 말소의무를 동시이행관계에 있는 것으로 해석할 것은 아니고, 특히 위 임차권등기는 임차인으로 하여금 기왕의 대항력이나 우선변제권을 유지하도록 해 주는 담보적 기능만을 주목적으로 하는 점 등에 비추어 볼 때, 임대인의 임대차보증금의 반환의무가 임차인의 임차권등기 말소의무보다 먼저 이행되어야 할 의무이다(대판 2005.6.9. 2005다4529).

사. 보증금반환청구권행사를 위한 절차상의 특례

㈎ 특례의 취지

임대차의 경우는 임대차의 등기 여부와 관계없이 또한 주택임대차보호법 제2조에 따른 주거용 건물을 대상으로 「주택임대차보호법」 제3조의2제2항에 따라 대항요건과 확정일자를 갖추었다 하더라도, 임차인에게 전세권자나 저당권자와 같은 임의경매청구권이 부여되어 있지 않다. 또한 임대차가 종료된 경우 임대차목적물반환과 임대인(채권적전세권설정자 포함)의 임대차목적물반환과 임대인(채권적전세권설정자 포함)의 보증금(채권적전세금 포함)반환은 동시이행의 관계에 있다.

따라서 임대차(채권적전세 포함)가 종료되었음에도 임대인이 보증금을 반환하지 않는 경우 임차인이 임대인으로부터 보증금반환을 강제하려면 먼저 보증금반환청구의 소를 제기하여 승소판결을 받는 등 보증금반환청구권에 대한 집행권원을 취득하여야 하는데, 보증금반환청구의 소를 제기하려면 임대인에게 임대차목적물반환 의무의 이행 또는 이행제공을 하여야 하는 것이 원칙이다. 다만, 임대차목적물반환과 동시이행을 조건으로 보증금반환청구의 소를 제기하면 예외적으로 먼저 임대인에게 대상 부동산의 반환의무의 이행 또는 이행제공을 하지 않아도 되므로 이는 실무상으로는 문제가 되지 않는다.

그러나 보증금반환청구권에 관하여 집행권원을 소지한 임차인이 대상 부동산에 강제경매를 신청하려면 반드시 임대인에 대한 임대차목적물반환 의무의 이행 또는 이행제공을 먼저 하여야 한다. 그런데 현실에 있어서 경제적 약자인 임차인이 임대인에게 임대차목적물반환 의무의 이행 또는 이행제공을 먼저 하려면, 다른 부동산을 임차하여 이사를 하여야 하는데 아직 보증금반환을 받지 못한 임차인으로서는 다른 부동산을 임차할 자금이 없어 사실상 임대인으로부터의 보증금반환을 강제할 수가 없었고, 또한 보증금반환청구소송에 있어서도 민사소송법에서 규정하는 일반소송절차를 적용하는 것이 임차인보호에 미흡한 점이 있어 주택임대차보호법에 임차인의 보증금반환청구권행사를 위한 몇 가지 절차상의 특례를 규정하고 있다.

㈏ 특례의 내용

㈀ 보증금반환청구소송 절차상의 특례

임차인이 임대인에 대하여 제기하는 보증금반환청구소송에 관하여는 「소액사건심판법」의 일부 규정을 준용하여 ① 신속한 소장송달의 특례(소심 6) ② 되도록 한 차례의 변론기일로 심리(審理)를 마치도록 하고, 변론기일 전이라도 당사자로 하여금 증거신청을 할 수 있도록 하는 등 기일의 지정 등에 관한 특례(소심 7) ③ 직권으로 증거조사를 할 수 있게 하는 등 증거조사에 관한 특칙(소심 10) ④ 판결의 선고는 변론종결 후 즉시 할 수 있도록 하는 등 판결에 관한 특례(소심 11의 2)를 적용하도록 하고 있다(주임보 13).

㈁ 집행권원에 기한 집행절차상의 특례

임차인(주택임대차보호법 제3조제2항 및 제3항의 법인을 포함한다. 이하 같다)이 임차주택에 대하여 보증금반환청구소송의 확정판결이나 그 밖에 이에 준하는 집행권원(執行權原)에 따라서 경매를 신청하는 경우에는 집행개시(執行開始)요건에 관한 「민사집행법」 제41조에도 불구하고 반대의무(反對義務)의 이행이나 이행의 제공을 집행개시의 요건으로 하지 아니한다(주임보 3의2①). 이에 따라 「주택임대차보호법」 제3조의2제2항에 따라 대항요건과 확정일자를 갖추고 보증금반환청구권에 관하여 집행권원을 소지한 임차인은 임대인에게 임대차목적물을 반환하지 아니하고 계속 점유하여 사용하면서 「민사집행법」에 따른 경매신청을 할 수 있다.

또한 주택임대차보호법 제3조제1항ㆍ제2항 또는 제3항의 대항요건(對抗要件)과 임대차계약증서(제3조제2항 및 제3항의 경우에는 법인과 임대인 사이의 임대차계약증서를 말한다)상의 확정일자(確定日字)를 갖춘 임차인은 「민사집행법」에 따른 경매 또는 「국세징수법」에 따른 공매(公賣)를 할 때에 임차주택(대지를 포함한다)의 환가대금(換價代金)에서 후순위권리자(後順位權利者)나 그 밖의 채권자보다 우선하여 보증금을 변제(辨濟)받을 권리가 있다(주임보 3의2②). 다만, 임차인이 법원으로부터 보증금을 받으려면 임대차목적물을 양수인(경매절차나 공매절차에서의 매수인)에게 인도하여야 한다(주임보 3의2③).

그리고 주택임대차보호법 제3조의2제2항 또는 제7항에 따른 우선변제의 순위와 보증금에 대하여 이의가 있는 이해관계인은 경매법원이나 체납처분청에 이의를 신청할 수 있으며(주임보 3의2④), 경매법원에 이의를 신청하는 경우에는 「민사집행법」 제152조부터 제161조까지의 규정을 준용하고(주임보 3의2⑤), 이의신청을 받은 체납처분청은 이해관계인이 이의신청일부터 7일 이내에 임차인 또는 제7항에 따라 우선변제권을 승계한 금융기관 등을 상대로 소(訴)를 제기한 것을 증명하면 해당 소송이 끝날 때까지 이의가 신청된 범위에서 임차인 또는 제7항에 따라 우선변제권을 승계한 금융기관 등에 대한 보증금의 변제를 유보(留保)하고 남은 금액을 배분하여야 한다. 이 경우 유보된 보증금은 소송의 결과에 따라 배분한다(주임보 3의2⑥).

아. 주택임차권의 승계에 관한 특례

㈎ 특례의 취지

민법에서 규정하는 상속의 법리에 의하면 임차인이 사망한 경우 임대인에 대한 보증금반환청구권과 임차주택의 임대인에 대한 반환의무는 상속인에게 이전하게 된다. 그런데 이 경우에 임차주택에서 가정공동생활을 하던 사실상의 혼인관계에 있는 자가 민법에서 규정하는 상속인이 아니면, 임차주택에서 가정공동생활을 하던 사실상의 혼인 관계에 있는 자가 임차주택에서 쫓겨날 수밖에 없는 사회적인 문제가 발생하게 된다. 주택임차권의 승계에 관한 특례를 규정하는 주택임대차보호법은 제9조는 이 문제를 해결하기 위한 것이다.

㈏ 특례의 내용

㈀ 상속인이 없는 경우

임차인이 상속인 없이 사망한 경우에는 그 주택에서 가정공동생활을 하던 사실상의 혼인 관계에 있는 자가 임차인의 권리와 의무를 승계한다(주임보 9①). 그리고 이 경우 임대차 관계에서 생긴 채권 · 채무는 임차인의 권리의무를 승계한 자에게 귀속된다(주임보 9④).

민법에서 규정하는 상속의 일반 법리에 의하면 임차인과 사실상의 혼인 관계에 있는 자는 상속인이 아니다. 그리고 상속인이 없는 피상속인의 재산상의 권리와 의무는 청산하여 남는 것은 국고에 귀속되고 남는 의무는 소멸한다.

이에 따라 주택임대차보호법은 사망한 자의 주택에서 가정공동생활을 하던 사실상의 혼인 관계에 있는 자를 보호하기 위하여 상속인 없이 사망한 임차인의 권리와 의무를 국고에 귀속시키는 민법 규정의 적용을 배제하는 특별규정을 두고 있는 것이다.

그런데 임차인의 권리와 의무를 종합한 결과 의무가 남는 경우(예컨대 밀린 월차임이 보증금을 초과하는 경우), 그 주택에서 가정공동생활을 하던 사실상의 혼인 관계에 있는 자가 임차인의 권리와 의무를 승계하면 오히려 불리한 결과가 될 수 있다.

그러나 위와 같은 경우 가정공동생활을 하던 사실상의 혼인 관계에 있는 자는 임차인이 사망한 후 1개월 이내에 임대인에게 승계에 반대의사를 표시함으로써 임차인의 권리와 의무를 승계하지 않을 수 있으므로(주임보 9③), 승계의 유 · 불리를 비교하여 적절히 대응하여야 한다.

㈁ 상속인이 있는 경우

임차인이 사망한 때에 사망 당시 상속인이 있으나 상속인이 그 주택에서 가정공동생활을 하고 있지 아니한 경우에는 그 주택에서 가정공동생활을 하던 사실상의 혼인 관계에 있는 자와 2촌 이내의 친족이 공동으로 임차인의 권리와 의무를 승계한다(주임보 9②). 그리고 이 경우도 임대차 관계에서 생긴 채권 · 채무는 임차인의 권리의무를 승계한 자에게 귀속된다(주임보 9④).

민법에서 규정하는 상속의 일반 법리에 의하면 사망한 임차인의 상속인이 있으면 그 상속인이 임차인의 권리와 의무를 승계하고, 비록 임차주택에서 가정공동생활을 하던 사실상의 혼인 관계에 있는 자가 있어도 그는 임차인의 권리와 의무를 승계할 수가 없다.

이에 따라 주택임대차보호법은 사망한 자의 주택에서 가정공동생활을 하던 사실상의 혼인 관계에 있는 자를 보호하기 위하여 민법의 규정과 다른 특례로서 사실상의 혼인 관계에 있는 자와 2촌 이내의 친족이 공동으로 임차인의 권리와 의무를 승계하도록 한 것이다. 다만, 이 주택임대차보호법에서 규정하는 특례의 적용에 관하여 몇 가지 유의할 점이 있다.

첫째, 사실상의 혼인관계에 있는 자를 어느 범위에서 인정할 것인가 하는 점이다. 이에 관하여 판례는 사실혼이란 당사자 사이에 주관적으로 혼인의 의사가 있고, 객관적으로도 사회관념상 가족질서적인 면에서 부부공동생활을 인정할 만한 혼인생활의 실체가 있는 경우라야 한다[267] 하고, 법률상 배우자 있는 자는 그 법률혼 관계가 사실상 이혼상태라는 등의 특별한 사정이 없는 한 사실혼을 인정하지 않으며,[268] 사실상 이혼상태는 중혼에 해당하는 혼인으로서 법률혼인 전 혼인이 사실상 이혼상태에 있는 경우의 후혼의 경우[269] 정도로 이를 매우 엄격하게 인정하고 있다.

둘째, 2촌 이내의 친족의 의미를 어떻게 볼 것인가 하는 점이다. 예를 들어 사망한 임차인에게 1촌인 부모가 있고 1촌인 자녀가 있으며 2촌인 형제자매가 있다면 이들이 임차주택에서 가정공동생활을 하던 사실상의 혼인 관계에 있는 자와 공동상속인이 되는가 하는 점이다. 그러나 2촌 이내의 친족이 공동상속인이 되는 순위는 민법의 규정에 따르는 것으로 보아야 하며, 이에 따라 위의 경우 사망한 임차인의 자녀가 있으면 부모와 형제자매는 상속인이 될 수 없고 자녀만이 사실상의 혼인 관계에 있는 자와 공동상속인이 되는 것으로 보아야 한다.

셋째, 매우 드문 사례이기는 하지만 법률혼 관계가 사실상 이혼상태에 있지만 유효한 이혼신고가 되어 있지 않은 경우 법률혼 관계에 있는 배우자를 사실상의 혼인 관계에 있는 자와 공동상속인으로 인정할 것인지 여부이다. 이에 관하여는 긍정설과 부정설로 견해가 갈릴 수 있으나, ①사실상 이혼상태에 있다는

267) 대판 2010.3.25. 2009다84141 참조.

268) 대결 1995.7.3. 94스30 참조.

269) 대판 2009.12.24. 2009다64161 참조.

것은 법률상 이혼이 있었던 것과 마찬가지로 보아야 한다는 점[270]과 ②주택임대차보호법에서 사실상의 혼인 관계에 있는 자와 공동상속인이 되는 자로 배우자를 제외하고 2촌 이내의 친족으로 규정하고 있는 것은 사실혼과 법률혼을 동시에 인정할 수 없다는 점을 전제로 한 것으로 보아야 한다는 점에 비추어 부정설이 타당하다.

넷째, 사실상의 혼인 관계에 있는 자가 사망한 임차인의 권리와 의무를 승계하는 것은 임차인과 가정공동생활을 하고 있던 주택에 한정되고, 그 이외에 사망한 임차인의 권리와 의무는 민법에서 규정하는 상속의 일반법리에 따른다.

다섯째, 임차인의 권리와 의무를 종합한 결과 의무가 남는 경우(예컨대 밀린 월차임이 보증금을 초과하는 경우), 그 주택에서 가정공동생활을 하던 사실상의 혼인 관계에 있는 자가 임차인의 권리와 의무를 승계하면 오히려 불리한 결과가 될 수 있는데, 이 경우는 상속인 없는 경우와 마찬가지로 임차인이 사망한 후 1개월 이내에 임대인에게 승계에 반대의사를 표시함으로써 임차인의 권리와 의무를 승계하지 않을 수 있다(주임보 9③).

자. 주택임대차와 관련된 분쟁해결절차상의 특례

(가) 특례의 취지

주택임대차는 국민의 생활관계에 있어서 매우 일상적으로 많은 건수가 다양하게 발생하고 있다. 그런데 이와 같은 주택임대차와 관련된 당사자 사이의 분쟁을 일반의 소송절차나 조정절차 등에 의하여 해결하려면 시일이 많이 걸리고 비용도 많이 들어 효율적이라고 할 수 없다.

이에 주택임대차보호법에서는 주택임대차와 관련된 분쟁해결절차상의 특례를 규정하고 있는데, 이는 주택임대차분쟁조정위원회에 의한 간이 · 신속하고 저렴한 비용에 의한 분쟁조정절차로 주택임대차와 관련하여 어려움을 겪고 있는 국민들에게 공정하고 신속한 분쟁조정 서비스를 제공하려는 것이다.

270) 대판 1993.7.27. 93누1497 참조.

(나) 특례의 내용

(ㄱ) 주택임대차분쟁조정위원회

주택임대차분쟁조정위원회(이하 조정위원회라 한다)는 「법률구조법」 제8조에 따른 대한법률구조공단의 지부, 「한국토지주택공사법」에 따른 한국토지주택공사의 지사 또는 사무소 및 「한국감정원법」에 따른 한국감정원의 지사 또는 사무소에 다음과 같이 둔다(주임보 14①제1문, 주임보령 21). 그리고 특별시 · 광역시 · 특별자치시 · 도 및 특별자치도(이하 "시 · 도"라 한다)는 그 지방자치단체의 실정을 고려하여 조정위원회를 둘 수 있다(주임보 14①제2문).

조정위원회의 설치 및 관할구역(제21조 관련)

기 관	지부, 지사 또는 사무소	관할구역
대한법률 구조공단	서울중앙지부	서울특별시, 강원도
	수원지부	인천광역시, 경기도
	대전지부	대전광역시, 세종특별자치시, 충청북도,충청남도
	대구지부	대구광역시, 경상북도
	부산지부	부산광역시, 울산광역시, 경상남도
	광주지부	광주광역시, 전라북도, 전라남도, 제주특별자치도
한국토지 주택공사	인천지역본부	인천광역시
	충북지역본부	충청북도
	경남지역본부	경상남도
	경기지역본부	경기도
	부산울산지역본부	울산광역시
	제주지역본부	제주특별자치도
한국 감정원	서울동부지사	서울특별시
	전주지사	전라북도
	춘천지사	강원도
	경기서부지사	경기도
	대전지사	세종특별자치시
	포항지사	경상북도

조정위원회는 다음의 사항을 심의 · 조정한다(주임보 14②, 주임보령 22).

① 차임 또는 보증금의 증감에 관한 분쟁

② 임대차 기간에 관한 분쟁
③ 보증금 또는 임차주택의 반환에 관한 분쟁
④ 임차주택의 유지 · 수선 의무에 관한 분쟁
⑤ 임대차계약의 이행 및 임대차계약 내용의 해석에 관한 분쟁
⑥ 임대차계약 갱신 및 종료에 관한 분쟁
⑦ 임대차계약의 불이행 등에 따른 손해배상청구에 관한 분쟁
⑧ 공인중개사 보수 등 비용부담에 관한 분쟁
⑨ 주택임대차표준계약서 사용에 관한 분쟁
⑩ 그 밖에 ⑤부터 ⑨까지의 규정에 준하는 분쟁으로서 조정위원회의 위원장(이하 "위원장"이라 한다)이 조정이 필요하다고 인정하는 분쟁

(ㄴ) 분쟁조정의 절차

(a) 조정의 신청

주택임대차분쟁의 당사자는 해당 주택이 소재하는 지역을 관할하는 조정위원회에 당사자, 대리인, 신청의 취지와 분쟁의 내용 등을 기재한 서면(「전자문서 및 전자거래 기본법」 제2조제1호에 따른 전자문서를 포함한다) 또는 구두로 분쟁의 조정을 신청할 수 있다(주임보 21①, 주임보령 30①③제1문).

구두로 조정을 신청하는 경우 조정신청인은 심사관 또는 조사관에게 당사자, 대리인, 신청의 취지와 분쟁의 내용 등을 진술하여야 한다. 그리고 조정신청시 증거서류 또는 증거물이 있는 경우에는 이를 첨부하거나 제출하여야 한다(주임보령 30③제2문). 또한 조정을 신청하는 자는 신청시에 다음의 수수료를 내야 한다(주임보령 33①).

조정목적의 값	수수료
1억원 미만	10,000원
1억원 이상 3억원 미만	20,000원
3억원 이상 5억원 미만	30,000원
5억원 이상 10억원 미만	50,000원
10억원 이상	100,000원
※ 조정목적의 값을 산정할 수 없는 경우 신청인이 내야 하는 수수료는 1만원으로 한다.	

다만, 신청인이 주택임대차보호법 제8조(보증금 중 일정액의 보호)에 따라 우선변제를 받을 수 있는 임차인이거나 국민기초생활 보장법 제2조제2호에 따른 수급자인 등 주택임대차보호법시행령 제33조 제2항 각 호의 어느 하나에 해당하는 때에는 조정신청에 따른 수수료를 면제할 수 있고, 동법시행령 제33조 제3항 각 호의 어느 하나에 해당하는 경우에는 수수료의 환급을 청구할 수 있다. 수수료의 납부방법 및 수수료의 환급절차 등에 관하여 필요한 사항은 법무부장관과 국토교통부장관이 공동으로 정하여 고시하거나 시·도의 조례로 정한다(주임보령 33④).

(b) **조정의 절차와 효력**

조정위원회의 조정절차는 조정절차 및 조정의 효력 등 분쟁조정에 관한 안내 (주임보 21②, 주임보령 31), 조정절차의 개시(주임보 22①), 피신청인에 대한 조정신청서의 송달(주임보 22), 조정신청사건의 조사·심의(주임보 24), 조정을 하지 아니하는 결정 또는 조정안의 작성(주임보 25~26)의 순서로 진행된다. 그리고 조정절차에 관하여 주택임대차보호법에서 규정하지 아니한 사항에 대하여는 민사조정법이 준용된다(주임보 29).

조정위원회는 분쟁의 조정신청을 받은 날부터 60일 이내에 그 분쟁조정을 마쳐야 한다. 다만, 부득이한 사정이 있는 경우에는 조정위원회의 의결을 거쳐 30일의 범위에서 그 기간을 연장할 수 있으며(주임보 23①), 이에 따라 기간을 연장한 경우에는 기간 연장의 사유와 그 밖에 기간 연장에 관한 사항을 당사자에게 통보하여야 한다(주임보 23②).

조정위원회는 해당 분쟁이 그 성질상 조정을 하기에 적당하지 아니하다고 인정하거나 당사자가 부당한 목적으로 조정을 신청한 것으로 인정할 때에는 조정을 하지 아니할 수 있으며, 이에 조정을 하지 아니하기로 결정하였을 때에는 그 사실을 당사자에게 통지하여야 한다(주임보 25).

조정위원회가 조정안을 작성한 경우에는 그 조정안을 지체 없이 각 당사자에게 통지하여야 하며(주임보 26①), 이에 따라 조정안을 통지받은 당사자가 통지받은 날부터 14일 이내에 수락의 의사를 서면으로 표시하지 아니한 경우에는 조정을 거부한 것으로 본다(주임보 26②).

조정안을 통지받은 각 당사자가 조정안을 수락한 경우에는 조정안과 동일한 내용의 합의가 성립된 것으로 보며(주임보 26③), 합의가 성립한 경우 조정위원회위원장은 조정안의 내용을 조정서로 작성한다. 조정위원회위원장은 각 당사자 간에 금전, 그 밖의 대체물의 지급 또는 부동산의 인도에 관하여 강제집행을 승낙하는 취지의 합의가 있는 경우에는 그 내용을 조정서에 기재하여야 한다(주임보 26④).

강제집행을 승낙하는 취지의 내용이 기재된 조정서의 정본은 민사집행법 제56조에도 불구하고 집행력 있는 집행권원과 같은 효력을 가진다. 다만, 각 당사자가 조정안을 수락한 경우에도 조정서의 내용에 관하여 청구에 관한 이의의 소를 제기하여 다툴 수는 있으며, 이 경우 청구에 관한 이의는 그 이유가 조정안을 수락하기 전의 것이라도 무방하다(주임보 27단서, 민집 44②).

차. 주택임대차표준계약서의 사용

주택임대차계약을 서면으로 체결할 때에는 법무부장관이 국토교통부장관과 협의하여 정하는 주택임대차표준계약서를 우선적으로 사용한다(주임보 30본). 이는 주택임대차보호법 등에서 규정하는 임대인과 임차인의 권리·의무 관계를 명확하게 할 수 있도록 하기 위한 것이다. 다만 주택임대차계약의 당사자가 다른 서식을 사용하기로 합의한 경우에는 주택임대차표준계약서를 사용하지 않아도 된다(주임보 30단). 이에 따라 일반의 주택임대차계약에는 주택임대차표준계약서가 사용되는 경우가 많지 않다.

그러나 민간임대주택에 관한 특별법에서 규정하는 임대사업자가 민간임대주택에 대한 임대차계약을 체결하려는 경우에는 국토교통부령으로 정하는 표준임대차계약서를 의무적으로 사용하여야 하며(동법 47①), 이를 위반한 때에는 1천만원 이하의 과태료 부과처분을 받는(동법 67②vi) 한편, 임대사업자에게 부여되어 있는 양도소득세감면의 혜택을 받을 수 없는(조특제 97의3~97의5) 등의 불이익을 받는다.

[참고] 물권적전세권과 등기 있는 임차권 및 주택임차권의 비교

<table>
<tr><th colspan="3">구 분</th><th>물권적전세</th><th>등기 있는 임대차</th><th>최우선변제권 있는 임대차</th><th>순차적우선변제권 있는 임대차</th></tr>
<tr><td colspan="3">1. 성립요건</td><td>• 전세권설정계약
• 전세금지급
• 전세권설정등기</td><td>• 임대차계약
• 임대차설정등기</td><td>• 임대차계약
• 주택인도와 주민등록(전입신고)–경매신청등기전 완료</td><td>• 임대차계약
• 주택인도와 주민등록(전입신고)
• 임대차계약서상 확정일자</td></tr>
<tr><td rowspan="3">2. 효력</td><td>(1) 보증금반환청구권확보를 위한 권리</td><td>①임의경매 청구권
②배당요구권
③우선변제권
• 최우선 변제권
• 순차적우선 변제권</td><td>있음
있음
없음
다만 최우선변제 요건 구비시 있음
있음</td><td>없음
있음
없음
다만 최우선변제 요건 구비시 있음
있음</td><td>없음
있음
있음
다만 최우선변제 요건 구비시 있음
없음
다만 임대차계약서에 확정일자 구비시 그 초과액에 대하여 있음</td><td>없음
있음
없음
다만 최우선변제 요건 구비시 있음
있음</td></tr>
<tr><td rowspan="2">(2) 제3자 대항력</td><td>매매의 경우</td><td>있음</td><td>있음</td><td>있음</td><td>있음</td></tr>
<tr><td>경매의 경우</td><td>• 저당권 등[271] 보다 먼저 등기 된 것 : 있음
예외) 배당요구한 경우–없음
• 저당권 등 보다 후에 등기 된 것 : 없음</td><td colspan="3">• 저당권 등보다 먼저 등기 또는 대항력 구비한 것 : 있음
예외) 배당요구하여 보증금(또는 전세금)이 전액 변제 되는 경우는 없음
• 저당권 등보다 후에 등기 또는 대항력 구비한 것 : 없음</td></tr>
</table>

271) 저당권 등이란 ①경매개시결정등기(민집 144①iii, 268) ②저당권(민집 91②, 268) ③담보가등기(가담 13, 15) ④가압류등기(법률에 명문의 규정은 없으나 통설) ⑤배당요구한 전세권(민집 91④, 268) ⑥배당요구한 보증금이 전액 변제되는 대항력 있는 주택임차권 또는 상가건물임차권(주임보 3의5, 상임보 8)을 말한다.

카. 주택임대차의 정보제공에 관한 특례

㈎ 특례의 취지

주택을 대상으로 하는 권리관계로서 해당 주택 또는 그 대지의 등기기록에 기록된 권리는 해당 주택 또는 그 대지의 등기사항증명서를 발급받아 확인할 수가 있다. 그러나 임차인(채권적전세권자 포함)이 제3자대항력을 갖추고 보증금(채권적전세금 포함)반환청구권에 대하여 우선변제권까지 가지는 주택임대차(채권적전세 포함)와 미납·체납 조세의 존부와 내용에 대하여는 해당 주택 또는 그 대지의 등기기록으로 공시되는 것이 아니어서 등기사항증명서로 확인할 수가 없다.

이에 따라 주택의 임대차에 이해관계가 있는 자 또는 주택을 대상으로 임대차계약을 체결하려고 하는 자는 해당 주택을 대상으로 하는 임대차와 그 소유자의 미납·체납 조세의 존부와 내용을 확인할 수 있는 수단이 필요하지만, 이들 임대차나 그 소유자의 미납·체납 조세의 존부와 내용은 개인이 신용정보에 해당하는 것이어서 주택임대차의 확정일자 부여기관이나 조세의 징수권자가 쉽게 공개할 수 있는 사항이 아니다.

그러나 한편으로 주택의 임대차에 이해관계가 있는 자 또는 주택을 대상으로 임대차계약을 체결하려고 하는 자를 대상으로 해당 주택의 임대차나 그 소유자의 미납·체납 조세의 존부와 내용을 알려주는 것은 공공의 이익을 위하여 필요한 것이라고 할 수 있다. 이에 주택임대차보호법에서는 개인의 신용정보보호와 공공의 이익을 조화롭게 충족시킬 수 있는 범위에서 주택의 임대차에 이해관계가 있는 자의 정보제공 요청과 주택임대차계약을 체결하려고 하는 자에 대한 임대인의 정보 제시 의무에 관한 특례규정을 두고 있다.

㈏ 특례의 내용

㈀ 이해관계가 있는 자의 정보제공 요청

주택의 임대차에 이해관계가 있는 자는 확정일자부여기관에 해당 주택의 확정일자 부여일, 차임 및 보증금 등 정보의 제공을 요청할 수 있다. 이 경우 요청을 받은 확정일자부여기관은 정당한 사유 없이 이를 거부할 수 없다(주임보 3의6③). 임대차계약을 체결하려는 자는 임대인의 동의를 받아 확정일자부여기관에 해당 주택의 확정일자 부여일, 차임 및 보증금 등의 정보제공을 요청할 수 있다(주임보 3의6④).

정보제공을 요청할 수 있는 주택의 임대차에 이해관계가 있는 자는 다음 각 호의 어느 하나에 해당하는 자로 한다(주임보 3의6⑥, 주임보령 5).

① 해당 주택의 임대인·임차인
② 해당 주택의 소유자
③ 해당 주택 또는 그 대지의 등기기록에 기록된 권리자 중 환매권자, 지상권자, 전세권자, 질권자, 저당권자·근저당권자, 임차권자, 신탁등기의 수탁자, 가등기권리자, 압류채권자 및 경매개시결정의 채권자(주택임대차계약증서상의 확정일자 부여 및 임대차 정보제공에 관한 규칙 6)
④ 주택임대차보호법 제3조의2제7항에 따라 우선변제권을 승계한 금융기관
⑤ 주택임대차보호법 제6조의3 제1항제8호의 사유로 계약의 갱신이 거절된 임대차계약의 임차인이었던 자
⑥ 제1호부터 제5호까지의 규정에 준하는 지위 또는 권리를 가지는 자로서 법무부령으로 정하는 자(현재 법무부령으로 정한 자는 없음)

요청할 수 있는 정보의 범위 및 제공방법은 다음과 같다. 우선 ① 해당 주택의 임대인·임차인과 ⑤ 주택임대차보호법 제6조의3 제1항제8호의 사유로 계약의 갱신이 거절된 임대차계약의 임차인이었던 자의 경우는 주택임대차보호법 제3조의6 제3항에 따라 확정일자부여기관에 해당 임대차계약(위 ⑤에 해당하는 자의 경우에는 갱신요구가 거절되지 않았더라면 갱신되었을 기간 중에 존속하는 임대차계약을 말한다)에 관한 다음 각호의 사항의 열람 또는 그 내용을 기록한 서면의 교부를 요청할 수 있다(주임보 3의6⑥, 주임보령 6①).

① 임대차목적물
② 임대인·임차인의 인적사항(주택임대차보호법시행령 제5조제5호에 해당하는 자는 임대인·임차인의 성명, 법인명 또는 단체명으로 한정한다)
③ 확정일자 부여일
④ 차임·보증금
⑤ 임대차기간

다음에 ② 해당 주택의 소유자 ③ 해당 주택 또는 그 대지의 등기기록에 기록된 권리자 중 환매권자, 지상권자, 전세권자, 질권자, 저당권자·근저당권자, 임차권자, 신탁등기의 수탁자, 가등기권리자, 압류채권자 및 경매개시결정의 채

권자 ④ 주택임대차보호법 제3조의2제7항에 따라 우선변제권을 승계한 금융기관 또는 ⑥ 제1호부터 제5호까지의 규정에 준하는 지위 또는 권리를 가지는 자로서 법무부령으로 정하는 자의 어느 하나에 해당하는 자이거나 임대차계약을 체결하려는 자는 주택임대차보호법 제3조의6 제3항 또는 제4항에 따라 확정일자 부여기관에 다음 각호의 사항의 열람 또는 그 내용을 기록한 서면의 교부를 요청할 수 있다(주임보 3의6⑥, 주임보령 6②).

① 임대차목적물

② 확정일자 부여일

③ 차임 · 보증금

④ 임대차기간

정보제공을 요청할 수 있는 자의 임대차 정보제공 요청방법은 다음과 같다. 우선 주택의 임대차에 이해관계가 있는 자가 임대차 정보제공을 요청하는 경우에는 별지 제3호서식의 임대차 정보제공 요청서에 다음 각 호의 서류를 첨부하여 제출하여야 한다(주임보 3의6⑥, 주임보령 6③, 주택임대차계약증서상의 확정일자 부여 및 임대차 정보제공에 관한 규칙 7①).

① 해당 주택의 임대인 · 임차인의 경우, 계약증서 등 해당 주택의 계약당사자임을 증명하는 서류

② 해당 주택의 소유자의 경우, 해당 주택의 등기사항증명서 등 소유자임을 증명하는 서류

③ 해당 주택 또는 그 대지의 등기기록에 기록된 권리자 중 환매권자, 지상권자, 전세권자, 질권자, 저당권자 · 근저당권자, 임차권자, 신탁등기의 수탁자, 가등기권리자, 압류채권자 및 경매개시결정의 채권자의 경우 해당 주택 또는 그 대지의 등기사항증명서 등 권리자임을 증명하는 서류

④ 주택임대차보호법 제3조의2제7항에 따라 우선변제권을 승계한 금융기관의 경우, 채권양도증서 등 우선변제권을 승계하였음을 증명하는 서류

⑤ 주택임대차보호법 제6조의3 제1항제8호의 사유로 계약의 갱신이 거절된 임대차계약의 임차인이었던 자의 경우, 계약증서 등 해당 주택의 임차인이었던 자임을 증명하는 서류

다음에 임대차계약을 체결하려는 자가 임대차 정보제공을 요청하는 경우에는 다음 각호의 서류를 제출하여야 한다(주임보 3의6⑥, 주임보령 6③, 주택임대차계약

증서상의 확정일자 부여 및 임대차 정보제공에 관한 규칙 7②).

① 별지 제3호서식의 임대차 정보제공 요청서

② 임대인의 동의서

③ 인감증명서, 본인서명사실확인서 또는 신분증명서 사본 등 임대인의 동의를 받았음을 증명할 수 있는 서류

[별지 제3호서식] 임대차 정보제공 요청서

(ㄴ) 임차인에 대한 임대인의 정보 제시 의무

임대차계약을 체결할 때 임대인은 다음 각호의 사항을 임차인에게 제시하여야 한다(주임보 3의7).

① 주택임대차보호법 제3조의6제3항에 따른 해당 주택의 확정일자 부여일, 차임 및 보증금 등 정보. 다만, 임대인이 임대차계약을 체결하기 전에 제3조의6제4항에 따라 동의함으로써 이를 갈음할 수 있다.

② 국세징수법 제108조에 따른 납세증명서 및 지방세징수법 제5조제2항에 따른 납세증명서. 다만, 임대인이 임대차계약을 체결하기 전에 국세징수법 제109조제1항에 따른 미납국세와 체납액의 열람 및 지방세징수법 제6조제1항에 따른 미납지방세의 열람에 각각 동의함으로써 이를 갈음할 수 있다.

타. 주택임대차보호법의 적용범위

(가) 개설

주택임대차보호법 제2조는 동 법의 적용범위에 관하여 「이 법은 주거용 건물(이하 "주택"이라 한다)의 전부 또는 일부의 임대차에 관하여 적용한다. 그 임차주택(賃借住宅)의 일부가 주거 외의 목적으로 사용되는 경우에도 또한 같다」고 규정하고 있다. 그리고 주택임대차보호법에 의한 주택임차인 보호의 내용을 크게 분류하여 보면 앞에서 본 바와 같이 ① 존속기간과 차임·보증금에 관한 특례 ② 등기에 의하지 않은 제3자 대항력 부여 ③ 소액보증금 중 일정액에 대한 최우선변제권 인정 ④ 보증금 전액에 대한 순차적우선변제권 인정 ⑤ 임차권등기명령에 의한 보호 ⑥ 보증금반환청구권행사의 절차상 특례라고 할 수 있다.

위 임차인 보호의 내용 중 ①⑤⑥의 경우는 주거용 건물을 대상으로 하는 임대

차이기만 하면 적용되는 반면, ③④⑤의 경우는 그 이외에 임차인이 주택의 인도와 주민등록을 갖추어야 적용된다는 점에서 구분된다. 이에 따라 주택임차인이 주민등록법에 의한 주민등록이 되어 있지 않은 재외동포나 외국인인 경우에도 적용되는지, 그리고 주택임대차보호법이 국민 주거생활의 안정을 보장함을 목적으로 하고 있다는 점(주임보 1)에서 임차인이 법인인 경우에도 주택임대차보호법이 적용되는지 문제로 된다. 또한 주택임차권의 양도나 임차주택의 전대에 관하여는 임대인의 동의가 있어야 한다는 점(민 629①)에서 주택임차권이 양도되거나 임차주택이 전대된 경우에도 동 법이 적용되는지 문제로 된다. 이하에서 순차로 설명하기로 한다.

(나) 주거용건물(주택)

(ㄱ) 대상범위

주택임대차보호법이 적용되는 대상 목적물은 주거용건물 즉, 주택에 한정되고 점포, 사무실, 공장, 창고 등 영업용건물이나 기타 비주거용건물은 제외된다.

어떤 건물이 주거용인지의 여부는 건축물대장이나 등기부 등 공부(公簿)의 기재만에 의하여 결정할 것이 아니라, 그 임차의 목적 · 건물의 위치와 구조 등에 관한 실지용도에 따라서 그 실질을 기준으로 판단해야 한다.[272] 따라서 공부상으로는 공장용 건물로 기재되어 있다고 하여도 그 구조를 사실상 주거용으로 변경하여 임대차계약을 체결한 경우에는 동 건물도 주택임대차보호법의 적용대상이 된다. 그리고 이 경우 주거용건물인가의 판단시점은 임대차계약의 체결시를 기준으로 하여야 한다. 그러므로 계약체결시 주거용건물이 아니었는데 후에 임차인이 임의로 주거용으로 개조하였다 하더라도 주택임대차보호법은 적용되지 않는다. 또한 건물의 등기 여부는 묻지 않으며 미등기건물이라도 주거용인 이상 동법의 적용대상이 된다.[273]

(ㄴ) 겸용건물

주거용부분과 비주거용부분이 함께 병존하는 건물이 동일인에게 임대되어 각기 그 용도에 따라 사용되는 경우 그 주거용부분에 주택임대차보호법이 적용되는가. 이에 관하여 동법은 제2조 후단에 「그 임대주택의 일부가 주거 외의 목

---

272) 대판 1986.1.21. 85다카1367, 같은 취지 대판 1987.3.24. 86다카823 참조.
273) 대전합판 2007.6.21. 2004다26133 참조.

적으로 사용되는 경우에도 또한 같다」고 규정하고 있다. 따라서 임대건물의 주요부분이 주거용으로 사용되고 일부만이 주거 외의 목적으로 사용되는 경우에는 그 건물전부에 대하여 동법이 적용되게 된다. 또한 그 반대해석으로 건물의 주요부분이 비주거용으로 사용되고 일부만이 주거용으로 사용되는 경우에는 동법이 적용되지 않는다.

문제는 건물의 주요부분이 주거용인지 아니면 비주거용인지를 어떠한 기준으로 판단할 것인가이다. 이에 관하여는 획일적 기준을 정할 수는 없고 구체적인 개별 사안에 따라 그 임대차의 목적, 전체 건물과 임대차목적물의 구조와 형태 및 임차인의 임대차목적물의 이용관계 그리고 임차인이 그곳에서 일상생활을 영위하는지 여부 등을 아울러 고려하여 합목적적으로 결정하는 수밖에 없다.

위와 같은 기준에 따라 대법원이 동법의 적용을 긍정한 사례로는 「건물이 공부상으로 단층 작업소 및 근린생활시설로 표시되어 있으나, 실제로 갑은 주거 및 인쇄소 경영 목적으로, 을은 주거 및 슈퍼마켓 경영 목적으로 임차하여 가족들과 함께 입주하여 그 곳에서 일상생활을 영위하는 한편, 인쇄소 또는 슈퍼마켓을 경영하고 있으며, 갑의 경우는 주거용으로 사용되는 부분이 비주거용으로 사용되는 부분보다 넓고, 을의 경우는 비주거용으로 사용되는 부분이 더 넓기는 하지만 주거용으로 사용되는 부분도 상당한 면적이고, 위 각 부분이 갑·을의 유일한 주거라는 점에서 주택임대차보호법 제2조 후문에서 정한 주거용 건물로 인정할 수 있다」한 것[274]을 들 수 있고, 부정한 사례로는 「방 2개와 주방이 딸린 다방이 영업용으로서 비주거용 건물이라고 보여지고, 설사 그 중 방 및 다방의 주방을 주거목적에 사용한다고 하더라도 이는 어디까지나 다방의 영업에 부수적인 것으로서 그러한 주거목적 사용은 비주거용 건물의 일부가 주거목적으로 사용되는 것일 뿐, 주택임대차보호법 제2조 후문에서 말하는 '주거용 건물의 일부가 주거 외의 목적으로 사용되는 경우'에 해당한다고 볼 수 없다」한 것[275]을 들 수 있다.

---

274) 대판 1995.3.10. 94다52522 참조. 그밖에 주택임대차보호법의 적용을 긍정한 것으로는 대판 1988.12.27. 87다카2024, 및 대판 1987.8.25. 87다카793 등이 있다

275) 대판 1996.3.12. 95다51953 참조. 그밖에 주택임대차보호법의 적용을 부정한 것으로는 대판 1987.3.24. 86다카823 및 대판 1987.4.28. 86다카2407 등이 있다.

판례1-56

1. 겸용건물의 주거용건물 해당여부에 대한 판단기준

주택임대차보호법 제2조 소정의 주거용 건물에 해당하는지 여부는 임대차 목적물의 공부상의 표시만을 기준으로 할 것이 아니라 그 실지용도에 따라서 정하여야 하고, 건물의 일부가 임대차의 목적이 되어 주거용과 비주거용으로 겸용되는 경우에는 구체적인 경우에 따라 그 임대차의 목적, 전체 건물과 임대차 목적물의 구조와 형태 및 임차인의 임대차 목적물의 이용관계 그리고 임차인이 그 곳에서 일상생활을 영위하는지 여부 등을 아울러 고려하여 합목적적으로 결정하여야 한다(대판 1996.3.12. 95다51953).

2. 비주용건물의 일부가 주거용으로 사용되는 경우

임차주택의 일부가 주거 외의 목적으로 사용되는 경우에도 주택임대차보호법 제2조의 규정에 의하여 그 법률의 적용을 받는 주거용 건물에 포함되나 주거생활의 안정을 보장하기 위한 입법의 목적에 비추어 거꾸로 비주거용 건물에 주거의 목적으로 일부를 사용하는 경우에는 동법 제2조가 말하고 있는 일부라는 범위를 벗어나 이를 주거용 건물이라 할 수 없고 이러한 건물은 위 법률의 보호대상에서 제외된다(대판 1987.4.28. 86다카2407).

(ㄷ) 주거용건물의 일부

주택임대차보호법은 주거용건물의 일부에 관한 임대차에도 적용되는 바, 이 경우 주거용건물의 일부는 구분건물과 같이 객관적으로 독립의 존재를 인정할 수 있는 실체를 갖추고 있어야 하는지가 문제로 된다. 물권인 전세권에 관하여는 건물의 일부가 구분건물과 같은 실체를 갖추고 있지 않아도 된다는 데 이설(異說)이 없으며, 부동산등기법 제74조도 이러한 경우 건물의 도면을 첨부하여 등기신청을 하도록 규정하고 있다.

주택임대차보호법 제2조에서 규정하는 주거용건물의 일부에 대한 임대차에 관하여도 이를 전세권의 경우와 다르게 취급할 이유가 없으므로, 그 대상 부분이 구분건물이거나 또는 그에 준할 정도의 독립성을 갖출 것을 요하지 아니한다고 본다. 따라서 화장실이나 마루, 층계 등을 공동으로 사용하는 소위 셋방의 경우도 동법의 적용대상이 된다.

(다) 임대차

(ㄱ) 의의

임대차라 함은 당사자의 일방이 상대방에게 목적물을 사용·수익하게 할 것을 약정하고, 상대방이 이에 대하여 차임을 지급할 것을 약정함으로써 성립하는 계약(민 618)을 말한다. 임대차는 타인의 물건을 사용·수익하는 계약관계라는 점에서 소비대차 및 사용대차와 유사하다. 그러나 임대차와 소비대차는 전자에 있어서의 임차인은 임차물의 소유권을 취득하지 않고서 사용·수익하다가 그 자체를 반환하여야 함에 대하여, 후자에 있어서의 차주는 차용물의 소유권을 취득하여 소비한 후 차용물과 동종·동질·동량의 것으로 반환하면 된다는 점에서 구별되고, 임대차와 사용대차는 전자에 있어서의 임차인은 그 사용대가로서 차임을 지급하여야 함에 대하여, 후자에 있어서의 사용차주는 이를 지급하지 않는다는 점에서 구별된다.

(ㄴ) 일시사용을 위한 임대차

임대차라 하더라도 일시사용을 위한 것인 경우에는 주택임대차보호법의 적용이 없다(주임보 11). 여기에서 일시사용이란 어떠한 의미를 갖는가. 법에 구체적인 규정이 없으므로 해석에 의하여 해결할 수밖에 없는 바, 일시사용이란 의미는 임대기간이 단기이고 임대차의 목적이 임시적·잠정적인 것을 나타내는 것으로, 결국은 임대차계약의 내용·목적 기타 제반사항과 관련하여, 임차인보호를 위하여 동법의 적용을 긍정할 것인가에 의해 합목적적으로 판단하는 수밖에 없다.

일시사용을 위한 임대차에는 주택임대차보호법이 적용되지 아니할 뿐만 아니라, 임차인의 보호를 위한 민법상의 규정들까지도 그 적용이 배제되고 있다(민 653). 이는 휴양시설인 콘도미니엄이나 특별한 사정으로 일정기간 입주가 곤란한 주택을 단기간 타인에게 임대하는 경우 등과 같은 일시사용을 위한 임대차에까지 민법의 임대차에 관한 규정이나 주택임대차보호법의 규정을 적용하는 것은 오히려 불합리하다는 점을 고려한 것이다.

(ㄷ) 채권적전세

물권적전세의 경우는 전세권자에게 용익물권자로서의 강력한 지위가 보장되어 있으므로, 주택임대차보호법은 적용의 필요성이 없으며 또한 그 성질상으로도 적용대상이 아니라고 할 수 있다. 그러나 채권적전세의 경우에 관하여는 채권적전세권자의 지위가 임차인의 지위와 유사하므로, 그에 관하여도 동법의 적용을 인정할 필요성은 충분히 인정된다. 그런데 제정 당초의 주택임대차보호법은 임대차에 관하여서만 동법의 적용을 규정하고, 채권적전세에 대한 적용여부에 관하여는 아무런 언급을 하지 않고 있었기 때문에 그 적용여부에 관하여 견해가 나뉘어 있었다. 그러나 1983.12.30 동법의 개정시 제12조에 「이 법은 주택의 등기하지 아니한 전세계약에 관하여 이를 적용한다. 이 경우 전세금은 임대차의 보증금으로 본다」는 규정이 신설된바 있으므로, 현재로서는 채권적전세도 주택임대차보호법의 적용대상이 됨에 의문이 없다고 할 것이다.

(ㄹ) 물권적전세권자와 주택임차인의 지위를 겸한 경우

물권적전세권자가 주택임차인의 지위를 겸하고 있는 경우에는 양 권리 모두를 행사할 수 있는 것으로 보아야 한다. 주택임차인으로서의 우선변제를 받을 수 있는 권리와 전세권자로서 우선변제를 받을 수 있는 권리는 근거규정 및 성립요건을 달리하는 별개의 것이기 때문이다. 따라서 주택임대차보호법상 대항력을 갖춘 임차인이 임차주택에 관하여 전세권설정등기를 경료 하였다거나 전세권자로서 배당절차에 참가하여 전세금의 일부에 대하여 우선변제를 받은 사유만으로는 변제받지 못한 나머지 보증금에 기한 대항력 행사에 어떤 장애가 있다고 볼 수 없다는 것이 대법원판례이다.[276)]

(ㅁ) 형식적인 임대차계약의 경우

주택임대차로서의 우선변제권을 취득한 것처럼 외관을 만들었을 뿐 실제 주택을 주거용으로 사용·수익할 목적을 갖지 아니한 계약에는 주택임대차보호법이 적용되지 않는 것으로 보아야 한다. 따라서 채권자가 주택임대차보호법상의 대항력을 취득하는 방법으로 기존 채권을 우선변제 받을 목적으로 주택임대차계약의 형식을 빌려 기존 채권을 임대차보증금으로 하기로 하고 주택의 인도와 주민등록을 마침으로써 주택임대차로서의 대항력을 취득한 것처럼 외관을 만들었을 뿐 실제 주택을 주거용으로 사용·수익할 목적을 갖지 아니한 계약은 주택임대차계약으로서는 통정허위표시에 해당되어 무효라고 할 것이므로 이에 주택임대차보호법이 정하고 있는 대항력이 부여되지 않는다.[277)] 그리고 주택과 그 대지에 관한 자기의 공유지분을 다른 공유자에게 명의신탁한 공동소유자로서 그

---

276) 대판 1993.12.24. 93다39676, 대판 2002.11.8. 2001다51725, 대판 2007.6.28. 2004다69741 참조.
277) 대판 2002.3.12. 2000다24184 참조.

주택의 일부분을 사용·수익해 오던 자가 그 주택 등이 경매되는 경우 자기의 지분을 제3자에게 대항할 수 없게 되는 것에 대비하여 다른 공유자와 사이에 임대차계약서를 작성하고 확정일자를 받아두었을 뿐인 경우에는 주택임대차보호법이 정하고 있는 우선변제권이 인정되지 않는다.[278] 또한 채권자가 채무자 소유의 주택에 관하여 채무자와 임대차계약을 체결하고 전입신고를 마친 다음 그곳에 거주하였다고 하더라도 실제 임대차계약의 주된 목적이 주택을 사용수익하려는 것에 있는 것이 아니고, 실제적으로는 소액임차인으로 보호받아 선순위 담보권자에 우선하여 채권을 회수하려는 것에 주된 목적이 있었던 경우에는 그러한 임차인을 주택임대차보호법상 소액임차인으로 보호할 수 없다.[279]

㈑ 법인

임대인과 임차인 중 어느 일방이 법인인 경우에도 주택임대차보호법이 적용되는가. 임대인이 법인이고 임차인이 자연인인 경우에 주택임대차보호법이 적용되는 점에는 의문이 없다. 문제는 법인이 임차인으로서 주택을 임차하여 그 직원으로 하여금 거주하게 하는 경우에 그 직원이 주택의 소재지에 전입신고를 하고 아울러 임대차계약서에 확정일자를 받아두면 그 임대차에 관하여도 주택임대차보호법이 적용되는가 하는 점이다.

이에 관하여 판례는 ①주택임대차보호법은 자연인인 서민들의 주거생활의 안정을 보호하려는 취지에서 제정된 것이지 법인을 그 보호 대상으로 삼고 있다고는 할 수 없는 점 ②법인은 그 성질상 주택임대차보호법 제3조 제1항에서 규정하는 주민등록을 할 수 없고, 법인의 직원이 주민등록을 마쳤다 하여 이를 법인의 주민등록으로 볼 수는 없다는 점을 이유로 주택임대차보호법의 적용을 부정하고 있다.[280]

그러나 임차인이 (1) 주택도시기금을 재원으로 하여 저소득층 무주택자에게 주거생활 안정을 목적으로 전세임대주택을 지원하는 법인인 ①한국토지주택공사법에 따른 한국토지주택공사 ②지방공기업법 제49조에 따라 주택사업을 목적으로 설립된 지방공사이거나(주임보 3②, 주임보령 2) (2) 중소기업기본법 제2조에 따른 중소기업에 해당하는 법인인 경우(주임보 3③)에는 예외적으로 다음과 같이

278) 대판 2003.7.22. 2003다21445 참조.

279) 대판 2001.5.8. 2001다14733, 대판 2008.5.15. 2007다23203 참조.

280) 대판 1997.7.11. 96다7236 참조.

주택임대차보호법에 의한 임차인 보호의 내용이 적용된다.

첫째로 임차인이 (1)의 법인인 한국토지주택공사와 지방공사인 경우는 주택을 임차한 후 지방자치단체의 장 또는 그 법인이 선정한 입주자가 그 주택을 인도받고 주민등록을 마쳤을 때에는 등기가 없는 경우에도 제3자 대항력이 생기고(주임보 3②), (2)의 법인인 중소기업인 경우는 해당 법인이 소속 직원의 주거용으로 주택을 임차한 후 그 법인이 선정한 직원이 해당 주택을 인도받고 주민등록을 마쳤을 때에는 등기가 없는 경우에도 그 다음 날부터 제3자 대항력이 생긴다. 그리고 임대차가 끝나기 전에 그 직원이 변경된 경우에는 그 법인이 선정한 새로운 직원이 주택을 인도받고 주민등록을 마친 다음 날부터 제3자 대항력이 생긴다(주임보 3③).

둘째로 위 (1)과 (2)의 법인이 제3자 대항요건(對抗要件)을 구비하고 아울러 임대차계약증서상에 확정일자(確定日字)를 받아둔 때에는 민사집행법에 따른 경매 또는 국세징수법에 따른 공매(公賣)를 할 때에 임차주택(대지를 포함한다)의 환가대금(換價代金)에서 후순위권리자(後順位權利者)나 그 밖의 채권자보다 우선하여 보증금을 변제(辨濟)받을 권리(이른바 순차적우선변제권)를 가진다(주임보 3의2②). 다만 이 경우 보증금의 변제를 받으려면 임차주택을 양수인에게 인도하여야 한다(주임보 3의2③).

셋째로 임대차가 끝난 후 보증금이 반환되지 아니한 경우 위 (1)과 (2)의 법인인 임차인은 임차주택의 소재지를 관할하는 지방법원 · 지방법원지원 또는 시 · 군법원에 임차권등기명령을 신청할 수 있고(주임보 3의3①), 민법 제621조의 규정에 의한 임대차등기를 할 수 있다(주임보 3의4①). 이 경우 임차권등기절차 및 임차권등기의 효력은 자연인이 임차인인 경우와 같다(주임보 3의3, 3의4).

넷째로 위 (1)과 (2)의 법인이 임차주택에 대하여 보증금반환청구소송의 확정판결이나 그 밖에 이에 준하는 집행권원(執行權原)에 따라서 경매를 신청하는 경우에는 집행개시(執行開始)요건에 관한 「민사집행법」 제41조에도 불구하고 반대의무(反對義務)의 이행이나 이행의 제공을 집행개시의 요건으로 하지 아니한다(주임보 3의2①).

(마) 재외동포

주민등록의 구비를 요건으로 하는 주택임차인 보호에 관한 주택임대차보호법의 규정이 재외동포가 주택임차인인 경우에도 적용되는가.

재외동포란 재외국민과 외국국적동포를 통칭한다. 재외국민이란 대한민국의 국민으로서 외국의 영주권을 취득한 자 또는 영주할 목적으로 외국에 거주하고 있는 자를 말하고, 외국국적동포란 ① 대한민국의 국적을 보유하였던 자(대한민국정부 수립 이전에 국외로 이주한 동포를 포함한다)로서 외국국적을 취득한 자 ② 부모의 일방 또는 조부모의 일방이 대한민국의 국적을 보유하였던 자로서 외국국적을 취득한 자를 말한다(재동출법 2, 재동출법령 3).

재외동포의 출입국과 법적지위에 관한 법률 제6조에 의하여 국내거소신고를 한 재외국민이나 외국국적동포가 주택임차인인 경우에는 주택임대차보호법이 적용되는 것으로 보아야 한다. 재외국민의 경우는 대한민국의 국적을 가지고 있다는 점에서 당연히 주택임대차보호법이 적용되는 것으로 보아야 하고, 외국국적동포인 경우는 재외동포의 출입국과 법적지위에 관한 법률 제11조 제1항에 「국내거소신고를 한 외국국적동포는 부동산 거래신고 등에 관한 법률 제9조제1항제1호에 따른 경우 외에는 대한민국 안에서 부동산을 취득·보유·이용 및 처분할 때에 대한민국의 국민과 동등한 권리를 갖는다. 다만, 부동산 거래신고 등에 관한 법률 제3조제1항 및 제8조에 따른 신고를 하여야 한다」고 규정되어 있기 때문이다.

재외동포가 주택임차인인 경우 주택임대차보호법에 의한 주택임대차의 대항력구비요건으로서의 전입신고는 재외동포의 출입국과 법적지위에 관한 법률 제6조에 의한 국내거소신고로써 갈음하는 것으로 보면 된다. 또한 재외동포의 경우 법령에 규정된 각종 절차와 거래관계 등에서 주민등록증, 주민등록표 등본·초본, 외국인등록증 또는 외국인등록 사실증명이 필요한 경우에는 국내거소신고증(재동출법 7⑦에 따른 모바일국내거소신고증을 포함한다)이나 국내거소신고 사실증명으로 그에 갈음할 수 있으며, 재외동포의 출입국과 법적지위에 관한 법률 또는 다른 법률에서 실물 국내거소신고증이나 국내거소신고증에 기재된 성명, 사진, 거소신고번호 등의 확인이 필요한 경우 모바일국내거소신고증의 확인으로 이를 갈음할 수 있다(재동출법 9).

(바) 외국인

주민등록의 구비를 요건으로 하는 주택임차인 보호에 관한 주택임대차보호법의 규정이 외국인이 주택임차인인 경우에도 적용되는가. 이에 관하여는 ①사회법적인 성질을 가지는 주택임대차보호법의 성질에 비추어 국적을 달리한다 하여 외국인의 보호를 배제할 이유가 없다는 점 ②출입국관리법에 외국인등록제도와 체류지변경신고제도가 마련되어 있다는 점에서 긍정하는 것이 타당하다. 이 경우 주택임대차보호법의 적용요건인 주민등록으로서의 전입신고는 외국인등록신청과 체류지변경신고로 갈음하는 것으로 보면 된다. 외국인등록과 체류지변경신고절차는 다음과 같다.

외국인이 입국한 날부터 90일을 초과하여 대한민국에 체류하려면 대통령령으로 정하는 바에 따라 입국한 날부터 90일 이내에 그의 체류지를 관할하는 지방출입국·외국인관서의 장에게 외국인등록을 하여야 한다(출관 31①본). 외국인등록사항은 ① 성명, 성별, 생년월일 및 국적 ② 여권의 번호·발급일자 및 유효기간 ③ 근무처와 직위 또는 담당업무 ④ 본국의 주소와 국내 체류지 ⑤ 체류자격과 체류기간 ⑥ 입국일자 및 입국항 ⑦ 사증에 관한 사항 ⑧ 동반자(「민법」 제779조에 따른 가족의 관계에 있는 사람으로서 동거하는 사람을 말한다)에 관한 사항 ⑨ 「초·중등교육법」 제2조 각 호의 어느 하나에 해당하는 학교에의 재학 여부 ⑩ 사업자등록번호 ⑪ 직업 및 연간소득금액[영 제23조제1항부터 제3항까지에 따른 체류자격을 가진 사람 또는 영 별표 1의2 중 10. 주재(D-7)부터 12. 무역경영(D-9)까지의 체류자격을 가진 사람에 한정한다]이다(출관 32, 출관규 47). 그밖에 외국인등록과 체류지변경신청의 구체적인 절차는 출입국관리법 제33조~제36조 참조.

등록을 한 외국인이 체류지를 변경하였을 때에는 전입한 날부터 14일 이내에 새로운 체류지의 시·군·구의 장이나 그 체류지를 관할하는 사무소장·출장소장에게 전입신고를 하여야 한다(출관 36①). 전입신고는 외국인등록증과 함께 체류지변경신고서를 제출하는 방법으로 하여야 한다(출관 36②, 출관령 45①). 전입신고를 받은 시·군 또는 구의 장이나 사무소장 또는 출장소장은 외국인등록증에 변경사항을 기재한 후 체류지변경신고필인을 찍어 신고인에게 교부하고 체류지변경통보서를 전 체류지관할사무소장 또는 출장소장에게 송부하여야 한다(출관 36②⑦, 출관령 45②).

전입신고를 받은 사무소장이나 출장소장은 지체 없이 새로운 체류지의 시·군·구의 장에게 체류지 변경 사실을 통보하여야 한다(출관 36③). 직접 전입신고를 받거나 체류지를 관할하는 사무소장이나 출장소장으로부터 체류지 변경통보를 받은 시·군·구의 장은 지체 없이 종전 체류지의 시·군 또는 구의 장에게 체류지변경신고서 사본을 첨부하여 외국인등록표의 이송을 요청하여야 하고, 외국인등록표 이송을 요청받은 종전 체류지의 시·군 또는 구의 장은 이송을 요청받은 날부터 3일 이내에 새로운 체류지의 시·군 또는 구의 장에게 외국인등록표를 이송하여야 하며, 외국인등록표를 이송받은 시·군·구의 장은 신고인의 외국인등록표를 정리하고 그 등록사항을 외국인등록대장에 적어 관리하여야 한다(출관 36④⑤⑥).

(사) 임차권의 양도와 임차물의 전대

임차권의 양도란 임차권을 그 동일성을 유지하면서 제3자에게 이전시키는 것을 말한다. 임차물의 전대란 임차인이 자신이 임대인(즉 전대인)이 되어 그가 빌린 임차물을 다시 제3자(즉 전차인)로 하여금 사용·수익하게 하는 계약을 말한다. 임차권의 양도와 임차물의 전대가 있는 경우에도 주택임대차보호법이 적용되는가.

주택임대차보호법 제3조 제1항에 의한 대항력을 갖춘 주택임차인이 임대인의 동의를 얻어 적법하게 임차권을 양도하거나 임차물을 전대한 경우, 양수인이나 전차인에게 점유가 승계되고 주민등록이 단절된 것으로 볼 수 없을 정도의 기간 내에 전입신고가 이루어졌다면 비록 위 임차권의 양도나 임차물의 전대에 의하여 임차권의 공시방법인 점유와 주민등록이 변경되었다 하더라도 원래의 임차인이 갖는 임차권의 대항력은 소멸되지 아니하고 동일성을 유지한 채로 존속한다고 보아야 한다. 이러한 경우 임차권 양도에 의하여 임차권은 동일성을 유지하면서 양수인에게 이전되고 원래의 임차인은 임대차관계에서 탈퇴하므로 임차권 양수인은 원래의 임차인이 주택임대차보호법 제3조의2 제2항 및 제8조 제1항에 의하여 가지는 우선변제권을 행사할 수 있고, 전차인은 원래의 임차인이 주택임대차보호법 제3조의2 제2항 및 같은 법 제8조 제1항에 의하여 가지는 우선변제권을 대위 행사할 수 있다.[281)]

반면에 주택임대차보호법 제3조 제1항에 의한 대항력을 갖춘 주택임차인이 임대인의 승낙 없이 임차권을 양도한 경우에는 대항력이 소멸하는 것으로 보아야 한다. 이 경우 양도인은 임대차주택을 점유하고 있지 않아 주택임대차보호법 제3조 제1항에 의한 대항력을 상실한 상태이고, 양수인은 임대인의 승낙이 없어 양도인으로부터 취득한 임차권을 가지고 임대인에게 대항할 수 없기 때문이다. 그리고 대항력을 갖춘 주택임차인이 임대인의 승낙 없이 임차물의 전부를 전대한 경우도 마찬가지인 것으로 보아야 한다. 다만 주택임대차보호법 제3조 제1항에 의한 대항력 구비요건으로서의 주택에 대한 점유는 간접점유방식에 의한 것까지를 포함하는 것으로 보아 전대인(임차인)이 간접점유권을 가지고 있는 전대

281) 대판 2010.6.10. 2009다101275 참조.

차의 경우는 대항력을 유지하는 것으로 생각할 수가 있으나, 대항력구비요건으로서의 간접점유는 임대인의 승낙을 받은 적법한 전대차에 한하는 것이므로[282] 임대인의 승낙이 없는 임차물 전부의 전대차가 있는 경우는 대항력이 소멸하는 것으로 보아야 한다. 문제는 임대인의 승낙 없이 한 일부 전대의 경우에도 대항력이 소멸하는가 하는 점이다. 이에 관하여는 비록 임차물의 전부는 아니지만 전대인(임차인)의 점유가 유지되어 있다는 점에서 임대인이 임대차계약을 해지할 수 있는 것은 별론으로 하고 대항력 자체는 소멸하지 아니하고 유지된다고 보는 것이 타당하다.

한편 주택임차인으로부터 임차권의 양수가 아닌 임차보증금반환채권만을 양수한 자나 다른 채권에 대한 담보 목적으로 임차보증금반환채권을 양수한 자는 주택임대차보호법상의 우선변제권을 행사할 수 있는 임차인에 해당한다고 볼 수 없으므로, 그 양수인은 임차주택에 대한 경매절차에서 주택임대차보호법상의 임차보증금 우선변제권자의 지위에서 배당요구를 할 수 없고, 일반 금전채권자로서의 요건을 갖추어 배당요구를 할 수 있을 뿐이다.[283]

타. 주택임차권과 근저당권의 관련성

주택임차권과 근저당권은 ①주택임차권이 설정되어 있는 주택을 대상으로 근저당권을 설정하는 경우가 있다는 점 ②근저당권이 설정되어 있는 주택을 대상으로 주택임차권이 설정되는 경우가 있다는 점에서 서로 관련되어 있는 바, 이하에서 주택임차권과 근저당권의 관계로서 자세히 설명하기로 한다.

(2) 근저당권과의 관계

가. 상호관계

대항력 있는 주택임차권이 설정되어 있는 주택이라고 하여 그 소유자가 근저당권을 설정할 수 없는 것이 아니고 또한 이미 근저당권이 설정되어 있는 주택이라고 하여 대항력 있는 주택임차권을 설정할 수 없는 것도 아니다. 따라서 대항력 있는 주택임차권과 근저당권은 대상 주택에 경매절차가 실시되어 매수인

282) 대판 2007.11.29. 2005다64255 참조.
283) 대판 2010.5.27. 2010다10276 참조.

이 소유권을 취득하기 전까지는 독립하여 병존하게 된다.

그러나 대상 주택에 경매절차가 실시되어 매수인이 소유권을 취득하게 되면 대항력 있는 주택임차권과 근저당권은 상호 영향을 미치게 된다. 구체적으로 어떠한 영향을 미치는지는 경매 주택에 존재하는 대항력 있는 주택임차권과 근저당권 중 어느 것이 먼저 설정된 것인지에 따라 다르다.

나. 주택임차권의 매수인에 대한 대항가능 여부

(가) 주택임차권이 근저당권보다 선순위인 경우

(ㄱ) 배당요구를 하지 않은 경우

대상 주택에 대하여 경매절차가 실시되는 경우 근저당권보다 선순위로 대항력을 구비한 주택임차권은 주택임차인이 첫 매각기일 이전으로 법원이 정한 배당요구의 종기까지 배당요구를 하지 않는 한 매수인에게 승계되어, 주택임차인은 구 소유자와의 주택임대차관계를 신 소유자인 매수인에 대하여도 대항할 수 있다.[284] 이 경우 존속기간이 만료되는 등으로 주택임대차관계가 종료되어 있는 때에는 주택임차인은 그 종료된 상태로 주택임대차관계를 신 소유자인 매수인에 대하여 대항할 수 있다.

반면에 대항력을 구비하지 않은 주택임차권은 근저당권보다 선순위로 성립된 경우로서 배당요구의 종기까지 배당요구를 하지 않았다 하더라도 그 주택임대차관계가 매수인에게 승계되지 않으며, 그에 따라 이들 주택임차인은 구 소유자와의 주택임대차관계를 신 소유자인 매수인에 대하여 대항할 수 없어 매수인에게 임대차부동산을 인도할 수밖에 없고 보증금은 구 소유자로부터 반환받을 수밖에 없다.

284) 경매 주택에 대항력을 구비한 주택임차권과 근저당권 이외에 ①경매개시결정등기(민집 144iii) ②다른 저당권(민집 91②) ③담보가등기(가담 13, 15) ④가압류등기(법률에 명문의 규정은 없으나 통설) ⑤배당요구한 전세권(민집 91④) ⑥배당요구한 보증금이 전액 변제되는 대항력 있는 다른 주택임차권(주임보 3의5)이 있은 때에, 매수인의 소유권취득으로 주택임차권이 소멸하지 아니하고 매수인에게 인수되려면, 그 대항력구비는 근저당권은 물론이고 이들 ①~⑥ 보다도 먼저 이루어진 것이어야 한다.

(ㄴ) 배당요구하여 보증금이 모두 변제되는 경우

(a) 매수인에 대한 주택임차권의 대항가능 여부

대항력을 구비한 주택임차권이 근저당권보다 선순위로 성립된 경우[285]라도 주택임차인이 배당요구의 종기까지 배당요구를 하여 보증금 모두를 배당 받을 수 있는 때에는 그 주택임차권은 매수인의 소유권취득으로 소멸하고(주임보 3의5본), 그에 따라 주택임차인은 구 소유자와의 주택임대차관계를 신 소유자인 매수인에 대하여 대항할 수 없게 된다. 이는 대항력과 우선변제권을 모두 구비한 주택임차인에 대하여 매수인에 대한 주택임차권의 대항과 매각대금으로부터의 우선변제를 선택할 수 있도록 하는 경우에 생기는 다음과 같은 불합리한 결과의 발생을 방지하기 위한 것이다.

즉 현행 민사집행법이 제정되어 시행되기 전의 구 민사소송법은 부동산경매절차에 있어서 배당요구의 종기를 낙찰기일(현행 민사집행법상으로는 매각결정기일이 이에 해당된다)까지로 하고 있었고 또한 이 주택임대차보호법 제3조의 5의 규정(1999년 1월 21일 개정되어 1999년 3월 1일부터 시행)이 신설되기 전의 대법원판례가 대항력과 우선변제권을 모두 구비한 주택임차인은 매수인에 대한 주택임차권의 대항과 매각대금으로부터 우선변제를 선택할 수 있는 것[286]으로 하고 있었기 때문에 다음과 같은 불합리한 결과가 발생하는 것을 막을 수가 없었다.

예컨대 제1순위의 주택임차권(보증금 5천만 원)과 제2순위의 근저당권(채권최고액 5천만 원)이 설정되어 있는 시가 1억 원의 주택이 경매되는 경우에, 주택임차인의 임차권이 매수인(구 민사소송법상은 낙찰인)에게 대항할 수 있는 것이면, 매수인은 일단 주택임대차가 승계되는 것을 전제로 5천만 원 이하의 가격으로 매수신고(구 민사소송법상은 입찰신고)할 수밖에 없게 된다. 그런데 매수인의 매수신고 후 매각결정기일(구 민사소송법상은 낙찰기일)에서의 매각허가결정(구 민사소송법상은 낙찰허가결정)이 있기 전에, 주택임차인이 매수인에 대한 주택임차권의 대항을 선

---

285) 또한 경매 부동산상에 대항력을 구비한 주택임차권과 근저당권 이외에 ①경매개시결정등기(민집 144iii) ②다른 저당권(민집 91②) ③담보가등기(가담 13, 15) ④가압류등기(법률에 명문의 규정은 없으나 통설) ⑤배당요구한 전세권(민집 91④) ⑥배당요구한 보증금이 전액 변제되는 대항력 있는 다른 주택임차권 또는 상가건물임차권(주임보 3의5, 상임보 8)이 있은 때에는 주택임차권의 대항력구비가 근저당권은 물론이고 이들 ①~⑥ 보다도 먼저 이루어진 것이어야 한다.

286) 대판 1996.7.12. 94다37646 참조.

택하지 않고, 매각대금으로부터의 우선변제를 선택하여 배당요구를 하게 되면(구 민사소송법상으로는 낙찰기일까지 배당요구를 할 수 있기 때문에 이와 같은 배당요구를 하는 것이 가능하다), 제2순위의 근저당권자는 배당을 받을 수가 없어 손해를 보는 반면에, 매수인은 뜻하지 않게 보증금의 반환의무를 면하게 되어 이익을 얻는 불합리한 결과가 생기게 된다.

그런데 개정된 주택임대차보호법에 따라 보증금이 전액 변제되는 주택임차권이 매수인의 소유권취득으로 인하여 소멸하는 것으로 하면, 매수인은 처음부터 이러한 임차권의 부담이 없는 주택의 가치를 평가하여 매수가격을 신고하게 되고, 또한 근저당권자나 주택임차인도 그 매각대금으로부터 자신의 순위에 따라 배당을 받게 되므로, 뜻하지 않게 근저당권자가 손해를 보는 반면에 매수인이 이익을 보게 되는 불합리한 결과는 발생하지 않게 되는 것이다.

(b) 주택임대차의 존속 중에 배당요구를 할 수 있는지 여부

현행 민사집행법에 의하면 배당요구의 종기는 첫 매각기일 이전으로 법원이 정하게 되는데(민집 84①), 배당요구의 종기까지 주택임대차가 종료되지 않는 경우에도 주택임차인이 배당요구를 할 수 있는지 문제로 되나, 임차주택에 대하여 경매절차가 진행된다는 것은 임대인 측의 사정으로 주택임대차를 계속 유지할 수 없는 사유가 발생한 것으로 볼 수 있으므로 긍정하는 것이 타당하다. 그리고 대항력을 갖춘 임차인이 임대차기간이 종료되지 아니하였음에도 경매법원에 배당요구를 하는 것은, 스스로 더 이상 임대차관계의 존속을 원하지 아니함을 명백히 표명하는 것이어서 다른 특별한 사정이 없는 한 이를 임대차해지의 의사표시로 볼 수 있고, 경매법원이 임대인에게 배당요구 사실의 통지를 하면 결국 임차인의 해지의사가 경매법원을 통하여 임대인에게 전달되어, 그 때 해지통지가 임대인에게 도달된 것으로 되어 임대차계약해지의 효력이 생기는 것으로 보아야 한다. 대법원판례도 같다.[287]

287) 대판 1996.7.12. 94다37646 참조.

(ㄷ) 배당요구하여 보증금이 모두 변제되지 않는 경우

(a) 주택임대차의 매수인 승계

근저당권보다 선순위로 대항력을 구비한 주택임차권으로서 그 임차인이 배당요구의 종기까지 배당요구를 하였으나 매각대금으로 보증금이 모두 변제되지 않는 것은 매각에 의하여 소멸하지 아니하고 매수인에게 승계된다(주임보 3의5단). 이는 매각대금으로부터 보증금을 전액 배당받을 수 없는 대항력 있는 주택임차인을 보호하기 위한 것이다. 보증금이 전액 변제되지 아니한 대항력 있는 임차권으로는, 예컨대 주택의 점유와 주민등록을 제1순위로 하여 대항력을 구비하였으나 임대차계약서상에 확정일자를 받아두지 않았거나 근저당권설정등기일자보다 늦게 받아둔 경우, 주택의 점유와 주민등록은 물론이고 임대차계약서상에 확정일자도 제1순위로 구비하였으나 당해 주택의 매각대금이 임차인의 보증금에 미치지 못하는 경우 등을 들 수 있다.

(b) 대항할 수 있는 보증금의 금액

근저당권보다 선순위로 대항력을 구비한 주택임차권으로서 그 임차인이 배당요구의 종기까지 배당요구를 하였으나 매각대금으로 보증금이 모두 변제되지 않아 매수인에게 전 소유자와의 임대차관계를 대항할 수 있다고 할 때 신 소유자인 매수인에게 승계되는 보증금의 금액이 얼마인지 문제로 되나, 이에 관하여는 주택임차인이 보증금 모두를 배당요구하여 현실로 배당받은 금액을 공제한 나머지 보증금을 의미하는 것이 아니라 전 소유자인 임대인에게 지급한 보증금 중 경매절차에서 올바른 배당순위에 따른 배당이 실시될 경우의 배당액을 공제한 나머지 금액을 의미하는 것으로 보아야 한다. 따라서 주택임차인이 경매절차에서 보증금 모두를 배당요구하여 현실로 배당받은 금액이 배당받을 수 있었던 금액보다 적은 경우라도(즉 법원이 배당을 잘못한 경우라도) 매수인을 상대로 그 차액의 반환을 구할 수는 없고 오로지 과다 배당받은 후순위 배당채권자를 상대로 부당이득의 반환을 구하여 구제받는 수밖에 없다. 대법원판례도 같다.[288]

그런데 여기에서 임차주택과 보증금의 반환이 동시이행의 관계에 있다는 점에서 주택임차인이 배당요구하여 보증금의 일부를 배당을 받고서 배당받지 못한

288) 대판 2001.3.23. 2000다30165 참조.

잔여 보증금을 가지고 매수인에게 대항할 수 있다고 하면 주택임차인이 배당받지 못한 일부 보증금만으로 계속 주택을 사용할 수 있다는 것이 되어 불공평하지 않은가 하는 의문이 들 수 있다. 그러나 배당요구와 배당금의 수령은 구별하여야 할 것으로, 임차주택의 반환과 동시이행관계에 있는 것은 배당금의 수령이지 배당요구가 아니다. 따라서 배당요구는 임차주택의 반환 전에도 할 수 있는 것으로 보아야 하고, 법원으로서도 임차주택의 반환이나 반환제공이 있기 전에는 임차인에 대한 배당금을 공탁하여 두었다가, 매수인의 반환확인이 있거나 임차인의 반환제공증명이 있는 경우에 교부하는 것이므로 불공평한 결과는 생기지 않는다.

(나) 주택임차권이 근저당권보다 후순위인 경우

주택임대차의 대항요건구비가 근저당권설정등기보다 후인 경우[289]에, 대상 부동산에 대하여 경매절차가 실시되면 주택임차권은 근저당권과 함께 소멸되어, 주택임차인은 전 소유자와의 용익관계를 신 소유자인 매수인에 대하여 대항할 수 없게 된다.[290] 따라서 이 경우에 주택임차인은 매각대금으로부터의 배당요구를 하여 그 순위에 따라 전세금 또는 보증금반환청구권의 만족을 구할 수밖에 없다.

다. 주택임대차 보증금의 배당

대상 부동산이 경매됨으로써 주택임차권이 소멸하는 경우 주택임차인은 매각대금으로부터 배당을 받아 보증금의 반환을 받을 수밖에 없으며, 배당받지 못한 보증금에 대하여는 전 소유자에게 반환 청구할 수밖에 없고 신 소유자인 매수인에게는 반환 청구할 수가 없다.

주택임차인이 매각대금으로부터 보증금의 배당을 받으려면 첫 매각기일 이전으로 법원이 정한 배당요구의 종기까지 배당요구를 하여야 한다. 배당요구는 보

---

289) 경매 주택에 대항력 있는 주택임차권과 근저당권 이외에 ①경매개시결정등기(민집 144iii) ②다른 저당권(민집 91②) ③담보가등기(가담 13, 15) ④가압류등기(법률에 명문의 규정은 없으나 통설) ⑤배당요구한 전세권(민집 91④) ⑥배당요구한 보증금이 전액 변제되는 대항력 있는 다른 주택임차권 또는 상가건물임차권(주임보 3의5, 상임보 8)이 있은 때에는, 대항력 있는 주택임차권이 근저당권보다는 먼저 성립된 것이라 하더라도 이들 ①~⑥ 중 어느 하나의 권리보다 후에 성립된 것이라면 주택임차권은 매수인의 소유권취득으로 소멸하는 ①~⑥의 권리와 함께 소멸한다.

290) 대판 2000.2.11. 99다59306 참조.

증금반환채권에 관하여 우선변제권이 있으면 그 증빙을 하여 할 수 있으나 우선변제권이 없으면 보증금반환채권에 관하여 집행력 있는 정본을 구비하거나 대상 부동산을 가압류한 후라야 비로소 할 수 있다.

대항요건 구비와 함께 임대차계약서상에 확정일자를 받아둔 주택임차인은 그 보증금반환채권에 관하여 순차적우선변제권이 있으나, 단순히 대항요건만을 구비하고 임대차계약서상에 확정일자를 받아 두지 않은 주택임차인에게는 보증금반환채권에 우선변제권이 인정되어 있지 않다. 그러나 이 경우 보증금의 액수가 소액보증금에 해당하는 경우에는 그 소액보증금 중 일정액에 대하여 최우선변제권이 인정되어 있다(주임보 8, 주임보령 3①, 4).

라. 대항력 있는 주택임차권이 있는 부동산의 담보가치

(가) 통상의 경우

근저당권을 설정하려고 하는 주택에 이미 대항력 있는 주택임차권이 설정되어 있는 때에는, 그 주택의 담보가액을 산정함에 있어서 그 주택임차인의 보증금을 공제하여야 한다. 근저당주택이 경매되는 경우 근저당권자는 경매 주택의 매각대금으로부터 배당을 받게 되는데, 경매 주택의 매수인은 그 매수신청가격을 결정함에 있어서 자신이 인수하게 되는 주택임대차의 보증금을 공제할 것이기 때문이다.

(나) 제1·제2순위 근저당권 사이에 대항력 있는 임차권이 있는 경우

예컨대 시가 6억 원 상당의 A소유의 주택에 S가 제1순위근저당권 5천만 원을 설정하고, 다음에 D가 보증금 4억 원의 임대차계약을 체결하여 입주 및 주민등록을 마친 후(임대차계약증서상에 확정일자를 구비하지 않은 것으로 한다) 다시 K가 제2순위근저당권 6억 원을 설정한 경우, 주택임차인 D와 제2순위근저당권자 K의 법률적 지위는 어떠한가.

우선 이 상태 그대로 동 주택이 경매되면 S와 K의 근저당권은 물론이고 D의 주택임차권도 소멸하게 된다. 소멸하는 근저당권보다 후순위의 권리는 그 근저당권과 함께 소멸하는 것이기 때문이다. 따라서 이 경우 매수인은 경매주택의 매수신고가격을 6억 원까지로 할 수 있고, 그 매각대금은 S에게 1순위로 5천만 원, K에게 2순위로 5억5천만 원이 배당되고, D에게는 배당되지 않는다. D는 보증금이 소액이 아니어서 최우선변제권이 없고 또 임대차계약서상에 확정일자를 받지 않았기 때문에 우선변제권도 없기 때문이다. 그 결과 이 경우 D는 전 소유자인 A로부터 보증금을 반환받을 수밖에 없으며 A가 무자력이면 보증금을 회수할 길이 없게 된다.

그러나 위 사례에서 D가 S에 대한 A의 채무를 대위변제하여 제1순위근저당권을 소멸시킴으로써, D의 임차권이 제1순위인 상태에서 동 주택이 매각되도록 하면 D의 임차권이 매수인에게 인수되게 된다. 그리고 이렇게 되면 매수인은 동 주택의 매수신고가액을 2억 원으로 할 수밖에 없고, 그에 따라 K도 2억 원을 배당받게 된다. 즉, 이 경우 D는 5천만 원의 대위변제자금을 추가로 투입함으로써, 4억 원의 보증금을 반환받지 않으면 동 주택을 반환하지 않을 수 있는 권리를 계속 확보할 수 있는 것이다. 그러면 이와 같은 효과를 얻기 위하여 임차인 D는 언제까지 동 주택에 대한 S의 제1순위근저당권을 소멸시켜야 하는가. 이에 관하여는 여러 가지 견해가 있을 수 있으나 대법원의 판례는 매수인이 매각대금을 지급하고서 소유권을 취득하기 전까지라고 한다.[291]

그런데 이렇게 되면 매수인은 D의 임차권이 소멸하는 것을 전제로 매수가격을 신고하였다가 이를 승계하게 됨으로써 그 보증금 해당액만큼의 부담을 안게 되어 손해를 보게 되는데, 이 경우 매수인이 D의 임차권을 승계하게 됨으로써 입게 되는 손해를 피하려면 부동산에 관한 중대한 권리관계가 변동된 사실이 경매절차의 진행 중에 밝혀진 것(민집 121vi)을 이유로 집행법원에 매각허가결정의 취소신청을 하여 구제받을 수밖에 없다(민집 127①).[292]

위 사례의 경우 제2순위근저당권자인 K는 동 주택에 대한 담보가치를 얼마로 파악할 수 있는가. 결론부터 말하면 다른 이해관계인 없이 D와 S 및 K의 관계에서만 볼 경우 2억 원에서 5억 5천만 원 사이인 것으로 보아야 한다. S의 제1순위근저당권이 존재하는 상태에서 경매되면 매각대금이 6억 원으로 되어, S와 K가 5천만 원과 5억 5천만 원의 배당을 받게 되는 반면, S의 제1순위근저당권이 존재하지 않은 상태에서 경매되면 매각대금이 2억 원으로 되어 K에게 2억 원이 배당될 것이기 때문이다.

291) 대판 2002.6.28. 2002다14273 참조.
292) 대결 1998.8.24. 98마1031 참조.

㈐ 임대차보증금의 확인이 잘못된 경우

대항력 있는 임대차관계가 존재하는 주택에 근저당권을 설정하고자 할 때에는, 그 임대차관계에서의 임차보증금이 얼마인가를 확인하여, 당해 주택의 담보가치를 평가할 때에 그 금액만큼 공제하여야 한다. 그 확인의 수단으로는 임차인과 소유권자간의 임대차계약서 사본(원본대조를 요한다)이나 임차인과 소유자가 연명한 임대차관계확인서를 징구하는 방법 등을 들 수 있다.

그런데 이러한 임대차관계의 확인과 관련하여서는, 주택소유자의 부탁으로 임차인이 실제의 임대차관계와 다르게 임대차관계가 없는 것으로 또는 보증금의 액수를 적게 확인하여 줌에 따라, 채권자가 이를 믿고 대상주택의 담보가액을 산출하여 대출취급 하였다가 채무불이행으로 대상주택에 대하여 경매신청 하는 경우, 그 경매절차에서 매수인이 임대차관계를 인수하는 것으로 보아야 할 것인지 여부와 임차인에 대한 배당을 어떻게 할 것인지에 대한 판단을 실제의 임대차관계를 기준으로 하여 할 것인지 아니면 임차인이 채권자에게 확인해 준 내용을 기준으로 하여야 할 것인지 문제로 된다.

이에 관하여 대법원판례는 그 후 실시된 경매절차에서 임차인이 임대차관계를 밝히지 않은 경우와 밝힌 경우를 구분하여 다음과 같이 판시하고 있다. 먼저 밝히지 않은 사안의 경우를 보면 매수인의 임대차관계 인수여부에 관하여는 임차인의 금반언 내지 신의칙 위반을 이유로 부정하고 있다.[293] 그리고 이 경우 임차인에 대한 배당에 관하여는 임대차관계를 밝히지 않은 이상 배당요구 자체가 없었을 것이므로 당연히 배제될 수밖에 없다. 다음에 밝힌 사안의 경우를 보면 매수인의 임대차관계 인수여부에 관하여는 채권자에 대한 임대차관계의 부인이 매수인의 매수가격결정에 신뢰를 준 것이 아니라는 이유로 실제의 임대차관계를 기준으로 인수를 긍정한[294] 반면, 임차인에 대한 배당에 관하여는 임차인의 금반언 내지 신의칙 위반을 이유로 부정하고 있다.[295]

위 판례들에 의하면 채권자가 여신취급에 앞서 임차인과 임대인의 연명으로 그 임대차관계의 내용에 관한 확인서를 받아 두었다 하더라도, 그 후 경매절차에서 그 확인서가 허위인 것을 밝히면, 임차인이 그 매각대금으로부터 확인서를 제출한 채권자보다 우선배당을 받을 수는 없으나, 매수인의 매수가격에 영향을 미쳐 보증

---

293) 대판 1987.12.8, 87다카1738. 같은 취지 대판 1987.11.24, 87다카1708. 1987.5.12, 86다카2788 참조.
294) 대판 1987.1.20, 86다카1852 참조.
295) 대판 1997.6.27. 97다12211 참조.

금해당액 만큼 배당받을 금액이 적어짐으로써 대출채권회수에 지장이 초래될 수 있다. 그러나 이 경우 근저당권자인 채권자로서는 임차인에 대하여 허위사실 확인이라는 불법행위를 이유로 적게 배당받은 금액만큼의 손해배상책임을 물어 매수인이 임차인에게 반환할 보증금반환채권에 강제집행절차를 취하여 대응할 수 있다.

㈑ 근저당권설정 후 선순위임대차의 보증금이 증액된 경우

예컨대 시가가 10억 원 상당의 A소유의 주택에 D가 보증금 5억 원의 임대차계약을 체결하고 입주 및 주민등록을 마친 후, S가 채권최고액을 5억 원으로 하는 제1순위근저당권을 설정하였고 그 후 다시 A와 D 사이에 임대차보증금을 5억 원에서 6억 원으로 올리는 임대차변경계약을 체결하였다가 동 부동산이 경매되어 M이 이를 매수한 경우의 법률관계는 어떠한가.

이에 관하여는 우선 변경된 임대차계약도 전체로서의 임대차관계를 이룬다는 견지에서, 증액된 금액까지를 포함하는 6억 원 전액의 임차보증금 반환채무가 매수인 M에게 인수된다고 하는 견해가 있을 수 있다. 그러나 그와 같이 해석할 때에는, 근저당권자 S가 뜻하지 않는 손해를 보게 된다. 앞에서 설명한 바와 같이 매수인에게 인수되는 임차보증금은 경매가격에 영향을 미쳐 그 매각대금이 5억 원이 아닌 4억 원이 되고, 그에 따라 제1순위근저당권자에 대한 배당금도 설정 당시에 예상한 5억 원이 아닌 4억 원으로 줄어들게 되기 때문이다.

따라서 위와 같은 결과의 발생을 방지하려면 근저당권설정 이후에 증액된 임차보증금은 매수인에게 인수되지 않고 전 소유자에 대한 보증금반환채권으로서 그대로 남는다고 할 수밖에 없다. 즉, 증액된 1억 원의 임차보증금은 S의 근저당권이 설정된 후에 임대차관계가 발생한 경우와 동일하게 취급하여야 하는 것이다.

판례1-57

저당권설정 후 증액된 보증금을 경락인이 인수하는지 여부

(1) 대항력을 갖춘 임차인이 저당권설정등기 이후에 임대인과 보증금을 증액하기로 합의하고 초과부분을 지급한 경우 임차인이 저당권설정등기 이전에 취득하고 있던 임차권으로 선순위로서 저당권자에게 대항할 수 있음은 물론이나 저당권설정등기 후에 건물주와의 사이에 임차보증금을 증액하기로 한 합의는 건물주가 저당권자를 해치는 법률행위를 할 수 없게 된 결과 그 합의의 당사자 사이

에서만 효력이 있는 것이고 저당권자에게는 대항할 수 없다고 할 수밖에 없으므로 임차인은 위 저당권에 기하여 건물은 경락받은 소유자의 건물명도청구에 대하여 증액전 임차보증금을 상환받을 때까지 그 건물을 명도할 수 없다고 주장할 수 있을 뿐이고 저당권설정등기 이후에 증액한 임차보증금으로써는 소유자에게 대항할 수 없는 것이다(대판 1990.8.24, 90다카11377).

(2) 대항력과 우선변제권을 갖춘 임대차계약이 갱신된 경우에도 종전 보증금의 범위 내에서는 최초 임대차계약에 의한 대항력과 우선변제권이 그대로 유지된다(대판 2012.7.12. 2010다42990).

(마) 소액임차보증금의 담보가액 반영

주택을 대상으로 근저당권을 설정하고 대출을 하는 경우에 다른 권리관계를 고려하지 아니하고 전세권과 임차권 등 용익관계와 최우선변제권 있는 소액보증금 중 일정액만을 반영하여 2024년 1월 20일을 기준으로 하여 대출한도액을 산정하는 산식을 제시하면 다음과 같다.

〈근저당권설정 당시 대상주택에 아무런 용익관계가 존재하지 않은 경우 〉

대출한도액 = ① - ②

① 주택가액 × 주택담보대출비율

② (주택가액 × 주택담보대출비율)의 2분의 1 금액과 (대상주택의 방수 × 소액보증금 중 일정액)의 금액 중 적은 금액

〈근저당권설정 당시에 이미 대항력을 구비한 용익관계가 존재하는 경우 〉

대출한도액 = ①과 ②의 금액 중 적은 금액

① (주택가액 × 주택담보대출비율) - 전세금 또는 보증금

② [주택가액 × 주택담보대출비율] - [(주택가액 × 주택담보대출비율)의 2분의 1 금액과 (대상주택의 방수 × 소액보증금 중 일정액)의 금액 중 적은 금액]

(바) 주택임대차관계를 반영한 대출한도액 산정사례

(ㄱ) 사례의 내용

주택을 담보로 하는 대출을 함에 있어서 그 대출한도액을 산출해 보기 위한 사례는 다음과 같다.

① 대출취급은행 S은행(주택담보대출비율 70%)

② 대출신청인 D(근로자를 고용하고 있는 사용자가 아니고, 총부채상환비율의 적용에 아무런 문제가 없으며, 조세체납도 없는 상태)
③ 담보대상 주택(소재지 서울특별시)의 감정평가액이 800백만 원이고 방이 6개
④ 담보대상주택의 임대차 현황(방 3개는 보증금 120백만 원 · 월세 100만 원에 G에게 임대, 잔여 방 3개는 보증금 100백만 원 · 월세 110만 원에 H에게 임대 중이며, G · H 모두 입주 및 전입신고를 완료하였고 임대차계약서상에 확정일자도 받아둔 상태)

(ㄴ) 대출한도액의 산정

(a) 산정방법

주택담보대출에 있어서의 대출한도액은 담보주택이 경매될 경우 그 매각대금으로부터 근저당권자가 우선변제 받을 수 있는 금액으로 하는 것이 보통이다. 따라서 대출한도액은 일차적으로 대출실행 후 담보주택의 가액이 낮아질 수 있다는 점을 고려하여 근저당권설정 당시의 주택평가액에 주택담보대출비율을 곱하여 산출한 금액에서 경매시 매수인에게 인수되는 담보주택상의 권리가액을 공제한 후 다시 경매절차에서의 매각대금으로부터 당해 근저당권자보다 우선변제권 있는 채권자의 채권액을 공제한 금액으로 하여야 한다.

위 사례를 대상으로 대출한도액을 산정하여 보면 우선 일차적으로 근저당권설정시의 주택평가액 800백만 원에 주택담보대출비율 70%를 곱하면 560백만 원이 된다. 이 금액은 담보주택의 가액이 담보주택에 경매절차에서 560백만 원까지 낮아질 수 있다는 점과 근저당권에 의하여 담보되는 채권이 원금 이외에 약정이자와 지연배상금 및 근저당권실행비용까지 포함하는 점을 고려한 것이다. 다음에 이 560백만 원에서 경매시 매수인에게 인수됨으로써 경매주택의 매각가액을 낮추게 될 권리의 가액과 당해 근저당권자보다 우선변제 되는 채권자의 채권액을 공제한 금액이 대출한도액이 된다. 그리고 이 경우 경매시 매수인에게 인수되는 권리의 가액과 당해 근저당권자보다 우선변제 되는 채권자의 채권액은 근저당권설정 당시의 것뿐만 아니라 근저당권설정 이후에 변동될 수 있는 것까지 고려하여야 하는데 그 고려 방법은 다음과 같이 2가지 방안이 있다.

제1방안은 근저당권설정 당시에 존재하는 주택임대차가 근저당권설정 후에 모두 소멸되고 새로이 대상주택의 방마다 최우선변제권 있는 주택임대차 관계가

새로이 형성될 수 있다는 것만 고려한 것이고, 제2방안은 근저당권설정 당시에 존재하는 주택임대차가 근저당권설정 후에도 그대로 유지되는 경우와 모두 변동되는 경우 및 일부만 변동되는 경우까지를 고려한 것이다. 제1방안은 대출한도액 산출이 비교적 간단하고 여신한도액을 다소 높일 수 있는 장점이 있는 반면 대출채권의 담보적 안전성이 다소 미흡하다는 단점이 있고, 제2방안은 대출채권의 담보적 안전성을 높일 수 있는 장점이 있는 반면 대출한도액 산출이 복잡하고 여신한도액이 낮아지는 단점이 있다. 따라서 어느 방안을 채택할 것인지는 금융회사 등의 여신공여자가 여신거래의 여러 상황을 고려하여 결정할 사항이다.

(b) 제1방안

이 방안에 따른 위 사례의 대출한도액은 주택가액 800백만 원에 주택담보대출비율 70%를 곱하여 산출한 560백만 원에서 ① 근저당권설정 당시에 존재하는 주택임대차의 보증금 220백만 원을 공제한 금액 340백만 원과 ② 560백만 원의 2분의 1에 해당하는 280백만 원(최우선변제 되는 소액보증금의 한도액)과 방 6개에 55백만 원을 곱하여 산출한 330백만 원 중 적은 금액을 공제한 280백만 원 중 적은 금액인 280백만 원이 된다.

(c) 제2방안

위 사례에 있어서 주택가액 800백만 원에 주택담보대출비율 70%를 곱하여 산출한 560백만 원을 기준으로 근저당권설정 당시에 존재하는 주택임대차가 근저당권설정 후에도 그대로 유지되는 경우와 변동되는 각 경우를 가정하여 대출한도액을 산정하여 보면 다음과 같다.

첫째, 담보주택이 경매될 때까지 G와 H의 임대차관계가 그대로 유지될 것으로 가정하면 매각가액은 G와 H의 임대차보증금을 공제한 340백만 원(560백만 원−220백만 원)이 될 것이므로 S은행이 우선변제 받을 수 있는 한도액은 340백만 원이 된다.

둘째, 담보주택이 경매될 때 G와 H의 임대차관계가 모두 종료되고 방 6개에, 새로이 6인과의 임대차계약이 각각 체결될 것으로 가정하면 담보주택의 매각가액은 560백만 원이 될 것이고 이 중에서 소액보증금의 합계액은 330백만 원(55백만 원×6)이나 이 중 최우선변제 되는 것은 주택가액의 2분의 1인 280백만 원을 넘을 수 없으므로, S은행이 우선변제 받을 수 있는 한도액은 280백만 원이 된다.

셋째, 담보주택이 경매될 때 G의 임대차관계는 그대로 유지되고 있으나, H의 임대차관계가 종료되고 방 3개에 새로이 3인과의 임대차계약이 각각 체결될 것으로 가정하면, 담보주택의 매각가액은 440백만 원(560백만 원−120백만 원)이 될 것이고, 이 중에서 소액보증금 165백만 원(55백만 원×3)이 최우선변제 될 것이므로 S은행이 우선변제 받을 수 있는 한도액은 275백만 원이 된다.

넷째, 담보주택이 경매될 때 H의 임대차관계는 그대로 유지되고 있으나, G의 임대차관계가 종료되고 방 3개에 새로이 3인과의 임대차계약이 각각 체결될 것으로 가정하면, 담보주택의 매각가액은 440백만 원(560백만 원−100백만 원)이 될 것이고 이 중에서 소액보증금 165백만 원(55백만 원×3)이 최우선변제 될 것이므로 S은행이 우선변제 받을 수 있는 한도액은 295백만 원이 된다.

대출채권의 안전한 회수만을 고려하면 이상 4개의 모형 중 셋째의 모형인 275백만 원을 대출한도액으로 해야 한다는 결론이 된다. 그러나 금융회사의 영업전략 면에서 보면 대출채권회수의 안전성 확보가 반드시 이윤극대화를 가져오는 것은 아니다. 대출 재원이 남아 돌아감에도 안전성만을 추구하여 대출한도액을 낮게 함으로써, 그에 따라 감소되는 대손액보다 대출한도액을 낮게 함에 따른 영업이익의 감소가 더 크다면 총영업이익이 감소되어 오히려 손해가 되는 것이기 때문이다. 따라서 대출확대가 필요한 경우에는 대출한도액을 둘째의 모형인 280백만 원으로 할 수도 있다.

또한 아주 예외적인 경우를 가정하면 더 낮은 금액이 대출한도액이 될 수도 있다. 예컨대 위 사례에서 G와 H가 동일한 보증금으로 각각 방 2개씩만 사용하기로 하고 방 1개씩을 E에게 반환하여 E가 이 방 2개에 새로이 2인과의 임대차계약을 체결하면 담보주택의 매각가액은 340백만 원(560백만 원−220백만 원)이 될 것이고 이 중에서 소액보증금 110백만 원(55백만 원×2)이 최우선변제 될 것이므로 S은행이 우선변제 받을 수 있는 한도액은 230백만 원이 된다.

그러나 이와 같은 경우는 발생가능성이 크지 않은 매우 이례적인 것이므로 G와 H의 임대차보증금이 시세에 비하여 아주 낮은 것이 아니면 대출한도액 산출시의 고려사항에서 제외하는 것이 좋다. 지나치게 대출채권의 안정성만을 추구하면 총대손액의 감소분보다 총영업이익의 감소분을 더 크게 함으로써 오히려 손해가 될 수 있기 때문이다.

11. 상가건물임차권과의 관계

(1) 상가건물임차권제도의 개요

가. 상가건물임차권의 의의

상가건물임차권이란 상가건물을 대상으로 하는 보증금액이 일정액 이하인 임대차의 임차인이 임대차의 목적물인 상가건물의 사용·수익과 관련하여 가지는 권리를 말한다.

주택을 대상으로 하는 임대차나 채권적전세에 있어서의 임차인(채권적전세권자를 포함한다. 이하 같다)에 대하여는 주택임대차보호법에 의하여 주택임차인의 특별보호를 위한 여러 법적장치가 마련되어 있으나, 상가건물을 대상으로 하는 임대차나 채권적전세에 있어서의 임차인에 대하여는 특별보호를 위한 법적장치가 마련되어 있지 않고 일반 민법에 의하여 규율되고 있었다.

그러나 상가건물의 임차인도 경제적·사회적 약자라는 점에서 민법의 규정만으로는 그 보호가 미흡하므로, 주택임차인과 같이 특별보호를 할 필요가 있다는 사회적 인식이 확산되어, 2001년 12월에는 상가건물임차인의 특별보호를 위한 법적장치를 마련한 상가건물임대차보호법이 제정되어 2002년 11월 1일부터 시행하도록 되었다.

상가건물을 대상으로 하는 임대차에 관하여 상가건물임대차보호법은 ① 존속기간과 차임·보증금에 관한 특례 ② 등기하지 않은 임대차의 제3자에 대한 대항력 부여 ③ 소액보증금 중 일정액에 대한 최우선 변제권부여 ④ 보증금 전액에 대한 순차적 우선변제권 부여 ⑤ 임차권등기명령에 의한 보호 ⑥ 보증금반환청구권행사를 위한 절차상의 특례 ⑦ 권리금회수기회부여에 관한 특례 ⑧ 상가건물임대차와 관련된 분쟁해결절차상의 특례 ⑨ 표준계약서의 사용 9가지를 규정하고 있다.

주택임대차보호법에서 규정하는 임차인 보호를 위한 특례가 모든 주택임대차에 적용되는 것과 다르게, 상가건물임대차보호법에서 규정하는 임차인 보호를 위한 특례는 보증금이 일정액 이하인 경우에는 모두 적용되는 반면, 보증금이 일정액을 초과하는 경우에는 그 일부만 적용되도록 되어 있다.

상가건물임대차보호법에서 규정하는 임차인 보호를 위한 특례가 모두 적용되는 보증금의 액수는 상가건물임대차보호법 제14조의2에 따른 상가건물임대차위원회의 심의를 거쳐 대통령령으로 정한다(상임보 2①). 그리고 이 보증금의 액수를 정할 때에는 해당 지역의 경제 여건 및 임대차 목적물의 규모 등을 고려하여 지역별로 구분하여 규정하되, 보증금 외에 차임이 있는 경우에는 그 차임액에 은행법에 따른 은행의 대출금리 등을 고려하여 대통령령으로 정하는 비율을 곱하여 환산한 금액을 포함하여야 한다(상임보 2②). 여기에서 보증금외의 차임액은 월 단위의 차임액으로 하고(상임보 2②), 대통령령으로 정하는 비율은 1분의 100을 말한다(상임보 2③).

상가건물임대차보호법에서 규정하는 임차인 보호를 위한 특례가 모두 적용되는 보증금의 구체적인 액수의 변동 추이를 보면 아래 [참고] 표와 같다.

[참고] 임차인보호를 위한 특례가 모두 적용되는 보증금의 액수

시행시기	지 역 별	보증금액
02.11.1~08.8.20	• 서울특별시 • 수도권정비계획법에 의한 수도권 중 과밀억제권역(서울특별시 제외) • 광역시(군지역과 인천광역시지역 제외) • 그 밖의 지역	240백만 원 이하 190백만 원 이하 150백만 원 이하 140백만 원 이하
08.8.21~10.7.25	• 서울특별시 • 수도권정비계획법에 의한 수도권 중 과밀 억제권역(서울특별시 제외) • 광역시(군지역과 인천광역시지역 제외) • 그 밖의 지역	260백만 원 이하 210백만 원 이하 160백만 원 이하 150백만 원 이하
10.7.26~13.12.31	• 서울특별시 • 수도권정비계획법에 따른 과밀억제권역(서울특별시는 제외한다) • 광역시(수도권정비계획법에 따른 과밀억제권역에 포함된 지역과 군지역은 제외한다), 안산시, 용인시, 김포시 및 광주시 • 그 밖의 지역	260백만 원 이하 210백만 원 이하 160백만 원 이하 150백만 원 이하
14.1.1~18.1.25	• 서울특별시 • 수도권정비계획법에 따른 과밀억제권역(서울특별시는 제외한다) • 광역시(수도권정비계획법에 따른 과밀억제권역에 포함된 지역과 군지역은 제외한다), 안산시, 용인시, 김포시 및 광주시 • 그 밖의 지역	400백만 원 이하 300백만 원 이하 240백만 원 이하 180백만 원 이하

18.1.26~19.4.16	• 서울특별시 • 수도권정비계획법에 따른 과밀억제권역(서울특별시는 제외한다) 및 부산광역시 • 광역시(수도권정비계획법에 따른 과밀억제권역에 포함된 지역과 군지역, 부산광역시는 제외한다), 세종특별자치시, 파주시, 화성시, 안산시, 용인시, 김포시 및 광주시 • 그 밖의 지역	610백만 원 이하 500백만 원 이하 390백만 원 이하 270백만 원 이하
19.4.17 이후	• 서울특별시 • 수도권정비계획법에 따른 과밀억제권역(서울특별시는 제외한다) 및 부산광역시 • 광역시(수도권정비계획법에 따른 과밀억제권역에 포함된 지역과 군지역, 부산광역시는 제외한다), 세종특별자치시, 파주시, 화성시, 안산시, 용인시, 김포시 및 광주시 • 그 밖의 지역	900백만 원 이하 690백만 원 이하 540백만 원 이하 370백만 원 이하

주) 만일 보증금 이외에 차임이 있는 때에는 월차임에 100을 곱한 금액을 보증금에 더하여 그 해당여부를 판단한다(상임보 2②, 상임보령 2②③).

상가건물임대차보호법에서 규정하는 임차인 보호를 위한 특례 중 ①~⑥의 경우는 그 내용과 기본구조가 주택임대차보호법이 규정하고 있는 주택임차인 보호를 위한 특례와 대체로 같다. 그러나 ⑦의 경우는 상가건물임대차보호법에서만 규정하고 있는 특별한 임차인 보호내용에 속한다. 이는 주택임대차에 있어서는 보증금 이외에 권리금이라는 것이 존재하지 않기 때문이다.

이하에서는 중복을 피하여 상가건물을 대상으로 하는 임대차에 특수한 점을 대상으로 상가건물임대차보호법상의 특별취급을 적용받기 위한 요건, 내용, 적용범위 및 근저당권과의 관계 등에 관하여 설명하기로 한다.

나. 존속기간과 차임·보증금에 관한 특례

㈎ 존속기간

㈀ 최단존속기간

기간의 정함이 없거나 기간을 1년 미만으로 정한 임대차는 그 기간을 1년으로 본다. 다만, 임차인은 1년 미만으로 정한 기간이 유효함을 주장할 수 있다(상임보 9①). 따라서 상가건물임대차에 있어서 그 기간을 1년 미만으로 약정한 경우, 임차인은 약정기간이 경과할 시점에서 약정기간이 만료됨을 이유로 임차보증금의 반환을 구하는 것과 1년을 계약기간으로 주장하는 것 중 선택할 수 있다.

이상의 최단존속기간에 관한 특례는 보증금이 일정액 이하인 경우에만 적용된다(상임보 2①단③).

(ㄴ) 임대차계약기간의 갱신

(a) 임차인의 임대차계약 갱신요구권

임대인은 임차인이 임대차기간이 만료되기 6개월 전부터 1개월 전까지 사이에 계약갱신을 요구할 경우 정당한 사유 없이 거절하지 못한다(상임보 10①본). 임차인의 이 계약갱신요구권은 이른바 형성권[296]에 해당하는 것으로 보아야 한다. 따라서 임차인이 임대차계약의 갱신을 요구하면 임대인의 승낙이나 동의 없이도 바로 계약갱신의 효력이 발생하게 된다.

임차인의 계약갱신요구권은 최초의 임대차기간을 포함한 전체 임대차기간이 10년을 초과하지 아니하는 범위에서만 행사할 수 있다(상임보 10②). 갱신되는 임대차는 전 임대차와 동일한 조건으로 다시 계약된 것으로 본다(상임보 10③본). 그러나 다음 중 어느 하나에 해당하는 경우에는 임차인은 임대인에게 계약갱신을 요구할 수 없다(상임보 10①단).

① 임차인이 3기의 차임액에 해당하는 금액에 이르도록 차임을 연체한 사실이 있는 경우
② 임차인이 거짓이나 그 밖의 부정한 방법으로 임차한 경우
③ 서로 합의하여 임대인이 임차인에게 상당한 보상을 제공한 경우
④ 임차인이 임대인의 동의 없이 목적 건물의 전부 또는 일부를 전대(轉貸)한 경우
⑤ 임차인이 임차한 건물의 전부 또는 일부를 고의나 중대한 과실로 파손한 경우
⑥ 임차한 건물의 전부 또는 일부가 멸실되어 임대차의 목적을 달성하지 못할 경우
⑦ 임대인이 다음 각 목의 어느 하나에 해당하는 사유로 목적 건물의 전부 또는 대부분을 철거하거나 재건축하기 위하여 목적 건물의 점유를 회복할

296) 형성권이란 권리자의 일방적 의사표시에 의하여 상대방의 승낙이나 동의를 요하지 아니하고 법률관계의 발생·변경·소멸 등의 변동을 발생시키는 권리를 말한다.

필요가 있는 경우

㉮ 임대차계약 체결 당시 공사시기 및 소요기간 등을 포함한 철거 또는 재건축 계획을 임차인에게 구체적으로 고지하고 그 계획에 따르는 경우

㉯ 건물이 노후·훼손 또는 일부 멸실되는 등 안전사고의 우려가 있는 경우

㉰ 다른 법령에 따라 철거 또는 재건축이 이루어지는 경우

⑧ 그 밖에 임차인이 임차인으로서의 의무를 현저히 위반하거나 임대차를 계속하기 어려운 중대한 사유가 있는 경우

상가건물임차인의 계약갱신요구권에 관한 내용은 임차인이 임대인의 동의를 받아 대상건물을 전대(轉貸)한 경우에 그 전대인(轉貸人)과 전차인(轉借人) 사이의 전대차관계에도 적용된다(상임보 13①). 다만 상가건물임차인은 임대인의 동의가 없으면 임대차의 대상건물을 전대할 수 없고(민 629①), 임차인이 이에 위반하여 전대한 때에는 임대인이 임대차계약을 해지할 수 있으므로(민 629②), 전차인은 전대인(즉 임차인)에 대한 계약갱신요구권을 가지고 임대인에게 대항할 수 없는 것으로 보아야 한다. 반면에 임차인이 임대인의 동의를 얻어 임대차의 대상건물을 전대한 경우에는 임대인과 임차인의 합의로 임대차계약을 종료한 때에도 전차인의 권리는 소멸하지 않으며(민 631), 이 경우 전차인은 임차인의 계약갱신요구권 행사기간 이내에 임차인을 대위(代位)하여 임대인에게 계약갱신요구권을 행사할 수 있다(상임보 13②).

임차인의 임대차계약 갱신요구권에 관한 특례는 보증금의 액수에 관계없이 모든 상가건물임대차에 적용된다(상임보 2③). 그러나 임대차계약 갱신에 따른 차임과 보증금의 증액제한에 관한 내용(상임보 11)은 보증금이 일정액 이하인 경우에만 적용된다(상임보 2③).

(b) 임대차계약의 법정갱신

임대인이 임대차기간이 만료되기 6개월 전부터 1개월 전까지 사이에 임차인에게 갱신 거절의 통지 또는 조건 변경의 통지를 하지 아니한 경우에는 그 기간이 만료된 때에 전 임대차와 동일한 조건으로 다시 임대차한 것으로 본다. 이 경우에 임대차의 존속기간은 1년으로 본다(상임보 10④). 이 경우 임차인은 언제든지 임대인에게 계약해지의 통고를 할 수 있고, 임대인이 통고를 받은 날부터 3개월이 지나면 효력이 발생한다(상임보 10⑤). 그리고 이 임대차계약의 법정갱신

에 관한 내용은 임대차대상 상가건물을 전대한 경우에 그 전대인과 전차인 사이의 전대차계약에도 적용된다(상임보 13①). 임대차계약의 법정갱신에 관한 특례는 보증금이 일정액 이하인 경우에만 적용된다(상임보 2①단③).

(ㄷ) 임대차관계의 존속의제

임대차가 기간만료, 해지통고 등으로 종료한 경우에도, 임차인이 보증금을 돌려받을 때까지는 임대차 관계는 존속하는 것으로 본다(상임보 9②). 이와 같이 임대차관계가 존속하는 것으로 간주하는 조항을 별도로 둔 취지는 주택임대차에 있어서와 같다. 임대차계약의 존속의제에 관한 특례는 보증금이 일정액 이하인 경우에만 적용된다(상임보 2①단③).

(나) 차임 등의 증감청구 및 증액청구 제한

차임 또는 보증금이 임차건물에 관한 조세, 공과금, 그 밖의 부담의 증감이나 「감염병의 예방 및 관리에 관한 법률」 제2조제2호에 따른 제1급감염병 등에 의한 경제사정의 변동으로 인하여 상당하지 아니하게 된 경우에는 당사자는 장래의 차임 또는 보증금에 대하여 증감을 청구할 수 있다(상임보 11①본). 장래의 차임 또는 보증금에 대한 증감청구는 임대차의 존속기간 중이라도 법에서 정하고 있는 증감요인이 생기면 할 수 있는 것으로 보아야 하나 존속기간이 끝남에 따른 임대차계약의 갱신을 하는 때에 하는 것이 보통이다.

차임 또는 보증금의 증액청구는 청구당시의 차임 또는 보증금의 100분의 5의 금액을 초과하지 못하며(상임보 11①단, 상임보령 4), 임대차계약 또는 약정한 차임 등의 증액이 있은 후 1년 이내에는 하지 못한다(상임보 11②). 그리고 「감염병의 예방 및 관리에 관한 법률」 제2조제2호에 따른 제1급감염병에 의한 경제사정의 변동으로 차임 등이 감액된 후 임대인이 주택임대차보호법 제11조제1항에 따라 증액을 청구하는 경우에는 증액된 차임 등이 감액 전 차임 등의 금액에 달할 때까지는 같은 항 단서를 적용하지 아니한다(상임보 11③).

보증금의 전부 또는 일부를 월 단위의 차임으로 전환하는 경우에는 그 전환되는 금액에 ①은행법에 따른 은행의 대출금리 및 해당 지역의 경제 여건 등을 고려하여 대통령령으로 정하는 비율(현재 연 1할 2푼)과 ②한국은행에서 공시한 기준금리(현재 연 0,5푼)에 대통령령으로 정하는 배수(현재 4.5배)를 곱한 비율

중 낮은 비율을 곱한 월 차임의 범위를 초과할 수 없는 제한이 있다(상임보 12, 상임보령 5).

차임 등의 증감청구 및 증액제한에 관한 상가건물임대차보호법 제11조와 월 차임 전환 시 산정률의 제한에 관한 동법 제12조의 규정은 임차인의 임대차계약 갱신요구권 행사로 임대차계약이 갱신된 경우에도 적용된다. 다만, 임차인의 갱신청구권은 형성권으로 그 행사가 있으면 임대인의 의사와 관계없이 갱신이 이루어지는 것이므로, 차임 등의 증감은 갱신 후 임대인과 임차인이 합의하여 정하여야 하고, 당사자 사이에 합의가 이루어지지 않으면 증감을 원하는 당사자 일방이 법원에 소를 제기하여 법원의 재판으로 정하는 수밖에 없다.

또한 차임 등의 증감청구 및 증액제한에 관한 상가건물임대차보호법 제11조와 월 차임 전환 시 산정률의 제한에 관한 동법 제12조의 규정은 임대차 대상 상가건물의 전대가 있은 경우에 그 전대인과 전차인 사이의 전대차계약에도 적용된다(상임보 13①).

차임 등의 증감청구 및 증액제한과 월 차임 전환 시 산정률의 제한에 관한 특례는 보증금이 일정액 이하인 경우에만 적용된다(상임보 2③).

㈐ 차임연체와 계약해지 등

임차인의 차임연체액이 3기의 차임액에 달하는 때에는 임대인은 계약을 해지할 수 있다(상임보 10의8). 다만, 임차인이 2020년 9월 29일부터 6개월까지의 기간 동안 연체한 차임액은 임대인이 ①임차인의 계약갱신요구에 대한 거절(상임보 10①ⅰ) ②임차인의 권리금회수기회보호 거절(상임보 10의4①단) ③계약해지(상임보 10의8)를 할 수 있는 차임연체액으로 보지 아니한다. 이 경우 연체한 차임액에 대한 임대인의 그 밖의 권리는 영향을 받지 아니한다(상임보 10의9). 이 차임연체와 계약해지 등에 관한 특례는 보증의 액수에 관계없이 모든 상가건물임대차에 적용된다(상임보 2③).

다. 제3자에 대한 대항력에 관한 특례

㈎ 대항력의 구비요건

상가건물임대차의 대항력을 구비하기 위해서는 상가건물을 대상으로 하는 임대차계약 이외에 상가건물의 인도와 사업자등록을 필요로 한다. 「상가건물의 인도」와 「사업자등록」 중 어느 하나라도 갖추지 못한 경우에는 대상목적물이 비록 상가건물이라 할지라도 그 임차인은 앞에서 설명한 채권적전세권자나 등기하지 않은 임대차에 있어서의 임차인과 같은 법률적 지위를 가지게 된다.

「상가건물의 인도」를 받는다는 것은 주택임대차에 있어서 「주택의 인도」를 받는다는 것과 같다. 그리고 「사업자등록」은 부가가치세법 제8조, 소득세법 제168조 또는 법인세법 제111조에 따른 사업자등록을 신청한 때에 이루어진 것으로 본다(상임보 3①).

상가건물임대차의 제3자 대항력에 관한 특례는 보증금의 액수에 관계없이 모든 상가건물임대차에 적용된다(상임보 2③).

판례1-58

대항력을 인정받기 위한 사업자등록 방법

상가건물임대차보호법 제3조 제1항에서 건물의 인도와 더불어 대항력의 요건으로 규정하고 있는 사업자등록은 거래의 안전을 위하여 임차권의 존재를 제3자가 명백히 인식할 수 있게 하는 공시방법으로서 마련된 것이므로, 사업자등록이 어떤 임대차를 공시하는 효력이 있는지 여부는 일반 사회통념상 그 사업자등록으로 당해 임대차건물에 사업장을 임차한 사업자가 존재하고 있다고 인식할 수 있는지 여부에 따라 판단하여야 한다.

사업자등록신청서에 첨부한 임대차계약서상의 임대차목적물 소재지가 당해 상가건물에 대한 등기부상의 표시와 불일치하는 경우에는 특별한 사정이 없는 한 그 사업자등록은 제3자에 대한 관계에서 유효한 임대차의 공시방법이 될 수 없고, 상가건물임대차에 관한 각 법령 규정에 의하면, 사업자가 상가건물의 일부분을 임차하는 경우에는 사업자등록신청서에 해당 부분의 도면을 첨부하여야 하고, 이해관계인은 임대차의 목적이 건물의 일부분인 경우 그 부분 도면의 열람 또는 제공을 요청할 수 있으므로, 건물의 일부분을 임차한 경우 그 사업자등록이 제3자에 대한 관계에서 유효한 임대차의 공시방법이 되기 위해서는 사업자등록신청시 그 임차 부분을 표시한 도면을 첨부하여야 한다(대판 2008.9.25. 2008다44238)

㈏ 대항력의 내용

상가건물임차권의 대항력의 주된 내용은 임차인이 임차상가건물의 여러 이해관계인에 대하여, 자신의 권리를 주장하여 임대차기간동안 상가건물을 사용한 후 보증금의 반환을 받아갈 수 있다는 점에 있다. 상가건물의 인도와 사업자등록이라는 요건(즉 대항요건)을 구비한 임차권은 제3자에 대한 대항력이 있는 것이 원칙이다. 그러나 이러한 원칙에 대하여는 예외가 있는 바 그 구체적인 내용은 주택임대차에 있어서와 같다.

또한 임차인과 임대차대상 상가건물의 소유권취득자 사이의 관계, 즉 임대차관계의 당연승계(상임보 3②), 당연승계되는 임대차관계의 내용, 전 소유자의 임대차관계이탈여부, 임대차계약종료후의 임대차관계 존속(상임보 9②)과 신 소유자의 임대차관계 승계여부도 주택임대차에 있어서와 같다. 그리고 임차인과 다른 용익권취득자 및 가등기권리자 사이의 관계도 주택임대차에 관한 설명 내용 중 전입신고를 사업자등록신고로 바꾸어 생각하면 된다.

(다) 대항력의 취득시기와 존속요건

대항력의 취득시기에 관하여 상가건물임대차보호법 제3조 제1항은 건물의 인도와 사업자등록을 신청한 때에, 「그 다음 날」로부터 생기는 것으로 규정하고 있다(상임보 3①). 「그 다음 날」이란, 주택임대차보호법 제3조 제1항에서 규정하는 「그 익일」과 같은 의미이다.

건물의 인도와 사업자등록은 대항력의 취득요건일 뿐 아니라 그 존속요건이다. 따라서 상가건물의 인도와 사업자등록은 대항코자 하는 제3자의 출현시에도 계속되고 있어야 하고, 대상상가건물의 경매시에는 배당요구의 종기까지 존속하고 있어야 한다.

대항력의 존속요건으로서의 건물의 인도와 사업자등록의 구체적인 의미는 주택임대차에 있어서의 주택의 인도와 주민등록에 준하여 생각하면 된다. 또한 대항력을 갖춘 이후에 보증금의 인상이나 임차건물의 매도에 따라 임대인 또는 매수인과 새로운 임대차계약서를 작성한 경우에, 그 임대차관계의 대항력이 최초에 취득한 때로부터 계속 유지되는 것인지, 아니면 새로운 임대차계약서를 작성한 때로부터 다시 시작되는 것인지에 관하여도 주택임대차의 경우에 준한다. 그리고 대항력만 구비한 상가건물임대차인의 보증금반환청구권행사를 위한 권리 등도 주택임대차의 경우에 준한다.

판례1-59

상가건물임대차 대항력의 존속요건

① 상가건물의 임차인이 임대차보증금 반환채권에 대하여 상가건물 임대차보호법 제3조 제1항 소정의 대항력 또는 같은 법 제5조 제2항 소정의 우선변제권을 가지려면 임대차의 목적인 상가건물의 인도 및 부가가치세법 등에 의한 사업자등록을 구비하고, 관할세무서장으로부터 확정일자를 받아야 하며, 그 중 사업자등록은 대항력 또는 우선변제권의 취득요건일 뿐만 아니라 존속요건이기도

> 하므로, 배당요구의 종기까지 존속하고 있어야 한다.
> ② 부가가치세법 제5조 제4항, 제5항의 규정 취지에 비추어 보면, 상가건물을 임차하고 사업자등록을 마친 사업자가 임차 건물의 전대차 등으로 당해 사업을 개시하지 않거나 사실상 폐업한 경우에는 그 사업자등록은 부가가치세법 및 상가건물 임대차보호법이 상가임대차의 공시방법으로 요구하는 적법한 사업자등록이라고 볼 수 없고, 이 경우 임차인이 상가건물 임대차보호법상의 대항력 및 우선변제권을 유지하기 위해서는 건물을 직접 점유하면서 사업을 운영하는 전차인이 그 명의로 사업자등록을 하여야 한다(대판 2006.1.13. 2005다64002).

라. 소액보증금 중 일정액의 최우선변제권에 관한 특례

㈎ 최우선변제권의 성립요건

상가건물임차인의 최우선변제권이 성립하는데 필요한 요건은 상가건물임대차계약 이외에 보증금이 소액이라는 것과 상가건물의 인도와 사업자등록을 상가건물에 대한 경매신청의 등기 전에 구비하는 것이다. 이 상가건물임차인의 최우선변제권은 임차인의 소액보증금 중 일정액에 관하여 임차인에게 그 요건구비의 순서에 관계없이 대상부동산의 가액 일정부분으로부터 저당권자 등 다른 모든 담보물권자보다 우선변제를 받을 수 있는 권리를 부여하고 있는 점에 그 특징이 있다(상임보 14①).

최우선변제를 받을 임차인 및 보증금 중 일정액의 범위와 기준은 임대건물가액(임대인 소유의 대지가액을 포함한다)의 2분의 1 범위에서 해당 지역의 경제 여건, 보증금 및 차임 등을 고려하여 상가건물임대차보호법 제14조의2에 따른 상가건물임대차위원회의 심의를 거쳐 대통령령으로 정한다(상임보 14③). 그리고 보증금 이외에 차임이 있는 때에는 월 차임에 100을 곱한 금액을 보증금에 더하여 최우선변제를 받을 임차인의 범위를 정한다(상임보령 6, 상임보 2②, 상임보령 2②③). 이는 보증금 이외에 차임이 있더라도 보증금만을 기준으로 최우선변제를 받을 임차인의 해당여부를 판단하는 주택임대차의 경우와 다르다. 최우선변제를 받을 임차인의 해당여부를 판단하는 소액보증금(상임보령 6)과 그 소액보증금 중 일정액인 최우선변제금(상임보령 7①)의 변동 추이를 보면 아래 [참고] 표와 같다.

[참고] 소액보증금과 최우선변제금의 변동 내용

시행시기	지 역 별	소액보증금	최우선변제금액
02.11.1~08.8.20	• 서울특별시	45백만 원 이하	1,350만 원 까지
	• 수도권정비계획법에 의한 수도권 중 과밀억제권역(서울특별시를 제외한다)	39백만 원 이하	1,170만 원 까지
	• 광역시(군지역과 인천광역시지역을 제외한다)	30백만 원 이하	900만 원 까지
	• 그 밖의 지역	25백만 원 이하	750만 원 까지
10.7.26~13.12.31	• 서울특별시	50백만 원 이하	1,500만 원 까지
	• 수도권정비계획법에 따른 과밀억제권역(서울특별시를 제외한다)	45백만 원 이하	1,350만 원 까지
	• 광역시(수도권정비계획법에 따른 과밀억제권역에 포함된 지역과 군지역은 제외한다), 안산시, 용인시, 김포시 및 광주시	30백만 원 이하	900만 원 까지
	• 그 밖의 지역	25백만 원 이하	750만 원 까지
14.1.1 이후	• 서울특별시	65백만 원 이하	22백만 원 까지
	• 수도권정비계획법에 따른 과밀억제권역(서울특별시는 제외한다)	55백만 원 이하	19백만 원 까지
	• 광역시(수도권정비계획법에 따른 과밀억제권역에 포함된 지역과 군지역은 제외한다), 안산시, 용인시, 김포시 및 광주시	38백만 원 이하	13백만 원 까지
	• 그 밖의 지역	30백만 원 이하	10백만 원 이하

(나) 최우선변제권의 내용

상가건물임차인이 최우선변제 받을 수 있는 금액은 상가건물의 가액의 2분의 1에 해당하는 금액을 한도로 한다(상임보 14③, 상임보령 7②). 그리고 하나의 상가건물에 임차인이 2인 이상이고, 그 각 보증금 중 일정액의 합산액이 상가건물의 가액의 2분의 1을 초과하는 경우에는 그 각 보증금 중 일정액의 합산액에 대한 각 임차인의 보증금 중 일정액의 비율로 그 상가건물의 가액의 2분의 1에 해당하는 금액을 분할한 금액을 각 임차인의 보증금 중 일정액으로 본다(상임보 14③, 상임보령 7③). 그밖에 상가건물의 가액의 의미와 조세채권자 및 근로자임금우선특권자 등 다른 권리자와의 관계 및 최우선변제권 있는 보증금반환청구권 행사를 위한 임차인의 권리 등은 주택임대차의 경우에 준한다.

마. 보증금 전액에 대한 순차적우선변제권에 관한 특례

㈎ 순차적우선변제권의 성립요건

상가건물임차인의 순차적우선변제권이 성립하는데 필요한 요건은 상가건물임대차계약 이외에 상가건물의 인도와 사업자등록을 구비하고 관할 세무서장으로부터 임대차계약서상의 확정일자를 받아 두어야 한다. 순차적우선변제권은 그 요건구비순서에 따라 보증금 전액에 대하여 우선변제를 받는다는 데에 그 특징이 있다(상임보 5②). 보증금이 소액이라고 하더라도 그 임대차계약서상에 확정일자를 받아두면 최우선변제를 받을 수 있는 금액을 넘는 금액에 대하여 순차적우선변제권을 가지게 된다.

상가건물임차인의 보증금 전액에 대한 순차적우선변제에 관한 특례는 보증금이 일정액 이하인 경우에만 적용된다(상임보 2①단③).

㈏ 순차적우선변제권의 내용

대항요건을 구비한 상가건물임차인이 임대차계약서상에 확정일자를 받아두고 있는 경우에는, 주택임대차에 있어서와 마찬가지로 그 대항요건을 갖춘 일자 즉, 상가건물의 인도 및 사업자등록 중 늦게 이루어진 것의 다음 일자와 임대차계약서상의 확정일자 중 후의 일자를 기준으로, 다른 담보물권자 또는 조세채권자와의 우선변제순위를 가리게 된다(상임보 5②). 그밖에 순차적우선변제권 있는 보증금반환청구권행사를 위한 임차인의 권리 등은 주택임대차의 경우에 준한다.

㈐ 보증금반환청구권을 양수한 금융기관의 우선변제권 승계

상가건물임차인이 취득한 순차적우선변제권 있는 보증금반환청구권(상임보 5②,

6⑤, 7①)을 다음의 금융기관 등이 계약으로 양수한 경우에는 양수한 금액의 범위에서 그 순차적우선변제권을 승계한다(상임보 5⑦).

① 은행법에 따른 은행
② 중소기업은행법에 따른 중소기업은행
③ 한국산업은행법에 따른 한국산업은행
④ 농업협동조합법에 따른 농협은행
⑤ 수산업협동조합법에 따른 수협은행
⑥ 우체국예금 · 보험에 관한 법률에 따른 체신관서
⑦ 보험업법 제4조 제1항 제2호 라목의 보증보험을 보험종목으로 허가받은 보험회사
⑧ 그 밖에 제1호부터 제7호까지에 준하는 것으로서 대통령령으로 정하는 기관

그러나 상가건물임차인이 취득한 순차적우선변제권 있는 보증금반환채권을 위 금융기관이 계약으로 양수하였다 하더라도 ① 임차인이 상가건물임대차의 제3자 대항요건 상실한 경우 ② 임차권등기명령에 의한 임차권등기가 말소된 경우 ③ 민법 제621조에 따른 임대차등기가 말소된 경우 중의 어느 하나에 해당하는 경우에는 우선변제권을 행사할 수 없다(상임보 5⑧). 또한 위 금융기관 등은 상가건물임차인으로부터 양수한 보증금반환채권에 관한 순차적우선변제권을 행사하기 위하여 임차인을 대리하거나 대위하여 임대차를 해지할 수 없다(상임보 5⑨).

바. 임차권등기명령제도

상가건물임대차가 종료된 후 보증금이 반환되지 아니한 경우 상가건물임차인은 임차건물의 소재지를 관할하는 지방법원, 지방법원지원 또는 시 · 군법원에 임차권등기명령을 신청할 수 있다(상임보 6①). 그밖에 임차권등기명령에 관한 사항 및 민법에 의한 임대차등기의 효력은 주택임대차의 경우에 준한다. 임차권등기명령에 관한 특례는 보증금이 일정액 이하인 경우에만 적용된다(상임보 2①단③).

사. 보증금반환청구권행사를 위한 절차상의 특례

상가건물임차인이 임차상가건물에 대하여 보증금반환청구소송의 확정판결 그 밖에 이에 준하는 집행권원에 기한 경매를 신청하는 경우에는, 민사집행법 제

41조의 규정에 불구하고 반대의무의 이행 또는 이행의 제공을 집행개시의 요건으로 하지 아니한다(상임보 5①). 그밖에 이 특례의 취지 및 내용은 주택임대차의 경우에 준한다. 보증금반환청구권행사를 위한 절차상의 특례는 보증금이 일정액 이하인 경우에만 적용된다(상임보 2①단③).

아. 권리금회수기회부여에 관한 특례

(가) 권리금과 권리금계약

권리금이란 임대차 목적물인 상가건물에서 영업을 하는 자 또는 영업을 하려는 자가 영업시설 · 비품, 거래처, 신용, 영업상의 노하우, 상가건물의 위치에 따른 영업상의 이점 등 유형 · 무형의 재산적 가치의 양도 또는 이용대가로서 임대인, 임차인에게 보증금과 차임 이외에 지급하는 금전 등의 대가를 말한다(상임보 10의3①). 그리고 권리금 계약이란 신규임차인이 되려는 자가 임차인에게 권리금을 지급하기로 하는 계약을 말한다(상임보 10의3②).

(나) 권리금회수기회보호에 관한 임대인과 임차인의 의무

(ㄱ) 임대인의 의무

임대인은 임대차기간이 끝나기 6개월 전부터 임대차 종료 시까지 다음 중의 어느 하나에 해당하는 행위를 함으로써 권리금 계약에 따라 임차인이 주선한 신규임차인이 되려는 자로부터 권리금을 지급받는 것을 방해하여서는 아니 된다(상임보 10의4①본).

① 임차인이 주선한 신규임차인이 되려는 자에게 권리금을 요구하거나 임차인이 주선한 신규임차인이 되려는 자로부터 권리금을 수수하는 행위
② 임차인이 주선한 신규임차인이 되려는 자로 하여금 임차인에게 권리금을 지급하지 못하게 하는 행위
③ 임차인이 주선한 신규임차인이 되려는 자에게 상가건물에 관한 조세, 공과금, 주변 상가건물의 차임 및 보증금, 그 밖의 부담에 따른 금액에 비추어 현저히 고액의 차임과 보증금을 요구하는 행위
④ 그 밖에 정당한 사유 없이 임대인이 임차인이 주선한 신규임차인이 되려는 자와 임대차계약의 체결을 거절하는 행위

그러나 임대인이 임차인의 임대차갱신청구를 거절할 수 있는 사유(상임보 10①)가 있는 경우에는 임차인의 권리금회수기회를 보호할 의무가 없다(상임보 10의4 ①단). 또한 다음 중 어느 하나에 해당하는 경우에는 임대인이 임차인이 주선한 신규임차인이 되려는 자와 임대차계약의 체결을 거절하는 정당한 사유가 있는 것으로 본다(상임보 10의4②).

① 임차인이 주선한 신규임차인이 되려는 자가 보증금 또는 차임을 지급할 자력이 없는 경우
② 임차인이 주선한 신규임차인이 되려는 자가 임차인으로서의 의무를 위반할 우려가 있거나 그 밖에 임대차를 유지하기 어려운 상당한 사유가 있는 경우
③ 임대차 목적물인 상가건물을 1년 6개월 이상 영리목적으로 사용하지 아니한 경우
④ 임대인이 선택한 신규임차인이 임차인과 권리금 계약을 체결하고 그 권리금을 지급한 경우

(ㄴ) 임차인의 의무

임차인은 임대인에게 임차인이 주선한 신규임차인이 되려는 자의 보증금 및 차임을 지급할 자력 또는 그 밖에 임차인으로서의 의무를 이행할 의사 및 능력에 관하여 자신이 알고 있는 정보를 제공하여야 한다(상임보 10의4⑤).

(다) 권리금회수기호보호의무 위반에 따른 임대인의 책임

임대인이 제1항을 권리금회수기호보호 의무를 위반하여 임차인에게 손해를 발생하게 한 때에는 그 손해를 배상할 책임이 있다. 이 경우 그 손해배상액은 신규임차인이 임차인에게 지급하기로 한 권리금과 임대차 종료 당시의 권리금 중 낮은 금액을 넘지 못한다(상임보 10의4③).

임차인이 권리금회수기호보호 의무 위반을 이유로 임대인에게 손해배상을 청구할 권리는 임대차가 종료한 날부터 3년 이내에 행사하지 아니하면 시효의 완성으로 소멸한다(상임보 10의4④).

(라) 적용범위

권리금회수부여에 관한 특례(상임보 10의4)는 보증금의 액수에 관계없이 모든 상가건물임대차에 적용된다(상임보 2③).

그러나 권리금회수부여에 관한 특례(상임보 10의4)는 다음 각 호의 어느 하나

에 해당하는 상가건물임대차의 경우에는 적용하지 아니한다(상임보 10의5).

① 임대차 목적물인 상가건물이 「유통산업발전법」 제2조에 따른 대규모점포 또는 준대규모점포의 일부인 경우(다만, 「전통시장 및 상점가 육성을 위한 특별법」 제2조제1호에 따른 전통시장은 제외한다)

② 임대차 목적물인 상가건물이 「국유재산법」에 따른 국유재산 또는 「공유재산 및 물품 관리법」에 따른 공유재산인 경우

자. 상가건물임대차와 관련된 분쟁해결절차상의 특례

상가건물임대차분쟁조정위원회(이하 조정위원회라 한다)는 법률구조법 제8조에 따른 대한법률구조공단의 ①서울중앙지부 ②수원지부 ③대전지부 ④대구지부 ⑤부산지부 ⑥광주지부에 둔다(상임보 20①, 상임보령 8①). 조정위원회는 상가건물임대차보호법의 적용을 받는 상가건물임대차와 관련된 분쟁에 관하여 다음 각 호의 사항을 심의·조정한다(상임보 20②, 상임보령 9).

① 차임 또는 보증금의 증감에 관한 분쟁
② 임대차 기간에 관한 분쟁
③ 보증금 또는 임차상가건물의 반환에 관한 분쟁
④ 임차상가건물의 유지·수선 의무에 관한 분쟁
⑤ 권리금에 관한 분쟁
⑥ 임대차계약의 이행 및 임대차계약 내용의 해석에 관한 분쟁
⑦ 임대차계약 갱신 및 종료에 관한 분쟁
⑧ 임대차계약의 불이행 등에 따른 손해배상청구에 관한 분쟁
⑨ 공인중개사 보수 등 비용부담에 관한 분쟁
⑩ 상가건물임대차보호법 제19조에 따른 상가건물임대차표준계약서의 사용에 관한 분쟁
⑪ 그 밖에 ⑥부터 ⑩까지의 규정에 준하는 분쟁으로서 조정위원회의 위원장이 조정이 필요하다고 인정하는 분쟁

상가건물임대차보호법에서 상가건물임대차와 관련된 분쟁해결절차상의 특례를 규정하고 있는 취지는 주택임대차보호법에서 주택임대차와 관련된 분쟁해결절차상의 특례를 규정하고 있는 것과 대체로 동일하다. 그리고 조정위원회에 대하여

는 상가건물임대차보호법에 규정한 사항 외에는 주택임대차분쟁조정위원회에 관한 주택임대차보호법 제14조부터 제29조까지의 규정을 준용되며, 이 경우 "주택임대차분쟁조정위원회"는 "상가건물임대차분쟁조정위원회"로 본다(상임보 21). 따라서 상가건물임대차와 관련된 분쟁조정의 절차와 효력에 대하여는 주택임대차와 관련한 분쟁조정의 절차와 효력에 있어서와 같은 것으로 보면 된다.

상가건물임대차보호법에서 규정하는 상가건물임대차와 관련된 분쟁해결절차상의 특례는 보증금이 일정액 이하인 경우에만 적용된다(상임보 2①단③).

차. 표준계약서의 사용

법무부장관은 국토교통부장관과 협의를 거쳐 보증금, 차임액, 임대차기간, 수선비 분담 등의 내용이 기재된 상가건물임대차표준계약서를 정하여 그 사용을 권장할 수 있다(상임보 19). 또한 국토교통부장관은 법무부장관과 협의를 거쳐 임차인과 신규임차인이 되려는 자의 권리금 계약 체결을 위한 표준권리금계약서를 정하여 그 사용을 권장할 수 있다(상임보 10의6).

이는 상가건물임대차보호법 등에서 규정하는 임대인과 임차인의 권리 · 의무관계를 명확히 할 수 있도록 하기 위한 것이다. 그러나 이 표준계약서의 사용은 권장 사항에 지나지 않기 때문에 임대인이나 임차인의 의무적 사용을 강제하는 것이 아니다.

상가건물임대차보호법에서 규정하는 표준계약서의 사용은 보증금의 액수에 관계없이 모든 상가건물임대차에 적용된다(상임보 2③).

카. 상가건물임대차보호법의 적용범위

㈎ 상가건물

상가건물임대차보호법이 적용되는 대상목적물은 부가가치세법 제5조, 소득세법 제168조 또는 법인세법 제111조의 규정에 따른 사업자등록을 신청할 수 있는 상가건물에 한정된다(상임보 2①본). 건물의 등기 여부는 묻지 않으며 미등기건물이라도 상가건물인 이상 동법의 적용대상이 된다. 그러나 이와 같은 상가건물에 해당하더라도 보증금의 액수가 일정액(구체적인 내용은 앞에서 설명한 상가건물

임대차의 특별취급을 위한 공통요건 참조)을 초과하는 때에는 상가건물임대차보호법은 그 일부 규정만 적용된다.

영업용부분과 비영업용 부분이 함께 병존하는 건물이 동일인에게 임대되어 각기 그 용도에 따라 사용되는 경우 그 영업용부분에 상가건물임대차보호법이 적용되는가. 이에 관하여 동법 제2조는 「임대차 목적물의 주된 부분을 영업용으로 사용하는 경우를 포함한다」고 규정하고 있다. 따라서 임대건물의 주요부분이 영업용으로 사용되고 일부만이 비영업용의 목적으로 사용되는 경우에는 그 건물 전부에 대하여 동법이 적용되게 된다. 또한 그 반대해석으로 건물의 주요부분이 비영업용으로 사용되고, 일부만이 영업용으로 사용되는 경우에는 동법이 적용이 되지 않는다.

문제는 건물의 주요부분이 영업용인지 아니면 비영업용인지를 어떠한 기준으로 판단할 것인가이다. 이에 관하여는 획일적 기준을 정할 수는 없고 구체적인 개별 사안에 따라 그 임차인의 목적, 전체 건물과 임대차목적물의 구조와 형태 및 임차인의 임대차목적물의 이용관계 그리고 임차인이 그곳에서 일상생활을 영위하는지 여부 등을 아울러 고려하여 합목적적으로 결정하는 수밖에 없다.

한편 상가건물임대차보호법은 영업용건물의 일부에 관한 임대차에도 적용되는바, 이 경우 상가건물의 일부가, 구분건물과 같이 객관적으로 독립의 존재를 인정할 수 있는 실체를 갖추고 있어야 하는지가 문제로 되나, 주택임대차에 있어서와 같이 임대차의 대상부분이 반드시 구분건물이거나 또는 그에 준할 정도의 독립성을 갖출 것을 요하지 아니한다고 보는 것이 타당하다.

판례1-60

상가건물의 해당여부를 판단하는 기준

상가건물 임대차보호법의 목적과 같은 법 제2조 제1항 본문, 제3조 제1항에 비추어 보면, 상가건물 임대차보호법이 적용되는 상가건물 임대차는 사업자등록 대상이 되는 건물로서 임대차 목적물인 건물을 영리를 목적으로 하는 영업용으로 사용하는 임대차를 가리킨다. 그리고 상가건물 임대차보호법이 적용되는 상가건물에 해당하는지는 공부상 표시가 아닌 건물의 현황 · 용도 등에 비추어 영업용으로 사용하느냐에 따라 실질적으로 판단하여야 하고, 단순히 상품의 보관 · 제조 · 가공 등 사실행위만이 이루어지는 공장 · 창고 등은 영업용으로 사용하는 경우라고 할 수 없으나 그곳에서 그러한 사실행위와 더불어 영리를 목적으로 하는 활동이 함께 이루어진다면 상가건물 임대차보호법 적용대상인 상가건물에 해당한다(대판 2011.7.28. 2009다40967).

(나) 그 밖의 적용범위

상가건물임대차보호법은 목적건물을 등기하지 아니한 전세계약에 관하여 이를 준용한다. 이 경우 전세금은 임대차의 보증금으로 본다(상임보 17). 그러나 일시사용을 위한 임대차임이 명백한 경우에는 이를 적용하지 아니한다(상임보 16). 일시사용 목적의 의미는 주택임대차에 있어서와 같다.

한편, 상가건물임대차보호법이 법인 또는 법인 아닌 단체인 임차인에 대하여도 적용되는지 문제로 된다. 법인 또는 법인 아닌 단체는 그 성질상 주거생활을 할 수 없으나 상업활동을 할 수 있는 것이므로 긍정하는 것이 타당하다. 그리고 외국인과 외국법인 등에 대하여도 적용되는지 여부에 대하여는 이들도 내외국인 평등주의의 취지에서 국내에서 사업자등록을 할 수 있는 범위에서 긍정하는 것이 타당하다.

타. 상가건물임대차의 확인

상가건물의 임대차에 이해관계가 있는 자는 관할 세무서장에게 해당 상가건물의 확정일자 부여일, 차임 및 보증금 등 정보의 제공을 요청할 수 있다. 이 경우 요청을 받은 관할 세무서장은 정당한 사유 없이 이를 거부할 수 없다(상임보 4③).

정보의 제공을 요청할 수 있는 상가건물의 임대차에 이해관계가 있는 자는 ① 해당 상가건물 임대차계약의 임대인·임차인 ② 해당 상가건물의 소유자 ③ 해당 상가건물 또는 그 대지의 등기부에 기록된 권리자 중 법무부령으로 정하는 자 ④ 상가건물임대차보호법 제5조제7항에 따라 우선변제권을 승계한 금융기관 등 ⑤ 제1호부터 제4호까지에서 규정한 자에 준하는 지위 또는 권리를 가지는 자로서 임대차 정보의 제공에 관하여 법원의 판결을 받은 자를 말한다(상임보령 3의2).

임대차계약의 당사자는 관할 세무서장에게 ① 임대인·임차인의 인적사항(상임보령 3④iii에 따른 정보를 말한다. 다만, 주민등록번호 및 외국인등록번호의 경우에는 앞 6자리에 한정한다) ② 상가건물의 소재지, 임대차 목적물 및 면적 ③ 사업자등록 신청일 ④ 보증금·차임 및 임대차기간 ⑤ 확정일자 부여일 ⑥ 임대차계약이 변경되거나 갱신된 경우에는 변경·갱신된 날짜, 새로운 확정일자 부여일, 변경된 보증금·차임 및 임대차기간 ⑦ 그 밖에 법무부령으로 정하는 사항이 기재된 서면의 열람 또는 교부를 요청할 수 있다(상임보령 3의3①).

임대차계약의 당사자가 아닌 이해관계인 또는 임대차계약을 체결하려는 자는 관할 세무서장에게 ① 상가건물의 소재지, 임대차 목적물 및 면적 ② 사업자등록 신청일 ③ 보증금 및 차임, 임대차기간 ④ 확정일자 부여일 ⑤ 임대차계약이 변경되거나 갱신된 경우에는 변경·갱신된 날짜, 새로운 확정일자 부여일, 변경된 보증금·차임 및 임대차기간 ⑥ 그 밖에 법무부령으로 정하는 사항이 기재된 서면의 열람 또는 교부를 요청할 수 있다(상임보령 3의3②).

(2) 상가건물임차권과 근저당권의 관계

상가건물임차권과 근저당권은 ① 상가건물임차권이 설정되어 있는 상가건물을 대상으로 근저당권을 설정하는 경우가 있다는 점 ② 근저당권이 설정되어 있는 상가건물을 대상으로 상가건물임차권이 설정되는 경우가 있다는 점에서 서로 관련되어 있다는 점 주택임차권과 근저당권에 있어서와 같다.

대항력 있는 상가건물임차권이 설정되어 있는 상가건물이라고 하여 그 소유자가 근저당권을 설정할 수 없는 것이 아니고 또한 이미 근저당권이 설정되어 있는 상가건물이라고 하여 대항력 있는 주택임차권을 설정할 수 없는 것도 아니며, 그에 따라 대항력 있는 상가건물임차권과 근저당권은 대상 상가건물에 경매절차가 실시되어 매수인이 소유권을 취득하기 전까지는 독립하여 병존하게 되는 점 또한 주택임차권과 근저당권에 있어서와 같다.

그리고 대상 상가건물에 경매절차가 실시되어 매수인이 소유권을 취득하게 되면 대항력 있는 상가건물임차권과 근저당권은 상호 영향을 미치게 되는 점도 주택임차권과 근저당권에 있어서와 같다. 구체적으로 어떠한 영향을 미치는지 즉 상가건물임차권의 매수인에 대한 대항가능 여부와 상가건물임대차 보증금의 배당관계 및 대항력 있는 상가건물임차권이 있는 상가건물의 담보가치 등에 관하여는 주택에 경매절차가 실시되는 경우에 준하여 생각하면 된다.

12. 조세채권과의 관계

(1) 조세의 종류

조세란 국세와 지방세를 말한다. 국세란 국가가 그 구성원으로부터 징수하는

세금으로 ① 소득세 ② 법인세 ③ 상속세와 증여세 ④ 종합부동산세 ⑤ 부가가치세 ⑥ 개별소비세 ⑦ 교통·에너지·환경세 ⑧ 주세(酒稅) ⑨ 인지세(印紙稅) ⑩ 증권거래세 ⑪ 교육세 ⑫ 농어촌특별세 ⑬ 재평가세 ⑭ 관세 ⑮ 임시수입부가세 말한다(국지조 2). 그리고 지방세란 지방자치단체가 그 구성원으로부터 징수하는 세금으로 (1) 보통세인 ① 취득세 ② 등록면허세 ③ 레저세 ④ 담배소비세 ⑤ 지방소비세 ⑥ 주민세 ⑦ 지방소득세 ⑧ 재산세 ⑨ 자동차세 (2) 목적세인 ① 지역자원시설세 ② 지방교육세를 말한다(국지조 3).

(2) 조세우선의 원칙

조세는 다른 공과금이나 저당권 등의 담보권에 의하여 담보되는 채권 및 그 밖의 채권에 우선하는 것이 원칙이다. 즉 국세 및 강제징수비는 다른 공과금이나 그 밖의 채권에 우선하여 징수하는 것이 원칙이고(국기 35①본), 지방자치단체의 징수금도 다른 공과금과 그 밖의 채권에 우선하여 징수하는 것이 원칙이다(지기 71①본).

납세의무자 소유의 여러 부동산에 대하여 조세우선변제권이 행사된 경우 공동저당권에 관한 민법 제368조가 유추적용 되는지 문제로 되나, 판례는 조세우선변제권은 일정한 범위 내에서는 조세채무자의 총재산에 대하여 우선변제권이 인정된다는 점에서 이른바 법정담보물권으로서의 성격을 갖고 있다. 따라서 조세채무자의 부동산이 여럿인 경우에는 마치 그 부동산 전부에 대한 공동저당권자와 유사한 지위에 서게 된다고 보아 긍정하고 있다.[297]

다만, 위와 같은 조세우선의 원칙에 대하여는 국세기본법과 지방세기본법에서 여러 예외를 규정하고 있으므로 이하에서는 이들 예외에 관하여 설명하기로 한다.

(3) 조세우선의 원칙에 대한 예외

가. 예외를 인정하는 취지

조세우선의 원칙에 대하여는 국세기본법과 지방세기본법에 일정한 예외를 두고 있는데, 그 취지는 국세 및 강제징수비와 지방자치단체의 징수금이 조세채권이라는 이유만으로 아무런 공시방법도 구비하지 아니하고 있음에도 공시방법(저

297) 대판 2006.5.26. 2003다18401 참조.

당권 등의 경우)이나 제3자대항요건(지명채권질권 등의 경우)을 구비한 전세권, 질권 또는 저당권 등의 담보권에 의하여 담보되는 채권에 우선하는 것으로 하면 이들 담보권자에게 뜻하지 않은 손해를 끼치게 되어 담보제도의 근저를 동요시키게 될 것이므로 이를 방지하기 위한 것이다. 예외의 구체적인 내용에 대하여는 국세와 지방세의 경우로 나누어 이하에서 설명하기로 한다.

나. 국세의 경우

(가) 국세에 우선하는 채권

다음 중 어느 하나에 해당하는 공과금과 그 밖의 채권은 국세 및 강제징수비에 우선한다(국기 35①단).

① 지방세나 공과금의 체납처분 또는 강제징수를 할 때 그 체납처분 또는 강제징수 금액 중에서 국세 및 강제징수비를 징수하는 경우의 그 지방세나 공과금의 체납처분비 또는 강제징수비

② 강제집행·경매 또는 파산 절차에 따라 재산을 매각할 때 그 매각금액 중에서 국세 및 강제징수비를 징수하는 경우의 그 강제집행, 경매 또는 파산 절차에 든 비용

③ 법정기일 전에 다음의 어느 하나에 해당하는 권리가 설정된 재산이 국세의 강제징수 또는 경매 절차 등을 통하여 매각(국세기본법 제35조제1항제3호의2에 해당하는 재산의 매각은 제외한다)되어 그 매각금액에서 국세를 징수하는 경우 그 권리에 의하여 담보된 채권 또는 임대차보증금반환채권.

가. 전세권, 질권 또는 저당권[298]

나. 「주택임대차보호법」 제3조의2제2항 또는 「상가건물 임대차보호법」 제5조제2항에 따라 대항요건과 확정일자를 갖춘 임차권

다. 납세의무자를 등기의무자로 하고 채무불이행을 정지조건으로 하는 대물변제(代物辨濟)의 예약에 따라 채권 담보의 목적으로 가등기(가등록을 포함한다)를 마친 가등기 담보권

298) 2010.6.10. 제정되어 2012.6.11. 시행된 동산·채권 등의 담보에 관한 법률에 의하여 제한물권으로서의 담보물권에 해당하는 동산담보권과 채권담보권이 신설된 바 있다. 따라서 「질권 또는 저당권」은 「질권·저당권 또는 동산·채권 등의 담보에 관한 법률에 따른 담보권」으로 변경할 필요가 있으며 변경전이라도 이와 같이 이해하는 것이 타당하다. 같은 내용이 있는 근로기준법 제38조는 동법 개정시 이미 이와 같이 변경한 바 있다.

④ 「주택임대차보호법」 제8조 또는 「상가건물 임대차보호법」 제14조가 적용되는 임대차관계에 있는 주택 또는 건물을 매각할 때 그 매각금액 중에서 국세를 징수하는 경우 임대차에 관한 보증금 중 일정 금액으로서 「주택임대차보호법」 제8조 또는 「상가건물 임대차보호법」 제14조에 따라 임차인이 우선하여 변제받을 수 있는 금액에 관한 채권
⑤ 사용자의 재산을 매각하거나 추심(推尋)할 때 그 매각금액 또는 추심금액 중에서 국세를 징수하는 경우에 「근로기준법」 제38조 또는 「근로자퇴직급여 보장법」 제12조에 따라 국세에 우선하여 변제되는 임금, 퇴직금, 재해보상금, 그 밖에 근로관계로 인한 채권

(나) 국세와 우선순위를 정하는 기준

(ㄱ) 국세의 법정기일

(a) 각 경우의 법정기일

국세의 법정기일이란 다음의 어느 하나에 해당하는 기일을 말한다(국기 35②).

① 과세표준과 세액의 신고에 따라 납세의무가 확정되는 국세[중간예납하는 법인세와 예정신고납부하는 부가가치세 및 소득세(「소득세법」 제105조에 따라 신고하는 경우로 한정한다)를 포함한다]의 경우 신고한 해당 세액 : 그 신고일
② 과세표준과 세액을 정부가 결정·경정 또는 수시부과 결정을 하는 경우 고지한 해당 세액(국세기본법 제47조의4에 따른 납부지연가산세 중 납부고지서에 따른 납부기한 후의 납부지연가산세와 같은 법 제47조의5에 따른 원천징수 등 납부지연가산세 중 납부고지서에 따른 납부기한 후의 원천징수 등 납부지연가산세를 포함한다) : 그 납부고지서의 발송일
③ 인지세와 원천징수의무자나 납세조합으로부터 징수하는 소득세·법인세 및 농어촌특별세 : 그 납세의무의 확정일
④ 제2차 납세의무자(보증인을 포함한다)의 재산에서 징수하는 국세 : 「국세징수법」 제7조에 따른 납부고지서의 발송일
⑤ 국세기본법 제42조에 따른 양도담보재산에서 징수하는 국세 : 「국세징수

법」 제7조에 따른 납부고지서의 발송일

⑥ 「국세징수법」 제31조제2항에 따라 납세자의 재산을 압류한 경우에 그 압류와 관련하여 확정된 국세 : 그 압류등기일 또는 등록일

⑦ 「부가가치세법」 제3조의2에 따라 신탁재산에서 징수하는 부가가치세등 : 같은 법 제52조의2제1항에 따른 납부고지서의 발송일

⑧ 「종합부동산세법」 제7조의2 및 제12조의2에 따라 신탁재산에서 징수하는 종합부동산세등 : 같은 법 제16조의2제1항에 따른 납부고지서의 발송일

(b) 법정기일 전의 의미

법정기일이 예를 들어 3월 10일이라고 할 때 3월 10일까지 포함하는 의미인지 아니면 3월 10일 제외한 3월 9일까지를 의미하는 것인지 문제로 된다. 이는 전세권, 질권 또는 저당권 등 담보권의 공시일자나 제3자대항요건 구비일자가 국세의 법정기일과 같은 일자인 예컨대 3월 10일 경우 어느 쪽이 우선하는지 결정하는 판단기준이 된다는 점에서 큰 의미가 있다. 「전」의 의미를 3월 10일까지인 것으로 해석하면 저당권 등의 피담보채권이 우선하게 되는 반면, 3월 9일까지인 것으로 해석하면 국세가 우선하게 되는 것이기 때문이다.

「전」이나 「후」는 「이전」이나 「이후」와 구분되는 개념으로 「이전」이나 「이후」가 해당 일자를 포함하는 의미를 가지는 것이므로 「전」이나 「후」는 해당 일자를 제외하는 의미를 가지는 것으로 보아 3월 10일까지가 아닌 3월 9일까지라고 보는 것이 타당하다. 서울민사지방법원에서 작성한 보전처분 및 입찰에 관한 실무지침에서도 해당 일자를 제외하는 3월 9일까지인 것으로 해석하고 있다.

(c) 법정기일과 관련한 그 밖의 문제

은행 등이 원천징수하는 이자소득세의 법정기일은 언제인지 문제로 되나, 판례는 국세기본법 제21조 제2항, 제22조 제2항 제3호의 규정에 의하면 원천징수 이자소득세의 납부의무는 원천징수의무자가 이자를 지급하는 때에 특별한 절차 없이 성립하고 확정되는 것이므로, 같은 법 제35조 제1항 단서 제3호 (다)목(현재는 제2항 제3호)의 규정에 따라 저당권 등의 피담보채권과의 우선관계를 결정하는 법정기일도 그 때로 볼 것이라고 한다.[299]

---

299) 대판 1998.9.8. 97다12037 참조.

전세권, 질권 또는 저당권 등의 담보권에 의하여 담보되는 채권이 국세에 우선하기 위해서는 국세기본법에서 규정하는 바와 같이 납세의무자의 재산을 대상으로 설정된 담보권의 공시일자나 제3자대항요건구비일자가 국세의 법정기일 전이면 충분하고 그 담보채권의 발생시기 여하는 불문한다. 판례도 같다.[300)]

가산세는 본세의 성실한 이행을 확보하기 위하여 그 의무를 이행하지 아니한 경우에 그 법에 의하여 산출한 세액에 가산하여 징수하는 금액으로서, 가산세가 본세의 명목으로 부과· 징수된다고 하더라도 본세와는 본질적으로 그 성질이 다르므로, 그 납세고지서의 발송일을 법정기일로 보아야 한다는 것이 판례이다.[301)]

(ㄴ) 전세권 · 질권 · 저당권 등의 설정사실 증명

전세권, 질권 또는 저당권과 「주택임대차보호법」 제3조의2제2항 또는 「상가건물 임대차보호법」 제5조제2항에 따라 대항요건과 확정일자를 갖춘 임차권 및 납세의무자를 등기의무자로 하고 채무불이행을 정지조건으로 하는 대물변제(代物辨濟)의 예약에 따라 채권 담보의 목적으로 가등기(가등록을 포함한다. 이하 같다)를 마친 가등기 담보권에 해당하는 권리가 설정된 사실은 다음 중 어느 하나에 해당하는 방법으로 증명한다(국기 35①iii, 국기령 18②).

① 부동산등기부 등본
② 공증인의 증명
③ 질권에 대한 증명으로서 세무서장이 인정하는 것
④ 공문서 또는 금융회사 등의 장부상의 증명으로서 세무서장이 인정하는 것

(다) 특수한 경우

(ㄱ) 담보가등기의 경우

법정기일 후에 납세의무자를 등기의무자로 하고 채무불이행을 정지조건으로 하는 대물변제(代物辨濟)의 예약에 따라 채권 담보의 목적으로 가등기(가등록을 포함한다. 이하 같다)가 이루어진 경우라도 체납압류가 이루어지기 전에 담보가등기권의 실행으로 그 가등기에 따른 본등기가 이루어진 이후에는 대상목적물로부터

---

300) 대판 1962.7.19. 62다190 참조.
301) 대판 2001.4.24. 2001다10076 참조.

담보가등기권설정자의 체납조세는 징수될 수 없다.

그러나 법정기일 후에 납세의무자를 등기의무자로 하고 채무불이행을 정지조건으로 하는 대물변제(代物辨濟)의 예약에 따라 채권 담보의 목적으로 가등기를 마친 사실이 대통령령(국기령 18②)으로 정하는 바에 따라 증명되는 재산을 매각하여 그 매각금액에서 국세를 징수하는 경우에는 그 재산을 압류한 날 이후에 그 가등기에 따른 본등기가 이루어지더라도 그 국세는 그 가등기에 의해 담보된 채권보다 우선한다(국기 35④).

(ㄴ) 양도담보권의 경우

납세자가 국세 및 강제징수비를 체납한 경우에 그 납세자에게 양도담보재산이 있을 때에는 그 납세자의 다른 재산에 대하여 강제징수를 하여도 징수할 금액에 미치지 못하는 경우에만 「국세징수법」에서 정하는 바에 따라 그 양도담보재산으로써 납세자의 국세 및 강제징수비를 징수할 수 있다. 다만, 그 국세의 법정기일 전에 담보의 목적이 된 양도담보재산에 대해서는 그러하지 아니하다(국기 42①).

「국세징수법」 제7조제1항에 따라 양도담보권자에게 납부고지가 있은 후 납세자가 양도에 의하여 실질적으로 담보된 채무를 불이행하여 해당 재산이 양도담보권자에게 확정적으로 귀속되고 양도담보권이 소멸하는 경우에는 납부고지 당시의 양도담보재산이 계속하여 양도담보재산으로서 존속하는 것으로 본다(국기 42②).

"양도담보재산"이란 당사자 간의 계약에 의하여 납세자가 그 재산을 양도하였을 때에 실질적으로 양도인에 대한 채권담보의 목적이 된 재산을 말한다(국기 42③).

양도담보권의 설정으로 양도담보재산의 소유권은 물권적으로 양도담보권자에게 귀속되고, 양도담보설정자는 담보채무를 완제하고서 양도담보권자로부터 소유권의 회복을 구할 수 있는 채권적인 권리만이 있는 것이므로 양도담보재산으로부터는 양도담보설정자의 체납조세를 징수할 수 없는 것이지만, 그 실질이 담보라는 점을 고려하여 국세기본법에 위와 같은 특별규정을 두고 있는 것이다.

(ㄷ) 거짓 담보권 등의 경우

세무서장은 납세자가 제3자와 짜고 거짓으로 재산에 다음 중 어느 하나에 해당하는 계약을 하고 그 등기 또는 등록을 하거나 「주택임대차보호법」 제3조의2

제2항 또는 「상가건물 임대차보호법」 제5조제2항에 따른 대항요건과 확정일자를 갖춘 임대차 계약을 체결함으로써 그 재산의 매각금액으로 국세를 징수하기가 곤란하다고 인정할 때에는 그 행위의 취소를 법원에 청구할 수 있다. 이 경우 납세자가 국세의 법정기일 전 1년 내에 특수관계인 중 대통령령(국기령 18의2)으로 정하는 자와 전세권·질권 또는 저당권 설정계약, 임대차 계약, 가등기 설정계약 또는 양도담보 설정계약을 한 경우에는 짜고 한 거짓 계약으로 추정한다(국기 35⑥).

① 전세권·질권 또는 저당권의 설정계약(국기 35①iii가)

② 임대차 계약(국기 35①iii나)

③ 담보가등기 설정계약(국기 35①iii다)

④ 양도담보 설정계약(국기 42②)

짜고 한 거짓 계약으로 추정되는 계약의 특수관계인의 범위에 관하여는 국세기본법시행령 제18조의 2 참조.

(ㄹ) 다른 조세채권과의 우선순위

국세 강제징수에 따라 납세자의 재산을 압류한 경우에 다른 국세 및 강제징수비 또는 지방세의 교부청구(「국세징수법」 제61조 또는 「지방세징수법」 제67조에 따라 참가압류를 한 경우를 포함한다. 이하 같다)가 있으면 압류와 관계되는 국세 및 강제징수비는 교부청구된 다른 국세 및 강제징수비 또는 지방세보다 우선하여 징수한다(국기 36①).

지방세 체납처분에 의하여 납세자의 재산을 압류한 경우에 국세 및 강제징수비의 교부청구가 있으면 교부청구된 국세 및 강제징수비는 압류에 관계되는 지방세의 다음 순위로 징수한다(국기 36②).

납세담보물을 매각하였을 때에는 제36조에도 불구하고 그 국세 및 강제징수비는 매각대금 중에서 다른 국세 및 강제징수비와 지방세에 우선하여 징수한다(국기 37).

다. 지방세의 경우

(가) 지방세에 우선하는 채권

다음 중 어느 하나에 해당하는 공과금과 그 밖의 채권은 지방자치단체의 징수금에 우선한다(지기 71①단).

① 국세 또는 공과금의 체납처분을 하여 그 체납처분 금액에서 지방자치단체의 징수금을 징수하는 경우의 그 국세 또는 공과금의 체납처분비

② 강제집행·경매 또는 파산절차에 따라 재산을 매각하여 그 매각금액에서 지방자치단체의 징수금을 징수하는 경우의 해당 강제집행·경매 또는 파산절차에 든 비용

③ "법정기일" 전에 전세권·질권·저당권[302]의 설정을 등기·등록한 사실 또는 「주택임대차보호법」 제3조의2제2항 및 「상가건물 임대차보호법」 제5조제2항에 따른 대항요건과 임대차계약증서상의 확정일자(確定日字)를 갖춘 사실이 대통령령으로 정하는 바에 따라 증명되는 재산을 매각하여 그 매각금액에서 지방세(그 재산에 대하여 부과된 지방세는 제외한다)를 징수하는 경우의 그 전세권·질권·저당권에 따라 담보된 채권, 등기 또는 확정일자를 갖춘 임대차계약증서상의 보증금

④ 「주택임대차보호법」 제8조 또는 「상가건물 임대차보호법」 제14조가 적용되는 임대차관계에 있는 주택 또는 건물을 매각하여 그 매각금액에서 지방세를 징수하는 경우에는 임대차에 관한 보증금 중 일정액으로서 각 규정에 따라 임차인이 우선하여 변제받을 수 있는 금액에 관한 채권

⑤ 사용자의 재산을 매각하거나 추심하여 그 매각금액 또는 추심금액에서 지방세를 징수하는 경우에는 「근로기준법」 제38조제2항 및 「근로자퇴직급여 보장법」 제12조제2항에 따라 지방세에 우선하여 변제되는 임금, 퇴직금, 재해보상금

(나) 지방세와 우선순위를 정하는 기준

(ㄱ) 지방세의 법정기일

지방세의 법정기일이란 다음의 어느 하나에 해당하는 기일을 말한다(지기 71①iii).

① 과세표준과 세액의 신고에 의하여 납세의무가 확정되는 지방세의 경우 신고한 해당 세액에 대해서는 그 신고일

② 과세표준과 세액을 지방자치단체가 결정 또는 경정하는 경우에 고지한 해

302) 국세기본법 제35조의 경우와 마찬가지로 「질권 또는 저당권」은 「질권·저당권 또는 동산·채권 등의 담보에 관한 법률에 따른 담보권」으로 이해하는 것이 타당하다.

당 세액(국세기본법 제55조제1항제3호 · 제4호에 따른 납부지연가산세 및 같은 법 제56조제1항제3호에 따른 특별징수 납부지연가산세를 포함한다)에 대해서는 납세고지서의 발송일

③ 특별징수의무자로부터 징수하는 지방세의 경우에는 가목 및 나목의 기일과 관계없이 그 납세의무의 확정일

④ 양도담보재산 또는 제2차 납세의무자의 재산에서 지방세를 징수하는 경우에는 납부통지서의 발송일

⑤ 「지방세징수법」 제33조제2항에 따라 납세자의 재산을 압류한 경우에 그 압류와 관련하여 확정된 세액에 대해서는 ①부터 ④까지의 기일과 관계없이 그 압류등기일 또는 등록일

법정기일 전의 의미와 법정기일과 관련한 그 밖의 문제는 국세에서 설명한 바와 같다.

(ㄴ) 전세권 · 질권 · 저당권 등의 설정사실 증명

전세권 · 질권 · 저당권의 설정을 등기 · 등록한 사실 또는 주택임대기보호법 제3조의2제2항 및 상가건물 임대차보호법 제5조제2항에 따른 대항요건과 임대차계약증서상의 확정일자를 갖춘 사실은 다음 중 어느 하나에 해당하는 것으로 증명한다(지기 71①iii, 지기령 50).

① 등기사항증명서

② 공증인의 증명

③ 질권에 대한 증명으로서 지방자치단체의 장이 인정하는 것

④ 금융회사 등의 장부 등으로 증명되는 것으로서 지방자치단체의 장이 인정하는 것

⑤ 그 밖에 공부(公簿)상으로 증명되는 것

(다) 특수한 경우

(ㄱ) 담보가등기의 경우

납세의무자를 등기의무자로 하고 채무불이행을 정지조건으로 하는 대물변제의 예약(豫約)을 근거로 하여 권리이전의 청구권 보전(保全)을 위한 가등기(가등록을 포함한다. 이하 같다)와 그 밖에 이와 유사한 담보의 대상으로 된 가등기가 되어 있는

재산을 압류하는 경우에 그 가등기를 근거로 한 본등기가 압류 후에 되었을 때에는 그 가등기의 권리자는 그 재산에 대한 체납처분에 대하여 그 가등기를 근거로 한 권리를 주장할 수 없다. 다만, 지방세(그 재산에 대하여 부과된 지방세는 제외한다)의 법정기일 전에 가등기된 재산에 대해서는 그 권리를 주장할 수 있다(지기 71②).

(ㄴ) 양도담보의 경우

납세자가 지방자치단체의 권수금을 체납한 경우에 그 납세자에게 양도담보재산이 있을 때에는 그 납세자의 다른 재산에 대하여 체납처분을 집행하고도 징수할 금액이 부족한 경우에만 그 보도담보재산으로써 납세자에 대한 지방자치단체의 징수금을 징수할 수 있다. 다만, 지방자치단체의 징수금의 법정기일 전에 담보의 대상이 된 양도담보재산에 대해서는 지방자치단체의 징수금을 징수할 수 없다(지기 75①). 이 경우 양도담보재산은 당사자 간의 양도담보설정계약에 따라 납세자가 그 재산을 양도한 때에 질적으로 양도인에 대한 채권담보의 대상이 된 재산으로 한다(지기 75②).

납세자가 종중(宗中)인 경우로서 지방자치단체의 징수금을 체납한 경우 그 납세자에게 「부동산 실권리자명의 등기에 관한 법률」 제8조제1호에 따라 종중 외의 자에게 명의신탁한 재산이 있을 때에는 그 납세자의 다른 재산에 대하여 체납처거을 집행하고도 징수할 금액이 부족한 경우에만 그 명의신탁한 재산으로써 납세자에 대한 지방자치단체의 징수금을 징수할 수 있다(지기 75③).

(ㄷ) 거짓 담보권 등의 경우

지방자치단체의 장은 납세자가 제3자와 짜고 거짓으로 그 재산에 대하여 지방세기본법 제71조제1항제3호에 따른 임대차계약, 전세권·질권 또는 저당권의 설정계약, 같은 조 제2항에 따른 가등기설정계약 또는 같은 법 제75조에 따른 양도담보설정계약을 하고 확정일자를 갖추거나 등기 또는 등록 등을 하여, 그 재산의 매각금액으로 지방자치단체의 징수금을 징수하기 어렵다고 인정하면 그 행위의 취소를 법원에 청구할 수 있다. 이 경우 납세자가 지방세의 법정기일 전 1년 내에 그의 특수관계인 중 대통령령(지기령 51, 24②)으로 정하는 자와 「주택임대차보호법」 또는 「상가건물 임대차보호법」에 따른 임대차계약, 전세권·질권 또는 저당권의 설정계약, 가등기설정계약 또는 양도담보설정계약을 한 경우에는 상대방과 짜고 한 거짓계약으로 추정한다(지기 71④).

㈃ 다른 조세채권과의 우선순위

지방자치단체의 징수금 체납으로 인하여 납세자의 재산에 대한 체납처분을 하였을 경우에 그 체납처분비는 지방세기본법 제71조제1항제3호 및 제74조에도 불구하고 다른 지방자치단체의 징수금과 국세 및 그 밖의 채권에 우선하여 징수한다(지기 72).

지방자치단체의 징수금의 체납처분에 의하여 납세자의 재산을 압류한 후 다른 지방자치단체의 징수금 또는 국세의 교부청구가 있으면 압류에 관계되는 지방자치단체의 징수금은 교부청구한 다른 지방자치단체의 징수금 또는 국세에 우선하여 징수한다(지기 73①).

다른 지방자치단체의 징수금 또는 국세의 체납처분에 의하여 납세자의 재산을 압류한 후 지방자치단체의 징수금 교부청구가 있으면 교부청구한 지방자치단체의 징수금은 압류에 관계되는 지방자치단체의 징수금 또는 국세의 다음으로 징수한다(지기 73②).

납세담보가 되어 있는 재산을 매각하였을 때에는 지방세기본법 제73조에도 불구하고 해당 지방자치단체에서 다른 지방자치단체의 징수금과 국세에 우선하여 징수한다(지기 74).

⑷ 당해세인 경우의 특례

가. 국세의 경우

㈎ 당해세 절대우선

국세기본법 제35조 제1항제3호에도 불구하고 해당 재산에 대하여 부과된 상속세, 증여세 및 종합부동산세는 같은 호에 따른 채권 또는 임대차보증금반환채권보다 우선하며, 같은 조 제1항제3호의2에도 불구하고 해당 재산에 대하여 부과된 종합부동산세는 같은 호에 따른 채권 또는 임대차보증금반환채권보다 우선한다(국기 35③).

해당 재산에 대하여 부과된 상속세, 증여세 및 종합부동산세를 이른바 당해세라고 하며, 이 당해세를 당해세의 법정기일 전에 설정된 저당권 등에 의하여 담보되는 채권보다 우선징수하도록 한 것을 당해세 절대우선의 원칙이라고 한다.

당해세 절대우선의 적용범위에 관하여 2019년 12월 31일 개정 전 국세기본법

제35조 제1항 제3호에서는 해당 국세의 법정기일보다 전세권, 질권 또는 저당권 등 담보권의 공시일자나 제3자대항요건구비일자가 앞선 채권 등에는 선순위인 반면, 주택임대차보호법 제8조 또는 상가건물임대차보호법 제14조에 따른 소액임차인의 보증금 중 일정액과 근로기준법 제38조 또는 근로자퇴직급여보장법 제12조에 따른 임금, 퇴직금, 재해보상금, 그 밖에 근로관계로 인한 채권에는 후순위인 것으로 규정되어 있었다(동법 제35조 제1항 제4호 제5호 참조).

그런데 2019년 12월 31일 개정되어 2020년 1월 1일 시행된 국세기본법 제35조 제3항에서는 개정 전 국세기본법 제35조 제1항 제3호에만 적용되던 당해세 절대 우선의 특례를 동조 동항 제4호와 제5호에도 적용되는 것으로 하고 있어, 당해세가 주택임대차보호법 제8조 또는 상가건물임대차보호법 제14조에 따른 소액임차인의 보증금 중 일정액과 근로기준법 제38조 또는 근로자퇴직급여보장법 제12조에 따른 임금, 퇴직금, 재해보상금, 그 밖에 근로관계로 인한 채권에도 우선하는지 문제로 되었다.

이에 관하여 국세청에서는 「국세기본법 제35조 제3항은 제1항에도 불구하고 해당 재산에 대하여 부과된 상속세, 증여세 및 종합부동산세는 '법정기일 전에 설정된 제1항 각호의 권리에 의하여 담보된 채권 또는 임대차보증금반환채권'보다 우선한다」라고 규정되어 있어, 당해세는 법정기일 전에 설정된 권리에 의하여 담보된 채권 또는 임대차보증금반환채권(제1항 제3호)에 해당하지 않는, 제1항 제4호(주택 및 상가건물 소액보증금 중 일정액의 채권)와 제5호(근로관계채권) 채권보다 우선징수될 수 없다고 해석한 바 있으며(2020.12.22. 징세과-6215 참조), 실무에서도 우선하지 않는 것으로 처리하고 있었다.

그러나 국세기본법 제35조 제3항에서 규정하는 「법정기일 전에 설정된 제1항 각호의 권리에 의하여 담보된 채권 또는 임대차보증금반환채권」 중에는, 「주택임대차보호법 제8조 또는 상가건물임대차보호법 제14조에 따른 소액임차인의 보증금 중 일정액과 근로기준법 제38조 또는 근로자퇴직급여보장법 제12조에 따른 임금, 퇴직금, 재해보상금, 그 밖에 근로관계로 인한 채권」도 포함된다고 볼 수 있다는 점에서, 위 국세청의 해석에는 여전히 의문이 남았었다. 이에 2022년 12월 31일 개정되어 2023년 1월 1일 시행된 국세기본법 제35조 제3항에서는 당해세 절대우선의 원칙이 적용되는 범위에서 제1항 제4호(주택 및 상가건물 소액보증금 중 일정액의 채권)와 제5호(근로관계채권)를 제외함으로써 해석상의 의문을 입법적으로 해결한 바 있다.

국세기본법에서 당해세의 특례를 정하고 있는 것은 □그 재산에 대하여 부과□된 이른바 당해세는 그 재산에 관하여 발생한 것이므로 이를 절대적으로 우선시켜 국가재정을 튼튼히 하려는 데에 있다. 그런데 이 당해세 제도는 이들 담보권자의 권리를 지나치게 제한하는 것으로 위헌이 아닌가 하는 의문이 들 수 있다. 그러나 헌법재판소에서는 □국세기본법 제35조 제1항 제3호의 "(그 재산에 대하여 부과된 국세와 가산금을 제외한다)"는 부분 중 당해 재산의 소유 그 자체를 과세의 대상으로 하여 부과하는 이른바 강학상의 재산세에 해당하는 국세와 가산금 부분은 담보권자의 예측가능성을 해치지 아니하므로 과세요건 명확주의에 위반되지 아니하고, 재산권인 저당권 등의 본질적인 내용을 침해하거나 그 내용을 과도하게 제한하는 것이라고 볼 수 없다(헌재 1999. 5. 27. 97헌바8)□라고 하여 합헌결정을 한 바 있다.[303)]

[참고] 국세인 당해세의 변천내용

적용기간	당해세의 종류	관계법령
1989.12.31. 이전	상속세 · 증여세 · 재평가세	국세기본법시행령
1990.01.01~1998.12.31	상속세 · 증여세 · 재평가세 · 토지초과이득세[304)]	1989.12.30. 국세기본법시행령개정
1999.01.01~2003.12.30	상속세 · 증여세 · 재평가세	1998.12.31. 국세기본법시행령개정
2003.12.31~2005.01.04	상속세 · 증여세[305)]	2003.12.30. 국세기본법 및 국세기본법시행령개정
2005.01.05. 이후	상속세 · 증여세 · 종합부동산세[306)]	2005.1.5. 국세기본법개정

303) 헌재 1999.5.27. 97헌바8 참조.

304) 1989.12.30. 토지초과이득세법(법률 제4177호)의 제정으로 신설되어 당해세로 규정되었다가 1998.12.28. 토지초과이득세법이 폐지(법률 제5586호)됨에 따라 당해세에서 제외되었다.

305) 2003.12.30. 이전에 부과하였거나 부과하여야 할 재평가세에 대하여 종전의 규정에 따라 당해세 우선의 원칙이 적용되는지 여부에 관하여는 아무런 규정을 두고 있지 않으나 긍정하는 것이 타당하다(지방세로서 당해세이었던 취득세와 등록세에 관하여는 1999.12.31. 개정 지방세법시행령 부칙 제2조에서 명문으로 긍정하고 있다).

306) ① 2005.1.5. 세제개편으로 새로이 종합부동산세법이 제정(법률 제7328호)되어 국세로서 종합부동산세가 신설됨으로써 같은 날 국세기본법 제35조제5항이 개정되어 당해세로 추가된 것이다.

② 2005.1.5. 이후 부과된 종합부동산세가 2005.1.4. 이전에 설정된 저당권에 관하여도 적용되는지 여부가 문제로 되나, 헌법 제23조의 재산권보장원칙과 제13조제2항의 소급입법에 의한 재산권제한의 금지원칙 등에 비추어 부정하는 것이 타당하다.

㈏ 당해세 절대우선의 예외

당해세 절대우선의 원칙에는 주거생활의 안정을 위한 특례가 규정되어 있다. 이 특례에 의하면 「주택임대차보호법」 제3조의2 제2항에 따라 대항요건과 확정일자를 갖춘 임차권에 의하여 담보된 임대차보증금반환채권 또는 같은 법 제2조에 따른 주거용 건물에 설정된 전세권에 의하여 담보된 채권(이하 "임대차보증금반환채권등"이라 한다)의 경우는 해당 임차권 또는 전세권이 설정된 재산이 국세의 강제징수 또는 경매 절차를 통하여 매각되어 그 매각금액에서 국세를 징수하는 경우 그 확정일자 또는 설정일보다 법정기일이 늦은 해당 재산에 대하여 부과된 국세인 상속세, 증여세 및 종합부동산세의 우선 징수순서에 대신하여 변제될 수 있다. 다만, 이 경우 대신 변제되는 금액은 우선 징수할 수 있었던 해당 재산에 대하여 부과된 상속세, 증여세 및 종합부동산세의 징수액에 한정하며, 임대차보증금반환채권등보다 우선 변제되는 저당권 등의 변제액과 제3항에 따라 해당 재산에 대하여 부과된 상속세, 증여세 및 종합부동산세를 우선 징수하는 경우에 배분받을 수 있었던 임대차보증금반환채권등의 변제액에는 영향을 미치지 아니한다(국기 35⑦).

이는 당해세 절대우선의 원칙을 유지하되, 절대우선 되는 당해세인 국세와 「주택임대차보호법」 제3조의2 제2항에 따라 대항요건과 확정일자를 갖춘 임차권에 의하여 담보된 임대차보증금반환채권 또는 같은 법 제2조에 따른 주거용 건물에 설정된 전세권에 의하여 담보된 채권이 병존하는 경우에 절대우선 하는 당해세의 범위에서 그 당해세에 대신하여 "임대차보증금반환채권등"을 변제토록 하는 예외만을 인정하고 그 이외에는 원래의 순위를 그대로 인정한다는 특례이다.

나. 지방세의 경우

㈎ 당해세 절대우선

지방세기본법 제71조제1항제3호에 따라 지방자치단체의 징수금의 법정기일 전에 전세권 · 질권 · 저당권의 설정을 등기 · 등록한 사실 또는 「주택임대차보호법」 제3조의2제2항 및 「상가건물 임대차보호법」 제5조제2항에 따른 대항요건과 임대차계약증서상의 확정일자(確定日字)를 갖춘 사실이 증명된 채권 등이라도 해당 재산에 대하여 부과된 지방자치단체의 징수금에 대하여는 우선하지 못한다(지기 71③iii).

해당 재산에 대하여 부과된 지방자치단체의 징수금을 이른바 당해세라고 한다. 지방세 중 당해세는 재산세·자동차세(자동차 소유에 대한 자동차세만 해당한다)·지역자원시설세(소방분에 대한 지역자원시설세만 해당한다) 및 지방교육세(재산세와 자동차세에 부가되는 지방교육세만 해당한다)로 한정되어 있다(지기 71⑤).

당해세인 지방세라도 주택임대차보호법 제8조 또는 상가건물임대차보호법 제14조에 따른 소액임차인의 보증금 중 일정액과 근로기준법 제38조 또는 근로자퇴직급여보장법 제12조에 따른 임금, 퇴직금, 재해보상금, 그 밖에 근로관계로 인한 채권에 대하여는 후순위가 된다(지기 71①iii 참조).

[참고] 지방세인 당해세의 변천내용

적용기간	당해세의 종류	관계법령
1991.12.14. 이전	당해세 폐지	1991.12.14. 지방세법개정
1996.01.01~1999.12.31	취득세·등록세·재산세·자동차세·종합토지세·도시계획세·공동시설세[307]	1995.12.06. 지방세법개정 1996.12.31.지방세법시행령개정
2000.01.05~2010.12.31	재산세·자동차세·종합토지세·도시계획세·공동시설세[308]	1999.12.31. 지방세법시행령개정
2005.12.31~2005.1.4	재산세·자동차세·도시계획세·공동시설세·지방교육세(재산세와 자동차세분에 한함)[309]	2005.01.05. 지방세법 및 지방세법시행령개정
2011.01.01~2020.12.31	재산세·자동차세(자동차 소유에 대한 자동차세만 해당한다)·지역자원시설세(특정부동산에 대한 지역자원시설세만 해당한다) 및 지방교육세(재산세와 자동차세에 부가되는 지방교육세만 해당한다)[310]	2010.03.31. 지방세법개정 및 지방세기본법제정
2021.01.01. 이후	재산세·자동차세(자동차 소유에 대한 자동차세만 해당한다)·지역자원시설세(소방분에 대한 지역자원시설세만 해당한다) 및 지방교육세(재산세와 자동차세에 부가되는 지방교육세만 해당한다)[311]	2019.12.31. 지방세법 및 및 지방세기본법개정

(나) 당해세 절대우선의 예외

당해세 절대우선의 원칙에는 주거생활의 안정을 위한 특례가 규정되어 있다. 이 특례에 의하면 「주택임대차보호법」 제3조의2제2항에 따라 대항요건과 확정일

---

307) 1996.1.1.부터 시행된 개정 지방세법에 의하여 부활된 당해세가, 부활 전에 설정된 저당권에 관하여도 적용되는지 여부가 문제로 되나 헌법 제23조의 재산권보장원칙(헌 23)과 제13조제2항의 소급입법에 의한 재산권제한의 금지원칙 등에 비추어 부정하는 것이 타당하다(대판 1999.4.9. 98다60880 참조).

308) 1999.12.31. 이전에 부과하였거나 부과하여야 할 취득세와 등록세에 대하여는 종전의 규정에 따라 당해세 우선의 원칙이 적용된다(1999.12.31. 개정 지방세법시행령 부칙 ②).

309) ① 2005.1.5. 세제개편으로 지방세법이 개정(법률 제7332호)되어 재산세와 종합토지세가 재산세로 일원화됨에 따라 종합토지세가 당해세에서 제외되고, 지방세법시행령의 개정(대통령령 제18669호)으로 지방교육세(재산세와 자동차세분에 한함)가 새로이 당해세로 추가된 것이다.
② 2005.1.4. 이전에 부과하였거나 부과하여야 할 종합토지세에 대하여는 종전의 규정에 따라 당해세 우선의 원칙이 적용된다(2005.1.5. 개정 지방세법시행령 부칙 2).
③ 2005.1.5. 이후 부과된 지방교육세(재산세와 자동차세분에 한함)가 2005.1.4. 이전에 설정된 저당권에 관하여도 적용되는지 여부가 문제로 되나, 위 4)의 취득세와 등록세에 있어서와 같은 취지에서 부정하는 것이 타당하다.

310) 2010.3.31. 개정 및 제정된 지방세제의 개편내용에 의하면 이전의 지방세법은 지방세기본법, 지방세법, 지방세특례제한법 분리되어 2011.1.1.부터 시행되었다. 새로이 제정된 지방세기본법에서는 종래 지방세법에서 규정하던 지방세의 세목을 조정하여 ①재산세와 도시계획세를 재산세로 ②등록세와 면허세를 등록면허세로 ③공동시설세와 지역개발세를 지역자원시설세로 ④자동차세와 주행세를 자동차세로 통합하였고 ⑤도축세는 축산 산업의 국가경쟁력 향상을 위해 폐지하였다(지기 8). 그런데 새로이 제정된 지방세기본법에서 조정 규정한 지방세의 명칭만을 보면, 구 지방세법상 당해세가 아닌 지역개발세와 주행세가 당해세인 공동시설세 및 자동차세와 각각 통합되어 당해세인 지역자원시설세 및 자동차세가 되었다는 점에서, 이번 지방세제의 개편으로 당해세가 늘어난 것처럼 보인다. 그러나 새로이 제정된 지방세기본법에서는 자동차세와 지역자원시설세 모두를 당해세로 하고 있지 않고 자동차 소유에 대한 자동차세와, 특정부동산에 대한 지역자원시설세만 당해세에 해당된다고 함으로써 지역자원시설세 중 지역개발세 해당 부분과 자동차세 중 주행세 해당 부분이 당해세가 아님을 분명히 하고 있어 개정전 지방세법에서 규정하는 당해세와 차이가 없다.

311) 2019.12.31.개정되어 2021.1.1. 시행되기 전의 지방세법 제142조제1항제2호는 소방시설, 오물처리시설, 수리시설, 그 밖의 공공시설로 인하여 이익을 받는 자의 건축물, 선박 및 토지를 "특정부동산"이라 하고, 이를 대상으로 부과하는 지역자원시설세 특정부동산 지역자원시설세라 하였고(지세 142①ii), 2019.12.31.개정되어 2021.1.1. 시행되기 전의 지방세기본법 제71조제5항은 이 특정부동산 지역자원시설세를 당해세로 규정하고 있었다. 이에 대하여 2019.12.31.개정되어 2021.1.1. 시행된 지방세법 제142조제1항제3호는 소방시설로 인하여 이익을 받는 자의 건축물(주택의 건축물 부분을 포함) 및 선박(납세지를 관할하는 지방자치단체에 소방선이 없는 경우는 제외)을 대상으로 부과되는 지역자원시설세를 소방분 지역자원시설세로 규정하고, 2019.12.31.개정되어 2021.1.1. 시행된 지방세기본법 제71조제5항은 이 소방분 지역자원시설세 당해세로 규정하고 있다.

자를 갖춘 임차권에 의하여 담보된 보증금반환채권 또는 같은 법 제2조에 따른 주거용 건물에 설정된 전세권에 의하여 담보된 채권(이하에서 "임대차보증금반환채권등"이라 한다)은 해당 임차권 또는 전세권이 설정된 재산이 지방세의 체납처분 또는 경매·공매 절차를 통하여 매각되어 그 매각금액에서 지방세를 징수하는 경우 그 확정일자 또는 설정일보다 법정기일이 늦은 해당 재산에 대하여 부과된 지방세기본법 제71조제5항제1호[재산세], 제3호[지역자원시설세(소방분에 대한 지역자원시설세만 해당한다)] 및 제4호[지방교육세(재산세에 부가되는 지방교육세만 해당한다)에 해당하는 지방세(이하 "재산세등"이라 한다)의 우선 징수 순서에 대신하여 변제될 수 있다. 이 경우 대신 변제되는 금액은 우선 징수할 수 있었던 해당 재산에 대하여 부과된 "재산세등"의 징수액에 한정하며, "임대차보증금반환채권등"보다 우선 변제되는 저당권 등의 변제액과 지방세기본법 제71조제1항제3호 각 목 외의 부분 및 같은 조 제2항 단서에 따라 해당 재산에 대하여 부과된 "재산세등"을 우선 징수하는 경우에 배분받을 수 있었던 "임대차보증금반환채권등"의 변제액에는 영향을 미치지 아니한다(지기 71⑥).

이는 당해세 절대우선의 원칙을 유지하되, 절대우선 되는 당해세인 지방세와 「주택임대차보호법」 제3조의2 제2항에 따라 대항요건과 확정일자를 갖춘 임차권에 의하여 담보된 임대차보증금반환채권 또는 같은 법 제2조에 따른 주거용 건물에 설정된 전세권에 의하여 담보된 채권이 병존하는 경우에 절대우선 하는 당해세의 범위에서 그 당해세에 대신하여 "임대차보증금반환채권등"을 변제토록 하는 예외만을 인정하고 그 이외에는 원래의 순위를 그대로 인정한다는 특례이다.

(5) 조세우선권과 근저당권 등의 관계

가. 통상의 우선순위

근저당권 등 ① 전세권, 질권 또는 저당권 ② 「주택임대차보호법」 제3조의2제2항 또는 「상가건물 임대차보호법」 제5조제2항에 따라 대항요건과 확정일자를 갖춘 임차권 ③ 납세의무자를 등기의무자로 하고 채무불이행을 정지조건으로 하는 대물변제(代物辨濟)의 예약에 따라 채권 담보의 목적으로 가등기(가등록을 포함한다. 이하 같다)를 마친 가등기 담보권의 어느 하나가 설정된 부동산이 조세의 강제징수 또는 경매 절차 등을 통하여 매각된 경우, 조세채권과 근저당권 등 위 ① ② ③의 권리에 의하여 담보되는 채권과의 사이의 우선순위는 근저당권 등 위 ① ② ③의 설정등기일자 또는 대항력구비일과 확정일자 중 늦은 일자가 조세의 법정기일전이면 근저당권 등 위 ① ② ③의 권리에 의하여 담보되는 채권이 우선하고, 조세의 법정기일 후이거나 같으면 조세채권이 우선한다(국기 35①iii, 지기 71①iii).

나. 소유자 변동이 있는 경우

㈎ 문제의 소재

근저당권 등 위 ① ② ③의 권리의 어느 하나가 설정된 부동산이 양도나 상속 또는 증여로 소유자가 변동된 후에, 해당 부동산이 조세의 강제징수 또는 경매 절차 등을 통하여 매각된 경우 양도나 상속 또는 증여되기 전의 소유자인 양도인, 피상속인, 증여자에 대한 조세 및 양도나 상속 또는 증여된 후의 소유자인 양수인, 상속인, 수증자에 대한 조세가 근저당권 등 위 ① ② ③의 권리에 의하여 담보되는 채권과의 사이에 어떤 기준에 따라 우선순위가 정해지는지 문제로 된다.

㈏ 양도인, 피상속인, 증여자 대한 조세

양도인이나 피상속인 또는 증여자에게 부과된 국세나 지방세는 근저당권 등 위 ① ② ③의 권리의 어느 하나에 해당하는 권리가 설정된 부동산의 소유자가 변동되기 전에 체납압류를 하지 않은 이상, 당해세이거나 그 법정기일이 근저당권 등 위 ① ② ③의 권리 설정 이전이라 하더라도, 해당 부동산이 조세의 강제징수 또는 경매 절차 등을 통하여 매각된 경우, 그 매각대금으로부터 우선징수를 할 수 없는 것으로 보아야 한다. 근저당권 등 위 ① ② ③의 권리는 등기부기록 등 제3자 대항력구비에 필요한 공시가 되어 있어 제3자가 소유권취득시에 그 내용을 알 수 있는 반면, 국세나 지방세는 미리 체납압류를 하지 않은 이상 제3자 대항력구비를 위한 공시가 되어 있지 않아, 해당 부동산의 소유권을 취득하는 제3자가 소유권취득시에 그 내용을 알 수 없는 것이기 때문이다.

대법원판례도 「국세기본법 제35조에 의하여 인정되는 국세의 우선권은 납세자의 재산에 대한 강제집행, 경매, 체납처분 등의 강제환가절차에서 국세를 다른 공과금 기타 채권에 우선하여 징수하는 효력을 의미할 뿐 그 이상으로 납세자의 총재산에 대하여 조세채권을 위한 일반의 선취특권이나 특별담보권을 인정하는 것은 아니므로, 국세의 우선권을 근거로 이미 제3자 앞으로 소유권이 이전된 재산권을 압류할 수는 없고, 이는 당해 재산에 대하여 부과된 국세의 경우도 마찬가지이다」라고 판시하고 있다.[312)]

판례1-61

양수재산으로부터 양도인의 국세를 우선 징수할 수 있는지 여부

납세의무자의 소유가 아닌 재산에 의하여 국세를 징수할 수는 없으므로 국세의 체납처분 등에 의하여 납세의무자의 재산이 압류되기 전에 제3자가 그 소유권을 취득하였다면 그 재산에 대하여는 원칙적으로 국세의 우선징수권이 미치지 아니하므로, 부동산에 대한 강제집행절차가 진행되는 도중에 그 목적물이 제3자에게 양도된 경우에도 그 이전에 양도인의 체납국세에 관하여 체납처분 등으로 압류를 한 바 없다면 그 이후에 그 체납국세에 관하여 교부청구를 하더라도 낙찰대금으로부터 우선 배당을 받을 수 없고, 따라서 그러한 교부청구에 기하여 우선 배당을 받았다면 이는 다른 배당권자에 대한 관계에서 부당이득이 된다(대판 1998.8.21. 98다24396).

(다) 양수인, 상속인, 수증자에 대한 조세

(ㄱ) 양도에 의한 소유권이전의 경우

양수인이나 상속인 또는 수증자에게 부과된 국세나 지방세는 국세기본법 제35조 제1항 제3호 및 지방세기본법 제71조 제1항 제3호의 법문을 문리 그대로 해석하면, 해당 국세나 지방세가 당해세이거나 그 법정기일이 근저당권 등 위 ① ② ③의 권리 설정 이전 이전이면 근저당권 등 위 ① ② ③의 권리에 우선하게 된다.

그런데 이렇게 되면 근저당권 등 위 ① ② ③의 권리가 설정된 부동산의 소유권이 양도나 상속 또는 증여로 다액의 조세를 체납하고 있는 제3자에게 이전되고, 그 양수인이나 상속인 또는 수증자가 체납하고 있는 조세가 당해세이거나 법정기일이 근저당권 등 위 ① ② ③의 권리가 설정된 날 이전이면 근저당권자 등 위 ① ② ③의 권리자는 뜻하지 않은 손해를 보게 되는 불합리한 결과가 된다.

---

312) 대판 1996.10.15. 96다17424 참조.

예컨대 S앞으로 채권최고액을 1억 원으로 하는 근저당권이 설정(등기일자 2020.3.20)되어 있는 A소유 부동산(시가 1억 원)이, B에게 소유권이전등기(등기일자 2020.11.20)된 후 경매되어, 그 배당할 금액이 1억 원이고 A·B의 체납소득세가 A 2천만 원(법정기일 2020.2.20), B 8천만 원(법정기일 2020.2.25)인 경우, 배당할 금액 1억 원이 만일 B에 대한 소유권이전등기가 없었다면 A의 체납소득세 2천만 원, S은행 8천만 원의 순서로 배당되었을 것인데, B에 대한 소유권이전등기가 있음으로써 B의 체납소득세 8천만 원, S은행 2천만 원의 순서로 배당됨으로써, S은행이 뜻하지 않게 6천만 원 만큼의 배당을 적게 받는 손해를 보게 되므로, 이와 같은 불합리할 결과의 발생을 방지할 필요가 있는 것이다.

당해세나 법정기일이 근저당권의 설정등기일자 이전인 국세나 지방세에 관하여, 근저당권을 설정 받고자 하는 자로서는 근저당권설정자에 대한 것은 미리 예측할 수 있지만 근저당목적물이 제3자에게 양도될 경우의 그 제3자에 대한 것까지는 미리 예측할 수가 없다. 근저당목적물이 누구에게 양도될지를 미리 알 수가 없는 것이기 때문이다. 따라서 이와 같이 근저당권자가 그 근저당권을 설정받을 당시에 예측할 수 없는 우연한 사정, 즉 근저당목적물이 다액의 조세체납을 하고 있는 제3자에게 양도되었다는 사실로 인하여, 그 피담보채권을 변제받을 수 없게 된다고 하는 것은 불합리하다고 하지 않을 수 없는 것이다.

이에 대법원판례는 위와 같은 불합리한 결과의 발생을 방지하려는 취지에서 「국세기본법 제35조 제1항 제3호의 규정 또는 지방세법 제31조 제2항 제3호(현재는 지방세기본법 제71조 제1항 제3호)의 규정에 의하여 국세나 지방세에 대하여 우선적으로 보호되는 저당권부채권은 당해 저당권설정 당시의 저당권자와 설정자와의 관계를 기본으로 하여 그 설정자의 납세의무를 기준으로 한 취지라고 해석되고, 이러한 국세나 지방세 등의 우선징수로부터 배제되는 저당권부채권은 설정자가 저당부동산을 제3자에게 양도하고 그 양수인에게 국세나 지방세의 체납이 있었다고 하더라도 특별규정이 없는 현행법하에서는 그 보호의 적격이 상실되는 것은 아니라고 할 것이므로, 저당부동산이 저당권설정자로부터 제3자에게 양도되고 위 설정자에게 저당권에 우선하여 징수당할 아무런 조세의 체납이 없었다면 양수인인 제3자에 대하여 부과한 국세 또는 지방세를 법정기일이 앞선다거나 당해세라 하여 우선 징수할 수 없다고 할 것이고, 이러한 법리는 저당부동산의 양도와 함께 설정자인 양도인, 양수인 및 저당권자 등 3자의 합의에 의하여 저당권자와 양도인 사이에 체결되었던 저당권설정계약상의 양도인이 가지는 계약상의 채무자 및 설정자로서의 지위를 양수인이 승계하기로 하는 내용의 계약인수가 이루어진 경우라고 하여 달리 볼 것이 아니다」는 판시를 한 바 있다.[313)]

(ㄴ) 상속에 의한 소유권이전의 경우

근저당권설정자가 사망하여 근저당목적물에 관하여 상속이 발생함으로써 소유자가 변경된 경우, 저당목적물에 관하여 상속인에게 부과된 상속세가 당해세로 그 근저당권의 피담보채권에 우선하게 되는지의 여부가 문제로 된다. 그러나 이를 긍정하게 되면 근저당권설정자의 사망이란 우연한 사실로 근저당권자가 뜻하지 않은 손해를 보게 되므로 부정하는 것이 타당하다.

판례도 「국세에 대하여 우선적으로 보호되는 저당권으로 담보되는 채권이라 함은 원래 저당권설정 당시의 저당권자와 저당권설정자와의 관계를 기본으로 하여 그 설정자의 납세의무를 기준으로 한 것이라고 해석되므로, 저당권설정자가 그 피담보채권에 우선하여 징수당할 조세의 체납이 없는 상태에서 사망한 경우에 그 상속인에 대하여 부과된 국세인 상속세는 이를 당해세라 하여 우선 징수할 수 없다」고 판시한 바 있다.[314)]

판례1-62

상속 전 설정된 저당권과 상속세의 우선순위

국세에 대하여 우선적으로 보호되는 저당권으로 담보되는 채권이라 함은 원래 저당권설정 당시의 저당권자와 저당권설정자와의 관계를 기본으로 하여 그 설정자의 납세의무를 기준으로 한 것이라고 해석되어지므로, 저당권설정자가 그 피담보채권에 우선하여 징수당할 아무런 조세의 체납도 없는 상태에서 사망한 경우에 그 상속인에 대하여 부과한 국세인 상속세는 이를 당해세라 하여 우선 징수할 수 없고, 이러한 법리는 저당권의 목적인 재산 그 자체를 매각한 대금 중에서 국세를 징수하는 경우뿐만 아니라 그 재산이 수용되어 그 수용보상금이 공탁된 관계로 그 공탁금이 물상대위의 대상이 된 경우에도 동일하게 적용된다(대판 1996.7.12. 96다21058).

(ㄷ) 증여에 의한 소유권이전의 경우

근저당권설정자가 근저당목적물을 증여한 경우, 수증자와 증여자(근저당권설정

313) 대판 2005.3.10. 2004다51153 참조.

314) 대판 1997.5.9. 96다55204 참조.

자)에게 부과되는 증여세가 당해세로서 근저당권의 설정등기일자에 관계없이, 그 근저당권의 피담보채권에 우선하게 되는지 문제로 된다. 이에 관하여 증여자가 납부하여야 하게 되는 증여세의 경우는 조세채권에 추급력이 인정되어 있지 않기 때문에 수증자의 재산이 된 근저당목적물의 가액으로부터 우선징수될 수 없음은 당연하다고 할 수 있다.

이에 대하여 반면에 수증자가 납부하여야 하는 증여세의 경우는 앞에서 설명한 대법원판례460)에 의하면, 증여자가 납부하여야 할 증여세 중 목적재산의 매각대금을 배당할 때까지 체납되어 있는 금액은, 당해세로서 그 근저당권의 피담보채권보다 언제나 우선하는 것으로 생각될 수가 있다. 그러나 이 경우 증여세의 우선징수를 긍정하게 되면, 근저당권자가 뜻하지 않은 손해를 보게 되어 불합리하므로 부정하는 것이 타당하다. 대법원의 판례도 「목적물의 양도인 증여가 행하여진 경우 당해세인 증여세의 납세의무자는 어디까지나 당해 재산을 소유하고 있는 양수인인 수증자라고 할 것이고 구 상속세법(1993.12.31. 법률 제4662호로 개정되기 전의 것) 제29조의2 제2항의 규정(수증자가 납부하지 아니하는 증여세를 증여자가 납부할 의무가 있다는 내용)이 있다고 하여 위 증여세가 양도인인 증여자 자신의 조세로 바뀌는 것은 아니다」고 판시함으로써 이를 부정하고 있다.[315]

㈃ 현행 국세기본법의 내용

2022년 12월 31일 개정되어 2023년 1월 1일 시행된 국세기본법에서는 제35조 제1항에 제3의2호를 신설하여 위 대법원판례의 입장을 보다 명확하게 국세기본법에 규정함으로 이 문제를 입법적으로 아래와 같이 해결하였다.

근저당권 등 ① 전세권, 질권 또는 저당권 ② 「주택임대차보호법」 제3조의2제2항 또는 「상가건물 임대차보호법」 제5조제2항에 따라 대항요건과 확정일자를 갖춘 임차권 ③ 납세의무자를 등기의무자로 하고 채무불이행을 정지조건으로 하는 대물변제(代物辨濟)의 예약에 따라 채권 담보의 목적으로 가등기(가등록을 포함한다. 이하 같다)를 마친 가등기담보권의 어느 하나에 해당하는 권리가 설정된 부동산이 양도, 상속 또는 증여된 후 해당 재산이 국세의 강제징수 또는 경매 절차 등을 통하여 매각되어 그 매각금액에서 국세를 징수하는 경우 해당 재

315) 대판 1994.3.22. 93다49581 참조.

산에 설정된 근저당권 등 위 ① ② ③의 권리에 의하여 담보된 채권 또는 임대차보증금반환채권은 양수인이나 상속인 또는 수증자에게 부과된 국세 및 강제징수비에 우선한다(국기 35①iii의2본). 다만, 다음의 2가지 경우에 해당하는 양수인이나 상속인 또는 수증자에게 부과된 국세 및 강제징수비가 근저당권 등 위 ① ② ③의 권리에 우선한다(국기 35①iii의2단).

첫째, 해당 재산에 대하여 부과된 종합부동산세는 해당 재산에 설정된 근저당권 등 위 ① ② ③의 권리에 의하여 담보된 채권 또는 임대차보증금반환채권보다 우선한다(국기 35③후단). 다만, 이 경우라도 「주택임대차보호법」 제3조의2제2항에 따라 대항요건과 확정일자를 갖춘 임차권에 의하여 담보된 임대차보증금반환채권 또는 같은 법 제2조에 따른 주거용 건물에 설정된 전세권에 의하여 담보된 채권은 당해세 절대우선의 예외가 적용되어, 그 확정일자 또는 설정일보다 법정기일이 늦은 종합부동산세의 징수액에 한하여 그 우선 징수 순서에 대신하여 변제될 수 있다(국기 35⑦).

둘째, 종합부동산세 이외는 법정기일이 근저당권 등 위 ① ② ③의 권리의 설정일보다 빠른 국세에 한하여 아래의 방법에 따라 계산한 금액의 범위에서 해당 재산에 설정된 근저당권 등 위 ① ② ③의 권리에 의하여 담보된 채권 또는 임대차보증금반환채권보다 우선한다(국기 35①iii의2단, 국기령 18③).

① 직전 보유자가 해당 재산을 보유하기 전에 해당 재산에 설정된 근저당권 등 위 ① ② ③의 권리가 없는 경우 : 직전 보유자 보유기간 중의 근저당권 등 위 ① ② ③의 권리 설정일 중 가장 빠른 날보다 법정기일이 빠른 직전 보유자의 국세 체납액을 모두 더한 금액

② 직전 보유자가 해당 재산을 보유하기 전에 해당 재산에 설정된 근저당권 등 위 ① ② ③의 권리가 있는 경우 : 0원

국세기본법 제35조제1항제3호의2의 규정을 위 사례에 적용하면, 근저당 부동산의 매각대금으로부터 근저당채권에 우선하여 배당받을 수 있는 양수인의 체납국세는 법정기일이 근저당권설정등기일 이전이거나 당해세 중 종합부동산세인 조세이어야 한다. 특히 종합부동산세 이외의 국세는 양도가 없었더라면 우선배당 받을 수 있었던 양도인의 체납조세액을 한도로 한다. 예를 들면 위의 사례에서 배당할 금액 1억 원은 B의 체납소득세 2천만 원, S은행의 근저당채권 8천만 원의 순서로 배당되는 것이다.

그리고 양수인이나 상속인 또는 수증자에게 부과된 지방세에 관하여는 지방

세기본법에 규정되어 있는 내용이 없으나, 종합부동산 이외의 국세의 경우에 준하는 것으로 보는 것이 타당하다.

㈑ 보험사고가 발생한 경우

(ㄱ) 문제의 소재

근저당목적물에 보험사고가 발생하면 보험회사로부터 보험계약의 내용에 따른 보험금이 지급되게 되는데 이 보험금과 관련하여서는, 근저당권자의 물상대위권과 그 보험금청구권에 대하여 다른 채권자가 질권을 설정하고 있을 경우의 질권 및 조세체납처분에 의하여 그 보험금이 압류된 경우의 당해 조세채권 사이의 우선순위는 어떻게 결정되는지, 또 그러한 경우에 근저당권자가 취하여야 할 실무상의 대응책은 무엇인지의 문제로 된다.

(ㄴ) 물상대위권과 질권 및 조세징수권 사이의 우선관계

(a) 물상대위권과 질권의 우선관계

동일한 보험금청구권에 대하여 근저당권에 의거한 물상대위권과 질권이 경합할 경우에 어느 쪽이 우선하는지에 관하여는 근저당권의 설정등기일자와 질권의 제3자 대항요건을 구비한 일자를 대비하여 앞서는 쪽이 우선하는 것으로 보되, 만일 양 일자가 같은 때에는 동순위로서 각 자의 피담보채권액에 안분하는 것으로 보아야 한다.

(b) 질권과 조세징수권의 우선관계

동일한 보험금청구권상에 질권과 조세징수권이 경합하는 경우에는, 국세기본법 제35조 제1항 제3호 및 지방세법 제31조 제2항 제3호의 규정에 의하여, 질권설정의 제3자 대항요건을 구비한 일자가 국세 또는 지방세의 법정기일 전인가의 여부에 따라 그 우선관계가 결정된다.

(c) 물상대위권과 조세징수권의 우선관계

보험금청구권이 조세체납처분으로 압류되어 근저당권자의 물상대위권과 경합할 경우에, 양자의 우선관계가 어떻게 결정되는가는 문제이다. 이에 관하여는 앞에서 설명한 물상대위권과 질권 및 조세징수권 사이의 우선관계에서 살펴본바를 종합하여 볼 때, 근저당권의 설정등기가 체납조세의 법정기일 전에 되어 있는가의 여부에 따라 그 우선순위를 결정해야 한다는 견해와, 물상대위를 위한 근저당권자의 압류일자가 체납조세의 법정기일전인가의 여부에 따라 그 우선순위를 결정하여야 한다는 견해의 두 가지를 생각해 볼 수 있는 바, 앞에서 설명한 특정성보전설의 입장에서는 앞의 견해를 취하게 될 것이고 요건행위설의 입장에서는 뒤의 견해를 취하게 될 것이다. 그러나 이미 물상대위권과 질권의 우선관계에서 살펴본 바와 같이 앞의 견해가 타당하다고 본다.

㈂ 실무상의 문제점과 대응책

근저당목적물을 보험에 가입시키고 그 보험금청구권에 질권을 설정하였다가 보험사고가 발생하여 그 보험금청구권에 조세징수권자의 체납압류가 있은 경우, 예컨대 S은행이 A주식회사의 공장건물에 근저당권을 설정하는 한편, 공장건물을 K보험회사에 보험가입토록 하여 그 보험금청구권에 질권을 설정하였다가 보험사고가 발생하자 관할세무서가 A주식회사의 법인세 체납을 이유로 보험금청구권을 압류한 경우와 관련하여 문제가 되는 것이 있다.

위의 예에서 S은행이 설정받은 질권의 확정일자가 체납 법인세의 법정기일 전이면 문제가 없으나, 법정기일 이후이면 S은행이 보험금청구권에 대한 질권을 주장해서는 세무서의 조세징수권에 우선할 수 없어 근저당권자로서의 물상대위권을 행사할 수밖에 없고, 이 경우 물상대위권을 행사하려면 K보험회사가 보험금을 지급하기 전에 압류를 해야 하는데, 압류 전에 K보험회사가 세무서에 보험금을 지급해 버리면 근저당권자로서의 물상대위권을 행사할 수 없게 되는가 하는 점이다. 보험계약은 기간을 1년으로 하여 체결하는 것이 보통이어서 그 보험금청구권을 대상으로 하는 질권설정도 매년 갱신하여야 하는 관계로 질권의 확정일자가 보험계약을 갱신할 때마다 뒤로 밀리기 때문에 생기는 문제이다.

앞의 예에서 체납 법인세의 법정기일이 2020. 8. 20.이고 S은행이 설정 받은 질권의 확정일자가 2020.4.10.이라고 하면 동 보험금에 대하여 S은행의 질권이 세무서의 조세징수권에 우선하게 되나, 보험기간 1년이 지나 2020.4.10. 새로이 보험계약을 체결하고 그 보험금청구권을 대상으로 S은행이 2021.4.10.을 확정일자로 한 새로운 질권을 설정 받은 후에 보험사고가 발생하게 되면 이제는 관할

세무서의 조세징수권이 S은행의 질권에 우선하게 된다. 따라서 이 경우 S은행으로서는 근저당권에 기한 물상대위권을 행사하여야 조세채권에 대하여 우선권을 주장할 수가 있는데, 만일 S은행이 K보험회사가 세무서에 보험금을 지급할 때까지(세무서는 조세징수권에 기한 자력집행권이 있어 K보험회사로서는 보험금을 세무서에 지급할 수밖에 없다) 압류를 하지 못하였다면 이후는 물상대위권을 행사할 수 없게 되는가 하는 점이 문제로 되는 것이다.

지급 전 압류의 의미를 K보험회사의 지급전이라는 의미로 해석하면 S은행은 물상대위권을 행사할 수 없게 되어 동 보험금은 조세채권에 충당될 수밖에 없다. 이에 대하여 K보험회사가 관할세무서에 보험금을 지급하였다 하더라도 그 보험금이 관할세무서에서의 배분절차가 종료되기 전까지는 특정성이 유지되어 있다고 보아, 지급 전 압류의 의미를 배분절차가 종료되기 전까지로 해석하면 S은행으로서는 그때까지 물상대위권을 행사함으로써 조세채권에 대한 우선권을 주장할 수 있다는 것이 된다.

그러나 현행 국세징수법상 관할세무서가 제3채무자(위의 예에서 K보험회사)로부터 지급받은 금액으로부터 배분받을 수 있는 권리자로 취급될 수 있는 기준시점은 관할세무서가 제3채무자로부터 체납압류금액(위의 예에서 보험금)을 지급받은 때라고 보아야 하므로, 세무서가 제3채무자로부터 지급받은 시점에 물상대위권에 기한 압류가 이루어져 있지 않으면 배분받을 권리자에서 제외되는 것으로 볼 수밖에 없다.

따라서 근저당권자가 저당목적물에 대한 보험금청구권에 질권을 설정 받은 후 보험사고가 발생한 사건에 있어서, 근저당권의 설정등기일자는 설정자가 체납하고 있는 조세의 법정기일 전이지만 보험금청구권에 대한 질권의 확정일자가 체납조세의 법정기일 이후이면, 근저당권자로서는 조세체납절차의 진행에 따라 보험회사가 관할세무서에 보험금을 지급하기 전에 반드시 물상대위권에 기한 압류를 해두어야만, 그 체납절차에서 관할세무서로부터 저당권의 피담보채권을 조세채권에 우선하여 배분받을 수 있음을 유의하여야 한다.

그런데 여기에서 또 한 가지 문제가 되는 것은 보험사고가 발생한 경우 보험회사가 그 사실을 질권자에 통지해야 하는 의무가 있는지 여부이다. 보험회사가 이와 같은 의무를 질권자에게 부담한다면 근저당권자로서는 비록 질권에 기하여서는 조세채권에 대하여 우선권을 주장할 수 없지만, 보험사고가 발생한 사실을 보험회사로부터 통지 받아, 보험금이 관할세무서에 지급되기 전에 물상대위권에 기한 압류를 함으로써 근저당권의 피담보채권을 조세채권에 우선하여 배분받을 수 있게 되어 채권관리에 매우 편리할 것이기 때문이다.

그러나 보험회사는 별도의 특약이 없는 한 질권자의 동의 없이 보험금을 질권설정자에게 지급하여서는 아니될 뿐 보험사고가 발생한 사실을 질권자에게 통지할 의무는 없는 것으로 보아야 한다. 따라서 실무상으로는 보험회사로부터 질권설정승낙을 받을 때에 보험사고가 발생하면 그 사실을 질권자에게 반드시 통지하도록 하는 내용의 확약까지 받아두는 것이 좋을 것으로 본다.

한편, 보험사고가 발생하는 경우에 대비하여 근저당권자가 보험금청구권에 대한 조세징수권과의 경합을 배제하고 당해 보험금으로 그 근저당권에 의하여 담보되는 채권에 대한 우선적 변제를 미리 확보해 두기 위해서는 저당권자가 직접 그 보험계약의 피보험자가 되는 수밖에 없다. 이와 같이 하면 보험사고가 발생하는 경우에 당해 보험금의 청구권자(즉, 보험수익자)가 근저당권자로 되어, 보험금이 지급되는 한 근저당권의 설정등기일자가 체납조세의 법정기일 전인지의 여부를 묻지 않고 항상 근저당채권의 우선변제가 보장되기 때문이다. 다만 채무자로 하여금 근저당권자를 피보험자로 하여 보험계약을 체결하게 할 때에는 보험가입 금액을 채권자가 담보로 하고자 하는 금액(예컨대 근저당권의 경우 채권최고액) 범위내로 한정하여야 한다. 채권자의 담보이익을 넘는 금액에 대하여는 피보험이익이 없는 초과보험으로 되어 무효로 취급될 가능성이 있기 때문이다.

그런데 이상과 같이 보험에 가입할 경우에는 채권자의 담보권보전이라는 면에서는 가장 확실하게 되지만, 채무자(또는 소유자)의 보험가입이익과 관련해서 생각하면 다음과 같은 의문이 제기될 수 있다. 첫째는 채무자가 채권자가 담보로 하고자 하는 금액을 초과하는 담보목적물의 가액까지 보험에 가입하고자 할 때에는 어떻게 할 것인가 하는 점이고, 둘째는 실제로 보험사고가 발생하여 보험금이 지급될 때에는 채무의 일부변제 등에 의하여 당해 보험금이 채권자가 변제받을 채권액을 초과할 수 있는데 이 경우 초과보험이 되는가 하는 점이다.

그러나 첫째 의문으로 채권자의 담보이익을 초과하는 금액에 대하여는 채무자를 피보험자로 하여 계약체결(이때에는 한 개의 보험계약에 피보험자가 둘이 되게 된다)하면 될 것이고, 둘째 의문에 대하여는 피보험이익은 원칙적으로 보험계약체결 당시를 기준으로 하므로 문제가 되지 않을 것이며, 또한 보험계약체결

후 채무의 일부변제 등으로 근저당권자가 지급받을 금액이 변제받을 채권액을 초과하는 경우에도 그 초과금액을 채무자(또는 소유자)에게 반환하여 귀속시키면 역시 문제가 되지 않을 것으로 본다.

13. 근로자의 임금우선변제권과의 관계

(1) 임금우선변제권의 의의

근로자의 임금우선변제권이란 근로자가 임금·재해보상금 기타 근로관계로 인한 채권과 퇴직급여등(이하 임금채권이라 한다)에 관하여, 사용자의 총재산으로부터 다른 채권자보다 우선변제 받을 수 있는 권리로서, 사회적·경제적 약자인 근로자의 생존권을 보장하는 차원에서 마련된 제도이다.

임금우선변제권은 일반우선변제권과 최우선변제권으로 구분된다. 일반우선변제권은 질권·저당권 등의 담보권에 따라 담보된 채권 보다는 후순위로 변제되어야 하지만 조세·공과금 및 다른 채권보다는 우선하여 변제되어야 하는 임금채권(다만, 질권·저당권 등의 담보권에 우선하는 조세·공과금은 제외)이고, 최우선변제권은 질권·저당권 등의 담보권에 따라 담보된 채권, 조세·공과금 및 다른 채권에 우선하여 변제되어야 하는 임금채권이다.

임금우선변제권 중 최우선변제권은 그 발생시기가 언제인가에 관계없이 또 그 총액에 대한 제한도 없이, 질권이나 저당권 등에 의하여 담보되는 채권에 우선하게 된다는 점에서, 저당권·질권 등 물적담보권의 우선변제적 효력을 크게 약화시키는 요인으로 작용하고 있어, 물적담보권을 취득하고 금융을 제공하려는 자의 입장에서는 가장 유의하여야 할 사항이라고 할 수 있다.

(2) 임금우선변제권의 내용

가. 최우선변제권의 내용

사용자의 총재산에 대하여 질권·저당권 또는 동산·채권 등의 담보에 관한 법률에 따른 담보권[316]에 따라 담보된 채권, 조세·공과금 및 다른 채권에 우선하여 변제되어야 하는 최우선변제권 있는 임금채권은 ①최종 3개월분의 임금

②재해보상금(근기 38②) ③최종 3년간의 퇴직급여등이다(근퇴보 12②).

최종 3년간의 퇴직급여등에 있어서 퇴직급여등은 ①퇴직금 ②확정급여형퇴직연금제도의 급여(근퇴보 15) ③확정기여형퇴직연금제도의 부담금 중 미납입 부담금 및 미납입 부담금에 대한 지연이자(근퇴보 20③) ④개인형퇴직연금제도의 부담금 중 미납입 부담금 및 미납입 부담금에 대한 지연이자(근퇴보 25②iv)를 말한다.

퇴직급여등 중 ① 퇴직금 ② 확정급여형퇴직연금제도의 급여는 계속근로기간 1년에 대하여 30일분의 평균임금으로 계산한 금액으로 하고(근퇴보 12③), ③ 확정기여형퇴직연금제도의 부담금 ④ 개인형퇴직연금제도의 부담금은 가입자의 연간 임금총액의 12분의 1에 해당하는 금액으로 계산한 금액으로 한다(근퇴보 12④).

그러나 위 근로기준법 제38조와 근로자퇴직급여보장법 제12조의 규정이, 근로자의 임금채권과 질권·저당권 등 담보권에 따라 담보되는 채권 사이의 우선순위를 모두 정해주고 있는 것은 아니며, 다음의 경우 등에 관하여는 그 우선순위에 관하여 정하고 있는 바가 없어 해석으로 해결하는 수밖에 없다.

첫째는 사용자의 주택에 대하여 경매 등이 개시된 경우, 근로자의 최우선변제권 있는 임금채권과 주택임차인 또는 상가건물임차인의 최우선변제채권액(보증금 중 일정액) 사이의 우선순위이다. 이에 관하여는 근로기준법 또는 근로자퇴직급여보장법과 주택임대차보호법 또는 상가건물임대차보호법에서 서로 최우선변제하여야 할 것으로 규정하고 있으므로, 양 채권자는 같은 순위의 권리자로서 채권액에 비례하여 안분배당 받는 것으로 보아야 한다.

둘째는 가등기담보의 대상인 사용자의 재산에 대하여 경매 등이 개시되는 경우, 근로자의 최우선변제권 있는 임금채권과 가등기담보권자의 피담보채권 사이의 우선순위이다. 이에 관하여는 가등기담보 등에 관한 법률에서 경매 등의 경우에는 가등기담보권자를 저당권자로 보도록 규정하고 있으므로(가담 13), 근로자의 임금채권과 저당권부채권의 우선순위에 준하는 것으로 보면 된다.

316) 퇴직급여보장법 제12조 제1항에서는 근로기준법 제38조 제1항과 달리 「질권 또는 저당권」이라고만 규정하고 있으나, 근로기준법 제38조 제1항의 경우와 달리볼 이유가 없으므로 퇴직급여보장법 제12조 제1항에서도 「질권 또는 저당권」은 「질권·저당권 또는 동산·채권 등의 담보에 관한 법률에 따른 담보권」으로 이해하여야 한다.

[참고] 최우선변제권 있는 임금채권의 변천내용

적용기간	최우선변제권의 범위	계산방법
1987.11.28. 1989.3.28.	최종 3월분의 임금[1]	
1989.3.29. 1997.12.23.	최종 3월분의 임금과 퇴직금 및 재해보상금[2]	
1997.12.24. 2005.11.30.	① 최종 3월분의 임금 ② 최종 3년분의 퇴직금 ③ 재해보상금[3]	② 최종 3년분의 퇴직금 : 계속근로년수 1년에 대하여 30일분의 평균임금으로 계산
2005.12.1. 2012.7.25.	(1) 근로기준법 : ① 최종 3월분의 임금 ② 재해보상금 (2) 근로자퇴직급여보장법 : 최종 3년분의 퇴직금[4]	최종 3년분의 퇴직금 : 계속근로기간 1년에 대하여 30일분의 평균임금으로 계산
2012.7.26. 현재	1. 근로기준법 : ① 최종 3월분의 임금 ② 재해보상금 2. ① 근로자퇴직급여보장법 : 최종 3년분의 ①퇴직금 ② 확정급여형퇴직연금제도의 급여 ③ 확정기여형퇴직연금제도의 부담금 중 미납입 부담금 및 미납입 부담금에 대한 지연이자 ④ 개인형퇴직연금제도의 부담금 중 미납입 부담금 및 미납입 부담금에 대한 지연이자[5]	① 퇴직금 ② 확정급여형퇴직연금제도의 급여 : 계속근로기간 1년에 대하여 30일분의 평균임금으로 계산한 금액 ③ 확정기여형퇴직연금제도의 부담금 ④ 개인형퇴직연금제도의 부담금 : 가입자의 연간 임금총액의 12분의 1에 해당하는 금액으로 계산

주1) 최종 3월분의 임금에 대하여 최우선변제권을 부여하는 제도는 1987.11.28 시행된 개정 근로기준법에 의하여 처음 도입되었다. 그런데 이 최우선변제권을 인정한 근로기준법상의 규정이 그 시행 전(1987.11.28전)에 이미 성립한 질권이나 저당권에 의하여 담보되는 채권에 관하여도 적용되는지에 관하여는, 동법에 아무런 규정이 없어 해석상 문제이나 소급금지의 원칙에 비추어볼 때 부정하는 것이 타당하다. 판례도 같다(대판 1990.7.10. 89다카13155).

2) 최종 3월분의 임금은 1989.3.29 시행된 개정 근로기준법에서 「최종 3월분의 임금과 퇴직금 및 재해보상금」으로 확대되었다(동법 30의2②). 다만 이 확대된 부분은 동 개정 근로기준법이 시행된 이후의 것으로 한정하였다(동법 부칙 2).
그런데 「최종 3월분의 임금과 퇴직금 및 재해보상금」의 해석과 관련하여서는, 최종 3월분이라는 문언이 임금에만 적용되는 것인지 아니면 퇴직금 및 재해보상금에도 해당되는 것인지에 대하여 상당한 논란이 있었으나, 대법원의 판례는 앞의 경우로 해석한 바 있다(대판 1996.2.23.94다21160).
그러나 이와 같이 해석하면 최우선변제 되는 퇴직금의 금액이 너무 커서 근저당권 등의 담보적 기능이 유명무실하게 되는 문제점이 생기게 된다. 여기에서 동조항의 위헌성 여부가 제기되게 되었고, 헌법재판소에서는 퇴직금전액을 최우선변제 되는 것으로 하면 저당권의 우선변제적 효력이 형해화 되어 저당권의 본질적 내용을 침해하게 된다는 이유로, 동 조항의 퇴직금부분에 대하여 헌법불합치결정을 한 바 있다(헌재 1997.8.21. 94헌바19 등).

3) 1997.12.24. 시행된 개정 근로기준법은 퇴직금부분에 대한 헌법재판소의 헌법불합치결정에 따라 개정된 것이다. 개정내용이 그대로 적용되는 것은 개정법의 시행이후에 채용된 근로자이다. 시행전에 채용된 근로자로서 개정법 시행후 퇴직하는 근로자의 경우에는 1989년 3월 29일이후부터 이 법 시행전까지의 계속근로년수에 대한 퇴직금에 이 법 시행후의 계속근로년수에 대하여 발생하는 최종 3년간의 퇴직금을 합산한 금액을 우선변제의 대상으로 한다(동법 부칙 2②). 그리고 이 경우 우선변제의 대상이 되는 퇴직금은 계속근로년수 1년에 대하여 30일분의 평균임금으로 계산한 금액으로 하되(동법 부칙 2③), 250일분의 평균임금을 초과할 수 없다(동법 부칙 2④).
4) 인구 고령화에 대응하여 일시금 위주로 운영되고 있던 퇴직금제도를 퇴직연금제도로 전환할 수 있도록 하여 노후 소득재원 확충을 통한 근로자의 노후 생활안정에 기여하도록 하는 한편, 상시근로자 4인 이하 사업장에 대하여 퇴직급여제도를 확대 적용하도록 하려는 목적으로 근로자퇴직급여보장법을 새로이 제정함에 따른 것으로 임금우선변제권의 내용은 종전과 같다.
5) 빠르게 진행되는 고령화시대를 맞아 더 많은 근로자들이 퇴직연금제도를 통해 안정적인 노후재원을 마련할 수 있도록 퇴직연금제도에 가입한 근로자의 수급권을 강화하고, 노사가 해당 사업장에서 설정할 수 있는 퇴직연금제도를 다양화함에 따른 것이다.
   개정내용이 그대로 적용되는 것은 1997.12.24 이후에 채용된 근로자이다. 1997.12.24 전에 채용된 근로자로서 1997.12.24 이후에 퇴직하는 근로자의 경우에는 1989.3.29 이후부터 1997.12.23일까지의 계속근로기간에 대한 퇴직금에 1997.12.24일 이후의 계속근로기간에 대하여 발생하는 최종 3년간의 퇴직금을 합산한 금액을 우선변제의 대상으로 한다(동법 부칙 9②). 그리고 이 경우 우선변제의 대상이 되는 퇴직금은 계속근로기간 1년에 대하여 30일분의 평균임금으로 계산한 금액으로 하되(동법 부칙 9③), 250일분의 평균임금을 초과할 수 없다(동법 부칙 9④).

나. 일반우선변제권의 내용

질권 · 저당권 등의 담보권에 따라 담보된 채권 보다는 후순위로 변제되어야 하지만 조세 · 공과금 및 다른 채권보다는 우선하여 변제되어야 하는 임금채권(다만, 질권 · 저당권 등의 담보권에 우선하는 조세 · 공과금은 제외)은 최우선변제권 있는 임금채권 이외의 임금채권이다(근기 38①, 근퇴보 12①).

일반우선변제권 있는 임금채권은 질권 · 저당권 등의 담보권에 따라 담보된 채권 보다는 후순위이나 조세 · 공과금 보다는 선순위라는 점에 특징이 있다. 여기에서 질권 · 저당권 등의 담보권에 우선하는 조세 · 공과금과 일반우선변제권 있는 임금채권의 우선순위가 어떤지 문제로 되나 이 경우에 관하여 근로기준법과 근로자퇴직급여보장법은 조세 · 공과금이 일반우선변제권 있는 임금채권보다 우선하는 것으로 규정하고 있다.

따라서 조세 · 공과금과 일반우선변제권 있는 임금채권 사이의 우선순위는 질권 · 저당권 등의 담보권에 따라 담보되는 채권의 존부나 조세 · 공과금과의 우선순위에 따라 달라지게 된다. 우선 질권 · 저당권 등의 담보권에 따라 담보되는 채권이 없으면 ①일반우선변제권 있는 임금채권 ②조세 · 공과금의 순위가 된다. 다음에 질권 · 저당권 등의 담보권에 따라 담보되는 채권이 있으면 그 질권 · 저당권 등의 담보권에 따라 담보되는 채권과 조세 · 공과금의 우선순위에 따라 질권 · 저당권 등의 담보권에 따라 담보되는 채권이 우선하면 ①질권 · 저당권 등의 담보권에 따라 담보되는 채권 ②일반우선변제권 있는 임금채권 ③조세 · 공과금의 순위가 되는 반면, 조세 · 공과금이 우선하면 ①조세 · 공과금 ②질권 · 저당권 등의 담보권에 따라 담보되는 채권 ③일반우선변제권 있는 임금채권의 순위가 된다.

그런데 전세권 또는 주택임대차(또는 상가건물임대차)의 대상인 사용자의 재산에 경매 등이 개시된 경우에 일반우선변제권 있는 임금채권과 전세권자의 전세금반환채권 또는 주택임차인(또는 상가건물임차인)의 순차적우선변제권 있는 보증금반환채권 사이의 우선순위에 관하여는 근로기준법과 근로자퇴직급여보장법 등에 아무런 규정이 없어 이들 사이의 우선순위를 어떻게 볼 것인지 문제로 된다.

이에 관하여는 근로기준법 제38조 제1항과 근로자퇴직급여보장법 제12조 제1항이 근로자의 임금채권에 우선하는 채권으로서, 질권 · 저당권 또는 동산 · 채권 등의 담보에 관한 법률에 따른 담보권에 따라 담보된 채권과 이들 담보된 채권에 우선하는 조세 · 공과금만을 규정하고 있다는 점에서 일반우선변제권 있는 임금채권이 우선하는 것으로 해석하여야 할 것으로도 보인다.

그러나 이와 같이 해석할 때에는 경매부동산에 저당권에 우선하는 전세권이나 주택임차권(또는 상가건물임차권)이 있을 경우, 동 저당권자의 피담보채권과 전세권자나 주택임차권자(또는 상가건물임차권자)의 전세금반환채권 또는 보증금반환채권 및 근로자의 임금채권 사이의 우선순위를 정할 수 없는 모순이 생기게 되어 불합리하다. 또한 전세권자나 순차적우선변제권 있는 임차권자를 저당권자와 달리 취급할 하등의 이유도 없다. 따라서 이에 관하여도 전세금반환채권 또는 보증금반환채권이 일반우선변제권 있는 임금채권 보다 우선한다고 보는 것이 타당하다.

다. 그 밖의 내용

㈎ 지연배상금에의 적용여부

사용자가 근로자에 대한 임금 · 재해보상금 기타 근로관계로 인한 채권과 퇴직급여등의 지급을 지체한 경우 그 지연배상금에 대하여도 근로자가 임금우선변제권을 가지는지 문제로 된다. 그러나 임금채권의 지연배상금에 대하여도 임금우선변제권을 인정하는 경우에는 임금우선변제권이 지나치게 확대되어 담보권자 등 다른 채권자를 합리적인 이유 없이 불이익 주는 결과가 되므로 부정하는 것이 타당하다. 판례도 같다.

판례1-61

지연배상금에 대한 임금우선변제권의 적용여부

임금 등 채권의 최우선변제권은 근로자의 생활안정을 위한 사회정책적 고려에서 담보물권자 등의 희생 아래 인정되고 있는 점, 민법 제334조, 제360조 등에 의하면 공시방법이 있는 민법상의 담보물권의 경우에도 우선변제권이 있는 피담보채권에 포함되는 이자 등 부대채권 및 그 범위에 관하여 별도로 규정하고 있음에 반하여, 위 근로기준법의 규정에는 최우선변제권이 있는 채권으로 원본채권만을 열거하고 있는 점 등에 비추어 볼 때, 임금 등에 대한 지연손해금 채권에 대하여는 최우선변제권이 인정되지 않는다고 봄이 상당하다(대판 2000.01.28. 99마5143).

(나) 근로자 해당여부의 판단기준

근로기준법상의 근로자에 해당하는지 여부를 어떻게 판단할 것인지 문제로 되나, 대법원은 「근로기준법상의 근로자에 해당하는지 여부는 계약의 형식이 고용계약인지 도급계약인지보다 그 실질에 있어 근로자가 사업 또는 사업장에 임금을 목적으로 종속적인 관계에서 사용자에게 근로를 제공하였는지 여부에 따라 판단하여야 하고, 위에서 말하는 종속적인 관계가 있는지 여부는 업무 내용을 사용자가 정하고 취업규칙 또는 복무(인사)규정 등의 적용을 받으며 업무수행과정에서 사용자가 상당한 지휘 · 감독을 하는지, 사용자가 근무시간과 근무 장소를 지정하고 근로자가 이에 구속을 받는지, 노무제공자가 스스로 비품 · 원자재나 작업도구 등을 소유하거나 제3자를 고용하여 업무를 대행하게 하는 등 독립하여 자신의 계산으로 사업을 영위할 수 있는지, 노무 제공을 통한 이윤의 창출과 손실의 초래 등 위험을 스스로 안고 있는지와, 보수의 성격이 근로 자체의 대상적(對償的) 성격인지, 기본급이나 고정급이 정하여졌는지 및 근로소득세의 원천징수 여부 등 보수에 관한 사항, 근로 제공 관계의 계속성과 사용자에 대한 전속성의 유무와 그 정도, 사회보장제도에 관한 법령에서 근로자로서 지위를 인정받는지 등의 경제적 · 사회적 여러 조건을 종합하여 판단하여야 한다.

다만, 기본급이나 고정급이 정하여졌는지, 근로소득세를 원천징수하였는지, 사회보장제도에 관하여 근로자로 인정받는지 등의 사정은 사용자가 경제적으로 우월한 지위를 이용하여 임의로 정할 여지가 크다는 점에서, 그러한 점들이 인정되지 않는다는 것만으로 근로자성을 쉽게 부정하여서는 안 된다고 한다.[317)]

(다) 사용자의 범위

근로기준법 제15조와 근로자퇴직급여보장법 제2조는 「이 법에서 사용자라 함은 사업주 또는 사업경영담당자 기타 근로자에 관한 사항에 대하여 사업주를 위하여 행위 하는 자를 말한다」고 규정하고 있는데, 근로자의 임금우선특권의 대상이 되는 「사용자의 총재산」에 있어서의 「사용자」도, 이 근로기준법 제15조와 근로자퇴직급여보장법 제2조에서 규정하는 「사용자」와 동일한 것인가 하는 점이 문제로 된다.

그러나 근로기준법 제15조와 근로자퇴직급여보장법 제2조가 사용자의 범위를 「사업주」 이외에 「사업경영담당자」와 「기타 근로자에 관한 사항에 대하여 사업주를 위하여 행위 하는 자」까지로 넓게 규정한 것은, 근로기준법에 규정되어 있는 각종 근로조건의 준수의무를 「사업주」에 대해서만 부과하여서는 그 실질적인 효과를 거둘 수가 없기 때문에 그 실행담당자에게까지 확대한 것이나, 임금의 지급에 있어서는 그와 같은 염려가 없다는 점에서 임금우선특권의 대상이 되는 「사용자의 총재산」에 있어서의 「사용자」는 근로기준법 제15조와 근로자퇴직급여보장법 제2조에 규정하는 사용자의 유형 중 「사업주」만을 의미하는 것으로 해석하는 것이 타당하다. 또한 이 경우의 사용자를 「사업주」 이외에 「사업경영담당자」와 「기타 근로자에 관한 사항에 대하여 사업주를 위하여 행위 하는 자」까지로 확대할 때에는, 「사업주」에 종속하여 「사업주」로부터 급여를 지급받아야 할 자가 오히려 급여를 지급해야 하는 불합리한 결과를 가져오게 된다. 그리고 여기에서 「사업주」라 함은 그 사업의 경영주체를 말하는 것으로, 개인기업에 있어서는 그 기업주 개인, 회사 기타 법인기업에 있어서는 법인 그 자체를 의미하는 것으로 보아야 한다.

---

317) 대판 1996.10.15. 96다17424 참조.

판례1-62

임금우선변제권의 적용대상인 사용자의 총재산의 의미

① 근로기준법 제30조의2(현행은 제38조) 제2항의 규정은 근로자의 최저생활을 보장하고 자 하는 공익적 요청에서 예외적으로 일반 담보물권의 효력을 일부 제한하고 임금채권의 우선변제권을 규정한 것으로서, 그 입법취지에 비추어 보면 여기서 임금 우선변제권의 적용대상이 되는 '사용자의 총재산'이라 함은 근로계약의 당사자로서 임금채무를 1차적으로 부담하는 사업주인 사용자의 총재산을 의미하고, 따라서 사용자가 법인인 경우에는 법인 자체의 재산만을 가리키며 법인의 대표자 등 사업경영 담당자의 개인재산은 이에 포함되지 않는다고 봄이 상당하다.

② 합자회사가 회사재산으로 채무를 완제할 수 없거나 또는 회사재산에 대한 강제집행이 주효하지 못하여 결국 합자회사의 무한책임사원이 근로자들에 대한 회사의 임금채무를 변제할 책임을 지게 되었다 하더라도, 보충적인 위 책임의 성질이나 일반 담보권자의 신뢰보호 및 거래질서에 미치는 영향 등을 고려할 때 이를 회사가 사업주로서 임금채무를 부담하는 경우와 동일하다고 보아 무한책임사원 개인 소유의 재산까지 임금우선변제권의 대상이 되는 '사용자의 총재산'에 포함된다고 해석할 수는 없다(대판 1996.2.9. 95다719, 같은 취지; 대판 1997.12.12. 95다56798).

(3) 임금우선변제권과 근저당권의 관계

가. 통상의 경우

사용자의 재산이 민사집행 또는 체납처분에 따라 현금화되는 경우 그 현금화대금으로부터 임금우선변제권자와 근저당권자 사이의 우선변제순위는 다음과 같다.

첫째, 배당참가 또는 배분참가 채권자가 임금우선변제권자와 근저당권자만 있으면 ① 최우선변제권 있는 임금채권 ② 근저당권에 의하여 담보되는 채권 ③ 일반우선변제권 있는 임금채권의 순서가 된다.

둘째, 배당참가 또는 배분참가 채권자가 임금우선변제권자, 근저당권자 및 조세·공과금채권자인 경우는 (1) 근저당권에 의하여 담보되는 채권이 조세·공과금채권보다 우선하는 때에는 ① 최우선변제권 있는 임금채권 ② 근저당권에 의하여 담보되는 채권 ③ 일반우선변제권 있는 임금채권 ④ 조세·공과금채권의 순서가 되고, (2) 조세·공과금채권이 근저당권에 의하여 담보되는 채권보다 우선하는 때에는 ① 최우선변제권 있는 임금채권 ② 조세·공과금채권 ③ 근저당권에 의하여 담보되는 채권 ④ 일반우선변제권 있는 임금채권의 순서가 된다.

셋째, 사용자의 재산이 주택(또는 상가건물)으로 배당참가 또는 배분참가 채권자가 임금우선변제권자, 근저당권자, 조세·공과금채권자 및 최우선변제권 있는 임차인인 경우는 (1) 근저당권에 의하여 담보되는 채권이 조세 · 공과금채권보다 우선하는 때에는 ① 최우선변제권 있는 임금채권과 최우선변제권 있는 보증금반환채권 ② 근저당권에 의하여 담보되는 채권 ③ 일반우선변제권 있는 임금채권 ④ 조세 · 공과금채권의 순서가 되고, (2) 조세 · 공과금채권이 근저당권에 의하여 담보되는 채권보다 우선하는 때에는 ① 최우선변제권 있는 임금채권과 최우선변제권 있는 보증금반환채권 ② 조세 · 공과금채권 ③ 근저당권에 의하여 담보되는 채권 ④ 일반우선변제권 있는 임금채권의 순서가 된다.

나. 특수한 경우

㈎ 최우선변제권 있는 임금채권의 대위행사

사용자의 총재산에 대하여 임금채권의 최우선변제권을 행사할 수 있는 결과, 근로자가 사용자의 어느 재산에 대하여 최우선변제권을 행사하는가에 따라, 각 부동산에 저당권 등 담보물권을 가진 자 상호간에 불공평한 결과가 발생하게 된다. 예컨대 X부동산과 Y부동산(시가 각각 1억 원)을 소유하고 있는 A주식회사가, X부동산에 대하여는 S은행에 그리고 Y부동산에 대하여는 K은행에, 채권최고액을 각각 1억 원으로 하는 근저당권을 설정해 준 후 도산하여, 최우선변제권을 행사할 수 있는 임금채권이 1억 원이라고 할 때, 근로자들이 X부동산에 최우선변제권을 행사하면 S은행은 전혀 우선변제를 받을 수 없게 되는 반면에 K은행은 1억 원까지 우선변제를 받을 수 있게 되고, 반대로 Y부동산에 최우선변제권을 행사하면 K은행은 전혀 우선변제를 받을 수 없게 되는 반면에 S은행은 1억 원까지 우선변제를 받을 수 있게 되는 불합리한 결과가 발생한다.

여기에서 앞의 예에서 근로자들이 X부동산에 최우선변제권을 행사함으로써 우선변제를 받을 수 없게 된 저당권자인 S은행이, 양 부동산이 동시에 경매되었더라면 우선배당 받게 되었을 금액 범위에서 Y부동산에 대한 근로자의 최우선변제권을, 근로자를 대위하여 행사하게 할 수 있지 않을까 하는 문제가 제기된다. 이에 관하여는 현행법상 명문의 규정이 없어 견해가 갈릴 수 있으나 판례는 이를 긍정하고 있다. 공평의 원칙에 비추어 볼 때 긍정하는 것이 타당하다.

판례1-63

최우선변제권 있는 임금채권의 대위행사

① 임금채권 우선특권은 사용자의 총재산에 대하여 저당권 등에 의하여 담보된 채권, 조세 등에 우선하여 변제받을 수 있는 이른바 법정담보물권으로서, 사용자 소유의 수 개의 부동산 중 일부가 먼저 경매되어 그 경매대가에서 임금채권자가 우선특권에 따라 우선변제 받은 결과 그 경매한 부동산의 저당권자가 민법 제368조 제1항에 의하여 위 수 개의 부동산으로부터 임금채권이 동시배당되는 경우보다 불이익을 받은 경우에는, 같은 조 제2항 후문을 유추적용하여 위와 같이 불이익을 받은 저당권자로서는 임금채권자가 위 수 개의 부동산으로부터 동시에 배당받았다면 다른 부동산의 경매대가에서 변제를 받을 수 있었던 금액의 한도 안에서 선순위자인 임금채권자를 대위하여 다른 부동산의 경매절차에서 우선하여 배당받을 수 있다.

② 임금채권 우선특권을 담보하는 사용자 소유의 수 개의 부동산 중 일부의 경매대가에서 그 임금채권 전부가 변제되어 그 경매 부동산의 저당권자가 민법 제368조 제2항 후문의 유추적용에 따라 다른 부동산의 경매대가에 대하여 임금채권자를 대위하여 임금채권 우선특권을 행사하는 때에는, 그 저당권자가 임금채권 우선특권이 행사됨으로써 배당받지 못한 금액을 사용자 소유 수 개의 부동산의 경매대가가 동시에 배당될 경우 각 부동산의 경매대가에 비례하여 임금채권자에게 배당될 임금채권 분담액의 비율에 따라 나눈 금액에 대해서만 임금채권 우선특권을 대위행사할 수 있다(대판 2002.12.10. 2002다48399).

(나) 최우선변제권 있는 임금채권자의 담보보존의무

최우선변제권의 대위행사를 인정하는 경우에는 다시 근로자들이 최우선변제권의 대위행사를 할 수 있는 근저당권자 등에게 민법 제485조에서 규정하는 담보보존의무를 부담하게 되는지 문제로 된다. 이를 긍정하게 되면 예컨대 앞의 예에서 X부동산이 경매되는 경우에 근로자들이 최우선변제권에 기한 배당참가를 하지 않으면, X · Y부동산이 동시에 경매되었을 경우 X부동산으로부터 배당받았을 금액만큼 Y부동산에 대한 최우선변제권을 상실하게 되고 그에 따라 Y부동산의 근저당권자가 보호를 받게 된다. 이에 관하여도 현행법상 명문의 규정이 없어 견해가 갈릴 수 있으나 판례는 부정하고 있다.

판례1-64

최우선변제권 있는 임금채권자의 담보보존의무 인정여부

① 근로자가 후순위저당권자가 존재하는 사용자의 재산에 대하여 임금채권 우선변제권을 행사하는 경우에 민법 제485조를 유추적용할 수 없다. 왜냐하면, 민법 제485조는 변제할 정당한 이익이 있는 자의 출연에 의한 변제에 따른 구상권 및 대위에 대한 기대권을 두텁게 보호하기 위하여 특별히 마련된 조항이므로 구상권의 발생이 예상되지 않는 경우에 유추적용하는 것은 적절

> 하지 않고, 만일 유추적용을 인정하게 되면 근로자는 사용자의 재산에 대하여 별개로 경매절차가 진행될 경우 해당 재산의 책임분담액에 맞추어 개별 경매절차마다 일일이 임금채권 우선변제권을 행사하지 않으면 그 한도에서 우선변제권이 배제되는 불이익을 입게 되는바, 이는 근로자에게 지나친 비용과 노력을 요구하므로 근로자의 생활안정을 위하여 임금채권을 강하게 보장하는 근로기준법의 입법 취지에 현저히 반하는 결과를 초래하기 때문이다.
>
> ② 근로자가 사용자의 다른 재산에 대한 권리자 등과 공모하여 오로지 후순위저당권자의 대위에 관한 정당한 기대를 해하려는 의도 아래 후순위저당권의 목적물이 아닌 사용자의 다른 재산에 대하여 손쉽게 행사할 수 있었던 임금채권 우선변제권 행사를 포기해 버린 경우처럼, 근로자가 임금채권 우선변제권을 사용자의 일부 재산에 대하여만 선택적으로 행사하는 것이 사회생활상 용인될 수 없을 만큼 부당하여 권리남용으로 평가될 수 있는 경우에는 후순위저당권자의 대위에 관한 정당한 기대를 침해한 한도에서 임금채권 우선변제권이 배제되거나 제한될 수 있다(대판 2006.12.07. 2005다77558).

(다) 사용자의 재산이 양도된 경우

사용자의 부동산이 최우선변제권 있는 근로자에 의하여 압류 또는 참가압류됨이 없이 양도된 경우에, 양도인의 근로자가 양수인이 양수부동산을 소유하고 있는 상태에서 임금채권의 최우선변제권을 행사할 수 있는지 여부가 문제로 된다. 그러나 근로기준법에 최우선변제권의 추급력을 인정하는 규정이 없다는 점과, 이를 긍정할 경우 공시되지 않은 근로자의 최우선변제권 있는 임금채권으로 인하여, 거래의 안전이 크게 위협받게 된다는 점을 고려할 때 부정하는 것이 타당하다. 판례도 같다.

또한 근저당권이 설정되어 있는 부동산을 근로자를 고용하고 있는 사용자가 양수한 경우에, 그 양수인의 근로자가 최우선변제권 있는 임금채권을 가지고, 근저당부동산의 매각대금으로부터 근저당권자에 우선하여 변제받을 수 있는지 문제로 된다. 그러나 만일 이를 긍정하게 되면 근저당권자가 사용자가 아닌 부동산의 소유자로부터 근저당권을 설정 받았다거나 또는 최우선변제권 있는 임금채권의 체불이 없는 사용자로부터 근저당권을 설정 받았다 할지라도, 그 부동산이 최우선변제권 있는 임금채권의 체불이 있는 사용자의 소유가 되면 그 근저당권자는 체불임금으로 인하여 뜻하지 않게 담보가치를 상실하게 되는 매우 불합리한 결과를 초래하게 된다는 점과 근로자를 사용하고 있는 사용자가 근저당권이 설정되어 있는 재산을 취득한 경우에는, 그 근저당권에 의하여 담보되는 재산을 공제한 순 재산가치에 대하여서만 근로자가 임금채권의 최우선변제권을 행사할 수 있다고 보는 것이 보다 합리적이라는 점을 고려할 때 역시 부정하는 것이 타당하다. 판례도 같다.

판례1-65

1. 임금우선변제권의 추급력인정 여부

근로기준법 제30조의2(현재는 38조) 제2항이 사용자의 특정재산에 대한 배타적 지배권을 본질로 하는 추급효까지 인정한 것은 아니므로, 사용자의 재산이 제3자에게 양도된 경우에 있어서는 양도인인 사용자에 대한 임금 등 채권의 우선권은 이 재산에 대하여는 더 이상 추구될 수 없고, 양수인의 양수재산에 대하여까지 우선권을 인정할 수는 없다(대판 1994.01.11. 93다3093).

2. 양수인의 근로자가 양수재산에 최우선변제권을 행사할 수 있는지 여부

① 근로기준법 제37조(현재는 38조) 제2항이 사용자가 재산을 특정승계 취득하기 전에 설정된 담보권에 대하여까지 그 임금채권의 우선변제권을 인정한 것은 아니다.

② 개인병원 형태로 운영되던 사업을 의료법인 형태로 전환하면서 근저당권의 목적물인 부동산 등 물적 시설을 의료법인에 출자하고 그에 따라 근로자들의 근로관계도 법인에 단절 없이 승계된 경우와 같이 사업의 인적 조직 · 물적 시설이 그의 동일성을 유지하면서 일체로서 이전되어 형식적으로 경영주체의 변경이 있을 뿐 개인병원과 의료법인 사이에 실질적인 동일성이 인정되는 경우에는 담보된 재산만이 특정승계된 경우와는 달라서, 고용이 승계된 근로자는 물론 법인 전환 후에 신규로 채용된 근로자들도 사용자가 재산을 취득하기 전에 설정된 담보권에 대하여 임금 등의 우선변제권을 가진다(대판 2004.05.27. 2002다65905).

(4) 실무상의 유의점

근로자의 임금채권 중 최우선변제권 있는 것은 그 발생시기가 언제인가를 묻지 않고, 질권이나 저당권 등 물적담보권이 설정되어 있는 사용자의 재산으로부터 질권자나 저당권자 등의 물적담보권보다 우선변제되기 때문에, 근로자를 고용하고 있는 사용자의 재산에 물적담보권을 설정받고 금융을 제공하였다 하더라도, 그 담보권설정 후에 사용자에게 최우선변제권 있는 임금채권의 체불이 발생하게 되면 채권자로서는 담보의 실효를 거둘 수가 없게 된다.

따라서 위와 같은 문제의 발생을 사전에 방지하려면 담보목적물의 평가액에서 향후에 체불되어 담보권자의 피담보채권보다 우선변제될 수 있는 금액을 예상하여 미리 공제하는 수밖에 없다. 그리고 이 공제예상액은 연간 지급되는 임금액의 4분의 1에 해당하는 금액(최종 3개월분 해당액)과 연간 지급되는 재해보상금 및 모든 근로자가 일시에 퇴직할 경우에 지급하여야 할 퇴직급여등의 합계액으로 추산해 볼 수 있을 것이다.

그러나 담보목적물의 평가액에서 질권이나 저당권의 피담보채권보다 우선 변제될 체불가능한 최우선변제권 있는 임금채권 모두를 공제해 버린다면 담보여신이란 사실상 존재하기가 어렵게 된다. 특히 사용자의 여러 재산이 여러 명의 채권자에게 분산되어 담보제공 되어 있는 경우에는 더욱 그렇다. 근로자는 사용자의 어떤 재산에 대하여도 위 임금채권의 최우선변제권을 행사할 수 있으므로, 각 채권자는 자신에게 제공된 각 담보물의 가액만을 기준으로 체불가능한 최우선변제권 있는 임금채권을 각별로 중복하여 공제하여야 할 것이기 때문이다. 예컨대 사용자인 채무자 A가 10억 원으로 평가되는 자신의 총 재산을 각각 2억 원 상당으로 나누어, 채권자 B · C · D · E · F 5인에게 담보로 제공하고 2억 원씩의 여신을 제공받는 경우에, 각 채권자의 질권이나 저당권의 피담보채권에 우선하는 A가 체불할 수 있는 최우선변제권 있는 임금채권의 추산액이 2억 원 이상이라고 하면, 어느 채권자도 자신에게 제공된 담보목적물에 대하여 담보가치를 인정할 수 없게 된다.

그래서 기업에 대한 현실의 여신실무에 있어서는 위와 같은 특수성과 체불가능한 최우선변제권 있는 임금채권액의 예측곤란 등을 이유로, 취득담보물의 평가액에서 체불가능한 최우선변제권 있는 임금채권액을 공제하지 않는 경우가 많다. 그 결과 기업여신에 있어서는 물적담보를 취득하고 있다고 하더라도, 채권의 상환가능성에 그만큼 불확실성의 요소가 더 존재하는 것으로 볼 수 있다. 따라서 기업여신에 있어서 이러한 채권상환의 불확실성을 줄이려면 담보취득의 요건을 강화하거나 또는 여신적격요건 내지 사후관리를 강화하는 수밖에 없다. 그런데 전자의 경우는 공급이 수요를 앞서는 시장경제 여건하에서는 금융서비스의 경쟁력을 약화시키는 요인으로도 작용하는 면이 있으므로, 향후의 금융에 있어서는 후자의 경우에 보다 중점이 주어져야 할 것으로 본다.

14. 기타 우선특권의 관계

(1) 각종 공과금의 우선징수권

가. 공과금의 의의

"공과금"(公課金)이란 「국세징수법」에서 규정하는 강제징수의 예에 따라 징수할 수 있는 채권 중 국세, 관세, 임시수입부가세, 지방세와 이와 관계되는 강제징수비를 제외한 것을 말한다(국기 2viii). 그런데 이들 공과금 중에는 그 징수에 있어서 조세채권 다음의 우선권을 부여하고 있는 것들이 있으므로, 이하에서는 이들 우선징수권 있는 공과금과 질권이나 저당권에 의하여 담보되는 채권 사이의 우선순위가 어떠한가에 관하여 살펴보기로 한다.

나. 국민건강보험료와 국민연금보험료의 우선징수권

국민건강보험법에 따라 국민건강보험공단이 징수하는 보험료 기타 징수금(이하 "보험료등"이라 한다)은 국세 및 지방세를 제외한 기타의 채권에 우선하여 징수한다. 다만, 보험료등의 납부기한 전에 전세권 · 질권 · 저당권 또는 「동산 · 채권 등의 담보에 관한 법률」에 따른 담보권의 설정을 등기 또는 등록한 사실이 증명되는 재산을 매각할 때에 그 매각대금 중에서 보험료등을 징수하는 경우 그 전세권 · 질권 · 저당권 또는 「동산 · 채권 등의 담보에 관한 법률」에 따른 담보권으로 담보된 채권에 대하여는 그러하지 아니하다(국건보 85).

따라서 저당권에 의하여 담보되는 채권(이하 저당채권이라 한다)과 국민건강보험법에 따른 보험료등의 우선순위는 저당권의 설정등기일자와 보험료등의 납부기한을 비교하여 저당권의 설정등기일자가 보험료등의 납부기한 전인 경우에 한하여 저당채권이 우선하고 그 이외의 경우는 보험료등이 저당채권에 우선한다. 만일 저당권의 설정등기일자와 보험료등의 납부기한이 동일한 일자인 경우에는 보험료등이 저당채권에 우선한다.

그런데 저당채권과 국민건강보험법에 따른 보험료등의 우선순위를 저당권의 설정등기일자와 보험료등의 납부기한을 비교하여 정하도록 한 것은, ①피보험자가 공무원 · 교직원피보험자 및 지역피보험자이고 보험자가 국민의료보험관리공단인(구 국민의료보험법 5, 9) 경우는 1999년 2월 8일부터이고(구 국민의료보험법 56

의2, 부칙 1), ②피보험자자가 공무원 · 교직원피보험자 및 지역피보험자 이외의 자이고 보험자가 조합(이른바 직장의료보험조합)인 경우(구 의료보험법 4, 12)는 2000년 1월 1일부터이다.

그 이전에는 ②의 경우는 「보험료의 징수순위는 국세 및 지방세를 제외한 다른 채권에 우선한다」고만 규정되어 있었고(구 의료보험법 58) ①의 경우는 보험료의 징수순위에 관한 규정 자체가 없었으나, 이후 이른바 지역의료보험제도와 직장의료보험제도를 통합하기 위하여 구 국민의료보험법과 구 의료보험법을 통합한 국민건강보험법(1999.2.8.제정, 2000.1.1.시행)에 현행과 같이 규정되게 되었다.

그리고 구 의료보험법 제58조의 규정에 따라 정해지는 저당채권과 보험료등의 우선순위에 대하여는, 언제나 저당채권이 우선한다는 견해와 국세나 지방세에 우선하지 못하는 저당채권보다는 보험료등이 우선한다는 견해가 대립하고 있었으나, 대법원판례는 구 의료보험법 제58조와 동일한 내용으로 규정되어 있는 구 산업재해보상보험법 제76조의 적용과 관련하여 언제나 저당채권이 보험료등에 우선하는 것으로 판시하고 있었다.[318)]

여기에서 ①구 국민의료보험법이 개정 · 시행된 1999.2.7. 전과 국민건강보험법이 제정 · 시행된 2000.1.1. 전에 납부기한이 도래한 보험료등과 저당채권의 우선순위와 ②1999.2.7. 전과 2000.1.1. 전에 설정된 저당권에 의하여 담보되는 채권과 국민건강보험법에 따른 보험료등의 우선순위도 저당권의 설정등기일자와 보험료등의 납부기한을 비교하여 정하여야 하는가 하는 점이 문제로 된다.

먼저 위 ①의 경우에 관하여는 국민건강보험법 부칙 제9조 제3항에 「이 법 시행당시 종전의 의료보험법 및 국민의료보험법에 의하여 납부기한이 경과된 보험료등의 징수에 관하여는 종전의 규정에 의한다」고 규정되어 있으므로 언제나 저당채권이 우선하는 것으로 보아야 한다. 대법원판례도 같은 취지로 판시한 바 있다.[319)] 이에 대하여 ②의 경우에 관하여는 국민건강보험법에 아무런 경과조치

---

318) 즉 대법원은 「산업재해보상보험법 제27조의4에 산업재해보상보험료의 징수우선순위를 국세, 지방세 다음으로 한다고 규정한 것은 산업재해보상보험재정의 확보를 위하여 산업재해보상보험료의 징수순위를 각종 공과금과 일반채권보다 우선순위에 있음을 정한 것으로 보아야 할 것이고, 여기에서 국세, 지방세는 저당권부채권 보다 후순위인 국세, 지방세를 의미한다고 보아야 할 것이다(대판 1990.03.09. 89다카17898)」고 판시하고 있었다.

319) 대판 2005.10.7. 2005다24394 참조.

를 두고 있지 않아 문제이나 소급금지의 원칙에 따라 그 적용이 없는 것으로 해석하여 저당채권이 언제나 우선하는 것으로 보아야 한다.

한편 국민연금법 제98조는 연금보험료 그 밖의 이 법에 따른 징수금을 징수하는 순위는 국민건강보험법에 의한 보험료와 같은 순위로 한다고 규정하고 있다. 따라서 국민연금법에 의하여 징수하는 국민연금보험료와 저당채권 사이의 우선순위는 저당권의 설정등기일자와 국민연금보험료의 납부기한을 비교하여 먼저인 것이 우선하는 것으로 보아야 한다. 만일 저당권의 설정등기일자와 국민연금보험료의 납부기한이 같은 일자인 때에는 국민연금보험료가 우선하는 것으로 보아야 한다.

[참고] 저당채권과 보험료등의 우선순위

대분류	적 용 기 준
언제나 저당채권이 국민건강보험료와 연금보험료에 우선하는 경우	– 1999.12.31. 이전에 저당권이 설정되었거나 보험료등의 납부기한이 도래하는 경우 – 다만, 구 지역의료보험료의 경우는1999.2.7. 이전에 저당권이 설정 되었거나 보험료등의 납부기한이 도래하는 경우
저당권설정등기일자와 납부기한을 비교하여 우선순위를 정하는 경우	– 2000.1.1. 이후에 저당권이 설정되고 또한 보험료등의 납부기한이 도래하는 경우 – 다만, 구 지역의료보험료의 경우는1999.2.8. 이후에 저당권이 설정 되고 또한 보험료등의 납부기한이 도래하는 경우

다. 고용보험료와 산재보험료의 우선징수권

고용보험 및 산업재해보상보험의 보험료징수 등에 관한 법률에 따라 국민건강보험공단이 보험사업에 드는 비용에 충당하기 위하여 보험가입자로부터 징수하는 ①고용안정 · 직업능력개발사업 및 실업급여의 보험료(이하 "고용보험료"라 한다) ② 산재보험의 보험료(이하 "산재보험료"라 한다) 그 밖의 징수금은 국세 및 지방세를 제외한 다른 채권보다 우선하여 징수한다. 다만, 고용보험료 · 산재보험료 그 밖의 징수금(이하 보험료등이라 한다)의 납부기한 전에 전세권 · 질권 · 저당권 또는 「동산 · 채권 등의 담보에 관한 법률」에 따른 담보권의 설정을 등기하거나 등록한 사실이 증명되는 재산을 매각하여 그 매각대금 중에서 보험료 등을 징수하는 경우에 그 전세권 · 질권 · 저당권 또는 「동산 · 채권 등의 담보에 관한 법률」에 따른 담보권에 의하여 담보된 채권에 대하여는 그러하지 아니하다(고산보 30, 13①).

따라서 저당권에 의하여 담보되는 채권과 고용보험 및 산업재해보상보험의 보험료징수 등에 관한 법률에 따른 보험료등의 우선순위는 저당권의 설정등기일자와 보험료등의 납부기한을 비교하여 저당권의 설정등기일자가 보험료등의 납부기한 전인 경우에 한하여 저당권에 의하여 담보되는 채권이 우선하고 그 이외의 경우는 보험료등이 저당권에 의하여 담보되는 채권에 우선한다. 만일 저당권의 설정등기일자와 보험료등의 납부기한이 동일한 일자인 경우에는 보험료등이 저당권에 의하여 담보되는 채권에 우선한다.

그런데 저당권에 의하여 담보되는 채권과 보험료등의 우선순위를 저당권의 설정등기일자와 보험료등의 납부기한을 비교하여 정하도록 규정한 고용보험 및 산업재해보상보험의 보험료징수 등에 관한 법률의 시행일은 2005년 1월 1일이고, 2004년 12월 31일 이전에 종전 고용보험법 및 산업재해보상보험법에 따라 징수 또는 납부하였거나 징수 또는 납부하여야 할 보험료 그 밖의 징수금에 대하여는 종전의 고용보험법 및 산재해보상보험법에 의하도록 되어 있다(고산보 부칙 2). 따라서 2004년 12월 31까지 종전 고용보험법 및 산업재해보상보험법에 따라 징수 또는 납부하였거나 징수 또는 납부하여야 할 보험료등은 저당권에 의하여 담보되는 채권에 우선할 수가 없고 언제나 저당권에 의하여 담보되는 채권이 보험료등에 우선한다(앞의 대법원판례 참조).

한편 고용보험및산업재해보상보험의보험료징수등에관한법률의 시행일 전인 2004년 12월 31일까지 설정된 저당권에 의하여 담보되는 채권과 2005년 1월 1일 이후가 납부기한인 보험료등의 우선순위에 대하여 동법 제30조를 적용할 것인지에 여부에 관하여는 동법에 아무런 경과조치를 두고 있지 않아 문제이나, 국민건강보험료와 저당권에 의하여 담보되는 채권의 우선순위에서 설명한 바와 같이 소급금지의 원칙에 따라 그 적용이 없는 것으로 해석하여 저당채권이 언제나 우선하는 것으로 보아야 한다.

라. 개발부담금의 우선징수권

개발부담금 및 가산금 등은 국세와 지방세를 제외한 그 밖의 채권에 우선하여 징수한다. 다만, 개발부담금 납부고지일 전에 전세권, 질권 또는 저당권의 설정을 등기하거나 등록한 사실이 증명되는 재산을 매각할 때 그 매각대금 중에서 개발부담금과 가산금 등을 징수하는 경우 그 전세권, 질권 또는 저당권으로 담보된 채권에 대하여는 그러하지 아니하다(개이환 22②).

따라서 저당권에 의하여 담보되는 채권(이하 저당채권이라 한다)과 개발이익 환수에 관한 법률에 따른 개발부담금과 가산금 등의 우선순위는, 저당권의 설정등기일자와 개발부담금의 납부고지일을 비교하여 저당권의 설정등기일자가 개발부담금의 납부고지일 전인 경우에 한하여 저당채권이 우선하고, 그 이외의 경우는 개발부담금과 가산금 등이 저당채권에 우선한다. 만일 저당권의 설정등기일자가 개발부담금의 납부고지일이 동일한 일자인 경우에는 개발부담금이 저당채권에 우선한다. 그리고 개발이익 환수에 관한 법률에 따라 부과되는 가산금과 저당채권의 우선순위는 조세채권과 저당채권의 우선순위에 있어서와 마찬가지로 가산금 자체의 납부고지일을 기준으로 저당채권과의 우선순위가 정해지는 것으로 보아야 한다.

「개발부담금」이란 개발이익 중 개발이익 환수에 관한 법률에 따라 특별자치시장·특별자치도지사·시장·군수 또는 구청장(자치구의 구청장을 말한다)이 부과·징수하는 금액을 말하고(개이환 2iv), 「개발이익」이란 개발사업의 시행이나 토지이용계획의 변경, 그 밖에 사회적·경제적 요인에 따라 정상지가(正常地價)상승분을 초과하여 개발사업을 시행하는 자나 토지소유자에게 귀속되는 토지가액의 증가분을 말한다(개이환 2 i). 그리고 「개발사업」이란 국가나 지방자치단체로부터 인가·허가·면허 등(신고를 포함한다)을 받아 시행하는 택지개발사업이나 산업단지개발사업 등 제5조에 따른 사업을 말하며(개이환 2ii), 「정상지가상승분」이란 금융기관의 정기예금 이자율 또는 부동산 거래신고 등에 관한 법률 제19조에 따라 국토교통부장관이 조사한 평균지가변동률(그 개발사업 대상 토지가 속하는 해당 시·군·자치구의 평균지가변동률을 말한다) 등을 고려하여 개발이익 환수에 관한 법률시행령으로 정하는 기준에 따라 산정한 금액을 말한다(개이환 2iii).

마. 그 밖의 공과금의 우선징수권

국민건강보험법·국민연금법·고용보험및산업재해보상보험의보험료징수등에관한법률 이외에 국가 또는 공공단체의 공과금에 관하여 우선징수권을 규정하고 있는 것으로는, 행정대집행법 제6조 제2항의 「대집행에 요한 비용에 대하여서는 행정청은 사무비의 소속에 따라 국세에 다음 가는 순위의 선취득권(先取得權)을 가진다」는 규정과, 우편법 제24조 제3항의 「제1항과 제2항의 체납 요금 등과 연체료는 조세를 제외한 다른 채권에 우선한다」는 규정 및 보조금 관리에 관한 법률 제33조의 3 제2항의 「제1항에 따른 반환금, 제재부가금 및 가산금의 징수는 국세와 지방세를 제외하고는 다른 공과금이나 그 밖의 채권에 우선한다」는 규정 등을 들 수 있다.

이들 공과금과 질권 또는 저당권에 의하여 담보되는 채권 사이의 우선순위에 관하여는 각 규정의 문언내용만을 형식적으로 해석할 때에는 공과금이 우선하는 것으로 보아야 할 것 같으나, 앞에서 설명한 구산업재해보상보험법에 의한 산업재해보상보험금의 우선징수권에 관한 대법원판례와 동일한 논지에서, 질권 또는 저당권에 의하여 담보되는 채권이 우선하는 것으로 보는 것이 타당하다.

(2) 기타 우선변제채권

가. 질권이나 저당권 등과의 우선순위를 정하고 있는 경우

주식회사, 유한회사 및 상호회사의 사용인이, 소속회사에 대하여 신원보증금의 반환을 받을 채권 기타 고용관계로 인한 채권을 가지고 있는 때에는, 그 회사의 총재산에 대하여 질권 · 저당권이나 동산 · 채권 등의 담보에 관한 법률에 따른 담보권에 의하여 담보되는 채권을 제외하고는, 다른 채권에 우선하여 변제받을 권리를 가진다(상 468 583 보험 64).

한국거래소는 증권시장 또는 파생상품시장에서의 매매에 따른 결제완료 전에 대금 · 증권 및 품목이 인도된 경우에 해당 회원이 그 결제를 이행하지 아니함으로써 한국거래소에 손해를 끼친 때에는 그 회원의 재산에 관하여 다른 채권자보다 우선하여 변제를 받을 권리가 있다. 다만, 그 결제의 이행 기한이 도래하기 전에 설정된 전세권 · 질권 또는 저당권에 의하여 담보된 채권에 대하여는 우선하여 변제를 받을 권리가 없다(자시금투 400③).

나. 질권이나 저당권 등과의 우선순위를 정하고 있지 않은 경우

보험계약자 또는 보험금을 취득할 자는 피보험자를 위하여 적립한 금액을 주식회사가 보험업법에 의한 금융위원회의 명령에 따라 예탁한 자산에서 다른 채권자에 우선하여 변제를 받을 권리를 가진다(보험업 33). 또한 보험계약자 또는 보험금을 취득할 자가 보험중개사의 보험계약체결의 중개행위와 관련하여 손해를 입은 경우에는 그 손해액을 보험업법 제89조제3항의 규정에 의한 영업보증금에서 다른 채권자에 우선하여 변제받을 권리를 가진다(보험업 103).

회원은 장래 증권시장 또는 파생상품시장에서의 매매거래와 관련하여 발생할 수 있는 채무의 이행을 보증하기 위하여 한국거래소에 회원보증금을 예치하여야 하는데(자시금투 395①), 이 회원보증금에 대하여 한국거래소는 자본시장과 금융투자업에 관한 법률 제398조에 따라 회원을 대신하여 채무를 이행 또는 인수함으로써 취득한 채권을 그 회원에 대한 회원보증금과 상계하여서는 아니 되고(자시금투 395②), 회원에게 증권 또는 장내파생상품의 매매를 위탁한 자는 그 위탁으로 발생한 채권에 대하여 그 회원의 회원보증금에 관하여 다른 채권자보다 우선하여 변제받을 권리가 있다(자시금투 395③). 다만 이 위탁자의 회원보증금에 대한 우선권은 자본시장과 금융투자업에 관한 법률 제400조 제3항에 의한 한국거래소의 우선권보다는 후순위이다(자시금투 400④).

한국거래소의 회원이 증권시장 또는 파생상품시장에서의 매매거래에 따른 채무를 이행하지 아니하여 거래소 또는 다른 회원에게 손해를 끼친 경우 그 손해를 입은 한국거래소 또는 다른 회원은 그 손해를 끼친 회원의 회원보증금 · 거래증거금 및 공동기금 지분에 대하여 다른 채권자보다 우선하여 변제받을 권리를 가진다(자시금투 400①). 또한 한국거래소는 회원이 증권시장 또는 파생상품시장에서의 매매에 따른 결제를 위하여 납부한 대금 · 증권 및 품목에 관하여 다른 채권자보다 우선하여 변제를 받을 권리가 있다(자시금투 400②).

그리고 이상의 우선변제권의 대상이 되는 공탁금 등의 재산에 대하여는, 그 성질상 질권 · 저당권이나 동산 · 채권 등의 담보에 관한 법률에 따른 담보권을 설정할 수 없을 것이기 때문에, 그 우선변제채권과 질권 · 저당권이나 동산 · 채권 등의 담보에 관한 법률에 따른 담보권에 의하여 담보되는 채권 사이의 우선순위는 문제가 되지 않을 것이다.

제 2장

그 밖의 등기·등록 재산 담보

제 1 개설

토지나 건물 이외에 그 권리관계를 등기나 등록에 의하여 공시하는 물건이나 재산권으로는, 입목에 관한 법률상의 입목, 공장 및 광업재단저당법상 공장, 공장재단 및 광업재단, 선박등기법상의 선박, 자동차관리법상의 자동차, 건설기계관리법상의 건설기계, 항공안전법상의 항공기 · 경량항공기, 민법상의 지상권과 전세권, 광업법상의 광업권, 수산업법상의 어업권, 「댐건설 및 주변지역지원 등에 관한 법률」 상의 댐사용권, 유료도로법상의 유료도로관리권 등을 들 수 있다.

이상의 물건이나 재산권을 담보로 취득하는 방법으로는, 저당권이나 가등기담보권 또는 양도담보권을 설정하는 3가지를 들 수 있다. 그리고 이들 3가지 담보권의 구체적인 설정방법과 효력 등에 관한 일반사항도, 토지나 건물에 대한 경우와 동일한 것으로 보면 된다.

이하에서는 이상의 물건이나 재산권에 대한 저당권의 설정방법과 효력 등이, 토지나 건물에 대한 저당권의 경우와 다른 점에 관하여만 설명하기로 한다.

제2 입목저당

1. 대상목적물

토지에 식재되어 있는 입목으로서 근저당권의 대상으로 할 수 있는 것은 그 소유자가 입목에 관한 법률에 의하여 소유권보존등기를 한 것이다(입목 2). 소유권보존등기를 한 입목은 토지와는 별개의 독립된 부동산으로 취급되며, 따라서 토지와는 분리하여 양도하거나 또는 근저당권의 목적으로 할 수 있다(입목 3). 입목으로서 소유권보존등기를 할 수 있는 「수목의 집단」의 범위는 1필의 토지 또는 1필의 토지의 일부분에 생립하고 있는 모든 수종의 수목이다(입목령 1). 입목으로서 소유권보존등기를 하려면 그에 앞서 시 · 군에 비치된 입목등록원부에 등록을 하여야 한다(입목 8).

2. 근저당권의 설정

입목을 대상으로 하는 근저당권은 채권자와 담보제공자가 근저당권설정계약을 체결하고 이를 입목등기부에 등기함으로써 설정된다. 입목을 대상으로 하는 근저당권에 있어서 유의하여야 할 특수한 점을 보면 다음과 같다.

첫째, 입목을 근저당권의 목적으로 하고자 하는 자는 그 입목을 보험(농업협동조합법에 의한 공제를 포함한다)에 붙여야 한다(입목 22). 보험의 내용은 근저당권의 목적이 되는 입목에 관한 산림화재 및 풍수해의 위험을 담보하는 보험회사의 손해보험 또는 농업협동조합의 공제로 한다(입목령 3).

둘째, 입목을 목적으로 하는 근저당권설정의 등기를 신청하는 경우에는, 신청서에 부동산등기법 제75조에 게기한 사항 이외에 시업방법을 기재하여야 한다(입목 21). 또한 근저당권의 목적이 된 입목의 소유자는 당사자간에 약정된 시업방법에 따라 그 입목을 조성 · 육림하여야 한다(입목 5①). 다만 천재 · 지변 기타 불가항력으로 입목에 손실이 발생한 때에는 입목소유자의 조성 · 육림책임이 면제된다(입목 5②).

셋째, 근저당권이 설정된 입목에 대하여 근저당권설정자가 벌채 · 개간 등의 허가를 신청하는 경우에는 근저당권자의 동의서를 첨부하여야 하고, 허가신청을 받은 행정기관이 이를 허가하거나 기각한 때에는 지체 없이 그 사실을 근저당권자에게 통지하여야 한다(입목령 2).

넷째, 입목을 목적으로 하는 근저당권의 효력은 입목을 벌채한 경우에 그 토지로부터 분리된 수목에 대하여도 미친다. 그리고 이 때에 근저당권자는 기한이 도래하기 전이라도 분리된 수목을 경매할 수 있다. 다만 그 매각대금은 이를 공탁하여야 한다. 한편 수목의 소유자는 상당한 담보를 공탁하고 분리수목에 대한 경매의 면제를 신청할 수 있다(입목 4).

다섯째, 지상권자 또는 토지의 임차인에게 속하는 입목이 근저당권의 목적이 되어 있는 경우에는, 지상권자 또는 임차인은 근저당권자의 승낙 없이 그 권리를 포기하거나 계약을 해지하지 못한다(입목 7).

3. 입목의 담보가액

입목의 담보가액은 감정평가업자에게 의뢰하여 평가하는 것이 좋다. 문제는 토지와 입목이 동일한 소유자에 속한 경우에 입목의 경매나 그 밖의 사유로 토지와 입목이 각각 다른 소유자에게 속하게 되는 경우에는 토지소유자는 입목소유자에 대하여 지상권을 설정한 것으로 보게 되므로(입목 6①), 이와 같이 성립되는 법정지상권으로 인하여 입목의 담보가액을 낮추어야 하는가 하는 점이다. 그러나 이 경우의 법정지상권은 경매에 참가하여 입목을 매수한 자가 토지소유자로부터 취득하는 것으로 매수인에게 불이익하게 작용되는 것이 아니어서 입목의 경매절차에서 매수가액을 낮추는 요인이 되지 않으므로 입목의 감정평가액을 그대로 담보가액으로 인정하는 것이 타당하다.

한편 토지와 입목의 소유자가 다른 경우에 입목에만 근저당권을 설정하였다가, 입목이 경매되는 경우에는 입목의 소유자가 토지소유자로부터 법정지상권을 취득하지 못한다. 그러나 이 경우도 경매절차에서 입목을 매수한 자는 근저당권 설정자인 종전 소유자가 토지소유자로부터 취득한 토지이용권인 지상권 또는 임차권을 입목소유권의 종된 권리로서 입목소유권과 함께 취득하게 되므로 입목의 매각가액이 당초 근저당권설정 당시 평가했던 담보가액보다 낮아지는 것으로 볼 수 없으므로 이 경우 또한 입목의 감정평가액을 그대로 담보가액으로 인정하여도 무방하다.

4. 등기하지 않은 입목의 담보취득

등기하지 않은 입목에 대하여는 현행법상 담보취득의 방법이 마련되어 있지 않다. 그러나 관습법상의 명인방법[1]을 갖춘 입목[2]은 토지와 구분되는 별개의 부동산으로 취급되므로 담보의 대상으로 할 수 있다. 다만 관습법상의 명인방법을 갖춘 입목은 등기에 의하여 공시되고 있지 않아 근저당권을 설정할 수가 없으므로 종래의 판례에 의하여 그 효력이 인정되어온 양도담보의 형태로 담보취득할 수밖에 없다. 그리고 이 경우 양도담보권의 설정을 위한 입목의 소유권이전 또한 명인방법으로 한다.

1) 명인방법의 의미에 관하여는 제1장 주9) 참조.
2) 대법원판례가 명인방법을 갖춘 것으로 인정한 사례로는 대판 1967.12.18. 66다2382, 대판 1976.4.27. 76다72, 대판 1989.10.13. 89다카9064가 있고 인정하지 않은 사례로는 대판 1973.5.22. 72다2351, 대판 1990.2.13. 89다카23022, 대판 1991.4.12. 90다20220이 있다.

제3 재단저당

1. 재단저당제도의 의의와 유형

재단저당제도는 토지, 건물, 광업권, 기계·기구 그 밖의 공장 공용물, 자동차 등 등기나 등록이 가능한 동산, 지상권·전세권, 임차권, 지식재산권 등으로 구성된 기업재산의 전부 또는 일부를 대상으로 1개의 저당권을 설정할 수 있도록 하여 기업경영에 필요한 자금을 확보할 수 있게 함으로써 기업의 유지와 건전한 발전 및 지하자원의 개발과 산업의 발달을 도모함을 목적으로 하는 제도를 말한다.

재단저당제도를 인정하는 이유는 기업경영에 필요한 위와 같은 물건이나 권리는 서로 유기적인 관련 하에 결합되어 있어, 이를 개개의 물건이나 권리로 분해하여 각별로 담보의 대상으로 하게 하는 것보다는 그 전부 또는 일부를 하나의 재단으로 묶어, 일괄하여 담보의 대상으로 하게 하는 것이 더 높은 담보가치를 인정받을 수 있어 기업금융을 원활하게 할 수 있다는 데에 있다.

재단저당제도에 대하여는 공장 및 광업재단 저당법[3]이 규율하고 있으며 동법에서 인정하고 있는 재단저당권은 크게 공장재단저당권과 광업재단저당권으로 구분해 볼 수 있고, 공장재단저당권은 다시 공장저당권과 공장재단저당권으로 구분해 볼 수 있으며, 공장저당권은 다시 공장토지저당권과 공장건물저당권으로 구분해 볼 수 있다.

---

3) 공장 및 광업재단 저당법은 종래의 공장저당법을 전면 개정하는 한편 광업재단저당법을 폐지하여 흡수 통합한 것으로 2009년 3월 25일부터 시행되었다. 동법이 시행되기 전에는 공장재단저당권에 관하여는 공장저당법이 규율하고 있었고 광업재단저당권에 관하여는 광업재단저당법이 규율하고 있었으나 양 법률 모두 기업의 재산 일체를 하나의 담보물로 허용하는 공통의 목적을 가지고 있다는 점에서 기업담보에 관한 기본법의 기틀을 마련하고자 하나의 법률로 통합한 것이다.

2. 공장재단저당권

(1) 의의

공장재단저당제도에 의하여 공장재단을 대상으로 설정한 저당권을 공장재단저당권이라고 한다. 공장재단저당권은 하나의 담보물로 구성하는 목적물의 범위가 어떠한가에 따라 공장저당권과 공장재단저당권으로 분류된다. 공장저당권은 공장에 속하는 토지 또는 건물 중 어느 것을 대상으로 하는지에 따라 공장토지저당권과 공장건물저당권으로 구분된다.

공장저당권은 광협 2가지 의미로 사용되고 있다. 협의로는 공장토지저당권 또는 공장건물저당권의 의미로 사용되고 있는 한편, 광의로는 공장토지저당권 또는 공장건물저당권 이외에 공장재단저당권까지를 포함하는 의미로 사용되고 있으나, 보통은 협의의 공장저당권만을 공장저당권이라고 한다. 따라서 이하에서도 공장저당권이라 함은 단순히 공장토지저당권 또는 공장건물저당권만을 의미하는 협의의 의미로 사용하기로 한다.

공장저당권의 2유형인 공장토지저당권 또는 공장건물저당권은 공장 및 광업재단저당법에서 규정하는 공장에 속하는 토지나 건물에 저당권을 설정하면 그 토지나 건물에 부합된 물건과 토지나 건물에 설치된 기계 · 기구 그 밖의 공장 공용물에까지 저당권의 효력이 미친다는 점 특징이 있다.

이에 대하여 공장재단저당권은 공장 및 광업재단저당법에서 규정하는 공장에 속하는 토지, 건물, 기계 · 기구 그 밖의 공장 공용물, 자동차 등 등기나 등록이 가능한 동산, 지상권 · 전세권, 임대인이 동의한 경우의 임차권, 지식재산권의 권리로 공장재단을 구성하여 별도의 소유권보존등기를 한 후 그 공장재단을 대상으로 저당권을 설정한다는 점에 특징이 있다.

다만 공장저당권과 공장재단저당권은 모두 공장 및 광업재단저당법에서 규정하는 공장을 대상으로 저당권을 설정한다는 점에서는 같다. 따라서 이하에서는 먼저 공장 및 광업재단저당법에서 규정하는 공장의 의미와 그와 같은 공장이 되기 위한 요건에 관하여 설명한 후 공장저당권과 공장재단저당권의 대상목적물과 설정방법 및 효력에 대하여 순차로 설명하기로 한다.

[참고] 저당권의 효력이 미치는 목적물의 범위

<table>
<tr><th colspan="5">공장재단 구성물의 범위</th><td rowspan="3">재단구성에 포함시킬 수 없는 물건</td></tr>
<tr><th colspan="4">공장저당권의 효력 범위</th><td rowspan="3">ㅇ 기계, 기구, 전봇대, 전선, 배관, 레일, 그 밖의 부속물
ㅇ 항공기, 선박, 자동차등 등기나 등록이 가능한 동산
ㅇ 지상권, 전세권
ㅇ 임대인이 동의한 경우의 임차권
ㅇ 지식재산권</td></tr>
<tr><th colspan="3">민법상 저당권의 효력 범위</th><td rowspan="2">설치
기계 · 기구
그 밖의
공장 공용물</td></tr>
<tr><td>저당권의 목적물 (토지 또는 건물)</td><td>부합물</td><td>종물</td><td>ㅇ 타인의 권리의 목적이 된 물건
ㅇ 가압류 · 가처분의 목적이 된 물건
ㅇ 다른 재단에 소속된 물건</td></tr>
</table>

(2) 공장재단저당권의 대상이 되는 공장

가. 공장의 의미

공장이라는 용어는 아주 다의적으로 사용되고 있다. 즉, 경제적인 의미에서의 공장과 법률적인 의미에서의 공장이 서로 다르며, 또 법률적인 의미에서의 공장이라 하더라도, 개개의 법령에서 그 제정목적에 따라, 서로 다른 의미를 부여하여 사용하고 있다.

예컨대 산업집적활성화 및 공장설립에 관한 법률은, 공장을 「건축물 또는 공작물, 물품제조공정을 형성하는 기계 · 장치 등 제조시설과 그 부대시설(이하 "제조시설등"이라 한다)을 갖추고, 대통령령이 정하는 제조업을 영위하기 위한 사업장으로서 대통령령이 정하는 것을 말한다(동법 2ⅰ)」고 정의하고 있고, 건축법시행령은 「물품의 제조 · 가공(염색 · 도장 · 표백 · 재봉 · 건조 · 인쇄 등을 포함한다) 또는 수리에 계속적으로 이용되는 건축물로서 제1종 근린생활시설, 제2종 근린생활시설, 위험물저장 및 처리시설, 자동차관련시설, 분뇨 및 쓰레기처리시설 등으로 따로 분류되지 아니한 것」을 공장으로 분류하고 있다(동령 별표 1「용도별 건축물의 종류(제3조의4 관련)」17).

공장 및 광업재단저당법도 공장재단저당권의 대상목적물이 되는 공장의 정의에 관하여 별도의 규정을 두어 「공장이란 영업을 하기 위하여 물품의 제조 · 가공, 인쇄, 촬영, 방송 또는 전기나 가스의 공급 목적에 사용하는 장소를 말한다」고 규정하고 있다(공광저 2 i).

나. 공장이 되기 위한 요건

(가) 다음의 목적에 사용하는 장소의 하나일 것

(ㄱ) 물품의 제조 · 가공의 목적에 사용하는 장소

물품의 제조라 함은 원재료에 노동력을 가하여 새로운 물건을 만들어 내는 것을 말하고, 가공이라 함은 원재료에 동일성을 잃지 않을 정도로 변경을 가하는 것을 말한다.

단순히 물품의 저장을 위한 창고나 물품의 판매를 위한 장소 및 볼링장과 같은 오락장은, 공장재단저당권을 설정할 수 있는 공장으로 볼 수 없다. 그러나 물품을 제조 또는 가공해서 보관하거나 판매하는 장소는 공장재단저당권을 설정할 수 있는 공장으로 볼 수 있다. 옥수수 등의 곡물창고(이른바 싸이로)와 냉동냉장설비가 있는 장소를 공장재단저당권을 설정할 수 있는 공장으로 볼 수 있는지는 문제이나, 단순 보관만이 아닌 식품가공의 성질을 가지는 경우라면 공장재단저당권을 설정할 수 있는 공장으로 보아도 무방하다고 본다.

(ㄴ) 인쇄나 촬영의 목적에 사용하는 장소

서적인쇄공장이나 신문사의 인쇄공장은 인쇄의 목적에 사용하는 장소로서 공장에 해당된다. 그러나 인쇄를 하는 장소가 아니라 인쇄된 물건을 중계하거나 판매하는 장소는 공장이 될 수 없다. 서적제본시설은 인쇄공장내에 설치되어 있을 때에는 인쇄의 목적에 사용하는 장소로서, 그것이 독립된 기업조직일 때에는 물품의 가공의 목적에 사용하는 장소로서 공장이 된다. 그러나 단순히 출판의 기획 · 편집을 함에 지나지 않는 출판사와 같은 것은 인쇄의 목적에 사용하는 장소로 보기 어렵다.

촬영의 목적에 사용하는 장소라 함은 영화회사의 촬영소와 사진관을 가리킨다. 그러나 영화관 또는 극장은 영화의 상영을 목적으로 하는 장소이지 촬영을 목적으로 하는 장소가 아니므로, 아무리 그 규모가 크다 하더라도 공장으로 취급할 수 없다.

(ㄷ) 방송의 목적에 사용하는 장소

방송이란 공중에게 수신될 것을 목적으로 정치 · 경제 · 사회 · 문화 등 제 현상을 보도 · 논평하며 교양 · 음악 · 연예 등을 전파하기 위하여 하는 무선통신의 송신을 말하고, 방송의 목적에 사용하는 장소란 위와 같은 송신을 위한 전기시설이 있는 장소를 말한다. 그리고 여기에서 송신을 위한 전기시설은 무선통신시설만을 의미하고 유선통신시설은 이에 포함되지 않는다. 예컨대 텔레비전방송시설 등이 이에 해당된다.

판례2-1

공장저당권을 설정할 수 없다고 한 사례

1층이 근린생활시설이고 2층이 점포 및 탈의실로 되어 있는 건물 1동과 어른용 및 어린이용 풀장 각 1개, 미끄럼대, 물탱크 정수지 등으로 구성된 운동 및 오락과 휴식을 목적으로 하는 수영장 시설은, 이를 공장저당법 제2조 제1, 2항(공광저 2 i)에 규정된 공장 즉 영업을 하기 위하여 '물품의 제조, 가공 또는 인쇄나 촬영의 목적에 사용하는 장소'나 '방송의 목적 또는 전기나 가스의 공급의 목적에 사용하는 장소'라고 볼 수 없고, 따라서 그 건물과 구축물은 같은 법 제5조, 제4조에서 말하는 공장에 속한 건물 및 건물에 부가되어 이와 일체를 이루는 물건 또는 기계, 기구, 기타의 공장의 공용물에 해당되지 아니하여, 그 건물과 구축물에 대한 근저당권설정등기 중 구축물을 공장저당의 목적물로 한 부분은 무효이다(대판 1995.9.15. 94다25902).

(ㄹ) 전기나 가스의 공급의 목적에 사용하는 장소

전기의 공급의 목적에 사용하는 장소란 발전시설 · 송전시설 · 변전시설과 같이 전기를 발생시켜 수요자에게 이를 공급함에 필요한 일체의 시설을 말하며 송전선도 이에 포함된다. 발전소 또는 가스제조공장은 전기 또는 가스를 제조하는 장소이지만 전기 또는 가스는 물품이 아니므로, 여기에서 말하는 전기나 가스의 공급의 목적에 사용하는 장소로 보아 공장으로 취급된다.

가스의 공급의 목적에 사용하는 장소란 가스발생시설 · 가스저장시설 · 정제시설 · 배송기 · 정압기 · 도관 · 수전시설 등 가스를 발생하게 하여, 이를 수요자에게 공급함에 사용되는 일체의 시설을 말한다. 천연가스를 공급하는 시설도 포함되며 또한 액화석유가스와 같은 액화가스를 만드는 시설도 포함된다.

물의 공급의 목적에 사용되는 장소를 공장으로 볼 수 있는가는 문제이다. 전기나 가스의 공급의 목적에 사용되는 장소를 공장으로 보는 이상, 물의 공급의 목적에 사용되는 장소를 공장으로 보지 못할 이유는 없다. 그럼에도 공장 및 광업재단저당법이 물의 공급의 목적에 사용하는 장소를 공장으로 하는 명문의 규정을 두지 않은 것은 입법의 불비라고 할 수밖에 없다. 이러한 취지에서 일본에서는 물의 공급에 사용하는 장소를, 전기나 가스의 공급의 목적에 사용하는 장소에 준하는 것으로 보아 공장으로 취급하고 있다.[4] 그리고 물의 공급에 사용하는 장소를 공장으로 볼 수 있다면, 온탕 · 냉탕 · 온난 또는 저온의 공기 등을 공급함에 사용하는 장소, 예컨대 냉난방집중센터나 정제된 유류의 저장 · 공급을 위한 주유소의 시설도 공장으로 볼 수 있을 것이다.

㈏ 영업을 하기 위한 장소일 것

공장재단저당의 대상 목적물이 되는 공장은 영업을 하기 위한 장소이어야 한다. 앞에서 설명한 장소 중의 어느 하나에 해당한다 하더라도 그것이 영업을 하기 위한 장소가 아닐 때에는 공장이 될 수 없다. 따라서 교도소 또는 직업훈련소에 물품의 제조 · 가공이나 인쇄의 목적에 사용하는 장소가 설치되어 있다고 하더라도 이를 공장이라고 할 수 없는 것이다.

영업을 하기 위한 것인가 아닌가는 그 장소의 사용이 영업의 이익을 위한 것인가 아닌가에 의하여 판단하여야 할 것이며, 그 이익의 기여에 직접적이냐 간접적이냐는 묻지 않는다고 할 것이다. 따라서 예컨대 물품의 제조 · 가공을 영업으로 하는 회사의 자가발전시설이나, 조합원의 공동이용을 위하여 농업협동조합이 소유하는 발전시설 또는 우유처리시설과 같은 것도 공장으로 보아야 한다.

영업을 위하여 사용되는 상태는 일정기간 계속될 것을 요한다. 따라서 영업을 위하여 설치된 장소라 할지라도 가설적인 장소에 지나지 않을 때에는 공장으로 볼 수 없다. 그리고 여기에서 일정기간이 어느 정도의 기간을 말하는가는, 획일적인 기준으로 정해질 수는 없고 그 설비의 상황이나 목적 등을 고려하여 개별적으로 판단하는 수밖에 없다.

---

4) 특수담보제도 9 참조.

(3) 공장저당권

가. 공장저당권의 대상목적물

공장에 속하는 토지, 그 토지에 부합된 물건과 그 토지에 설치된 기계·기구 그 밖의 공장 공용물이 공장토지저당권의 대상목적물이고, 공장에 속하는 건물, 그 건물에 부합된 물건과 그 건물에 설치된 기계·기구 그 밖의 공장 공용물이 공장건물저당권의 대상목적물이다.

따라서 공장토지저당권의 대상목적물에 그 토지상의 건물을 포함시킬 수 없고 공장건물저당권의 대상목적물에 그 건물의 토지를 포함시킬 수는 없다. 다만 공장에 속하는 토지와 그 토지상의 건물을 공동담보로 하여 공동저당권을 설정할 수 있는데, 이 경우 공장토지에는 공장토지저당권이 설정되고 건물에는 일반저당권이 설정된다. 또한 공장건물과 그 건물의 토지를 공동담보로 하여 공동저당권을 설정할 수 있는데, 이 경우 공장건물에는 공장건물저당권이 설정되고 토지에는 일반저당권이 설정된다.

물론 토지와 그 토지상의 건물이 모두 공장에 속하는 경우에는 공장 토지와 공장 건물을 공동담보로 하여 공동저당권을 설정할 수 있는데, 이 경우 공장토지에는 공장토지저당권이 설정되고 공장 건물에는 공장건물저당권이 설정된다.

그런데 공장에 설치된 기계·기구 그 밖의 공장 공용물을 건물과 함께 공장건물저당권의 대상목적물로 함과 아울러 그 건물의 토지와 함께 공장토지저당권의 대상목적물로도 할 수 있는지 문제로 된다. 이에 관하여는 원칙적으로는 부정하여야 할 것이나 공장에 설치된 기계·기구 그 밖의 공장 공용물이 토지와 건물 모두에 사용되는 것이라면 예외적으로 긍정할 수 있을 것으로 생각한다.

한편, 공장이 1필의 토지로 구성되어 있고 그 토지의 일부에만 기계·기구 그 밖의 공장 공용물이 설치되어 있는 경우에도 기계·기구 그 밖의 공장 공용물이 설치되어 있지 않은 부분까지 전부 공장토지저당권의 목적으로 할 수 있으며 기계·기구 그 밖의 공장 공용물이 설치되어 있는 부분과 설치되어 있지 않은 부분을 분할하여 분필의 등기를 한 후 그 각각에 공장토지저당권과 일반저당권을 설정할 수 있다. 또한 하나의 공장에 속하는 토지가 여러 필지인 경우에는 각 필지별로 그에 속하는 기계·기구 그 밖의 공장 공용물을 묶어 여러 개의 공장을 대상으로 하는 공동 공장토지저당권을 설정할 수도 있다. 그리고 공장에 속하는 1동의 건물에 대하여도 위에서 설명한 토지에 대한 경우와 마찬가지로 생각하면 된다.

나. 공장저당권의 설정방법

공장토지저당권은 채권자와 담보제공자가 저당권설정계약을 체결하고 이를 토지등기부에 등기함으로써 설정되는 점은 다른 목적물에 대한 저당권의 경우와 다를 바가 없다. 그러나 공장토지저당권의 설정등기를 신청함에 있어서는 그 토지에 설치된 기계 · 기구 그 밖의 공장 공용물로서 제3조에 따라 저당권의 목적이 되는 것의 목록을 제출하여야 한다(공광저 6①). 그리고 공장건물저당권은 공장토지저당권의 설정방법에 준한다(공광저 6①).

공장토지저당권 또는 공장건물저당권의 목적이 되는 것의 목록은 실무상 기계 · 기구목록이라 하는데 이 목록의 제출이 있으면 등기관은 토지 또는 건물에 관한 저당권의 등기사항 말미에 이러한 목록의 제출이 있다는 사실을 부기하여야 하며, 그 부기가 있으면 이 목록은 등기부의 일부로 보고 기록된 내용은 등기된 것으로 본다(공광저 6②, 36).

이와 같이 공장토지저당권 또는 공장건물저당권을 설정하기 위하여서는 기계 · 기구목록을 제출하여야 하는데, 이 목록제출과 그에 따른 등기의 의미에 관하여는 공장에 속하는 기계 · 기구 그 밖의 공장 공용물에 공장토지저당권 또는 공장건물저당권의 효력이 미치게 하기 위한 공장토지저당권 또는 공장건물저당권의 성립요건이라는 것이 통설[5] · 판례이다. 따라서 공장의 토지 또는 건물에 설치된 기계 · 기구 그 밖의 공장 공용물이라 할지라도, 목록제출에 의하여 등기되지 아니하면 공장토지저당권 또는 공장건물저당권의 효력이 미치지 아니하는 것으로 보아야 한다.

다만 공장의 토지 또는 건물에 공장토지저당권 또는 공장건물저당권이 아닌 민법상의 일반 저당권을 설정하였다 할지라도 그 부속물이 민법상의 부합물이나 종물에 해당하면, 그 저당권의 효력은 민법 제358조에 의하여 당연히 그 공장건물이나 토지의 종물 또는 부합물에까지 미친다.

---

5) 민법주해[Ⅶ] 254(전계원), 주석물권법(하) 627(이영준).

판례2-2

1. 기계 · 기구 목록 제출의 효력

공장저당법 제4조, 제5조, 제7조, 제47조, 제53조(공광저 3, 4, 6, 36, 42) 및 민법 제186조의 규정 등을 종합하여 보면, 공장의 토지 또는 건물에 설치된 기계 · 기구 기타 공장의 공용물은, 공장저당법 제7조(공광저 6) 소정의 기계 · 기구목록에 기재되어야만, 공장저당의 효력이 미친다고 해석하여야 한다(대판 1988.2.9 87다카1514,1515. 동취지 대결 1993.4.6. 93마116).

2. 공장건물이나 토지에 설정한 일반저당권의 효력

공장저당법에 의한 공장저당을 설정함에 있어서는 공장의 토지, 건물에 설치된 기계 · 기구 등은 같은 법 제7조(공광저 6) 소정의 기계 · 기구 목록에 기재하여야만 공장저당의 효력이 생기나, 이와는 달리 공장건물이나 토지에 대하여 민법상의 일반저당권이 설정된 경우에는 공장저당법과는 상관이 없으므로 같은 법 제7조에 의한 목록의 작성이 없더라도 그 저당권의 효력은 민법 제358조에 의하여 당연히 그 공장건물이나 토지의 종물 또는 부합물에까지 미친다(대판 1995.6.29. 94다6345).

다. 공장저당권의 효력

(가) 효력이 미치는 목적물의 범위

(ㄱ) 공장에 속하는 토지 또는 건물

공장토지저당권은 민법상의 일반토지저당권에 있어서와 같이 토지를 대상으로 하여 설정하고 또 그 토지에 효력을 미치고, 공장건물저당권은 민법상의 일반건물저당권에 있어서와 같이 건물을 대상으로 하여 설정하고 또 그 건물에 효력을 미친다. 그러나 공장에 속한 토지에 설정된 공장토지저당권은 그 토지상의 건물에 미치지 않고, 공장에 속하는 건물에 설정된 공장건물저당권도 그 부지인 토지에는 미치지 않는다.

(ㄴ) 부합된 물건

공장토지저당권 또는 공장건물저당권의 효력은 공장에 속하는 토지 또는 건물에 부합된 물건에 미친다(공광저 3본, 4). 토지 또는 건물에 부합된 물건이란 이른바 민법상의 부합물로서 토지 또는 건물의 일부분이 되었다고 인정되는 것을 말한다. 부합물인 한 저당권설정등기의 전후 어느 때에 부합되었느냐를 묻지 않고 또 등기하여 공시하여야 하는 것도 아닌 점에서, 토지나 건물만을 대상으로 하는 일반저당권의 경우와 다르지 않다. 그러나 공장저당권의 설정시에 특별한 약정으로 제외시킨 부합물에는 공장토지저당권이나 공장건물저당권의 효력이 미치지 않는다(공광저 3단전, 4). 또한 민법 제406조(채권자취소권)에 따라 채권자가 채무자의 행위를 취소할 수 있는 경우도 마찬가지이다(공광저 3단후, 4). 이는 공장저당권의 설정자가 어떤 물건을 공장에 속하는 토지(또는 건물)에 부합시켜 그 물건에 공장토지저당권이나 공장건물저당권의 효력이 미치게 되고 그에 따라 다른 채권자의 채권변제에 부족이 발생하게 됨으로써 그 다른 채권자가 민법 제406조(채권자취소권)에 따라 그 부합시키는 행위를 취소할 수 있는 경우 그 부합물에는 공장저당권의 효력이 미치지 않는다는 의미이다. 취소권의 행사가 있어야 미치지 않는 것이 아니라 취소할 수 있는 것만으로 당연히 효력이 미치지 않는다는 점에 유의를 요한다.

㈐ 종물

공장토지저당권 또는 공장건물저당권의 효력은 공장에 속하는 토지 또는 건물의 종물에도 미치는가. 공장 및 광업재단저당법에서는 이에 관하여 아무런 규정을 두고 있지 않으나 긍정하여야 할 것으로 본다. 「저당권의 효력은 저당부동산에 부합된 물건과 종물에도 미친다」는 민법 제358조의 규정은 공장토지저당권 또는 공장건물저당권의 대상인 토지 또는 건물에도 당연히 적용되는 것으로 보아야 할 것이기 때문이다. 그리고 위와 같이 종물을 부합물에 대한 경우와 동일하게 취급하는 이상 부합물에 공장토지저당권 또는 공장건물저당권의 효력이 미치는 것을 제한하고 있는 공장 및 광업재단저당법 제3조 단서의 규정은 종물에 관하여도 그 적용이 있다고 할 것이다.

㈑ 기계 · 기구 그 밖의 공장 공용물

기계 · 기구 그 밖의 공장 공용물은 기계 · 기구목록으로 제출되어 등기된 것에 한하여 공장토지저당권 또는 공장건물저당권의 효력이 미친다. 그리고 기계 · 기구 그 밖의 공장 공용물이란 어느 것이건 공장에 속하는 토지나 건물에 설치되어 있는 것이어야 한다.

여기에서 말하는 공용물에 유체물 이외에 지상권이나 임차권 등의 권리가 포함되는지에 관하여는 긍정설과 부정설이 대립되어 있으나, 앞에서 설명한 바와 같이 종된 권리를 종물에 준하는 것으로 보아 일반 토지 또는 건물 저당권의 효력이 미치는 것으로 보는 이상, 공장토지저당권 또는 공장건물저당권의 경우를 달리 볼 이유가 없으므로 긍정하는 것이 타당하다.

다만 특허권 등의 지식재산권은 이를 공장의 종된 권리로 볼 수 없으므로, 공장토지저당권 또는 공장건물저당권의 대상으로 할 수 없다고 할 것이다. 공장재단저당권에 있어서는 공장 및 광업재단저당법 제13조에서 특허권 등의 지식재산권도 재단구성물로서 열거하여, 그것들이 공장재단저당권의 목적임을 명백히 하고 있으나 공장토지저당권 또는 공장건물저당권에 있어서는 이와 같은 규정이 없기 때문이다.

한편 공장내에 있는 타자기 · 책상 · 캐비닛 · 금고 등의 사무용품은 일응 공장공용물에 포함되지 않는다고 볼 수 있으나, 사무용품이라고 하여 무조건 공용물에 포함되지 않는다고 할 수 없고, 이러한 물건들이 공장의 공용물에 포함되는지의 여부는, 그 물건이 설치되어 있는 장소 그 용법 기타 모든 사정을 감안하여 구체적으로 판단하여야 한다.

판례2-3

1. 사무용품을 공장저당권의 대상으로 할 수 있는지 여부

원심이 인용하고 있는 이 사건 제1심 판결에 의하면 원심판결서 제1목록에 기재된 물건들은 타자기, 책상, 캐비넷 등 사무용품으로서 공장저당법 제7조(공광저 6)에 의한 저당권의 목적물인 공장건물이나 토지에 설치한 기계 · 기구 기타 공장의 공용물이라고는 할 수 없다라는 취지로 판시되어 있다. 그러나 위의 물건들이 공장의 공용물이 될 수 있을 것인지의 여부는 그 물건이 설치되어 있는 장소, 그 용법 기타 모든 사정에 관하여 구체적으로 심리하지 아니하고서는 가릴 수 없으리라고 생각되는데 기록에 의하면 원심은 이 점에 관하여 아무러한 심리도 가하지 아니하고 위에서 본 바와 같은 사실을 인정하고 있는 것이다. 이러한 원심의 처사는 심리미진으로 인한 사실오인의 위법을 범한 것이라 할 것이다(대판 1971.8.31. 71다1469).

2. 타인의 토지에 걸쳐서 설치된 폐수처리시설에 대한 공장저당권의 효력

폐수처리시설이 공장저당법에 의하여 근저당권이 설정된 공장 토지와 그에 인접한 공장 토지가 아닌 타인 소유의 토지에 걸쳐서 설치되어 있는 경우, 그것이 설치된 토지에 부합되었다고 보기보다는 그 구조, 형태 또는 기능 등에 비추어 볼 때, 공장저당의 목적인 공장에 속하는 토지와 건물 및 기계, 기구와 함께 일체를 이루는 기업시설로서 그 공장 소유자의 소유에 속한다고 봄이 상당하므로, 그 공장에 속하는 토지와 건물 및 기계, 기구 위에 설정된 공장저당권의 효력은 그 폐수처리시설에도 미친다(대판 1997.10.10. 97다3750).

(나) 타인의 소유물에 대한 공장저당권의 효력

공장저당권의 목적인 공장에 속하는 토지나 건물에 부합된 물건과 그 토지나 건물에 설치된 기계 · 기구 그 밖의 공장 공용물의 전부 또는 일부가 공장저당권설정자의 소유가 아닌 타인의 소유물인 경우 그에 대하여도 공장저당권의 효력이 미치게 할 수 있는가.

이에 관하여는 ①공장저당권의 효력이 미칠 공장에 속하는 토지나 건물에 설치된 기계 · 기구 그 밖의 공장 공용물이 타인의 소유물이라도 무방하다고 하는 것은, 타인의 권원에 의하여 저당부동산에 부합된 물건에는 저당권의 효력이 미치지 않는 것으로 정하고 있는 민법 제358조 및 제256조의 규정과 균형을 잃게 하는 결과가 되어 타당하지 않다는 점 ②물권법정주의의 원칙상 법률이 명문의 규정으로 인정하고 있지 않은 한, 제3자 즉 토지나 건물에 설치된 기계 · 기구 그 밖의 공장 공용물의 소유자의 의사(공장저당권의 목적으로 해도 좋다는 동의)에 의하여 저당권의 효력을 토지나 건물에 설치된 기계 · 기구 그 밖의 공장 공용물에 미치게 하거나 미치지 않게 할 수 없다는 점 ③저당권의 설정은 대상 목적물의 인도를 요건으로 하지 않으므로, 공장저당권자가 토지나 건물에 설치된 기계 · 기구 그 밖의 공장 공용물을 토지나 건물 소유자의 소유에 속하는 것으로 과실 없이 믿었다 하더라도, 이에 공신의 원칙을 적용하여 선의취득을 인정할 수 없다는 점 등에 비추어 소극적으로 해석하는 것이 타당하다. 대법원의 판례도 같다.

그 결과 하나의 공장을 구성하는 토지나 건물과 그 토지나 건물에 설치된 기계 · 기구 그 밖의 공장 공용물의 소유자가 다른 경우에는 공장저당권을 설정할 수 없으며, 설령 설정등기가 이루어졌다고 하여도 공장저당권은 그 토지나 건물에 설치된 기계 · 기구 그 밖의 공장 공용물에 미치지 않는 것으로 보아야 한다. 따라서 토지나 건물에 설치된 기계 · 기구 그 밖의 공장 공용물을 공장저당권의 목적물로 하려고 하는 경우에는 그것이 공장을 구성하는 토지 또는 건물 소유자의 소유에 속하는지의 여부에 관하여 항상 세심한 주의를 기울여야 한다. 이와 관련하여 실무상 다음과 같은 두 가지 점에 주의를 요한다.

첫째는 기계 · 기구 그 밖의 공장 공용물이 설치될 건물이 건축 중에 있다거나 설치될 기계 · 기구 그 밖의 공장 공용물이 제작 또는 운송 중에 있는 경우이다. 이러한 경우에는 그 시점에서는 공장저당권의 설정이 불가능하므로, 당해

건물이 완공되거나 기계 · 기구 그 밖의 공장 공용물이 제작 또는 운송 완료되어 공장저당권의 설정이 가능하게 될 때까지 잠정적으로 당해 기계 · 기구 그 밖의 공장 공용물을 양도담보로 취득하여 둘 필요가 있다. 그렇지 않으면 공장저당권의 설정 이전에 채무자가 당해 기계 · 기구 그 밖의 공장 공용물을 제3자에게 매각하거나 담보제공 함으로써, 후에 설정된 공장저당권의 효력이 당해 기계 · 기구 그 밖의 공장 공용물에 미치지 않게 될 염려가 있으나, 미리 양도담보권을 설정해 두면 이 양도담보권설정 이후의 채무자의 처분행위를 무효화할 수 있어 공장저당권의 안전한 확보가 가능해지기 때문이다.

둘째는 공장에 속하는 토지나 건물의 소유자와 기계 · 기구 그 밖의 공장 공용물의 소유자가 다르나, 이를 소위 명의신탁의 방법으로 일치시켜 담보제공 하여 오는 경우이다. 이때 소유자를 일치시키는 방법으로는 토지나 건물의 소유권을 기계 · 기구 그 밖의 공장 공용물 소유자에게 명의신탁 하는 방법과, 기계 · 기구 그 밖의 공장 공용물의 소유권을 토지나 건물의 소유자에게 명의신탁 하는 두 가지 경우가 있다. 종래 대법원은 토지나 건물 등과 같이 공적 장부에 의하여, 그 권리관계가 공시되는 재산에 대하여서는 명의신탁의 효력을 인정하고, 기계 · 기구 그 밖의 공장 공용물과 같이 공적 장부에 의하여 그 권리관계가 공시되지 않는 재산에 대하여는 명의신탁의 효력을 인정하지 않았다. 이에 따라 기계 · 기구 그 밖의 공장 공용물의 소유권을 토지나 건물의 소유자에게 명의신탁 하여 공장저당권을 설정하는 경우는 그 효력을 인정받을 수 없는 반면에, 토지 또는 건물의 소유권을 기계 · 기구 그 밖의 공장 공용물의 소유자에게 명의신탁 하여 공장저당권을 설정하는 경우에는 그 효력을 인정받을 수가 있었다. 그런데 1995년 3월 30일 부동산 실권리자 명의 등기에 관한 법률이 제정되어 토지나 건물 등의 부동산을 대상으로 하는 명의신탁의 효력이 부정됨으로써(동법 4①② 참조), 현재는 토지나 건물의 소유권을 기계 · 기구 그 밖의 공장 공용물의 소유자에게 명의신탁 하여 공장저당권을 설정하더라도 그 효력을 인정받을 수가 없지 않은가 하는 의문이 들 수 있다. 그러나 부동산 실권리자 명의 등기에 관한 법률 제4조 제3항에 의하면 명의신탁약정 및 그에 따른 등기의 무효는 제3자(선의의 제3자가 아님)에게 대항하지 못하는 것이므로 그 무효인 등기명의인으로부터 공장저당권을 설정 받은 경우에도 여전히 공장저당권의 효력을 인정받을 수 있는 것으로 보아야 한다.

판례2-4

1. 타인소유의 기계 · 기구에 설정한 공장저당권의 효력

공장저당법 제4조, 제5조(공광저 3, 4)의 규정에 의하여 저당권의 목적이 되는 것으로 목록에 기재되어 있다고 하더라도 그것이 저당권설정자가 아닌 제3자의 소유인 경우에는 위 저당권의 효력이 미칠 수 없는 것이다(대결 1992.8.29. 92마576).

2. 양도담보물인 기계 · 기구에 설정한 공장저당권의 효력

공장저당법 제4조, 제5조의 규정에 의하여 저당권의 목적이 되는 것으로 목록에 기재되어 있는 동산이라고 하더라도 그것이 저당권설정자가 아닌 제3자의 소유인 경우에는 위 저당권의 효력이 미칠 수 없다고 할 것이고, 그 목록에 기재되어 있는 동산이 점유개정의 방법에 의하여 이미 양도담보에 제공되어 있는 것인 경우에도 그 동산은 제3자인 저당권자와의 관계에 있어서는 양도담보권자의 소유에 속하므로, 마찬가지로 공장저당법에 의한 저당권의 효력이 미칠 수 없다고 보아야 한다(대결 1998.10.12. 98그64).

(다) 공장저당권의 목적물의 분리

(ㄱ) 분리된 물건에 대한 공장저당권의 소멸

공장 소유자가 공장저당권자의 동의를 받아 토지나 건물에 부합된 물건을 분리한 경우 그 물건에 관하여는 저당권이 소멸한다(공광저 9①). 또한 공장 소유자가 공장저당권자의 동의를 받아 토지나 건물에 설치한 기계 · 기구 그 밖의 공장 공용물을 분리한 경우 그 물건에 관하여는 저당권이 소멸한다(공광저 9②).

(ㄴ) 분리에 대한 공장저당권자의 동의의무

공장 소유자가 공장저당권의 목적인 토지, 건물이나 그 토지나 건물에 부합된 물건과 그 토지나 건물에 설치된 기계 · 기구 그 밖의 공장 공용물로서 공장저당권의 목적이 되는 물건에 대한 압류, 가압류 또는 가처분이 있기 전에 공장저당권자의 이익을 위하여 정당한 사유를 들어 토지나 건물에 부합된 물건의 분리 또는 토지나 건물에 설치된 기계 · 기구 그 밖의 공장 공용물의 분리에 대한 동의를 요구하면 공장저당권자는 그 동의를 거절하지 못한다(공광저 9③).

(ㄷ) 공장저당권의 추급력

공장저당권자는 공장저당권의 목적인 토지, 건물이나 토지나 건물에 부합된 물건과 토지나 건물에 설치된 기계·기구 그 밖의 공장 공용물로서 공장저당권의 목적이 되는 물건이 제3취득자에게 인도된 후에도 그 물건에 대하여 공장저당권을 행사할 수 있다(공광저 7본). 이는 공장저당권의 목적인 토지나 건물에 부합된 물건과 그 토지나 건물에 설치된 기계·기구 그 밖의 공장 공용물이 공장저당권자의 동의 없이 분리될 경우가 많을 것임 감안하여 공장저당권자의 보호를 위하여 특별히 규정한 것이다.

그러나 공장저당권의 목적인 토지나 건물에 부합된 물건과 그 토지나 건물에 설치된 기계·기구 그 밖의 공장 공용물이라도, 공장저당권의 설정 후에 분리된 것은 독립한 동산으로서 거래의 대상이 될 수 있으므로, 제3취득자가 민법 제249조 내지 제251조의 규정에 의하여 이를 선의취득하면, 공장저당권자는 그 물건에 대하여는 저당권을 행사할 수 없게 된다(공광저 7단).

판례2-5

설정자로부터 일탈한 공장저당목적물의 원상회복

저당권자는 물권에 기하여 그 침해가 있는 때에는 그 제거나 예방을 청구할 수 있다고 할 것인바, 공장저당권의 목적 동산이 저당권자의 동의를 얻지 아니하고 설치된 공장으로부터 반출된 경우에는 저당권자는 점유권이 없기 때문에 설정자로부터 일탈한 저당목적물을 저당권자 자신에게 반환할 것을 청구할 수는 없지만, 저당목적물이 제3자에게 선의취득되지 아니하는 한 원래의 설치 장소에 원상회복할 것을 청구함은 저당권의 성질에 반하지 아니함은 물론 저당권자가 가지는 방해배제권의 당연한 행사에 해당한다(대판 1996.3.22. 95다55184).

㈑ 우선변제의 순위

(ㄱ) 토지나 건물의 부합물

공장저당권의 목적인 토지나 건물에 설정된 일반저당권과 공장저당권간 또는 공장저당권 상호간의 우선순위는 그 설정등기의 선후에 의하여 결정된다. 또한 토지나 건물에 부합된 물건에 대하여도 그 설정등기의 선후에 의하여 그 우선순위가 결정된다.

(ㄴ) 토지나 건물에 설치된 기계 · 기구 그 밖의 공장 공용물

기계 · 기구 그 밖의 공장 공용물의 목록을 제출하여 등기한 저당권과 그렇지 않은 저당권 사이에서는, 목록을 제출하여 등기한 저당권이 우선함에 대하여는 이론이 없다. 그러나 기계 · 기구 그 밖의 공장 공용물의 목록을 제출하여 등기한 저당권 사이의 당해 기계 · 기구 그 밖의 공장 공용물에 대한 우선순위에 관하여는, 목록제출에 따른 등기의 선후에 불구하고 토지나 건물에 대한 저당권설정등기의 선후에 의하여 그 우선순위를 정해야 한다는 견해와 토지나 건물에 대한 저당권설정등기의 선후에 불구하고 목록제출에 따른 등기의 선후에 의하여 그 우선순위를 정해야 한다는 견해가 대립되어 있다.[6] 예컨대 공장토지와 그에 설치된 기계 · 기구 a b에 S가 제1순위 공장저당권을 설정하고, K가 다시 공장토지와 그에 설치된 기계 · 기구 a b c d에 제2순위 공장저당권을 설정한 후, S가 제1순위 공장저당권에 기계 · 기구 c d를 목록 추가한 경우, 전자의 견해에 의하면 기계 · 기구 a b c d 모두에 대하여 S가 1순위가 되나, 후자의 견해에 의하면 기계 · 기구 c d에 대하여는 K가 1순위가 된다.

전자의 견해는 그 논거로서 첫째 공장저당권에 있어서의 기계 · 기구 그 밖의 공장 공용물의 목록기재는 제3자에 대한 대항요건이라는 점, 둘째 공장재단저당권의 경우는 그 재단목록의 추가변경등기가 있어도 추가된 물건에 대한 우선변제의 순위를 공장재단저당권 자체의 순위에 따르도록 되어 있는데, 이러한 공장재단목록의 변경등기에 관한 공장 및 광업재단저당법 제42조 이하의 규정이 공장저당권의 기계 · 기구 그 밖의 공장 공용물의 목록변경에도 준용되므로(공광저 6②) 그 추가 기계 · 기구 그 밖의 공장 공용물에 대한 우선변제의 순위도 공장재단저당권의 경우와 동일하게 취급하여야 한다는 점, 셋째 부동산등기법 제5조 제1항은 「부기등기의 순위는 주등기의 순위에 따른다. 다만, 같은 주등기에 관한 부기등기 상호간의 순위는 그 등기 순서에 따른다」고 규정하고 있는데, 공장저당권에 있어서의 기계 · 기구 그 밖의 공장 공용물의 목록 추가는 변경등기라는 부기등기의 형식에 의하게 되므로 기계 · 기구 그 밖의 공장 공용물의 목록추가에 따른 변경등기가 있어도 그 기계 · 기구 그 밖의 공장 공용물에 대한 우선변제의 순위는 주등기인 공장저당권 자체의 순위에 의하여야 한다는 점을 들고

---

6) 민법주해[VII] 256(전계원).

있다.

그러나 법원의 배당실무는 후자의 견해에 따라 처리하고 있으며 이론적으로도 전자의 견해는 다음과 같은 점에서 타당성이 없어 후자의 견해가 타당하다고 본다. 즉 전자의 견해 중 첫째는 우리 대법원이 공장저당권에 있어서의 기계·기구 그 밖의 공장 공용물의 목록제출과 등기를 공장저당권의 효력발생요건으로 보는 것과 맞지 않을 뿐만 아니라, 대항요건주의를 따른다고 하더라도 목록제출을 하지 않았거나 늦게 한 자는 목록제출을 했거나 먼저 한 자에게 대항할 수 없다고 보아야 할 것이므로 타당성이 없다. 다음에 공장 및 광업재단저당법 제6조 제2항에 의하여 준용되는 동법 제42조 이하의 규정은 기계·기구 그 밖의 공장 공용물의 목록변경절차에 관한 것일 뿐 그 우선변제의 순위에 관한 것이 아니므로, 공장저당권에 있어서의 목록 추가한 기계·기구 그 밖의 공장 공용물의 우선변제순위를 반드시 공장재단저당권의 경우와 동일하게 볼 것이 아니고, 또한 공장재단저당권의 경우는 재단의 구성목록이 표제부에 기재되는 사항으로서 여러 개의 저당권이 있어도 재단목록은 하나뿐이어서 전체목록을 대상으로 하여 그 우선변제의 순위가 정하여질 수밖에 없으나, 공장저당권의 경우는 그 기계·기구 그 밖의 공장 공용물의 목록이 을구에 기재되는 사항으로서 저당권의 설정 수에 상응하는 여러 개의 목록이 존재하고 또 그 목록의 변경도 별개로 이루어지므로, 이를 실효성 있게 하려면 그 우선순위도 당연히 각 기계·기구 그 밖의 공장 공용물마다 별개로 정하여지는 것으로 보아야 하며, 따라서 전자의 견해에 있어서의 둘째 논거도 타당성이 없다. 마지막으로 하나의 공장에 여러 순위의 일반저당권 및 공장저당권이 설정되고 그 후 기계·기구 그 밖의 공장 공용물의 목록을 제출하여 일반저당권을 공장저당권으로 변경하거나 또는 공장저당권에 기계·기구 그 밖의 공장 공용물의 목록을 추가하는 경우 그 기계·기구 그 밖의 공장 공용물에 대한 우선변제의 순위를 정함에 있어서는 후자의 견해처럼 「부기등기의 순위는 주등기의 순위에 따른다」는 부동산등기법 제5조 제1항 본문의 규정을 적용하여, 주등기인 토지 또는 건물에 대한 저당권을 설정한 순서에 의할 것이 아니고, 「같은 주등기에 관한 부기등기 상호간의 순위는 그 등기 순서에 따른다」는 동항 단서의 규정을 적용하여 기계·기구 그 밖의 공장 공용물의 목록 기재등기 또는 목록 추가등기의 순서에 의하여야 할 것으로 본다. 왜냐하면 부동산등기법 제5조 제1항 단서의 규정은, 예컨대 전세권을 대상으로 한 저당권의 설정에서와 같이 부기등기의 형식으로 새로운 물권을 설정하는 경우, 그 부기등기에 의한 각 권리자간의 우선순위를 정하기 위한 것으로 볼 수 있는데, 공장저당권에 있어서의 기계 · 기구 그 밖의 공장 공용물의 목록에 관한 부기등기도 그 실질상은 기계 · 기구 그 밖의 공장 공용물을 대상으로 한 새로운 저당권의 설정으로 볼 수 있을 것이기 때문이다. 그리고 이와 같이 기계 · 기구 그 밖의 공장 공용물의 목록에 관한 부기등기를 그 기계 · 기구 그 밖의 공장 공용물을 대상으로 한 새로운 저당권의 설정으로 볼 수 있는 것은 기계 · 기구 그 밖의 공장 공용물의 목록기재를 공장저당권의 효력발생요건으로 보는 경우에는 더욱 명백해진다. 따라서 전자의 견해의 셋째 논거도 타당성이 없다.

판례2-6

공동저당에 관한 규정의 공장저당에의 준용

민법 제368조 제1항은 동일한 채권의 담보로 수 개의 부동산에 저당권을 설정한 경우에 그 부동산의 경매대가를 동시에 배당하는 때에는 각 부동산의 경매대가에 비례하여 채권의 분담을 정하도록 규정하고 있는바, 위 조항은 저당목적물이 수 개의 부동산인 경우만이 아니라 공장저당법에 의한 저당권의 목적물인 토지와 건물 및 거기에 설치된 기계 · 기구의 경매대가를 동시에 배당하는 경우에도 적용 및 준용되고, 이러한 법리는 선순위 근저당권자가 토지에 대한 단독 근저당권을 취득한 시점과 그 단독 근저당권을 공장저당법에 의하여 공장에 속하는 동일한 토지와 그 지상의 건물 및 기계 · 기구에 대한 공동근저당권으로 변경하여 취득한 시점과의 사이에 후순위 근저당권자가 토지에 대한 근저당권을 취득한 경우에도 마찬가지로 적용 및 준용된다(대판 1998.4.24. 97다51650).

㈒ 경매에 있어서의 특수성

㈀ 압류 등의 효력이 미치는 범위

공장저당권의 목적인 토지나 건물에 대한 압류, 가압류 또는 가처분은 공장 및 광업재단저당법 제3조 및 제4조에 따라 저당권의 목적이 되는 물건에 효력이 미친다(공광저 8①). 공장 및 광업재단저당법 제3조와 제4조의 규정에 의하여 저당권의 목적이 되는 물건이란 공장에 속하는 토지나 건물에 부합된 물건과 토지나 건물에 설치된 기계 · 기구 그 밖의 공장 공용물로서 목록제출 하여 등기된 물건을 말한다.

공장저당의 목적인 토지나 건물에 대하여 압류, 가압류 또는 가처분이 행하여진 경우에, 그 압류 등의 효력은 토지나 건물에 부합된 물건과 토지나 건물에 설치된 기계·기구 그 밖의 공장 공용물에 당연히 미치므로, 특별히 토지나 건물에 부합된 물건과 토지나 건물에 설치된 기계·기구 그 밖의 공장 공용물에 대하여 따로 압류 등을 행할 필요는 없다. 경매개시결정을 하는 경우도 마찬가지이다.

공장에 속하는 토지나 건물을 대상으로 경매개시결정을 할 때에는 토지나 건물에 부합된 물건과 토지나 건물에 설치된 기계·기구 그 밖의 공장 공용물의 목록을 함께 작성한 후 이를 포함하여 하는 것이 보통이다. 그러나 그 목록의 일부가 개시결정에 누락되어 있거나 토지나 건물에 대해서만 경매개시결정을 한 때에도, 그 개시결정에 의한 압류의 효력은 토지나 건물에 부합된 물건과 토지나 건물에 설치된 기계·기구 그 밖의 공장 공용물 전체에 미치므로, 누락된 부분을 대상으로 별도의 경매개시결정을 할 것을 요하지 않고 경매법원이 이를 함께 평가하여 경매하는 것으로 충분하다.

판례2-7

공장저당권의 목적인 토지 또는 건물에 대한 압류의 효력

공장저당법 제4조, 제5조(공광저 3, 4)는 공장에 속하는 토지 또는 건물에 설정한 저당권의 효력은 그 토지 또는 건물에 설치된 기계 · 기구 기타의 공장공용물에 미치고, 같은 법 제10조 제1항(공광저 8①)은 공장저당권의 목적인 토지 또는 건물에 대한 압류의 효력이 공장공용물에 미친다고 하여 집행의 불가분성을 규정하고 있으므로, 법원의 경매절차에서 공장저당권의 목적인 토지 또는 건물에 대한 경매개시결정이 내려져 위 토지 또는 건물이 압류된 경우에는 특별한 사정이 없는 한 공장저당권의 목적인 토지 또는 건물과 함께 그 공장공용물도 법률상 당연히 일괄경매 되어 경락허가결정도 일괄하여 이루어지는 것이고, 경매법원이 경매개시결정에서 공장공용물을 경매목적물로 명시하지 아니하거나 경매목적물의 감정평가와 물건명세서에서 이를 누락하였다고 하여도 이를 달리 볼 것은 아니라 할 것이며, 경매법원이 경락허가결정에서 그 목적물을 표시함에 있어 공장공용물을 누락하였다고 하더라도 특별한 사정이 없는 한 이는 오기 기타 이에 유사한 오류가 있음에 불과한 것으로서 경매법원은 이를 보충하는 경정결정을 할 수 있다(대판 2000.4.14. 99마2273).

(ㄴ) 분리하여 하는 압류 등의 금지

공장에 속하는 토지나 건물에 부합된 물건과 토지나 건물에 설치된 기계 · 기구 그 밖의 공장 공용물로서 공장저당권의 목적이 되는 물건은 토지나 건물과 함께하지 아니하면 압류, 가압류 또는 가처분의 목적으로 하지 못한다(공광저 8②).

또한 공장저당권의 대상인 토지나 건물을 토지나 건물에 부합된 물건과 토지나 건물에 설치된 기계 · 기구 그 밖의 공장 공용물로서 공장저당권의 목적이 되는 물건과 분리하여 압류, 가압류 또는 가처분의 목적으로 하는 것도 허용되지 않는다. 따라서 공장저당의 대상인 토지나 건물의 가액만으로 충분히 채권의 변제를 받을 수 있는 공장저당권자라 할지라도, 토지나 건물을 토지나 건물에 부합된 물건과 토지나 건물에 설치된 기계 · 기구 그 밖의 공장 공용물과 분리하여 경매신청하지 못한다.

판례2-8

공장저당권의 효력이 기계 · 기구에 미치지 아니하는 경우

공장의 토지 또는 건물에 설치된 기계 · 기구 기타 공장의 공용물은 공장저당법 제7조(공광저 6) 소정의 기계 · 기구 목록에 기재되어야만 공장저당의 효력이 미치고, 공장저당법 제10조(공광저 8)는 저당권의 효력이 기계 · 기구 등에 미치는 경우에 그 집행의 불가분성을 규정하고 있으므로, 공장저당이 설정된 공장의 토지 또는 건물에 대하여 압류 또는 가압류가 된 경우에 있어서도 그 때까지 기계 · 기구 목록이 전혀 제출된 바가 없다면, 그 압류 및 가압류의 효력이 기계 · 기구에까지 미친다고 할 수는 없다(대판 1995.6.29. 94다20174).

(ㄷ) 일괄경매

공장에 속하는 토지나 건물과 그 토지나 건물에 부합된 물건과 그 토지나 건물에 설치된 기계 · 기구 그 밖의 공장 공용물은 일체로 담보가치가 파악된 것이므로, 이것이 경매에 붙여진 경우에는 이를 일괄하여 경매하여야 한다. 일체로서 경매되는 것이 사회경제적으로 바람직하고 저당권자 및 그 설정자에게도 유익하기 때문이다. 그 결과 공장에 속하는 토지나 건물과 그 토지나 건물에 부합된 물건과 그 토지나 건물에 설치된 기계 · 기구 그 밖의 공장 공용물은 일괄하여 최저매각가격이 정하여져야 하고, 매수가격도 일괄한 신고가 있어야 하며 또 매각허가결정의 선고도 일괄하여 하여야 한다.

판례2-9

토지나 건물과 그에 설치된 기계 · 기구의 일괄경매

(1) 공장저당(공장재단저당이 아닌 협의의 공장저당)의 목적물이 된 토지 또는 건물과 그에 설치된 기계, 기구 등은 이를 일체로 하여서만 경매를 할 수 있다(대결 1969.12.9. 69마920).

(2) 토지, 건물에 대한 보통저당권이 설정되어 있고 토지, 건물 위에 공장저당법 제7조(공광저 6조)에 의한 공장저당권이 설정되어 있을 경우 보통 저당권자가 토지, 건물에 대한 경매신청을 하면 그 토지, 건물과 더불어 그 기계, 기구 등도 같이 경매하여야 한다(대결 1972.6.16. 71마546).

(3) 공장저당법 제4조, 제5조, 제7조 제1항(공광저 3, 4, 6①)에 의하면, 공장저당의 목적이 된 토지 또는 건물과 거기에 설치된 기계, 기구 등은 이를 분할하여 경매할 수 없으므로, 그 부동산에 신청근저당권자 이외의 근저당권자의 공장저당이 있을 때에는 경매법원으로서는 그 근저당권자의 공장저당의 목적이 된 기계, 기구 등도 함께 일괄경매하여야 한다(대판 2003.2.19. 2001마785).

(4) 공장재단저당권

가. 서 설

공장재단저당권은 하나 또는 둘 이상의 공장으로 구성된 공장재단을 대상으로 하는 저당권을 말한다(공광저 10). 공장재단저당권의 설정도 공장재단을 대상으로 하는 당사자 간의 저당권설정 합의와 등기로써 이루어지는 점은 다른 저당권의 경우와 다르지 않다. 또 그 효력 일반도 다른 저당권의 경우와 같다. 다만 공장재단저당권은 그 대상 목적물이 특별한 절차를 통해서 설정된 공장재단이라는 점에 특수성이 있다. 따라서 이하에서는 이 공장재단의 설정과 관련한 여러 사항에 관하여 알아보기로 한다.

나. 공장재단의 설정목적물

공장재단의 구성물이 될 수 있는 것은 ①공장에 속하는 토지, 건물, 그 밖의 공작물 ②기계, 기구, 전봇대, 전선(電線), 배관(配管), 레일, 그 밖의 부속물 ③항공기, 선박, 자동차 등 등기나 등록이 가능한 동산 ④지상권 및 전세권 ⑤임대인이 동의한 경우에는 물건의 임차권 ⑥지식재산권이다(공광저 13①).

공장에 속하는 토지란 공장조업에 공용되는 토지를 뜻하는 것으로서, 공장자체의 부지에 한하지 아니하고 예컨대 공장 종업원 기숙사의 부지 · 원재료의 하치장 · 시멘트공장인 경우의 원석 또는 석회의 채취지 등과 같이 공장으로부터 멀리 떨어져 있는 토지도 포함한다. 그리고 기계, 기구 등을 공장재단의 구성물로 함에 있어서는 그것이 공장에 속하는 토지나 건물에 부합되거나 설치된 것임을 요하지 않는다. 이 점은 공장 및 광업재단저당법 제3조가 규정하는 공장토지저당권이나 제4조가 규정하는 공장건물저당권의 경우와 그 취지를 달리한다. 따라서 예컨대 원료나 제품 등의 운반을 위한 공장용의 선박, 운반차 등도 공장재단의 구성물로 할 수 있다.

공장재단의 구성물이 될 수 있는 것으로 열거하고 있는 공장 및 광업재단저당법 제13조 제1항의 규정은 한정적인 것으로 해석되고 있다. 따라서 여기에 열거되지 아니한 것 예컨대 채권 · 전화가입권 · 상호권 · 행정청의 면허에 의한 권리 등은, 그것이 공장소유자의 소유에 속하는 경우에도 이를 공장재단의 구성물로 하지 못한다.

다. 공장재단의 설정범위

㈎ 하나 또는 둘 이상의 공장에 대한 설정

여러 개의 공장이 동일한 소유자에게 속하는 경우에 그 소유자는 그가 소유하는 각 공장마다 각각 별개의 공장재단을 설정할 수 있고, 그 여러 개의 공장 중의 일부 또는 전부를 일괄하여 1개의 공장재단을 설정할 수도 있다(공광저 10①제1문). 그리고 여러 개의 공장으로 1개의 공장재단을 설정하는 경우에도 각 공장이 지역적으로 인접하고 있을 필요는 없으며, 예컨대 공장이 서울 · 부산 · 대구 등에 흩어져 있더라도 이들로써 1개의 공장재단을 설정할 수 있다.

㈏ 소유자가 다른 여러 개의 공장에 대한 설정

여러 개의 공장이 각각 다른 소유자에게 속하는 경우에도 그 여러 개의 공장으로 1개의 공장재단을 설정할 수 있다(공광저 10①제2문). 예컨대 A가 X공장을 소유하고 B가 Y공장을 소유하는 경우에도, X공장과 Y공장을 한데 묶어 1개의 공장재단을 설정할 수 있는 것이다. 다만 이 경우의 X공장 또는 Y공장은 어느 것이나 공장 및 광업재단저당법 제2조 제1호가 규정하는 공장에 해당하는 것으로서, 독립한 재단설정의 가능성을 가지고 있을 것이 요구된다. 즉, 필요하다고 인정되는 경우에는 X공장으로서는 X공장재단을 Y공장으로서는 Y공장재단을 각각 설정할 수가 있어야 한다. 따라서 1개의 공장이 부분을 달리하여 2인 이상의 소유에 속하는 경우, 예컨대 공장의 토지는 A의 소유이고 건물, 기계 등은 B의 소유인 것과 같은 경우에는 비록 A와 B가 공동으로 한다 하더라도 그 공장으로 공장재단을 설정할 수 없는 것으로 보아야 한다. 다만 B가 A소유의 토지에 대하여 지상권이나 전세권 또는 임차권을 가지고 있는 경우에는, B가 그 지상권 등과 B소유의 건물, 기계 등으로 1개의 공장재단을 설정하는 것은 가능하다.

㈐ 공장의 일부에 대한 설정

공장재단은 ①공장에 속하는 토지, 건물, 그 밖의 공작물 ②기계, 기구, 전봇대, 전선(電線), 배관(配管), 레일, 그 밖의 부속물 ③항공기, 선박, 자동차 등 등기나 등록이 가능한 동산 ④지상권 및 전세권 ⑤임대인이 동의한 경우에는 물건의 임차권 ⑥지식재산권 중의 일부로써 구성할 수도 있다(공광저 13①). 다만 여기에서 말하는 일부라는 의미는 위 ① 내지 ⑥의 전부라야만 하는 것이 아니고, 그 중 일부만을 선택하여 공장재단을 구성할 수 있다고 하는 소위 공장재단의 구성물에 관한 선택주의를 표명한 것일 뿐, 1개의 공장에 속하는 위 ① 내지 ⑥의 일부만으로 공장재단을 설정한 후 잔여 부분으로 새로이 별개의 공장재단을 설정할 수 있다는 것은 아님에 주의를 요한다. 즉 1개의 공장을 구분하여 2개의 공장재단을 설정할 수는 없는 것이다.

공장의 일부인 기계, 기구만을 구성물로 하는 공장재단은 설정할 수 없는 것으로 본다. 공장 및 광업재단저당법 제10조에서 규정하는 1개의 공장이란 최소한의 기업적 기능을 수행할 수 있는 객관적인 설비를 갖추고 있는 것으로서 장소적인 관념이 수반되어야 하기 때문이다. 또한 공장에 속하는 여러 개의 토지 또는 건물만이나 여러 개의 토지와 건물만으로써 공장재단을 설정할 수 있고 기계, 기구를 반드시 공장재단의 구성물로 포함시켜야 하는 것은 아니나, 1필의 토지 또는 1개의 건물만으로써 공장재단을 설정할 수는 없다고 본다.

라. 공장재단의 설정요건

앞에서 설명한 공장재단의 설정범위에 해당한다 하더라도 그것을 실제로 공장재단의 구성물로 하기 위하여서는 다시 다음의 요건을 구비하여야 한다.

첫째, 공장에 속하는 토지나 건물로서 미등기된 것이 있으면 공장재단을 설정하기 전에 그 토지나 건물의 소유권보존등기를 하여야 한다(공광저 13②).

둘째, 공장재단의 구성물은 타인의 권리의 목적인 물건이거나 압류, 가압류 또는 가처분의 목적인 물건이 아니어야 한다(공광저 13③). 그러나 등기나 등록을 권리관계의 공시방법으로 하지 않는 일반 동산이나 등기나 등록을 권리관계의 공시방법으로 하는 물건으로서, 공장재단의 소유권보존등기신청 당시에 타인의 권리나 압류, 가압류 또는 가처분의 등기나 등록이 되어 있지 않은 것은, 그 권리자나 압류 · 가압류 또는 가처분권자가 등기관이 관보에 공고한 소정의 권리신고기간내에 권리신고를 하지 않으면, 그 권리가 존재하지 아니하는 것으로 보게 되고 또한 압류 · 가압류 또는 가처분은 그 효력을 상실하게 된다(공광저 33①③). 따라서 타인의 권리의 목적인 물건이나 압류, 가압류 또는 가처분의 목적인 물건이라도 소정의 권리신고기간내에 권리신고를 하지 않아 그 권리가 존재하지 아니한 것으로 보게 되거나 압류 · 가압류 또는 가처분의 효력이 상실된 경우에는 공장재단의 구성물로 할 수 있다.

셋째, 공장재단의 구성물은 동시에 다른 공장재단에 속하게 하지 못한다(공광저 10②). 그런데 어떤 물건 또는 권리가 다른 공장재단에 속하고 있는지의 여부는, 그것이 등기 또는 등록되어 있는 것이면 공장 및 광업재단저당법 제35조의 규정에 의하여, 등기부 또는 등록원부에 공장재단에 속하였다는 취지의 기재가 되어 있을 것이므로 등기관이 그 사실을 알 수 있겠지만, 등기 또는 등록이 되지 아니한 것에 관하여는 공장 및 광업재단저당법 제33조 제1항의 규정에 의한 공고기간 내에 권리의 신고가 있어야만 비로소 등기관이 이를 알 수 있게 될 것이므로, 이러한 것에 관하여도 공장 및 광업재단저당법 제33조 제3항의 규정을 적용하여 그 신고가 없으면 공장재단의 구성물로 할 수 있다는 결과가 된다.

마. 공장재단의 설정절차

㈎ 소유권보존등기의 신청

공장재단은 공장재단등기부에 소유권보존등기를 함으로써 설정한다(공광저 11①). 따라서 공장재단 그 소유권보존등기가 있어야 설정되고, 그 설정절차는 결국 소유권보존등기를 하기 위한 절차라고 할 수 있다. 공장재단의 소유권보존등기는 공장소유자의 신청에 의하여 행하여진다. 그리고 여러 개의 공장으로 1개의 공장재단을 설정하는 경우에, 그 여러 개의 공장이 각각 다른 소유자에게 속하는 때에는, 그 각각 다른 소유자 전원의 신청을 필요로 한다.

공장재단의 소유권보존등기신청서에는 부동산등기법 제48조에서 규정하는 일반등기사항 이외에 ①공장의 명칭 ②공장의 위치 ③주된 영업소 ④영업의 종류 ⑤공장 소유자의 성명 또는 명칭. 2개 이상의 공장으로 재단을 구성하는 경우로서 각 공장의 소유자가 다른 경우에만 해당한다. ⑥공장재단목록의 번호 ⑦공장도면의 번호를 적어야 한다(공광저 30, 51). 특히 공장재단목록은 공장재단을 구성하는 물건 또는 권리의 표시를 기재한 것으로서, 공장재단이 어떠한 것들로 구성되는 것인가를 명확히 하기 위하여 작성되는 것인데 공장재단의 소유권보존등기가 완료됨으로써 공장재단이 성립한 때에는 그 목록은 등기부의 일부로 보고 기록된 내용은 등기된 것으로 본다(공광저 36).

공장재단의 관할등기소는 공장 소재지의 지방법원, 그 지원 또는 등기소(이하 "등기소"라 한다)이다(공광저 25①). 공장이 여러 개의 등기소의 관할 구역에 걸쳐 있거나 공장재단을 구성하는 여러 개의 공장이 여러 개의 등기소의 관할 구역에 있는 경우에는 신청을 받아 그 각 등기소를 관할하는 바로 위의 상급법원의 장이 관할 등기소를 지정한다(공광저 25②).

(나) 소유권보존등기실행전의 절차

(ㄱ) 등기신청이 있다는 취지의 공시

공장재단에 관한 소유권보존등기 신청을 받으면 그 공장재단의 구성물로 예정된 것으로서 등기가 된 것에 관하여 등기관은 직권으로 그 등기기록 중 해당 구에 공장재단에 속하게 될 것으로서 그 재단에 관하여 소유권보존등기가 신청되었다는 사실, 신청서의 접수연월일과 접수번호를 기록하여야 한다(공광저 32①).

공장재단에 속하게 될 것으로서 등기되어 있는 것이 그 공장재단의 관할등기소가 아닌 다른 등기소의 관할에 속하는 때에는, 공장재단의 관할등기소의 등기관은 관계등기부에 기록하여야 할 사항을 지체 없이 그 다른 등기소에 통지하여야 하고, 이 통지를 받은 등기소는 관계등기부에 통지받은 사항을 기록한 후 그 등기사항증명서를 공장재단의 관할등기소에 송부하여야 한다(공광저 32②③). 또한 위와 같은 절차는 지식재산권이 공장재단에 속하게 되는 경우에도 준용된다. 다만 이 경우의 통지는 이를 특허청에 하여야 한다(공광저 32④).

(ㄴ) 이해관계인에 대한 공고

공장재단의 소유권보존등기 신청을 받으면 등기관은 공장재단에 속하게 될 동산에 관하여 권리를 가지는 자 또는 압류 · 가압류나 가처분의 채권자는 일정 기간 내에 그 권리를 신고하라는 공고[7]를 관보에 하여야 한다. 이 경우 권리신고 기간은 1개월 이상 3개월 이하로 하여야 한다(공광저 33①).

위 권리신고 기간 내에 권리의 신고가 없으면 그 권리는 존재하지 아니하는 것으로 보고, 압류, 가압류 또는 가처분은 그 효력을 상실한다. 다만, 소유권보존등기 신청이 각하되거나[8][9] 소유권보존등기가 효력을 상실한 경우에는 그러하지 아니하다(공광저 33③).

위 권리신고기간 내에 권리가 있음을 신고한 자가 있으면 등기관은 그 사실을 소유권보존등기 신청인에게 통지하여야 한다(공광저 33④). 이 경우 소유권보존등기 신청인이 권리신고 기간이 끝난 후 1주 내에 권리신고가 취소되었다거나 그 권리신고가 이유 없다는 사실을 증명하지 아니하면 공장재단의 소유권보존등기신청은 각하된다(공광저 34①iii).

---

7) 공장재단의 소유권보존등기 신청이 권리신고 기간이 끝나기 전에 각하되면 등기관은 이 공고를 지체 없이 취소하여야 한다(공광저 33②).

8) 부동산등기법 제29조에 규정된 경우 이외에 다음 중의 어느 하나에 해당하는 경우 등기관은 공장재단의 소유권보존등기 신청을 각하하여야 한다(공광저 34①).

1. 등기기록 또는 그 등기사항증명서나 등록에 관한 원부의 등본에 의하여 공장재단에 속하게 될 것이 타인의 권리의 목적이거나 압류, 가압류 또는 가처분의 목적인 것이 명백한 경우
2. 공장재단 목록 기록 내용이 등기기록 또는 그 등기사항증명서나 등록에 관한 원부의 등본과 일치하지 아니하는 경우
3. 공장재단에 속하게 될 동산에 대하여 권리를 가지는 자 또는 압류, 가압류나 가처분의 채권자가 그 권리를 신고한 경우에 제33조제1항의 권리신고 기간이 끝난 후 1주 내에 권리신고가 취소되지 아니하거나 그 권리신고가 이유 없다는 사실이 증명되지 아니할 경우

9) 소유권보존등기 신청을 각하한 경우 등기관은 등기된 공장재단의 구성물에 되어 있는 등기신청이 있다는 취지의 공시(공광저 32①)를 말소하여야 한다(공광저 34②). 또한 이 경우 다른 등기소나 특허청에 소유권보존등기가 신청되었다는 사실을 통지한 등기소는 그 신청을 각하한 사실을 지체 없이 통지하여야 하고, 이 통지를 받은 등기소나 특허청은 등기신청이 있다는 취지의 기록(공광저 32③④)을 말소하여야 한다(공광저 34③④).

(다) 소유권보존등기의 실행

공장재단의 소유권보존등기는 그 신청에 관하여 공장 및 광업재단저당법 제34조에 규정하는 각하사유가 존재하지 아니하여야 실행된다. 즉 공장재단의 소유권보존등기신청에 각하사유가 없는 경우 그 소유권보존등기는 소정의 권리신고기간 내에 권리신고가 없으면 그 시점에서 실행되고, 권리신고가 있으면 그 신청인이 그 권리신고 기간이 끝난 후 1주일 내에 권리신고가 취소되었다거나 그 권리신고가 이유 없다는 사실을 증명한 때에 실행된다.

등기관은 공장재단에 관하여 소유권보존등기를 하면 그 공장재단 구성물의 등기기록 중 해당 구에 공장재단에 속한다는 사실을 기록하여야 한다(공광저 35①). 이 경우 기록하여야 할 사항이 다른 등기소의 관할에 속할 때에는 지체 없이 그 등기소에 그 사항을 통지하여야 하고(공광저 35②, 32②), 이 통지를 받은 등기소는 관계등기부에 통지받은 사항을 기록한 후 그 등기사항증명서를 통지한 등기소에 송부하여야 한다(공광저 35②, 32③). 또한 위와 같은 절차는 지식재산권이 공장재단에 속하게 되는 경우에도 준용된다. 다만 이 경우의 통지는 이를 특허청에 하여야 한다(공광저 35②, 32④).

바. 공장재단의 설정효과

(가) 공장재단 구성 예정물의 양도 등 금지

(ㄱ) 등기 또는 등록되어 있는 공장재단 구성 예정물

등기 또는 등록되어 있는 것으로서 공장재단의 구성물로 예정된 것은 그 등기부나 등록부에 공장재단의 구성물로서 소유권보존등기 신청 사실이 기록된(공광저 32①) 후에는 양도하거나 소유권 외의 권리의 목적으로 하지 못한다(공광저 15①).

그리고 등기 또는 등록되어 있는 것으로서 공장재단의 구성물로 예정된 것은 그 등기부나 등록부에 공장재단의 구성물로서 소유권보존등기 신청 사실이 기록된(공광저 32①) 후에는 공장재단의 소유권보존등기 신청이 각하되지 아니하는 동안과 그 소유권보존등기가 효력을 상실하지 아니하는 동안은 매각허가결정을 하지 못하며(공광저 16①), 만일 소유권보존등기 신청 사실이 기록된 후에 한 압류, 가압류 또는 가처분의 등기는 공장재단의 저당권설정등기가 있으면 효력을 상실하고(공광저 17①), 이에 따라 압류, 가압류 또는 가처분의 등기가 효력을 상실하면 법원은 이해관계인의 신청을 받거나 직권으로 그 압류, 가압류 또는 가처분 명령을 취소하여야 한다(공광저 17②).

(ㄴ) 동산인 공장재단 구성 예정물

공장재단의 구성물로 예정된 동산은 소유권보존등기 신청을 받은 등기관이, 그 동산에 관하여 권리를 가지는 자에 대하여 1개월 이상 3개월 이하로 정한 권리신고기간 내에 신고하라는 공고를 한 후에는 양도하지 못하며 소유권 외의 권리의 목적으로 하지 못한다(공광저 15②).

그리고 공장재단의 구성물로 예정된 동산에 대하여 권리신고의 공고가 된 후에 그 동산이 압류된 경우에는 공장재단의 소유권보존등기 신청이 각하되지 아니하는 동안과 그 소유권보존등기가 효력을 상실하지 아니하는 동안은 매각허가결정을 하지 못하며(공광저 16②), 만일 권리신고의 공고가 된 후에 한 압류, 가압류 또는 가처분은 공장재단의 저당권설정등기가 있으면 효력을 잃는다(공광저 17③).

(나) 공장재단 구성물의 양도 등 금지

공장재단의 소유권보존등기가 있는 경우 공장재단 목록은 등기부의 일부로 보고 기록된 내용은 등기된 것으로 본다(공광저 36). 공장재단의 구성물은 공장재단과 분리하여 양도하거나 소유권 외의 권리, 압류, 가압류 또는 가처분의 목적으로 하지 못한다. 다만, 저당권자가 동의한 경우에는 임대차의 목적물로 할 수 있다(공광저 14).

그런데 등기나 등록의 제도가 없는 동산의 경우는 제3자가 어떤 동산이 공장재단의 구성물이 된 사실을 과실 없이 알지 못하고 평온 · 공연하게 그 동산을 매수하거나 질권 취득하는 경우가 생길 수 있는데 이 경우 제3자에게 선의취득을 인정할 수 있는지 문제로 된다. 이에 관하여는 공장 및 광업재단저당법에 아무런 규정이 없으나 현실의 점유자를 권리자로 추정하여 거래할 수밖에 없는 동산 거래의 특성상 거래의 안전을 위하여 긍정하는 것이 타당하다고 본다.

(다) 독립한 1개의 부동산으로 취급

소유권보존등기에 의하여 성립된 공장재단은 독립한 1개의 부동산으로 간주된다(공광저 12①). 공장재단이 이와 같이 1개의 부동산으로 간주되는 것은 다른 법령의 적용에 있어서 중요한 의미를 가진다. 즉, 1개의 부동산으로 간주되기 때문에 민법 기타의 실체법은 물론 민사집행법 등의 절차법에 있어서의 부동산에 관한 규정은, 그 성질에 반하지 않는 한 공장재단에 대하여도 그대로 적용된다.

공장재단은 부동산으로 간주되지만 소유권과 저당권의 목적으로 할 수 있을 뿐이고, 그 이외의 민사상 규정된 부동산물권의 대상으로 하는 것은 허용되지 않는다(공광저 12②본). 다만 저당권자의 동의를 얻은 경우에는 임대차의 목적물로 할 수 있다(공광저 12②단). 그리고 여기에서 소유권과 저당권 이외의 권리에는 이른바 처분의 제한은 포함되지 않으므로 공장재단을 압류, 가압류 또는 가처분의 목적으로 하는 것은 금지되지 아니한다.

공장재단의 소유권보존등기의 효력은 소유권보존등기를 한 날부터 10개월 내에 저당권설정등기를 하지 아니하면 상실된다(공광저 11②).

사. 공장재단의 변동

(가) 공장재단의 분할

공장재단의 분할이란 1개의 공장재단을 나누어서 그 나누어진 각 부분을 별개의 공장재단으로 하는 것을 말한다. 공장 소유자는 여러 개의 공장에 설정한 1개의 공장재단을 분할하여 여러 개의 공장재단으로 할 수 있다(공광저 18①본). 공장재단의 분할은 등기함으로써 효력이 생긴다(공광저 18③).

저당권의 목적인 공장재단은 그 저당권자가 동의한 경우에만 분할할 수 있다(공광저 18①단). 따라서 이미 저당권의 목적이 된 공장재단의 분할등기를 신청하는 경우에는 분할 후 저당권이 소멸하는 공장재단을 표시하고 그 분할에 저당권자가 동의하였음을 증명하는 서면을 첨부하여야 한다(공광저 37②). 저당권이 설정된 공장재단을 분할하여 그 일부를 다른 공장재단으로 하는 경우 그 다른 공장재단에 관하여는 저당권이 소멸한다(공광저 19①).

(나) 공장재단의 합병

공장재단의 합병이란 여러 개의 공장재단을 합해서 1개의 공장재단으로 하는 것을 말한다. 공장 소유자는 여러 개의 공장재단을 합병하여 하나의 공장재단으로 할 수 있다(공광저 18②본).

그러나 ①합병하려는 공장재단의 등기기록에 소유권등기와 저당권등기 외의 등기가 있는 경우나 ②합병하려는 여러 개의 공장재단 중 둘 이상의 공장재단에 이미 저당권이 설정되어 있는 경우에는 하나의 공장재단으로 할 수 없다(공광저 18②단). 공장재단의 합병은 등기함으로써 효력이 생긴다(공광저 18③).

(다) 공장재단 구성물의 분리

공장 소유자가 저당권자의 동의를 받아 공장재단의 구성물을 공장재단에서 분리한 경우 그 분리된 구성물에 관하여는 저당권이 소멸한다(공광저 20①).

공장 소유자가 공장재단의 구성물에 대한 압류, 가압류 또는 가처분이 있기 전에 저당권자의 이익을 위하여 정당한 사유를 들어 공장재단의 구성물을 공장재단에서 분리하는 것에 대한 동의를 요구하면 저당권자는 그 동의를 거절하지 못한다(공광저 20②, 9③).

(라) 공장재단목록의 변경

공장재단 목록에 기록한 사항이 변경되면 소유자는 지체 없이 공장재단 목록의 변경등기를 신청하여야 한다(공광저 42①). 공장재단 목록의 변경등기 신청서에는 저당권자의 동의서 또는 이를 대신할 재판의 등본을 첨부하여야 한다(공광저 42②).

아. 공장재단의 소멸

공장재단을 목적으로 설정된 저당권이 소멸하면 소유자는 공장재단의 소멸등기를 신청할 수 있다. 다만, 그 공장재단의 등기기록에 소유권등기 외의 등기가 있는 경우에는 그러하지 아니하다(공광저 48). 이 공장재단의 소멸등기신청에 따른 소멸등기가 있으면 공장재단은 소멸한다(공광저 21ii). 또한 공장재단은 공장재단에 설정된 저당권이 소멸한 후 10개월 내에 새로운 저당권을 설정하지 아니한 경우에도 소멸한다(공광저 21 i).

3. 광업재단저당권

(1) 광업재단의 설정목적물

광업재단이란 광업권과 광업권에 기하여 광물을 채굴·취득하기 위한 각종 설비 및 이에 부속하는 사업의 설비로 구성되는 일단의 기업재산으로서 공장 및 광업재단저당법에 따라 소유권과 저당권의 목적이 되는 것을 말한다(공광저 2iii).

광업권자는 광업재단을 설정하여 저당권의 목적으로 할 수 있다(공광저 52). 즉 광업재단은 광업권자만이 설정할 수 있다. 광업재단은 광업권과 ①토지, 건물, 그 밖의 공작물 ②기계, 기구, 그 밖의 부속물 ③항공기, 선박, 자동차 등 등기 또는 등록이 가능한 동산 ④지상권이나 그 밖의 토지사용권 ⑤임대인이 동의하는 경우에는 물건의 임차권 ⑥지식재산권으로서 그 광업에 관하여 동일한 광업권자에 속하는 것의 전부 또는 일부로 구성할 수 있다(공광저 53).

(2) 광업재단의 설정범위 등

광업재단의 설정범위, 설정요건, 설정절차, 설정효과 및 변동과 소멸에 관하여는 공장 및 광업재단저당법 제2장의 공장재단에 관한 규정이 준용된다. 이 경우 공장재단은 광업재단으로 본다(공광저 54). 따라서 광업재단을 담보로 취득하는 방법은 앞에서 설명한 공장재단을 담보로 취득하는 경우와 대체로 동일하다.

(3) 저당권자 보호를 위한 특칙

가. 규정취지

광업재단의 경우는 공장재단의 경우와는 달리 광업권을 재단구성의 필수요소로 하는 결과, 광업재단에 속하는 광업권이 소멸하는 때에는 광업재단을 유지할 수 없게 되어 광업재단저당권자에게 크게 불이익하게 된다. 여기에서 공장 및 광업재단저당법은 광업권이 취소되거나 광업권자가 폐업을 함으로써 광업권이 소멸하는 경우의 저당권자를 보호하기 위하여 저당권의 실행에 관한 다음과 같은 특칙을 두고 있다.

나. 저당권의 실행을 위한 특칙

공장 및 광업재단저당법은 산업통상자원부장관이 광업법에 따른 광업권 취소의 등록을 하거나 광업권자가 광업을 폐업한 경우의 광업재단저당권자의 보호를 위하여 다음과 같은 특칙을 규정하고 있는데 그 내용은 다음과 같다.

광업권 취소의 등록이나 광업의 폐업이 있으면 산업통산자원부장관은 이를 지체 없이 저당권자에게 통지하여야 한다(공광저 55①, 56). 저당권자는 이 통지를 받으면 즉시 그 권리를 실행할 수 있다. 다만 그 저당권실행의 절차는 통지를 받은 날부터 6개월 내에 밟아야 한다(공광저 55②, 56). 이 경우 광업재단저당권은 저당권자가 ①저당권실행의 절차를 밟지 않은 때에는 광업권 취소 등록이나 광업 폐업의 통지를 받은 날부터 6개월이 지날 때까지 ②저당권실행의 절차를 밟은 때에는 저당권의 실행이 끝날 때까지 저당권 실행의 목적 범위에서 존속하는 것으로 간주된다(공광저 55③, 56). 그리고 광업재단저당권의 실행에 따라 매수인이 취득한 광업권은 광업권 취소 등록일에 취득한 것으로 간주된다(공광저 55④, 56). 그러나 이상의 광업재단저당권자의 보호에 관한 내용은 광업법 제34조에 따른 공익상의 이유에 따라 광업권이 취소된 경우에는 적용되지 않는다(공광저 55⑤).

다. 미 설립법인의 경매참가에 관한 특칙

공장 및 광업재단저당법은 아직 설립되지 아니한 법인의 경매참가제도를 인정하여 일정한 요건 하에 경매목적물인 광업재단의 소유권이 그 매수인에 의하여 설립된 법인 앞으로 직접 이전되도록 하고 있다. 이는 광업재단저당권의 실행으로 인하여 경매에 붙여진 광업권을 목적으로 하여 법인을 설립하고자 하는 경우에, 통상의 방법에 의하면 우선 그 자가 당해 경매절차에서 매수인이 되어 경매 목적물인 광업재단의 소유권을 취득한 후 그것을 설립하고자 하는 법인에 현물출자 하든가 또는 설립된 법인이 후일 그 자로부터 광업재단을 양수해야 하는 불편을 제거하여 광업재단의 경매를 원활하게 함으로써 광업재단저당권자를 보호하려는 것으로 그 내용을 보면 다음과 같다.

경매의 목적이 된 광업권을 목적으로 하여 대한민국의 법률에 따라 법인을 설립하려는 자가 그 경매에 참가하는 경우에는 경매신청과 동시에 그 뜻을 집행법원에 신고하여야 하고(공광저 57①), 아울러 그 경매신청에 관하여 연대책임을 진다(공광저 57②). 또한 경매의 목적이 된 광업권을 목적으로 하여 대한민국의 법률에 따라 법인을 설립하려는 자가 경매에 참가하여 경매로 광업재단을 매수한 자(이하 "매수인"이라 한다)는 매각허가결정이 확정된 날부터 3개월 내에 법인을 설립하고 이를 집행법원에 신고하여야 한다(공광저 58①).

매수인은 법인 설립일부터 1주 이내에 매각대금을 집행법원에 지급하여야 한다. 다만, 매수인이 채권자인 경우에는 매각대금 중에서 채권액을 공제하고 그 잔액만을 지급한다(공광저 58②). 그리고 매수인이 설립한 법인은 공장 및 광업재단저당법 제58조 제2항에 따라 매각대금을 지급한 때에 경매의 목적물인 광업재단의 소유권을 취득한다(공광저 58③). 만일 매수인이 매각허가결정이 확정된 날부터 3개월의 기간 내에 법인설립신고를 하지 아니하거나 법인 설립일부터 1주의 기간 내에 매각대금을 지급하지 아니하면 집행법원은 직권으로 광업재단의 재경매를 명하여야 한다(공광저 59).

제 4 권리저당

1. 권리저당제도의 의의

소유권 이외의 물권을 대상목적물로 하는 저당권을 권리저당권 또는 물권저당권이라고 한다. 현행법상 권리저당권의 목적물이 되는 것으로는 지상권과 전세권(민 371) 이외에 광업권(광업 3iii~iii의3, 10①), 어업권(수산업 2vii, 16②), 내수면어업권(내수어업 2v, 7②), 유료도로관리권(유도 10①, 11), 댐사용권(댐주지 2iii, 29), 공항시설관리권(공항시 26①③), 항만시설관리권(공항시 24①②) 등이 있다.

이들 물권을 대상으로 하는 저당권에 대하여는, 이들 권리를 물권으로 인정하는 법률에서 특별히 정하고 있는 경우를 제외하고는, 부동산에 관한 민법 기타의 법률이 준용된다(민 371①, 372, 광업 10①, 수산업 16②, 내수어업 7②, 유도 11, 댐주지 29, 공항시 26③, 항만 24②).

따라서 이들 물권을 대상으로 하는 저당권의 설정방법과 효력도, 해당 개별법률이 특별히 정하고 있는 경우를 제외하고는, 앞에서 설명한 부동산을 대상으로 하는 저당권의 경우와 같다. 이하에서는 이들 물권을 대상으로 하는 저당권의 특수한 점에 대하여 설명하기로 한다.

2. 전세권

(1) 전세권의 담보취득

전세권을 대상으로 하는 저당권도 설정당사자가 저당권설정계약을 체결하고 관할등기소에 저당권설정등기를 신청하여 그 등기가 이루어짐으로써 설정되는 점은 토지나 건물을 대상으로 하는 저당권의 경우와 다르지 않다. 다만 그 대상목적물이 특정 부동산 자체가 아니라 부동산 용익권이라는 점에서 그 효력에 있어서 다음과 같은 특수성이 있다.

(2) 전세권저당권의 특수성

가. 전세권소멸행위의 금지

전세권에 대하여 저당권을 설정한 자는 저당권자의 동의 없이 그 저당권의 목적이 된 전세권을 소멸하게 하는 행위를 하지 못한다(민 371②). 저당권이 설정된 전세권을 저당권설정자인 전세권자가 자유로 소멸시킬 수 있는 것으로 하면 저당권자의 권리가 부당하게 침해되므로, 저당권자의 권리를 보호하기 위하여 저당권설정자인 전세권자의 임의적인 소멸행위를 금지한 것이다.

전세권을 소멸하게 하는 행위란 전세권의 포기 또는 전세권설정계약의 합의해제(또는 해지) 등과 같이, 저당권설정자가 그 의사에 기하여 적극적으로 전세권을 소멸시키는 행위를 말한다. 따라서 전세권이 존속기간의 만료, 목적물의 멸실, 소멸시효의 완성, 전세권자의 채무불이행에 따른 전세권설정자의 해제(또는 해지) 등과 같이, 저당권설정자의 의사에 기하지 않고 소멸되는 경우는 여기에서의 전세권소멸행위에 포함되지 않는다. 그리고 전세권소멸행위를 할 수 없는 저당권설정자는 저당권설정 당시의 전세권자 뿐만 아니라 그 승계인도 포함되는 것으로 보아야 한다. 전세권을 소멸하게 하는 행위를 할 수 없는 자를 저당권설정자로 한정하면, 저당권설정자가 제3자와 통모하여 저당권이 설정된 전세권을 쉽게 소멸시킬 수 있게 되어 이를 금지시킨 의미가 없어지기 때문이다[10].

전세권자가 저당권자의 동의 없이 전세권을 소멸시키는 행위를 한 경우에도 그 행위가 절대적으로 무효로 되는 것은 아니고 그 소멸행위를 가지고 저당권자에게 대항할 수 없을 뿐이다[11]. 따라서 전세권자와 전세권설정자 사이에서는 유효하게 전세권 소멸의 효력이 발생하게 되고 단지 저당권자의 채권담보범위에서만 전세권이 존속하게 되는 것으로 보아야 한다.

나. 전세권저당권의 실행

(가) 전세권의 존속기간 만료 전

전세권을 대상으로 하는 저당권의 실행은 민사집행법에서 규정하고 있는 부

10) 민법주해[Ⅶ] 240(조대현). 주석물권법(하) 615(이영준).
11) 민법주해[Ⅶ] 240(조대현). 주석물권법(하) 614(이영준).

동산경매절차(민집 264 이하)에 의하여 한다[12]. 전세권은 저당권의 대상목적물로서 부동산과 동일시되는 것이기 때문이다. 그리고 이 경우 경매의 대상이 되는 것은 부동산 자체가 아니라 부동산용익권인 전세권이다.

(나) 전세권의 존속기간 만료 후

전세권의 존속기간이 만료되면 전세권은 소멸하므로 더 이상 전세권 자체에 대하여 저당권을 실행할 수 없게 된다. 전세권의 존속기간이 만료되면 전세권은 전세권설정등기의 말소등기 없이도 당연히 소멸하고, 저당권의 목적물인 전세권이 소멸하면 저당권도 당연히 소멸하는 것이기 때문이다. 따라서 이때에는 전세권의 소멸에 따라 전세권자가 전세권설정자에 대하여 가지는 전세금반환청구권에 대하여, 전세권저당권자로서의 물상대위권(민 370, 342)을 행사하여 담보채권의 만족을 구하는 수밖에 없다.

판례2-10

전세권을 대상으로 하는 저당권의 효력

① 전세권이 기간만료로 종료된 경우 전세권은 전세권설정등기의 말소등기 없이도 당연히 소멸하고, 저당권의 목적물인 전세권이 소멸하면 저당권도 당연히 소멸하는 것이므로 전세권을 목적으로 한 저당권자는 전세권의 목적물인 부동산의 소유자에게 더 이상 저당권을 주장할 수 없다.

② 전세권에 대하여 저당권이 설정된 경우 그 저당권의 목적물은 물권인 전세권 자체이지 전세금반환채권은 그 목적물이 아니고, 전세권의 존속기간이 만료되면 전세권은 소멸하므로 더 이상 전세권 자체에 대하여 저당권을 실행할 수 없게 되고, 이러한 경우에는 민법 제370조, 제342조 및 민사소송법 제733조에 의하여 저당권의 목적물인 전세권에 갈음하여 존속하는 것으로 볼 수 있는 전세금반환채권에 대하여 압류 및 추심명령 또는 전부명령을 받거나 제3자가 전세금반환채권에 대하여 실시한 강제집행절차에서 배당요구를 하는 등의 방법으로 자신의 권리를 행사하여 비로소 전세권설정자에 대해 전세금의 지급을 구할 수 있게 된다는 점, 원래 동시이행항변권은 공평의 관념과 신의칙에 입각하여 각 당사자가 부담하는 채무가 서로 대가적 의미를 가지고 관련되어 있을 때 그 이행에 있어서 견련관계를 인정하여 당사자 일방은 상대방이 채무를 이행하거나 이행의 제공을 하지 아니한 채 당사자 일방의 채무의 이행을 청구할 때에는 자기의 채무이행을 거절할 수 있도록 하는 제도인 점, 전세권을 목적물로 하는 저당권의 설정은 전세권의 목적물 소유자의 의사와는 상관없이 전세권자의 동의만 있으면 가능한 것이고, 원래 전세권에 있어 전세권설정자가 부담하는 전세금반환의무는 전세금반환채권에 대한 제3자의 압류 등이 없는 한 전세권자에 대해 전세금을 지급함으로써 그 의무이행을 다할 뿐이라는 점에 비추어 볼 때, 전세권저당권이 설정된 경우에도 전세권이 기간만료로 소멸되면 전세권설정자는 전세금반환채권에 대한 제3자의 압류 등이 없는 한 전세권자에 대하여만 전세금반환의무를 부담한다고 보아야 한다(대판 1999.9.17. 98다31301).

(3) 실무상 유의점

가. 전세권의 담보가치

담보대상인 전세권의 담보가치는 부동산 자체의 가액으로 할 것이 아니라, 당해 부동산이 경매될 경우에 전세권자가 그 경매대금으로부터 우선변제받을 수 있는 금액과 전세금 중 낮은 금액을 기준으로 평가하여야 한다. 당해 부동산의 가액이 아무리 높다 하더라도 전세권의 순위가 후순위이면, 그 부동산의 경매대금으로부터 전세권자가 전세금 전액을 우선배당받지 못할 수도 있기 때문이다.

나. 전세권소멸에 대비한 담보권 보전

전세권을 대상으로 하는 저당권설정과 함께 전세권소멸시 전세권자가 전세권설정자에 대하여 가지는 전세금반환청구권에 대하여 질권을 설정해 두어야 한다. 전세권을 대상으로 저당권만 설정해두면 전세권의 존속기간 만료 등으로 전세권이 소멸하였으나, 전세권저당권자가 미처 이를 알지 못하여 전세금반환청구권에 대하여 물상대위권에 기한 압류를 하지 않은 사이에 전세권설정자가 전세권자에게 전세금을 반환할 경우, 물상대위권 행사가 불가능하게 되어 이후 해당 채권이 무담보채권으로 남게 될 것이기 때문이다.

다. 전세부동산의 양도에 대비한 담보권 보전

전세권의 대상부동산이 매각되어 소유권이 이전된 경우에는 구소유자는 전세관계에서 완전히 이탈하여 전세금반환의무를 면하고 신소유자가 전세금반환의무를 부담하게 된다. 그런데 이 경우 전세권자가 신소유자에 대하여도 전세금반환청구권에 대한 질권자로서의 권리를 주장할 수 있는지 문제로 된다. 예컨대 소유자 A와 전세권설정계약을 체결하고 전세권설정등기를 한 전세권자 B가, 소유자 A에 대한 전세금반환청구권을 대상으로 S와 질권설정계약을 체결하고, 그 채무자인 소유자 A 및 제3자에 대한 대항요건을 구비한 후, 소유자 A가 전세권의 대상목적물인 부동산을 H에게 양도한 경우에, 전세금반환청구권의 질권자인 S가 전세금반환채무를 법정승계한 전세부동산의 신소유자인 H에 대하여도, B로부터

12) 민법주해[Ⅶ] 239(조대현). 법원실무제요 강제집행(상) 362.

설정받은 전세금반환청구권에 대한 질권의 효력을 주장할 수 있는지 문제로 되는 것이다. 이에 관하여는 다음과 같은 3가지 견해가 주장될 수 있다.

첫째는 부정설로서는 신소유자 H가 대상부동산의 소유권취득시 전세금반환청구권에 대한 질권설정계약 및 대항요건구비의 사실을 알았는지의 여하에 관계없이 S는 신소유자 H에 대하여 질권설정의 효력을 주장할 수 없다는 견해이다. 이 견해의 논거로는 ①전세금반환청구권에 대한 질권설정의 객관적인 공시방법이 없다는 점 ②전세금반환청구권에 대한 질권설정을 대상부동산의 소유권취득으로 전세금반환의무를 법정승계한 대상부동산의 신소유자에 대하여 주장할 수 있는 법규정이 없다는 점 ③이를 긍정할 경우에는 신소유자 H가 질권설정의 사실을 알지 못하고서 전세권자에게 전세금을 반환한 경우에 이중으로 전세금반환의무를 부담하게 되는 불합리할 결과가 생길 수 있다는 점을 들 수 있다.

둘째는 긍정설로서 신소유자 H가 대상부동산의 소유권취득시 전세금반환청구권에 대한 질권설정 및 대항요건구비의 사실을 알았는지의 여하에 관계없이 S는 신소유자 H에 대하여 질권설정의 효력을 주장할 수 있다는 견해이다. 이 견해의 논거로는 ①전세금반환청구권이라는 지명채권에 대한 질권은 그 법률적 성질이 준물권의 성질을 가지는 것으로 누구에게도 주장할 수 있는 대세적 효력이 있다는 점 ②질권의 효력을 인정하더라도 질권의 존재를 모르고 전세권자 B에게 전세금을 반환한 신소유자 H는 채권의 준점유자에 대한 변제로서 면책될 수 있어 이중지급의 위험에서 벗어날 수 있다는 점을 들 수 있다.

셋째는 절충설로서 신소유자 H가 대상부동산의 소유권취득시 전세금반환청구권에 대한 질권설정 및 대항요건구비의 사실을 알았을 때에만 S는 신소유자 H에 대하여 질권설정의 효력을 주장할 수 있다는 견해이다. 이 견해의 논거로는 이와 같이 해석하는 것이 당사자 사이에 가장 합리적인 결과를 가져온다는 점을 들 수 있다.

그러나 첫째의 견해는 ①유체동산에 대한 질권설정의 공시방법이 대상유체동산의 점유인 것에 대하여 지명채권에 대한 질권설정의 공시방법은 채권증서의 점유라는 점에서 지명채권에 대한 공시방법이 없다고 할 수 없는 점 ②질권설정의 대세적 효력은 물권이나 준물권의 대세적 효력 자체에 기하여 발생하는 것이지 별도로 명문의 법규정이 있어야 하는 것이 아니라는 점 ③이를 긍정하더라도 신소유자 H가 질권설정의 사실을 알지 못하고서 전세권자에게 전세금을 반환한 경우에는 채권의 준점유자에 대한 변제로 면책될 수 있으므로 이중으로 전세금반환의무를 부담하게 되는 불합리할 결과는 생기지 않는다는 점 등에서 타당하다고 할 수 없고 셋째의 견해는 특별한 법리적인 근거없이 단순히 합리적이라는 점만을 그 논거로 하고 있다는 점에서 타당하지 않으며 결국 둘째의 견해가 타당하다.

첫째와 셋째의 견해에 의하면 대상부동산이 양도되는 경우 S는 전세금반환청구권에 대한 질권을 신소유자 H에게 주장할 수 없는 경우가 생기게 되어 채권보전이 완전하다고 할 수가 없다. 또한 둘째의 견해를 따르더라도 신소유자 H가 질권설정사실을 알지 못하고 전세권 B에게 전세금을 반환하면 H는 채권의 준점유자에 대한 변제로서 S에게도 대항할 수 있는 것이므로 단순히 전세금반환청구권을 대상으로 질권을 설정하고 채무자 및 제3자에 대한 대항요건을 구비하는 것만으로는 채권보전이 완전하다고 할 수가 없다.

따라서 전세금반환청구권을 대상으로 질권을 취득하면서 이를 대상부동산의 신소유자에 대하여도 확실하게 주장할 수 있게 하려면, 질권설정 당시에 전세권설정자(구소유자 A)로부터 대상부동산을 매각할 경우 그 양수인(신소유자 H)에게 전세권자 B의 전세금반환청구권에 질권이 설정되어 있다는 사실을 알리고 그 양수인이 질권설정부 전세금반환채무를 승계하는 것으로 해주겠다는 확약서를 징구하여 두고서, 실제로 대상부동산의 소유자가 바뀔 때마다 신소유자로부터 질권설정부 전세금반환채무를 승계하였다는 내용의 확인서를 받도록 하는 수밖에 없다.

3. 지상권

(1) 저당권의 설정방법

지상권을 대상으로 하는 저당권도 설정당사자가 저당권설정계약을 체결하고 관할등기소에 저당권설정등기를 신청하여 그 등기가 이루어짐으로써 설정되는 점은 토지를 대상으로 하는 저당권의 경우와 다르지 않다. 다만 그 대상목적물이 토지가 아니라 토지의 용익권이라는 점에서 다르다.

(2) 지상권 저당권의 특수성

가. 지상권 소멸행위의 금지

지상권을 대상으로 저당권을 설정한 자는 저당권자의 동의 없이 그 저당권의 목적이 된 지상권을 소멸하게 하는 행위를 하지 못한다(민 371②). 저당권이 설정된 지상권을 저당권설정자인 지상권자가 자유로 소멸시킬 수 있는 것으로 하면 저당권자의 권리가 부당하게 침해되므로, 저당권자의 권리를 보호하기 위하여 저당권설정자인 지상권자의 임의적인 소멸행위를 금지한 것이다.

지상권을 소멸하게 하는 행위란 지상권의 포기 또는 지상권설정계약의 합의해제(또는 해지) 등과 같이, 저당권설정자가 그 의사에 기하여 적극적으로 지상권을 소멸시키는 행위를 말한다. 따라서 지상권이 존속기간의 만료 · 목적물의 멸실 · 지상권자의 채무불이행에 따른 지상권설정자의 해제(또는 해지) 등과 같이, 저당권설정자의 의사에 기하지 않고 소멸되는 경우는 여기에서의 지상권소멸행위에 포함되지 않는다. 그리고 지상권소멸행위를 할 수 없는 저당권설정자는 저당권설정 당시의 저당권자 뿐만 아니라 그 승계인도 포함되는 것으로 보아야 한다. 지상권을 소멸하게 하는 행위를 할 수 없는 자를 지상권설정자로 한정하면, 지상권설정자가 제3자와 통모하여 저당권이 설정된 지상권을 쉽게 소멸시킬 수 있게 되어 이를 금지시킨 의미가 없어지기 때문이다.

지상권자가 저당권자의 동의 없이 지상권을 소멸시키는 행위를 한 경우에도, 그 행위가 절대적으로 무효로 되는 것은 아니고 그 소멸행위를 가지고 저당권자에게 대항할 수 없을 뿐이다. 따라서 지상권자와 지상권설정자 사이에서는 유효하게 지상권소멸의 효력이 발생하게 되고, 단지 저당권자의 채권담보범위에서만 지상권이 존속하게 되는 것으로 보아야 한다.

나. 지상권 저당권의 실행

(가) 지상권의 존속기간 만료 전

지상권을 대상으로 하는 저당권의 실행은 민사집행법에서 규정하고 있는 부동산경매절차(민집 264 이하)에 의하여 한다. 지상권은 저당권의 대상 목적물로서 부동산과 동일시되는 것이기 때문이다. 그리고 이 경우 경매의 대상이 되는 것은 부동산 자체가 아니라 부동산용익권인 지상권이다.

(나) 지상권의 존속기간 만료 후

지상권의 존속기간이 만료되면 지상권은 소멸하므로 더 이상 지상권 자체에 대하여 근저당권을 실행할 수 없게 된다. 지상권의 존속기간이 만료되면 지상권은 지상권설정등기의 말소등기 없이도 당연히 소멸하고, 저당권의 목적물인 지상권이 소멸하면 저당권도 당연히 소멸하는 것이기 때문이다. 그리고 지상권자는 전세권자의 경우와는 달리 지상권이 소멸하더라도 토지소유자로부터 반환받을 것이 없는 것이 원칙이기 때문에 물상대위권(민 370, 342)을 행사할 수 있는 것도 없다.

그런데 이 경우 한 가지 문제가 되는 것은 지상권소멸시 지상권자가 토지소유자에 대하여 지상물매수청구권(민 283②)을 행사하거나, 토지소유자가 지상권자에 대하여 지상물매수청구권(민 285②)을 행사함으로써 지상권자가 토지소유자에 대하여 가지는 매수대금청구권에 대하여 물상대위권을 행사할 수 있는가 하는 점이다. 그러나 이 경우 매수청구권의 대상인 지상물은 토지와 구분되는 별개의 부동산으로서 저당목적물인 지상권의 가치대표물이 아니므로 부정하는 것이 타당하다.

(3) 저당권설정시의 유의사항

지상권을 대상으로 저당권을 설정하는 경우에는 그 담보가치는 지상권의 대상인 토지의 가액으로 할 것이 아니라 지상권 자체의 가액으로 평가하여야 한다. 구체적인 평가는 지상권의 존속기간동안 산출할 것으로 기대되는 총수익을 현재가치로 환원하는 이른바 수익환원법으로 하되 매년 감가상각을 하여 이를 담보가액으로 하여야 한다.

4. 광업권

(1) 광업권의 의의

광업권이란 탐사권과 채굴권을 포괄하는 개념으로(광업 3iii), 탐사권이란 등록을 한 일정한 토지의 구역(광구)에서 등록을 한 광물과 이와 같은 광상(鑛床)에 묻혀 있는 다른 광물을 탐사하는 권리를 말하고(광업 3iii의2), 채굴권이란 광구에서 등록을 한 광물과 이와 같은 광상에 묻혀 있는 다른 광물을 채굴하고 취득하는 권리를 말한다(광업 3iii의3).

그런데 광업권 중 탐사권은 상속, 양도, 체납처분 또는 강제집행의 경우 외에는 권리의 목적으로 할 수 없고(광업 11①), 채굴권은 상속, 양도, 조광권 · 저당권의 설정, 체납처분 또는 강제집행의 경우 외에는 권리의 목적으로 할 수 없다(광업 11②). 따라서 광업권 중 저당권의 목적물로 할 수 있는 것은 채굴권에 한한다.

한편 광업권은 물권으로 하고, 광업법에서 따로 정한 경우 외에는 부동산에 관하여 민법과 그 밖의 법령에서 정하는 사항이 준용된다(광업 10①). 따라서 채굴권을 대상으로 하는 저당권의 설정방식 및 효력 등은 대체로 부동산을 대상으로 하는 저당권의 경우에 준하는 것으로 보면 된다. 채굴권을 대상으로 하는 저당권의 특수한 점을 보면 다음과 같다.

(2) 채굴권저당권의 특수성

가. 저당권의 설정

채굴권을 대상으로 하는 저당권은 설정당사자가 저당권정계약을 체결하고 산업통상자원부 광업등록사무소에 저당권설정등록을 신청하여 광업원부에 저당권의 등록을 함으로써 설정된다(광업 38①ii, 39, 광등령 1의2, 53 이하). 그러나 공동채굴권자의 채굴권의 지분은 다른 공동채굴권자의 동의 없이는 이를 저당권의 목적으로 할 수 없다(광업 30②).

나. 저당권의 효력

(가) 채굴계획인가 불신청 등에 따른 채굴권취소의 경우

채굴권자가 채굴계획인가의 신청을 하지 아니한 경우 등 광업법 제35조 제2항 각호에서 정하는 사유에 해당하는 경우에는 산업통상자원부장관은 당해 채굴권을 취소할 수 있다. 저당권이 설정되어 있는 채굴권 또는 계속작업권으로서 채굴권 취소로 인한 채굴권 또는 계속작업권 소멸의 등록신청이 있을 때에는 광업등록사무소는 그 등록을 함과 동시에 경매의 목적의 범위 안에서는 그 채굴권 또는 계속작업권이 존속한다는 사유를 기재하여야 한다(광등령 62①③).

산업통상자원부장관은 채굴권을 취소한 경우에는 지체 없이 그 사실을 저당권자에게 통지하여야 한다(광업 36①). 채굴권 취소의 통지를 받은 저당권자는 그 통지를 받은 날부터 산업통상자원부장관이 지정한 기간에 채굴권의 경매를 청구할 수 있다. 다만, 광업법 제34조(공익상 이유에 따른 취소처분 등)에 따른 채굴권의 취소의 경우에는 채굴권의 경매를 청구할 수 없다(광업 36②).

채굴권의 경매청구가 있는 경우 채굴권은 경매절차의 완결일까지는 경매목적의 범위에서 존속하는 것으로 보며, 경락(競落)이 결정되었을 때에는 채굴권의 취소는 효력이 발생하지 아니한 것으로 본다(광업 36③④). 그리고 경매에 따른 매득금(賣得金)은 경매의 비용, 저당권자에 대한 채무의 변제, 광업 종업원의 임금의 순서로 충당하고 나머지는 국고에 귀속한다(광업 36⑤).

저당권자가 산업통상자원부장관으로부터 채굴권자의 채굴권취소 통지를 받고서도 소정기간 내에 경매를 청구하지 아니하였을 때 또는 경매신청이 있어서 이를 등록한 후에 촉탁에 의하여 그 신청등록을 말소하였을 때에는 채굴권 또는 계속작업권의 존속에 관한 기재는 실선을 긋고 말소의 취지를 적어야 하며(광등령 62②③) 채굴권을 대상으로 하는 저당권은 이 말소에 의하여 소멸한다(광업 39).

(나) 공익상 이유에 따른 광업권취소 등의 경우

산업통상자원부장관은 광업이 공익을 해친다고 인정할 때에는 광업권의 취소 또는 광구의 감소처분을 하여야 한다(광업 34①). 또한 산업통상자원부장관은 국가중요건설사업지 또는 그 인접 지역의 광업권이나 광물의 채굴이 국가중요건설사업에 지장을 준다고 인정할 때에는 광업권의 취소 또는 그 지역에 있는 광구의 감소처분을 할 수 있다(광업 34②).

국가는 광업권의 취소처분 또는 광구의 감소처분으로 발생한 손실을 해당 광업권자에 보상하여야 하는데(광업 34③), 이 경우 채굴권 저당권자는 채굴권자가 국가에 대하여 가지는 보상청구권에 물상대위권을 행사할 수 있다.

㈐ 채굴권의 포기 및 소멸등록이 있는 경우

광업권자는 폐업 등의 사유로 광업권을 포기할 수 있으며, 그 포기의 효력은 해당 광업권자가 광업원부에 소멸등록을 신청하여 그 광업권이 소멸등록 된 때에 발생한다(광업 37①).

채굴권 포기에 따른 채굴권 또는 계속작업권 소멸의 등록신청이 있는 때에는 산업통상자원부장관은 그 등록을 함과 동시에 경매의 목적의 범위 안에서는 그 광업권 또는 계속작업권이 존속한다는 사유를 기재하고(광등령 62①), 지체 없이 그 사실을 저당권자에게 통지하여야 한다(광업 37②, 36①).

채굴권 또는 계속작업권 소멸등록신청의 통지를 받은 저당권자는 그 통지를 받은 날부터 산업통상자원부장관이 지정한 기간에 채굴권의 경매를 청구할 수 있다(광업 37②, 36②본). 이 경우 채굴권은 경매절차의 완결일까지는 경매목적의 범위에서 존속하는 것으로 보며, 경락(競落)이 결정되었을 때에는 소멸등록신청은 효력이 발생하지 아니한 것으로 본다(광업 37②, 36③④). 그리고 경매에 따른 매득금(賣得金)은 경매의 비용, 저당권자에 대한 채무의 변제, 광업 종업원의 임금의 순서로 충당하고 나머지는 국고에 귀속한다(광업 37②, 36⑤).

저당권자가 산업통상자원부장관으로부터 채굴권 포기에 따른 소멸등록신청의 통지를 받고서도 소정기간 내에 경매를 청구하지 아니하였을 때 또는 경매신청이 있어서 이를 등록한 후에 촉탁에 의하여 그 신청등록을 말소하였을 때에는 채굴권 또는 계속작업권의 존속에 관한 기재는 실선을 긋고 말소의 취지를 적어야 하며(광등령 62②) 채굴권을 대상으로 하는 저당권은 이 말소에 의하여 소멸한다(광업 39).

5. 어업권

(1) 어업권의 의의

어업권이란 수산업법 제8조(면허어업)에 따라 면허를 받아 어업을 경영할 수 있는 권리를 말한다(수산업 2ix). 그리고 어업이란 수산동식물을 포획·채취하는 사업과 염전에서 바닷물을 자연 증발시켜 소금을 생산하는 사업을 말한다(수산업 2ii).

어업권은 물권(物權)으로 하며, 수산업법에서 정한 것 외에는 민법 중 토지에 관한 규정을 준용하며(수산업 16②), 어업권과 이를 목적으로 하는 권리에 관하여는 민법 중 질권(質權)에 관한 규정을 적용하지 아니한다(수산업 16③).

따라서 어업권을 대상으로 하는 저당권의 설정방식과 효력 등은 토지를 대상으로 하는 저당권의 경우와 대체로 동일하다. 어업권을 대상으로 하는 저당권의 특수한 점만을 보면 다음과 같다.

(2) 어업권저당권의 특수성

가. 저당권의 설정

어업권을 대상으로 하는 저당권은 설정당사자가 저당권설정계약을 체결하고 어업의 면허권을 가진 행정관청(해양수산부장관, 시장·군수·구청장)에 저당권설정등록신청을 하여 어업권원부에 저당권의 등록을 함으로써 설정된다(수산업 17①, 어등령 1, 2).

어촌계나 지구별수협이 가지고 있는 어업권은 담보로 제공할 수 없다(수산업 21). 또한 어업권의 공유자는 다른 공유자의 동의 없이 그 지분을 처분하거나 담보로 제공할 수 없다. 다만, 「민사집행법」 제264조에 따른 매각의 경우에는 그러하지 아니하다(수산업 23①). 어업권을 담보로 제공할 때에 그 어장에 설치한 인공구조물은 어업권에 딸려 어업권과 하나가 된 것으로 본다(수산업 22).

나. 저당권의 효력

어업권을 취득한 자가 그 어업을 시작한 후 1년이 지났으나 계속하여 해당 어장을 휴업 상태로 두어 어장을 종합적으로 이용하지 못하였다고 인정될 때에는 시장·군수·구청장은 그 어업권을 변경하거나 취소할 수 있다(수산업 31②).

또한 어업면허를 받은 자가 다음 중의 어느 하나에 해당하면 시장 · 군수 · 구청장은 농림수산식품부령으로 정하는 바에 따라 어업면허를 취소할 수 있다. 다만, ①에 해당하는 경우에는 그 면허를 취소하여야 한다(수산업 35).

① 거짓이나 그 밖의 부정한 방법으로 어업면허를 받은 경우
② 어업을 목적으로 하지 아니하는 법인이나 단체(수산업 10 i)가 된 경우
③ 어업권자가 휴업조건(수산업 30①②) 또는 일정기간내 어업개시의무(수산업 31①)를 위반한 경우
④ 어업권자가 다른 사람에 의한 어업경영의 지배금지 의무(수산업 32)를 위반하여 다른 사람에게 그 어업의 경영을 사실상 지배하게 한 경우
⑤ 어업권자가 어업권 임대차금지의무(수산업 33)를 위반하여 어업권을 임대한 경우
⑥ 위 ①부터 ⑤까지의 경우 외에 수산업법 제34조(공익의 필요에 의한 면허어업의 제한 등) 제1항 각 호의 어느 하나에 해당하게 된 경우

저당권의 등록이 있는 어업권의 어업면허가 취소된 경우 그 어업권을 대상으로 하는 저당권에 어떠한 영향이 있는지는 어업면허의 취소사유가 무엇인지에 따라 다르다.

첫째, 어업면허의 취소사유가 ①거짓이나 그 밖의 부정한 방법으로 어업면허를 받은 경우(수산업 35 i) ②공익의 필요에 의한 면허어업의 제한(수산업 34① i ~vi)인 경우이면 그 어업권을 대상으로 하는 저당권은 바로 소멸한다.

둘째, 어업면허의 취소사유가 ①어장을 상당기간 휴업상태로 둔 경우(수산업 31②) ②어업을 목적으로 하지 아니하는 법인이나 단체(수산업 10 i)가 된 경우(수산업 35 ii) ③어업권자가 휴업조건(수산업 30①②) 또는 일정기간내 어업개시의무(수산업 31①)를 위반한 경우(수산업 35iii) ④어업권자가 다른 사람에 의한 어업경영의 지배금지 의무(수산업 32)를 위반하여 다른 사람에게 그 어업의 경영을 사실상 지배하게 한 경우(수산업 35iv) ⑤어업권자가 어업권 임대차금지의무(수산업 33)를 위반하여 어업권을 임대한 경우(수산업 35 v) ⑥어업권자가 수산업법, 어장관리법 또는 수산자원관리법을 위반하거나 수산업법, 어장관리법 또는 수산자원관리법에 따른 명령 · 처분이나 그 제한 · 조건을 위반한 경우(수산업 34①viii) ⑦어업권자가 외국과의 어업에 관한 협정 또는 일반적으로 승인된 국제법규와 외국의 수산에 관한 법령을 위반한 경우(수산업 34①ix)이면 저당권자의 보호를 위하여 다음과 같은 특별절차가 마련되어 있다.

시장 · 군수 · 구청장은 어업의 면허를 취소한 때에는 지체 없이 그 어업권 저당권자 등 어업권을 등록한 권리자에게 취소사실을 알려야 한다(수산업 36). 이 경우 어업면허의 취소통지를 받은 저당권자는 통지를 받은 다음 날부터 계산하기 시작하여 30일 이내에 어업권의 경매를 신청할 수 있다(수산업 26①).

시장 · 군수 · 구청장은 어업면허가 취소된 경우에는 어업등록령 제54조에 따라 어업권의 소멸등록을 하되, 어업권 저당권자의 경매신청이 있으면 어업권은 경매목적의 범위에서 그대로 존속한다는 사실 및 경락 결정이 확정된 경우에는 어업면허 취소는 그 효력을 발생하지 아니한다는 뜻을 직권으로 각각 기재하여야 한다(어등령 55①).

어업권 저당권자가 경매를 신청한 경우에는 해당 어업권은 면허를 취소한 날부터 경매절차가 끝난 날까지 경매의 목적의 범위에서 존속하는 것으로 보며(수산업 26②), 경락인이 경매대금을 완납한 때에는 어업면허의 취소는 그 효력이 발생하지 아니한 것으로 본다(수산업 26④). 그리고 경매에 따른 경매대금 중 경매비용과 제1항의 저당권자에 대한 채무를 변제하고 남은 금액은 국고에 귀속한다(수산업 26③).

어업권 저당권자가 ①소정기간(수산업 26①) 내에 경매를 신청하지 아니한 경우 또는 ②경매신청의 등록이 있는 경우로서 그 등록말소의 위탁이 있는 경우에는 그 사실을 등록한 후 「어업권은 경매목적의 범위에서 그대로 존속한다는 사실 및 경락 결정이 확정된 경우에는 어업면허 취소는 그 효력을 발생하지 아니한다는 뜻」의 기재를 직권으로 말소하고 어업권원부의 등록용지를 폐쇄하여야 한다(어등령 55③).

판례2-11

어업권의 경매와 어업권이전에 대한 관청인가의 관계

수산업법 제18조(현행은 제17조) 제1항은 어업권을 이전할 경우에는 어업권의 등록일부터 일정기간이 경과한 후 시장 · 군수 등 관청의 인가를 받아야 한다는 취지로 규정하고 있는바, 사인간의 법률행위에 의한 경우는 물론이고 민사소송법(현행은 민사집행법)에 따른 경매에 의하여 어업권이 이전되는 경우에도 시장 · 군수 등의 인가가 필요하다고 해석되므로, 만약 최고가의 입찰인이 낙찰허가 결정에 즈음하여 시장 · 군수의 인가를 받지 못한다면 유효하게 어업권을 이전받을 수 없을 것이고, 이러한 사유는 인도명령의 발령에 있어서도 장애가 될 것이나, 낙찰인이 나중에라도 시장 · 군수의 인가를 받는다면 유효하게 어업권을 취득할 수 있게 되고 인도명령을 받을 수 있게 된다(대판 2002.1.21. 2001마6076).

6. 내수면어업권

내수면어업권이란 내수면어업을 경영할 수 있는 권리를 말한다. 그리고 여기에서 내수면어업이란 내수면에서 수산동식물을 포획 · 채취하는 사업을 말하고(내수어업 2ⅴ), 내수면이란 하천, 댐, 호수, 늪, 저수지와 그 밖에 인공적으로 조성된 민물이나 기수(汽水: 바닷물과 민물이 섞인 물)의 물흐름 또는 수면을 말한다(내수어업 2ⅰ).

내수면어업권은 내수면에서 어업을 한다는 것 이외에는 어업권의 경우가 같다. 따라서 내수면어업권은 물권으로 하며 내수면어업법에서 정한 것 외에는 민법 중 토지에 관한 규정을 준용한다(내수어업 7②, 수산업 16②). 또한 내수면어업권을 대상으로 하는 저당권의 설정방식과 효력 등은 토지를 대상으로 하는 저당권의 경우와 같으며, 내수면어업권을 대상으로 하는 저당권에 특수한 점은 어업권을 대상으로 하는 저당권의 경우와 같다(내수어업 22).

7. 유료도로관리권

(1) 유료도로관리권의 의의

유료도로관리권이란 유료도로를 유지 · 관리하고, 유료도로를 통행하거나 이용하는 자로부터 통행료 · 점용료 등을 받을 수 있는 권리를 말한다(유도 10①). 유료도로관리권은 이를 물권으로 보며 유료도로관리법에 특별한 규정이 있는 경우를 제외하고는, 민법 중 부동산에 관한 규정을 준용한다(유도 11). 따라서 유료도로관리권에 대한 저당권의 설정방식과 효력 등은 토지에 대한 경우와 대체로 동일한 것으로 보면 된다. 유료도로관리권을 대상으로 하는 저당권에 특수한 점만을 보면 다음과 같다.

(2) 유료도로관리권저당권의 특수성

가. 저당권의 설정

유료도로관리권을 대상으로 하는 저당권은 설정당사자가 저당권설정계약을 체결하고, 도로관리청에 저당권설정등록신청을 하여 유료도로관리권등록부에 저당권의 등록을 함으로써 설정된다(유도 13, 유도등령 59).

나. 저당권의 효력

저당권이 설정된 유료도로관리권은 그 저당권자의 동의가 없으면 이를 처분할 수 없다(유도 12). 저당권이 설정된 유료도로관리권을 저당권설정자인 관리권자가 자유로 소멸시킬 수 있는 것으로 하면, 저당권자의 권리가 부당하게 침해되므로 저당권자의 권리를 보호하기 위하여 관리권자의 임의적인 소멸행위를 금지한 것이다.

8. 댐사용권

(1) 댐사용권의 의의

댐사용권이란 다목적댐에 의한 일정량의 저수를 일정한 지역에 확보하고 이를 특정용도에 사용할 수 있는 권리를 말한다(댐주지 2iii). 그리고 다목적댐이란 환경부장관이 건설하는 댐으로서 특정용도 중 2 이상의 용도로 이용하는 것(특정용도에 전용되는 시설 또는 공작물을 제외한다)을 말한다(댐주지 2ii). 댐사용권은 다목적댐의 저수를 특정용도에 사용하려는 자의 신청을 받아 환경부장관이 이를 설정한다(댐주지 24①).

댐사용권은 물권으로 보며 댐건설 및 주변지역지원 등에 관한 법률에 특별한 규정이 있는 경우를 제외하고는 부동산에 관한 규정을 준용한다(댐주지 29). 따라서 다목적댐을 대상으로 하는 저당권설정도 민법의 부동산을 대상으로 하는 저당권의 경우와 동일한 것으로 보면 된다. 댐사용권을 대상으로 하는 저당권에 특수한 점만을 보면 다음과 같다.

(2) 댐사용권저당권의 특수성

가. 저당권의 설정

댐사용권을 대상으로 하는 저당권은 설정당사자가 저당권설정계약을 체결하고,

환경부에 저당권설정등록신청을 하여 댐사용권등록부에 저당권의 등록을 함으로써 설정된다(댐주지 32, 댐사등령 5, 30이하). 특히 외국 통화로 채권액을 지정한 채권의 담보인 저당권 설정의 등록을 신청할 때에는, 신청서에 대한민국의 통화로 표시한 담보한도액을 기재하도록 하고 있는데(댐사등령 31), 이는 다른 목적물을 대상으로 하는 저당권에는 없는 특수한 것이다.

나. 저당권의 효력

저당권의 설정이 등록된 댐사용권은 그 저당권자의 동의가 없으면, 분할 · 병합 또는 그 설정목적을 변경하거나 이를 포기할 수 없다(댐주지 30②).

댐사용권설정예정자가 다목적댐의 건설비용 중 소정의 비용을 부담하고(댐주지 20①②, 댐주지령 20) 댐사용권을 설정 받은 경우(댐주지 24④) 또는 댐사용권자가 소정의 납부금을 국고에 납부하고 댐사용권을 설정 받은 경우(댐주지 33, 댐주지령 26)에, 환경부장관이 댐사용권의 전부 또는 일부에 대하여 취소 또는 변경의 처분을 한 때(댐주지 31)에는, 국가는 댐사용권설정예정자가 납부한 부담금(댐주지 21①)이나 댐사용권자가 납부한 납부금(댐주지 33)의 일부를 반환하여야 한다(댐주지 34①).

환경부장관의 취소 또는 변경 처분으로 댐사용권이 소멸하는 경우에는 그 소멸하는 댐사용권을 대상으로 설정한 근저당권도 함께 소멸한다. 다만 이때에 국가는 당해 저당권자의 승낙이 있는 경우를 제외하고는 그 반환금을 공탁하여야 하는 한편 저당권자는 공탁된 반환금에 대하여 그 권리를 행사할 수 있다(댐주지 34③).

9. 공항시설관리권

(1) 공항시설관리권의 의의

공항시설관리권이란 공항시설을 유지 · 관리하고 그 공항시설을 사용하거나 이용하는 자로부터 사용료를 징수할 수 있는 권리를 말한다(공항시 26①).

공항이란 공항시설을 갖춘 공공용 비행장으로서 국토교통부장관이 그 명칭 · 위치 및 구역을 지정 · 고시한 것을 말하고(공항시 2iii), 공항시설이란 공항구역에 있는 시설과 공항구역 밖에 있는 시설 중 대통령령으로 정하는 시설로서 국토교통부장관이 지정한 ①항공기의 이륙·착륙 및 항행을 위한 시설과 그 부대시설 및 지원시설과 ②항공 여객 및 화물의 운송을 위한 시설과 그 부대시설 및 지원시설을 말한다(공항시 2vii).

공항시설관리권은 물권(物權)으로 보며, 공항시설법에 특별한 규정이 있는 경우를 제외하고는 민법 중 부동산에 관한 규정을 준용한다(공항시 26③).

(2) 공항시설관리권 저당권의 특수성

가. 저당권의 설정

공항시설관리권을 목적으로 하는 저당권은 설정당사자가 저당권설정계약을 체결하고, 국토교통부에서 갖추어 두고 있는 공항시설관리권 등록부에 저당권을 등록함으로써 설정된다(공항시 28①).

그러나 공항시설관리권이 설정된 공항시설 중 활주로 등 대통령령으로 정하는 중요 공항시설에 설정된 공항시설관리권에 대해서는 저당권을 설정할 수 없다(공항시 27②).

나. 저당권의 효력

저당권이 설정된 공항시설관리권은 저당권자의 동의가 없으면 처분할 수 없다(공항시 27①). 저당권이 설정된 공항시설관리권을 저당권설정자인 관리권자가 자유로 소멸시킬 수 있는 것으로 하면, 저당권자의 권리가 부당하게 침해되므로 저당권자의 권리를 보호하기 위하여 관리권자의 임의적인 소멸행위를 금지한 것이다.

10. 항만시설관리권

(1) 항만시설관리권의 의의

항만시설관리권이란 항만시설을 유지·관리하고 그 항만시설을 사용하는 자로부터 사용료를 받을 수 있는 권리를 말한다(항만 24①).

항만이란 선박의 출입, 사람의 승선 · 하선, 화물의 하역 · 보관 및 처리, 해양친수활동 등을 위한 시설과 화물의 조립 · 가공 · 포장 · 제조 등 부가가치 창출을 위한 시설이 갖추어진 곳을 말한다(항만 2ⅰ). 그리고 항만시설이란 항만법 제2조 제5호에서 열거하는 ①기본시설 ②기능시설 ③지원시설 ④항만친수시설(港灣親水施設) ⑤항만배후단지 중 어느 하나에 해당하는 시설을 말한다. 이 경우 ①~⑤의 시설이 항만구역 밖에 있는 경우에는 해양수산부장관이 지정 · 고시하는 시설로 한정한다.

항만시설관리권은 물권(物權)으로 보며, 항만법에 특별한 규정이 없으면 민법 중 부동산에 관한 규정을 준용한다(항만 24②).

(2) 항만시설관리권 저당권의 특수성

가. 저당권의 설정

항만시설관리권을 목적으로 하는 저당권은 설정당사자가 저당권설정계약을 체결하고, 해양수산부에 갖추어 두는 항만시설관리권 등록원부에 저당권의 등록함으로써 설정된다(항만 25②).

나. 저당권의 효력

저당권이 설정된 항만시설관리권은 그 저당권자의 동의가 없으면 처분할 수 없다(항만 18). 저당권이 설정된 항만시설관리권을 저당권설정자인 관리권자가 자유로 소멸시킬 수 있는 것으로 하면, 저당권자의 권리가 부당하게 침해되므로 저당권자의 권리를 보호하기 위하여 관리권자의 임의적인 소멸행위를 금지한 것이다.

제5 동산저당

1. 동산저당제도의 의의

민법상 부동산이 아닌 것을 동산이라고 한다. 따라서 토지와 토지의 정착물이 아닌 것은 모두 동산에 속한다(민 99). 민법상의 동산은 질권이나 양도담보권의 대상목적물이 될 수 있을 뿐, 저당권의 대상목적물은 될 수 없는 것이 원칙이다. 저당권의 대상목적물이기 되기 위해서는 그 권리관계가 등기부나 등록부라는 공부에 의하여 공시되어야 하나, 동산은 그 성질상 일일이 이를 공부에 의하여 공시할 수 없는 것이 대부분이기 때문이다.

그러나 동산 중에는 그 재산적 가치가 크고 수량이 한정되어 있어서, 그 권리관계를 공부에 의하여 공시하도록 제도화되어 있는 것이 있다. 선박과 자동차 등 특정동산이 이에 속하며, 자동차 등 특정동산이란 등록의 대상이 되는 건설기계, 소형선박, 자동차, 항공기, 경량항공기를 말한다(자특저 2ⅰ). 이들은 동산에 속하면서도 등기 또는 등록을 권리관계의 공시방법으로 하고 있다는 점에서, 담보취득의 방식이 부동산의 경우와 동일하다. 즉 일반동산의 경우는 질권 또는 양도담보권의 형식으로 담보취득하게 되나, 선박과 자동차 등 특정동산에 대하여는 전술한 부동산의 경우와 마찬가지로, 저당권이나 가등기담보권 또는 양도담보권의 형식으로 담보취득하게 된다. 그리고 이 3가지 담보권의 내용과, 현실의 금융거래에서는 주로 저당제도만이 이용되고 있는 점 등도 전술한 부동산의 경우와 동일하다.

2. 선박저당권

(1) 대상목적물

가. 선박의 의의

선박이란 수상 또는 수중에서 항행용으로 사용하거나 사용할 수 있는 배의 종류로서 기선과 범선 및 부선으로 구분된다.

기선은 기관(機關)을 사용하여 추진하는 선박[선체(船體) 밖에 기관을 붙인 선박으로서 그 기관을 선체로부터 분리할 수 있는 선박 및 기관과 돛을 모두 사용하는 경우로서 주로 기관을 사용하는 선박을 포함한다]과 수면비행선박(표면효과 작용을 이용하여 수면에 근접하여 비행하는 선박을 말한다)을 말하고, 범선은 돛을 사용하여 추진하는 선박(기관과 돛을 모두 사용하는 경우로서 주로 돛을 사용하는 것을 포함한다)을 말하며, 부선은 자력항행능력(自力航行能力)이 없어 다른 선박에 의하여 끌리거나 밀려서 항행되는 선박을 말한다(선박 1의2①). 선박의 외형을 갖추고 있지만 선박으로 등록할 수 없는 3가지가 있다.

첫째는 어선법이 적용되는 어선이다. 어선은 ①어업, 어획물운반업 또는 수산물가공업(이하 "수산업"이라 한다)에 종사하는 선박 ②수산업에 관한 시험 · 조사 · 지도 · 단속 또는 교습에 종사하는 선박 ③어선법 제8조 제1항에 따른 건조허가를 받아 건조 중이거나 건조한 선박 ④어선법 제13조제1항에 따라 어선의 등록을 한 선박을 말한다(선박 26vi, 어선 2 i).

둘째는 건설기계관리법 제3조에 따라 건설기계로 등록된 준설선(浚渫船)(선박 26vii)과 수상레저안전법 제2조 제4호에 따른 동력수상레저기구 중 「수상레저기구의 등록 및 검사에 관한 법률」 제6조에 따라 수상레저기구로 등록된 수상오토바이 · 모터보트 · 고무보트 및 세일링요트가 이에 해당된다(선박 26viii).

셋째는 ①군함, 경찰용 선박 ②총톤수 5톤 미만인 범선 중 기관을 설치하지 아니한 범선 ③총톤수 20톤 미만인 부선 ④총톤수 20톤 이상인 부선 중 선박계류용 · 저장용 등으로 사용하기 위하여 수상에 고정하여 설치하는 부선. 다만, 공유수면 관리 및 매립에 관한 법률 제8조에 따른 점용 또는 사용 허가나 하천법 제33조에 따른 점용허가를 받은 수상호텔, 수상식당 또는 수상공연장 등 부유식 수상구조물형 부선은 제외한다. ⑤노와 상앗대만으로 운전하는 선박이다(선박 26 i ~ v).

선박 중 대한민국 선박은 ①국유 또는 공유의 선박 ②대한민국 국민이 소유하는 선박 ③대한민국의 법률에 따라 설립된 상사법인(商事法人)이 소유하는 선박 ④대한민국에 주된 사무소를 둔 ③이외의 법인으로서 그 대표자(공동대표인 경우에는 그 전원)가 대한민국 국민인 경우에 그 법인이 소유하는 선박이다(선박 2)

나. 선박 · 어선의 등록과 등기

㈎ 선박의 등록과 등기

대한민국 선박은 선적항을 관할하는 지방해양수산청의 선박원부에의 등록과 선적항을 관할하는 지방법원, 그 지원(支院) 또는 등기소의 선박등기부에 등기를 하여야 하는 것과 선박원부에의 등록만 요하는 것 및 선박원부에의 등록과 선박등기부에의 등기를 모두 요하지 않는 것 3가지 유형으로 구분해 볼 수 있다.

첫째 총톤수 20톤 이상의 기선(機船)과 범선(帆船) 및 총톤수 100톤 이상의 부선(艀船)(다만 선박계류용 · 저장용 등으로 사용하기 위하여 수상에 고정하여 설치하는 부선은 제외)에 대하여는 그 소유자가 등기할 선박의 선적항을 관할하는 지방법원, 그 지원(支院) 또는 등기소의 선박등기부에 선박의 등기를 하고, 선적항을 관할하는 지방해양수산청의 선박원부에 선박의 등록을 하여야 한다(선등 2, 4, 선박 8 ①).

둘째 ①군함, 경찰용 선박 ②총톤수 5톤 미만인 범선 중 기관을 설치하지 아니한 범선 ③총톤수 20톤 미만인 부선 ④총톤수 20톤 이상인 부선 중 선박계류용 · 저장용 등으로 사용하기 위하여 수상에 고정하여 설치하는 부선. 다만, 공유수면 관리 및 매립에 관한 법률 제8조에 따른 점용 또는 사용 허가나 하천법 제33조에 따른 점용허가를 받은 수상호텔, 수상식당 또는 수상공연장 등 부유식 수상구조물형 부선은 제외한다. ⑤노와 상앗대만으로 운전하는 선박은 선박원부에의 등록과 선박등기부에의 등기를 모두 요하지 않는다(선박 8①, 26 i ~ v, 선등 2).

셋째 총톤수 20톤 미만인 기선 및 범선 또는 총톤수 100톤 미만인 부선으로서 선박원부에의 등록과 선박등기부에의 등기를 모두 요하지 않는 위 ①~⑤을 제외한 것은 선박등기부에의 등기는 요하지 아니하고 선박원부에의 등록만을 요한다(선박 8①, 26 i ~ v, 선등 2).

(나) 어선의 등록과 등기

어선의 소유자는 그 어선이 주로 입항 · 출항하는 항구 및 포구(이하 "선적항"이라 한다)를 관할하는 특별자치도 · 시 · 군 · 구의 어선원부에의 등록과 선적항을 관할하는 지방법원, 그 지원(支院) 또는 등기소의 선박등기부에 등기를 하여야 하는 것과 어선원부에의 등록만 요하는 것 2가지 유형으로 구분해 볼 수 있다.

첫째 총톤수 20톤 이상의 기선(機船)과 범선(帆船) 및 총톤수 100톤 이상의 부선(艀船)(다만 선박계류용 · 저장용 등으로 사용하기 위하여 수상에 고정하여 설치하는 부선은 제외)에 대하여는 그 소유자가 등기할 어선의 선적항을 관할하는 지방법원, 그 지원(支院) 또는 등기소의 선박등기부에 어선의 등기를 하고, 선적항을 관할하는 특별자치도 · 시 · 군 · 구의 어선원부에 어선의 등록을 하여야 한다(선등 2, 4, 어선 13①).

둘째 총톤수 20톤 미만의 기선(機船)과 범선(帆船), 총톤수 100톤 미만의 부선(艀船), 총톤수 100톤 이상의 부선으로서 선박계류용 · 저장용 등으로 사용하기 위하여 수상에 고정하여 설치하는 부선은 선박등기부에의 등기는 요하지 아니하고 어선원부에의 등록만을 요한다(어선 13①, 선등 2).

다. 저당권의 대상이 되는 선박

선박 중 등기한 선박(상 787①)과 건조 중인 선박(상 790) 및 등기한 어선은 상법과 선박등기법에 의하여 저당권의 대상이 된다. 선박과 어선으로 등기를 할 수 있는 것은 총톤수 20톤 이상의 기선(機船)과 범선(帆船) 및 총톤수 100톤 이상의 부선(艀船)(다만 선박계류용 · 저장용 등으로 사용하기 위하여 수상에 고정하여 설치하는 부선은 제외)으로 한정되어 있다(선등 2). 건조 중인 선박의 경우는 완공 후 등기할 수 있는 선박에 한하여 근저당권의 대상으로 할 수 있고, 완공 후 등기할 수 있는 선박이 아니면 근저당권의 대상으로 할 수 없는 것으로 본다.

선박과 어선 중 ①총톤수 20톤 미만인 기선 및 범선 또는 총톤수 100톤 미만인 부선으로서 선박원부에의 등록을 요하지 않는 위 ①~⑤의 선박을 제외한 것 ②어선법 제2조 제1호 각 목의 어선 중 총톤수 20톤 미만의 어선 ③수상레저안전법 제2조 제4호의 동력수상레저기구 중 같은 법 제30조에 따라 등록된 모터보트는 소형선박으로서 선적항을 관할하는 지방해양수산청의 선박원부 또는 선적항을 관할하는 특별자치도 · 시 · 군 · 구의 어선원부에 등록하여 자동차 등 특정동산저당법에 따른 저당권의 대상이 된다(선박 1의2②, 자특저 3ii). 다만 이에 관하여는 자동차 등 특정동산 저당권으로서 다음 항에서 설명하기로 하고 여기에서는 상법과 선박등기법에 따른 저당권에 대하여서만 설명하기로 한다.

선박을 대상으로 하는 저당권은 상법 제787조와 제790조에 의하여 인정된 것이고, 또한 상법 제740조는 「이 법에서 "선박"이란 상행위나 그 밖의 영리를 목적으로 항해에 사용하는 선박을 말한다」고 규정하고 있으므로 상행위나 그 밖의 영리를 목적으로 항해에 사용하는 선박만이 저당권의 대상이 되는 것으로 볼 수 있다. 그러나 선박법 제29조는 「상행위를 목적으로 하지 아니하더라도 항행용으로 사용되는 선박에 관하여는 상법 제5편 해상(海商)에 관한 규정을 준용한다. 다만, 국유 또는 공유의 선박에 관하여는 그러하지 아니하다」고 규정하고 있고, 어선법 제37조 제1항에서는 선박법 제29조를 어선에도 준용하도록 하고 있으므로, 국유나 공유가 아닌 선박으로서 등기한 선박과 완공 후 등기할 수 있는 선박으로서 건조 중인 선박 및 등기한 어선은 모두 저당권의 대상이 되는 것으로 보아야 한다.

선박을 대상으로 하는 저당권에는 민법의 저당권에 관한 규정이 준용되고(상 787③), 선박의 등기에 관하여는 선박에 특수한 사항을 제외하고는 부동산등기법이 준용된다(선박 8④, 선등 3, 선등규 3). 따라서 선박을 대상으로 하는 저당권의 설정방법이나 효력은 상법, 선박법, 어선법 및 선박등기법에서 특별히 정하고 있는 점을 제외하고는 토지나 건물을 대상으로 하는 저당권의 경우와 같다. 이하에서는 이들 특수한 점만을 대상으로 설명하기로 한다.

(2) 저당권의 설정

가. 등기한 선박과 어선

등기한 선박과 등기한 어선을 대상으로 하는 저당권은 설정당사자가 저당권 설정계약을 체결하고, 선적항을 관할하는 지방법원·그 지원 또는 등기소에 저당권설정등기신청을 하여, 선박등기부에 저당권의 등기를 함으로써 설정된다(선등 4, 5, 부등 22, 75, 부등규 131).

나. 건조 중인 선박

건조 중인 선박에 대하여는 소유권보존등기를 할 수 없어 등기된 선박과 동일한 방식으로 저당권을 설정할 수 없는 것이므로 선박등기규칙에 다음과 같은 별도의 등기절차가 마련되어 있다.

건조 중인 선박에 대한 저당권의 등기는 조선지를 관할하는 등기소에 신청하여야 한다(선등규 23①). 저당권의 등기신청서에는 ①선박의 종류와 선질 ②용골의 길이. 다만, 선박에 용골을 설치하지 않은 경우에는 선박의 길이를 적는다 ③계획의 폭과 깊이 ④계획의 총톤수 ⑤건조지 ⑥조선자의 성명, 주소(조선자가 법인인 때는 그 상호 또는 명칭 및 본점 또는 주된 사무소를 말한다) ⑦부동산등기규칙 제43조 제1항 제2호부터 제6호까지, 제8호 및 제9호에서 정하고 있는 사항 ⑧등록면허세액을 적고 신청인이 기명날인 또는 서명을 하여야 한다(선등규 23②). 또한 저당권의 등기신청서에는 위 ①부터 ⑥까지에서 정하고 있는 사항을 증명하는 조선자의 서면을 첨부하여야 한다(선등규 23③).

건조 중인 선박에 대한 저당권의 등기신청에 따라 최초로 저당권의 등기를 하는 경우에는 등기기록 중 표제부에 위 ①부터 ⑥까지에서 정하고 있는 사항을 기록하고, 갑구 사항란에 등기의무자의 성명, 주소와 저당권의 등기신청으로 인하여 등기를 한다는 뜻을 기록하여야 한다(선등규 23④).

저당권의 등기를 한 건조 중인 선박이 완성된 경우 소유권보존등기신청은 저당권의 등기를 한 등기소에 하여야 하고(선등규 24①), 그 신청에 따른 선박의 소유권보존등기는 저당권의 등기를 한 등기기록에 하여야 한다(선등규 24②). 그리고 소유권보존등기를 할 때에는 등기기록 중 표제부에 이미 기록한 선박의 표시와 갑구 사항란에 기록한 등기사항(등기의무자의 성명, 주소와 저당권의 등기신청으로 인하여 등기를 한다는 뜻)을 말소하는 표시를 하고 소유권보존등기로 인하여 말소한다는 뜻을 기록하여야 한다(선등규 24③). 또한 소유권보존등기를 하는 경우에 선적항이 다른 등기소의 관할에 속하는 때에는 지체 없이 전산정보처리조직을 이용하여 그 선박에 관한 등기기록과 신탁원부, 공동담보목록 및 도면의 처리권한을 다른 등기소로 넘겨주는 조치를 하여야 한다(선등규 25).

(3) 선박우선특권

가. 선박우선특권의 의의

선박우선특권이라 함은 일정한 법정채권(상 777①)의 채권자가, 선박과 그 부속물로부터 다른 채권자보다 자기채권의 우선변제를 받을 수 있는 해상법상의 특수한 담보물권을 말한다.

선박우선특권을 저당권과 비교하면, 전자는 특수한 채권자에게 법률상 당연히 부여되는 법정담보물권인데 대하여, 후자는 당사자간의 저당권설정계약에 의하여 설정되는 약정담보물권이라는 점이 다르나, 목적물에 대하여 우선변제권을 가지는 타물권이며 부종성 · 불가분성 · 물상대위성 · 추급성을 가지는 점 등에서 양자는 그 성질을 같이 한다. 그리하여 상법은 선박우선특권에 대하여, 그 성질에 반하지 않는 한 민법의 저당권에 관한 규정을 준용하도록 하고 있다(상 777②후).

나. 선박우선특권을 발생시키는 채권

상법 제777조 제1항 제1호에서 제4호까지 열거되어 있는 다음의 채권을 말한다.

① 채권자의 공동이익을 위한 소송비용, 항해에 관하여 선박에 과한 제세금, 도선료 · 예선료, 최후 입항 후의 선박과 그 속구의 보존비 · 검사비
② 선원과 그 밖의 선박사용인의 고용계약으로 인한 채권
③ 해난구조로 인한 선박에 대한 구조료 채권과 공동해손의 분담에 대한 채권
④ 선박의 충돌과 그 밖의 항해사고로 인한 손해, 항해시설 · 항만시설 및 항로에 대한 손해와 선원이나 여객의 생명 · 신체에 대한 손해의 배상채권

다. 선박우선특권의 목적물

선박, 그 속구, 그 채권이 생긴 항해의 운임, 그 선박과 운임에 부수한 채권이다(상 777①후). 선박 및 그 속구란 그 선박의 이용에 관하여 상법 제777조 제1항에 열거한 채권이 발생한 선박과 속구를 말한다.

운임에 대한 우선특권의 행사는 그 우선특권이 생긴 항해의 운임으로서 지급을 받지 아니한 운임과 지급을 받은 운임 중 선박소유자나 그 대리인이 소지하고 있는 금액에 한정된다(상 779). 그러나 선원과 그 밖의 선박사용인의 고용계

약으로 인한 채권(상 777①ii)은 고용계약존속 중의 모든 항해로 인한 운임의 전부에 대하여 우선특권이 있다(상 781).

선박과 운임에 부수한 채권이란 첫째 선박 또는 운임의 손실로 인하여 선박소유자에게 지급할 손해배상과 둘째 공동해손으로 인한 선박 또는 운임의 손실에 대하여 선박소유자에게 지급할 상금 및 셋째 해난구조로 인하여 선박소유자에게 지급할 보수를 말한다(상 778). 그러나 보험계약에 의하여 선박소유자에게 지급할 보험금과 그 밖의 장려금이나 보조금은 선박과 운임에 부수한 채권에 속하지 않는다(상 780).

라. 선박우선특권의 순위

㈎ 선박우선특권상호간의 순위

㈀ 동일항해로 인한 채권의 우선순위

동일항해로 인한 채권의 우선특권이 경합하는 때에 그 우선의 순위는 상법 제777조 제1항 각 호의 순서에 따른다(상 782①). 그러나 상법 제777조 제1항 제3호(해난구조로 인한 선박에 대한 구조료 채권과 공동해손의 분담에 대한 채권)에 따른 채권의 우선특권이 경합하는 때에는 후에 생긴 채권이 전에 생긴 채권에 우선한다. 동일한 사고로 인한 채권은 동시에 생긴 것으로 본다(상 782②).

㈁ 수회의 항해에 관한 채권의 우선특권

수회의 항해에 관한 채권의 우선특권이 경합하는 때에는 후의 항해에 관한 채권이 전의 항해에 관한 채권에 우선한다(상 783①). 선원과 그 밖의 선박사용인의 고용계약으로 인한 채권(상 777①ii)은 고용계약 존속 중의 모든 항해로 인한 운임의 전부에 대하여 우선특권이 있으나(상 781), 이 우선특권은 그 최후의 항해에 관한 다른 채권과는 동일한 순위를 가진다(상 783②).

㈂ 동일순위의 우선특권의 경합

상법 제781조(선박사용인의 고용계약으로 인한 채권)과 제782조(동일항해로 인한 채권에 대한 우선특권의 순위) 및 제783조(수회항해에 관한 채권에 대한 우선특권의 순위)의 규정에 따른 동일순위의 우선특권이 경합하는 때에는 각 채권액의 비율에 따라 안분하여 우선변제 받는다(상 784).

(나) 선박우선특권과 다른 담보물권의 순위

(ㄱ) 유치권과의 우선순위

유치권자는 목적물로부터 우선변제를 받을 수 있는 권리가 없으므로 선박우선특권이 우선하는 것은 당연하나, 유치권자는 자신의 채권의 변제를 받을 때까지는, 누구에 대하여도 점유를 풀지 않고 계속 유치할 수 있으므로, 실제의 결과에 있어서는 유치권자가 우선하게 된다. 즉 유치권자는 경매절차 진행을 위한 집행관의 압류에 대하여도 자신의 유치권에 의거하여 그 집행을 거부할 수 있으므로, 경매집행을 가능하게 하려면 우선특권자가 이를 변제하고 유치권을 소멸시키는 수밖에 없으며, 또 유치권자의 동의 등에 의하여 경매집행이 가능하다 하더라도, 유치권자는 매수인에 대하여 자신의 채권에 대한 변제가 없는 한 당해 선박의 인도를 거절할 수 있는 것이므로, 매수인은 경매가격의 신고시 유치권자에 변제할 금액을 미리 공제할 것이기 때문에, 우선특권자도 그만큼 적은 금액을 배당받을 수밖에 없게 된다.

(ㄴ) 선박저당권과의 우선순위

선박채권자의 우선특권은 선박에 대한 저당권에 우선한다(상 788). 이와 같이 선박우선특권은 특별한 공시방법을 갖추지 않고서도, 그 발생시기에 관계없이 항상 저당권에 우선하게 되는 점에서, 선박에 대한 저당권의 담보가치를 크게 저하시키는 요인이 되고 있다.

마. 선박우선특권의 효력

(가) 경매청구권과 우선변제권

선박우선특권에 관하여는 그 성질에 반하지 아니하는 한, 민법의 저당권에 관한 규정이 준용된다(상 787③). 따라서 우선특권을 가진 선박채권자는 저당권자의 경우와 같이 민사집행법의 규정에 따른 경매를 신청하여 그 매각대금으로부터 우선변제를 받을 수 있다.

⑷ 추급권

선박채권자의 우선특권은 그 선박소유권의 이전으로 인하여 영향을 받지 아니한다(상 785). 선박의 소유권이 이전된 경우에도 선박우선특권의 효력을 확보하기 위하여 추급권을 인정한 것이다. 따라서 선의 · 무과실의 제3자가 선박의 소유권을 양도받은 경우에도 선박우선특권에 대항하지 못하며, 우선특권자는 그 선박에 대하여도 여전히 경매청구권과 우선변제권을 행사할 수 있다. 다만 선박우선특권의 추급력은 법원의 경매로 인하여 선박의 소유권이 이전된 경우에는 인정되지 않는다(민집 91②준용).

바. 선박우선특권의 소멸

선박우선특권은 피담보채권의 소멸, 목적물의 멸실 등 담보권의 일반적 소멸사유로 인하여 소멸하는 외에, 다음과 같은 상법상의 특별한 소멸사유로 인하여도 소멸하게 된다.

즉 선박채권자의 우선 특권은 그 채권이 생긴 날로부터 1년간 행사하지 아니하면 소멸하게 된다(상 870). 다만 여기에서 소멸한다고 하는 것은 선박우선특권으로서의 효력이 소멸되는 것이지, 채권 자체까지 소멸한다는 것은 아니다. 채권 자체가 소멸하려면 그 채권에 관한 시효기간(보통은 상법 제64조에 의하여 5년)이 경과되어야 하며, 그 기간이 경과되지 않는 한 일반채권으로서의 효력은 남아 있는 것이다.

⑷ 등기말소에 따른 저당권소멸

가. 등기말소의 사유

저당권이 설정된 선박의 등기를 말소하여야 하는 사유는 선박 또는 어선이 ① 멸실, 침몰 또는 해체된 때 ②대한민국 국적을 상실한 때 ③존재 여부가 90일간(어선의 경우에는 6개월 이상) 분명하지 아니한 때 ④선박등기법 제2조가 적용되지 않는 선박이 되었을 때 중 어느 하나에 해당하는 경우이다(선등규 21).

나. 등기말소의 절차

(가) 절차 일반

선박등기 또는 어선등기의 말소사유 발생에 따른 선박등기 또는 어선등기의 말소는 소유자의 신청에 의한 경우와 등기관의 직권에 의한 경우로 구분된다. 어느 경우이든 선박등기 또는 어선등기를 말소하려면 그에 앞서 지방해양수산청에서 관리하는 선박원부 또는 어선원부상의 선박등록 또는 어선등록의 말소가 선행되어야 한다.

(나) 선박 또는 어선의 말소등록

(ㄱ) 소유자의 신청에 의한 말소등록

선박이 ① 멸실·침몰 또는 해체된 때 ② 대한민국 국적을 상실한 때 ③ 선박법 제26조 각 호에 규정된 선박으로 된 때[13] ④ 존재 여부가 90일간 분명하지 아니한 때 중 어느 하나에 해당하게 된 때에는 선박소유자는 그 사실을 안 날부터 30일 이내에 선적항을 관할하는 지방해양수산청장에게 말소등록의 신청을 하여야 한다(선박 22①). 선박말소등록신청서에는 선박의 말소등록 사유가 위 ①③④인 경우에는 말소등록의 사유를 증명하는 서류를, ②인 경우 즉 선박이 대한민국 국적을 상실한 때에는 ⅰ) 선박등기부 등본 ⅱ) 압류권자·저당권자·공유자 등 이해관계인의 승낙서 또는 해당 이해관계인에게 대항할 수 있는 판결문의 등본(이해관계인이 있는 경우만 해당한다)을 첨부하여야 한다(선박규 23①).

어선이 ① 어선 외의 목적으로 사용하게 된 경우 ② 대한민국의 국적을 상실한 경우 ③ 멸실·침몰·해체 또는 노후·파손 등의 사유로 어선으로 사용할 수 없게 된 경우 ④ 6개월 이상 행방불명이 된 경우 중 어느 하나에 해당하는 경우 그 어선의 소유자는 30일 이내에 해양수산부령으로 정하는 바에 따라 등록의 말소를 신청하여야 한다(어선 19①). 어선등록말소신청서에 선박국적증서등

13) 선박의 등록말소 사유와 선박의 등기말소 사유가 반드시 동일한 것은 아니다. 예컨대 총톤수 20톤 이상 100톤 미만의 부선은 선박등록의 대상이지만 선박등기의 대상이 아니므로 총톤수 20톤의 부선이 총톤수 18톤의 부선이 된 경우 선박의 등록말소 사유가 되지만 선박의 등기말소 사유는 되지 않는다. 따라서 선박등기법 제2조가 적용되지 않는 선박이 되었을 때를 선박의 등기말소 사유로 규정하고 있는 반면 선박법 제22조 제1항은 선박법 제26조 각 호에 규정된 선박으로 된 때를 선박의 등록말소로 서로 다르게 규정하고 있다.

및 어선번호판을 첨부하여 선적항을 관할하는 특별자치시장 · 특별자치도지사 · 시장 · 군수 · 구청장에게 제출하여야 한다(어선규 29①, 4ii).

(ㄴ) 지방해양수산청장의 말소등록신청 최고

선박의 말소등록 사유가 발생하였음에도 선박소유자가 소정기간 내에 말소등록의 신청을 하지 아니하면 선적항을 관할하는 지방해양수산청장은 30일 이내의 기간을 정하여 선박소유자에게 선박의 말소등록신청을 최고(催告)하고, 그 기간에 말소등록 신청을 하지 아니하면 직권으로 그 선박의 말소등록을 하여야 한다(선박 22②).

어선의 소유자가 ①속임수나 그 밖의 부정한 방법으로 어선등록을 한 경우 ②어선의 소유자가 말소등록의 사유가 발생하였음에도 등록의 말소신청을 기간 내에 하지 아니한 경우 ③해당 어선으로 영위하는 수산업의 허가 · 신고 · 면허 등의 효력이 상실된 후 1년이 지난 경우(다만, 대통령령으로 정하는 경우에는 그러하지 아니하다[14]) 중 어느 하나에 해당하는 경우에 특별자치도지사 · 시장 · 군수 · 구청장은 30일 이내의 기간을 정하여 등록의 말소를 신청할 것을 최고하여야 하며 그 어선의 소유자가 최고를 받고도 정당한 사유 없이 이행하지 아니하면 직권으로 그 어선의 등록을 말소하여야 한다(어선 19②).

(ㄷ) 선박 또는 어선의 말소등록

지방해양수산청장이 선박소유자의 신청에 따라 또는 직권으로 선박의 등록을 말소하였을 때에는 해당 선박의 선박원부에 "말소"라는 표시를 한 후 따로 보관하여야 한다. 다만, 어선법 제2조 제1호의 어선으로 그 용도를 변경하려고 말소등록을 한 경우에는 해당 선박의 선박원부와 관련 서류를 어선법에 따라 등록하려는 어선등록관청에 지체 없이 보내야 한다(선박규 23②). 이 경우 등록을 말소한 선박에 대한 근저당권자 등의 이해관계인은 지방해양수산청장에게 신청하여 선박등록말소확인서를 발급받을 수 있다(선박규 23③).

특별자치시장 · 특별자치도지사 · 시장 · 군수 · 구청장이 어선소유자의 신청에 따라 어선의 등록을 말소하거나 직권으로 어선의 등록을 말소한 때에는 해당 어선의 어선원부에 "말소"의 표시를 한 후 2년간 따로 보관하여야 한다(어선규 29②).

14) 수산업의 허가 · 신고 · 면허 등의 효력이 상실된 후 1년이 경과되기 전이라도 수산업법 · 원양산업발전법 및 내수면어업법에 따른 명령에 위반한 경우에는 등록의 말소를 신청할 것을 최고하고 그에 응하지 않으면 직권으로 말소등록을 할 수 있다(어선령 4).

이 경우 등록을 말소한 선박에 대한 근저당권 등의 이해관계인은 특별자치시장 · 특별자치도지사 · 시장 · 군수 · 구청장에게 신청하여 어선등록말소확인서를 발급받을 수 있다(어선규 29③, 4ii).

(다) 선박등기부의 등기말소

(ㄱ) 선박소유자의 신청에 의한 등기말소

선박 또는 어선의 등기말소 사유가 발생한 경우 소유권의 등기명의인은 그 사유를 증명하는 선박원부 또는 어선원부의 등본 또는 초본을 첨부하여 등기의 말소를 신청하여야 한다(선등규 21①).

(ㄴ) 등기관의 직권에 의한 등기말소

선적항을 관할하는 지방해양수산청장이 선박소유자의 신청에 따라 또는 직권으로 선박의 말소등록을 하였을 때에는 지체 없이 ①선박의 번호 · 종류 · 명칭 · 선적항 및 총톤수 ②선박소유자의 성명 · 주민등록번호(법인인 경우에는 그 명칭과 법인등록번호) 및 주소 ③선박등록 등의 날짜 및 사유를 해당 선박이 등기된 등기소에 통보하여야 한다(선박규 31①).

특별자치시장 · 특별자치도지사 · 시장 · 군수 · 구청장이 어선소유자의 신청에 따라 또는 직권으로 어선의 말소등록을 하였을 때에는 해당 어선이 등기된 등기소(선박등기법의 적용을 받는 어선에만 해당한다)에 그 사실을 지체없이 통보하여야 한다(어선규 32①, 4ii).

등기소가 지방해양수산청장으로부터 선박의 말소등록 통지를 받은 경우 또는 특별자치시장 · 특별자치도지사 · 시장 · 군수 · 구청장으로부터 어선의 말소등록 통지를 받은 경우에는 등기관은 직권으로 통지서의 기재내용에 따른 말소의 등기를 하여야 한다(선등규 22①). 등기관이 직권으로 통지서의 기재내용에 따른 말소의 등기를 하는 때에는 등기기록 중 표제부에 선박원부 또는 어선원부의 등록말소로 인하여 말소한다는 뜻을 기록하고 표제부의 등기를 말소하는 표시를 한 후 그 등기기록을 폐쇄하여야 하며(선등규 22②), 지체 없이 그 뜻을 소유권의 등기명의인과 등기상 이해관계인에게 통지하여야 한다(선등규 22③).

다. 등기말소의 효력

선박의 등기가 말소되면 그 선박을 대상으로 설정한 저당권은 대상목적물이 없어져 자동으로 효력을 잃게 된다. 따라서 이 경우 저당권자로서는 등기가 말소된 선박의 선체나 보험금 등을 대상으로 물상대위권을 행사하여 구제받는 수밖에 없다.

(5) 선박의 담보가치

선박의 담보가치를 평가함에 있어서는, 선박의 다음과 같은 특수성을 고려하여야 한다.

첫째, 선박에 대하여는 다른 담보물에 관하여는 인정되고 있지 않은 선박우선특권이 인정되어 있을 뿐만 아니라, 담보권의 실행에 있어서도 많은 비용이 소요되게 되므로, 유효담보가치의 파악에 있어서 이 점을 충분히 고려하여야 한다.

둘째, 선박의 가치는 해운경기가 침체되면 급격히 하락하는 성질이 있는데, 담보권의 실행을 할 필요는 이러한 시기에 높아지는 것이 보통이므로, 해운경기의 변동에 상당한 주의를 기울여, 필요한 경우 추가 담보의 취득 등 담보가치의 현상유지에도 많은 신경을 써야 한다.

셋째, 선박은 항시 물위에 떠 있는 상태에 있어 해난사고의 발생가능성이 높으므로, 해난사고발생에 대비한 보험관계에도 세심한 주의를 하여야 한다.

3. 자동차 등 특정동산 저당권

(1) 대상목적물

자동차 등 특정동산 저당법에 의한 저당권의 목적이 될 수 있는 특정동산은 등록의 대상이 되는 건설기계, 소형선박, 자동차, 항공기, 경량항공기를 말하는데(자특저 2ⅰ), 이 중 저당권의 목적물로 할 수 있는 것은 다음의 것이다.

첫째는 건설기계관리법에 따라 등록된 건설기계이다(자특저 3ⅰ). 건설기계란 건설공사에 사용할 수 있는 기계로서 건설기계관리법시행령 [별표 1]의 것을 말한다(건기관 2ⅰ).

둘째는 선박등기법이 적용되지 아니하는 소형선박으로서 ①선박법 제1조의2 제

2항의 소형선박 중 같은 법 제26조 각 호의 선박을 제외한 선박 ②어선법 제2조 제1호 각 목의 어선 중 총톤수 20톤 미만의 어선 ③수상레저기구의 등록 및 검사에 관한 법률」 제6조에 따라 등록된 동력수상레저기구를 말한다(자특저 3ii).

셋째는 자동차관리법에 따라 등록된 자동차이다(자특저 3iii). 자동차란 원동기에 의하여 육상에서 이동할 목적으로 제작한 용구 또는 이에 견인되어 육상을 이동할 목적으로 제작한 용구(이하 "피견인자동차"라 한다)를 말한다. 다만, ①건설기계관리법에 따른 건설기계 ②농업기계화촉진법에 따른 농업기계 ③군수품관리법에 따른 차량 ④궤도 또는 공중선에 의하여 운행되는 차량 ⑤의료기기법에 따른 의료기기는 제외한다(자관 2i, 자관령 2).

넷째는 항공안전법에 따라 등록된 항공기 및 경량항공기이다(자특저 3iv). "항공기"란 공기의 반작용(지표면 또는 수면에 대한 공기의 반작용은 제외한다)으로 뜰 수 있는 기기로서 최대이륙중량, 좌석 수 등 국토교통부령으로 정하는 기준에 해당하는 ①비행기 ②헬리콥터 ③비행선 ④활공기(滑空機)와 그 밖에 대통령령으로 정하는 기기를 말한다(항안 2i). 그리고 "경량항공기"란 항공기 외에 공기의 반작용으로 뜰 수 있는 기기로서 최대이륙중량, 좌석 수 등 국토교통부령으로 정하는 기준에 해당하는 비행기, 헬리콥터, 자이로플레인(gyroplane) 및 동력패러슈트(powered parachute) 등을 말한다(항안 2ii).

(2) 저당권의 설정방법

건설기계 등 특정동산을 대상으로 하는 저당권에 관하여는 자동차 등 특정동산 저당법에 규정되어 있는 것을 제외하고는 민법 중 저당권에 관한 규정이 준용되므로(자특저 12) 그 설정방법은 대체로 민법의 부동산을 대상으로 하는 저당권의 경우와 동일한 것으로 보면 된다.

따라서 특정동산을 대상으로 하는 저당권은 등록관청에 신청하여 담보목적물별로 ①건설기계에 대하여는 건설기계관리법에 따른 건설기계등록원부 ②소형선박에 대하여는 선박법에 따른 선박원부나 어선법에 따른 어선원부 또는 수상레저안전법에 따른 수상레저기구 등록원부 ③자동차에 대하여는 자동차관리법에 따른 자동차등록원부 ④항공기에 대하여는 항공법에 따른 항공기등록원부에 저당권설정의 등록을 하여야 그 효력이 생긴다(자특저 5①).

등록관청이란 특정동산에 대한 저당권의 설정등록 · 변경등록 · 이전등록 및 말소등록 업무를 담당하는 관청으로(자특저 2ii) ①건설기계의 경우는 해당 건설기계를 등록한 서울특별시장 · 광역시장 · 도지사 또는 특별자치도지사 ②소형선박의 경우는 해당 소형선박을 등록한 지방해양수산청장(지방해양수산청 해양수산사무소장을 포함한다) 또는 특별자치도지사 · 시장 · 군수 · 구청장(자치구의 구청장을 말한다) ③자동차의 경우는 자동차등록령 제5조에 따라 자동차의 등록사무를 관할하거나 처리할 수 있는 등록관청 ④항공기의 경우는 국토해양부장관을 말한다(자특저령 2①).

같은 채권을 담보하기 위하여 2개 이상의 특정동산을 목적으로 하는 저당권 즉 공동저당권도 설정할 수 있으나(자특저령 3①), 이 경우 공동저당의 대상목적물은 같은 종류의 특정동산이어야 한다(자특저령 3②). 따라서 예컨대 수개의 건설기계를 대상으로 하는 공동저당권을 설정할 수 있으나 건설기계와 소형선박이나 자동차 또는 항공기를 대상으로 하는 공동저당권을 설정할 수는 없다. 그 밖에 저당권설정등록의 신청이나 변경 · 이전 · 말소의 등록신청방법 등에 관하여는 자동차 등 특정동산 저당법 시행령에 자세히 규정되어 있다.

(3) 저당권의 효력

건설기계 등 특정동산을 대상으로 하는 저당권에 관하여는 자동차 등 특정동산 저당법에 규정되어 있는 것을 제외하고는 민법 중 저당권에 관한 규정이 준용된다(자특저 12). 따라서 그 효력은 자동차 등 특정동산 저당법에서 규정하는 다음의 점을 제외하고는 대체로 민법의 부동산을 대상으로 하는 저당권의 경우와 동일한 것으로 보면 된다.

저당권자는 채무자나 제3자가 점유를 이전하지 아니하고 채무의 담보로 제공한 특정동산에 대하여 다른 채권자보다 자기채권에 대하여 우선변제를 받을 권리가 있다(자특저 4). 담보목적물(항공기 및 경량항공기 제외)에 대한 저당권의 실행을 위한 경매절차에서 법원은 상당하다고 인정하는 때에는 저당권자의 매수신청에 따라 경매 또는 입찰에 의하지 아니하고 그 저당권자에게 압류된 담보목적물의 매각을 허가하는 양도명령의 방법으로 환가할 수 있다(자특저 8①). 특히 자동차 등 특정동산은 그 용도에 따라 안전하게 사용할 수 있는 상태를 유지하여야 하고 그렇지 아니하는 때에는 그 등록을 말소하도록 하고 있으므로 이하에서는 그 등록말소의 사유와 등록말소가 있는 경우의 저당권의 효력에 대하여 알아보기로 한다.

(4) 등록말소와 저당권자의 보호

가. 등록말소의 사유

(가) 건설기계의 경우(건기관 6①)

① 거짓이나 그 밖의 부정한 방법으로 등록을 한 경우
② 건설기계가 천재지변 또는 이에 준하는 사고 등으로 사용할 수 없게 되거나 멸실된 경우
③ 건설기계의 차대(車臺)가 등록 시의 차대와 다른 경우
④ 건설기계가 건설기계관리법 제12조에 따른 건설기계안전기준에 적합하지 아니하게 된 경우
⑤ 건설기계관리법 제13조제5항부터 제7항까지의 규정에 따른 정기검사 명령, 수시검사 명령 또는 정비 명령에 따르지 아니한 경우
⑥ 건설기계를 수출하는 경우
⑦ 건설기계를 도난당한 경우
⑧ 건설기계를 폐기한 경우
⑨ 건설기계관리법 제21조에 따라 건설기계해체재활용업을 등록한 자(이하 "건설기계해체재활용업자"라 한다)에게 폐기를 요청한 경우
⑩ 구조적 제작 결함 등으로 건설기계를 제작자 또는 판매자에게 반품한 경우
⑪ 건설기계를 교육·연구 목적으로 사용하는 경우
⑫ 건설기계관리법 제20조의3제1항에 따라 대통령령으로 정하는 내구연한을 초과한 건설기계. 다만, 제20조의3제2항 단서에 따른 정밀진단을 받아 연장된 경우는 그 연장기간을 초과한 건설기계
⑬ 건설기계를 횡령 또는 편취당한 경우

(나) 소형선박의 경우

(ㄱ) 선박법상의 선박(선박 22①)

① 선박이 멸실·침몰 또는 해체된 때
② 선박이 대한민국국적을 상실한 때
③ 선박이 선박법 제26조 각 호에 규정된 선박으로 된 때

④ 선박의 존부가 90일간 분명하지 아니한 때

(ㄴ) **어선법상의 어선(어선 19①②)**

① 어선 외의 목적으로 사용하게 된 경우

② 대한민국의 국적을 상실한 경우

③ 멸실 · 침몰 · 해체 또는 노후 · 파손 등의 사유로 어선으로 사용할 수 없게 된 경우

④ 6개월 이상 행방불명이 된 경우

⑤ 속임수나 그 밖의 부정한 방법으로 등록을 한 경우

⑥ 어선의 소유자가 위 ⑤에 따른 등록의 말소신청을 기간 내에 하지 아니한 경우

⑦ 해당 어선으로 영위하는 수산업의 허가 · 신고 · 면허 등의 효력이 상실된 후 1년이 지난 경우. 다만, 대통령령으로 정하는 경우에는 그러하지 아니하다.

⑧ 정당한 사유 없이 어선법 제21조제1항제1호 · 제2호 및 제4호(같은 항 제1호에 따른 정기검사 또는 같은 항 제2호에 따른 중간검사를 할 때에 해양수산부장관이 특정한 사항에 대하여 임시검사를 받을 것을 지정한 경우로 한정한다)에 따른 어선의 검사를 받지 아니하고 1년이 지난 경우

(ㄷ) **수상레저기구의 등록 및 검사에 관한 법률상의 동력수상레저기구(동법 10①)**

① 동력수상레저기구가 멸실되거나 수상사고 등으로 본래의 기능을 상실한 경우

② 동력수상레저기구의 존재 여부가 3개월간 분명하지 아니한 경우

③ 총톤수 · 추진기관의 변경 등 해양수산부령으로 정하는 사유로 동력수상레저기구에서 제외된 경우

④ 동력수상레저기구를 수출하는 경우

⑤ 수상레저활동 외의 목적으로 사용하게 된 경우

(다) **자동차의 경우(자관 13①)**

① 자동차관리법 제53조에 따라 자동차해체재활용업을 등록한 자에게 폐차

를 요청한 경우

② 자동차제작 · 판매자등에게 반품한 경우(자동차관리법 제47조의2의 교환 또는 환불 요구에 따라 반품된 경우를 포함한다)

③ 여객자동차 운수사업법에 따른 차령(車齡)이 초과된 경우

④ 여객자동차 운수사업법 및 화물자동차 운수사업법에 따라 면허 · 등록 · 인가 또는 신고가 실효(失效)되거나 취소된 경우

⑤ 천재지변 · 교통사고 또는 화재로 자동차 본래의 기능을 회복할 수 없게 되거나 멸실된 경우

⑥ 자동차를 수출하는 경우

⑦ 자동차관리법 제14조의 압류등록을 한 후에도 환가(換價) 절차 등 후속 강제집행 절차가 진행되고 있지 아니하는 차량 중 차령 등 대통령령으로 정하는 기준에 따라 환가가치가 남아 있지 아니하다고 인정되는 경우. 이 경우 시 · 도지사가 해당 자동차 소유자로부터 말소등록 신청을 접수하였을 때에는 즉시 그 사실을 압류등록을 촉탁(囑託)한 법원 또는 행정관청과 등록원부에 적힌 이해관계인에게 알려야 한다.

⑧ 자동차를 교육 · 연구의 목적으로 사용하는 등 대통령령으로 정하는 사유에 해당하는 경우

㈑ 항공기 · 경량항공기의 경우(항공 15①, 121①)

① 항공기가 멸실(滅失)되었거나 항공기를 해체(정비등, 수송 또는 보관하기 위한 해체는 제외한다)한 경우

② 항공기의 존재 여부를 1개월(항공기사고인 경우에는 2개월) 이상 확인할 수 없는 경우

③ 항공안전법 제10조제1항 각 호의 어느 하나에 해당하는 자에게 항공기를 양도하거나 임대(외국 국적을 취득하는 경우만 해당한다)한 경우

④ 임차기간의 만료 등으로 항공기를 사용할 수 있는 권리가 상실된 경우

나. 저당권자의 보호

특정동산에 관하여 위와 같은 말소사유가 발생하면 등록관청은 소유자의 신청에 따라 또는 직권으로 해당 특정동산의 등록을 말소하게 된다(등록말소의 세

부적인 절차는 건기관 6, 선박 22, 어선 19, 수레등검 10, 자관 13, 항공 15 참조).

그러나 저당권이 설정된 건설기계와 소형선박 및 자동차에 관하여 위와 같은 말소사유가 발생하여 등록관청이 그 등록을 말소하려는 경우 또는 저당권이 설정된 항공기가 위 ③의 말소사유(항공 15①iii)에 해당하게 되어 등록관청이 그 소유자의 말소등록신청을 수리하였거나 그 소유자의 말소등록신청이 없어 소정의 절차를 거쳐 직권으로 그 등록을 말소하려는 경우, 등록관청은 저당권자가 그 특정동산에 대한 등록의 말소에 동의한 경우를 제외하고는 등록말소의 뜻을 미리 저당권자에게 통지하여야 하고(자특저 6), 등록관청으로부터 특정동산에 대한 등록말소의 뜻을 통지받은 저당권자는 그 특정동산에 대하여 즉시 그 권리를 행사할 수 있다(자특저 7①).

저당권자가 저당권을 행사하려면 등록관청으로부터 말소등록의 뜻을 통지받은 날로부터 자동차의 경우는 1개월, 소형선박의 경우는 2개월, 건설기계와 항공기 및 경량항공기는 3개월의 기간 내에 각각 저당권의 행사 절차를 개시하여야 하고(자특저 7②), 만일 저당권자가 저당권행사의 개시 기한까지 저당권의 행사절차를 개시하지 아니한 경우에는 등록관청은 특정동산에 대하여 말소등록을 할 수 있다(자특저 7③본).

저당권자가 저당권행사의 개시 기한 내에 저당권의 행사 절차를 개시한 경우에는 등록관청은 그 행사 절차가 완료될 때까지 특정동산에 대하여 말소등록을 하여서는 아니 된다(자특저 7③단). 또한 저당권자가 저당권을 행사하여 경매의 매수인이 그 특정동산에 대한 소유권을 취득한 경우에는 특정동산에 대하여 말소등록을 하여서는 아니 된다(자특저 7④).

저당권의 행사로서 하는 경매절차에서 매각허가결정이 확정된 경우에는, 건설기계에 관하여는 건설기계관리법 제6조 제1항에 따른 등록말소신청이 없었던 것으로 보며, 항공기 및 경량항공기에 관하여는 항공안전법 제15조 제1항 제3호(동법 제121조 제1항에서 준용하는 경우를 포함한다)의 사유가 발생하지 아니한 것으로 본다(자특저 7⑤).

그리고 항공기 및 경량항공기를 제외한 특정동산에 대한 저당권의 실행을 위한 경매절차에서 법원은 상당하다고 인정하는 때에는 저당권자의 매수신청에 따라 경매 또는 입찰에 의하지 아니하고 그 저당권자에게 압류된 담보목적물의 매각을 허가하는 양도명령의 방법으로 환가할 수 있다(자특저 8①).

부 록 a supplement

은행의 담보약관 서식

1. 저당권설정계약서(특정채무담보용)

은행은 채무자 · 저당권설정자에게 이 약정서상의 중요한 내용을 설명하여야 하며, 은행여신거래기본약관과 이 약정서를 교부하여야 합니다.

			부점장

특정채무담보

저당권설정계약서

★ 담보의 제공은 재산상 손실을 가져올 수도 있는 중요한 법률행위이므로 미리 뒷면 "담보제공자가 꼭 알아 두어야 할 사항"과 계약서의 내용을 잘 읽은 후 신중한 판단을 하시고,

★ 굵은 선 [ ]으로 표시된 란(당사자란, 제1조 및 계약서 끝부분)은 담보제공자가 반드시 자필로 기재하시기 바랍니다.

20 년 월 일

채 권 자 겸
근 저 당 권 자 (인)
주 소

채 무 자 (인)
주 소

근저당권설정자 (인)
주 소

위 당사자 사이에 아래와 같이 저당권설정계약을 맺습니다.

제1조 저당권의 설정

저당권설정자(이하 "설정자"라 합니다)는 은행여신거래기본약관을 승인하고, 채무자의 채권자에 대한 다음 채무를 담보하기 위하여 이 계약서 끝부분에 기재한 물건(이하 "저당물건"이라 합니다)에 다음 내용으로 저당권을 설정합니다.

피담보채무의 표시 :

거 래 약 정	년 월 일자 약정서
금 액	금 원
상 환 기 일	년 월 일
이자율, 지급시기	연 %
지 연 배 상 금	상환기일에 지급하지 아니한때 또는 기한의 이익을 상실한 때에는 지급하여야 할 금액에 대하여 곧 연 %의 율로 1년을 365일로보고 1일단위로 계산한 지체일수에 해당하는 지연배상금을 지급한다.

제2조 이하 : 2. 근저당권설정계약서(근담보용과 동일)

2. 근저당권설정계약서(근담보용)

은행은 근저당권설정자에게 이 약정서상의 중요한 내용을 설명하여야 하며, 은행여신거래기본약관과 이 약정서를 교부하여야 합니다.

			부점장

근담보

근저당권설정계약서

★ 담보의 제공은 재산상 손실을 가져올 수도 있는 중요한 법률행위이므로 미리 뒷면 "담보제공자가 꼭 알아 두어야 할 사항"과 계약서의 내용을 잘 읽은 후 신중한 판단을 하시고,

★ 굵은 선 [ ]으로 표시된 란(당사자란, 제1조 및 계약서 끝부분)은 담보제공자가 반드시 자필로 기재하시기 바랍니다.

20 년 월 일

채 권 자 겸
근 저 당 권 자 (인)
주 소

채 무 자 (인)
주 소

근저당권설정자 (인)
주 소

위 당사자 사이에 아래와 같이 근저당권설정계약을 맺습니다.

제1조 근저당권의 설정

근저당권설정자(이하 "설정자"라 합니다)는 은행여신거래기본약관을 승인하고, 이 계약서 끝부분 "근저당물건의 목록"란에 기재한 물건(이하 "근저당물건"이라 한다)에 다음 내용으로 근저당권을 설정합니다.

1. 피담보채무의 범위

채권자는 피담보채무의 범위를 달리하는 다음의 세 유형 가운데 어느 하나를 설정자가 선택할 수 있음을 설명하였고, 설정자는 그 가운데 [　　　] 에서 정한 채무(이자, 지연배상금 기타 부대채무를 포함합니다)를 담보하기로 합니다.

특정근담보

채무자가 은행(본 · 지점)에 대하여 다음 약정서에 의한 거래로 말미암아 현재 및 장래에 부담하는 모든 채무.

년 월 일 약정서

년 월 일 약정서

한정근담보

채무자가 은행(본 · 지점)에 대하여 다음 종류의 거래로 말미암아 현재 및 장래에 부담하는 모든 채무.

거래 거래

포괄근담보

채무자가 은행(본 · 지점)에 대하여 현재 및 장래에 부담 하는 다음 채무

가. 어음대출, 증서대출, 당좌대출, 어음할인, 지급보증, 매출채권거래, 상호부금거래, 사채인수, 유가증권대여, 외국환거래 기타 여신거래로 말미암은 모든 채무

나. 신용카드거래로 말미암은 채무(채무자 이외의 제3자가 담보를 제공한 경우는 제외)

다. 채권자와 제3자와의 위"가"의 거래에 대한 보증채무

라. 채권자가 제3자와의 위"가"의 거래로 말미암아 취득한 어음 또는 수표상의 채무

2. 채권최고액

가.

□	금 원
□	국법화. 금

나. "가"목의 금액을 외화로 정한 경우 원화환산에 적용할 환율은 채권자가 현실적으로 변제금을 수령할 시점의 대고객전신환매도율로 합니다.

다. 설정비용의 절감 등을 위하여 채권최고액을 최초 채권액을 기준삼아 정하였다 하여도 이를 이유로 이 계약을 특정채무담보 저당권 설정계약으로 해석하지 않기로 합니다.

3. 근저당권 결산기

채권자는 근저당권 결산기를 정하는 다음의 세 유형 가운데 어느 하나를 설정자가 선택할 수 있음을 설명하였고, 설정자는 그 가운데 [　　　] 에서 정한 날을 결산기로 하기로 합니다.

지정형

년 월 일

자동확정형

정하지 아니합니다.
이 경우 계약일부터 3년이 경과하면 설정자는 서면통지에 의하여 근저당권 결산기를 지정할 수 있기로 하되, 그 결산기는 통지 도달일부터 14일 이후가 되어야 하며, 이에 미달하는 때에는 통지 도달일부터 14일이 되는 날을 결산기로 합니다. 다만, 5년이 경과할 때까지 설정자의 별도 의사표시가 없는 경우에는 계약일부터 5년이 되는 날을 결산기로 합니다.

장래지정형

정하지 아니합니다.
이 경우 계약일부터 3년이 경과하면 설정자는 서면통지에 의하여 근저당권 결산기를 지정할 수 있기로 하되, 그 결산기는 통지 도달일부터 14일 이후가 되어야 하며, 이에 미달하는 때에는 통지 도달일부터 14일이 되는 날을 결산기로 합니다.

제2조 공부와 실제의 불일치 등

① "근저당물건"의 실제가 이 계약서 끝부분 목록란의 기재나 공부상 기재와 맞지 아니한 부분이 있더라도 이 근저당권은 실제물건위에 그 효력이 미치며, 채권자가 채권보전상의 필요에 따라 청구하는 때에는 "설정자"는 곧 변경등기나 경정등기 기타 필요한 절차를 밟습니다.

② 근저당 토지상에 미등기건물이 있는 경우 또는 장래 건물을 신축할 경우에 채권자가 채권보전상 필요에 따라 청구하는 때에는, 설정자는 지체없이 그 보존등기를 하는 동시에 그 건물에 제1조에 의한 근저당권을 추가 설정합니다.

제3조 담보가치의 유지 등

① "설정자"는 "근저당물건"에 대하여 멸실·훼손 등 채권자의 채권보전에 지장을 초래할 현상변경행위를 하고자 하는 때에는 미리 채권자의 승낙을 얻어야 합니다.

② 설정자는 근저당물건의 멸실·훼손·공용징수 기타의 사고 또는 현저한 가격 하락이 있거나 그럴 염려가 있을 때에는 곧 이를 채권자에게 통지합니다.

③ 제2항의 경우 설정자가 제3자로부터 수령할 배상금, 보상금 등의 채권이 발생한 때에는 설정자는 그 채권을 채권자에게 양도하고 이에 필요한 절차를 밟겠으며, 채권자는 그 수령금으로 다른 담보물의 제공 등 상당한 사유가 없는 한 은행여신거래기본약관 제13조 에 준하여 채무의 변제에 충당할 수 있기로 합니다.

제4조 보험계약

① 설정자는 근저당물건에 대하여 채권보전에 필요한 범위내에서 채권자가 지정하는 종류와 금액으로 보험계약을 맺고, 그 보험계약에 따른 권리 위에 채권자를 위하여 질권을 설정하여 그 보험증권을 채권자에게 교부하고, 이 근저당권의 피담보채무가 존재하는 동안 이를 계속 유지합니다.

② 설정자는 제1항에 의한 보험계약외에 근저당물건에 대하여 따로 보험계약을 맺은 때에는 이를 곧 채권자에게 통지하며, 채권자가 채권보전상의 필요에 따라 청구하는 경우에는 그 보험계약에 따른 권리에 대하여도 채권자를 위하여 질권을 설정합니다.

③ 설정자가 제1항, 제2항에 정하는 바에 따르지 아니함으로써 채권자가 채권보전상 필요한 보험계약을 설정자를 대신하여 맺거나 계속하고 그 보험료를 지급한 때에는, 채무자와 설정자는 연대하여 채권자가 지급한 보험료 기타의 제비용을 은행여신거래기본약관 제4조에 준하여 곧 갚습니다.

④ 제1항 내지 제3항에 의한 보험계약에 터잡아 채권자가 보험금을 수령한 때에는, 다른 담보물의 제공 등 상당한 사유가 없는 한, 피담보채무의 기한도래전일지라도, 채권자는 그 수령금으로 은행여신거래기본약관 제13조에 준하여 채무의 변제에 충당할 수 있습니다.

제5조 지상권 · 전세권 · 임차권

① 설정자는 근저당물건이 건물만인 경우, 그 대지에 지상권 또는 전세권이 설정되어 있는 때에는, 그 기간이 만료한 때, 곧 그 설정계약 계속의 절차를 밟기로 합니다.

② 제1항의 경우 그 대지에 관한 권리가 임차권인 때에도 설정자는 임차기간이 만료한 때에는 곧 임대차계약 계속의 절차를 밟고 또 토지소유자의 변경 있는 때에는 곧, 임차권의 내용변경이 생길 경우에는 미리, 채권자에게 통지하기로 합니다.

③ 설정자는 제1항의 지상권 · 전세권이나 제2항의 임차권에 관하여 해지 기타 권리의 소멸 또는 변경을 초래할 염려가 있느 행위를 하지 아니하며 또 그러한 염려가 있는 때에는 그 권리의 보전에 필요한 절차를 밟겠으며 건물이 멸실한 경우라도 채권자의 동의없이 그 권리의 임의처분을 아니하기로 합니다.

④ 근저당건물이 화재 기타의 원인으로 멸실하고 보험금 등으로 충당하고도 채무가 남은 경우에 설정자가 곧 건물을 신축하지 아니할 때에는 지상권, 전세권 또는 임차권의 처분은 채권자의 동의를 얻어 하기로 하고 채권자는 그 처분대전으로 제4조 제3항에 준하여 나머지 채무의 변제에 충당할 수 있기로 합니다.

제6조 근저당물건의 처분 · 관리 등

① 근저당물건의 처분은 법정절차에 의함을 원칙으로 하되, 설정자가 동의를 한 때

에는 은행은 적당하다고 인정되는 방법·시기·가격 등에 의하여 처분하고 그 취득금에서 제 비용을 뺀 잔액을 은행여신거래기본약관 제13조에 준하여 충당할 수 있습니다.

② 제1항의 처분방법 외에 채권자는 설정자를 위하여 근저당물건을 관리하고 그 수익금으로 제1항에 준하여 채무의 변제에 충당할 수 있습니다.

③ 설정자가 행방을 감추거나 기타의 사유로 말미암아 근저당물건이 정상적으로 관리·유지되지 아니하고 멸실·훼손·분실 등의 우려가 있는 때에는 채권자는 근저당물건을 점유하여 관리할 수 있습니다.

④ 제1항 내지 제3항의 경우 설정자는 지체없이 채권자의 처분 또는 관리에 필요한 협력을 합니다.

제7조 회보와 조사

설정자는 근저당물건의 상황에 관하여 채권자로부터 청구가 있는 때에는 그에 따라 곧 회보하거나 조사에 필요한 협조를 합니다.

제8조 여러 절차이행과 비용부담

① 설정자는 이 근저당권의 설정, 변경, 이전, 말소 등에 관한 등기를 하여야 할 때에는 채권자의 청구가 있는 대로 곧 필요한 절차를 밟아야 합니다.

② 채권자는 제1항의 청구를 할 때 당해 등기에 드는 비용의 종류와 산출 근거를 채무자와 설정자에게 별도의 서면에 의하여 설명합니다. 채권자가 이 설명을 하지 아니한 비용은 채무자와 설정자에게 청구하지 아니하며, 이 설명을 한 비용은 다음 각 호에 따라 부담합니다.

1. 국민주택채권매입비 : 채무자 또는 설정자
2. 등록면허세, 지방교육세, 등기신청수수료 및 법무사수수료
   가. 근저당권 설정등기를 하는 경우 : 채권자
   나. 근저당권 말소등기를 하는 경우 : 채무자 또는 설정자
3. 근저당물건의 조사 또는 감정평가 수수료
   가. 근저당권을 설정하기 위한 경우 : 채권자
   나. 채무자의 채무불이행으로 인하여 근저당권을 행사하는 경우 : 채무자 또는 설정자
4. 기타 비용으로서 부담주체가 분명하지 아니한 비용 : 채권자와 채무자 또는 설정자 균분

③ 제2항에 의하여 채무자 또는 설정자가 부담하여야 할 비용, 근저당물건의 점유 또는 관리에 관한 비용, 채무자의 채무불이행으로 인한 근저당권의 행사를 위한 비용 등 채무자 또는 설정자가 부담하여야 할 비용을 채권자가 대신 지급한 경우에는 은행여신거래기본약관 제4조 제2항을 준용합니다.

제9조 다른 담보 · 보증약정과의 관계

① 설정자가 채무자의 채권자에 대한 같은 피담보채무에 관하여 따로 담보를 제공하고 있거나 보증을 하고 있는 경우에는 별도의 약정이 없는 한 그 담보나 보증은 이 계약에 의하여 변경되지 아니하며, 이 계약에 의한 담보책임과 별개의 것으로 누적적으로 적용됩니다.

② 담보가치의 하락 등을 대비한 채권자의 청구에 의하여 설정자가 같은 피담보채무에 관하여 담보제공과 동시에 같은 금액으로 연대보증을 한 경우, 그 중 어느 하나의 일부 또는 전부를 이행한 때에는 전항에 불구하고 그 이행한 범위내에서 다른 책임도 면합니다.

제10조 담보 등의 변경 · 해지 · 해제

설정자가 동의를 한 때나, 동등한 가치 이상의 담보대체, 동등한 자력 이상의 보증인 교체 또는 일부 변제액에 비례한 담보나 보증의 해제 · 해지 등 설정자가 대위변제할 경우의 구상실현에 불리한 영향이 없을 때에는 거래상 필요에 따라 채권자는 다른 담보나 보증을 변경 또는 해지 · 해제할 수 있기로 합니다.

제11조 특약사항

설정자 : (인)

근저당물건 목록

대상목적물의 표시	순 위

※ 설정자는 다음 사항을 읽고 본인의 의사를 사실에 근거하여 자필로 기재하여 주십시오(기재예시 : 1. 수령함. 2. 들었음)

1. 은행여신거래기본약관과 이 계약서 사본을 확실히 수령하였습니까?	
2. 위 약관과 계약서의 중요한 내용에 대하여 설명을 들었습니까?	

※ 근저당권설정자가 타인을 위하여 주택을 담보로 제공하는 경우에는 근저당권설정자

는 이 계약서 작성일을 포함하여 3일 이내에 담보제공을 철회할 수 있습니다. 또한 철회권을 미리 포기하고 이 설정계약을 즉시 확정할 수도 있습니다. 필요시 근저당권설정자는 위 기간 이내에 본인의 의사를 다음 란에 자필로 기재하여 주십시오.(기재예시 : 철회함. 년 월 일, 포기함. 년 월 일

담보제공을 철회합니까? (철회한 때에는 이 계약은 취소되고 설정자는 담보책임을 부담하지 않습니다. 이 때 담보설정 · 해지에 드는 비용은 설정자가 전부 부담하여야 합니다)	년 월 일
철회권을 포기합니까? (철회권을 포기한 때에는 이 설정계약 즉시 확정됩니다)	년 월 일

상담자	직위 :	성명 :	인

이 계약서에 따라 등기되었음을 확인하고 등기권리증을 수령함 년 월 일 근저당권설정자 인

담보제공자(저당권설정자)가 꼭 알아두어야 할 사항

저당권이란

- 채무자가 기일에 채무를 상환하지 않으면 채권자는 설정자가 제공한 담보물을 처분하여 우선적으로 변제받는 권리입니다.
- 따라서 자기 소유의 부동산에 타인을 위하여 저당권을 설정하는 것은 타인의 채무불이행으로인하여 자기 재산을 잃게 될 수도 있는 위험을 부담하는 행위입니다.

담보종류에 따른 책임범위

- 특정채무담보는 채무자가 채권자에 대하여 부담하는 특정된 채무만을 담보하는 것으로, 그 채무가 연기 · 재취급 또는 다른 여신으로 대환된 때에는 담보하지 않습니다.
- 근담보는 채무자와 채권자 사이에 이미 맺어져 있거나 앞으로 맺게 될 거래계약으로부터 현재 발생되어 있거나 앞으로 발생할 채무를 채권최고액의 범위내에서 담보하는 것으로, 세가지 유형이 있으며, 각 계약의 유형에 따른 책임범위는 다음과 같습니다.

『특정근담보』

특정한 거래계약(예: 년 월 일자 어음할인거래약정서)으로부터 계속적으로 발생하는 채무를 담보하며, 그 채무가 기한연기된 때에도 담보합니다. 그러나 재취급 또는 다른 여신으로 대환된 때에는 담보하지 않습니다.

『한정근담보』

특정한 종류의 거래(예 : 당좌대출거래)에 대하여 이미 맺어져 있거나 앞으로 맺게 될 거래계약으로부터 현재 발생되어 있거나 앞으로 발생하게될 채무를 모두 담보하며, 그 채무의 연기나 재취급은 물론 같은 종류로 대환된 때에도 담보합니다. 그러나 다른 종류의 여신으로 대환된 때에는 담보하지 않습니다.

『포괄근담보』

채무자가 채권자에게 부담하는 현재 및 장래의 모든 채무(여신거래로 인한 채무 뿐만 아니라 기타 다른 형태의 채무를 포함한다)를 담보하여 그 책임범위가 아주 광범위하므로 포괄근담보를 선택할 경우 다시 한번 신중히 생각한 후에 결정하십시오

담보제공자가 연대보증까지 서는 경우

- 담보제공자가 연대보증을 별도로 서는 경우, 은행은 담보제공한 부동산 이외에 담보제공자의 다른 일반재산에 대하여도 집행을 할 수 있습니다.

3. 지상권설정계약서

은행은 지상권설정자에게 이 약정서상의 중요한 내용을 설명하여야하며, 은행여신거래기본약관과 이 약정서를 교부하여야 합니다

			부점장

수입
인지

지상권설정계약서

★ 굵은 선 [   ]으로 표시된 란(당사자란 및 계약서 끝부분)은 지상권설정자가 반드시 자필로 기재하시기 바랍니다

20 년 월 일

채 권 자 겸
지 상 권 자 ____________________ (인)
주 소

채 무 자 ____________________ (인)
주 소

지상권설정자 ____________________ (인)
주 소

위 당사자 사이에 아래와 같이 지상권설정계약을 맺습니다.

제1조 지상권의 설정

지상권설정자(이하 "설정자" 라 합니다)는 그의 소유인 이 계약서 끝부분 토지목록란에 기재된 토지위에, 지상권자가 건물 기타 공작물이나 수목을 소유하기 위하여 그 토지를 사용할 수 있도록 지상권을 설정합니다.

제2조 지료

지료는 없는 것으로 합니다.

제3조 존속기간

지상권의 존속기간은 설정등기일로부터 [ ] 년으로 합니다.

제4조 토지의 보존 등

① 설정자는 사전에 지상권자의 서면 승낙없이 지상권의 목적인 토지에 공작물 구축 기타 그 현상을 변경하는 행위를 아니합니다.

② 설정자는 지상권의 목적인 토지에 멸실 · 훼손 · 공용징수 기타 사유로 말미암아 이상이 생기거나 이상이 생길 염려가 있을 때에는 곧 이를 지상권자에게 통지하며 그 처리에 관하여는 지상권자의 지시에 따르기로 합니다.

제5조 여러 절차의 이행과 비용부담

① 설정자는 지상권자의 청구가 있는 대로 이 계약에 의한 지상권의 설정 · 변경 · 경정 · 이전 · 말소 등에 관한 등기 기타 필요한 절차를 지체없이 밟습니다.

② 채권자는 제1항의 청구를 할때 당해 등기에 드는 비용의 종류와 산출 근거를 채무자와 설정자에게 별도의 서면에 의하여 설명합니다. 채권자가 이 설명을 하지 아니한 비용은 채무자와 설정자에게 청구하지 아니하며, 이 설명을 한 비용은 다음 각 호에 따라 부담합니다.

1. 등록면허세, 지방교육세, 등기신청수수료 및 법무사수수료
   가. 지상권 설정등기를 하는 경우 : 채권자
   나. 지상권 말소등기를 하는 경우 : 채권자와 채무자 또는 설정자 균분
2. 기타 비용으로서 부담주체가 분명하지 아니한 비용 : 채권자와 채무자 또는 설정자 균분

③ 제2항에 의하여 채무자 또는 설정자가 부담하여야 할 비용, 지상권물건의 점유 또는 관리에 관한 비용, 채무자의 채무불이행으로 인한 지상권의 행사를 위한 비용 등 채무자 또는 설정자가 부담하여야 할 비용을 채권자가 대신 지급한 경우에는 은행여신거래기본약관 제4조 제2항을 준용합니다.

제6조 관할법원의 합의

이 계약에 관하여 소송의 필요가 생긴 때에는 법이 정하는 관할법원과 아울러 지상권자의 본점지역본부 또는 거래영업점의 소재지 지방법원을 관할법원으로 합니다.

토지목록

※ 지상권설정자는 다음 사항을 읽고 본인의 의사를 사실에 근거하여 자필로 기재하여 주십시오(기재예시 : 1. 수령함. 2. 들었음)

이 계약서 사본을 확실히 수령 하였습니까?	

상담자	직위 :	성명 :	인

이 계약서에 따라 등기되었음을 확인하고 등기권리증을 수령함 년 월 일 지상권설정자 인

4. 추가근저당권설정계약서

은행은 추가근저당권설정자에게 이 약정서상의 중요한 내용을 설명하여야 하며, 은행여신거래기본약관과 이 약정서를 교부하여야 합니다.

			부점장

근담보

추가근저당권설정계약서

(공동담보물건 추가용)

★ 담보의 제공은 재산상 손실을 가져올 수도 있는 중요한 법률행위이므로 미리 뒷면 "담보제공자가 꼭 알아두어야 할 사항"과 계약서의 내용을 잘 읽은 후 신중한 판단을 하시고,

★ 굵은 선 [　　] 으로 표시된 란(당사자란, 제1조 및 계약서 끝부분)은 담보제공자가 반드시 자필로 기재하시기 바랍니다.

20　　년　　월　　일

채 권 자 겸
근 저 당 권 자 ______________________ (인)
주　　　소

채　무　자 ______________________ (인)
주　　　소

근저당권설정자 ______________________ (인)
주　　　소

위 당사자 사이에 아래와 같이 추가근저당권설정계약을 맺습니다.

제1조　근저당권의 추가설정

근저당권설정자는 은행여신거래기본약관을 승인하고, (별표1)의 이미 설정한 근저당권에

추가하여, (별표2)의 "추가할 공동담보물건 목록"란에 기재한 물건에 공동담보로서 이미 설정한 근저당권의 설정계약과 같은 내용으로 근저당권을 설정합니다.

제2조 계약조항의 적용

이 추가근저당권설정에 관하여도 제1조에 기재한 이미 맺은 근저당권설정계약서 각 조항이 적용됩니다.

제3조 여러 절차의 이행과 비용부담

① 설정자는 이 저당권의 설정, 변경, 이전, 말소 등에 관한 등기를 하여야 할 때에는 채권자의 청구 있는 대로 곧 필요한 절차를 밟아야 합니다.

② 채권자는 제1항의 청구를 할 때 당해 등기에 드는 비용의 종류와 산출근거를 채무자와설정자에게 별도의 서면에 의하여 설명합니다. 채권자가 이 설명을 하지 아니한 비용은 채무자와 설정자에게 청구하지 아니하며, 이 설명을 한 비용은 다음 각 호에 따라 부담합니다.

1. 등록면허세, 지방교육세, 등기신청수수료 및 법무사수수료
   가. 근저당권 설정등기를 하는 경우 : 채권자
   나. 근저당권 말소등기를 하는 경우 : 채무자 또는 설정자
2. 근저당물건의 조사 또는 감정평가 수수료
   가. 근저당권을 설정하기 위한 경우 : 채권자
   나. 채무자의 채무불이행으로 인하여 근저당권을 행사하는 경우 : 채무자 또는 설정자
3. 기타 비용으로서 부담주체가 분명하지 아니한 비용 : 채권자와 채무자 또는 설정자의 균분

③ 제2항에 의하여 채무자 또는 설정자가 부담하여야 할 비용, 근저당권물건의 점유 또는 관리에 관한 비용, 채무자의 채무불이행으로 인한 근저당권의 행사를 비용 등 채무자 또는 설정자가 부담하여야 할 비용을 채권자가 대신 지급한 경우에는 은행여신거래기본약관 제4조 제2항을 준용합니다.

(별표 1) 이미 설정한 근저당권의 표시

<table>
<tr><td colspan="2">설 정 계 약</td><td colspan="2">년 월 일자 근저당권설정계약</td></tr>
<tr><td rowspan="7">근
저
당
의
표
시</td><td>관 할</td><td colspan="2">지방법원 등기소</td></tr>
<tr><td>접 수 일 자</td><td colspan="2">년 월 일</td></tr>
<tr><td>접 수 번 호</td><td colspan="2">제 호</td></tr>
<tr><td>채 권 최 고 액</td><td colspan="2">금 원</td></tr>
<tr><td></td><td colspan="2">물 건 목 록</td></tr>
<tr><td>소유자</td><td>물 건 표 시</td><td>순 위</td></tr>
<tr><td></td><td></td><td></td></tr>
</table>

(별표 2) 추가할 공동담보물건 목록

소 유 자	물 건 표 시	순 위

※ 추가근저당권설정자는 다음 사항을 읽고 본인의 의사를 사실에 근거하여 자필로 기재하여 주십시오(기재예시 : 1. 수령함. 2. 들었음)

이하 2. 근저당권설정계약서(근담보용)와 동일

5. 근저당권설정계약 변경계약서

은행은 근저당권설정자에게 이 약정서상의 중요한 내용을 설명하여야하며, 은행여신 거래기본약관과 이 약정서의 사본을 교부하여야 합니다.

			부점장

근담보

근저당권설정계약 변경계약서

(피담보채무범위변경 · 근저당권결산기변경용)

★ 굵은 선 [ ] 으로 표시된 란(당사자란, 변경내용 및 계약서 끝부분)은 담보제공자가 반드시 자필로 기재하시기 바랍니다.

★ 이 변경계약은 등기사항이 아니므로 당사자간의 합의만으로 그 효력이 생기게 됩니다.

20 년 월 일

채 권 자 겸
근 저 당 권 자 (인)
주 소

채 무 자 (인)
주 소

근저당권설정자 (인)
주 소

위 당사자 사이에 이미 설정한 아래 표시 근저당권의 [ ] 를(을) 다음과 같이 변경합니다.

피담보 채무의 범위

변경후 피담보 채무의 범위 :

근저당권결산기

변경후 근저당권 결산기 :

이미 설정한 근저당권의 표시

1. 설정계약		20 년 월 일자 근저당권설정계약서
2. 공동저당의 표시	등 기	지방법원 등기소 년 월 일등기접수 제 호
	물건표시	
	순 위	
	소유자	
	등 기	지방법원 등기소 년 월 일등기접수 제 호
	물건표시	
	순 위	
	소유자	
	등 기	지방법원 등기소 년 월 일등기접수 제 호
	물건표시	
	순 위	
	소유자	

※ 근저당권설정자는 다음 사항을 읽고 본인의 의사를 사실에 근거하여 자필로 기재하여 주십시오(기재예시 : 수령함)

이 계약서 사본을 확실히 수령 하였습니까?	

상담자	직위 :	성명 :	인

6. 채무인수약정서

은행은 약정관계인에게 이 약정서상의 중요한 내용을 설명하여야 하며, 은행여신거래기본약관과 이 약정서를 교부하여야 합니다.

			부점장

수입
인지

채무인수약정서

20　년　월　일

채 권 자　　　　(인)
주　　소

채 무 자　　　　(인)
주　　소

채무인수인　　　　(인)
주　　소

근저당권설정자　　　　(인)
(소유권 이전된 경우 제3취득자)
주　　소

근저당권설정자　　　　(인)
(소유권 이전된 경우 제3취득자)
주　　소

연대보증인　　　　(인)
주　　소

연대보증인　　　　(인)
주　　소

제1조 채무의 인수

① 채무인수인은 채무자가 은행여신거래기본약관 및 아래 표시의 약정서(이하 “원약정서”라 한다)에 의하여 채권자에게 현재 및 장래에 부담하는 모든 채무를 그 채무의 동일성을 유지한 채, 인수할 것을 청약하고 채무자 및 채권자는 이를 승낙하였다.

원약정서상의 채무표시(　　년　　월　　일 현재)

채무구분		1	2	3	4	5
원약정서		20　.　.　.	20　.　.　.	20　.　.　.	20　.　.　.	20　.　.　.
채무액	원금	약정서	약정서	약정서	약정서	약정서
	이자					
	지연배상금					
	부대채무					
	합계					

② 근저당권설정자 또는 담보목적물의 제3취득자(이하 “담보제공자”라 한다) 및 연대보증인은 제1항에 동의하였다.

제2조 채무자 및 채무인수인의 지위

채무자 및 채무인수인은 제1조의 채무에 대하여 [　　　　] 의 지위를 가진다.

면책적인수형

채무자는 채무자의 지위에서 탈퇴하여 채무이행의무를 면하고, 채무인수인은 인수한 채무를 원약정서의 각 조항에 따라 이행할 의무를 부담한다.

중첩적인수형

채무자는 채무자의 지위를 계속 유지하고, 채무인수인은 인수한 채무를 채무자와 연대하여 원약정서의 각 조항에 따라 이행할 의무를 부담한다.

제3조 담보 · 보증의 유지

담보제공자와 연대보증인은 아래 표시 근저당권설정계약 및 보증계약이 그 계약의 내용에 따라 채무인수인을 위하여 효력을 가지는데 동의한다.

근저당권 설정계약표시

구 분		1	2	3	4	5
등기·등록	관 할					
	등기일자	년 월 일	년 월 일	년 월 일	년 월 일	년 월 일
	접수번호	제 호	제 호	제 호	제 호	제 호
	채권최고액					
	물건목록	끝부분기재	끝부분기재	끝부분기재	끝부분기재	끝부분기재
	순위번호	끝부분기재	끝부분기재	끝부분기재	끝부분기재	끝부분기재

보증계약의 표시

구 분	1	2	3	4	5
계약일자	년 월 일	년 월 일	년 월 일	년 월 일	년 월 일
약정서·보증서					
보 증 인					

※ 약정서 · 보증서란은 여신(대출)거래약정서 또는 보증서의 종류(특정채무보증서, 특정 · 한정 · 포괄근보증서)를 기재한다.

제4조 변경등기 · 등록 기타의 대항요건

이 약정의 당사자는 제3조의 담보와 보증에 관하여 이 약정에 의한 채무인수로 말미암은 변경등기 · 등록 기타 대항요건구비 등의 필요한 절차를 밟기로 한다.

제5조 계약의 해제

① 제4조에 의한 변경등기 · 등록 · 대항요건구비 등이 이 약정일로부터 1개월 내에 완료되지 아니한 때에는 채권자는 이 약정을 해제할 수 있다.

② 제1항에 의하여 채권자가 이 약정을 해제한 때에는 원약정서에 의한 채무와 담보제공자 및 연대보증인의 채무와 책임은 원래대로 복귀한다.

제6조 여러 절차의 이행과 비용부담

① 이 약정서 작성에 따른 인지세는 각 50%씩 본인과 은행이 부담합니다

② 설정자는 이 근저당권의 설정, 변경, 이전, 말소 등에 관한 등기를 하여야 할 때에는 채권자의 청구가 있는 대로 곧 필요한 절차를 밟아야 합니다.

③ 채권자는 제2항의 청구를 할 때 당해 등기에 드는 비용의 종류와 산출 근거를 채무자와 설정자에게 별도의 서면에 의하여 설명합니다. 채권자가 이 설

명을 하지 아니한 비용은 채무자와 설정자에게 청구하지 아니하며, 이 설명을 한 비용은 다음 각 호에 따라 부담합니다.

1. 등록면허세, 지방교육세, 등기신청수수료 및 법무사수수료
   가. 근저당권 변경등기를 하는 경우 : 채권자
   나. 근저당권 말소등기를 하는 경우 : 채무자 또는 설정자
2. 근저당물건의 조사 또는 감정평가 수수료
   가. 근저당권을 변경하기 위한 경우 : 채권자
   나. 채무자의 채무불이행으로 인하여 근저당권을 행사하는 경우 : 채무자 또는 설정자
3. 기타 비용으로서 부담주체가 분명하지 아니한 비용 : 채권자와 채무자 또는 설정자의 균분

④ 제3항에 의하여 채무자 또는 설정자가 부담하여야 할 비용, 근저당권의 점유 또는 관리에 관한 비용, 채무자의 채무불이행으로 인한 근저당권의 행사를 위한 비용 등 채무자 또는 설정자가 부담하여야 할 비용을 채권자가 대신 지급한 경우에는 은행여신거래기본약관 제4조 제2항을 준용합니다.

물건목록 및 순위번호

물 건 목 록	순위번호	
	등기상순위	실제순위

은행여신거래기본약관 및 이 약정서 사본 1통을 확실히 수령하였으며 그 내용에 대하여 충분한 설명을 듣고 잘 이해하였음	
채 무 자	인
채무인수인	인
담보제공자	인
담보제공자	인
연대보증인	인

7. 근저당권변경계약서(확정채무의 면책적인수용)

> 은행은 채무자, 채무인수인 및 근저당권설정자에게 이 약정서상의 중요한 내용을 설명하여야 하며, 은행여신거래기본약관과 이 약정서를 교부하여야 합니다.

			부점장

피담보채권확정 후 그 채무 인수에 따른 근저당권변경

근저당권변경계약서

(확정채무의 면책적인수용)

20 년 월 일

채 권 자
(근저당권자) (인)
주 소

채 무 자 (인)
주 소

채무인수인 (인)
주 소

근저당권설정자 (인)
(소유권 이전된 경우 제3취득자)
주 소

제1조 채무의 인수

① 채무인수인은 채무자가 은행여신거래기본약관 및 아래 표시 약정서(이하 "원약정서"라 합니다)에 의하여 채권자에게 부담하고 있는 채무를 채권자와 채무자의 승낙을 얻어 20 . . .자 채무인수약정서로 그 채무의 동일성을 유지한 채 면책적으로 인수하였습니다.

원약정서상의 채무표시(　　년　월　일 현재)

채무구분		1	2	3	4	5
약정서 명칭		20 . . .	20 . . .	20 . . .	20 . . .	20 . . .
채무액	원　　금	약정서	약정서	약정서	약정서	약정서
	이　　자					
	지연배상금					
	부대채무					
	합　　계					

② 채무자는 채무자의 지위에서 탈퇴하여 채무이행의무를 면하고 채무인수인은 인수한 채무를 원약정서의 각 조항에 따라 이행할 의무를 부담한다.

제2조 피담보채무의 범위

채권자에 대한 채무자의 채무를 담보하기 위하여 설정한 바 있는 아래 표시의 근저당권(이하 “원근저당권”이라 한다)은 제1조에 의한 채무인수로 말미암아 채무인수인이 채권자에 대하여 부담하는 채무를 담보한다.

원근저당권 설정계약표시

구 분		1	2	3	4	5
등기·등록	관　　할					
	접수일자	년 월 일	년 월 일	년 월 일	년 월 일	년 월 일
	접수번호	제 호	제 호	제 호	제 호	제 호
	채권최고액					
	물건목록	끝부분기재	끝부분기재	끝부분기재	끝부분기재	끝부분기재
	순위번호	끝부분기재	끝부분기재	끝부분기재	끝부분기재	끝부분기재

제3조 다른 계약조항의 효력

제1조 및 제2조에서 정한 사항 이외의 원근저당권설정계약서 각 조항은 그대로 계속하여 효력을 가진다.

제4조 변경등기

이 계약 당사자는 이 계약에 의한 근저당권변경등기 절차를 밟기로 합니다.

제5조 계약의 해제

① 제4조에 의한 변경등기가 이 계약일로부터 1개월 이내에 완료되지 아니한 때에는 채권자는 이 계약을 해제할 수 있습니다.

② 제1항에 의하여 채권자가 이 계약을 해제한 때에는 기본계약 및 원근저당권설정계약은 원상대로 회복되는 것으로 합니다.

제6조 여러 절차의 이행과 비용부담

① 설정자는 이 근저당권의 설정, 변경, 이전, 말소 등에 관한 등기를 하여야 할 때에는 채권자의 청구가 있는 대로 곧 필요한 절차를 밟아야 합니다.

② 채권자는 제1항의 청구를 할 때 당해 등기에 드는 비용의 종류와 산출근거를 채무자와 설정자에게 별도의 서면에 의하여 설명합니다. 채권자가 이 설명을 하지 아니한 비용은 채무자와 설정자에게 청구하지 아니하며, 이 설명을 한 비용은 다음 각 호에 따라 부담합니다.

1. 등록면허세, 지방교육세, 등기신청수수료 및 법무사수수료
   가. 근저당권 변경등기를 하는 경우 : 채권자
   나. 근저당권 말소등기를 하는 경우 : 채무자 또는 설정자
2. 근저당물건의 조사 또는 감정평가 수수료
   가. 근저당권을 변경하기 위한 경우 : 채권자
   나. 채무자의 채무불이행으로 인하여 근저당권을 행사하는 경우 : 채무자 또는 설정자
3. 기타 비용으로서 부담주체가 분명하지 아니한 비용 : 채권자와 채무자 또는 설정자의 균분

③ 제2항에 의하여 채무자 또는 설정자가 부담하여야 할 비용, 근저당권의 점유 또는 관리에 관한 비용, 채무자의 채무불이행으로 인한 근저당권의 행사를 위한 비용 등 채무자 또는 설정자가 부담하여야 할 비용을 채권자가 대신 지급한 경우에는 은행여신거래기본약관 제4조 제2항을 준용합니다.

제7조 근저당권설정자(또는 제3취득자)의 승낙

근저당권설정자 또는 근저당목적물의 제3취득자는 이 계약의 각 조항에 관하여 이의 없이 승낙하였습니다.

물건목록 및 순위번호

<table>
<tr><td rowspan="2">물 건 목 록</td><td colspan="2">순위번호</td></tr>
<tr><td>등기상순위</td><td>실제순위</td></tr>
<tr><td></td><td></td><td></td></tr>
</table>

이 계약의 성립을 증명하기 위하여 계약서 ( )통을 작성하여 채권자, 채무자, 채무인수인 및 근저당권설정자(또는 제3취득자)가 각각 1통씩 보관한다.

<table>
<tr><td colspan="2">은행여신거래기본약관 및 이 약정서 사본 1통을 확실히 수령하였으며
그 내용에 대하여 충분한 설명을 듣고 잘 이해하였음</td></tr>
<tr><td>채 무 자
채 무 인 수 인
근저당권설정자
또는 제3취득자</td><td>인
인
인
인</td></tr>
</table>

8. 근저당권변경계약서(계약인수용)

은행은 채무자, 계약인수인 및 근저당권설정자에게 이 약정서상의 중요한 내용을 설명하여야 하며, 은행여신거래기본약관과 이 약정서를 교부하여야 합니다.

			부점장

피담보채권확정 전 채무자지위 이전에 따른 근저당권변경

근저당권변경계약서

(계약인수용)

20 년 월 일

채 권 자 (인)
(근저당권자)
주 소

채 무 자 (인)
주 소

계약인수인 (인)
주 소

근저당권설정자 (인)
(소유권 이전된 경우 제3취득자)
주 소

제1조 근저당권의 채무자지위인수

① 채권자(근저당권자), 채무자, 계약인수인 및 근저당권설정자(또는 제3취득자)는 아래 표시 근저당권(이하 "원근저당권"이라 한다)설정계약의 기초가 되는 채권자와 채무자간에 존재하는 계약(아래 표시 약정서를 포함한다. 이하 "기본계약"이라 한다) 및 원근저당권설정계상의 채무자지위를 계약인수인이 전부 인수하는데 합의하였다.

원약정서상의 채무표시(　　년　월　일 현재)

채무구분		1	2	3	4	5
약정서 명칭		20 . . . 약정서	20 . . . 약정서	20 . . . 약정서	20 . . . 약정서	20 . . . 약정서
채무액	원　금					
	이　자					
	지연배상금					
	부대채무					
	합　계					

원근저당권 설정계약표시

구 분		1	2	3	4	5
등기·등록	관　할					
	접수일자	년 월 일	년 월 일	년 월 일	년 월 일	년 월 일
	접수번호	제　호	제　호	제　호	제　호	제　호
	채권최고액					
	물건목록	끝부분기재	끝부분기재	끝부분기재	끝부분기재	끝부분기재
	순위번호	끝부분기재	끝부분기재	끝부분기재	끝부분기재	끝부분기재

② 제1항에 의하여 채무자는 채무자지위에서 탈퇴하고, 계약인수인은 기본계약 및 원근저당권설정계약상 채무자의 지위를 가진다.

제2조 피담보채무의 범위

원근저당권은 다음 각 호의 채무를 담보한다.

1. 계약인수인이 인수하는 제1조 표시 약정서에 따라 현재 및 장래에 부담하는 모든 채무
2. 원근저당권설정계약서상 피담보채무의 범위에 속하는 종류의 거래로 말미암아 채무자 및 계약인수인이 채권자에 대하여 장래에 부담하는 모든 채무

제3조 다른 계약조항의 효력

제1조 및 제2조에서 정한 사항 이외의 원근저당권설정계약서 각 조항은 그대로 계속하여 효력을 가진다.

제4조 변경등기

이 계약 당사자는 이 계약에 의한 근저당권변경등기절차를 밟기로 한다.

제5조 계약의 해제

① 제4조에 의한 변경등기가 이 계약일로부터 1개월 이내에 완료되지 아니한 때에는 채권자는 이 약정을 해제할 수 있다.

② 제1항에 의하여 채권자가 이 계약을 해제한 때에는 기본계약 및 원근저당권설정계약은 원상대로 회복되는 것으로 한다.

제6조 여러 절차의 이행과 비용부담

① 설정자는 이 근저당권의 설정, 변경, 이전, 말소 등에 관한 등기를 하여야 할 때에는 채권자의 청구가 있는 대로 곧 필요한 절차를 밟아야 합니다

② 채권자는 제1항의 청구를 할 때 당해 등기에 드는 비용의 종류와 산출근거를 채무자와 설정자에게 별도의 서면에 의하여 설명합니다. 채권자가 이 설명을 하지 아니한 비용은 채무자와 설정자에게 청구하지 아니하며, 이 설명을 한 비용은 다음 각 호에 따라 부담합니다.

1. 등록면허세, 지방교육세, 등기신청수수료 및 법무사 수수료
   가. 근저당권 변경등기를 하는 경우 : 채권자
   나. 근저당권 말소등기를 하는 경우 : 채무자 또는 설정자
2. 근저당물건의 조사 또는 감정평가 수수료
   가. 근저당권을 변경하기 위한 경우 : 채권자
   나. 채무자의 채무불이행으로 인하여 근저당권을 행사하는 경우 : 채무자 또는 설정자
3. 기타 비용으로서 부담주체가 분명하지 아니한 비용 : 채권자와 채무자 또는 설정자의 균분

③ 제2항에 의하여 채무자 또는 설정자가 부담하여야 할 비용, 근저당물건의 점유 또

는 관리에 관한 비용, 채무자의 채무불이행으로 인한 근저당권의 행사를 위한 비용 등 채무자 또는 설정자가 부담하여야 할 비용을 채권자가 대신 지급한 경우에는 은행여신거래기본약관 제4조 제2항을 준용합니다.

제7조 근저당권설정자(또는 제3취득자)의 승낙

근저당권설정자 또는 근저당목적물의 제3취득자는 이 계약의 각 조항에 관하여 이의 없이 승낙하였습니다.

물건목록 및 순위번호

물 건 목 록	순위번호	
	등기상순위	실제순위

이 계약의 성립을 증명하기 위하여 계약서 (　　)통을 작성하여 채권자, 채무자, 계약인수인 및 근저당권설정자(또는 제3취득자)가 각각 1통씩 보관한다.

은행여신거래기본약관 및 이 약정서 사본 1통을 확실히 수령하였으며 그 내용에 대하여 충분한 설명을 듣고 잘 이해하였음	
채 무 자	인
채 무 인 수 인	인
근저당권설정자	인
또는 제3취득자	인

9. 근저당권변경계약서(중첩적계약인수용)

은행은 채무자, 계약가입자 및 근저당권설정자에게 이 약정서상의 중요한 내용을 설명하여야 하며, 은행여신거래기본약관과 이 약정서를 교부하여야 합니다.

			부점장

피담보채권확정 전 채무자지위 가입에 따른 근저당권변경

근저당권변경계약서

(중첩적계약인수용)

20 년 월 일

채 권 자 (인)
(근저당권자)
주 소

채 무 자 (인)
주 소

계약가입자 (인)
주 소

근저당권설정자 (인)
(소유권 이전된 경우 제3취득자)
주 소

제1조 근저당권의 채무자지위참가

① 채권자(근저당권자), 채무자, 계약가입자 및 근저당권설정자(또는 제3취득자)는 아래 표시 근저당권(이하 "원근저당권"이라 한다)설정계약의 기초가 되는 채권자와 채무자간에 존재하는 계약(아래 표시 약정서를 포함한다. 이하 "기본계약"이라 한다) 및 원

근저당권설정계상의 채무자지위에 계약가입자가 참가하는데 합의하였다.

약정서상의 채무표시(년 월 일 현재)

채무구분		1	2	3	4	5
약정서 명칭		20 . . . 약정서	20 . . . 약정서	20 . . . 약정서	20 . . . 약정서	20 . . . 약정서
채무액	원금					
	이자					
	지연배상금					
	부대채무					
	합계					

원근저당권 설정계약표시

구분		1	2	3	4	5
등기·등록	관할					
	접수일자	년 월 일	년 월 일	년 월 일	년 월 일	년 월 일
	접수번호	제 호	제 호	제 호	제 호	제 호
	채권최고액					
	물건목록	끝부분기재	끝부분기재	끝부분기재	끝부분기재	끝부분기재
	순위번호	끝부분기재	끝부분기재	끝부분기재	끝부분기재	끝부분기재

② 채무자는 채무자지위를 계속 유지하고, 계약가입자는 제1항에 의하여 기본계약 및 원근저당권설정계약상 채무자의 지위를 가진다.

③ 제1항의 약정서상의 채무는 채무자만이 부담하며, 채무자와 계약가입자가 각각 거래를 계속함으로써 발생하는 채무는 채무자와 계약가입자가 각기 독립하여 이행할 의무를 부담한다.

제2조 피담보채무의 범위

원근저당권은 다음 각 호의 채무를 담보한다.

1. 채무자가 제1조 표시 약정서에 따라 현재 및 장래에 부담하는 모든 채무

2. 원근저당권설정계약서상 피담보채무의 범위에 속하는 종류의 거래로 말미암아 채무자 및 계약가입자가 채권자에 대하여 장래에 부담하는 모든 채무

제3조 다른 계약조항의 효력

제1조 및 제2조에서 정한 사항 이외의 원근저당권설정계약서 각 조항은 그대로 계속하여 효력을 가진다.

제4조 변경등기

이 계약 당사자는 이 계약에 의한 근저당권변경등기절차를 밟기로 한다.

제5조 계약의 해제

① 제4조에 의한 변경등기가 이 계약일로부터 1개월 이내에 완료되지 아니한 때에는 채권자는 이 약정을 해제할 수 있다.

② 제1항에 의하여 채권자가 이 계약을 해제한 때에는 기본계약 및 원근저당권설정계약은 원상대로 회복되는 것으로 한다.

제6조 여러 절차의 이행과 비용부담

① 설정자는 이 근저당권의 설정, 변경, 이전, 말소 등에 관한 등기를 하여야 할 때에는 채권자의 청구가 있는 대로 곧 필요한 절차를 밟아야 합니다

② 채권자는 제1항의 청구를 할 때 당해 등기에 드는 비용의 종류와 산출근거를 채무자와 설정자에게 별도의 서면에 의하여 설명합니다. 채권자가 이 설명을 하지 아니한 비용은 채무자와 설정자에게 청구하지 아니하며, 이 설명을 한 비용은 다음 각 호에 따라 부담합니다.

1. 등록면허세, 지방교육세, 등기신청수수료 및 법무사 수수료
   가. 근저당권 변경등기를 하는 경우 : 채권자
   나. 근저당권 말소등기를 하는 경우 : 채무자 또는 설정자
2. 근저당물건의 조사 또는 감정평가 수수료
   가. 근저당권을 변경하기 위한 경우 : 채권자
   나. 채무자의 채무불이행으로 인하여 근저당권을 행사하는 경우 : 채무자 또는 설정자

3. 기타 비용으로서 부담주체가 분명하지 아니한 비용 : 채권자와 채무자 또는 설정자의 균분

③ 제2항에 의하여 채무자 또는 설정자가 부담하여야 할 비용, 근저당물건의 점유 또는 관리에 관한 비용, 채무자의 채무불이행으로 인한 근저당권의 행사를 위한 비용 등 채무자 또는 설정자가 부담하여야 할 비용을 채권자가 대신 지급한 경우에는 은행여신거래기본약관 제4조 제2항을 준용합니다.

제7조 근저당권설정자(또는 제3취득자)의 승낙

근저당권설정자 또는 근저당목적물의 제3취득자는 이 계약의 각 조항에 관하여 이의없이 승낙하였다.

물건목록 및 순위번호

물 건 목 록	순위번호	
	등기상순위	실제순위

이 계약의 성립을 증명하기 위하여 계약서 (   )통을 작성하여 채권자, 채무자, 계약가입자 및 근저당권설정자(또는 제3취득자)가 각각 1통씩 보관한다.

은행여신거래기본약관 및 이 약정서 사본 1통을 확실히 수령하였으며 그 내용에 대하여 충분한 설명을 듣고 잘 이해하였음	
채 무 자	인
채 무 가 입 자	인
근저당권설정자	인
또는 제3취득자	인

사 항 색 인

(ㄱ)

(ㄴ)

(ㄷ)

(ㅁ)

(ㅂ)

(ㅅ)

판 례 색 인

대법원

저자

오시정(吳時正)

- 고려대학교 법과대학 졸업
- 법학박사(고려대학교 대학원)
- 한국산업은행(1974.3~1991.9)
- 한국금융연수원 교수(1991.9~2010.4)
- 어음제도 연구위원(중소기업청)
- 연세대학교 상남경영원 강사
- KDI 국제정책대학원 강사
- 금융분쟁조정위원회 전문위원(금융감독원)
- 소비자분쟁조정위원회 조정위원(한국소비자원)
- 고려대학교 법학전문대학원 겸임교수
- 국회입법지원 위원
- 한국금융법연구원 원장

저서

- 여신실무법률-담보(I)(제10판), 한국금융연수원
- 여신실무법률-채권회수, 한국금융연수원
- 여신거래계약의 이론과 실무(소비자금융편), 한국금융법연구원
- 여신거래계약의 이론과 실무(기업금융편), 한국금융법연구원
- 근저당권의 이론과 실무(신정판), 한국금융연수원
- 비실명예금에 관한 금융실무, 한국금연수원
- 부동산경매실무, 유로
- 채권계약관리, 신한M&B
- 담보취득관리(전2권), 신한M&B
- 어음수표관리, 신한M&B
- 채권회수관리(전3권), 신한M&B
- 부실채권관리, 신한M&B

공동집필

- 금융법률실무, 한국산업은행
- 대출채권의 관리와 회수, 한국산업은행
- 회사정리법해설, 한국산업은행

여신실무법률 – 담보(Ⅱ)

초 판 1쇄 · 2014. 2. 13.
제 10 판 1쇄 · 2025. 4. 11.
저 자 · 오시정
발 행 인 · 이준수
발 행 처 · 한국금융연수원 출판미디어사업부
03053 서울시 종로구 삼청로 118
전 화 · (02)3700-1500
팩 스 · (02)3700-1530
홈 페 이 지 · www.kbi.or.kr
등 록 · 1990. 4. 20(제 1-1040호)

〈정가 25,000원〉 ISBN 978-89-287-8248-2 13360

한국금융연수원 자격검정시험 안내

•「국가공인자격」은 자격기본법에서 정한 기준과 절차에 따라 국가가 공인한 자격으로 신용분석사, 여신심사역, 국제금융역, 자산관리사(FP), 신용위험분석사(CRA), 외환전문역 I종, 외환전문역 II종 등 7개의 자격이 있습니다.

•「자체인증자격」은 우리 원이 인정, 수여하는 자격으로 공개시험형 자체자격인 프라이빗 뱅커(CPB), 은행텔러, 영업점 컴플라이언스 오피서(은행)(보험)(증권), KBI 금융DT 테스트, 자금세탁방지 업무능력 검정시험 등 7개 자격이 있습니다.

구분	자격명 (공인/등록번호)	응시료	자격소개
국가공인자격	신용분석사 (제2024-1호) (2008-0438)	전과목 : 66,000원 1부 : 28,000원 2부 : 39,000원	금융회사의 여신관련 부서에서 기업에 대한 회계 및 비회계자료 분석을 통하여 종합적인 신용상황을 판단하고 신용등급을 결정하는 등 기업신용 평가업무를 담당하는 금융전문가
	여신심사역 (제2024-2호) (2008-0439)	전과목 : 66,000원 1부 : 28,000원 2부 : 39,000원	금융회사의 여신심사 담당자로서 경제상황과 기업의 재무, 비재무상태 등을 분석, 파악하여 적정한 대출심사 의견서 작성, 대출이율 및 대출기간 결정 등 대출실행 여부를 판단하고 자금의 효율적 운용, 대손 방지를 위한 제반조치, 여신의 법률적 검토, 사후관리업무 등 여신업무와 관련한 종합적인 업무를 수행하는 금융전문가
	국제금융역 (제2021-1호) (2008-0440)	전과목 : 66,000원 1부 : 33,000원 2부 : 33,000원	금융회사의 국제금융 관련 부서에서 국제금융시장의 동향파악, 분석 및 예측 등을 통하여 외화자금의 효율적 조달과 운용업무를 담당하고 이에 따른 리스크관리 등 국제금융 관련 업무를 수행하는 금융전문가
	신용위험분석사(CRA) (제2023-2호) (2008-0442)	1차 : 77,000원 2차 : 88,000원	금융회사 및 기업신용평가기관 등에서 개인과 기업에 대한 신용상태를 조사평가하고 신용위험을 측정 · 관리하는 여신전문가
	자산관리사(FP) (제2020-1호) (2008-0441)	전과목 : 55,000원 1부 : 28,000원 2부 : 28,000원	금융회사 영업부서의 PB(Private Banking) 팀에서 고객의 수입과 지출, 자산 및 부채현황, 가족상황 등 고객에 대한 각종 자료를 수집, 분석하여 고객이 원하는 Life Plan 상의 재무목표를 달성할 수 있도록 종합적인 자산설계에 대한 상담과 실행을 지원하는 금융전문가
	외환전문역 I종 (제2020-1호) (2008-0436)	전과목 : 55,000원	금융회사의 외환업무 중 외국환 거래 법규 및 외환거래실무를 이해하고 고객의 외화 자산에 노출되는 각종 외환 리스크를 최소화시키는 등 주로 개인 외환과 관련된 직무를 담당
	외환전문역II종 (제2020-1호) (2008-0436)	전과목 : 55,000원	금융회사의 외환업무 중 수출입업무 및 이와 관련된 국제무역규칙을 이해하고 외환과 관련된 여신 업무를 수행하는 등 주로 기업 외환과 관련된 직무를 담당
자체인증자격	은행텔러 (2008-0437)	전과목 : 55,000원	창구에서 일어나는 제반업무에 대해 신속하고 친절한 업무수행과 정확한 업무처리로 고객에게 도움을 주고 상담을 통해 문제해결을 하도록 도와주는 금융전문가
	영업점 컴플라이언스 오피서(은행) (2010-0118) (보험, 증권) (2013-0702,0703)	전과목 : 각 44,000원	금융회사의 영업점에서 준법관련 법규와 감독기관의 감독규정이 정한 내용과 취지를 충분히 이해하고 업무 수행과정에서 이를 준수하며, 영업점에서 발생 가능한 금융사고 및 민원사항이 발생하지 않도록 사전적 예방 차원에서 그 준수사항의 이행을 점검하는 금융전문가(은행, 보험, 증권 분야별로 자격이 구분됨)
	프라이빗뱅커 (CPB) (2018-004091)	1차 : 110,000원 2차 : 342,000원 (실무교육)	개인고액자산가의 자산 및 수익증대를 실현하기 위해 금융분야 전반에 걸쳐 종합적인 금융상담과 실행을 지원할 수 있는 최고급 수준의 금융자산설계전문가
	KBI 금융DT 테스트 (2021-001872)	전과목 : 44,000원	금융인 및 예비금융인을 대상으로 디지털금융 전반에 대한 기본지식과 업무활용능력 등 금융DT 관련 기본역량 평가
	자금세탁방지 업무능력 검정시험 (2023-004792)	전과목 : 66,000원	금융시스템을 이용한 자금세탁행위와 공중협박자금조달행위를 적발 및 예방할 수 있는 전문적인 업무역량 평가

소비자 알림사항

•상기 "프라이빗뱅커(CPB)", "영업점컴플라이언스 오피서(은행)(보험)(증권)", "KBI 금융DT 테스트", "은행텔러", "자금세탁방지 업무능력 검정시험" 자격은 자격기본법 규정에 따라 등록한 민간자격으로, 국가로부터 인정받은 공인자격이 아닙니다.
•민간자격 등록 및 공인 제도에 대한 상세내용은 민간자격정보서비스 (www.pqi.or.kr)의 '민간자격 소개'란을 참고하여 주십시오.

기타

•응시료 환불 규정 : 접수기간 중 100%, 접수기간 종료 후 시험일 5일전 18시까지 50% 환불/이후 환불 불가
•자격 공인번호는 재공인시점에 따라 변경될 수 있으며, 응시료, 환불규정 등은 응시 시점에 따라 변경될 수 있으니 자격시험 응시 전 반드시 한국금융연수원 홈페이지에서 응시하고자 하는 자격시험에 관한 최신 정보를 확인하시기 바랍니다. 자격시험에 관한 자세한 사항은 한국금융연수원 홈페이지를 참조하시기 바랍니다.
•주소 : 서울특별시 종로구 삼청로 118 / TEL : 02-3700-1500 / 홈페이지 : www.kbi.or.kr